+

DROIT DU CONTENTIEUX CONSTITUTIONNEL DANS LES ÉTATS D'AFRIQUE SUBSAHARIENNE FRANCOPHONE

Bénin, Burkina Faso, Cameroun, Congo, Côte d'Ivoire, Gabon, Guinée, Madagascar, Mali, Niger, Sénégal et Togo

Saidou Nourou Tall

DROIT DU CONTENTIEUX CONSTITUTIONNEL DANS LES ÉTATS D'AFRIQUE SUBSAHARIENNE FRANCOPHONE

Bénin, Burkina Faso, Cameroun, Congo, Côte d'Ivoire, Gabon, Guinée, Madagascar, Mali, Niger, Sénégal et Togo

Avant-propos du Président Théodore Holo

Préface du Professeur Djedjro Francisco Meledje

Sénégal
L'Harmattan

10 VDN, Sicap Amitié 3, Lotissement Cité Police, DAKAR

http://www.harmattansenegal.com
senharmattan@gmail.com
senlibrairie@gmail.com

ISBN : 978-2-336-51709-4
EAN : 9782336517094

AVANT-PROPOS

Professeur titulaire de classe exceptionnelle de droit public et de sciences politiques, ancien Vice-Doyen de la faculté des Sciences juridique et politique de l'Université Cheick Anta DIOP de Dakar, ancien Vice-Président du Conseil constitutionnel du Sénégal, Monsieur Saidou Nourou TALL ayant enseigné le contentieux constitutionnel dans plusieurs Universités africaines, contentieux qu'il a également pratiqué au quotidien au Conseil constitutionnel du Sénégal dont il fût aussi le Coordonnateur du Service d'études et de documentation nous offre le fruit de son expérience et de sa réflexion dans un excellent ouvrage au titre emblématique : **"Droit du contentieux constitutionnel dans les États d'Afrique Subsaharienne francophone".**

L'objectif visé par cette entreprise de droit comparé est sans doute de nous faire approprier le contentieux de la juridiction constitutionnelle, devenue depuis le Renouveau démocratique en Afrique des années 1990, la clé de voûte de l'édifice institutionnel dont le socle demeure la juridicisation de la vie politique en vue de restaurer la démocratie et l'État de droit par, d'une part, l'encadrement de l'exercice désormais limité du pouvoir des gouvernants en vue de préserver la stabilité des Institutions et leur légitimité, d'autre part, la protection des droits des citoyens pour assurer leur dignité.

L'ouvrage met particulièrement en exergue, à la lumière de la théorie constitutionnelle et sous l'angle du droit comparé, les aspects substantiels et formels du contentieux constitutionnel dans douze (12) États d'Afrique francophone, à savoir, le Bénin, le Burkina Faso, le Cameroun, le Congo, la Côte d'Ivoire, le Gabon, la Guinée, Madagascar, le Mali, le Niger, le Sénégal et le Togo.

En se proposant d'étudier la diversité de ce contentieux par l'entrelacement des aspects matériels et formels, par le bornage des cadres institutionnels et normatifs, l'auteur nous invite à une introspection, une recension et une exploration des structures, de la procédure, des écueils et de la complexité des contentieux constitutionnels à travers l'ancrage à la pratique des États francophones et l'arrimage à leurs Constitutions, lois et règlements.

La qualité de ce travail se mesure à l'aune des difficultés que suscite une réflexion de droit comparé de cette ampleur : avoir accès aux textes, règles, jurisprudences, pratiques de douze (12) juridictions différentes qui, malgré la communauté de la langue officielle, le français, n'ont ni la même histoire, ni la même culture politique. Le Professeur TALL a su relever ce défi majeur en exploitant astucieusement, non seulement les réseaux des juridictions constitutionnelles que sont l'Association des Cours Constitutionnelles francophones et la Conférence des Juridictions constitutionnelles africaines, mais aussi les différentes thèses relatives au contentieux constitutionnel qu'il a dirigé, ses relations personnelles avec les membres de la plupart de ces juridictions, ses collègues universitaires sans oublier le site internet pour obtenir les informations utiles relatives aux normes, aux règles de fonctionnement et à la jurisprudence de ces différentes juridictions.

L'exploitation de cette riche documentation a permis à l'auteur de nous livrer un ouvrage où sont recensées, analysées la doctrine, la jurisprudence, assortie d'une riche bibliographie, les Constitutions, lois organiques et règles de fonctionnement de ces juridictions.

En définitive, **"Droit du contentieux constitutionnel dans les États d'Afrique subsaharienne francophone"** est à la fois un essai et un manuel pour les étudiants et les praticiens du droit.

Autrement dit, il est un ouvrage à la fois pédagogique et doctrinal qui mérite de figurer en bonne place dans la bibliographie des étudiants en droit et la bibliothèque des magistrats, des juristes, à savoir, les professeurs de droit, les avocats sans oublier les acteurs politiques qui sont souvent appelés à siéger dans les juridictions constitutionnelles en vue de renforcer l'État de droit et de démocratie dans les États francophones de l'Afrique subaérienne pour le plus grand bonheur de leur peuple.

Pr Théodore HOLO

Ancien Président de la Cour
constitutionnelle du Bénin

PRÉFACE

Le droit constitutionnel dans les pays africains est, depuis la décennie 1990, dans une évolution perceptible, au moins en ce qui concerne l'enseignement de cette matière et les publications qui s'y rapportent. Le contentieux constitutionnel trouve une place particulièrement marquée dans cette évolution. Tous les spécialistes et les praticiens de cette matière, dans les Universités africaines et en dehors des amphithéâtres, comme ailleurs dans le monde, s'investissent dans ce chantier qui n'est véritablement plus nouveau aujourd'hui, pour mettre en avant, à travers le contentieux, les splendeurs et les ombres du droit constitutionnel ; c'est-à-dire, mettre en lumière tous les contours de la vie constitutionnelle.

Le Professeur TALL figure parmi ces hommes de droit qui portent la flamme du contentieux. Il est bienséant de rappeler que mon ami et collègue Saidou Nourou est l'auteur d'un bel ouvrage de contentieux international[1]. Avec le présent ouvrage, le Professeur TALL peut revendiquer d'être un spécialiste du contentieux du droit public africain. On pouvait jusqu'à présent penser que les publications de Saidou Nourou TALL étaient exclusivement tournées vers le droit international public ; mais l'auteur montre qu'il excelle aussi dans le domaine du droit interne. La fonction qu'il a exercée en tant que juge au sein du Conseil constitutionnel du Sénégal a certainement aiguisé son appétit pour le droit constitutionnel jurisprudentiel. L'auteur peut être ainsi présenté comme un acteur multidimensionnel du contentieux.

Avec son expression, tant écrite qu'orale, toujours bien posée, Saidou Nourou TALL dégage toujours la sensation du pédagogue qui n'a guère besoin de hausser le ton ou de devoir recourir à un langage extraordinaire, superflu ou décalé, pour convaincre de la justesse de son propos. Cette qualité transparait bien dans ses publications, y compris

[1] Droit du contentieux international africain. Paris, L'Harmattan, 2018, 550 pages.

dans le présent ouvrage qui prouve que l'auteur figure parmi les personnalités universitaires en Afrique noire, et surtout un enseignant de grande qualité.

Sur la matière du droit du contentieux constitutionnel, plusieurs auteurs en Afrique francophone ont publié des articles et des ouvrages de bonne qualité. Saidou Nourou TALL nous propose une voie différente des publications déjà existantes. Les ouvrages en question ont été écrits sous la forme de commentaires d'Arrêts, de Décisions et d'Avis rendus par les juridictions constitutionnelles ; ce n'est pas le chemin qu'emprunte Saidou Nourou TALL qui nous propose, pour sa part, une analyse de la démarche du contentieux.

D'un autre côté, la perspective choisie par l'auteur est comparatiste et non pas orientée sur le contentieux dans un seul pays. L'auteur n'est pas resté enfermé dans l'expérience qu'il connait le plus et qu'il a vécue de très près, celle du contentieux devant les juridictions de son pays, le Sénégal. Il s'est ouvert à divers pays d'Afrique francophone dont les expériences en termes de contentieux du contrôle des normes et de contentieux des institutions, y compris celui des temps de crise, sont identiques dans leur esprit : Bénin, Burkina Faso, Cameroun, Congo, Côte d'Ivoire, Gabon, Guinée, Madagascar, Mali, Niger, Sénégal et Togo.

On peut s'interroger sur la pertinence du choix ainsi fait par l'auteur de mettre ensemble des pays dont le point de ralliement le plus visible est l'usage de la langue française. L'auteur avoue lui-même que les expériences en Afrique francophone sont, pour certaines, inspirées du modèle français du contentieux constitutionnel ; et il prend argument de sa volonté d'exposer une lecture comparée des décisions et des expériences des juridictions constitutionnelles des pays qu'il a choisis. Il s'agit certes d'une communauté de culture empruntée de l'ancienne puissance coloniale commune, la France ; mais doit-on en conclure qu'il y a suffisamment d'éléments convergents entre ces systèmes constitutionnels pour justifier la construction d'une analyse comparative ? Des réflexions menées au sein de l'Organisation internationale de la Francophonie (OIF) peuvent en effet suggérer l'existence de quelques convergences entre les pays francophones. La comparaison est contestable ; mais en même temps, toute comparaison, surtout entre des systèmes politiques et le fonctionnement de leur organisation juridictionnelle, est contestable.

La justice constitutionnelle dans un pays ne peut pas être analysée et bien comprise sans que ne soient saisis l'esprit des institutions et les enjeux de la démocratie et des droits fondamentaux ; du moins, les dynamiques qui doivent conduire la société politique considérée à marcher vers la démocratie et la réalisation des droits fondamentaux. Ma critique ne s'adresse pas à l'auteur de cet ouvrage ; mais elle vise à faire la lumière sur les chemins qu'empruntent les systèmes politiques en Afrique et les institutions constitutionnelles qu'elles sécrètent et qui ne sont enfin de compte que le reflet de ces démocraties à rebours. À regarder de près, le fonctionnement de la justice constitutionnelle dans les pays d'Afrique francophone, du moins depuis le milieu de la décennie 1990, on éprouve le sentiment d'une double déception.

Première occasion de déception : le décalage entre les théories juridiques inscrites formellement dans les Constitutions des États du continent qui entendent se faire la traduction d'un monde *clean*, celui d'institutions normatives et organiques qui donnent du sens au Droit ; et les réalités des expériences constitutionnelles décevantes pour le plus grand nombre de personnes dans les pays, et dans les milieux intellectuels. Il existe certes des situations qui sont vécues comme des fulgurances constitutionnelles, mais elles sont insuffisantes pour relever les défis d'un contentieux constitutionnel promoteur. C'est surtout dans les pays francophones du continent que sont vécues ces expériences de décalage entre le droit annoncé en théorie et le droit vécu.

Deuxième occasion de déception, mais liée elle-même à celle précédemment soulignée. Cette dernière est plus vérifiable aux yeux de tous ; c'est le sentiment d'un nivellement par le bas des systèmes constitutionnels en Afrique. Les États d'Afrique francophone qui étaient naguère considérés comme exemplaires ont donné des signes de reflux ; en tout cas, ceux de ces États qui étaient visiblement et sans équivoque, en transition vers la démocratie, ont rejoint progressivement le peloton des régimes dans lesquels l'étage de la fusée qui sert à l'allumage des moteurs de la démocratie et de l'État de droit est en panne.

Est-il possible, devant ces interrogations, d'envisager une étude comparée des contentieux constitutionnels des pays visés ? Le défi que s'est imposé Saidou Nourou TALL est grand ; il a choisi de décrire et comparer des processus juridiques et juridictionnels qui n'ont pas toujours des éléments en commun. L'auteur n'a certainement pas relevé et résolu toutes les questions en jeu. Mais on doit surtout retenir qu'il a voulu mettre en avant ce qu'il appelle « *la routinisation du travail juridictionnel.* » Cette approche positiviste est commode ; elle évite les controverses et les lignes de fracture. Cette approche cherche avant tout les points de rencontre autour de l'objet du contentieux constitutionnel (Première Partie).

Dans la Deuxième Partie dans laquelle les aspects procéduraux du contentieux constitutionnel sont analysés, la démarche proposée par l'auteur a été de distinguer le contentieux des normes de celui des institutions, des droits fondamentaux et des temps de crise. Les normes sont évidemment présentées comme la matrice du contentieux, la donnée de base ; et ce sont aussi les normes qui déterminent les institutions, les droits fondamentaux et les temps de crise. On peut donc dire que tout le contentieux est celui des normes, en précisant que si les normes sont bien adoptées dans un régime où règne la gouvernance démocratique, il devrait exister moins d'occasions de contentieux et surtout de crises politiques. Le constat à faire dans les pays africains francophones, est que de mauvaises lois entrainent des dysfonctionnements institutionnels, des remises en cause des droits fondamentaux et des crises ; en retour, les crises sont des sources de corruption des lois.

Pour éviter le dysfonctionnement généralisé de la société, il est essentiel que le juge constitutionnel ne soit pas lui-même corrompu. C'est l'un des défis auquel est confronté le Droit du contentieux constitutionnel dans les États d'Afrique subsaharienne francophone.

Abidjan Cocody, le 1er novembre 2024

Djedjro Francisco Meledje

Professeur des Universités

DÉDICACE

À ma mère ;

À mon épouse Haby et aux enfants Rama, Nafy, Moustapha et Abdoulaye.

REMERCIEMENTS

L'auteur tient à exprimer sa gratitude et ses sincères remerciements :

- À sa très chère famille pour sa présence et ses encouragements ;
- Aux Professeurs El Hadj MBODJ (Sénégal), Francisco MELEDJE DJEDRO et Abraham GADJI (Côte d'Ivoire), Djobo Babakane COULIBALEY (Togo), Théodore HOLO et Arsène-Joël ADELOUI (Bénin), Alain ONDOUA, Serge SOBZE et Jean-Mermoz BIKORO (Cameroun), Sidney ADOUA MBONGO (Congo), Paterne MAMBO et Sébastien LATH-YEDOH (Côte d'Ivoire), Boubacar BA, Meissa DIAKHATE (Sénégal) ;
- Aux docteurs El Hadj Oumar DIOP, Mamadou Yaya DIALLO et Bara AMAR (UCAD), Alia DIABY, Ansoumane SACKO et Abdourahmane Wassalo DIALLO (Université Général Lansana Conte de Sonfonia, Guinée), Habib DJIGA (Université Thomas Sankara, Burkina Faso), Oumar Toumaly DIALLO (Université des Sciences juridiques politiques et administratives de Bamako, Mali), Alassane SOUFOUYANOU (Université de Tahoua, Niger) ;
- À Mme le Doyen de la FSJP, Professeure Aminata CISSE NIANG ;
- À tous les membres du personnel enseignant et de recherche et du personnel administratif, technique et de service (FSJP/UCAD).

SIGLES ET ABRÉVIATIONS

A.A. : Annales africaines

AA-HJF : Association africaine des Hautes Juridictions francophones.

ABJC : Annuaire béninois de Justice constitutionnelle

A.C.C.F. : Association des Cours et Conseils constitutionnels Francophones

A.C.C.P.U.F. : Association des Cours Constitutionnelles ayant en Partage l'Usage du Français

A.E.F. : Afrique Equatoriale française

A.F.D.C. : Association française de Droit constitutionnel

A.F.D.I. : Annuaire français de Droit international

Aff. : Affaire(s)

A.I.J.C. : Annuaire international de Justice constitutionnelle

A.J/A.J.D.A. : Actualité juridique Droit administratif

Al. : Alinéa

Al. /Alii : autres

A.L.S. : Assemblée législative du Sénégal (avant 1960)

A.N. : Assemblée nationale

A.N.D.C. : Association nigérienne de Droit constitutionnel

A.O.F. : Afrique Occidentale française

A.P.F. : Assemblée parlementaire de la Francophonie

Art. : Article

Art. préc. : Article précité

A.S.D.C. : Association sénégalaise de Droit constitutionnel

Ass. (CE) : Assemblée du Conseil d'État (France)

A.U./U.A.: *African Union* (Union africaine)

A.U.F. : Agence Universitaire de la Francophonie

AZAPO. : *Azanian People Organization*

B.A.M. : Bibliothèque africaine et malgache

C.A.D.E.G. : Charte africaine de la Démocratie, des Élections et de la Gouvernance

C.C. (le) : Conseil constitutionnel

C.C. (la) : Cour constitutionnelle

C.C.B. : Cour constitutionnelle du Bénin

C.C.S. : Conseil constitutionnel du Sénégal

C.C.T. : Conseil constitutionnel de Transition

C.E. (le) : Conseil d'État (France)

C.E. (les) : Communautés européennes.

C.E.D.E.A.O. : Communauté économique des États de l'Afrique de l'Ouest

C.E.D.H. : Cour européenne des Droits de l'Homme

C.E.E.A.C. : Communauté économique des États de l'Afrique Centrale

C.E. NA. : Commission électorale nationale autonome

C.E.N.I. : Commission électorale nationale indépendante

C.E.R.D.I.P. : Centre d'études et de recherches sur le droit et les institutions politiques

Cf. : confer

C.H.E.A.M. : Centre des Hautes Études sur l'Afrique et l'Asie modernes

Chr. : Chronique

C.I.A.D.H : Cour Interaméricaine des Droits de l'Homme

C.I.J. : Cour internationale de justice

C.J. : Cour de Justice

C.J.C.E. : Cour de Justice des Communautés européennes (UE)

C.J/CEDEAO : Cour de Justice de la CEDEAO

CJ/UEMOA : Cour de justice de l'UEMOA

C.N.R.D.R.E : Comité national pour le Redressement de la Démocratie et la Restauration de l'État (Niger)

C.N.R.V. : Commission nationale de recensement des votes

CODESRIA : Conseil pour le développement des sciences sociales et de la recherche en Afrique

Coll. : Collection

Concl. : Conclusions

C.P.J.I. : Cour permanente de justice internationale

CREDHO : Centre de recherches sur les droits de l'Homme

CREDILA. : Centre de recherches et de documentation sur les institutions et les législations africaines

CREPOS : Centre de recherche sur les politiques sociales

C.S. (le) : Conseil de Sécurité (ONU)

C.S. (la) : Cour suprême (Sénégal)

C.S.C.A. : Cour suprême, chambre administrative

C.V.A. : Contrôle par voie d'action

C.V.E. : Contrôle par voie d'exception

C.V.D.T. : Convention de Vienne sur le Droit des Traités de 1969

D. : Dalloz (recueil)

D.D.H.C. : Déclaration des Droits de l'Homme et du Citoyen

D.I.P. : Droit international public

Dir. : Sous la direction de

D.O.M. : Départements d'Outre-mer

D.P.G. : Déclaration de politique générale

D.U.D.H. : Déclaration universelle des Droits de l'Homme

Ed. : Edition

E.D.J.A. : Éditions juridiques africaines

ERSUMA : École régionale Supérieure de formation des Magistrats et des Auxiliaires de Justice

G.A.J.A. : Grands Arrêts de la Jurisprudence administrative

G.D.C.A. : Grandes Décisions du Contentieux administratif

G.D.C.C. : Grandes Décisions de la Cour constitutionnelle (Bénin)

G.D.J.A.S. : Grandes Décisions de la Juridiction administrative sénégalaise

H.C.C. : Haute Cour Constitutionnelle (Madagascar)

HV : Haute Volta

I.D.E.A. : Institut International pour la Démocratie et l'Assistance électorale

I.N.I.D.H. : Institution Nationale indépendante des Droits Humains

J.C.P. : Jurisclasseur périodique (Semaine juridique)

J.O. : Journal Officiel

J.O.B.F. : Journal Officiel du Burkina Faso

J.O.R.B. : Journal Officiel de la République du Bénin

J.O.R.C.A. : Journal Officiel de la République Centrafricaine

J.O.R.C.I. : Journal Officiel de la République de Côte d'Ivoire

J.O.R.D.C. : Journal Officiel de la République Démocratique du Congo

J.O.R.F. : Journal Officiel de la République française

J.O.R.G. : Journal Officiel de la République gabonaise ou de la République de Guinée (selon les cas)

J.O.R.H.V. : Journal Officiel de la République de Haute-Volta

J.O.R.M. : Journal Officiel de la République du Mali

J.O.R.N. : Journal Officiel de la République du Niger

J.O.R.S : Journal Officiel de la République du Sénégal

J.O.R.T. : Journal Officiel de la République togolaise

L.G.D.J. : Librairie Générale de Droit et de Jurisprudence

L.E.P.I : Liste électorale permanente informatisée (Bénin)

L.O. : Loi organique

L.O.L.F. : Loi organique relative aux lois de finances

L.P.A. : Les Petites Affiches

N.C.C.C. : Nouveaux Cahiers du Conseil constitutionnel (France)

N.E.A. : Nouvelles Éditions africaines

N.E.A.S. : Nouvelles Éditions africaines du Sénégal

O.V. C. : Objectif à valeur constitutionnelle

P : Page (s)

P.A.N. : Président de l'Assemblée nationale

Parag. /*§* : Paragraphe

P.F.R.L.R. : Principes fondamentaux reconnus par les lois de la République

P.G.D. : Principes généraux de droit

P.M. : Premier ministre

P.P.N.T. : Principes particulièrement nécessaires à notre temps

PR : Président de la République

P.R.A.O. : Programme régional des pêches en Afrique de l'Ouest

P.U.A.M. : Presses universitaires d'Aix-Marseille
P.U.F. : Presses universitaires de France
P.V.C. : Principes à valeur constitutionnelle
Q.P.C. : Question prioritaire de constitutionnalité
R.A. : Revue administrative
R.A.D.I.C. : Revue africaine de Droit international et comparé
RAMRES : Revue africaine et malgache de Recherche de l'Enseignement supérieur
R.A.R.J.P. : Revue africaine de Recherches juridiques et politiques
R.B.D. : Revue burkinabé de Droit
R.B.S.J.A. : Revue béninoise des Sciences juridiques et administratives
R.B.S.P. : Revue béninoise des Sciences politiques
R.C.A. : République Centrafricaine
R.C.A.D.I. : Recueil des Cours de l'Académie de Droit international
R.C.C. : Revue Constitution et Consolidation de l'état de droit, de la démocratie et des libertés fondamentales en Afrique
R.C.I. : République de Côte d'Ivoire
R.D.C. : République Démocratique du Congo
R.D.P. : Revue du Droit public et de la Science politique en France et à l'étranger
Rec. : Recueil
R.E.M. : Rectification d'erreur matérielle
R.E.N.A. : Recensement Electoral national Approfondi
R.E.P. : Recours pour excès de pouvoir
R.F.D.C. : Revue française de Droit constitutionnel
R.F.E.P.A. : Revue française d'Études politiques africaines
R.F.F.P. : Revue française des Finances publiques
R.F.S.P. : Revue française de Science politique
R.I. : Règlement intérieur
R.I.A.N. : Règlement intérieur de l'Assemblée nationale
R.I.D. : Revue ivoirienne de Droit
R.I.D.C. : Revue internationale de Droit comparé
R.I.P.A.S. : Revue des Institutions politiques et administratives du Sénégal

R.I.V.E. : Recours en inconstitutionnalité par voie d'exception

R.J.P.I.C. : Revue juridique et politique Indépendance et Coopération (RJE)

R.J.E : Revue juridique et Politique des États d'Afrique francophone

R.R.J. : Revue de la Recherche juridique/Droit prospectif

R.S.D. : Revue sénégalaise de Droit

s. suivant(e)

S. : Sirey (recueil)

S.A.D.C. : *South African Development Community*

S.B.D.C. : Société burkinabé de Droit constitutionnel

S.G. : Secrétariat ou Secrétaire général

S.J.P : Sciences juridiques et politiques

S.V.A : Saisine par voie d'action

S.V.E. : Saisine par voie d'exception

T. : Tome (s)

TGIHC : Tribunal de grande instance hors classe de Dakar

T.O.M. : Territoires d'Outre-mer

U.C.A.D. : Université Cheikh Anta Diop de Dakar

U.E.M.O.A. : Union Économique et Monétaire Ouest Africaine

Vol. : Volume

SOMMAIRE

INTRODUCTION GÉNÉRALE

Ubi societas Ibi jus. Cet aphorisme ne saurait mieux traduire les nécessités de la justice constitutionnelle en Afrique noire francophone à travers les nombreux textes structurants, sur les plans formel et matériel, les juridictions chargées d'assurer le respect de la hiérarchie des normes.

Cette assertion est d'autant plus fondée qu'une étude des États africains, depuis leur accession à la souveraineté internationale, peut difficilement se départir de constats selon lesquels la plupart de ces pays sont confrontés à une grande fragilité marquée, épisodiquement, par une succession de régimes civils et militaires[2], de conflits armés internationaux ou non internationaux, autant d'instabilités ponctuées par de profondes mutations constitutionnelles et juridictionnelles.

Sur ce point, El Hadji Mbodj dressait le tableau suivant : « Les crises récurrentes de légitimité sont une des tares majeures de l'État africain postcolonial qui cherche toujours à se stabiliser après des indépendances, souvent, mal négociées. Le contexte politique africain est ainsi essentiellement caractérisé par une sorte de pathologie manifeste à travers l'apparition d'un ensemble de phénomènes négatifs comme l'irruption

---

[2] Les monographies sur les régimes militaires africains ne se comptent plus. Cf. Moustapha SOURANG, « Régimes militaires et modernisation politique : nuanciation des théories développementalistes à travers l'exemple du Zaïre », in Annales africaines 1980, pp. 169-199 ; Michel Louis MARTIN, La militarisation des systèmes politiques africains, Québec, Ed. Norman de Sherbrooke, 1976, 197 p. ; Michel Louis MARTIN, « Le soldat prétorien, la politique et le changement social en Afrique : les causes militaires d'un échec », Année africaine 1978, p. 119 et s ; Gérard TIXIER, « Les gouvernements militaires en Afrique noire », R.J.P.I.C. n° 4, octobre-décembre 1967, pp. 559-576 ; Tatiana YANNAPOULOS et Dénis MARTIN, « Régimes militaires et classes sociales en Afrique noire. Une hypothèse », RFSP, vol. XIII, n° 6, 1973, pp. 1239-1266 ; Dimitri-Georges LAVROFF, « Régimes militaires et développement politique en Afrique noire », RFSP, vol. XXII, n°5, 1972, pp. 973-991 ; Pierre DABEZIES, « L'alternance dans les dictatures militaires du tiers-monde », in pouvoirs n° 1 « L'alternance », Paris, PUF, 1977, pp. 113-116 ; Revue Pouvoirs n°25, Les pouvoirs africains, Paris, 1983, 208p ; René CORNEVIN, « Coups d'État en chaine au Dahomey », R.F.E.P.A. n° 99, mars 1974, pp. 52-65.

des militaires dans la dévolution et l'exercice du pouvoir, les dictatures, les guerres civiles, autant d'éléments contre-productifs qui vont jalonner toute l'histoire politique contemporaine de ces anciennes colonies européennes »[3].

En dépit de ces constats, peu ou prou avérés, on ne saurait occulter les effets polarisants de la mondialisation de la justice constitutionnelle, par la convergence d'idées, de principes et de normes faisant prévaloir la suprématie des Lois fondamentales dans les ordres juridiques nationaux. Ces effets se manifestent, progressivement, par la dissémination et la réappropriation des valeurs de la démocratie, de l'état de droit et des droits et libertés fondamentaux.

Ces nombreuses mutations[4], engendrées ou suivies par des crises et conflits, ne s'accompagnent pas moins d'une automédication et d'un foisonnement normatif sans précédent, avec un usage fréquent de Constitutions, d'ordonnances portant sur l'organisation des pouvoirs publics[5], de Chartes de transition et autres Actes constitutionnels provisoires mais aussi de tout un appareillage législatif et réglementaire.

Ces dynamiques profondes, qui jalonnent l'histoire constitutionnelle des pays sous étude[6] ; produisent, entre autres effets, une « tropicalisation » de la séparation des pouvoirs, la proclamation (généreuse) et la garantie (mitigée) des droits et libertés de la personne humaine[7], ce qui ne manque pas de générer un volume appréciable de contentieux dont

[3] El Hadji MBODJ, « La constitution de transition et la résolution des conflits en Afrique. L'exemple de la République démocratique du Congo », RDP, 2010, n° 2, p. 441 ; voir aussi, Babacar KANTE, « Le constitutionnalisme à l'épreuve de la transition démocratique en Afrique » in C*onstitutionnalism in Africa. À quest for autochthonous principles*, Sanders Institut, Gouda Quint, Deventer 1996, pp. 17-32 ; Ibrahim David SALAMI, « Le chef de l'État de transition », Revue béninoise de Sciences politiques, vol.01, n° 01, mai 2017, pp. 1-47.

[4] Pour une vue d'ensemble, cf. Gérard CONAC (sous la direction de), L'Afrique en transition vers le pluralisme politique, Paris, Economica, Coll. La vie du Droit en Afrique, 1993 ; Jean-Pierre DALOZ et Patrick QUANTIN (sous la direction de), Transitions démocratiques en Afrique : dynamiques et contraintes (1990-1994), Paris, Karthala, 1997, 313 p.

[5] Cf., Saidou Nourou TALL, Droit constitutionnel et ordonnances dans les États d'Afrique noire francophone, Paris, L'Harmattan, 2021, 350 p.

[6] Cet ouvrage met particulièrement en lumière le(s) contentieux constitutionnel(s) des États suivants : Bénin, Burkina Faso, Cameroun, Congo, Côte d'Ivoire, Gabon, Guinée, Madagascar, Mali, Niger, Sénégal et Togo.

[7] Voir, ACCF, Le juge constitutionnel et les droits de l'Homme, Actes du colloque de Dakar, mai 2022, 907p, www.accf-francophonie.org.

l'examen de conformité à la Constitution relève de juridictions aux attributions très variables.

En se proposant d'étudier la diversité des contentieux constitutionnels, par l'entrelacement des aspects formels et matériels, par le bornage des cadres institutionnels et normatifs, ce présent ouvrage invite à une introspection, une recension et une exploration des structures, de la procédure, des écueils et de la complexité des contentieux constitutionnels, à travers l'ancrage à la pratique des États francophones[8] et l'arrimage à leurs Constitutions, lois et règlements.

Au vu de ces considérations, énoncer et systématiser les linéaments d'un droit du contentieux constitutionnel dans ces États francophones requiert nécessairement un cadrage historique et normatif (**§. I**), le dévidement de l'écheveau des concepts et le dévoilement de la trame de l'ouvrage (**§. II**).

Paragraphe I : Cadrage historique et normatif

À leur accession à la souveraineté internationale, les États subsahariens francophones ont hérité d'un riche legs colonial (A) dont les diverses tentatives d'« endogénisation »[9], sous l'effet successif de régimes de partis uniques, de régimes parlementaires, présidentiels voire présidentialistes, ont engendré de nombreuses métamorphoses constitutionnelles, creusets de génération et de résolution de conflits juridiques ou politiques à la faveur de l'apparition de juridictions chargées d'en vider le contentieux (B).

A) Un legs juridique français

La convocation de l'historicité et de la juridicité, qui renvoient respectivement au caractère d'un fait qui appartient à l'histoire ou au caractère de ce qui est juridique, invite à s'adonner à une rétrospective non exhaustive des apports de l'histoire constitutionnelle française[10]. À

[8] Cf, Karim DOSSO, « Les pratiques constitutionnelles dans les pays d'Afrique noire francophone : cohérences et incohérences », RFDC, 2012/2 (n° 90), pp. 57-85.

[9] Selon l'expression de Danièle DARLAN, « Les Constitutions africaines : entre mimétisme et endogénéisation », Actes du colloque de l'AA-HJF, Porto-Novo (Bénin), 24-26 juillet 2023.

[10] Jean GICQUEL, Droit constitutionnel et Institutions politiques, Paris, Montchrestien, 17e édition 2001, p. 379 ; Marcel MORABITO et Daniel BOURMAUD, Histoire constitutionnelle et politique de la France (1789-1958), Paris, Montchrestien, 4e édition 1996 ; Pierre BODINEAU et Michel VERPEAUX, Histoire constitutionnelle de la France, Paris, PUF, Que sais-je ? n° 3547, 2000, p. 9 ; Denis ALLAND et Stéphane RIALS, Dictionnaire de la culture juridique, Paris, Quadrige/PUF, Lamy, 2003, 1640 p.

cet égard, deux points d'ancrage peuvent servir de repères : la Déclaration de 1789 et l'évolution constitutionnelle vers la période de décolonisation.

En ce qui concerne la Déclaration des Droits de l'Homme et du Citoyen du 26 août 1789, œuvre des révolutionnaires français, il est intéressant de souligner son importation, jusqu'à une période récente, dans certaines Constitutions africaines francophones[11] qui en font une composante essentielle du bloc de constitutionnalité, ce qui offre, à côté de grands textes internationaux[12], une cuirasse supplémentaire de protection des droits de la personne humaine.

La période révolutionnaire est également riche en propositions de textes. Ainsi, l'abbé Emmanuel-Joseph Sieyès proposera la création d'une « *jurie constitutionnaire* »[13], dans ses discours des 2 et 18 thermidor An III (29 juillet et 5 août 1795), qui serait un pouvoir neutre, à vocation politique et juridictionnelle, pour contrôler la constitutionnalité des lois, et pour modifier éventuellement la Constitution[14].

Moins connue, fut la proposition de Guy-Armand Simon de Coëtnempren, Comte de Kersaint, de mettre en place un « *Tribunal des censeurs* », pour la protection des droits de l'Homme. Ces deux projets resteront sans succès[15].

---

[11] La République du Sénégal est un des rares États africains dont le préambule de la Constitution continue de renvoyer à la Déclaration de 1789. Voir, Chapitre I de la Première partie de cet ouvrage.

[12] Voir, Saidou Nourou TALL, « Les références au Droit international public dans les Constitutions du Bénin, du Sénégal et du Togo » *in* Koffi AHADZI-NONOU, Fréderic-Joël AIVO, Dodzi KOKOROKO et Adama KPODAR (dir.), Démocratie en questions, Mélanges offerts à Théodore HOLO, Toulouse, Presses de l'Université Toulouse 1 Capitole, 2017, 612 p.

[13] Cf., Marco FIORAVANTI, « Sieyès et le jury constitutionnaire : perspectives historico-juridiques », Annales historiques de la Révolution française, juillet-septembre 2007, pp.87-103.

[14] Les historiens font remonter l'origine du contrôle de conformité au 5e siècle avant J.C avec les textes de l'Ecclésia par rapport à la constitution athénienne ; voir, Pierre-Hugues BARRE, « Le contrôle de constitutionnalité dans l'Antiquité athénienne : la procédure de la *graphê paranomôn* », *RFDC*, 2023, n° 135, pp. 699-706, cité par Cirbaj DE SOUZA, Les nouveaux pouvoirs du juge constitutionnel béninois à la lumière d'une approche comparatiste. Contribution à la théorie du contentieux constitutionnel, Thèse de doctorat, Université de Paris Saclay, septembre 2024.

[15] Jean-Louis DEBRE, « Contrôle de constitutionnalité : entre tradition et modernité », Discours au colloque sur la séparation des pouvoirs et la justice constitutionnelle, 6 mai 2014, www.conseil-constitutionnel.fr (consulté en août 2023).

Des décennies plus tard, à la suite de l'adoption de l'Acte général, lors de la Conférence de Berlin du 23 février 1885, s'instaure une longue période marquée par la mise en place du système colonial bâti sur une discrimination raciale, le travail forcé[16], l'exploitation effrénée des matières premières africaines. Ce système était soutenu par une administration coloniale avec ses gouverneurs généraux et autres commandants de cercle qui gardaient la haute main sur une justice duale.

Déjà, en 1904, sera institué, en Afrique occidentale[17], le régime de l'indigénat[18], qui sera élargi à l'Afrique équatoriale en 1910[19]. C'est donc une évidence d'affirmer que l'architecture du système colonial repose sur le régime de l'indigénat qui justifie la distinction entre la justice coutumière et la justice moderne. Ce système est ainsi explicité par Danièle Darlan : « La justice dans les colonies est réglée par des décrets et non par la loi. Il est institué la justice moderne et la justice indigène. La justice dite indigène est réorganisée par le décret du 29 mars 1936 en ce qui concerne l'AOF et par le décret du 29 mai 1936 en ce qui concerne l'AEF. Les juridictions indigènes sont des tribunaux de conciliation, premier et deuxième degré. La justice traditionnelle applique les coutumes, une chambre d'homologation connait des recours en annulation ; des demandes de révision et de l'homologation des décisions rendues par la justice indigène. D'autres décrets suivront. Un décret du 26 juillet 1944 donne pouvoir au gouverneur général d'instituer des juridictions indigènes coutumières qui peuvent être saisies sans conciliation préalable. Le décret du 17 juillet 1944 institue un code pénal indigène et une justice pénale indigène qui sera supprimée par le décret du 30 avril 1946 »[20].

À la fin de la Deuxième Guerre mondiale, les premières fondations d'un contrôle de constitutionnalité seront posées avec les articles 91 à 93 de la Constitution du 27 octobre 1946, qui régissent le Comité

[16] Le travail forcé sera supprimé, dans les colonies, avec la loi « Félix Houphouët Boigny » du 11 avril 1946.
[17] Décret du 21 novembre 1904 (AOF).
[18] Il ne sera supprimé qu'à la suite de la loi « Lamine Guèye » du 7 mai 1946, pour faire place au statut de citoyen.
[19] Décret du 31 mai 1910 (AEF).
[20] Danièle DARLAN, « Les Constitutions africaines : entre mimétisme et endogénéisation », *op. cit.*

constitutionnel. Cet organe, très politique[21], ne pouvait exercer son office, selon l'article 92, alinéa premier de la Constitution, « *dans le délai de promulgation de la loi* », qu'à la suite d'une saisine conjointe « *du Président de la République et du Président du Conseil de la République, le Conseil ayant statué à la majorité absolue des membres le composant* ». Le Comité devait rechercher un accord entre les deux chambres du Parlement (l'Assemblée nationale et le Conseil de la République). Dans le cas contraire, il vérifiait dans un délai de cinq jours (ou deux jours en cas d'urgence) si la conformité de la loi nécessitait une révision de la Constitution. Ces différentes restrictions étaient assorties de la contrainte telle que seules les dispositions du corpus constitutionnel pouvaient être examinées, à l'exclusion de celles du Préambule[22].

Toutefois, cette institution « symbolique », selon Georges Vedel, n'a pas connu le succès escompté. Le Comité n'a été saisi pour avis qu'une seule fois, en 1948, la procédure s'étant prématurément conclue par un accord entre les chambres.

Par ailleurs, la période est également significative par l'entame du processus de décolonisation. La fin de la Seconde Guerre mondiale a eu un effet accélérateur des revendications d'émancipation des colonies. Une des réponses à ce besoin d'indépendance s'est traduite par le Titre VIII (art.60 à 82) de la Constitution française de 1946, intitulé « *De l'Union française* », sorte d'association entre la métropole, les D.O.M, les T.O.M, les territoires et États associés (art.60). Dans le prolongement de cette Constitution, la « loi Gaston Deferre » va consacrer une plus grande autonomie d'organisation et de fonctionnement des colonies, en disposant notamment, en son article 1er « *Sans préjuger la réforme attendue du titre VIII de la Constitution, afin d'associer plus étroitement les populations d'outre-mer à la gestion de leurs intérêts propres, des mesures de décentralisation et de déconcentration administratives interviendront dans le cadre des territoires, groupes de territoires et des services centraux relevant du ministère de la France d'outre-mer.*

[21] Il était composé du Président de la République, du Président de l'Assemblée nationale, du Président du Conseil de la République, de sept membres élus par l'Assemblée nationale et de trois membres élus par le Conseil de la République.

[22] Voir, Jeanne LEMASURIER, La Constitution de 1946 et le contrôle juridictionnel du législateur, Paris, LGDJ, 1954 ; Jeannette BOUGRAB, « Le contrôle de constitutionnalité des lois dans l'élaboration de la Constitution du 27 octobre 1946 », RFDC, 1999, n° 38, pp. 285-314.

À cet effet, des décrets pris dans les formes prévues par l'article 6 de la loi n° 48-1268 du 17 août 1948 sur le rapport du ministre de la France d'outre-mer et, éventuellement, des ministres intéressés, pourront :

1° Modifier le rôle et les pouvoirs d'administration et de gestion des gouvernements généraux en vue de les transformer en organismes de coordination ainsi que modifier la composition et les attributions des grands conseils et de l'assemblée représentative de Madagascar ;

2° Instituer dans tous les territoires des conseils de gouvernement et, en sus, à Madagascar, des conseils provinciaux chargés notamment de l'administration des services territoriaux... »[23].

En 1958, l'Union française, avatar assoupli du système colonial, va se muer, avec la Constitution de la Ve République, en « Communauté ».

Deux dispositions du texte de 1958 méritent d'être soulignées. C'est d'abord l'article 76 de la Constitution de la Ve République : « *Les territoires d'Outre-Mer peuvent garder leur statut au sein de la République. S'ils en manifestent la volonté par délibération de leur assemblée territoriale prise dans le délai prévu au premier alinéa de l'article 91, ils deviennent soit départements d'Outre-Mer de la République, soit, groupés ou non entre eux, États membres de la Communauté* ».

C'est ensuite l'art.77 de la Constitution de 1958 prévoyant : « *Dans la Communauté instituée par la présente Constitution, les États jouissent de l'autonomie ; ils s'administrent eux-mêmes et gèrent démocratiquement et librement leurs propres affaires. Il n'existe qu'une citoyenneté de la Communauté. Tous les citoyens sont égaux en droit, quelles que soient leur origine, leur race et leur religion. Ils ont les mêmes devoirs* ».

Ces concessions aux revendications des élites africaines feront l'objet de réceptions diverses, dans les pays colonisés, à l'instar de l'autonomie constitutionnelle proclamée au Sénégal. Comme le rappelait fort opportunément le paragraphe 2 du Préambule de la Constitution sénégalaise de 1959 « *Conformément à l'article 76, et dans les perspectives ouvertes par les articles 86 et 88 de la Constitution de la Communauté, la République du Sénégal, par une libre décision des représentants élus de son peuple, se propose de tout*

[23] Loi-cadre du 23 juin 1956 ou *Loi n° 56-619 autorisant le gouvernement à mettre en œuvre les réformes et à prendre les mesures propres à assurer l'évolution des territoires relevant du ministère de la France d'outre-mer*, Texte complet *in* Journal Officiel de la Polynésie Française du 15 août 1957, p. 434.

mettre en œuvre pour aboutir à l'Unité africaine, dans le cadre d'une Fédération démocratique. Elle entend assumer l'évolution de son peuple, en l'amenant à construire son indépendance dans l'amitié et l'association avec le peuple de France. Celle-ci répondra aux exigences d'une civilisation nouvelle fondée sur le développement complet et harmonieux de ses richesses économiques, sociales, culturelles, mises au service de l'homme »[24].

À la suite de la Constitution de 1958, l'ordonnance « Plantey », édictée le 6 octobre 1958, va fixer, de manière anticipatrice, le cadre d'évolution vers l'autonomie, puis l'indépendance. Son article 2 dispose : *« dans les États membres de la Communauté, les dispositions ayant valeur législative ou règlementaire en vigueur à la date du choix prévu à l'article 76 de la Constitution restent applicables en leurs dispositions non contraires à la Constitution tant que leur modification ou leur abrogation n'ont pas été prononcées par les autorités compétentes en vertu de la Constitution et du nouveau statut desdits États ».*

Concernant l'organisation judiciaire dans les colonies, cette ordonnance est complétée par deux décisions présidentielles du 12 juin 1959 fixant les « *principes généraux du contrôle de la justice* », qui, selon ces textes, « *s'entend comme une mission supérieure confiée à la communauté de veiller à ce que soit respecté l'idéal de justice et de liberté auquel ont souscrit les peuples des états membres* »[25].

Néanmoins, ce savant habillage colonial, de l'Union française à la Communauté française, permettra, avec le référendum de 1958, l'avènement de pouvoirs publics africains dotés d'une autonomie fonctionnelle [26] et organique [27] tout en restant membres de la Communauté, jusqu'à 1960, année des indépendances[28].

---

[24] Cf., Ismaila Madior FALL, Textes constitutionnels du Sénégal du 24 janvier 1959 au 15 mai 2007, Dakar, Éditions du CREDILA, 2007.

[25] Voir, Danièle DARLAN, *op. cit.*

[26] Voir, la Constitution du Sénégal du 24 janvier 1959 *in* Ismaila Madior FALL, Evolution constitutionnelle du Sénégal. De la veille de l'indépendance aux élections de 2007, CREDILA-Karthala-CREPOS, 2009,191p ; El Hadj Ibrahima NDAO, Sénégal. Histoire des conquêtes démocratiques, Dakar, NEAS, 2003.

[27] Les pays d'AEF et d'AOF, dans leur majorité, vont choisir de rester membres de la Communauté jusqu'à 1960, voir Ismaila Madior FALL, Evolution constitutionnelle du Sénégal, *op. cit.*

[28] Sur la décolonisation, Gérard CONAC, « L'évolution constitutionnelle des États francophones d'Afrique Noire et de la République Démocratique malgache » *in* Gérard CONAC, Les institutions constitutionnelles dans les États d'Afrique francophone et de la République malgache, Paris, Economica, 1979, 355 p., (pp. 1-68).

Il est patent qu'en dépit des transformations constitutionnelles, la période est marquée par l'absence de juridictions exerçant un véritable contrôle de constitutionnalité. La priorité était orientée vers la résolution de contentieux de droit coutumier ou de droit dit moderne, c'est-à-dire, de droit civil, de droit pénal ou de droit administratif, la justice constitutionnelle n'étant encore qu'au stade prudentiel en métropole.

Cette vacuité juridictionnelle est attestée par une partie de la doctrine qui la justifie ainsi : « L'organisation pyramidale et extrêmement centralisée des administrations coloniales a empêché l'émergence d'un système efficace de justice constitutionnelle capable de restreindre et de contrôler les actions exécutives et législatives des autorités coloniales : l'État colonial était par excellence un État par le droit, et non un État de droit (…). Par conséquent, la période coloniale a été marquée par l'absence de justice constitutionnelle, étant donné qu'aucun mécanisme (juridictionnel ou autre) ne permettait de veiller à ce que les autorités administratives coloniales se conforment à un ordre juridique supérieur »[29].

En France, l'idée d'un mécanisme de justice constitutionnelle va voir le jour, de manière beaucoup plus décisive, avec la Constitution de 1958. Celle-ci sera précédée de la loi constitutionnelle du 3 juin 1958 qui en fixera les principes fondamentaux[30].

---

[29] Voir, Markus BOCKENFORDE, Babacar KANTE, Yuhnowo NGENGE et H. Kwasi PREMPEH, Les juridictions constitutionnelles en Afrique de l'ouest. Analyse comparée, Institut International pour la Démocratie et l'Assistance électorale (IDEA) et Fondation Hanns Seidel, 2016, p. 40.

[30] Son article unique dispose : *« Par dérogation aux dispositions de son article 90, la Constitution sera révisée par le gouvernement investi le 1er juin 1958 et ce, dans les formes suivantes : Le Gouvernement de la République établit un projet de loi constitutionnelle mettant en œuvre les principes ci-après : 1° Seul le suffrage universel est la source du pouvoir. C'est du suffrage universel ou des instances élues par lui que dérivent le pouvoir législatif et le pouvoir exécutif ; 2° Le pouvoir exécutif et le pouvoir législatif doivent être effectivement séparés de façon que le Gouvernement et le Parlement assument chacun pour sa part et sous sa responsabilité la plénitude de leurs attributions ; 3° Le Gouvernement doit être responsable devant le Parlement ; 4° L'autorité judiciaire doit demeurer indépendante pour être à même d'assurer le respect des libertés essentielles telles qu'elles sont définies par le préambule de la Constitution de 1946 et par la Déclaration des droits de l'homme à laquelle il se réfère ; 5° La Constitution doit permettre d'organiser les rapports de la République avec les peuples qui lui sont associés. Pour établir le projet, le Gouvernement recueille l'avis d'un comité consultatif où siègent notamment des membres du Parlement désignés par les commissions compétentes de l'Assemblée nationale et du Conseil de la République. Le nombre des membres du comité consultatif désignés par*

L'avènement de la Ve République, avec le choix du modèle européen de justice constitutionnelle[31], aura également dessiné un arc de mimétisme[32], avec les Constitutions des États francophones d'Afrique subsaharienne, qui, après la phase infructueuse d'expérimentation du parlementarisme[33], vont tenter d'adopter avant d'adapter à leurs réalités socioculturelles, la structure rédactionnelle et l'agencement normatif de la Constitution de 1958.

B) Une réappropriation diversifiée par les États africains francophones

Il est de coutume de relever qu'en matière d'organisation des pouvoirs publics, la cinquième République française a été initialement la commune source d'inspiration (Constitution de 1958 et son modèle de justice constitutionnelle). Toutefois, les juridictions constitutionnelles africaines, à l'épreuve du parti unique ou ultra dominant, des régimes militaires ou de l'avènement du pluralisme politique, y ont adjoint une coloration propre, tant au plan formel qu'au plan matériel, la décalcomanie n'étant pas absolue.

---

chacune des commissions est au moins égal au tiers du nombre des membres de ces commissions ; le nombre total des membres du comité consultatif désignés par les commissions est égal aux deux tiers des membres du comité. Le projet de loi arrêté en Conseil des ministres, après avis du Conseil d'État, est soumis au référendum. La loi constitutionnelle portant révision de la Constitution est promulguée par le président de la République dans les huit jours de son adoption ».

[31] Le choix se veut distinct du modèle américain (Cour suprême, cours et tribunaux) qualifié de « gouvernement de juges » par Edouard Lambert et s'inscrit également dans une période de détachement progressif du légicentrisme, (système normatif sacralisant la loi expression de la volonté générale, infaillible et incontrôlable).

[32] Sur le phénomène du mimétisme en général, voir Jean DU BOIS DE GAUDUSSON, « Le mimétisme postcolonial, et après ? », Revue Pouvoirs 2009/2, n° 129, pp. 45-55 ; Yves MENY (dir.), Les politiques du mimétisme juridique. La greffe et le rejet, Paris, L'Harmattan, 1985, 286 p ; Jean RIVERO, « Les phénomènes d'imitation des modèles étrangers en droit administratif », Mélanges W-J. Ganshof Van Der Meersch, Bruxelles, Bruylant, 1972, Tome 3 ; Vabigné DONZO, Le mimétisme juridique en Afrique francophone, Paris, Les Éditions du Net, 2020 ; André CABANIS, « Constitutions africaines et française : mimétisme inversé ou dialogue des constitutionnalistes francophones ? », *in* Mamadou Badji et Saidou Nourou Tall, Les transformations de l'État , Mélanges en l'honneur de Babacar Guèye , FSJP/UCAD et Presses de l'Université de Toulouse Capitole I, novembre 2019, pp.121-142.Voir , en sens contraire, Fleur DARGENT, « Les échecs du mimétisme constitutionnel en Afrique noire francophone », RDP, 2017, n° 5, pp. 1347-1373.

[33] Jean de Dieu MBOUENDEU, « La brève et malheureuse expérience du régime parlementaire par les États africains », RJPIC, volume 33, n° 4, 1979, pp. 451-465.

Dans cette période de décolonisation, on s'accorde à identifier deux séquences temporelles, chevillées autour de l'avant et de l'après 1990, qui vont structurer la naissance et l'évolution des juridictions chargées du contentieux constitutionnel.

Dans la première séquence temporelle, correspondant aux trois premières décennies d'indépendances, on constate le choix de l'unité de juridiction avec, à la base des cours et tribunaux compétents à la fois pour régler des litiges administratifs, civils, pénaux et sociaux et, au sommet, une Cour suprême divisée en sections spécialisées, dont une chambre constitutionnelle, sinon une formation en sections réunies traitant du contentieux constitutionnel.

La deuxième séquence temporelle, depuis 1990, est illustrative d'une diversité organique et fonctionnelle des juridictions constitutionnelles. Ce développement de la justice sera favorisé par l'avènement du multipartisme, le triomphe du modèle libéral à la suite du Discours de La Baule, de la chute du Mur de Berlin, mais sera également façonné par l'accompagnement de nombreux textes fondamentaux.

Ces trajectoires, loin du monolithisme, sont surtout ponctuées, dans certains de ces États, d'alternances démocratiques[34] et/ou de changements anticonstitutionnels de gouvernement, de révisions constitutionnelles rythmant les réorientations des choix socio-économiques, mais, procèdent encore d'un besoin croissant de libertés et d'accès à la justice. C'est dans ces contextes d'ouverture démocratique et d'adhésion progressive aux valeurs de la démocratie, de la bonne gouvernance, de la séparation des pouvoirs que la justice constitutionnelle va épouser de nouveaux cadres dénommés Cours suprêmes[35], cours constitutionnelles[36] ou Conseils constitutionnels[37].

Au-delà des appellations, cette diversité organique et normative s'est exprimée, d'abord, par l'adoption du modèle kelsénien de justice constitutionnelle, puis, par l'hybridation progressive intégrant le modèle américain réadapté aux contextes nationaux.

---

[34] Cf., Abdoulaye SOMA (dir.), Alternances politiques en Afrique : défis démocratiques et enjeux constitutionnels : actes du colloque international de la SBDC, Ouagadougou, Ed. Ronier-Tikanson, 2017, 414 p.

[35] Comme en Guinée (Cour suprême reprenant les attributions de la Cour constitutionnelle depuis le coup d'État du Colonel devenu général Mamadi Doumbouya).

[36] Comme au Bénin, au Mali, au Niger, au Congo, au Togo, à Madagascar (Haute Cour constitutionnelle) et au Gabon.

[37] Comme au Burkina Faso, au Cameroun, en Côte d'Ivoire, au Sénégal.

Ce cadrage historique et normatif doit être renforcé par d'autres précisions liminaires qui constituent les bases de cette étude.

Paragraphe II : Clarifications conceptuelles, méthodologiques et de plan

Il s'agit de cerner les notions fondamentales des contentieux constitutionnels africains (A) pour baliser la voie à la délimitation, à la méthodologie et au plan retenus (B)

A) Clarifications conceptuelles

Deux conceptions (classique et moderne) du droit constitutionnel, sont souvent proposées par la doctrine. La conception classique désigne le droit constitutionnel comme « l'étude de la manière dont le pouvoir s'acquiert, s'exerce et se transmet »[38]. Quant à la conception moderne, au-delà de l'étude des institutions politiques, elle met en lumière l'étude des droits et libertés fondamentaux, mais surtout, elle insiste sur la « juridicisation »[39] progressive des phénomènes politiques à travers notamment, l'importance de la jurisprudence constitutionnelle, phénomène d'attrait du droit du contentieux sur la théorie constitutionnelle[40].

Dans la logique sous-jacente à l'idée selon laquelle, toute société humaine, est tiraillée entre le besoin d'autorité et la nécessité de la liberté, le droit constitutionnel se retrouve de plus en plus satellisé autour du triptyque « normes, institutions, libertés ».

Ce droit constitutionnel se veut normatif et institutionnel pour régir et ordonner l'organisation et le fonctionnement ainsi que les rapports

---

[38] Georges BURDEAU, cité, in préface à l'ouvrage de Louis FAVOREU et *al.* Droit constitutionnel, Paris, Dalloz, 16e Éd., 2014.

[39] S'agissant de la Ve République française, Dominique Chagnollaud estime que « la juridicisation de ce droit est un phénomène patent, qui oblige l'analyste à se référer souvent à la jurisprudence du Conseil constitutionnel, même si celle-ci est encore loin, et heureusement, d'enserrer dans un étau juridique la liberté d'action politique des acteurs constitutionnels », Dominique CHAGNOLLAUD, Droit constitutionnel contemporain. Le régime politique de la France, Paris, Dalloz, 6e Éd., 2013, p. X.

[40] Voir, Maurice KAMTO et Jean MATRINGE (dir.), Droit constitutionnel des États africains, Paris, Pedone, mars 2024, 1208p ; Guillaume TUSSEAU, Contentieux constitutionnel comparé. Une introduction critique au droit processuel constitutionnel, Paris, LGDJ, 2021, 1452 p ; Marie AKPOTROSSOU, Droit constitutionnel et Opposition en Afrique de l'ouest. Cas du Bénin, de la Côte d'Ivoire et du Sénégal, Thèse de doctorat, UCAD, Dakar, 2018, 500 p.

entre les pouvoirs publics, au plus haut niveau, que l'on soit dans des régimes de confusion ou de séparation des pouvoirs[41].

La discipline enserre alors un compendium des droits et libertés, marqués, peu ou prou, du sceau de la sacralité et de la fondamentalité, en ce sens que la violation des principes et règles de valeur constitutionnelle est susceptible de sanctions en cas de saisine du juge constitutionnel[42]. La matière a, par ailleurs, pour objet « de rationaliser les phénomènes politiques, de les encadrer »[43], pour éviter que « le pouvoir privilégie la force aveugle et l'arbitraire »[44].

Le droit constitutionnel se conçoit encore, comme le droit de la Constitution, laquelle s'entend comme « la condition absolue et la base même de l'État »[45].

Il est donc établi que la Constitution est « la loi suprême, au-dessus de toutes les autres lois, le référent-type, par excellence »[46]. Cette Loi fondamentale est perçue ainsi : « au sens matériel, la Constitution est l'ensemble des règles établies selon une procédure particulière, spéciale, définissant les principes et les conditions d'exercice du pouvoir et fixant les modalités de modification ou de révision de ces règles »[47].

Quant à la définition formelle de la Constitution, « elle s'attache à la forme et aux procédures d'édiction et elle met l'accent sur le contenant ou l'enveloppe, et non sur le contenu, et la procédure. Ce dernier terme désigne l'ensemble des phases permettant d'arriver à la publication

---

[41] L'affirmation sans concession de l'article 16 de la Déclaration des Droits de l'Homme et du Citoyen de 1789 mérite d'être rappelée : « *toute société dans laquelle la garantie des droits n'est pas assurée ni la séparation des pouvoirs déterminée n'a pas de Constitution* ». Cette déclaration fait partie du bloc de constitutionnalité, notamment au Sénégal, avec la Constitution de 2001.

[42] En effet, le droit constitutionnel est aussi « un droit politique dont la violation fait l'objet de sanction spécifique », selon El Hadj MBODJ, Cours de Droit constitutionnel, http://www.elhadjmbodj.org/public/pdf/Cours_de_droit_const_Prof_Mbodj.pdf (consulté en mai 2020).

[43] Francisco MÉLÈDJE DJEDJRO, Droit constitutionnel, Abidjan, les Éditions ABC, 7e Éd., 2007, p. 5-9.

[44] Francisco MÉLÈDJE DJEDJRO, Droit constitutionnel… op. cit.

[45] Raymond CARRE DE MALBERG, Contribution à la théorie générale de l'État (Réimpression des éditions de 1920 et 1922), Paris, Dalloz, 2003, p. 65 et s.

[46] Maurice AHANHANZO GLÈLÈ, « La Constitution ou Loi fondamentale », *in* Encyclopédie juridique de l'Afrique, Abidjan Dakar Lomé, N.E.A., 1982, p. 22.

[46] Maurice AHANHANZO GLÈLÈ, ibid.

[47] Maurice AHANHANZO GLÈLÈ, op. cit. ; consulter aussi Ibrahim David SALAMI et Diane O. Melone GANDONOU, Droit constitutionnel et institutions du Bénin, Cotonou, Éd. CeDAT, 2014, p. 75.

d'un texte, de forme constitutionnelle, c'est-à-dire à l'existence d'un texte baptisé Constitution et adopté selon des formes et procédures particulières, par rapport à la loi ordinaire »[48].

Mais, l'on ne saurait traiter de Constitution ni de Droit constitutionnel sans l'arrimage nécessaire à la science politique[49] et au constitutionnalisme.

Le constitutionnalisme est, à la fois, une théorie, une idée et un mouvement. En tant que théorie du droit, il met en exergue l'importance de la Constitution dans la hiérarchie des normes par rapport à la loi, ainsi que le rôle et la fonction du contrôle de constitutionnalité des lois. Il est donc fondé sur la volonté d'organiser l'accès, l'exercice et la transmission du pouvoir politique de l'État par la référence à une Constitution, ou à des principes et règles de valeur constitutionnelle.

En tant que porteur d'une idée, le constitutionnalisme est souvent opposé, par la doctrine, à ce qu'on appelle le « légicentrisme », qui défend la suprématie de la loi. En ce sens, le constitutionnalisme reflète un mouvement d'idées dont l'origine est centrée autour du rationalisme et du libéralisme juridique du 18e siècle[50]. Il se manifeste par la mise en valeur de quelques principes fondamentaux conciliant l'autorité et la

---

[48] Michel VERPEAUX, La Constitution, Paris, Dalloz, 2008, p.104.

[49] En tant que discipline, la science politique étudie les phénomènes politiques les plus divers, notamment la vie politique, les rapports entre gouvernants et gouvernés, les institutions, les rapports de pouvoir entre individus, groupes sociaux et au sein de l'État, Philippe BRAUD, La science politique, Paris, PUF, 2007.

[50] Sur ces différentes questions, voir Raymond CARRE DE MALBERG, Contribution à la théorie générale de l'État, Paris, 1922, réédition 1962 ; Charles EISENMANN, Écrits de théorie du droit, de droit constitutionnel et d'idées politiques, Paris, 2002 ; Charles Louis de Secondat, Baron de MONTESQUIEU, De l'esprit des lois (1748), Paris, Flammarion1979 ; Michel TROPER et Dominique CHAGNOLLAUD, (dir.), Traité international de droit constitutionnel. Théorie de la Constitution, Paris, Dalloz, 2012.

liberté[51], promouvant la séparation des pouvoirs, et consacrant la garantie des droits et libertés des citoyens[52].

Abondant dans le même sens, Oumarou Narey considère que « Selon la doctrine du droit constitutionnel, la suprématie de la Constitution signifie tout d'abord qu'elle est la norme supérieure, celle qui prime sur toutes les autres règles de par leurs statuts. La Constitution est le dernier rempart, l'ultime barrière à l'abus du pouvoir. La Constitution est ensuite la meilleure garantie contre l'arbitraire du pouvoir politique. C'est le premier niveau de protection contre les risques d'arbitraire de la loi, au profit des citoyens Elle est enfin la véritable norme juridique qui impose aux pouvoirs publics, autorités administratives, civiles, militaires et juridictionnelles ainsi qu'à tous les citoyens, les limites à ne pas franchir »[53].

C'est dans cette riche veine qu'on peut aussi replacer, comme le soutient Adama Kpodar, le constitutionnalisme moderne et africain[54],

---

[51] Il faut ici s'en rapporter à l'éclairage selon lequel : « le constitutionnalisme, lato sensu, est l'idée très répandue au XVIIIe siècle, que, dans tout État, il faut une constitution, de manière à empêcher le despotisme. Le constitutionnalisme, stricto sensu, est l'idée qu'une constitution doit être fondée sur quelques règles propres à produire certains effets (…). Les principes dont elle préconise l'application peuvent être la séparation des pouvoirs, la distinction du pouvoir constituant et des pouvoirs constitués, le gouvernement représentatif, l'institution d'un contrôle juridictionnel de la constitutionnalité des lois ou seulement certains d'entre eux… », Michel TROPER, « Le concept de constitutionnalisme et la théorie moderne du droit », *in* Terrence MARSHALL (dir.), Théorie et pratique du gouvernement constitutionnel : La France et les Etats-Unis, La Garenne-colombes, Edition de l'Espace Européen, Collection Droit et sciences sociales, 1992, pp.35-36.

[52] Dans ce sens, on peut dire que « le constitutionnalisme traduit l'acceptation à la fois juridique et politique de la supériorité de la Constitution sur toute autre norme. Politiquement, le constitutionnalisme signifie que la Loi fondamentale est la traduction du pacte social conclu entre toutes les composantes du pays … », Olivier DUHAMEL et Yves MENY, Dictionnaire constitutionnel, Paris, PUF, 1992, pp. 212-213.

[53] Oumarou NAREY, « La suprématie de la Constitution en période de crise (Niger) », 23p, communication au 7e Congrès de l'Association des Cours Constitutionnelles ayant en Partage l'Usage du Français (ACCPUF) – *La suprématie de la constitution, 3e session de travail : les situations de conflits ou de concurrence entre la Constitution et les normes internationales*. L'ACCPUF est devenue, en 2019, l'ACCF, voir www.accf-francophonie.org.

[54] Léon Kassabo résume les débats sur le constitutionnalisme africain en ces termes : « Que ne dit-on du constitutionnalisme et de la démocratie en Afrique ? En effet, on écrit jusqu'à décréter une incompatibilité de principe de l'Afrique et de la démocratie constitutionnelle, à réduire le constitutionnalisme à un exercice de « copier-coller » dans le sens Nord-Sud et enfin à condamner le droit constitutionnel à jouer l'éternel

lorsqu'il affirme : « À l'évidence, dans son essence profonde et conformément à ses initiateurs du siècle des Lumières (John Locke, Jean Jacques Rousseau, Montesquieu), le constitutionnalisme répond à une idéologie libérale fondée sur la croyance au droit comme promoteur de l'ordre légitime universel, et de la constitution comme limite à l'arbitraire du pouvoir. Ainsi, à l'idée de constitution, de constitutionnalisme et de droit constitutionnel correspond une philosophie, ou une idéologie juridique par laquelle le bonheur devait arriver c'est-à-dire la liberté et la paix. C'est en cette idée que les États d'Afrique noire d'expression française se sont reconnus, en s'attachant aux principes traditionnels qui caractérisent le constitutionnalisme en Occident : la séparation des pouvoirs, la protection des droits fondamentaux reconnus aux individus, la consécration de l'État de droit »[55].

Les idées véhiculées par ce constitutionnalisme peuvent s'enrouler autour de cycles constitutionnels qui, pour certains États africains, ont été identifiés dans une triple périodisation : de l'indépendance à 1965 (ère des Constitutions libérales modelées sur celles des ex-métropoles coloniales), de 1965 à 1990 (ère des autoritarismes durs ou modérés qualifiés par d'aucuns de présidentialismes[56] négro-africains et marqués

---

rôle de figurant d'une vie politique tumultueuse et désordonnée. Ces propos, malgré de profondes mutations, sont encore tenus, et l'on se demande parfois s'ils ne connaissent pas un regain d'actualité. Il est vrai que la diversité de l'Afrique permet de soutenir bien des opinions contraires, voire contradictoires » , Léon Dié KASSABO , « Contribution à l'analyse de la réappropriation de certaines catégories constitutionnelles en droit constitutionnel africain » www.afrilex.u-Bordeaux4.fr ; voir, aussi, Stéphane BOLLE, « Des Constitutions "made in Africa" » *in* AFDC , Actes du VIe Colloque de droit constitutionnel (Montpellier, 9-11 juin 2005), disponible sur https// :www.la-constitution-en-afrique-over-blog.com ; Simon-Pierre ZOGO NKADA « Le nouveau constitutionnalisme africain et la garantie des droits socio-culturels des citoyens : cas du Cameroun et du Sénégal », Revue française de droit constitutionnel, 2012/4, n° 92, p. 23.

[54] Lire, Adama KPODAR, « Bilan sur un demi-siècle de constitutionnalisme en Afrique noire francophone », Revue Afrilex, 2012, 42 p.

[55] Lire, Adama KPODAR, « Cinquante ans de théorie constitutionnelle en Afrique noire francophone », communication lors du colloque international de Cotonou, 8, 9 et 10 août 2012, *in* La Constitution béninoise du 11 décembre 1990 : un modèle pour l'Afrique ?, Mélanges en l'honneur de Maurice Ahanhanzo-Glélé, Paris, L'Harmattan, 2014, pp. 89-126.

[56] Proposée par Maurice Duverger, cette expression s'entend de régimes « qui se sont inspirés du système politique des Etats Unis mais qui n'ont pas respecté ce qui en fait le mérite essentiel, le partage équilibré des pouvoirs et ont laissé le chef de l'État accaparer toute l'influence politique », Benoit JEANNEAU, Droit constitutionnel et institutions politiques, Paris, Dalloz, 1991, p. 120.

inter alia par l'obsession de l'unité nationale au prix du parti unique) et depuis 1990 (ère du renouveau démocratique)[57].

Ces différentes idées sont corrélées à des expressions, concepts, principes et valeurs qui sont déclinés ci-dessous.

- **État de droit**

Le paysage politico -institutionnel en Afrique est marqué par l'usage fréquent de l'expression « état de droit »[58]. Tout semble concourir à faire de l'état de droit le « baromètre de la démocratie »[59], l'étalon de mesure du respect des droits de la personne humaine, le label envié et recherché de caractérisation de « bons » régimes politiques[60].

Juristes et hommes politiques n'ont de cesse de faire appel à cette expression soit pour en dénoncer le manque, vitupérant ainsi les dérives autocratiques ou les tendances dictatoriales d'un régime politique donné ; soit pour se satisfaire du respect de l'état de droit dans les pratiques constitutionnelles, législatives et administratives de l'État[61].

Les mots sont lâchés : état de droit. Il faut alors s'interroger sur son origine, son sens, son étendue et ses limites. Ceci est d'autant plus important qu'on semble qualifier toute politique publique, tout édifice

---

[57] Théodore HOLO, « Démocratie revitalisée ou démocratie émasculée ? Les constitutions du renouveau démocratique dans les États de l'espace francophone : régimes juridiques et systèmes politiques », RBSJA, n° 16, 2006, pp. 17-41 ; Koffi AHADZI NONOU, « Les nouvelles tendances du constitutionnalisme africain : le cas des États d'Afrique noire francophone », Afrique juridique et politique (La revue du CERDIP), Libreville, vol.1, n°1, janvier-juin 2002, pp.35-38 ; Nadjombé Gmagnido GBEOU-KPAYILE , « L'idée de Constitution en Afrique noire francophone » www.afrilex.u-bordeaux4.fr ; Pierre-François GONIDEC, « Constitutionnalismes africains », RJPIC, 1996, n° 1, pp. 23-33 ; André CABANIS et Michel Louis MARTIN, Le constitutionnalisme de la troisième vague en Afrique francophone, Bruylant-Academia, 2010, 227 p.

[58] Voir, Saidou Nourou TALL, « Les fondamentaux de l'état de droit et les révisions constitutionnelles en Afrique francophone », Actes du Colloque de Lomé du 14 décembre 2022, Cahiers de l'Association africaine des Hautes Juridictions francophones, Porto-Novo, 2023 ; Jacques CHEVALLIER, « L'État de droit », R.D.P., 1988, pp. 313-380 ; Olivier JOUANJAN, « L'état de droit démocratique », *Jus politicum*, n°22, 2015, www.juspoliticum.com.

[59] OIF, Dynamiques constitutionnelles dans l'espace francophone, Rapport sur l'état des pratiques de la démocratie, des droits et libertés, 2016,52p.

[60] Abdoulaye SOMA (dir.), Alternances politiques en Afrique : défis démocratiques et enjeux constitutionnels : actes du colloque international de la SBDC, Ouagadougou, Ed. Ronier-Tikanson, 2017, 414 p.

[61] Cf., Jean RIVERO, « État de droit, État du droit », in *L'État de droit*, Mélanges en l'honneur de Guy Braibant, Paris, Dalloz, 1996, pp. 609-628.

juridique (constitutionnel, législatif ou réglementaire) à l'aune des principes et caractères fondamentaux de l'état de droit pour en exciper la mauvaise ou la bonne santé démocratique d'un État.

Idéalement, dans l'état de droit, les gouvernants et les gouvernés sont liés par des lois transparentes, publiées. Tous les citoyens sont égaux devant la loi, accèdent à une justice efficace quelles que soient leurs ressources et les droits des citoyens sont protégés contre tout arbitraire des gouvernants, ces derniers étant également soumis à la loi[62].

L'état de droit est, donc, une expression employée pour caractériser un État dont l'ensemble des autorités politiques et administratives, centrales et locales, agit en se conformant aux règles de droit en vigueur et dans lequel tous les individus bénéficient de garanties procédurales et de libertés fondamentales[63].

À l'origine, le concept d'état de droit avait pour objet de restreindre l'utilisation arbitraire du pouvoir afin que les détenteurs du pouvoir politique ne puissent pas agir en toute impunité à l'encontre de leurs citoyens et que ces derniers se conforment aux règles concernant la manière dont ils se traitent mutuellement[64].

La Déclaration de Bamako, au point 2-3 de son préambule rappelle que les États sont attachés au principe de « *l'État de droit qui implique la soumission de l'ensemble des institutions à la loi, la séparation des pouvoirs, le libre exercice des droits de l'homme et des libertés fondamentales, ainsi que l'égalité devant la loi des citoyens, femmes et hommes* »[65].

Les voyages du concept d'état de droit ont eu plusieurs escales, récusant fortement certaines notions antinomiques d' «*État légal* »[66]

---

[62] Rachel KLEINFELD, Diane de GRAMONT, « Démocratie, bonne gouvernance et état de droit » *in* Leanne MACKEY, Vers une culture de l'État de droit. Exploration des réponses efficaces aux défis de Justice et de Sécurité. Guide pratique, United States Institute of Peace, Washington D.C., 2015, p. 34.

[63] Lexique des termes juridiques 2012, 19e édition, Dalloz, p.377.

[64] Rachel KLEINFELD, Diane de GRAMONT, op. cit., p. 34.

[65] OIF, Déclaration de Bamako (novembre 2000), Hermès, La Revue 2004/3 (n° 40), pp. 333 à 334.

66 L'« *État légal* » ou légicentriste soumet l'ensemble des règles juridiques à la loi, expression de la volonté générale. Comme toute loi, la Constitution peut être modifiée par le Parlement comme on changerait une loi ordinaire, voir Raymond CARRE DE MALBERG, Contribution à la théorie générale de l'État (1920).

ou d' « *État de police* »[67] mais empruntant sûrement des vocables de « *Rule of law* »[68] ou de « *Rechtstaat* » aux contenus si vagues et si proches avant de connaître une première systématisation, au début du XXe siècle, par le juriste autrichien Hans Kelsen qui le définit comme : un « *État dans lequel les normes juridiques sont hiérarchisées de telle sorte que sa puissance s'en trouve limitée* »[69].

Le voyage du concept semble aujourd'hui connaître son apogée autour des idées de primauté du Droit, de soumission des gouvernants comme des gouvernés aux prescriptions de la règle juridique, de séparation des pouvoirs, de respect des droits fondamentaux de la personne humaine.

Polysémique, il est revendiqué par les sociétés civiles, les juristes, les hommes politiques et élevé au rang de dogme par de nombreuses Constitutions modernes mais également par les organisations internationales.

La convergence d'écrits doctrinaux, de textes constitutionnels ou internationaux, de pratiques jurisprudentielles offre actuellement des points de fixation sur les fondamentaux de l'état de droit.

---

[67] L'« *État de police* » est celui dans lequel les gouvernants peuvent prendre des décisions de manière discrétionnaire et les gouvernés n'ont pratiquement pas la possibilité de recours judiciaire contre celles-ci, le pouvoir de l'État n'étant pas strictement encadré par le droit.

68 La « *Rule of law* » ou règne ou primauté de la loi, dans les systèmes juridiques de la « *common law* », met en avant la prééminence de la règle de droit. Les composantes de la *rule of law* sont les suivantes : la liberté, l'égalité devant la loi, un gouvernement soumis à la règle juridique, le contrôle des actes administratifs et des décisions de justice, l'indépendance du pouvoir judicaire, etc.

[69] Il s'en infère, comme un lointain écho, la polémique entre Kelsen et Schmitt sur la question de la garde de la Loi fondamentale. Si, le second, théoricien du décisionnisme, défend en 1931 ,dans son ouvrage *Der Hüter der Verfassung* (Le gardien de la Constitution), l'idée d'un président du *Reich* ultime rempart au désordre , possesseur de la décision finale et gardien de la Constitution, le premier, théoricien du normativisme, considéré que la garantie des droits et la garde de la Constituions relèvent de la mission prométhéenne de la juridiction constitutionnelle ; lire, Hans KELSEN, Qui doit être le gardien de la Constitution ?, Paris, Ed. Michel Houdiard, 2005 ; Carl SCMITT, Le Tribunal du Reich comme gardien de la Constitution, réédition, Paris, Dalloz, 2017, 116 p ; Nicolo ZANON, « La polémique entre Hans Kelsen et Carl Schmitt sur la justice constitutionnelle », Annuaire international de justice constitutionnelle, 5-1989, 1991. *Principe d'égalité et droit de suffrage*, pp. 177-189, Mamadou DAGRA, « Les Cours constitutionnelles africaines : des gardiens de la constitution vénérés ou… décriés », in NAREY Oumarou (Sous la direction), *La justice constitutionnelle.* Actes du colloque international de l'Association nigérienne de droit constitutionnel, Paris, L'Harmattan, 2016, pp. 413-419.

Ces fondamentaux[70] s'ordonnent autour de grands principes axiologiques comme :

– la légalité qui implique à la fois la primauté du droit, le respect de la hiérarchie des normes juridiques71, l'obligation pour les autorités publiques de mettre en œuvre la loi ;

– la sécurité juridique, ce qui se traduit par l'accessibilité de la loi et des décisions de justice, la prévisibilité de la loi, le respect des attentes légitimes et des droits acquis, la stabilité, la lisibilité et la cohérence de la règle juridique72, le respect de la force de la chose jugée, la prévention des abus de pouvoir ;

– l'égalité qui se décline, inter alia, en une non-discrimination, égalité devant la loi, égalité devant la justice, etc. ;

– la justice, les droits et libertés, ce qui recouvre plusieurs impératifs comme les mesures préventives et répressives contre toutes les formes de délinquances et d'excès de pouvoir, l'accès à la justice, l'indépendance des magistrats, le pouvoir judiciaire gardien des libertés individuelles, la présomption d'innocence, l'indépendance et l'impartialité du barreau, le droit à un procès équitable dans un délai raisonnable, le respect des droits et libertés fondamentaux de la personne humaine y compris les droits des enfants, les droits des femmes, le droit de vote et l'interdiction des crimes de guerre, des crimes contre l'humanité et du crime de génocide ;

– les Institutions : L'état de droit se mesure à l'aune de l'organisation rationnelle des rapports constitutionnels ou législatifs entre les pouvoirs publics, séparation des pouvoirs exécutif, législatif et judiciaire[73], garanties constitutionnelles et présence d'une juridiction

---

[70] Voir, Commission Européenne pour la démocratie par le Droit (Commission de Venise du Conseil de l'Europe), Liste des critères de l'état de droit, Strasbourg, mai 2016, 88 p.

[71] Voir, Hans KELSEN, Théorie générale du droit et de l'État, Paris, LGDJ, réédition, 1997 ; Hans KELSEN, Théorie pure du droit, Paris, LGDJ, réédition, 1999.

[72] Guy Mipamb NAHM-TCHOUGLI, « La problématique de la qualité des décisions rendues par les juridictions constitutionnelles », Quinzième session de formation de l'AA-HJF, Porto Novo, 24-26 juillet 2023, 20 p.

[73] MONTESQUIEU, L'esprit des lois (1748), père de la théorie, considère que pour éviter une concentration du pouvoir de l'Etats dans un seul organe ou entre les mains d'une seule personne, le pouvoir doit être distribué entre des organes indépendants et spécialisés : le pouvoir de voter la loi (pouvoir législatif) ; le pouvoir d'exécuter les lois et pour ce faire d'édicter des règlements (pouvoir exécutif) ; le pouvoir de rendre la justice (pouvoir judiciaire). Aussi, la Déclaration de 1789, énonce t'elle péremptoire-

constitutionnelle, redevabilité, transparence et bonne gouvernance dans la gestion des affaires publiques.

En somme, ce récapitulatif justifie que la Constitution, étant perçue comme « l'ensemble des règles juridiques fondatrices visant à l'institutionnalisation du pouvoir politique dans le cadre de l'État »[74], l'état de droit est au cœur du constitutionnalisme libéral. Il suppose que le texte de la Constitution comporte un schéma bien précis qui va de la proclamation à la garantie des droits fondamentaux[75].

Aussi, les Constitutions africaines dites de la « troisième génération » (depuis 1990), pour relever le défi de la démocratie et de l'état de droit, s'approprient-elles de nouvelles normes ayant pour objet un multipartisme effectif, une reconnaissance plus généreuse des droits et libertés, une distribution plus nette du pouvoir politique et l'institutionnalisation d'une justice constitutionnelle plus efficace.

Le constitutionnalisme africain est fondamentalement acquis à la cause de l'état de droit et de la démocratie. Les Constitutions consacrent expressément, la séparation des pouvoirs, le respect des droits fondamentaux, la garantie de la suprématie de la Constitution par la création d'une justice autonome.

L'instauration d'un état de droit signifie que les pouvoirs publics doivent exercer leurs fonctions selon les balises définies par un ensemble de normes juridiques qui prémunissent les citoyens contre les formes arbitraires du pouvoir. Pour qu'un état de droit existe, il faut que les obligations qui émanent de l'État soient officielles, impersonnelles, impératives et sujettes à sanction en cas d'inobservations. Ces obligations sont regroupées dans la Constitution qui est, comme partout ailleurs, la source et le fondement du pouvoir, elle définit les organes de gouvernement, aménage leurs rapports en termes de but et d'étendue des compétences des gouvernants et en fixent les limites. La Constitution énonce également les droits et libertés et détermine les organes qui en assurent formellement la garantie, favorisant ainsi des pratiques et

ment, en son article 16, « *Toute société dans laquelle la garantie des droits n'est pas assurée ni la séparation des pouvoirs déterminée, n'a point de Constitution* ».

74 Thierry DEBARD, Dictionnaire de Droit constitutionnel, Ellipses, 2002, p. 75.

75 Rachel KLEINFELD, Diane de GRAMONT, « Démocratie, bonne gouvernance et état de droit » *in* L. Mackey, Vers une culture de l'État de droit. Exploration des réponses efficaces aux défis de Justice et de Sécurité. Guide pratique, *op. cit.*, p. 34 ; OIF, Dynamiques constitutionnelles dans l'espace francophone, Rapport sur l'état des pratiques de la démocratie, des droits et libertés, 2016, 52 p.

des normes pour l'amélioration du fonctionnement démocratique des Institutions[76]. Dans le cadre du renforcement de la démocratie[77], on observe une plus grande ouverture vers le multipartisme [78], la stabilisation des règles de compétition électorale[79], la recherche de l'alternance politique à travers la limitation du nombre et de la durée des mandats, la consécration de nouveaux droits fondamentaux[80].

- **La justice constitutionnelle**

Diverses acceptions peuvent être relevées. Pour Louis Favoreu, elle s'entend de « l'ensemble des institutions et techniques grâce auxquelles est assurée sans restriction la suprématie de la Constitution »[81]. Pour Charles Eisenmann, c'est la juridiction portant sur les lois constitutionnelles en vue de garantir le respect de la répartition des compétences[82].

Pour Théodore Holo, « La justice constitutionnelle s'entend de toute fonction juridictionnelle ayant pour but d'assurer la suprématie et le respect des règles constitutionnelles essentiellement mais non exclusivement par les pouvoirs publics »[83].

---

[76] Ismaila Madior FALL, « Les révisions constitutionnelles au Sénégal » Annales africaines, N° 10, 2010, pp. 73-143.

[77] Voir, Markus BOCKENFORDE, Babacar KANTE et *alii*, Les juridictions constitutionnelles, *op. cit.*

[78] Par exemple, c'est par le biais de la révision constitutionnelle que le pluralisme politique fut introduit au Sénégal avant l'instauration du multipartisme intégral par la loi n° 81-16 du 6 mai 1981 portant révision constitutionnelle.

[79] Sénégal, Loi constitutionnelle n° 91-46 du 6 octobre 1991 portant révision de la Constitution.

[80] Il s'agit de la loi constitutionnelle n° 2016-10 du 5 avril 2016. Cf. Ismaïla Madior FALL, La réforme constitutionnelle du 20 mars 2016 au Sénégal. La révision consolidante record, Paris, L'Harmattan, 2017, 200 p.

[81] Louis FAVOREU et *alii*, Droit constitutionnel, Paris, Dalloz, 1999, p. 185.

[82] Charles EISENMANN, La justice constitutionnelle et la Haute Cour Constitutionnelle d'Autriche, Paris, LGDJ, 1928, (réédition, Economica, PUAM, 1986).

[83] Théodore HOLO « Emergence de la justice constitutionnelle », Revue Pouvoirs n° 129, 2009, pp. 101-114. Voir aussi Hans KELSEN, « La garantie juridictionnelle de la Constitution », RDP, 1928, pp. 198-257 ; Abraham Hervé DIOMPY, « Les dynamiques de la justice constitutionnelle en Afrique francophone », Afrilex, février 2014, 30 p ; Papa Mamour SY, Le développement de la justice constitutionnelle en Afrique noire francophone : les exemples du Bénin, du Gabon et du Sénégal, Thèse de doctorat, UCAD, 1998, 414 p. ; Ibrahima DIALLO, « A la recherche d'un modèle africain de justice constitutionnelle », AIJC, 2005, n° 20-2004, pp.93-120 ; El Hadj Omar DIOP, La justice constitutionnelle au Sénégal, Dakar, CREDILA/OVIPA, 2013, 333 p.

B) Délimitation, méthodologie et plan

L'étude du droit du contentieux constitutionnel s'articule, ici, autour d'une triple délimitation.

D'abord, le choix d'une délimitation temporelle est axé principalement autour de l'observation empirique des contentieux, dans la période allant du début des années 1990 jusqu'au trois quarts de l'année 2024, et accessoirement, se fonde sur des références décisionnelles antérieures (depuis les années 1960) pour en conforter davantage l'argumentation.

Ensuite, pour la délimitation géographique, si l'Afrique noire (au sud du Sahara), en général, est l'objet de l'étude avec une emphase prononcée sur l'Afrique francophone, quelques exemples de décisions constitutionnelles rendues dans d'autres États africains seront, à l'occasion, mis en exergue.

Enfin, il convient d'effectuer une délimitation matérielle fondée à la fois sur la notion de « contentieux » et sur celle de « contentieux constitutionnel ».

Relativement à la notion de contentieux, elle s'entend d'un différend, d'un litige, d'une contestation sur un point de droit ou de fait. La notion de contentieux peut être examinée sous un double prisme : la distinction entre contentieux politiques et contentieux juridiques et la distinction entre contentieux juridictionnels et contentieux non juridictionnels. La première distinction s'établit sur des oppositions idéologiques, programmatiques entre partis politiques de la majorité ou de l'opposition parlementaire ou non parlementaire, ou entre militants ou hommes politiques n'épousant pas la même vision socioéconomique. Lorsque le contentieux est d'ordre juridique, il porte sur une opposition fondée sur des arguments de droit interne ou de droit international ou sur des contestations autour d'intérêts juridiquement protégés par la Constitution, les traités, les lois et règlements. La présente étude exclut l'examen des contentieux qui n'ont pas d'assises juridiques.

La distinction entre contentieux juridictionnels et non juridictionnels résulte d'une discrimination plus large entre mode juridictionnel et mode non juridictionnel de règlement des différends.

Vu sous l'angle de la résolution, le contentieux juridictionnel porte sur toute question[84] ou tout litige susceptible d'être résolu soit par la

---

[84] Le lecteur ne sera pas abusé de constater que dans le cas de saisine obligatoire, il n'est pas nécessaire qu'il y'ait un véritable contentieux, la motivation du requérant n'est pas forcément la présence de litige.

voie judiciaire ou la voie arbitrale, en suivant une procédure aboutissant à un arrêt ou une sentence arbitrale, revêtus de l'autorité de la chose jugée (arbitrée). Il en est autrement du contentieux non juridictionnel qui est résolu en utilisant de préférence la négociation, les bons offices, la médiation, la conciliation ou autres modes alternatifs de règlement des litiges. La présente étude exclut l'examen des contentieux non juridictionnels.

S'agissant de la notion de contentieux constitutionnel, elle s'entend de l'ensemble des questions ou litiges d'ordre juridique c'est-à-dire ayant pour objet, de vérifier la conformité ou la non-contrariété d'un engagement international, d'un acte administratif ou d'un texte législatif par rapport au bloc de constitutionnalité.

Pour Joseph Pini, c'est donc « l'ensemble des litiges portant sur des questions de constitutionnalité, et au mode de règlement spécifique de ces litiges, ce dernier élément incluant, par extension, l'ensemble des voies de recours contentieux »[85]. Pour Guillaume Drago, on peut le définir comme « l'ensemble des litiges portant sur une contestation de la constitutionnalité d'actes subordonnés à la Constitution ainsi que les procédés et techniques ayant pour objet de résoudre ces contestations »[86].

Appréhendé ainsi, le contentieux constitutionnel est le produit de la distinction entre la fonction contentieuse et la fonction consultative[87]. L'exercice de la fonction consultative se traduit par l'absence au moins sur le plan formel, de parties à l'instance, l'office du juge n'étant requis que pour donner un avis visant à éclairer sur un point de droit obscur ou ambigu. La présente étude exclut les avis, sauf à les évoquer au soutien de certains développements.

En outre, l'orientation vers la notion de contentieux constitutionnel *stricto sensu*, incline à ne pas aborder, dans cet ouvrage, le contentieux électoral même si les Constitutions aménagent les règles de la compétition électorale (candidature, campagne électorale, scrutin) et des consultations référendaires, précisées par des codes (lois et règlements) électoraux.

---

[85] Joseph PINI, Recherche sur le contentieux de constitutionnalité, Thèse Droit, Aix-Marseille 3, 1997.

[86] Guillaume DRAGO, Contentieux constitutionnel français, 3e édition, Paris, PUF, 2011, p. 16.

[87] Cf, Jean-Mermoz BIKORO, La fonction consultative des juridictions constitutionnelles en Afrique noire francophone, Paris, L'Harmattan, 2021, 240 p.

Dans l'exercice de la fonction contentieuse, l'office du juge s'oriente vers la résolution par une décision revêtue de l'autorité de la chose jugée. En l'occurrence, le contentieux est dit objectif lorsqu'il s'agit d'un procès fait à un texte législatif ou réglementaire, ou à un engagement international que le requérant considère comme étant contraire aux normes de référence du contrôle de constitutionnalité.

Le contentieux est dit subjectif, lorsque son exception d'inconstitutionnalité a été soulevée à l'occasion d'un autre procès et que le requérant, justifiant à la fois de la qualité et [2]de l'intérêt pour agir, fait porter l'examen de l'exception devant la juridiction constitutionnelle.

Il en résulte que le droit du contentieux constitutionnel est perçu, ici, comme l'ensemble des règles qui ordonnent et régissent le traitement des différends qui surgissent de l'application ou de l'interprétation des dispositions constitutionnelles[88]. Les contentieux sont formulés en griefs dans des recours portés devant des juridictions dont l'office consiste à donner une solution fondée sur des règles juridiques obligatoires pour les parties. Ce droit implique, ratione *materiae*, l'application, *proprio motu*, de règles de la Constitution et de principes à valeur constitutionnelle, mais il se fonde aussi sur des règles processuelles d'accompagnement, depuis la saisine de la juridiction, l'examen des prétentions jusqu'à la décision, sa publication et son application.

Au-delà de ces clarifications prudentielles, la méthodologie choisie fait référence à la méthode synthétique qui consiste à mettre en exergue l'idée, à l'analyser, à la critiquer et à apporter quelques pistes de réflexion.

En somme, la présente étude couvre d'abord, un champ spatio-temporel depuis le début des années 1960 à octobre 2024, intégrant ainsi les États d'Afrique subsaharienne (d'expression française) ; privilégie, ensuite, la trame jurisprudentielle d'interprétation et d'application des différentes Constitutions des États de l'espace considéré ; et sans perdre de vue l'éclairage de la pratique française, s'inscrit, enfin, dans une perspective comparatiste africaine.

Il s'ensuit, qu'il s'agira de démêler la complexité des contentieux à l'aune des pratiques constitutionnelles, législatives et règlementaires des États d'Afrique subsaharienne francophone, en circonscrivant d'une part, le droit matériel du contentieux constitutionnel (**Première Partie**) et en insistant, d'autre part, sur le droit processuel du contentieux constitutionnel (**Deuxième Partie**).

[88] Voir, Mauro CAPPELLETTI, « Nécessité et légitimité de la justice constitutionnelle », *RIDC*, vol. 33, n° 2, 1981, pp. 625-657.

PREMIÈRE PARTIE

DROIT MATÉRIEL DU CONTENTIEUX CONSTITUTIONNEL DANS LES ÉTATS D'AFRIQUE SUBSAHARIENNE FRANCOPHONE

Les juridictions africaines francophones présentent un grand nombre de similitudes. En effet, des dénominateurs communs peuvent, mutatis mutandis, être relevés à travers les contrôles de constitutionnalité par voie d'action ou par voie d'exception, même si quelques singularités existent dans certains États.

Toutefois, on aurait tort de réduire l'office de ces juridictions à ces deux modalités de contrôle. Leurs activités couvrent un large spectre de compétences.

Sans prétendre à l'exhaustivité, ces juridictions peuvent être saisies de contentieux relatifs :

– à des lois, des engagements internationaux et des actes administratifs unilatéraux ;

– à des conflits de compétence entre l'Exécutif et le Législatif ;

– aux élections nationales (présidentielles et/ou parlementaires) et aux consultations référendaires ;

– à la régulation du fonctionnement des institutions et de l'activité des pouvoirs publics 89 ;

– à la violation des droits et libertés fondamentaux, etc.

[89] Voir, par exemple, l'usage de la fonction de régulation pour combler un vide juridique risquant de paralyser le fonctionnement régulier des institutions par la Cour constitutionnelle du Mali, *arrêt n°2021-02/CC/VACANCE du 28 mai 2021*; *arrêt n°2012-01/CC/VACANCE du 10 avril 2012 aux fins de constatation de la vacance de la Présidence de la République* (ce dernier arrêt cite dans ses visas, « *l'Accord-Cadre de mise en œuvre de l'Engagement entre le Médiateur de la CEDEAO et le CNRDRE* ».

À côté de ces compétences contentieuses, la fonction consultative, moins fréquemment employée, peut être activée pour faire constater la vacance[90] du pouvoir (à la suite de la démission, du décès ou de l'empêchement définitif du titulaire), pour l'examen du projet de loi référendaire, du projet d'ordonnance, ou pour résoudre les difficultés d'interprétation et d'application des normes 91.

Il s'y ajoute diverses attributions, qui ne ressortissent ni du contentieux ni de la consultation, telles que la réception du serment de certains titulaires de mandats ou des déclarations de patrimoine de certains assujettis à cette obligation.

Dans cette recension éclairée par les délimitations introductives, on conviendra de s'en tenir, successivement, à l'exposé des contentieux, par la mise en lumière des normes soumises au juge constitutionnel (**Titre I**), avant d'aborder une autre constellation de normes dont les contentieux sont afférents aux institutions, aux droits et libertés et au temps de crise (**Titre II**).

---

[90] Sur un exemple de vacance, pour cause de candidature à l'élection, consulter, *Décision n°12 - HCC/D3 du 9 septembre 2023 portant constatation de la vacance de la Présidence de la République*. En l'espèce, la Cour décide : « *Article premier. – La démission du Président de la République Andry Nirina RAJOELINA est constatée.*
Article 2. La renonciation du Président du Sénat aux fonctions de chef d'État par intérim est constatée.
Article 3. Les fonctions de Chef d'État par intérim sont exercées par le gouvernement collégial.
Article 4. Le Premier ministre, Chef du Gouvernement est le chef du gouvernement collégial.
Article 5. La prise de décision par le gouvernement collégial se fait à la majorité de ses membres.
Article 6. Le gouvernement collégial exerce les attributions présidentielles courantes définies par l'avis n°07-HCC/AV du 07 septembre 2018 et par l'avis n°02-HCC/AV du 9 septembre 2023.
Article 7. Les compétences attribuées au chef de l'État en vertu des articles 45 alinéa 3, 54 alinéa 1er et alinéa 2, 54 alinéa 3 et 55-4° sauf en cas de faute grave ou de crime commis par le membre du gouvernement ou le haut fonctionnaire, 5°, 6°, 7°, 8° ; 56 ; 57 alinéa premier ; 58 ; 59 alinéa 2 ; 60 ; 61 ; 103 ; 104 ; 107 ; 137 ; 162 ; 163 de la Constitution ne rentrent pas dans les compétences du gouvernement collégial. Il est habilité à exercer toutes les autres attributions confiées au Président de la République... ».

[91] Voir, Jean- Mermoz BIKORO, La fonction consultative, *op. cit.*

TITRE I

LE CONTENTIEUX DES NORMES

La dynamique des contentieux constitutionnels dans l'espace francophone repose, de plus en plus, sur le triptyque « normes-institutions-libertés ». En réalité, cette polarisation, par le truchement de la Constitution, est gouvernée largement par l'omniprésence des normes internes et externes, favorisant la sédimentation du contrôle de constitutionnalité.

Dans le système pyramidal des normes, théorisé par Hans Kelsen, la Constitution est la norme suprême, celle qui fonde et donne cohérence à l'ensemble de l'édifice juridique de l'État. La logique inhérente à la hiérarchie justifie que la norme-mère soit le référent des normes placées à un rang moins élevé. De ce fait, le contrôle de constitutionnalité met en présence deux groupes de normes : celles considérées comme les normes de références et celles soumises au contrôle du juge de la constitutionnalité.

Autrement dit, l'examen de conformité ou de non-contrariété par rapport à la Constitution a, pour baromètre, la distinction entre les normes de contrôle qui servent d'étalon de mesure (**Chapitre I**) et les normes contrôlées, matériaux d'origine interne ou externe façonnés dans l'atelier du juge qui en excipe, en définitive, la bonne ou la mauvaise santé constitutionnelle (**Chapitre II**).

CHAPITRE I

LES NORMES DE CONTRÔLE

L'une des principales caractéristiques des modes de règlement des contentieux constitutionnels est la nécessité d'établir un rapport de conformité ou de non-conformité entre les normes soumises au contrôle de constitutionnalité et les normes de référence du contrôle. La finalité est de garantir le respect de la hiérarchie des normes plaçant au sommet de l'édifice juridique interne, la Constitution.

Cet étagement des normes coiffées par la Constitution consolide la légitimité des pouvoirs publics et justifie la soumission nécessaire des gouvernés aux gouvernants investis de l'autorité décisionnelle. En outre, en convoquant la lettre et l'esprit de la Constitution[92], celle-ci doit servir de rempart pour le citoyen, assuré d'être à l'abri de l'arbitraire des autorités d'élaboration et d'exécution de la loi.

En s'adossant aux ressorts du modèle européen de justice constitutionnelle[93], se dégage le principe de constitutionnalité qui traverse toute la théorie de la hiérarchie des normes, ainsi conçue par le Maître de Vienne : « une norme ne fait partie d'un ordre juridique que parce qu'elle a été posée conformément aux dispositions d'une autre norme de cet ordre »[94].

---

[92] À ce propos, il est de coutume de rapporter ces propos du Général de Gaulle : *« Une Constitution, c'est un esprit, des institutions, une pratique »,* cité par Renaud DURET, L'esprit de la Constitution de la Ve République, voir, Fréderic-Joël AIVO (dir.), Commentaire de la Constitution béninoise du 11 décembre 1990 : Esprit, lettre, interprétation et pratique de la Constitution par le Bénin et ses institutions, Cotonou, juillet 2009, Fondation Konrad Adenauer.

[93] L'expression de « modèle européen » de justice constitutionnelle ne doit pas faire illusion. Si, à l'origine, elle consacre le triomphe de la doctrine de la hiérarchie des normes de Hans Kelsen et que ce modèle a été inauguré en Autriche en 1920, il s'est répandu dans le monde sous le vocable du contrôle par voie d'action, lequel admet, aujourd'hui plusieurs variantes. Voir, Louis FAVOREU, Patrick GAIA et *alii*, Droit constitutionnel, *op. cit.* ; Dominique ROUSSEAU, Droit du contentieux constitutionnel, *op. cit.*

[94] Hans KELSEN, Théorie générale du droit et de l'État, Bruxelles-Paris, Bruylant, LGDJ, 1997.

En effet, la validité d'une norme de rang inférieur s'apprécie par rapport à sa conformité à la norme qui lui est immédiatement supérieure : le règlement par rapport à la loi, la loi par rapport à la Constitution[95].

Il en appert, selon Hans Kelsen, chef de l'école du normativisme juridique, qu'« en accord avec le caractère dynamique de l'unité des ordres juridiques, une norme est valable si et parce qu'elle a été créée d'une certaine façon, celle que détermine une autre norme ; cette dernière constitue ainsi le fondement immédiat de la validité de la première. Pour exprimer la relation en question, on peut utiliser l'image spatiale de la hiérarchie, du rapport de supériorité-subordination : la norme qui règle la création est la norme supérieure, la norme créée conformément à ses dispositions est la norme inférieure. L'ordre juridique n'est pas un système de normes juridiques placées toutes au même rang, mais un édifice à plusieurs étages superposés, une pyramide ou hiérarchie formée [...] d'un certain nombre d'étages ou couches de normes juridiques »[96].

Lorsqu'il est bâti sur le terrain de la constitutionnalité, le contrôle se fonde sur un étalonnage de mesures, dénommé « bloc de constitutionnalité », qu'on peut définir, selon Favoreu, comme « l'ensemble des principes et des règles à valeur constitutionnelle dont le respect s'impose au pouvoir législatif, et, d'une manière générale, à toutes les autorités administratives et juridictionnelles aussi, bien sûr, qu'aux particuliers »[97]. Ce bloc est composé, en fonction des choix des États, d'un nombre limité (Section I) ou d'un nombre extensible de textes (Section II).

---

[95] Voir, aussi, El Hadj MBODJ, qui opine, en ces termes : « Tout système juridique se fonde sur une hiérarchie des normes représentée par l'image d'une "pyramide" de règles à la fois bien intégrées et bien différenciées ; compactes et hiérarchisées au sommet de laquelle trône la "norme-mère", qui commande tout l'ordre juridique. Cette norme suprême est la Constitution à laquelle sont subordonnées directement ou indirectement toutes les autres règles juridiques », El Hadj MBODJ, Cours de Théorie constitutionnelle, UCAO/UUBA, Bamako, 2003.

[96] Hans KELSEN, La théorie pure du droit, Paris, Dalloz, 1962, p. 315.

[97] Cf., Louis FAVOREU, « Bloc de constitutionnalité », in Olivier DUHAMEL et Yves MENY (dir.), Dictionnaire constitutionnel, Paris, PUF, 1ère éd., 1992, p. 87 et s ; Charlotte DENIZEAU, Existe-il un bloc de constitutionnalité ? Paris, LGDJ, 1997 ; Oumarou NAREY, « L'ordre constitutionnel », in Mélanges dédiés au Doyen Francis V. WODIE, op. cit., p. 399 - 400 ; Jean-Marie BLANQUER, « Bloc de constitutionnalité ou ordre constitutionnel ? », in *Libertés*, Mélanges Jacques Robert, Paris, Montchrestien, 1998, p. 227 et s.

Section I : L'option d'un bloc de constitutionnalité restreint

Les systèmes juridiques nationaux sont composés d'un ensemble de règles qui ne se trouvent pas au même niveau dans la pyramide des normes et qui n'ont pas le même degré d'« obligatoriété ». Ces normes, d'origine conventionnelle, constitutionnelle, législative ou réglementaire, sont en interaction harmonieuse ou désarticulée.

Ces normes sont placées dans une sorte de rapport de conformité qu'établissent les juridictions judiciaires, administratives ou constitutionnelles en opérant un contrôle de conventionnalité (entre loi et traité), un contrôle de légalité (entre règlement et loi) ou un contrôle de constitutionnalité (entre ces normes et la Constitution).

Si, des raisons factuelles, historiques et normatives ont pu commander la dissociation de la Constitution de son préambule, on soulignera que la plupart des États africains ont fait l'économie des controverses sur la juridicité du préambule, en proclamant, *expressis verbis*, que le préambule fait partie intégrante de la Constitution. Aussi, c'est dans un souci pédagogique que seront étudiées séparément ces deux parties des Lois fondamentales.

L'observation empirique des pratiques constitutionnelles aide au repérage de certains États africains qui ont opté, soit explicitement soit implicitement, pour la soumission des normes juridiques à un bloc de constitutionnalité comportant un nombre limité de textes de références, notamment le dispositif ou corpus constitutionnel (§ I). Ce *corpus juris* est précédé d'un préambule qui renvoie souvent à des déclarations et conventions relatives aux droits de la personne humaine (§ II).

Paragraphe I. La Constitution ou norme fondamentale

Au gré des questions rencontrées dans leur long cheminement vers la démocratie, les États africains se meuvent encore dans des contextes ambiants de sous-développement et de crises. Ils sont tout autant aiguillonnés par la recherche de solutions de sortie de crise. Il en ressort la nécessité de réajustements constants de leurs diverses Lois fondamentales (A) composées de règles de droit matériel et de droit processuel (B).

A) La diversité des Constitutions

Les États africains ont entrepris de nombreuses rédactions constitutionnelles. Leurs trajectoires politiques sont jalonnées par l'adoption de diverses lois fondamentales, comme on peut le constater :

– au Bénin[98],

[98] Anciennement République du Dahomey (à l'indépendance obtenue le 1er août 1960), République populaire du Bénin en 1975, puis République du Bénin, ce pays a vécu ,par le passé, des instabilités d'abord avec les coups d'état successifs (en 1963 du Colonel Christophe Soglo, en 1965 du même Soglo devenu Général, en 1967 du Commandant Maurice Kouandété qui confia le pouvoir au Lieutenant-colonel Alphonse Alley , en décembre 1969 du même Kouandété qui confia , alors, le pouvoir au Lieutenant-colonel Paul Emile de Souza). Le pays connaitra, en 1970, les difficultés du triumvirat électif et successif de Sourou Migan Apithy, Justin Ahomadegbé et Emile Derlin Zinsou, avant la prise de pouvoir en 1972 par le Capitaine Matthieu Kérékou. Depuis le renouveau démocratique en 1990, se sont succédé comme Chefs d'État, Christophe Dieudonné Soglo, Matthieu Kerekou, Thomas Boni Yayi et Patrice Talon. Au gré des changements politico institutionnels, les textes fondamentaux de cet État se présentent comme suit : Constitution du 28 février 1959 ; Loi n°1960-36 du 26 novembre 1960 portant Constitution de la République du Dahomey (www.sgg.gouv.bj) ; Constitution du 11 janvier 1964 ;Charte du 1er septembre 1966 ; Constitution du 11 avril 1968 ; Ordonnance du 26 décembre 1969 ; Ordonnance du 7 mai 1970 ; Ordonnance n°77-42 du 9 septembre 1977 portant promulgation de 1 a Loi fondamentale de 1 a République populaire du Bénin adoptée le 26 août 1977 ; Loi n°90-32 du 11 décembre 1990 portant Constitution de la République du Bénin.
On soulignera que la Constitution du 11 décembre 1990 a fait l'objet d'une révision avec la loi n°2019-40 du 7 novembre 2019 à la suite de son adoption parlementaire et de la décision de la CCB qui la déclare conforme à la Constitution (*Décision DCC n° 19-504 du 06 novembre 2019*). Toutefois la Cour africaine des Droits de l'Homme et des Peuples, saisie, a décidé que le Bénin doit procéder à son abrogation et que l'État est tenu, dans les trois mois qui suivent le prononcé de l'arrêt, de lui faire rapport des mesures nationales prises à cet effet. En effet, la Cour d'Arusha « *xiii. Ordonne à l'État défendeur de prendre toutes les mesures législatives et réglementaires afin de garantir l'indépendance de la Cour constitutionnelle, notamment en ce qui concerne le processus de renouvellement de leur mandat ; xiv. Ordonne à l'État défendeur de prendre toutes les mesures afin d'abroger la loi n°2019-40 du 1er novembre 2019 portant modification de la loi n°90-032 du 11 décembre 1990 portant constitution de la république du Bénin et toutes les lois subséquentes, notamment la loi 2019-43 du 15 novembre 2019 portant code électoral, et de se conformer au principe du consensus national édicté par l'article 10 (2) de la CADEG pour toutes autres révisions constitutionnelles ; xv. Ordonne que ces mesures soient prises avant toute élection...* » (*Affaire XYZ c/République du Bénin, Requête n°010/2020, arrêt du 27 novembre 2020*). Au demeurant, il convient d'être particulièrement attentif au problème récurrent de l'exécution nationale des décisions rendues par les juridictions internationales. Se référer à Fréderic Joël AÏVO, « La fracture constitutionnelle. Critique pure du procès en mimétisme », *in* Mélanges Maurice Ahanhanzo-Glélé, La Constitution béninoise du 11 décembre 1990 : un modèle pour l'Afrique ?, Paris, L'Harmattan, 2014, p. 38 ; Robert CORNEVIN, « Coups d'État en chaine au Dahomey », R.F.E.P.A. n°99, mars 1974, pp. 52-65 ; Richard BANEGAS, « Mobilisations sociales et oppositions sous Kérékou », Politique africaine, n°59, octobre1995 ; Mamoudou GAZIBO, La

- au Burkina Faso[99],
- au Cameroun[100],

---

problématique de la consolidation démocratique : les trajectoires comparées du Bénin et du Niger, Université Montesquieu-Bordeaux IV, 1998.

[99] Anciennement République de Haute-Volta , à l'indépendance, devenue Burkina Faso en 1984, le « Pays des Hommes Intègres » a connu des régimes militaires , dans les périodes suivantes : 1966-1970 avec le Général Sangoulé Lamizana ; 1974-1977 : régime militaire avec le Général Sangoulé Lamizana ;1980-1982 : régime du Colonel Saye Zerbo ;1982-1983 : régime du Commandant Jean Baptiste Ouédraogo ;1983-1987 : régime du Capitaine Thomas Sankara ; 1987 avec la prise du pouvoir par le Capitaine Blaise Compaoré qui va initier de 1988 à 1990 , la période dite de la « rectification » ,avant l'adoption de la Constitution du 2 juin 1991. À la suite de l'insurrection populaire d'octobre 2014, le Président Compaoré démissionne et après l'intermède du putsch du Général Honoré Traoré, l'armée choisit plutôt Yacoubou Isaac Zida (communiqué du 1er novembre 2014) ; puis s'ouvre jusqu'au 29 décembre 2015, une période de transition avec un Président, Michel Kafando (désigné le 17 novembre 2014), un Premier ministre (Isaac Zida) et un C.N.T. Ce processus sera interrompu, le 17 août 2015, par le coup d'État du Général Gilbert Dendre, ex-chef du Régiment de Sécurité Présidentielle (RSP) de Compaoré. Le coup d'État prend fin le 23 septembre 2015. Les organes de la Transition seront rétablis et à la suite du scrutin présidentiel, Roch Marc Christian Kaboré est élu Président du Faso, le 30 novembre 2015. Il sera réélu en novembre 2020. Il sera également renversé en février 2022 par un coup d'État du colonel Paul –Henri Sandaogo-Damiba , lequel sera à son tour , évincé du pouvoir par le Capitaine Ibrahima Traoré en septembre 2022.
Cet État a connu les textes fondamentaux suivants : Constitution de la République de Haute-Volta du 19 mars 1959 ; Constitution du 30 novembre 1960 ; Constitution du 29 juin 1970 ; Constitution du 13 décembre 1977 ; Constitution du Burkina Faso du 2 juin 1991, révisée par la Loi n°002/97/ADP du 27 janvier 1997, modifiée ; Charte de la transition signée à Ouagadougou le 13 novembre 2014, avant le retour en vigueur de la Constitution de 1991. Celle-ci cohabitera ensuite avec la Charte de Transition du 1er mars 2022, remplacée par la Charte de la Transition du 14 octobre 2022 modifiée le 25 mai 2024.

[100] Ancien protectorat allemand (1884-1918), puis placé sous mandats français et britannique le 20 janvier 1922 par la SDN, le *Kamerun* ou Cameroun a un statut d'autonomie en 1957. L'indépendance de la partie sous domination française est acquise en 1960. En 1961, à la faveur de la réunification avec la partie sous domination britannique, la République devient État fédéral puis République Unie en 1972 et République du Cameroun depuis 1984. Son premier Président Amadou Ahidjo est remplacé par Paul Biya en novembre 1982. Le pays a connu avant les indépendances la rébellion conduite par Ruben Um Nyobe et connait des velléités sécessionnistes et la présence de mouvements terroristes d'obédience djihadiste. Rétrospectivement, le Cameroun a eu les Constitutions suivantes : Constitution de la République du Cameroun du 4 mars 1960 révisée par la Constitution de la République Fédérale du Cameroun (loi n°61-24 du 1er septembre 1961) ; Constitution de la République Unie du Cameroun du 02 juin 1972, révisée le 4 février 1984 et par la loi n°96-06 du 18 janvier 1996.

- au Congo[101],
- en Côte d'Ivoire[102],
- au Gabon[103],

[101] Souvent appelée Congo-Brazzaville, la République du Congo, indépendante le 15 août 1960, a connu un passé mouvementé. Son premier Chef d'État, Fulbert Youlou, est évincé du pouvoir sous la pression des syndicats et de l'armée en août 1963. Il sera remplacé par Alphonse Massamba-Débat. Ce dernier sera renversé en août 1968 par le Capitaine Alfred Raoul. Le 30 décembre 1968, le Commandant Marien Ngouabi prend le pouvoir ; puis vont se succéder les régimes du Colonel Joachim Yombi-Opango en 1977 ; du Colonel Dénis Sassou Nguesso en 1979. Après l'intermède de la présidence de Pascal Lissouba, à la suite de la guerre civile de 1997, Dénis Sassou Nguesso reprend le pouvoir. Divers textes fondamentaux y ont été adoptes : Constitution de la République du Congo du 02 mars 1961 ; Constitution du 08 décembre 1963 ; Constitution du 24 juin 1973 ; Constitution du 15 mars 1992 ; Acte fondamental du 24 octobre 1997 ; Constitution du 20 janvier 2002 ; Constitution du 6 novembre 2015.

[102] Indépendante en 1960, la RCI a connu un coup d'État en 1999 avec le Général Robert Guéi avant le retour à un régime civil. Le pays éburnéen a connu les textes fondamentaux suivants : Loi n° 60-356 du 3 novembre 1960 portant Constitution de la République de Côte d'Ivoire ;Acte constitutionnel du 27 décembre 1999 ; Ordonnance n°01/99 PR du 27 décembre 1999 portant suspension de la Constitution et organisation provisoire des pouvoirs publics, (Journal officiel de la République de Côte d'Ivoire, n°1 spécial du jeudi 13 janvier 2000); Loi n°2000-513 du 1er août 2000 portant Constitution de la République de Côte d'Ivoire ;Loi n°2016-886 du 8 novembre 2016 portant Constitution de la République de Côte d'Ivoire, (JORCI, 58e année, n°16, numéro spécial du mercredi 9 novembre 2016, pp.129-142) ; Loi constitutionnelle n°2020-348 du 19 mars 2020 modifiant la Loi n°2016-886 du 8 novembre 2016 portant Constitution de la République de Côte d'Ivoire, (JORCI, 62éme année, n°23, numéro spécial du jeudi 19 mars 2020, pp.329-333).

[103] La République gabonaise est proclamée le 17 août 1960. Son premier Président Léon Mba est confronté à un coup d'état entre le 17 et le 20 février 1964. Réinstallé, il sera remplacé par Oumar (Albert-Bernard) Bongo Ondimba en 1967. À la mort de ce dernier, son fils Ali (Alain-Bernard) Bongo Ondimba est élu en 2009. Il sera renversé par le Général Brice Clothaire Oligui Nguema le 30 août 2023. Le Gabon a eu les Constitutions suivantes : Constitution de la République gabonaise du 19 février 1959 ; Constitution du 14 novembre 1960 ; Constitution du 21 février 1961 ; Constitution de 1961 révisée le 31 mai 1963 (www.legigabon.com); Loi n°003/91 du 26 mars 1991 portant Constitution de la République gabonaise, modifiée par la loi n°047/2010 du 12 janvier 2011, révisée par la loi n° 001-2018 du 12 janvier 2018 (JORG du 24 au 31 janvier 2018, n°382, p.3711). Le Gabon est actuellement régi par la Charte de la Transition du 4 septembre 2023, révisée par la loi n°001/2023 promulguée par décret n°0016/PT/PR de janvier 2024. Un Projet de Constitution sera soumis au référendum fixé pour le 16 novembre 2024 et des décrets ont été adoptés dans ce sens : Décret n°0406/PR/MIS du 21 octobre 2024 fixant les modalités des bulletins de vote pour le référendum ; Décret n°0407/PR/MIS du 21 octobre 2024 portant convocation du référendum ; Décret n°0408/PR/MIS du 21 octobre 2024 soumettant un projet de Constitution à référendum (JORG, n°39 ter, Spécial référendum, du 21 octobre 2024).

- en Guinée[104],
- Madagascar[105],
- au Mali[106] ,

---

[104] Indépendante en 1958, la Guinée-Conakry, officiellement dénommée République de Guinée, a expérimenté les régimes militaires à la mort de Sékou Touré en 1984 avec le Général Lansana Conté. À la mort de ce dernier en 2008, le Capitaine Moussa Dadis Camara prend le pouvoir. Après la tentative d'assassinat perpétré contre lui, s'ouvre une période d'intérim en 2009 avec le Général Sékouba Konaté. En novembre 2010, le Professeur Alpha Condé est élu. Il sera réélu, sous l'empire d'une nouvelle Constitution, en 2020. Il sera renversé le 5 septembre 2021 par le Colonel Mamadi Doumbouya. Les textes fondamentaux de la Guinée sont les suivants : Constitution de la République de Guinée du 10 novembre 1958, (www.univ-perp.fr/constit/gn1958.htm) ; Constitution du 23 décembre 1990, révisée ; Constitution promulguée par décret D/068/PRG/CNDD/SGPRG/2010 du Conseil National de Transition le 19 avril 2010 et Constitution de la IVe République du 06 avril 2020 (JORG, numéro spécial du 14 avril 2020). Actuellement, la Guinée est régie par la Charte de Transition du 27 septembre 2021.

[105] Indépendante le 26 juin 1960, la République de Madagascar a connu des coups d'État militaires en février 1975 avec le Général Andriamahazo, en juin 1975 avec le Capitaine de Vaisseau Didier Ratsiraka et des crises institutionnelles répétitives dont le dernier dénouement a été l'élection d'Andry Rajoelina en décembre 2018. Le pays des malgaches a connu les textes fondamentaux suivants : Constitution du 29 avril 1959 ; Constitution du 31 décembre 1975 ; Convention du 31 octobre 1991 ; Constitution adoptée par référendum du 19 aout 1992 et promulguée 18 septembre 1992 et Constitution du 11 décembre 2010 (IVe République),
(Textes disponibles sur www.mjp.univ-perp.fr/constit/mg.htm).

[106] Membre, avec le Sénégal, de la Fédération du Mali en 1959, l'ex-Soudan français devenu République du Mali en 1960, a connu une succession de régimes militaires : en 1968 avec le Lieutenant Moussa Traoré, en 1992 avec le Général Amadou Toumani Touré, le 22 mars 2012 avec le Capitaine Amadou Haya Sanogo et le 18 août 2020 avec le Colonel (devenu général) Assimi Goita. Ce dernier sera à l'origine d'un second coup d'état contre le Président et le Gouvernement de transition qui seront forcés de démissionner. À la suite de l'*arrêt n°2021-02/CC/VACANCE du 28 mai 2021* de la Cour constitutionnelle, il est désigné comme Président de la Transition et fait sa prestation de serment le 7 juin 2021. Au total, Le Mali a connu les textes fondamentaux suivants : Constitution du 22 septembre 1960 ; Constitution du 2 juin 1974 ; Constitution adoptée par référendum du 12 janvier 1992 et promulguée par décret n°92-073/P-CTSP du 27 février 1992 ;Acte fondamental n°001/CNSP du 24 août 2020 pour l'organisation provisoire des pouvoirs publics (JORM, spécial n°15 du 27 août 2020) ; Charte de la Transition adoptée par les Forces vives de la Nation le 12 septembre 2020 et promulguée par décret n°2020-072 du 1er octobre 2020 (JORM, 61e année, spécial n°17,1 er octobre 2020, p.1). La Charte a été révisée par la Loi n°2022-001 du 25 février 2022. À la suite du référendum du 18 juin 2023, une nouvelle Constitution est promulguée le 22 juillet 2023.

- au Niger[107],
- au Sénégal[108],
- et au Togo[109].

[107] La République du Niger, indépendante le 3 août 1960, a vécu des alternances de régimes civils et militaires avec les coups d'État du Lieutenant-Colonel Seyni Kountché en 1974, puis à sa mort, la venue au pouvoir du Colonel Ali Saibou en 1987. En 1996, c'est le régime militaire du Colonel Ibrahima Mainassara Baré. Ce dernier sera assassiné le 9 avril 1999, et un coup d'État portera au pouvoir le Commandant Daouda Mallam Wanké. Après des régimes civils, le Chef d'escadron Salou Djibo renverse, le 18 février 2010, le Président Mamadou Tandja. Après une période de transition, Mahamadou Issoufou, exercera deux mandats entre 2011 et 2021. Son successeur Mohamed Bazoum, élu en 2021, sera renversé le 26 juillet 2023 par le Général Abdourahmane Tchiani. Le Niger a connu les textes fondamentaux suivants : Constitution de la République du Niger du 8 novembre 1960 ;Constitution du 24 septembre 1989 ; Acte fondamental n° 1/CN du 30 juillet 1990, portant statut de la Conférence nationale ;Acte n° III/CN du 9 août 1991, proclamant les attributs de la souveraineté de la Conférence nationale au Niger ;Constitution du 26 décembre 1992 ;Constitution du 12 mai 1996; Ordonnance n°99-001 du 11 avril 1999 portant organisation des pouvoirs publics pendant la période de transition (JO du 13 avril 1999, p. 140) ; Constitution du 18 juillet 1999, promulguée par le décret n°99-320/PCRN du 9 août 1999 (Constitution à jour au 22 Septembre 2004 avec intégration de la révision opérée par Loi n°2004-15 du 13 mai 2004, JORN, spécial n°7 du 14 mai 2004) ; Constitution approuvée par référendum du 4 août 2009 ;Ordonnance n° 2010-001 du 22 février 2010 portant organisation des pouvoirs publics pendant la période de transition, modifiée par l'ordonnance n° 2010-005 du 30 mars 2010 ; Constitution approuvée par référendum du 31 octobre 2010 et promulguée le 25 novembre 2010 (VIIe République), puis, avec le coup d'État du Général Abdourhmane Thiani, les ordonnances n°2023-01 du 28 juillet 2023 portant suspension de la Constitution et créant le Conseil National pour la Sauvegarde de la Patrie et n°2023-02 du 28 juillet 2023 portant organisation des pouvoirs publics pendant la période de transition. Voir, notamment, Mama-Sani ABOUDOU SALAMI, « Démocratie et coups d'État en Afrique », Revue nigérienne de droit, n° 05, avril 2003.

[108] Membre, avec l'ex-Soudan français, de la Fédération du Mali en 1959, la République du Sénégal (dont la date d'indépendance retenue officiellement est le 4 avril 1960 alors qu'elle l'était *de facto* en 1959) a connu les Constitutions suivantes : Constitution du 24 janvier 1959 ; Constitution du 26 août 1960 ; Constitution du 7 mars 1963 et Constitution du 22 janvier 2001 ; voir Ismaila Madior FALL ; Textes constitutionnels… *op. cit.* ; Abdou Aziz Dabah KEBE, Sidy Alpha NDIAYE et Boubacar BA (dir.), Textes fondamentaux de la République du Sénégal, Dakar, L'Harmattan, CREDILA, 2021, 499 p.

[109] La République togolaise, successivement protectorat allemand entre 1884 et la Première Guerre Mondiale, territoire sous mandat du temps de la Société des Nations, territoire sous tutelle de l'ONU en 1946, devient indépendante en 1960. Le Président Sylvanus Olympio meurt assassiné le 13 janvier 1963. Nicolas Grunitzky prend le pouvoir avant d'être renversé par le Colonel Kléber Dadjo le 14 janvier 1967. Ce

Au-delà de cette pluralité, se dégage un certain nombre de convergences formelles ou matérielles dans l'écriture de la Constitution.

Cette revue des Constitutions ou Lois fondamentales donne l'image d'un kaléidoscope mêlant Constitutions, Ordonnances, Chartes ou Actes fondamentaux. Certains de ces textes ont été adoptés à la suite de référendums alors que d'autres ont été imposés par des régimes militaires ou négociés dans le cadre d'accords politiques de sortie de crise[110].

Le document constitutionnel, (la Constitution *stricto sensu* et le préambule), peut être appréhendé à travers les articles de fond et de forme.

B) Les clauses de droit matériel et de droit processuel

Prise au sens matériel (selon l'objet, le contenu) et sous son aspect formel (selon la procédure), la Constitution *lato sensu* se présente comme un texte généralement écrit, visant principalement mais non exclusivement, l'encadrement du pouvoir de l'État. La Constitution fixe les règles fondamentales relatives aux droits et libertés, à l'accession, l'exercice et la dévolution du pouvoir politique, aux compétences des organes exécutif, législatif et juridictionnel. Elle est élaborée, adoptée par le pouvoir constituant originaire [111] et révisée par le pouvoir

---

dernier sera à son tour évincé par le Sergent Etienne (Gnassingbé) Eyadéma le 14 avril 1967. Le pays a connu les Constitutions suivantes : Constitution du 15 avril 1961 (www.jo.gouv.tg) ; Constitution du 5 mai 1963 ; Constitution adoptée par référendum du 30 décembre 1979 et promulguée le 9 janvier 1980 ; Constitution du 14 octobre 1992 ; Loi constitutionnelle n°2019-003 du 14 mai 2019, portant révision de la Constitution du 14 octobre 1992 (JORT, 64e année, n°11 ter, du 15 mai 2019, pp. 2-6). La Constitution du 06 mai 2024 introduit une nouveauté majeure, avec l'art. 35 qui dispose : « *Le Président de la République est élu par* le *Parlement réuni en Congrès. Les candidats à la fonction de Président de la République sont présentés par les groupes parlementaires régulièrement constitués à l'Assemblée nationale.*
L'élection du Président de la République a lieu au scrutin secret à la majorité absolue. À défaut, le scrutin est repris.
Après le troisième (3e) tour de scrutin, le Président de la République est élu à la majorité simple des parlementaires votants (…) ».

[110] Voir, Maurice KAMTO et Jean MATRINGE (dir.), Droit constitutionnel, *op. cit.* ; Saidou Nourou TALL, « Coups d'État et Régimes militaires africains : le Droit constitutionnel face aux ordonnances » in Oumarou NAREY (dir.), La construction de l'État en Afrique, *op. cit.*, pp. 193-208.

[111] Le pouvoir constituant originaire ou initial, est celui attribué, solitairement ou solidairement, à un gouvernement, à une assemblée dite constituante ou au peuple, d'élaborer et d'adopter une Constitution.

constituant dérivé [112]suivant une procédure solennelle et différente de celle d'une loi ordinaire.

La contexture de la Constitution s'adosse à un ensemble de dispositions (clauses matérielles et formelles) distribuées en articles qui sont à leur tour regroupés en Chapitres[113], en Titres, voire en Sous-Titres[114] ou en Parties.

Cet ensemble, qui constitue le *corpus juris*, contient et concilie trois séries de dispositions : des règles de compétence, des règles de fond et des règles de procédure.

Les règles de compétence fixent les attributions des autorités (Chef de l'État, Chef du gouvernement) et des institutions (Gouvernement, Parlement, Cours et tribunaux, entre autres).

Les règles de fond régissent la conquête, la conservation et la transmission du pouvoir, la consécration ainsi que la garantie des droits et libertés de la personne humaine, les domaines de la loi et du règlement, la nomenclature législative (loi ordinaire, loi organique, loi de finances, loi d'orientation…), le pluralisme politique, etc.

Les règles de procédure sont relatives à l'élaboration et à la révision de la Constitution, à la procédure législative, à la saisine des juridictions, aux dispositions finales.

Décomposée, cette taxinomie permet, dans le détail, d'identifier dans ce corpus, les dispositions afférentes :

– au statut de l'État (souveraineté, Monarchie ou République, armoiries[115], emblème, capitale, hymne, sceau, langues, devise[116], forme unitaire ou fédérale, centralisée ou décentralisée de l'État, rôle des partis politiques[117], statut de l'opposition) ;

– à la proclamation et à la garantie droits et libertés et des devoirs des citoyens ;

---

[112] Le pouvoir constituant dérivé ou institué, est celui conféré par la Constitution à un organe chargé d'opérer la procédure de révision du texte fondamental.

[113] Voir, en Titres et Chapitres, Constitution du Mali de 2023.

[114] Voir, Constitution de la Guinée, 2020.

[115] Voir article premier de la Constitution du Bénin de 1990.

[116] Voir, articles premier et 2 de la Constitution du Sénégal de 2001, révisée ; art.4 de la Constitution malgache de 2010.

[117] Voir, art.4 de la Constitution du Sénégal de 2001.

– à la condition de l'exécutif (durée et nombre de mandat, élection, prestation de serment et exercice de la fonction présidentielle, composition et attributions du Gouvernement) ;

– à l'organisation, au fonctionnement du parlement (monocaméral ou bicaméral) ;

– aux rapports entre les pouvoirs exécutif et législatif (répartition des compétences, initiative, inscription à l'ordre du jour, discussion et vote, droit d'amendement[118], adoption du projet ou de la proposition de loi, caractéristiques des lois organiques, des lois de finances, des lois de règlement, motion de censure et autres moyens de contrôle de l'action des pouvoirs publics, dissolution, déclaration de politique générale), saisine par les parlementaires ou par l'Exécutif de la juridiction constitutionnelle ;

– aux principes gouvernant l'organisation et le fonctionnement de la juridiction constitutionnelle, la durée du mandat, les privilèges et immunités des membres ;

– au pouvoir judiciaire (Cour suprême ou Cour de cassation, Conseil d'État, Cour des comptes[119], cours et tribunaux) ;

– à la Haute Cour de justice[120] ;

– aux traités et accords internationaux ;

– au statut des collectivités locales ou territoriales[121] ;

– au statut des anciens dirigeants[122]

[118] Droit d'amendement du gouvernement et des députés, voir, art. 83 de la Constitution sénégalaise, précitée.

[119] Au Congo, la Cour des comptes et de discipline budgétaire ne fait pas partie du pouvoir judiciaire (art.189 de la Constitution de 2015).

[120] Au Sénégal, depuis la révision constitutionnelle de 2016 (art.102), l'expression « collectivités territoriales » a été préférée à celle, plus restrictive, de « collectivités locales ». Un organe consultatif a été créé, le Haut Conseil des Collectivités territoriales (art.66-1). Voir, aussi, le Titre X de la Constitution du Congo de 2015.

[121] Art.150 et s. de la Constitution du Bénin de 1990, art.208 de la Constitution congolaise de 2015.

[122] Titre XVIII, art. 224 à 226 de la Constitution du Congo de 2015.

– aux autres organes constitutionnels comme le Conseil économique et social[123], le Conseil supérieur de la magistrature[124], la Haute Autorité de l'Audiovisuel et de la Communication[125], le Conseil supérieur de la liberté de communication[126], le Conseil National du Dialogue, le Conseil Consultatif de la Jeunesse, le Conseil consultatif de la Femme, le Conseil National des Personnes vivant avec un handicap, le Conseil Consultatif de la Société civile et des Organisations non Gouvernementales[127], la Commission nationale des Droits de l'Homme[128], le Médiateur de la République[129], les Chefferies traditionnelles et Autorités coutumières[130], etc. ;

– au projet ou à la proposition de révision (initiative, adoption, limitations par des clauses d'éternité ou d'intangibilité)[131] ;

– aux dispositions finales et transitoires[132].

Dans l'activité de confrontation entre la norme contrôlée et la norme de référence, le juge utilise diverses techniques et règles d'interprétation pour aboutir à une décision assortie, en tant que de besoin, de réserve[133].

---

[123] Il peut avoir des appellations variées : Conseil économique et social (Bénin), Conseil économique, social et environnemental (Sénégal, Congo, Togo), Conseil économique, social, environnemental et culturel (Constitution guinéenne de 2020 et Projet de Constitution gabonaise de 2024).

[124] Voir, art.65 à 67 de la Constitution togolaise de 2024.

[125] Art.142 de la Constitution du Bénin de 1990 et 130 de la Constitution togolaise, révisée en 2019.

[126] Art.212 de la Constitution du Congo de 2015.

[127] Voir le Titre XIX de la Constitution du Congo de 2015 portant sur les conseils consultatifs nationaux (art. 227 à 239).

[128] Commission nationale des Droits de l'Homme (Constitution togolaise révisée en 2019, art.132 et art.83 de la Constitution de 2024), Institution Nationale Indépendante des droits de l'Homme (art.140 à 142 de la Constitution de la Guinée de 2020).

[129] Constitution de Guinée de 2020, art.130 à 134.

[130] Art.154 de la Constitution togolaise, révisée en 2019, art.88 de la Constitution togolaise de 2024.

[131] Art.155 de la Constitution du Bénin de 1990 ; art.240 de la Constitution du Congo de 2015.

[132] Pour « *les dispositions transitoires et finales* », cf. Constitution du Niger de 1999 (Titre XIII), Constitution gabonaise de 1991 modifiée en 2000 (Titre XIII). Pour « *les dispositions transitoires »,* Constitutions du Sénégal de 2001 (ancien Titre XIII), du Burkina Faso de 1991 (Titre XVII), du Mali de 1992 (Titre XVIII) et Projet de Constitution gabonaise de 2024 (Titre X). Entre ces deux formulations usuelles, s'intercalent la Constitution togolaise de 1992 traitant d'un Titre XVI intitulé simplement « *dispositions finales* » et la Constitution malgache de 2010, « *dispositions transitoires et diverse*s ».

[133] Voir, deuxième partie de cet ouvrage.

La fonction utilitaire des articles de forme et de fond est de sertir de référence pour le contrôle constitutionnalité des normes législatives, conventionnelles et réglementaires. Il s'y ajoute qu'elles constituent les arguments principaux au soutien des moyens développés par les requérants dans leurs écritures.

Le corpus constitutionnel, très diversifié, est précédé d'un préambule, au contenu très variable selon les États.

Paragraphe II : Le préambule et les textes de renvoi

La majorité des Constitutions étudiées comportent un préambule[134]. Ce texte peut rappeler le contexte historique d'élaboration de la Constitution et les raisons qui ont présidé à sa mise en place. Formulé comme une sorte de déclaration préliminaire, d'exposé des motifs, ou se présentant comme une introduction, un ensemble de propos liminaires, un énoncé des valeurs cimentant l'unité nationale, le terme de préambule est dérive « du mot latin « *praeambulus* », c'est-à-dire « précédant », « qui marche devant ». Le terme préambule est formé du radical « *prae* » qui signifie « avant », « devant » et de « *ambulare* », c'est-à-dire « se promener », « marcher », « avancer ». Le concept recoupe un « avant-propos explicatif » traduisant le contexte d'adoption de la Constitution, mais surtout les idéaux pour lesquels la société politique destinataire se détermine »[135].

Les préambules (A) renvoient, souvent, à des déclarations et conventions internationales, voire à des textes de droit interne (B).

A) L'esprit et l'écrit du préambule de la Constitution

Le préambule contient divers énoncés tantôt philosophiques, tantôt déclaratoires, déclamatoires, programmatrices, visant des valeurs culturelles fondant l'unité nationale, des idéaux d'unité africaine, de paix,

---

[134] Cf., Meissa DIAKHATE, La Constitution du Sénégal. La lettre, le politique et le juge, Dakar, L'Harmattan, 2023, 316 p. ; El Hadji Omar DIOP, La justice constitutionnelle au Sénégal. Essai sur l'évolution, les enjeux et les réformes d'un contre-pouvoir juridictionnel, Dakar, CREDILA/OVIPA, 2013, 333 p.

[135] Selon Boubacar BA, « Le préambule de la Constitution et le juge constitutionnel en Afrique », Revue électronique Afrilex, 2016, 36p ; se référer aussi à Franc De Paul TETANG, « La normativité des préambules des constitutions des États africains d'expression française », RFDC 2015/4 (N° 104), pp. 953-978 ; Alexis ESSONO OVONO, « Les normes et techniques de contrôle de constitutionnalité des lois au Gabon. Cour Constitutionnelle gabonaise, Décision n° 3/CC du 27 février 2004 », *Afrique Juridique et politique*, Revue du CERDIP, volume 2, n° 2, juillet-décembre 2006, pp. 148-181.

d'amitié et de coopération, mais aussi d'aspects socioculturels particuliers, creusets de réception de l'élan panafricaniste et de l'ancrage universaliste.

En fait, le champ diplomatique et stratégique de la fin des années 1990 et du début du troisième millénaire (Discours de la Baule, chute du mur de Berlin, implosion de l'URSS, triomphe de l'idéologie libérale et recul des valeurs marxistes-léninistes) jette un pont entre micro nationalisme et macro nationalisme, ne laissant aucune entité hors de son emprise. Dès lors, les constituants ne pouvaient qu'appréhender ces aspirations tout en conciliant les éléments normatifs relevant de la continuité constitutionnelle avec des aspects novateurs consolidant l'ouverture vers l'Afrique et le Monde.

L'esprit des Constitutions semble ici se nouer autour de prescriptions préambulaires renvoyant à une mondialisation de l'État et du Droit. La mondialisation de l'État impose une ouverture envers les niveaux sous régional, régional et universel et la mondialisation du Droit met en orbite les valeurs attachées à la démocratie, aux Droits de l'Homme et à l'état de droit[136].

Au niveau régional, les Constitutions magnifient l'attachement à « *l'idéal de l'unité africaine* » dont l'écho retentit à travers les hymnes nationaux et les nombreuses actions diplomatiques en faveur du rapprochement des peuples et des États du continent, que ce soit dans le cadre de l'intégration sous-régionale ou régionale au sein de l'OUA/UA, des Communautés économiques régionales comme la CEEAC, la SADC, la CEDEAO[137].

Le niveau universel est également sollicité dans son esprit par l'énonciation de valeurs d'adhésion comme la « *détermination à lutter pour la paix et la fraternité avec tous les peuples du monde* »[138], la détermination « *de coopérer dans la paix, l'amitié et la solidarité avec tous les peuples du monde épris de l'idéal démocratique sur la base des principes d'égalité, de respect mutuel et de la souveraineté* »[139], ou

---

[136] Yao Biova VIGNON, « La protection des droits fondamentaux dans les nouvelles Constitutions africaines », Revue nigérienne de Droit, n° 3, décembre 2000, p. 64 et s. ; Arsène-Joel ADELOUI, « L'insertion des engagements internationaux en droit interne des États africains », RBSJA, n° 25, 2011, pp. 51-92 ; Pierre-François GONIDEC, « L'État de droit en Afrique. Le sens des mots », RJPIC, n° 1, janvier-avril 1988, p. 3.

[137] Voir notre ouvrage, Droit des organisations internationales africaines, *op. cit.*

[138] Constitution sénégalaise de 2001, Préambule.

[139] Constitution togolaise révisée en 2019, Préambule § 6. Le préambule de la Constitution togolaise de 2024, pour sa part, entend, « *promouvoir la paix, la solidarité avec les autres peuples et nations du monde, particulièrement, avec les peuples africains*

encore l'affirmation de la « *volonté de coopérer dans la paix et l'amitié avec tous les peuples qui partagent (...) idéaux de liberté, de justice, de solidarité humaine sur la base des principes d'égalité, d'intérêt réciproque et de respect mutuel, de la souveraineté nationale et de l'intégrité territoriale* »[140]. Ces principes guident la mise en œuvre des politiques étrangères de ces pays à travers leur participation à des Organisations internationales, à des accords bilatéraux ou multilatéraux d'amitié et de coopération[141]. Or, ces idéaux recoupent parfaitement les valeurs qui sous-tendent l'axiologie principale de la Charte des Nations Unies (Préambule et Art. 2) et les principes juridico-politiques de l'Art. 3 de l'Acte constitutif de l'Union africaine (Organisation succédant à l'OUA).

Quant à la mondialisation du Droit[142], elle s'appuie sur la consécration de la primauté du droit international sur le droit interne [143] par l'entremise des grands textes de l'ONU ou de l'UA. L'idée sous-jacente à l'inscription des références au droit international participe du mouvement universaliste de protection et de promotion des Droits de l'Homme à travers le triptyque : démocratie/droits de l'Homme/état de droit.

L'esprit des références se nourrit d'une concrétisation par la référence aux grands instruments juridiques internationaux. La valorisation du droit international public par le Constituant s'est exprimée par la

---

et les peuples d'ascendance africaine, dans le respect des valeurs traditionnelles et des spécificités culturelles inhérentes à nos us et coutumes … ».

[140] Constitution béninoise de 1990, Préambule, *in fine.* La Cour du Bénin atteste de la positivité juridique du préambule : « *Considérant que le préambule de la Constitution du 11 décembre 1990 réaffirme l'opposition fondamentale du peuple béninois à tout régime politique fondé sur l'arbitraire, la dictature, (...) la confiscation du pouvoir, le pouvoir personnel* », Cour constitutionnelle du Bénin , *décision DCC-03-078 du 13 mai 2003, Affaire Gougbédji Cyrille et autres*, in Nicaise MEDE , Les grandes Décisions de la Cour constitutionnelle du Bénin , Dakar, L'Harmattan, 2020.

[141] Luc SINDJOUN, « Les nouvelles Constitutions africaines et la politique internationale : contribution à une économie internationale des biens politico-constitutionnels », Études internationales, vol. XXVI, 1995, n° 2, pp. 329-345.

[142] Comme le rappelait J. du Bois De GAUDUSSON, « La référence au droit est devenue un passage obligé de la légitimité tant vis à vis de l'opinion nationale que de la communauté internationale », Jean du Bois de GAUDUSSON, « Les tabous du constitutionnalisme en Afrique », Afrique Contemporaine, 2012/2, n° 242, pp. 53-58 (ici, page 56).

[143] Art.27 de la Convention de Vienne du 23 mai 1969 sur le droit des traités entre États ; voir aussi CPJI, *Affaire du traitement des nationaux polonais et des autres personnes d'origine ou de langue polonaise dans le territoire de Dantzig, avis consultatif du 4 février 1932*, série A/B, n° 44, p. 24.

prédominance majoritaire de la source conventionnelle [144] hissée au pinacle par les textes auxquels le préambule fait appel.

B) Les textes auxquels le préambule renvoie

Les préambules[145] peuvent renvoyer à des déclarations de droits et à des conventions internationales [146]. Ainsi, le préambule de la Constitution du Bénin de 1990 réaffirme l'« *attachement aux principes de la démocratie et des Droits de l'Homme tels qu'ils ont été définis par la Charte des Nations-Unies de 1945 et la Déclaration universelle des Droits de l'Homme de 1948, à la Charte africaine des Droits de l'Homme et des Peuples adoptée en 1981 par l'Organisation de l'Unité africaine, ratifiée par le Bénin le 20 janvier 1986 et dont les dispositions font partie intégrante de la présente Constitution…* »[147]. Dans la même veine, la Constitution du Sénégal du 22 janvier 2001 renvoie, dans son préambule, à la Déclaration des Droits de l'Homme et du Citoyen de 1789 et à divers instruments internationaux de protection des droits de la personne humaine, comme la Déclaration universelle des Droits de l'Homme du 10 décembre 1948, la

---

[144] Adama KPODAR, « Bilan sur un demi-siècle de constitutionnalisme en Afrique noire francophone », *Afrilex*, 2012, p. 12 ; Narcisse MOUELLE-KOMBI, « Les dispositions relatives aux conventions internationales dans les nouvelles Constitutions des États francophones d'Afrique », RJPIC, 2005.

[145] Cf., Boubacar BA, « Le préambule de la Constitution et le juge constitutionnel en Afrique », *op. cit.* ; Franc De Paul TETANG, « La normativité des préambules des constitutions des États africains d'expression française », *op. cit.*

[146] La Constitution ivoirienne de 2016, révisée, va également dans ce sens, en proclamant dans son préambule, la «*détermination à bâtir un État de droit dans lequel les droits de l'homme, les libertés publiques, la dignité de la personne humaine, la justice et la bonne gouvernance tels que définis dans les instruments juridiques internationaux auxquels la Côte d'Ivoire est partie, notamment la Charte des Nations unies de 1945, la Déclaration universelle des Droits de l'Homme de 1948, la Charte africaine des droits de l'homme et des peuples de 1981 et ses protocoles additionnels, l'Acte constitutif de l'Union africaine de 2001, sont promus, protégés et garantis…* ».

[147] On peut également citer la Constitution congolaise de 2015 dont le préambule « *déclare partie intégrante de la présente Constitution, les principes fondamentaux proclamés et garantis par : – la Charte des Nations Unies du 24 octobre 1945 ; la Déclaration universelle des Droits de l'Homme du 10 décembre 1948 ; la Charte africaine des droits de l'Homme et des Peuples du 26 juin 1981 ; la Charte de l'Unité nationale et la Charte des droits et des libertés du 29 mai 1991* ». Il en est ainsi de la Constitution du Burkina Faso, révisée en 2015, dont le préambule dispose que le peuple souverain souscrit « *à la Déclaration universelle des Droits de l'Homme de 1948 et aux instruments internationaux traitant des problèmes économiques, politiques, sociaux et culturels* ».

Convention sur l'élimination de toutes les formes de discrimination à l'égard des femmes du 18 décembre 1979, la Convention relative aux droits de l'enfant du 20 novembre 1989 et la Charte africaine des Droits de l'Homme et des Peuples de 1981.

D'une manière plus générale, la nouvelle Constitution du Mali « *souscrit à la Déclaration universelle des Droits de l'Homme du 10 décembre 1948 et à la Charte africaine des Droits de l'Homme et des Peuples du 27 juin 1981* » ; et « *s'engage à garantir le respect des droits humains, en particulier ceux de la femme, de l'enfant et de la personne vivant avec un handicap, consacrés par les traités et accords sous régionaux, régionaux et internationaux signés et ratifiés par le Mali* »[148].

Aussi, à titre exemplatif, on examinera certaines de ces déclarations et conventions.

- **Les Déclarations des Droits de l'Homme**

Dans ce domaine, la doctrine avait longtemps entretenu une controverse à la fois sur la valeur juridique du Préambule et sur celle des déclarations de droits[149] avant la consécration jurisprudentielle de la valeur constitutionnelle du Préambule dans la décision du Conseil constitutionnel français du 16 juillet 1971, *Liberté d'association* et de la valeur constitutionnelle de la DDHC dans sa décision *du 27 décembre 1973, Taxation d'office*[150].

Ce débat n'a pas eu lieu en Afrique. Il est heureux que certains Préambules se terminent par l'affirmation péremptoire de leurs valeurs constitutionnelles[151]. Par cette assertion, les constituants font l'économie

---

[148] Préambule, Constitution du Mali du 22 juillet 2023.

[149] En France, le débat opposait d'une part, Adhémar Esmein et Raymond Carré de Malberg, adversaires de la juridicité et d'autre part, Léon Duguit et Maurice Hauriou qui la défendaient ; voir les manuels de Droit constitutionnel français, avant 1971.

[150] Consulter, Patrick GAIA, Richard GHEVONTIAN, Ferdinand MELIN-SOUCRAMANIEN, Éric OLIVA et André ROUX, Les grandes décisions du Conseil constitutionnel, Paris, Dalloz, 18e édition, 2016, 930 p.

[151] Par exemple, les préambules respectifs des Lois fondamentales du Bénin, du Togo et du Sénégal se terminent par l'affirmation que ces préambules font partie intégrante de la Constitution. Tout autant, le préambule de la Constitution togolaise de 2024 s'achève par l'affirmation que « *Le présent préambule fait partie intégrante de la présente Constitution.*
Les droits et devoirs fondamentaux des personnes et des citoyens sont proclamés dans une déclaration solennelle annexée à la présente Constitution dont elle fait partie intégrante ». Le Préambule du Projet de Constitution gabonaise de 2024 mentionne, notamment que la République « … *Proclame solennellement son*

des vives controverses doctrinales qui avaient achoppé sur la valeur juridique du Préambule.

Cette consécration était ainsi explicitée par la Cour constitutionnelle du Gabon dans sa *décision n° 001-CC du 28 février 1992* : « … *Considérant que la conformité d'un texte de loi à la Constitution doit s'apprécier non seulement par rapport aux dispositions de celle-ci, mais aussi par rapport au contenu des textes et normes de valeur constitutionnelle énumérés dans le préambule de la Constitution, auxquels le Peuple gabonais a solennellement affirmé son Attachement et qui constituent, avec la Constitution, ce qu'il est convenu d'appeler Bloc de Constitutionnalité* »[152].

Pour sa part, le Conseil constitutionnel du Sénégal en convenait déjà dans l'une de ses premières décisions : « *Considérant que la règle de la non-rétroactivité des lois n'a de valeur constitutionnelle qu'en matière pénale, conformément aux articles 6 de la Constitution, 8 de la Déclaration des Droits de l'Homme et du Citoyen de 1789 et 11.2 de la Déclaration universelle des Droits de l'Homme de 1948….* »[153].

---

attachement à sa terre, à ses valeurs sociales profondes et traditionnelles, à son patrimoine culturel, matériel et spirituel et à ses langues nationales, au respect des libertés, des droits et des devoirs du citoyen ;
Affirme solennellement et souverainement son attachement aux droits de l'Homme et aux libertés fondamentales, tels qu'ils résultent de la Déclaration universelle des Droits de l'Homme de 1948, consacrés par la Charte africaine des Droits de l'Homme et des peuples de 1981 et par la Charte nationale des Libertés de 1990 ; Réaffirme sa pleine souveraineté sur l'ensemble des ressources naturelles de son sol et de son sous-sol ainsi que sur le numérique ; Déclare son intérêt profond aux enjeux écologiques, environnementaux, des changements climatiques et de la protection des écosystèmes ; En vertu de ces principes et de celui de la souveraineté des peuples, adopte par référendum la présente Constitution, loi suprême de la République, dont le préambule est partie intégrante… ».

[152] Voir la reprise *in extenso* de ce considérant gabonais par la Cour constitutionnelle du Niger, dans son *arrêt 2002-010/CC du 18 janvier 2002*. À plusieurs occasions, la Cour constitutionnelle du Niger s'est référé au préambule, notamment dans ses *arrêts n° 004/CC/MC du 2 mai 2014* et *n° 006/CC/MC du 6 mai 2014*. Selon la Cour : « *Considérant par ailleurs que l'article 25 du Pacte international relatif aux droits civils et politiques de 1966, auquel se réfère le préambule de la Constitution dont il fait partie intégrante, reconnaît à tout citoyen…* », voir le site : https://www.accpuf.org/niger/cour-constitutionnelle (consulté le 10 octobre 2023).

[153] Cf., Sénégal, Conseil constitutionnel, *Affaire 11/C/93 du 23 juin 1993, Recueil des décisions (Janvier 1993-2019),* p.64.Consulter, El Hadj MBODJ, « La mise à mort du rabat d'arrêt ? Observations sous Conseil constitutionnel, 23 juin 1993 », EDJA, N° 23, octobre-novembre-décembre 1994, p. 85.

Ce faisant, la constitutionnalité du Préambule confère une assise confortable aux références relatives au droit international en les insérant dans un esprit spécifique et en les axant autour des grands textes diplomatiques[154].

Les préambules des Constitutions africaines comme celles du Gabon de 1991 et du Sénégal de 2001 affirment leur attachement à des idéaux et principes véhiculés par la Déclaration des Droits de l'Homme et du Citoyen du 26 août 1789[155] et la Déclaration universelle des Droits de l'Homme du 10 décembre 1948.

- **La Déclaration de 1789**

L'attachement à la Déclaration de 1789 s'inscrit dans le legs de la tradition juridique française. La France va également offrir d'abord à ses citoyens puis au monde, l'un des plus célèbres textes sur les Droits de l'Homme[156]. La Déclaration des Droits de l'Homme et du Citoyen du 26 août 1789[157], s'insurge contre l'organisation politique et sociale de l'Ancien Régime, la monarchie absolue, les privilèges de la noblesse et du clergé, la pauvreté des classes laborieuses158 avec le dénuement extrême du Tiers État qui n'a aucun droit et supporte toutes les charges. A l'origine, se trouve l'apport des philosophes du Siècle des Lumières qui veulent substituer la Raison à l'autoritarisme ; l'influence de Montesquieu, de Voltaire, des Encyclopédistes comme Diderot et d'Alembert, les idées anglo-saxonnes de John Locke, Adam Smith.

---

[154] Voir, Bénin, Haut Conseil de la République siégeant en qualité de Cour Constitutionnelle, *Décision 3 DC du 02 juillet 1991* Président *du Bureau provisoire de l'Assemblée nationale.*

[155]On soulignera qu'au moment de la rédaction de ces lignes, seule la Constitution du Sénégal, en vigueur, cite parmi ces textes, la DDHC de 1789. Sans doute, l'attachement à ce texte peut-il réveiller des réminiscences de la soumission des cahiers des doléances des délégués de la colonie du Sénégal aux Etats- généraux de 1789. Voir, Meissa DIAKHATE, *op. cit.* ; Bernard MOLEUR, « L'indigène aux urnes. Le droit de suffrage et la citoyenneté dans la colonie du Sénégal », Annales africaines, 1989-1990-1991, p. 43.

[156] Cf. Georges VEDEL, « La place de la Déclaration de 1789 dans le "bloc de constitutionnalité" », in *La Déclaration des Droits de l'Homme et du Citoyen et la Jurisprudence*, Paris, PUF, 1989, p. 35.

[157] Votée par l'Assemblée nationale déclarée *constituante* après des discussions du 9 juillet au 26 août, elle n'est ratifiée par Louis XVI, sous la pression du peuple à Versailles, que le 5 octobre 1789. Elle fait partie du bloc de constitutionnalité en France.

[158] Georges VEDEL, « La place de la Déclaration de 1789 dans le bloc de constitutionnalité », *op. cit.*, p. 42.

La Déclaration reconnaît, en ses dix-sept articles, la liberté et l'égalité, la propriété (Art. 1er), la sûreté, la résistance à l'oppression (Art.2), la souveraineté nationale (Art. 3), le droit naturel (Art. 4), le primat de la loi (Art. 5, 6), les garanties juridiques et judiciaires (Art. 7, 8, 9), la liberté d'opinion et de culte (Art. 10), la liberté d'expression (Art. 11), la participation aux charges publiques (Art. 13), l'égalité devant l'impôt (Art. 14), la responsabilité de tout agent public (Art. 15), la séparation des pouvoirs (Art. 16) et le droit de propriété (Art.17).

La Déclaration de 1789159 a également inspiré la Déclaration de l'ONU de 1948.

- **La Déclaration de 1948**

Créée dans un contexte de guerre, l'ONU ne pouvait pas faire l'impasse sur les Droits de l'Homme. À l'entame de la Charte, en son Préambule, elle énonce solennellement : « *Nous, Peuples des Nations Unies, résolus à préserver les générations futures du fléau de la guerre, qui deux fois en l'espace d'une vie humaine, a infligé à l'humanité d'indicibles souffrances, à proclamer à nouveau notre foi dans les droits fondamentaux de l'homme, dans la dignité et la valeur de la personne humaine, dans l'égalité de droits des hommes et des femmes, ainsi que des nations, grandes et petites ; à créer les conditions nécessaires au maintien de la justice et du respect des obligations nées des traités et des autres sources du droit international ; à favoriser le progrès social et instaurer de meilleures conditions de vie dans une liberté plus grande…* »[160].

Cette profession de foi sera suivie, par l'adoption le 10 décembre 1948[161], de la Déclaration universelle des Droits de l'Homme[162]. Composée de 30 articles et d'un Préambule divisé en huit points, la DUDH met en exergue le caractère inaliénable des Droits de l'Homme,

---

[159] Jérôme François WANDJI-KANDY, « La déclaration française des Droits de l'Homme et du Citoyen du 26 août 1789 et l'État en Afrique », RFDC, N° 99, 2014/3.

[160] Charte ONU, extrait du Préambule ; voir aussi art. 1, 2, 13, 55, 62.

[161] Le 10 décembre est la Journée Mondiale des Droits de l'Homme.

[162] Résolution n° 217 (III) A de l'AGNU, réunie à Paris. Elle est votée par 50 États, 8 États se sont abstenus (Arabie Saoudite, Pologne, Yougoslavie, URSS, Yémen, Honduras, Tchécoslovaquie, Afrique du Sud).
Le Comité de Rédaction était composé, entre autres, de Mme Eleanor Roosevelt (Présidente) des Etats-Unis et des représentants de la Chine, du Liban, de l'Australie, du Chili, de la France (René Cassin), de l'URSS, de la Grande-Bretagne, du Canada. La Déclaration est le document le plus traduit au monde, www.un.org/fr/documents/undhr/translations.html.

la reconnaissance et le respect des droits individuels et, en fait, « *l'idéal commun à atteindre par tous les peuples et toutes les nations…* ».

La DUDH[163] proclame les droits et libertés suivants : égalité, liberté, non-discrimination, le droit à la vie, à la liberté et à la sûreté de sa personne, interdiction de l'esclavage et de la servitude, interdiction de la torture et peines ou traitements cruels, inhumains et dégradants, la reconnaissance de la personnalité juridique, égalité devant la loi et égale protection de la loi, garanties judiciaires, légalité des peines et non-rétroactivité, droit à une nationalité, droit au mariage et libre consentement, la famille, droit de propriété, liberté de réunion et d'association pacifiques, participation aux affaires publiques, droit de vote et d'éligibilité, droit à la Sécurité sociale et droits économiques et sociaux, droit au travail, liberté syndicale, droit au repos et aux loisirs, droit à un niveau de vie suffisant, droit à l'éducation, devoirs envers la communauté, droit à la paix et à la sécurité[164].

Il en résulte qu'en intégrant ce texte dans leurs préambules constitutionnels, les États africains en font des normes de référence que les juridictions constitutionnelles réitèrent souvent, comme dans cette décision de la Cour du Niger : « *Considérant que la Constitution du 09 août 1999 à travers son préambule, intègre le texte de la Déclaration universelle des Droits de l'Homme de 1948 dans le bloc de constitutionnalité…* »[165].

Dans le même ordre d'idées, certains préambules font appel à des conventions internationales.

- **Les Conventions des droits de l'Homme.**

Les préambules des États africains francophones se réfèrent également à diverses conventions internationales, soit générales (Charte des Nations unies, Acte constitutif de l'Union africaine), soit spéciales, relatives aux

---

163 Comme extraits de la DUDH, il faut compter les deux pactes internationaux sur les droits civils et politiques et sur les droits économiques, sociaux et culturels de 1966, les trois textes formant la Charte internationale des Droits de l'Homme.

164 Voir, Saidou Nourou TALL, Droit des organisations internationales africaines. Théorie générale, Droit communautaire, Droits de l'Homme, Paix et Sécurité, Paris, L'Harmattan, 2015, 550 p.

165 Niger, *Cour constitutionnelle, arrêt N° 2002-004/CC du 16 janvier 2002,* voir : http://www.accpuf.org/niger/cour-constitutionnelle (consulté le 10 octobre 2023).

droits de la personne humaine, conférant, alors, à ces dernières une valeur juridique renforcée[166].

- **Les conventions spéciales de l'ONU**

Elles participent à l'ancrage à l'universalisme symbolisé par l'ONU. Il s'agit limitativement, au Sénégal, de la Convention sur l'élimination de toutes les formes de discrimination à l'égard des femmes du 18 décembre 1979 et de la Convention relative aux droits de l'enfant du 20 novembre 1989.

Il faut ajouter que si les préambules de certaines Constitutions restent évasifs concernant les autres traités des Nations unies relatifs aux droits, d'autres mettent l'accent sur les deux pactes de 1966 : le Pacte international sur les droits civils et politiques et le Pacte international sur les droits économiques, sociaux et culturels.

Ces conventions sont des traités à vocation universelle, négociés, signés et ratifiés. Ils visent la protection et la promotion des droits spéciaux, catégoriels de personnes particulièrement vulnérables (femmes et enfants).

Il s'en dégage une césure à opérer entre les conventions expressément visées dans les préambules dont l'inclusion dans le bloc de constitutionnalité ne fait l'objet d'aucun doute, de celles qui bien qu'apparentées ou portant sur d'autres normes ou catégories de personnes ne sont apparemment pas englobées dans le bloc de constitutionnalité, sauf à faire recours à une interprétation *per analogium* ou à une interprétation téléologique.

En somme, la protection des droits humains, en temps de paix comme en temps de conflit, est d'importance, particulièrement en Afrique[167].

---

[166] C'est le cas de la Haute Cour malgache qui, dans sa *décision n°07-HCC/D3 du 07 mai 1997*, estime : « *Considérant, d'une part, que la Constitution, dans son Préambule, précise : « Le Peuple Malagasy souverain (...) faisant sienne la Charte internationale des Droits de l'Homme ainsi que la Charte africaine des Droits de l'Homme et des Peuples, la Convention relative aux Droits de l'Enfant et les considérant comme partie intégrante de son droit positif* », se référer à : www.accpuf.org/madagascar/haute-cour-constitutionnelle, (consulté le 15 octobre 2023).

[167] On notera, au surplus, l'existence de conventions adoptées dans le cadre de l'OUA/UA, dans ces deux domaines, le Protocole de Maputo sur les droits des femmes en Afrique (2003) et la Charte africaine sur les droits et le Bien-être de l'Enfant (1990). Ils ne font pas partie du bloc de constitutionnalité au Sénégal.

- **La Charte africaine des Droits de l'Homme et des Peuples du 28 juin 1981**

Elle est porteuse à la fois de principes classiques et novateurs tout en s'enracinant dans des valeurs africaines spécifiques[168]. Cette dynamique de la connexion aux grands textes comme ceux de la Charte internationale des Droits de l'Homme, s'adjoint d'une volonté de non renoncement à des principes moraux, éthiques profondément ancrés dans les traditions africaines[169].

Cette copule (enracinement-ouverture) s'est traduite par une bonne dose d'originalité. Selon Maurice Ahanhanzo-Glélé : « l'OUA donne à l'homme d'Afrique un extraordinaire et puissant instrument de libération, disons d'émancipation et d'épanouissement dans une dialectique de complémentarité et de symbiose, tant il est vrai qu'en Afrique, l'individu ne se réalise pleinement que dans la société, du lignage à l'ethnie et à l'État, aujourd'hui à l'État-nation en recherche et construction, avec l'aspiration de l'Unité africaine »[170].

Cette Charte met l'accent sur les valeurs africaines de civilisation et magnifie les structures sociales telles que la famille, la communauté, dans le respect dû aux personnes les plus vulnérables (femmes, enfants, vieillards, handicapés). La Charte instaure un savant équilibre entre Droits de l'Homme et droit des peuples ; entre droits civils et politiques et droits économiques, sociaux et culturels, entre droits et devoirs. Elle situe l'individu au centre de la famille, de la société et de l'État. Elle énumère un ensemble de droits collectifs à côté des droits de la première génération[171].

---

[168] Stéphane DOUMBE-BILLE, « La Charte africaine des droits de l'Homme et des peuples » *A*nnuaire international des droits de l'Homme (Athènes/Bruxelles), 2006, vol. I, pp. 139-158.

[169] Paul TAVERNIER (dir.), Regards croisés sur les Droits de l'Homme, La démocratie et la paix en Afrique, Paris, L'Harmattan 2008 ; Alioune Badara FALL, « La Charte africaine des Droits de l'Homme et des Peuples : entre universalisme et régionalisme », Revue Pouvoirs n° 129, 2009, pp. 77-100 ; Fatsah OUGUERGOUZ, La Charte africaine des Droits de l'Homme et des Peuples, Paris, PUF, 1993.

[170] *Op. cit.*, p. 311 ; cf. aussi du même auteur, « Théorie et pratique des Droits de l'Homme en Afrique contemporaine », Annales Africaines, Dakar, 1986-1988, p. 132 ; Emeka Valère YENNET, La Charte africaine des Droits de l'Homme et des Peuples, Paris, L'Harmattan, 1996 ; Abdoul BA, Bruno KOFFI et Fethi SAHLI, l'OUA. De la Charte d'Addis-Abeba à la Convention des Droits de l'Homme et des Peuples, Paris, Silex, 1984.

[171] Le contenu des règles des Droits de l'Homme épouse trois principales catégories assimilées, à tort ou à raison, à des « générations »: la première catégorie (droits civils

L'une des particularités de la Charte est d'introduire une logique interactive entre devoirs et droits, les premiers conditionnant les seconds. Curieusement, des limitations prescrivent la subordination de certains droits à leur conformité aux droits nationaux : droits d'association et d'information[172].

Une fois mentionnée, la complémentarité des droits civils, politiques, économiques, sociaux et culturels, la Charte africaine fait appel aux droits des peuples : droit à l'autodétermination, droit à la libre disposition des richesses et des ressources naturelles, droit au développement économique, droit à la paix, à la sécurité et enfin le droit à un environnement satisfaisant et global[173].

Il en appert que les juridictions veillent particulièrement au respect de ces droits et libertés par le législateur, comme en atteste, en ces termes, la décision de la Haute Cour malgache relative à la *résolution de mise en accusation du Président de la République Hery Rajaonarimampianana* : « *Considérant qu'au regard de la nature pénale de la procédure de déchéance du Président de la République, celle-ci est soumise, à toutes ses étapes, au respect, en matière pénale, des principes constitutionnels d'une procédure équitable, indépendante et impartiale, contradictoire et garantissant l'équilibre des droits des parties, tels ceux procédant*

---

et politiques) correspond aux normes du libéralisme classique : liberté d'expression, de croyance, d'assemblée et d'association, garanties judiciaires et droits politiques ; la deuxième catégorie (droits économiques, sociaux et culturels) est due à l'influence des États socialistes, dans l'après-guerre : droit à la sécurité sociale, au travail, à un niveau de vie suffisant et à l'éducation ;la troisième catégorie (droits de solidarité), introduite par les États du Tiers-monde, se retrouve dans les résolutions des Nations Unies et dans la Charte africaine des Droits de l'Homme et des Peuples : droit au développement, droit à un environnement sain, droit à la paix. Ces différentes catégories s'opposent (droits positifs ou négatifs) ou se complètent (droits individuels ou collectifs). Malgré l'intérêt de ces catégorisations, les Droits de l'Homme sont indivisibles et interdépendants même si, en ce domaine également, un relativisme culturel est indéniable Voir, Saidou Nourou TALL, « Diversité culturelle et Droits collectifs : l'éclairage de la Charte africaine des Droits de l'Homme et des Peuples », in Henri PALLARD et Stamatios TZITZIS, Actes du Colloque de l'Equipe Personne – Culture – Droit (AUPELF-UREF), Casablanca, 3-8 décembre 1998, Collection Horizons du Droit, Paris, L'Harmattan, 2001.

[172] Cf. Djibril LY, « La Charte africaine des Droits de l'Homme et des Peuples », Recueil de l'IIDH, Strasbourg, 27e Session d'enseignement, 1996.

[173] Consulter, Théodore HOLO, « Les droits et devoirs de la personne dans le constitutionnalisme africain », RBSJA, 2007, n°18, pp.5-24 ; Ibou DIAITE, « La notion de Peuple et l'application de la Charte des Droits de l'Homme et des Peuples », Revue sénégalaise de Droit, octobre-novembre 1984, pp. 119-131.

des dispositions de l'article 10 de la Déclaration universelle des Droits de l'Homme adoptée le 10 décembre 1948 par l'Assemblée générale des Nations unies et de celles de l'article 14 du Pacte international des droits civils et politiques adoptée par la même Assemblée générale le 16 décembre 1966; que ces deux instruments internationaux faisant partie de la Charte internationale des Droits de l'Homme, s'imposent à l'ensemble du dispositif normatif malgache en application du Préambule de la Constitution, qui les intègre au sein du bloc de constitutionnalité »[174].

Quant à la Cour togolaise, elle confirme la normativité référentielle de la Charte de Nairobi, en décidant : « la *répartition telle que faite (5 pour la majorité parlementaire et 5 pour l'opposition parlementaire) est conforme aux dispositions de l'article 3, alinéa 1er de la Charte africaine des Droits de l'Homme reprises par le Préambule de la Constitution ainsi que les articles 5 à 9 de la Constitution ; qu'il en résulte que l'article 15, de ce chef, n'est pas contraire à la Constitution*»[175].

Les textes énumérés dans les préambules constituent une ossature *a minima*, susceptible de connaître une expansion par le truchement d'autres paramètres politiques ou juridiques.

Section II : L'option d'un bloc de constitutionnalité extensible

La majorité des juridictions constitutionnelles africaines francophones font recours à un bloc de constitutionnalité minimaliste, qui comprend la Constitution et son Préambule.

Il s'y greffe une tendance qui se fait jour, dans certains États, à étendre le bloc de constitutionnalité, de manière expresse ou implicite, à d'autres règles (§I) ou à des exigences, principes ou objectifs à valeur constitutionnelle dont la transfiguration, ainsi faite, leur confère un supplément de validité dans l'échelle de normativité (§II).

Paragraphe I : L'extension à d'autres valeurs et règles

Des développements ci-dessus, il ressort que le fonds commun des normes de référence au contrôle de constitutionnalité, se compose du

---

[174] Madagascar, Haute Cour constitutionnelle, *Décision n° 24-HCC/D3 du 12 juin 2015*, voir, www.accpuf.org/madagascar/haute-cour-constitutionnelle (consulté le 10 octobre 2023).

[175] Togo, Cour constitutionnelle, *décision n ° C -003* du 09 juillet 2009, citée par Boubacar BA, « Le préambule… », *op. cit.*, p. 17.

corpus constitutionnel, du préambule et d'autres textes véhiculant des valeurs axiologiques propres aux systèmes politiques nationaux.

Cette assise normative semble connaître un gonflement du fait de l'intégration d'autres textes dans certaines Constitutions francophones.

A) L'extension textuelle

Ces originalités participent à une volonté de cerner au plus près les réalités socioculturelles des pays concernés. Le contexte d'élaboration de la Constitution, le souci de conjurer d'éventuelles crises institutionnelles ou de renouveler un pacte social sur des bases différentes des Lois fondamentales antérieures, se traduisent par l'insertion d'ajouts, d'ajustements et d'orientations dans les préambules des Constitutions post-2000.

On peut s'en convaincre par la mention, dans certains préambules, de textes de la CEDEAO, de protocoles de l'Union africaine, de textes nationaux et de textes relatifs aux droits économiques, sociaux et culturels ou à la protection de l'environnement.

B) Les illustrations de l'extension textuelle

Il en est ainsi, en Guinée, de l'énumération à côté de la Charte de l'ONU, des pactes sur les droits civils et politiques et sur les droits économiques et sociaux et culturels de 1966, des protocoles à la Charte africaine de 1981, de l'Acte constitutif de l'Union africaine, « *ainsi que ceux de la CEDEAO et les textes internationaux en la matière ratifiés par la République de Guinée* »[176]. Sur le plan théorique, on ne peut manquer de signaler que ce florilège de textes de référence n'ait pu être explicité en raison de la fin prématurée de la Constitution de 2020 avec l'avènement de la junte militaire. Ensuite, si les Constitutions n'excluent pas toujours les pactes de 1966 comme normes de constitutionnalité à côté d'autres instruments de protection des droits de la personne, la référence aux textes de la CEDEAO, comme au Bénin[177], est loin de se vérifier notamment dans la jurisprudence sénégalaise caractérisée par

[176] Préambule, Constitution de la Guinée de 2020.

[177] La Cour constitutionnelle du Bénin s'est référé au Protocole additionnel A/SP1/12/01 du 21 décembre 2001 sur la démocratie et la bonne gouvernance de la Communauté économique des États de l'Afrique de l'Ouest (CEDEAO), additionnel au Protocole relatif au mécanisme de prévention, de gestion, de règlement des conflits, de maintien de la paix et de la sécurité, *Décision DCC 10-049 du 05 avril 2010* (concernant la Liste électorale permanente informatisée (LEPI) et le Recensement Electoral national Approfondi (RENA).

la récusation des protocoles de la CEDEAO[178] parmi les normes de référence du contrôle de constitutionnalité[179].

Une autre spécificité peut être notée avec l'intégration dans le préambule de la Constitution congolaise de 2015, de « *tous les textes nationaux et internationaux pertinents dûment ratifiés, relatifs aux droits humains* »[180]. Mais, cette énonciation pose forcément la question de l'étendue et des limites de ce bloc référentiel. À tout le moins, ce membre de phrase offre une large marge d'appréciation au juge pour sanctionner les éventuelles irrégularités décelées dans le cadre du contrôle de constitutionnalité.

---

[178] Sénégal, Conseil constitutionnel, *décision n°7/C/2017 du 18 juillet 2017*, affaire 4/C/17 : « *Considérant que les requérants font valoir que la réforme du code électoral « qui est intervenue à quelques jours de l'élection sans le consentement du Parti Démocratique sénégalais, de BOKK GUISS GUISS, de REWMI, du Mouvement TEKKI, du Grand Parti, du PTP (Parti des Travailleurs et du Peuple) ne saurait respecter les dispositions » du Protocole A/SP1/12/01 de la CEDEAO, régulièrement ratifié et approuvé par le Sénégal, en vertu desquelles « Aucune réforme substantielle ne doit intervenir dans les six (06) mois précédant les élections, sans le consentement d'une large majorité des acteurs politiques. » ; Considérant que le Conseil constitutionnel, saisi en application de l'article 74 de la Constitution, a pour mission de contrôler la conformité de la loi à la Constitution ;Considérant que les normes auxquelles se réfère le Conseil constitutionnel pour l'exercice de ce contrôle sont les dispositions de la Constitution, son Préambule ainsi que les instruments auxquels fait référence ce Préambule ;Considérant, par suite, qu'il n'appartient pas au Conseil constitutionnel, saisi en application de l'article 74 de la Constitution, d'apprécier la conformité de la loi à un traité ou un accord international ; que le moyen doit être écarté* » (considérants 7 à 10).

[179] Voir, Conseil constitutionnel du Sénégal, concernant la modification du Code électoral : «*Considérant que les requérants soutiennent que l'alinéa 4 de l'article L.40 doit être supprimé de la loi car ne garantissant pas le droit de vote prévu par « l'article 3 de la Constitution modifiée, la Déclaration universelle des Droits de l'Homme de 1948 et le Protocole A/SP1/12/01 de la CEDEAO sur la démocratie et la bonne gouvernance, additionnel au protocole relatif au mécanisme de prévention, de gestion, de règlement des conflits, de maintien de la paix et de la sécurité en son article 5 » ; Considérant que le Protocole A/SP1/12/01 de la CEDEAO sur la démocratie et la bonne gouvernance additionnel au protocole relatif au mécanisme de prévention, de gestion, de règlement des conflits, de maintien de la paix et de la sécurité ne fait pas partie des normes de référence du Conseil constitutionnel qui sont les dispositions de la Constitution, le préambule ainsi que les instruments internationaux auxquels fait référence ce préambule ;Considérant, dès lors, que le Conseil constitutionnel ne saurait, en application de l'article 74 de la Constitution, apprécier la conformité de l'alinéa 4 de l'article L.40 du Code électoral à ce Protocole* » (*Décision n° 3-C-2021, affaires n° 3 et 4-C-21 du 22 juillet 2021,* considérants 148 à 151).

[180] Préambule, Constitution du Congo de 2015.

Une logique similaire semble guider le constituant malgache de 2010, dans l'écrit et l'esprit du préambule qui mentionne divers instruments juridiques : « *Considérant la situation géopolitique de Madagascar et sa participation volontariste dans le concert des nations, et le pays faisant siennes, notamment : – la Charte internationale des droits de l'homme ; les conventions relatives aux droits de l'enfant, aux droits de la femme, à la protection de l'environnement, aux droits sociaux, économiques, civils et culturels...* »[181].

Ces variations dans l'appréhension des normes de référence peuvent s'étendre à l'intégration jurisprudentielle, dans certains pays, des lois organiques ou des règlements d'Assemblée ou d'un chapelet de principes dans le bloc de constitutionnalité.

Paragraphe II : L'extension jurisprudentielle

Les juridictions constitutionnelles francophones ont développé une importante somme jurisprudentielle de normes-satellites, orbitant autour du socle textuel et qui peuvent emprunter, selon le cas, une variété d'appellations à la teneur indécise : exigences constitutionnelles (A), principes à valeur constitutionnelle, objectifs à valeur constitutionnelle (B).

A) Les exigences de valeur constitutionnelle

Il faut admettre que le brevet d'origine de ces normes revient au Conseil constitutionnel français qui va, dans un premier temps, s'adosser au préambule de la Constitution de 1958 qui renvoie au préambule de la Constitution de 1946, pour donner vie et sens aux « principes fondamentaux reconnus par les Lois de la République »[182] (PFRLR) et

---

[181] Préambule, Constitution de Madagascar de 2010.

[182] Les PFRLR sont des principes de valeur constitutionnelle dégagés par le Conseil constitutionnel français dans sa *décision n° 71-44 DC du 16 juillet 1971.* Ils reflètent l'écrit et l'esprit des grandes Lois des première, deuxième et troisième Républiques. Ils sont érigés en normes constitutionnelles. Selon le service juridique du Conseil constitutionnel : « *Pour qu'il y ait un PFRLR, trois conditions doivent être réunies : – pour être « fondamental », le principe doit énoncer une règle suffisamment importante, avoir un degré suffisant de généralité et intéresser des domaines essentiels pour la vie de la Nation, comme les droits et libertés fondamentaux, la souveraineté nationale ou l'organisation des pouvoirs publics ; – il faut, ensuite, que le principe trouve un ancrage textuel dans une ou plusieurs lois intervenues sous un régime républicain antérieur à 1946 ; – il faut, enfin, qu'il n'ait jamais été dérogé à ce principe par une loi républicaine antérieure à l'entrée en vigueur de la Constitution de 1946* » (Commentaire officiel de la *décision n° 2013-669 DC du 17 mai 2013, Loi ouvrant le mariage aux couples de personnes de même sexe*, p. 15). Depuis 1971, ont été reconnus comme tels, la liberté d'association ; les droits de la défense ; la liberté individuelle ;

aux « principes particulièrement nécessaires à notre temps »[183] (PPNT) avant de déborder de la sphère constitutionnelle pour faire éclore des

---

la liberté d'enseignement ; la liberté de conscience ; l'autorité judiciaire gardienne de la propriété immobilière, l'indépendance des juridictions administratives et celle des professeurs d'université, etc. Voir, Véronique CHAMPEIL-DESPLATS, Les principes fondamentaux reconnus par les lois de la République : principes constitutionnels et justification dans les discours juridiques, Paris, Economica, PUAM, coll. « Droit public positif », 2001, 306 p. ; Dominique ROUSSEAU, Pierre-Yves GAHDOUN et Julien BONNET, Droit du contentieux constitutionnel, 11e édition, Paris, LGDJ-Lextenso, 2016, 872p.

[183] Le Préambule de la Constitution de 1946 met, aussi, en relief « *comme particulièrement nécessaires à notre temps, les principes politiques, économiques et sociaux ci-après :(...) 3. La loi garantit à la femme, dans tous les domaines, des droits égaux à ceux de l'homme. 4. Tout homme persécuté en raison de son action en faveur de la liberté a droit d'asile sur les territoires de la République. 5. Chacun a le devoir de travailler et le droit d'obtenir un emploi. Nul ne peut être lésé, dans son travail ou son emploi, en raison de ses origines, de ses opinions ou de ses croyances. 6. Tout homme peut défendre ses droits et ses intérêts par l'action syndicale et adhérer au syndicat de son choix. 7. Le droit de grève s'exerce dans le cadre des lois qui le réglementent. 8. Tout travailleur participe, par l'intermédiaire de ses délégués, à la détermination collective des conditions de travail ainsi qu'à la gestion des entreprises. 9. Tout bien, toute entreprise, dont l'exploitation a ou acquiert les caractères d'un service public national ou d'un monopole de fait, doit devenir la propriété de la collectivité. 10. La Nation assure à l'individu et à la famille les conditions nécessaires à leur développement. 11. Elle garantit à tous, notamment à l'enfant, à la mère et aux vieux travailleurs, la protection de la santé, la sécurité matérielle, le repos et les loisirs. Tout être humain qui, en raison de son âge, de son état physique ou mental, de la situation économique, se trouve dans l'incapacité de travailler a le droit d'obtenir de la collectivité des moyens convenables d'existence. 12. La Nation proclame la solidarité et l'égalité de tous les Français devant les charges qui résultent des calamités nationales. 13. La Nation garantit l'égal accès de l'enfant et de l'adulte à l'instruction, à la formation professionnelle et à la culture. L'organisation de l'enseignement public gratuit et laïque à tous les degrés est un devoir de l'État. 14. La République française, fidèle à ses traditions, se conforme aux règles du droit public international. Elle n'entreprendra aucune guerre dans des vues de conquête et n'emploiera jamais ses forces contre la liberté d'aucun peuple. 15. Sous réserve de réciprocité, la France consent aux limitations de souveraineté nécessaires à l'organisation et à la défense de la paix. 16. La France forme avec les peuples d'outre-mer une Union fondée sur l'égalité des droits et des devoirs, sans distinction de race ni de religion. 17. L'Union française est composée de nations et de peuples qui mettent en commun ou coordonnent leurs ressources et leurs efforts pour développer leurs civilisations respectives, accroître leur bien-être et assurer leur sécurité. 18. Fidèle à sa mission traditionnelle, la France entend conduire les peuples dont elle a pris la charge à la liberté de s'administrer eux-mêmes et de gérer démocratiquement leurs propres affaires ; écartant tout système de colonisation fondé sur l'arbitraire, elle garantit à tous l'égal accès aux fonctions publiques et l'exercice individuel ou collectif des droits et libertés proclamés ou confirmés ci-dessus.* ». Voir,

exigences, des principes à valeur constitutionnelle (PVC) et des objectifs à valeur constitutionnelle (OVC).

À l'opposé des PFRLR et des PPNT qui portent la marque déposée, l'« appellation d'origine contrôlée », en raison de leur périmètre d'action exclusivement limité au droit constitutionnel français, l'essaimage des exigences constitutionnelles, des PVC et des OVC a gagné l'œuvre des juridictions africaines qui les incluent également dans le grand registre du bloc de référence, les auréolant alors de la majesté constitutionnelle[184].

S'agissant des exigences constitutionnelles[185], le juge français les utilise dans un vocabulaire très éclectique, les traitant tantôt d'« *exigences à valeur constitutionnelle* », tantôt d'« *exigences à caractère*

Dominique ROUSSEAU, « Le Conseil constitutionnel et le préambule de 1946 », Revue administrative, 1997, p.164 ; Valérie GOESEL-LE BIHAN, Contentieux constitutionnel, Paris, Ellipses, 2010, 286p.

[184]Lire à ce propos, Éric NGANGO YOUMBI, « Les normes non écrites dans la jurisprudence des juridictions constitutionnelles négro-africaines », RAMRES/SJP, 2019, www.publication.lecames.org (consulté en novembre 2023).

[185] Ce concept est apparu, pour la première fois, dans la jurisprudence du Conseil constitutionnel au considérant n°42 de la *décision CC n° 83-165 DC du 20 janvier 1984* : « *Considérant que, si l'abrogation des dispositions de la loi ancienne contraires aux dispositions de la loi nouvelle, ainsi que le maintien en vigueur de la réglementation ancienne jusqu'à son remplacement par une réglementation nouvelle n'appellent pas d'observations du point de vue de leur conformité à la Constitution, en revanche l'abrogation totale de la loi d'orientation du 12 novembre 1968 dont certaines dispositions donnaient aux enseignants des garanties conformes aux exigences constitutionnelles qui n'ont pas été remplacées dans la présente loi par des garanties équivalentes n'est pas conforme à la Constitution ; qu'ainsi l'alinéa 1er de l'article 68, d'ailleurs superfétatoire en ce qui regarde l'abrogation des dispositions anciennes contraires à la nouvelle loi et au maintien en vigueur de la réglementation ancienne jusqu'à l'entrée en vigueur de la réglementation nouvelle, n'est pas conforme à la Constitution* ».

constitutionnelle »[186]. Cette phraséologie peu stabilisée[187], n'en recouvre pas moins l'idée que le législateur est tenu au respect de certaines normes de valeur et de caractère constitutionnelle. Ces normes sont des exigences à la charge du législateur, la contrainte étant, soit une obligation d'agir, soit une obligation de ne pas agir. Il s'agit de normes prescriptives, prohibitives ou permissives destinées à protéger les droits fondamentaux. Elles aident à tracer une ligne de conduite au législateur de ne pas priver de « *garanties légales les exigences constitutionnelles* »[188]. Dès lors, la juridiction constitutionnelle s'efforce de mettre en exergue des normes de concrétisation de ces exigences constitutionnelles. Comme l'écrivait un auteur, « Les normes de concrétisation (…) sont des normes jurisprudentielles élaborées par le juge constitutionnel lui-même au sein de ses décisions. Marque parmi d'autres de ce que l'on appelle le « pouvoir créateur » du juge, elles résultent de l'interprétation des normes de référence du contrôle de constitutionnalité. S'il en existe deux catégories distinctes, elles ont toutes pour objet de préciser ces normes de référence en donnant un mode d'emploi. Les normes de concrétisation sont adressées soit au législateur, soit au juge constitutionnel lui-même. Les premières donnent au législateur des critères à respecter afin d'élaborer des lois conformes à la Constitution. Les secondes précisent les méthodes de contrôle du juge dans sa tâche de contrôle de constitutionnalité des lois. Une norme de concrétisation est ainsi toujours fondée sur une norme de référence particulière »[189].

[186] La décision fondatrice « des garanties légales des exigences constitutionnelles » , est celle du Conseil constitutionnel français CC, *n° 86-210 DC du 29 juillet 1986, Loi portant réforme du régime juridique de la presse, §2 : «Considérant qu'il est à tout moment loisible au législateur, statuant dans le domaine qui lui est réservé par l'article 34 de la Constitution, de modifier des textes antérieurs ou d'abroger ceux-ci en leur substituant, le cas échéant, d'autres dispositions ; qu'il ne lui est pas moins loisible d'adopter, pour la réalisation ou la conciliation d'objectifs de nature constitutionnelle, des modalités nouvelles dont il lui appartient d'apprécier l'opportunité et qui peuvent comporter la modification ou la suppression de dispositions qu'il estime excessives ou inutiles ; que, cependant, l'exercice de ce pouvoir ne saurait aboutir à priver de garanties légales des exigences de caractère constitutionnel*»; voir, surtout, Ariane VIDAL-NAQUET, Les « garanties légales des exigences constitutionnelles » dans la jurisprudence du Conseil constitutionnel, Ed. Panthéon-Assas, coll. « Thèses », 2007.

[187] Thomas DUBUT, « Le Conseil constitutionnel et les concepts. Réflexions à propos des exigences constitutionnelles », RFDC, 2009/4 (n°80), pp.749-764.

[188]Voir, Gregory MOLLION, « Les garanties légales des exigences constitutionnelles », Revue française de droit constitutionnel 2005/2 (n° 62), pp. 257-289.

[189]Mathilde HEITZMANN-PATIN, « Les normes de concrétisation des exigences constitutionnelles », *Les Cahiers du Conseil constitutionnel*, n°8, avril 2022, 6 p.

Autrement dit, « en contrôlant le respect des garanties légales des exigences constitutionnelles, le juge constitutionnel s'assure que le législateur ne prive pas d'effectivité les droits et libertés lorsqu'il intervient pour modifier ou abroger une disposition législative »[190].

En Afrique francophone, le concept d'exigences constitutionnelles est peu usité[191], au contraire des concepts d'objectifs et de principes à ou de valeur constitutionnelle.

B) Les objectifs et principes de valeur constitutionnelle

L'origine prétorienne des objectifs de valeur constitutionnelle[192] est ainsi explicitée par la doctrine : « La notion d'objectif de valeur

[190] Mathilde FRAPPIER, « Principe, règle, exigence, disposition ou prescription constitutionnels dans la jurisprudence du Conseil constitutionnel : analyse d'un désordre », RDP, n°5, septembre 2021, pp.1239-1267. Selon l'auteure, en prenant appui sur la décision *CC, n° 89-259 DC du 26 juillet 1989, Loi modifiant la loi n° 86-1067 du 30 septembre 1986 relative à la liberté de communication, §9*, s'agissant des exigences, « Cette expression est particulièrement difficile à saisir tant elle recouvre des objets différents. Le juge l'emploie tout d'abord comme formule standard pour déclarer qu'une disposition législative n'est pas contraire à la Constitution dans son ensemble. Il juge ainsi que la disposition contestée « n'est contraire à aucune exigence constitutionnelle ».

[191] Voir, Conseil constitutionnel du Sénégal , *décision n° 2/C/2021 du 20 juillet 2021* : « *Considérant qu'en premier lieu, l'intelligibilité de la loi, souvent corrélée à l'accessibilité de la loi, est un des objectifs de valeur constitutionnelle qui participent à la sécurité juridique ; qu'en deuxième lieu, l'intelligibilité et l'accessibilité de la loi s'apprécient au regard du bon entendement de la norme législative par les destinataires de celle-ci et également par rapport aux conditions d'application de la loi, qu'en troisième lieu l'objectif d'intelligibilité est poursuivi à travers les exigences liées au principe de clarté de la loi ;*
Considérant qu'en prévoyant que c'est pour les « nécessités de l'information », en spécifiant la nature de l'infraction (crime ou délit) et les peines y relatives, en ne permettant l'enregistrement que par un officier de police judiciaire, en prescrivant que ces « formalités prévues par le présent article sont prescrites à peine de nullité », en précisant que la mise sous scellés des enregistrements et les conditions dans lesquelles l'inculpé peut en demander la confrontation avec le procès-verbal dressé sous le contrôle du juge d'instruction, le législateur ne méconnaît pas l'exigence constitutionnelle d'intelligibilité de la loi pénale … » , (considérants 40 et 41) ; voir aussi, en deuxième partie de l'ouvrage, Madagascar, Haute Cour constitutionnelle, *décision n°13-HCC/D3 du 03 juillet 2017 concernant la loi n°009 portant Loi de Finances rectificative pour 2017,* affaire dans laquelle le juge considère que la loi de finances rectificative ne méconnait, sous certaines réserves, aucune exigence constitutionnelle.

[192] Cf., Pierre DE MONTALIVET, Les objectifs de valeur constitutionnelle, Paris, Dalloz, coll. « Bibliothèque parlementaire et constitutionnelle », 2006, 750 p ; Pierre DE MONTALIVET, « Les objectifs de valeur constitutionnelle », Cahiers du Conseil

constitutionnelle est apparue pour la première fois dans la décision *141 DC du 27 juillet 1982* à propos d'une loi relative à la communication audiovisuelle ; le Conseil, dans cette décision, donne la qualification d'objectifs de valeur constitutionnelle à « *la sauvegarde de l'ordre public, le respect de la liberté d'autrui et la préservation du caractère pluraliste des courants d'expression socioculturels*»[193].

En ayant en ligne de mire les finalités à atteindre, l'action du législateur doit être encadrée dans deux cas de figure de mise en œuvre des OVC :

- lorsque celui-ci veut abroger ou modifier un texte, ou ;
- lorsqu'il entend limiter les droits et libertés.

Comme l'a relevé, à juste titre, François Luchaire, « Un objectif n'est pas une norme ; c'est une orientation assignée à des normes. Si cette assignation peut être obligatoire, elle ne constitue pas elle-même une norme ; il est difficile de la placer dans la hiérarchie des normes »[194]. Il en appert que le juge constitutionnel français les emploie en les conciliant avec des principes constitutionnels, notamment pour justifier des « dérogations (limitées) à des principes constitutionnels en raison d'objectifs de valeur constitutionnelle »[195].

Les juridictions constitutionnelles africaines, sans se référer à l'envi aux OVC, n'en ignorent pas l'existence. La Cour constitutionnelle du Gabon a eu l'occasion de préciser que « *La conformité à la Constitution d'un texte de loi s'apprécie non seulement par rapport aux dispositions de celle-ci, mais aussi par rapport, entre autres, aux objectifs de valeur constitutionnelle* »[196]. Pour sa part, opérant un glissement de sens entre les OVC et les PVC, le Conseil constitutionnel sénégalais estimait, dans

---

constitutionnel, 2006, n° 20, pp. 169-175 ; Bertrand FAURE, « Les objectifs de valeur constitutionnelle : une nouvelle catégorie juridique ? », RFDC, 1995, p. 47.

[193] François LUCHAIRE, « Brèves remarques sur une création du Conseil constitutionnel : l'objectif de valeur constitutionnelle », Revue française de droit constitutionnel 2005/4 (n° 64), pp. 675-684.

[194] *Ibid.*, p.681.

[195] *Idem.* Selon l'auteur, il en résulte que « L'objectif de valeur constitutionnelle est donc la justification de certaines limites apportées à l'application d'une règle constitutionnelle ; mais cet objectif ne peut permettre de faire disparaître cette règle ou lui porter une atteinte excessive ; s'il en était ainsi, il n'y aurait pas violation de l'objectif, mais violation de la règle. L'objectif n'a donc pas lui-même force contraignante, mais il se peut qu'il soit inséparable de la norme… ».

[196] Gabon, Cour constitutionnelle, *Décision n° 3/CC du 27 février 2004*, citée par Hilaire AKEREKORO, « La Cour constitutionnelle du Bénin… », *op. cit.*

sa *décision 3/C/95 du 9 juillet 1995* : « *Considérant en conséquence, que l'article 140 C.P.P ne viole ni les droits de la défense, ni la présomption d'innocence ; qu'en tout état de cause, bien qu'il s'agisse de libertés fondamentales garanties par la Constitution, le législateur peut apporter des restrictions à leur exercice en invoquant d'autres principes de valeur constitutionnelle tels que la préservation de l'ordre public ou la sauvegarde de l'intérêt général, objectifs que poursuit précisément l'article soumis à l'examen du Conseil constitutionnel ; Considérant que le Conseil constitutionnel ne relève dans l'article 140 CPP aucune violation de la Constitution susceptible d'être soulevée d'office, conformément aux dispositions de l'article 15, alinéa 3 de la loi organique sur le Conseil constitutionnel* »[197].

L'ingéniosité juridictionnelle, sous ces cieux comme ailleurs, s'est rapportée à la reconnaissance d'un grand nombre d'OVC[198], comme l'objectif de sécurité juridique[199], la stabilité des institutions[200], etc.

---

[197] Sénégal, Conseil constitutionnel, *affaire 3/C/95, décision du 19 juin 1995, considérants 16 et 17,* (recours en exception d'inconstitutionnalité de l'article 140 du Code de procédure pénale), Recueil des décisions, op. cit.

[198] Voir au Gabon et au Bénin, les décisions citées par Hilaire AKEREKORO, « La Cour constitutionnelle et le bloc de constitutionnalité… », *op. cit.*, notamment *Cour Constitutionnelle du Bénin, Décision DCC 11-065 du 30 septembre 2011, Président de la République et Vlavonou Louis* ; *Cour Constitutionnelle gabonaise, Décision n° 019/93/CC du 02 novembre 1993,* in Recueil des décisions et avis 1992 à 1995, p. 147.

[199] Le Conseil constitutionnel sénégalais le reconnait dans la *décision n° 1/C/2016 du 12 février 2016 (*voir en ce sens les considérants 25, 26 et 32 de cette décision). Avant cette décision, le Conseil, sans utiliser les mêmes termes, évoquait le principe de la « sécurité du droit » dans sa *décision n° 1/C/2014* (cf. considérant n° 23). Le Conseil constitutionnel a, sans viser un texte précis, considéré dans sa décision de 2016 que la sécurité juridique est inséparable de l'État de droit proclamé par le préambule de la Constitution et l'a traité en objectif à valeur constitutionnelle. Le Conseil constitutionnel s'est référé expressément à la notion de sécurité juridique pour en faire un objectif à valeur constitutionnelle à prendre en compte dans l'élaboration des dispositions transitoires d'un projet de révision constitutionnelle. Voir, Conseil constitutionnel du Sénégal, *décision du 3 mars 2018 ; décision n°1/C/2016 du 12 février 2016.*

[200] Sénégal, Conseil constitutionnel, Décision *n° 2/C/2021 du 20 juillet 2021* « *Considérant, selon l'article 89, alinéa 1 de la Constitution, que « le Conseil constitutionnel comprend sept (7) membres dont un Président, un vice-président et cinq (5) juges » ; Considérant que, complétant cet article, l'article 23 de la loi organique n° 2016-23 du 14 juillet 2016 relative au Conseil constitutionnel dispose : « le Conseil constitutionnel ne peut délibérer qu'en présence de tous ses membres sauf empêchement temporaire de trois d'entre eux au plus, dûment constaté par les autres membres. Si l'un des membres du Conseil, temporairement empêché, est le président, le vice-président assure son intérim. En cas de partage des voix, celle du*

Au total, l'identification et l'utilité des OVC tournent autour d'une fonction de canalisation de l'action du législateur ordinaire ou organique, d'une fonction d'orientation limitative des règles, principes et exigences de valeur constitutionnelle, entre autres[201].

Relativement aux principes constitutionnels ou principes à ou de valeur constitutionnelle, il est admis qu'ils ne sont ni une adaptation constitutionnelle des principes généraux de droit (PGD)[202] ni une extension irraisonnée du bloc de constitutionnalité. Bien que proches des OVC qui ne font que traduire des finalités, les PVC s'en distinguent car leur propre est d'être des normes-biface ; certaines pouvant être

---

président est prépondérante » ;Considérant que le champ d'application de la règle selon laquelle le Conseil constitutionnel ne peut délibérer qu'en présence de tous ses membres est circonscrit à l'empêchement temporaire ; que l'objet de cette règle est de préciser, qu'en cas d'empêchement temporaire, le Conseil ne peut délibérer qu'à la double condition que cet empêchement ne concerne pas plus de trois membres et soit dûment constaté ;Considérant qu'au regard de l'esprit et de la lettre de la Constitution et de la loi organique n° 2016-23 du 14 juillet 2016 relative au Conseil constitutionnel, le Conseil constitutionnel doit toujours être en mesure d'exercer son pouvoir régulateur et de remplir ses missions au nom de l'intérêt général, de l'ordre public, de la paix, de la stabilité des institutions et du principe de la nécessaire continuité du fonctionnement des institutions ; que dans les cas où des circonstances particulières l'exigent, il est tenu de délibérer et statuer, dès lors que la majorité des membres qui doivent la composer est présente ;Considérant que si du fait du décès, de la démission, d'un empêchement définitif ou de l'expiration du mandat d'un ou de plusieurs membres, le Conseil constitutionnel comporte moins de sept membres, il doit, dès lors que le nombre de membres présents n'est pas inférieur à quatre, délibérer ».

201 Gerald SUTTER, « Utilité et limites des objectifs de valeur constitutionnelle au plan contentieux », in Titre VII, avril 2022/1(N° 8), pp. 44 -53, *Dossier : Les catégories de normes constitutionnelles, Éditions Conseil constitutionnel.*

202 Sur les PGD, ils constituent une œuvre jurisprudentielle consacrée depuis l'arrêt *CE 26 octobre 1945 Aramu*, (Dalloz, 1946, p.148), ou encore dans l'arrêt *CE 29 juin 1959, Syndicat général des Ingénieurs-conseils*, (GAJA n°96) ; voir Errol TONI, « Les principes non écrits dans la jurisprudence de la Cour constitutionnelle du Bénin », Revue Afrilex, mars 2020,30 p ; Benoit JEANNEAU, Les principes généraux du droit dans la jurisprudence administrative, Paris, Sirey, 1954, 287 p, Maxime LETOURNEUR, « Les principes généraux du droit et la jurisprudence du Conseil d'État », EDCE 1951, p.19 ; Fabrice MELLERAY, « Le droit administratif doit-il redevenir jurisprudentiel ? Remarques sur le caractère paradoxal de son caractère jurisprudentiel », AJDA 2005, p.637 ; Franck MODERNE, « Actualité des principes généraux du droit » : RFDA 1998, p.495 ; Franck MODERNE, « Légitimité des principes généraux du droit et théorie du droit », RFDA 1999, p.722 ; Gérard TEBOUL, « Nouvelles remarques sur la création du droit par le juge administratif dans l'ordre juridique interne », RDP, 2002, p. 1363 ; Sarah BEN MESSAOUD et François VISEUR, Les principes généraux de droit administratif, Actualités et applications pratiques, Droit belge, Bruxelles, Larcier , 2017.

clairement rattachées (même si le lien est tenu, lâche) à des articles ou dispositions de la Constitution, du Préambule[203], des grandes Déclarations ou Conventions relatives à la protection des droits et libertés, d'autres, étant plutôt des normes non écrites [204], mais toujours dégagées à la suite d'une interprétation prétorienne des textes (Préambule, Constitution, Conventions et Déclarations) qui fondent la philosophie générale et la colonne vertébrale d'un régime politique. Ces PVC s'imposent tant vis-à-vis des textes supra « décrétaux » qu'aux textes « infra législatifs »[205].

Certains PVC sont découverts par le juge qui, usant de son pouvoir d'interprétation[206], les révèle, en partant de l'énoncé et de l'esprit des textes[207]. D'autres PVC résultent d'une création prétorienne *ex nihilo*, ce qui suscite maintes réprobations s'exprimant par l'usage de qualificatifs de « gouvernement des juges »[208], de juge « co-législateur »[209], mais aussi, moult approbations légitimant le pouvoir normatif du juge.

Sous ce rapport, les juridictions constitutionnelles africaines francophones n'ont pas manqué d'évoquer l'importance du respect à attacher aux PVC qu'elles mentionnent souvent en corrélation avec d'autres textes à valeur constitutionnelle[210]. De ces pratiques jurisprudentielles, il ressort un bon nombre de PVC, notamment, le principe de la

203 Se référer à la *décision n° 001-CC du 28 février 1992 de* la Cour constitutionnelle gabonaise, précitée,

204Cf., El Hadji Omar DIOP, « Les principes à valeur constitutionnelle : Réflexions sur le pouvoir normatif du juge constitutionnel dans les États africains », Annales Africaines, Nouvelle série, volume I, avril 2021, n°14, pp.47-100 ; Errol TONI, « Les principes non écrits dans la jurisprudence de la Cour constitutionnelle du Bénin », Afrilex, 30 p.

205Voir, Patrick MORVAN, « Principes », in Dénis ALLAND et Stéphane RIALS (dir.), Dictionnaire de la culture juridique, Paris, PUF, 2003, p. 1203.

206 Babacar KANTE, « Les méthodes et techniques d'interprétation de la Constitution : l'exemple des pays d'Afrique noire francophone », in Ferdinand MELIN-SOUCRAMANIEN (dir.), L'interprétation constitutionnelle, Paris, Dalloz, 2005.

207 Voir, théorie de l'interprétation-découverte, deuxième partie de cet ouvrage.

208Voir, la deuxième partie.

209 Lire, Patrice Wafeu TOKO, « Le juge qui crée le droit est-il un juge qui gouverne ? », Les Cahiers de droit, 54 (1), 2013, pp. 145-174.

210 Sur les principes de valeur constitutionnelle et la possibilité de leur conciliation avec d'autres principes, se référer à la décision, précitée, du *Conseil constitutionnel n°3/C/95 du 19 juin 1995)*, www.conseilconstitutionnel.sn ; voir aussi concernant la nature de ces principes, Agathe VAN LANG, Geneviève GONDOUIN et Véronique INSERGUET-BRISSET, Dictionnaire de droit administratif, Paris, Dalloz, 2008.

séparation des pouvoirs[211], les options fondamentales de la Conférence nationale des Forces Vives [212], le « consensus national » [213],

---

[211] Dans son *arrêt C.C. 97-058*, la Cour constitutionnelle du Mali a pu souligner que « *le principe de valeur constitutionnelle de la séparation des pouvoirs qui exclue l'intervention du Président de la République dans la procédure législative au niveau de la discussion d'un projet ou d'une proposition de loi* » cité par Abdoulaye DIARRA, « La protection constitutionnelle des droits et libertés en Afrique noire francophone depuis 1990. Les cas du Mali et du Bénin », Afrilex n° 2, septembre 2001, p. 24.

De même, dans sa *décision N° 04-HCC/D3 du 17 juillet 2013* concernant le même principe de séparation et d'équilibre des pouvoirs, la HCC de Madagascar rappelle que « *la Constitution requiert l'application du principe de séparation des pouvoirs en énonçant dès son préambule que figurent parmi les conditions du développement durable et intégré, la séparation et l'équilibre des pouvoirs à travers les procédés démocratiques* ».

Dans son Avis n°02-*HCC/AV du 13 juin 2015 sur l'application simultanée des articles 103 et 131 de la Constitution,* elle réitère : « *Considérant, en outre, que le régime constitutionnel de la IVe République repose sur le principe de « la séparation et (de) l'équilibre des pouvoirs exercés à travers les procédés démocratiques » tel que l'énonce le Préambule de la Constitution ; que le caractère intangible du principe de la séparation des pouvoirs est confirmé par les dispositions de l'article 163 alinéa 1er de la Constitution qui soulignent qu'au même titre que la forme républicaine de l'État, du principe de l'intégrité du territoire, de celui de l'autonomie des collectivités territoriales décentralisées et de la durée et du nombre de mandat du Président de la République, « le principe de la séparation des pouvoirs ne (peut) faire l'objet de révision (constitutionnelle) » ; qu'ainsi le principe de la séparation des pouvoirs constitue « le fondement de l'ordre démocratique républicain » tout comme il représente « un principe fondamental de l'ordonnancement constitutionnel* ».

Pour sa part, le Conseil constitutionnel Ivoirien, dans son *avis n° 2005-013/CC/SG du 15 décembre 2005*, admet la nécessité de «*la séparation et l'équilibre des pouvoirs auxquels le peuple de Côte d'Ivoire exprime son attachement dans le préambule de la Constitution, la cessation des fonctions du Parlement pouvant rompre ledit équilibre* », in Francisco MELEDJE DJEDJRO, Les grands arrêts de la jurisprudence constitutionnelle ivoirienne, Abidjan, Éd. Centre National de Documentation juridique, 2012, 671 p.

[212] Bénin, Cour constitutionnelle, *décision DCC 13-124 du 12 septembre 2013, affaire Serge Roberto Prince Agbodjan, Nestor Houngbo*, affaire dans laquelle la Cour exclut «*de toute révision de la Constitution les options fondamentales de la Conférence nationale des Forces Vives* ». Toutefois ces options devaient plutôt être perçues comme des OVC, car elles structurent davantage une vision, une direction. Du reste, même les OVC peuvent se décliner en normes inscrites dans une trajectoire et il arrive que des juridictions fassent passer allégrement, à ces notions, la frontière souvent poreuse entre OVC et PVC.

Sur la question, lire Adama KPODAR et Dodzi KOKOROKO, « La Cour Constitutionnelle du Bénin peut-elle soumettre, aux « Options fondamentales de la Conférence nationale », le peuple souverain dans l'exercice de son pouvoir de révision ? Commentaire croisé de la Décision DCC 11-067 du 20 octobre 2011 de la Cour Constitutionnelle du Bénin », Annuaire béninois de Justice constitutionnelle (ABJC),

l'intelligibilité et la clarté de la loi[214], la personnalité des peines[215], le principe d'égalité[216] et ses déclinaisons, comme le principe d'égalité

Revue de contentieux constitutionnel, I-2013 ; Stéphane BOLLE et Adama KPODAR, « Le bloc de constitutionnalité », Communication au Colloque international organisé par la Cour Constitutionnelle du Bénin dans le cadre du 20e anniversaire de l'installation de la Cour et 22 ans de pratique constitutionnelle au Bénin, Cotonou, les 07 et 08 mai 2013.

[213] Il faut rappeler le célèbre considérant : « *Considérant que ce mandat de quatre (4) ans, qui est une situation constitutionnellement établie, est le résultat du consensus national dégagé par la Conférence des Forces Vives de la Nation de février 1990 et consacré par la Constitution en son Préambule ...* », *décision du 8 juillet 2006.*

La même Cour, dans la décision *DCC 10-049 du 5 avril 2010,* reviendra plus tard pour circonscrire la notion , en ces termes : c' est *« un processus de choix ou de décision sans passer par le vote [et] permet, sur une question donnée, de dégager par une voie appropriée, la solution satisfaisant le plus grand nombre de personnes »* et dans l'affaire *DCC 10-117 du 08 septembre 2010,* que : *« le consensus doit autant que possible être constamment recherché sans pour autant constituer une source de ralentissement excessif, de blocage ou de perversion d'un processus, de la mise en œuvre d'une décision déjà acquise ou de l'accomplissement d'une mission confiée à une institution quelconque de la République ».* Sur les critiques et observations relatives à l'expression de consensus national, voir Boubacar BA « Le préambule… », *op. cit.*, p.28, note 152.

[214]Voir, Conseil constitutionnel du Sénégal, *décision n° 2/C/2021 du 20 juillet 2021, op. cit.*

[215] Niger, Cour constitutionnelle, *arrêt N° 2002-010/CC du 18 janvier 2002* « *Considérant que l'article 6 de la loi soumise au contrôle de la Cour, en étendant la responsabilité pénale aux membres d'un organe collégial plutôt que de rechercher la responsabilité individuelle de chacun d'eux, viole quant à lui le principe de valeur constitutionnelle de la personnalité des peines qui découle de l'article 7 alinéa 2 précité de la Charte africaine des Droits de l'Homme et des Peuples ».*

[216]Sur les déclinaisons du principe d'égalité et l'interdiction de discriminations, lire Conseil constitutionnel du Sénégal, *affaire 1/C/2007, décision du 27 mars 2007* (loi sur la parité), considérants 3, 4 et 5 « *Considérant qu'il résulte de l'article premier suscité que toute discrimination fondée sur le sexe est expressément exclue ; que le principe d'égal accès au pouvoir, bien que de valeur constitutionnelle, ne saurait déroger à cette règle ;Considérant qu'au surplus selon l'article 3 de la Constitution: « La souveraineté nationale appartient au peuple sénégalais qui l'exerce par ses représentants ou par la voie du référendum ;Aucune section du peuple, ni aucun individu, ne peut s'attribuer l'exercice de la souveraineté ;Le suffrage peut être direct ou indirect. Il est toujours universel, égal et secret... » et qu'aux termes de l'article 6 de la Déclaration des droits de l'homme et du citoyen : « Tous les citoyens étant égaux, sont également admissibles à toutes dignités, places et emplois publics, selon leur capacité, et, sans autre distinction que celle de leurs vertus et de leurs talents » ;Considérant qu'il résulte de ce qui précède que la qualité de citoyen qui ouvre le droit d'être candidat aux élections politiques, sous réserve des incapacités prévues par le Code électoral, est indivisible ; que les candidats sont égaux devant le suffrage universel ; que les principes de valeur constitutionnelle ci-dessus rappelés*

devant la loi[217], devant la justice, devant l'impôt, devant le suffrage et entre partis politiques[218], le principe de la continuité du service

---

s'opposent à toute division par catégories des citoyens éligibles ; que, dès lors, la loi qui impose une distinction entre candidats en raison de leur sexe est contraire à la Constitution ». Voir, en général, Guy BRAIBANT, « Le principe d'égalité dans la jurisprudence du Conseil constitutionnel et du Conseil d'État », in *La déclaration des droits de l'homme et du citoyen et la jurisprudence*, Paris, PUF, Recherches politiques, Conseil constitutionnel, colloque des 25 et 26 mai 1989, pp. 97-121.

[217] Concernant ce principe, le Conseil constitutionnel sénégalais a eu l'heur de préciser, *dans **sa** décision n° 2/C/2021 affaire n° 2/C/21 du 20 juillet 2021*, que « *le principe d'égalité, ne saurait être réduit à une stricte identité de traitement, et ne s'oppose ni à ce que la loi traite de façon différente des situations différentes, ni à ce qu'elle opère une discrimination entre personnes placées dans la même situation, dès lors que la discrimination est fondée sur un motif tiré de l'intérêt général* ».

[218] Sur « les principes d'égalité devant le suffrage et entre partis politiques » résultant des articles 3 et 4 de la Constitution, Conseil constitutionnel du Sénégal, *décision 1/C/2022 du 29 avril 2022 : « Considérant que l'article L.150, alinéa premier de la loi n° 16/2022 se borne à fixer le mode d'élection des députés ainsi que la répartition des sièges à l'Assemblée nationale au moyen du scrutin majoritaire et du scrutin proportionnel ; qu'il a une portée générale et impersonnelle et s'applique à toutes les listes de candidats aux élections législatives ;Considérant que, de ce fait, il ne ressort pas de l'article L. 150, alinéa premier, une discrimination, par une différence de traitement, entraînant une rupture d'égalité devant le suffrage et entre les partis politiques ;(...)*
Considérant que les requérants soutiennent que la diminution du nombre de députés à élire sur la liste proportionnelle porte atteinte au « principe de représentativité suffisante » qu'ils déduisent de l'article 4 de la Constitution ; qu'en effet, selon eux, l'article L.150, alinéa premier, qui fait baisser le quota de la future liste proportionnelle en le réduisant de sept sièges, n'est pas fondé sur un critère de représentativité suffisante pouvant permettre de concourir à l'expression du suffrage ; qu'ils estiment, en outre, que cette mesure est disproportionnée et est de nature à porter atteinte à la représentation efficace de la volonté des citoyens au sein de l'Assemblée nationale ;
Considérant qu'au sens de l'article 4 de la Constitution, les conditions dans lesquelles les partis politiques, les coalitions de partis politiques et les candidats indépendants concourent à l'expression du suffrage, sont fixées par la Constitution et par la loi ;Considérant, en outre, que, conformément à l'article 67 de la Constitution, la loi fixe les règles concernant le régime électoral de l'Assemblée nationale ; qu'il appartient donc au législateur de déterminer les modalités de l'élection des députés et de la répartition des sièges à l'Assemblée nationale ;
Considérant, dès lors, qu'en procédant à une diminution du nombre de sièges relevant du scrutin proportionnel pour augmenter celui relevant du scrutin majoritaire, le législateur n'a fait qu'exercer ses attributions prévues par le Constituant ; Considérant qu'en la matière, le Conseil constitutionnel n'a pas un pouvoir d'appréciation et de décision identique à celui du législateur ; qu'il s'ensuit que le moyen n'est pas fondé ... » (considérants 11 à 16).

public[219], le principe de non-régression des valeurs constitutionnelles et du non-retour sur l'acquis juridique de l'état de droit démocratique[220], le principe de non-immixtion[221], le principe de la transparence[222], le principe de la légalité républicaine[223], le principe de la représentation proportionnelle majorité/minorité[224], le principe de la hiérarchie des normes[225], le principe d'impartialité des juridictions[226], le principe de l'inamovibilité des magistrats du siège et le « principe constitutionnel

---

[219] Sur le principe de la continuité du service public et de l'État, consulter *Cour constitutionnelle du Gabon, décision n°044 ter/CC du 3 janvier 2018 relative à la requête présentée par le Premier ministre tendant à la prorogation du délai fixé par la Cour constitutionnelle en vue du renouvellement du Conseil National de la Communication.*

[220] Madagascar, Haute Cour constitutionnelle, *décision n°18-HCC/D3 du 25 mai 2018 relative à la requête en déchéance du Président de la République, op. cit.*

[221] Il est ainsi posé par la juridiction béninoise : « *Considérant que la requête vise à faire apprécier le contrôle des modalités d'exécution de la loi de finances ; que l'appréciation d'une telle demande relève du contrôle de légalité dont la Cour constitutionnelle ne saurait connaître (...) Considérant qu'en vertu du principe à valeur constitutionnelle de non-immixtion par un organe institué par la Constitution dans les prérogatives non dérogeables d'un autre organe également institué par la même Constitution, la Cour ne peut exercer un pouvoir d'injonction au gouvernement relativement aux modalités de dotations budgétaires ; qu'il s'agit d'une prérogative exclusive de l'exécutif* » (Cour constitutionnelle du Bénin, *décision DCC 18-204 du 11 octobre 2018)*. Voir, cependant, les atténuations de cette jurisprudence, dernier chapitre de cet ouvrage.

[222] Sur la bonne gouvernance et le principe de la transparence, voir HCC de Madagascar, *décision n°06-HCC/D3 du 16 janvier 2017* relative à la loi portant Code des marchés publics.

[223] Gabon, Cour constitutionnelle, *décision N° 0002/GCC du 28 janvier 1993, relative aux requêtes du Forum Africain pour la reconstruction « ... ... que dans le préambule de la Constitution, le peuple gabonais organise la vie commune notamment d'après le principe de la légalité républicaine et proclame solennellement son attachement au respect des libertés...* ».

[224] Le principe de la représentation proportionnelle majorité/minorité a été reconnu par la Cour constitutionnelle du Bénin, dans sa *décision DCC 09-002 du 8 janvier 2009.*

[225] La Cour constitutionnelle du Gabon considère qu' « *en édictant ainsi la cessation des mandats en cours des Délégués du personnel contrairement aux dispositions de l'article 292 de la loi n° 3/94 à laquelle il se réfère, l'article 26 de l'arrêté soumis à la Cour viole effectivement le principe constitutionnel de la hiérarchie des normes* », *décision n° 010/GCC du 29 juin 2001 relative à une demande en annulation de l'article 26 de l'arrêté n° 00147/MTEFP/SG/DGTMOE/DTR du 26 avril 2001 réglementant l'institution des délégués du personnel*, voir site de la Cour.

[226] Niger, Cour constitutionnelle, *arrêt n°015/CC du 26 septembre 2006.*

garantissant l'indépendance des magistrats »[227], le principe de l'intangibilité et de l'immutabilité de la durée du mandat[228], etc.

---

[227] Niger, Cour constitutionnelle, *Arrêt n°02/CC/MC du 29 avril 2020,* précité ; Sénégal, Conseil constitutionnel, *décision n°3/C/94 du 27 juin 1994*, qui précise, sur le statut des magistrats et les conditions de recrutement et d'exercice de la fonction : *« 8. Considérant qu'il résulte des dispositions précitées ce qui suit : Outre l'absence de toute indication sur la fonction exercée par les agents de l'État titulaires d'une maîtrise en Droit, qui peuvent être nommés dans le corps des magistrats, la désignation de ces agents par le ministre de la Justice, Garde des Sceaux, n'est subordonnée à aucune condition d'ancienneté dans l'exercice de leur profession, alors que cette condition est exigée en ce qui concerne les autres personnes qui peuvent être nommées magistrats sur titre, qu'il s'agisse des fonctionnaires de la hiérarchie A (article 42 nouveau) ou même des professionnels du Droit comme les avocats, les greffiers en chef et les professeurs titulaires des Facultés de Droit (articles 42 et 47 nouveaux) ;Pour être nommés dans « le corps des magistrats », les agents de l'État visés ne doivent suivre qu' « un stage concluant » de 6 mois, alors que pour être nommés juges suppléants, – premier stade de la hiérarchie judiciaire – les titulaires d'une maîtrise en Droit admis sur concours à l'École Nationale d'Administration et de Magistrature (section judiciaire) doivent suivre une formation de deux ans sanctionnée obligatoirement par un brevet obtenu à l'issue d'un examen de sortie et qu'au surplus, les agents de l'État titulaires d'une maîtrise en Droit, désignés par le ministre de la Justice, n'exerceront plus la fonction de juge à titre provisoire comme le prévoyait l'article 69 ancien, mais seront nommés dans « le corps des magistrats » à titre permanent ; au demeurant l'expression « corps des magistrats » qui désignait la catégorie des juges de paix intégrés par la suite dans le corps des magistrats des Cours et Tribunaux n'a plus aucune signification juridique puisque l'article 71 de la loi organique n° 92-27 du 30 mai 1992 portant Statut des magistrats dispose : « le corps des magistrats des tribunaux est supprimé ». Enfin, cette nomination peut intervenir sans que l'avis du Conseil supérieur de la Magistrature, soit légalement exigé, à la différence de toutes les autres nominations sur titre ;*
9. Considérant, que de telles lacunes et discriminations, non conformes aux normes internationales relatives à la qualification, à la sélection et à la formation des personnes devant remplir des fonctions de magistrat, sont susceptibles d'engendrer des iniquités et des situations arbitraires contraires au principe de l'indépendance des juges garanti par la Constitution et au principe d'égalité également reconnu par la Constitution, par référence à la Déclaration des Droits de l'Homme et du Citoyen de 1789 dont l'article 6 dispose que « tous les citoyens sont également admissibles à toutes dignités, places, et emplois publics, selon leur capacité… » et à la Déclaration universelle des Droits de l'Homme de 1948 qui, par son article 21, paragraphe 2, affirme que « toute personne a droit à accéder dans des conditions d'égalité aux fonctions publiques de son pays ».

[228] Madagascar, Haute Cour constitutionnelle, *Avis n°07-HCC/AV du 7 septembre 2018, relatif à une demande d'avis sur les attributions courantes du Président de la République.*

Du tout, il résulte que la loi doit, sous risque de censure, respecter ces OVC et ces PVC[229].

L'extension jurisprudentielle du bloc de constitutionnalité a pris d'autres allants avec, par exemple au Bénin, l'élargissement aux lois organiques[230], notamment celle relative à la Cour constitutionnelle[231], et à la jurisprudence[232].

Quoi qu'il en soit, ces originalités relatives à un bloc de constitutionnalité évasé, élargi ou extensible ont suscité, ici[233] et là [234] des supputations sur le bornage nécessaire du pouvoir normatif du juge.

En tout état de cause, le contrôle de constitutionnalité se présente comme un contrôle de termes à termes, de normes à normes, mettant en présence les normes de contrôle et les normes à contrôler.

---

[229] Ainsi que l'a aussi admis le Conseil constitutionnel du Sénégal : « *Considérant qu'en vertu de l'article 67 de la Constitution, les lois de finances déterminent les ressources et les charges de l'État dans les conditions et sous les réserves prévues par une loi organique ; Considérant qu'aux termes du premier alinéa de l'article 68 de la Constitution : « L'Assemblée nationale vote les projets de lois de finances dans les conditions prévues par une loi organique » ;8. Considérant que dans l'exercice de la compétence qui lui est ainsi dévolue tant par l'article 67 que par le premier alinéa de l'article 68 de la Constitution, le législateur organique est tenu de respecter les principes et les règles à valeur constitutionnelle » (décision n°6/C/2016 du 20 décembre 2016, affaire n°5/C/16,* considérants 6 et 7*).*

[230] Voir, plus loin.

[231] Voir plusieurs décisions de la Cour constitutionnelle du Bénin, notamment , *Décision DCC 98-019 du 20 février 1998, affaire Me Féliho Jean,* dans laquelle elle considère qu'il « *apparaît que le texte déféré a été pris sur le fondement des dispositions du bloc de constitutionnalité que forment la Constitution et la loi organique sur la Cour Constitutionnelle...* » ; ou encore dans l'affaire *Gnonlonfoun Joseph* : « ... *Considérant que la disposition précitée de la Loi organique (sur la Cour Constitutionnelle) ... forme avec la Constitution le bloc de constitutionnalité ...* » (Cour constitutionnelle du Bénin, *Décision DCC 95-007 du 02 février 2005*).

[232] Selon la Cour Constitutionnelle du Bénin, « *La jurisprudence de la Cour Constitutionnelle fait ... partie intégrante du bloc de constitutionnalité (...) toute violation par commission ou par omission de ladite jurisprudence équivaut à une violation de la Constitution* », *Décision DCC 09-087 du 13 août 2009, Alphonse Menonkpinzon, Léon Atoyo et Daniel Menonkpinzon.*

[233] Voir, Dandi GNAMOU, « La Cour Constitutionnelle du Bénin en fait-elle trop ? », in La Constitution béninoise du 11 décembre 1990 : un modèle pour l'Afrique ? Mélanges en l'honneur de Maurice Ahanhanzo-Glèlè ; Joseph DJOGBENOU, « Le contrôle de constitutionnalité des décisions de justice en République du Bénin », Revue béninoise des Sciences juridiques et administratives (RBSJA), n° 32, Année 2014.

[234] Sonia DUBOURG-LAVROFF, Antoine PANTELIS, Les décisions essentielles du Conseil constitutionnel des origines à nos jours, Paris, Éditions L'Harmattan, Coll. « Logiques Juridiques », 1994, 699 p.

CHAPITRE II

LES NORMES CONTROLÉES

Toute la philosophie de la résolution des contentieux constitutionnels réside dans l'emploi des meilleurs moyens, méthodes et pratiques propres à assurer le respect et la garantie de la suprématie de la Constitution (au sens large), par rapport à chacune des normes d'origine externe ou d'origine interne (Section I).

La conséquence majeure de cette pluralité est, à rebours de la richesse escomptée, une complexité, une versatilité dissociant les normes soumises au contrôle de constitutionnalité, des normes exclues de ce contrôle (Section II).

Section I : Le contentieux des normes d'origines interne et externe

Les engagements internationaux, les lois et les actes administratifs à caractère individuel ou réglementaire sont, selon les attributions des instances juridictionnelles, susceptibles d'être attraits devant les Cours et Conseils constitutionnels pour leur contrôle de conformité.

Dans le cadre du rapport de conformité avec le bloc de constitutionnalité, le contrôle des normes d'origines interne et externe donne siège à l'examen de recours de différents acteurs : justiciables – citoyens et parlementaires arguant de la violation de leurs droits constitutionnels ; Exécutif et autres saisissants sollicitant la vérification des textes déférés, tout en excipant, dans leurs écritures, de l' inconstitutionnalité d'une loi (§I), de la contrariété d'un engagement international ou du mal-fondé d'un acte administratif (§II).

Paragraphe I : Le contentieux législatif : la loi dans tous ses états

De manière générique, la loi se présente comme un document juridique, adopté à la suite d'un référendum, ou voté par le parlement, dans le cadre d'une procédure dont l'entame est un projet (d'initiative gouvernementale) ou une proposition (d'origine parlementaire) et dont la terminaison passe par les phases de promulgation, de publication avant l'entrée en vigueur.

De manière plus usuelle, certaines juridictions constitutionnelles ont également fourni des définitions de la loi, notamment le Conseil constitutionnel ivoirien qui précise : *«... la loi se définit plutôt comme un ensemble de textes dit "texte législatif" ou "dispositif", rédigé en articles, voté en assemblées plénières par l'Assemblée nationale et le Sénat, et promulgué par le Président de la République ; qu'à la loi ainsi définie, sont assimilables les ordonnances prises par le Président de la République en vertu d'une loi d'habilitation et homologuées, plus tard, par une loi de ratification, ainsi que les décisions du Président de la République, prises en application de l'article 48 de la Constitution de l'an 2000, ou de l'article 73 de la Constitution du 08 novembre 2016, pour faire face à des circonstances exceptionnelles empêchant le fonctionnement normal des Institutions de l'État »*[235].

Du tout, il résulte que le dogme de la souveraineté nationale [236] a promu les parlements au rang d'institutions représentatives de la volonté générale [237]. En Afrique francophone, l'héritage juridique colonial[238], en rejaillissant sur l'armature institutionnelle des systèmes

[235] Conseil constitutionnel de Côte d'Ivoire, *Décision n° CI-2019-003/DCC/21-05/CC/SG du 21 mai 2019 ; voir* aussi, sa décision *n° CI-2019-004/DCC/25-06/CC/SG du 25 juin 2019.*

[236] La plupart des Constitutions des États sous étude reprennent le fameux mélange de genres des théories de la souveraineté nationale (Abbé Emmanuel Sieyès) et de la souveraineté populaire (Jean-Jacques Rousseau), à l'image de l'article 3 de la Constitution française de 1958 « *La souveraineté nationale appartient au peuple qui l'exerce par ses représentants et par la voie du référendum. Aucune section du peuple ni aucun individu ne peut s'en attribuer l'exercice...* ». Voir par exemple, art.3 de la Constitution sénégalaise de 2001, art. 32 de la Constitution du Burkina Faso de 1991, art.3 de la Constitution de la République gabonaise de 1991, etc.

[237] Raymond CARRE DE MALBERG, La loi, expression de la volonté générale, Paris, Sirey, 1931 (réédition, Economica, 1984) ; Pierre BRUNET, « Que reste-t-il de la volonté générale. Sur les nouvelles fictions du droit constitutionnel français », Revue Pouvoirs n°114,2005, pp. 5-19.

[238] Ainsi, peut-on évoquer, à titre illustratif, l'histoire législative de la colonie du Sénégal qui remonte au 31 octobre 1848 avec l'élection de Durand Valentin comme député au Palais Bourbon. Jusqu'en 1914, le Sénégal était représenté par des députés français de souche ou métis de Saint-Louis : Laffon de Fongauffier (16 mars 1871), Gasconi (8 juin 1879), Couchart (20 août 1893), Hector d'Agoult (1898), François Carpot (1902 et 1910). Le premier député noir, Blaise Diagne, sera élu le 10 mai 1914. Par ailleurs, le Sénégal disposera de sa propre Assemblée territoriale le 31 mars 1957 à la suite de l'adoption en France de la loi-cadre (Gaston Deferre) du 23 juin 1956. Voir, Geerti HESSELING, Histoire politique du Sénégal. Institutions, droit et société, Paris, Karthala, 1985, 380 p. ; Pierre-François GONIDEC, « La République du Sénégal »

politiques, a fait du Parlement une des pièces maîtresses dans l'arsenal juridique des États[239].

Cet organe législatif, monocaméral[240] ou bicaméral[241] remplit des tâches variées : fonction représentative de la population[242], fonction d'élaboration, de discussion et de vote, fonctions de contrôle, d'évaluation, de suivi de l'exécution des politiques publiques[243], etc.

À ce titre, se profile une *summa divisio* entre la loi dite ordinaire (A) et les lois dites spéciales (B), entrainant une différence significative dans le règlement des contentieux y afférant.

A) Le contentieux de la loi ordinaire

Deux aspects, formel et matériel, circonscrivent le domaine de la loi ordinaire. Formellement, la loi est un texte voté par le parlement selon une procédure dite législative, suivie de la promulgation, de la publication, avant son entrée en vigueur.

Abondant dans ce sens, le CC ivoirien en borne ainsi les contours, « *La loi, règle juridique générale, impersonnelle et obligatoire, est dans l'ordre*

---

in Encyclopédie politique et constitutionnelle, Série Afrique, 1968, 62 p. ; Bernard MOLEUR, « L'indigène aux urnes… », *op. cit.*

239 L'importance d'un parlement est telle que les régimes militaires africains l'ont institué à travers les fameux conseils nationaux de transition composés de représentants des couches socioprofessionnelles adoubés par les juntes, voir, au Mali, Cour constitutionnelle, *arrêt n°2020-07/CC du 18 décembre 2020 relatif à la requête aux fins de contrôle de conformité à la Constitution du Règlement intérieur du Conseil national de transition.* Ledit RI, jugé non conforme à la Constitution et à la Charte de transition, sera finalement validé après la prise en compte des admonestations de la Cour (*arrêt n°2020-08/CC du 24 décembre 2020*). Cf, également, Union Interparlementaire, Les parlements dans le monde. Recueil de données comparatives, vol. II, Bruxelles, Bruylant, 1987 ; Philip LAUNDY, Les parlements dans le monde contemporain (modes d'élection, fonctionnement et structures), Lausanne, Ed. Payot, 1989, 219 p. ; Pierre AVRIL et Jean GICQUEL, Droit parlementaire, Paris, Montchrestien, Précis Domat, 1986.

240 Assemblée parlementaire composée d'une chambre législative dont les membres sont élus au suffrage universel, comme au Sénégal (avec l'Assemblée nationale depuis la suppression du Sénat en 1998), au Bénin.

241 Parlement de deux chambres dont l'une est composée de représentants élus au suffrage universel comme au Cameroun, au Togo, en RCI, au Congo ; voir, Caroline SAGESSER, « Législatif, Exécutif et Judiciaire : les relations entre les trois pouvoirs », Dossiers du CRISP, 2016/2, n° 8, pp. 9-71.

242 Voir par exemple, art.59 de la Constitution sénégalaise de 2001 ; art.35 et 36 de la Constitution gabonaise de 1991 ; art.78 à 80 de la Constitution du Burkina Faso de 1991.

243 Voir, Hervé MESSAGE, « Peut-on mesurer le pouvoir budgétaire du Parlement ? », Revue française des Finances publiques, n° 41, 1993, pp. 14-29.

juridique ivoirien, un acte adopté par l'Assemblée nationale et promulgué par le Président de la République »[244].

Matériellement, la loi ordinaire est définie par son contenu qui est fixé dans un domaine identifié, *a contrario,* par rapport au domaine du règlement. Elle se distingue, également, des lois dites spéciales, par la généralité des matières qu'elle recouvre.

La loi ordinaire se distingue du règlement. Sous ce rapport, les Constitutions africaines réservent, à l'instar de l'article 34 de la Constitution française de 1958, le domaine exclusif de la loi ordinaire à des matières énumérées, reléguant celles n'y figurant pas au domaine réglementaire. Cette répartition des attributions a été pour l'essentiel reprise, même si une certaine dose d'originalité amène ces États à s'écarter du modèle français[245].

Aussi, on peut-on énoncer, *mutatis mutandis*, ce domaine législatif, en prenant comme illustration, l'article 67 de la Constitution sénégalaise de 2001, qui dispose : « *La loi fixe les règles concernant :*

– *les droits civiques et les garanties fondamentales accordées aux citoyens pour l'exercice des libertés publiques, les sujétions imposées par la Défense nationale aux citoyens en leur personne et en leurs biens,*

– *le statut de l'opposition,*

– *la nationalité, l'état et la capacité des personnes, les régimes matrimoniaux, les successions et libéralités,*

– *la détermination des crimes et délits ainsi que les peines qui leur sont applicables, la procédure pénale, l'amnistie, la création de nouveaux ordres de juridictions et le statut des magistrats,*

– *l'assiette, le taux et les modalités de recouvrement des impositions de toutes natures, le régime d'émission de la monnaie,*

– *le régime électoral de l'Assemblée nationale et des assemblées locales,*

---

244 Côte d'Ivoire, Conseil constitutionnel, *décision du 17 mars 2012*.

245 Cf., Louis FAVOREU, Patrick GAIA, Richard GHEVONTIAN, Jean Louis MESTRE, Otto PFERSMANN, André ROUX et Guy SCOFFONI, Droit constitutionnel, Paris, Dalloz, 5e éd., 2002, p. 681 et s. ; Pierre PACTET, Institutions politiques, Droit constitutionnel, Paris, Masson, 10e éd., 1991, p. 518 et s. ; Louis FAVOREU, « La loi », *in* Association française de Droit constitutionnel, La continuité constitutionnelle en France de 1789 à 1989, Paris, Economica, 1990, pp. 79-102 ; Saidou Nourou TALL, Droit constitutionnel et ordonnances dans les États d'Afrique noire francophone, *op. cit.*

– *les garanties fondamentales accordées aux fonctionnaires civils et militaires de l'État,*

– *les nationalisations d'entreprises et les transferts de propriété d'entreprises du secteur public au secteur privé.*

La loi détermine les principes fondamentaux :

– *de l'organisation générale de la Défense nationale,*

– *de la libre administration des collectivités locales, de leurs compétences et de leurs ressources,*

– *de l'enseignement,*

– *du régime de la propriété, des droits réels et des obligations civiles et commerciales, du droit du travail, du droit syndical et de la Sécurité sociale,*

– *du régime de rémunération des agents de l'État (...) ».*

À la lumière de cet article, une ligne de démarcation est nettement tracée entre les matières dans lesquelles la loi ordinaire fixe les règles, et les matières dans lesquelles cette loi détermine les principes fondamentaux.

Dans la première orientation donnée par le constituant, le législateur ordinaire s'astreint à fixer, au détail près, les règles relatives aux matières concernées. À défaut, on peut exciper dans le recours en inconstitutionnalité de son incompétence négative[246]. En effet, le législateur est tenu d'exercer pleinement sa compétence en ces matières sans déléguer aux autorités réglementaires la charge d'en développer le contenu[247].

---

[246] Deux acceptions de l'incompétence négative du législateur sont retenues : soit, lorsque le législateur méconnait les limites de sa compétence en déléguant à l'autorité réglementaire des pouvoirs qu'il était tenu d'exercer lui-même ; soit, lorsque la loi affecte un droit ou une liberté que la Constitution garantit elle-même. L'incompétence négative du législateur est sanctionnée par les juridictions constitutionnelles, à moins d'une conciliation avec une règle constitutionnelle de valeur équivalente justifiant une restriction, une dérogation ou une limitation. Voir, Ariane VIDAL-NAQUET, « L'état de la jurisprudence du Conseil constitutionnel sur l'incompétence négative », Nouveaux Cahiers du Conseil constitutionnel n°46, janvier 2015 ; Patricia RRAPI, « L'incompétence négative » dans la QPC : de la double négation à la double incompréhension », Nouveaux Cahiers du Conseil constitutionnel n°34, janvier 2012.

[247] Comme le faisait remarquer le CC français « *il incombe au législateur d'exercer pleinement la compétence que lui confie la Constitution et, en particulier, son article 34 ; que le plein exercice de cette compétence, ainsi que l'objectif de valeur constitutionnelle d'intelligibilité et d'accessibilité de la loi, qui découle des articles 4, 5, 6 et 16*

Dans la deuxième orientation, le législateur ordinaire n'est tenu, pour certaines matières, que de fixer les principes fondamentaux, laissant le soin aux autorités exécutives de les détailler par voie réglementaire.

Le volume du contentieux relatif à la loi ordinaire dépasse nettement ceux concernant les autres types de normes. Dans le délai de promulgation, en cas de recours en inconstitutionnalité par voie d'action (R.I.V.A), le contrôle du texte législatif voté peut aboutir à son anéantissement partiel ou total avant son entrée en vigueur, lorsque le juge constitutionnel adjuge au(x) requérant(s) contestataire(s) ses(leurs) conclusions. Il est entendu, que dans le cas contraire, le texte de loi voté suivra son cours vers la promulgation.

De même, le recours en inconstitutionnalité par voie d'exception (R.I.V.E) peut être exercé à l'égard de la loi, après sa promulgation et aboutir en cas de violation de la Constitution à sa privation d'effets juridiques à l'endroit du recourant, et, logiquement, à son éviction progressive de l'ordonnancement juridique[248].

D'autres effets peuvent s'attacher à la loi, lorsque son objet est d'habiliter l'Exécutif à intervenir dans le domaine législatif en prenant des mesures par ordonnances[249]. À la fin de l'habilitation, l'ordonnance non ratifiée par le Parlement continue de conserver sa nature réglementaire avec la possibilité pour les justiciables d'intenter un recours pour excès de pouvoir. Dans l'hypothèse de la validation parlementaire des mesures prises par ordonnance, cette dernière, acquérant alors une valeur législative, est susceptible de recours constitutionnel dans et après le délai de promulgation, avec les effets juridiques de conformité ou de non-conformité pouvant s'y attacher[250].

---

de la Déclaration des droits de l'homme et du citoyen de 1789, lui imposent d'adopter des dispositions suffisamment précises et des formules non équivoques ; qu'il doit en effet prémunir les sujets de droit contre une interprétation contraire à la Constitution ou contre le risque d'arbitraire, sans reporter sur des autorités administratives ou juridictionnelles le soin de fixer des règles dont la détermination n'a été confiée par la Constitution que par la loi», considérant n°9 de la *décision n°2006-540DC du 27 juillet 2006 , Loi relative au droit d'auteur*, voir plus loin.

[248] Voir d'autres développements sur ces points, plus loin.

[249] Cf, Cour constitutionnelle du Bénin, Décision *n°27-94 du 24 août 1994, Président de l'Assemblée nationale.*

[250] Voir, en Côte d'Ivoire, Conseil constitutionnel, *Avis n° CI-2021-146/A/26-11/CC/SG du* 26 novembre 2021 *relatif à la demande d'avis du Président de la République sur la conformité à la Constitution du projet d'ordonnance portant modification de la loi organique n°2018-867 du 19 novembre 2018 déterminant la composition , le fonction-*

À la différence de la loi ordinaire, les autres lois couvrent des domaines spécifiques et arborent des caractéristiques particulières.

B) Le contentieux des lois spéciales.

Le critère d'identification de la loi ordinaire réside dans la généralité englobant les matières concernées. En revanche, la spécificité des autres lois se trouve dans la précision de leur nature, de leur procédure d'adoption et des domaines qu'elles recouvrent.

Il en est ainsi des textes portant révision de la Constitution(lois constitutionnelles), des textes portant organisation et fonctionnement des pouvoirs publics et qui complètent la Constitution (lois organiques), des textes déterminant l'ensemble des ressources et des charges de l'État (lois de finances), des textes qui déterminent les objectifs de l'action économique et sociale de l'État, le plan étant approuvé par la loi[251](lois de programme), des textes autorisant la ratification des traités et accords internationaux(lois portant autorisation de ratification des engagements internationaux) et des textes portant sur l'organisation et le fonctionnement des assemblées parlementaires (Règlements d'Assemblée).

L'examen successif de ces textes s'impose.

- **Le contrôle de la loi organique**

C'est une loi spéciale par ses différents caractères. La première caractéristique de la loi organique réside, comme son nom l'indique, dans son objet qui porte sur l'organisation et le fonctionnement des pouvoirs publics constitutionnels comme la juridiction constitutionnelle, les juridictions supérieures (la Cour suprême, la Cour de cassation, le Conseil d'État, la Cour des comptes), la vice-présidence de la République, les autres attributions du Parlement, les incompatibilités, immunités et privilèges des parlementaires, etc.

---

nement du Conseil économique , social , environnemental et culturel ; se référer à Saidou Nourou TALL, Droit constitutionnel et ordonnances…, précité.

[251] L'art.67 *in fine* de la Constitution sénégalaise, précise que « *Les lois de programme déterminent les objectifs de l'action économique et sociale de l'État. Le plan est approuvé par la loi* ». Quant à l''art.91 de la Constitution malgache de 2010, il dispose : « *Les lois de programme déterminent les objectifs de l'action de l'État en matière économique, environnementale, sociale et d'aménagement du territoire. Les dispositions du présent article sont précisées et complétées par une loi organique* ».

La deuxième caractéristique est qu'elle complète la Constitution, en ce sens que c'est toujours une disposition constitutionnelle qui renvoie pour son complément à cette loi[252].

La troisième caractéristique consiste dans son mode d'adoption qui requiert un vote à la majorité absolue des membres du Parlement, alors que le vote de la loi ordinaire peut être acquis à la majorité simple.

La quatrième caractéristique est que son adoption implique subséquemment, dans certains États, la saisine obligatoire, par l'Exécutif, de la juridiction constitutionnelle pour son contrôle de conformité[253] avant la promulgation[254]. Cette saisine ne signifie nullement que des parlementaires ou les citoyens ne puissent contester sa constitutionnalité par la voie d'action, ou par la voie d'exception[255].

Ces caractéristiques sont synthétisées par la Constitution du Burkina Faso : « *La loi à laquelle la Constitution confère le caractère organique est une délibération de l'Assemblée nationale ayant pour objet l'organisation ou le fonctionnement des institutions. Elle est votée à la majorité absolue et promulguée après déclaration de sa conformité avec la Constitution par le Conseil constitutionnel* »[256].

---

[252] Cf., Ismaila Madior FALL, « La loi organique dans les ordonnancements juridiques des États d'Afrique francophone. Réflexion sur une norme particulière », RBSJA, n° 32, mars 2014.

[253] Le contrôle obligatoire porte autant sur cette loi que sur les dispositions à caractère organique qui la modifient.

[254] En Guinée, la Cour, au vu de la non-conformité de certains articles et de leur indivisibilité, les « *déclare contraires à la Constitution et dit que la loi organique, en l'état ne peut être promulguée du fait de la non séparabilité…* », Cour constitutionnelle, *arrêt n°010 du 16 octobre 2015 (contrôle de constitutionnalité de la loi organique portant attributions, organisation et fonctionnement de la Cour suprême*).

[255] Voir , par exemple, Cour constitutionnelle du Togo, *Décision n ° C -006/20 du 30 décembre 2020, contrôle de constitutionnalité de la loi organique fixant la composition, l'organisation et le fonctionnement des services du Médiateur de la République,* https://courconstitutionnelle.tg ; *Cour constitutionnelle du Mali, arrêt n°2018-06/CC du 05 décembre 2018 portant contrôle de constitutionnalité de la loi n°2018-060/AN-RM du 22 novembre 2018 portant loi organique relative à la prorogation du mandat des députés à l'Assemblée nationale.*

[256] Art.97, *in fine*, de la Constitution du Burkina Faso. Voir , le considérant 7 de la *Décision n°16-HCC/D3 du 3 mai 2018* portant sur la loi organique n°2018-009 relative à l'élection du Président de la République de Madagascar « *Considérant que le contrôle obligatoire de constitutionnalité des lois organiques prévu par l'article 117 de la Constitution a pour finalité de vérifier, à titre préventif, la constitutionnalité de toutes les dispositions d'un texte législatif avant qu'elles ne produisent des effets*

La Constitution ivoirienne de 2016, révisée, a le mérite de la précision. Son art.102 définit, délimite et détaille, en ces termes : « Les *lois organiques sont celles qui ont pour objet de préciser ou de compléter les dispositions relatives à l'organisation ou au fonctionnement des Institutions, structures et systèmes prévus ou qualifiés comme tels par la Constitution. Elles sont votées et modifiées dans les conditions suivantes : • le projet ou la proposition de loi organique n'est soumis à la délibération et au vote de la première chambre saisie qu'à l'expiration d'un délai de quinze jours après son dépôt ; la procédure des articles 109 et 110 est applicable ; • le projet ou la proposition de loi organique est adopté dans les mêmes conditions par chacune des deux chambres du Parlement à la majorité absolue de ses membres en fonction. Toutefois, faute d'accord entre les deux chambres, le texte ne peut être adopté par l'Assemblée nationale en dernière lecture qu'à la majorité des deux tiers de ses membres en fonction ; • les lois organiques ne peuvent être promulguées qu'après la déclaration par le Conseil constitutionnel de leur conformité à la Constitution* »[257].

Au vu de ces précisions, le contrôle la constitutionnalité de la loi organique et de ses modifications s'effectue à un double niveau.

Au plan formel, le juge vérifie si les conditions d'adoption de la loi organique ont été respectées par la représentation nationale (vote, dans la plupart des cas, à la majorité absolue[258], ou à la majorité qualifiée en Côte

---

juridiques ; qu'en conséquence, les griefs de fond soulevés par les requérants, entrent de facto dans le cadre de ce contrôle obligatoire ».

[257] Voir également l'art.89 de la Constitution de Madagascar de 2010 : « *Les lois organiques sont votées et modifiées dans les conditions suivantes : 1° le projet ou la proposition n'est soumis à la délibération et au vote de la première Assemblée saisie qu'à l'expiration d'un délai de 15 jours après son dépôt ; 2° les procédures prévues aux articles 86, 96 et 98 sont applicables. Toutefois, une loi organique ne peut être adoptée qu'à la majorité absolue des membres composant chaque Assemblée ; faute d'accord entre les deux Assemblées après deux lectures, l'Assemblée nationale statue définitivement à la majorité de deux tiers des membres la composant. Si l'Assemblée nationale n'a pas adopté le projet de loi organique avant la clôture de la session, les dispositions dudit projet peuvent être mises en vigueur par voie d'ordonnance, en y incluant, le cas échéant, un ou plusieurs amendements adoptés par une Assemblée. 3° les lois organiques relatives au Sénat doivent être votées dans les mêmes termes par les deux Assemblées. Les lois organiques ne peuvent être promulguées qu'après déclaration de leur conformité à la Constitution par la Haute Cour constitutionnelle* ».

[258]Voir, par exemple au Sénégal, concernant une disposition à caractère organique du Code électoral, le Conseil constitutionnel estime : « *Considérant que selon l'article 78, alinéa premier de la Constitution, les lois qualifiées organiques par la Constitution sont votées et modifiées à la majorité absolue des membres composant l'Assemblée nationale ;*

d'Ivoire). Au niveau matériel, le contrôle porte sur l'intervention du texte dans le domaine organique pour compléter un article de la Constitution.

La validation du texte n'advient que si ces conditions de fond et de forme sont remplies[259]. À défaut, la déclaration de non-conformité partielle[260] ou totale[261] pourra être prononcée. Le juge constitutionnel a également le pouvoir de déclasser certaines dispositions de la loi organique pour les ramener dans le domaine de la loi ordinaire si le texte organique est intervenu dans une matière relevant plutôt du domaine de la loi ordinaire[262].

Par ailleurs, les régimes militaires s'adonnent également à l'édiction de ces normes qui peuvent revêtir la dénomination d'« ordonnances organiques », et les juridictions constitutionnelles, maintenues en place ou établies par la junte, peuvent en vérifier la conformité à la Loi fondamentale et/ou à la Charte de Transition[263].

Considérant qu'il ressort du procès-verbal analytique de la séance plénière du 15 avril 2022 de l'Assemblée nationale, que la loi n° 16/2022 contenant l'article LO. 148, a été adoptée ainsi qu'il suit : 94 voix pour ; 12 voix contre ; 00 abstention ; Considérant que l'Assemblée nationale comptant 165 députés, l'adoption de l'article LO.148 est conforme à la Constitution » (considérants 3,4 et 5, décision n° 2-C-2022, Affaire n° 3/C/22 du 29 avril 2022). voir aussi, Cour constitutionnelle du Togo, *Décision n ° C -006/20 du 30 décembre 2020, contrôle de constitutionnalité de la loi organique fixant la composition, l'organisation et le fonctionnement des services du Médiateur de la République,* https://courconstitutionnelle.tg;Conseil constitutionnel de la Côte d'Ivoire, *Décision n° CI-2020-011/DCC/24-11/CC/SG du 24 novembre 2020, relative à la requête du Président de la République aux fins de contrôle de constitutionnalité de la loi organique portant composition, attributions et fonctionnement de la Chambre nationale des Rois.*

[259] Voir Conseil constitutionnel du Sénégal, *Décision 4/C/2024 du 29 août 2024, Loi organique modifiant et remplaçant la loi organique portant règlement intérieur de l'Assemblée nationale.*

[260] Voir, comme exemple de non-conformité partielle d'une loi organique, Conseil constitutionnel du Sénégal, *décision n°3/C/2017 du 9 janvier 2017*, dont l'article premier du dispositif se lit ainsi *: « A l'exception de l'alinéa 2 de l'article 22-2 et sous la réserve énoncée au considérant 14, les dispositions de la loi organique adoptée par l'Assemblée nationale sous le n° 28/2016 du 5 décembre 2016, abrogeant et remplaçant la loi organique n°2008-35 du 8 août 2008 sur la Cour suprême, sont déclarées conformes à la Constitution... »*.

[261] Voir, comme exemple de non-conformité totale d'une loi organique, Conseil constitutionnel du Sénégal, *décision n°6/C/2017 du 18 juillet 2017*, concernant la Loi organique modifiant les articles 75 et 77 de la loi organique n°2017-10 du 17 janvier 2017 portant Statut des magistrats.

[262] Sur le déclassement, voir les développements sur les conflits de compétence.

[263] Voir plus loin dans cette Première partie.

- **Le contrôle des lois de finances et des règlements d'assemblées parlementaires**

Il sera procédé à l'étude successive des lois de finances et des règlements d'assemblée.

– **Les lois de finances.** Elles sont assimilées à tort au budget de l'État[264]. Ce dernier est plutôt un acte comptable, un acte politique, un acte pluridimensionnel de prévision et d'autorisation des dépenses et des recettes de l'ensemble des ministères et services de l'Administration publique, au cours d'un exercice, généralement d'une année. Le budget, est englobé et assimilé à la loi de finances dans sa mise en forme législative et par le vote du parlement. Cette loi connait plusieurs définitions en raison des mutations récentes des finances publiques.

Les lois de finances [265]constituent donc un élément essentiel des finances publiques. Dans le cadre de l'UEMOA[266], une définition synthétique, tenant compte des impératifs communautaires [267] est fournie par l'article 3 de la Directive de 2009 portant loi de finances : « *Les lois de finances déterminent la nature, le montant et l'affectation des ressources et des charges de l'État ainsi que l'équilibre budgétaire et financier qui en résulte, compte tenu de la situation et des objectifs macro-économiques des États membres et des obligations du Pacte de convergence, de stabilité, de croissance et de solidarité. Les dispositions*

---

[264] Les développements dans cette partie sont largement repris de notre ouvrage précité, Droit constitutionnel et ordonnances.

[265] Il s'agit de la loi organique relative aux lois de finances (LOLF), de la loi de finances de l'année, de la loi de finances rectificative, de la loi de règlement. Sur le contrôle de constitutionnalité de la loi de finances rectificative, HCC de Madagascar, *Décision n°09-HCC/D3 du 03 juillet 2024 concernant la loi n°2024-003 portant loi de finances rectificative pour 2024.*

[266] L'Union Économique et Monétaire Ouest Africaine est une organisation d'intégration créée en 1994 et réunissant huit États (Bénin, Burkina Faso, Côte d'Ivoire, Guinée-Bissau, Mali, Niger, Togo et Sénégal).

[267] Se référer à Moussa DIOP, Le pouvoir financier de l'UEMOA sur les États membres, Thèse de doctorat, 2014, UCAD, Dakar, 487p ; Serge B. BATONON, Les systèmes financiers publics des États membres de l'UEMOA à l'épreuve de la nouvelle gouvernance financière publique, Thèse de doctorat de Droit public, Université de Paris I , Panthéon-Sorbonne, 2016,514p ; pour la zone Afrique centrale , lire Samuel-Théophile BATOUM-BA-NGOUE, « Démocratie et processus budgétaire dans les États de la Communauté économique et Monétaire de l'Afrique Centrale : le cas du Cameroun », afrilex n°4, 20p.; pour la France, consulter Loïc LEVOYER, L'influence du droit communautaire sur le pouvoir financier du parlement français, Paris, LGDJ, 2002, 451p.

relatives à l'assiette, au taux et aux modalités de recouvrement des impositions de toute nature, qu'elles soient perçues par l'État ou affectées à d'autres organismes publics, sont du domaine de la loi »[268].

Dans la foulée, l'article 5 de cette directive précise les catégories de lois de finances « *Ont le caractère de lois de finances : la loi de finances de l'année, les lois de finances rectificatives ; la loi de règlement. La loi de finances de l'année prévoit et autorise, pour chaque année civile, l'ensemble des ressources et des charges de l'État. Les lois de finances rectificatives modifient, en cours d'année, les dispositions de la loi de finances de l'année. La loi de règlement constate les résultats financiers de chaque année civile et rend compte de l'exécution du budget ainsi que de l'utilisation des crédits* »[269]. Dans cette perspective, les lois de finances déterminent la nature, le montant et l'affectation des ressources et des charges de l'État[270]. La plus importante, appelée loi de finances de l'année (communément dénommée budget), autorise, chaque année, la perception des recettes et la réalisation des dépenses[271]. Par ce moyen, l'État dispose des crédits nécessaires au fonctionnement de ses services[272], au paiement de ses agents et à l'accomplissement de ses missions[273]. Ces différentes caractéristiques des lois de finances laissent

---

[268] Voir, sur la LOLF au Bénin, *Décision DCC 13-121 du 10 septembre 2013*, *in* Nicaise MEDE, Les Grandes Décisions de la Cour constitutionnelle du Bénin, *op. cit.*, p.185 ; Toni ERROL, « La loi organique béninoise relative aux lois de finances : 25 ans après », www.afrilex.u-bordeaux4.fr (consulté en août 2023).

[269] Voir le texte complet de la directive sur le site www.uemoa.int.

[270] Conseil constitutionnel du Burkina Faso, *décision n°2003-001 sur la conformité à la Constitution de la loi organique n°006/2003/AN du 24 janvier 2003 portant loi organique relative aux lois de finances.*

[271] Voir, en Côte d'Ivoire, Conseil constitutionnel, *Décision n° CI -2017-308/11-04/CC/SG du 11 avril 2017 relative au recours en exception d'inconstitutionnalité de l'annexe fiscale de la loi de finances rectificative n°2015-636 du 17 septembre 2015 portant modification du budget de l'État pour l'année 2015.*

[272] Dans cette logique , la juridiction gabonaise s'est insurgé contre l'incomplétude de son budget , affirmant que « *la loi de finances pour 2001 déférée , est conforme à la Constitution sous réserve qu'il y soit inscrit les crédits alloués à la Cour constitutionnelle nécessaires au bon fonctionnement pour l'année 2001 : 540 millions au titre du budget de fonctionnement ; 700 millions de francs au titre du budget d'investissement, soit1500 millions au titre du budget électoral…* » (*Décision n°001/CC du 17 janvier 2001 relative à la loi de finances).*

[273]Nicaise MEDE, Finances publiques. Espace UEMOA/UMOA, Paris, L'Harmattan, 2017, 548 p. ; Nicaise MEDE, Constitutions et documents financiers, Paris, L'Harmattan, 2 volumes (2018 et 2020), 486 p et 360 p. ; Cheickna TOURE, « Le système de contrôle des finances publiques au Mali », Afrilex n° 4,21 p., (www.afrilex.u-bordeaux4.fr).

entrevoir leur déploiement prescriptif en rapport avec des règles et principes budgétaires [274] comme l'unité, l'annualité, la spécialité, l'universalité[275] et surtout le principe de la sincérité budgétaire[276]. À ces principes qui encadrent la préparation et l'exécution du budget par l'Exécutif, sont assorties, dans certains États, des exigences relatives à l'équilibre budgétaire[277] et au respect des objectifs d'urgence [278]et de performance[279].

Quant au budget inséré dans le texte en forme législative, sa fabrication est le fruit d'un processus comportant plusieurs phases dont la préparation, l'élaboration, l'examen du projet de loi en Conseil des ministres, sa transmission au parlement, sa discussion et son vote en commission avant son adoption en séance plénière.

---

[274] Voir, Bénin, Cour constitutionnelle, *Décision DCC 14-065 du 03 avril 2014, Affaire Serge Roberto Prince Agbodjan in* Nicaise MEDE, Les Grandes Décisions…, *op. cit.*, p. 197 et s.

[275] Sur ces quatre principes classiques des finances publiques leurs significations et leurs atténuations, voir Marie-Christine STECKEL-ASSOUERE, Les Finances publiques en schémas, Paris, Ellipses, 2015 ,141 p.

[276] Découlant d'une interprétation des art.14 et 15 de la Déclaration de 1789 par le Conseil constitutionnel français (*Décisions n°93-320 DC du 21 juin 1993 et n° 2001-448 DC du 25 juillet 2001*), ce principe, consacré en droit national et en droit communautaire, implique le respect d'exigences relatives à la transparence, à la fourniture de données fiables, vérifiables et non des informations visant à tromper la vigilance des parlementaires. Selon l'article 30 de la Directive de l'UEMOA sur les lois de finances « *Les prévisions de ressources et de charges de l'État doivent être sincères. Elles doivent être effectuées avec réalisme et prudence, compte tenu des informations disponibles au moment où le projet de loi de finances est établi* ». Voir, aussi, Aubrey Sidney ADOUA-MBONGO, « La sanction de la violation du droit communautaire en zones CEMAC-UEMOA », Annales de l'Université Marien Ngouabi/SJP, vol.24, 2023, pp.107-138.

[277] Voir, art.110 de la Constitution du Bénin de 1990, art.114 §2 de la Constitution de la République du Niger de 2010 et art.83 de la Constitution guinéenne de 2020. Le principe d'équilibre budgétaire fait correspondre le montant des recettes au total des dépenses. Autrement dit, les dépenses doivent être égales aux recettes, excluant, de ce fait, tout déficit budgétaire. Sur ce principe et son évolution, Gilbert ORSONI (dir.), Finances publiques. Dictionnaire encyclopédique, *op. cit.*

[278] Félix TANO, « La constitutionnalisation de l'urgence budgétaire à l'épreuve des crises politiques en Afrique : Côte d'Ivoire, Bénin », RJPIC 2011, vol.65, n°2, pp. 131-151.

[279] Voir, Cour constitutionnelle du Congo, *décision n°002DCC/SVA/19 du 1er février 2019 sur le recours en inconstitutionnalité de l'article 441, alinéa 7, deuxième paragraphe du Code général des impôts, issu de la loi n°36-2011 du 29 décembre 2011 portant loi de finances pour l'année 2012.*

C'est pour répondre aux impératifs d'efficience et d'efficacité du travail législatif[280] que, très tôt, les parlements se sont dotés de divers organes et structures, notamment la Conférence des Présidents[281], le Bureau[282], les Commissions permanentes[283] ou les Commissions *ad hoc*[284], tous appuyés par une administration parlementaire[285].Le travail de fond est surtout l'œuvre des commissions, composées d'un nombre réduit de parlementaires et où l'efficacité et la technicité des membres sont mises à rude épreuve au contact des textes de loi au contenu hermétique qu'il faut disséquer, analyser, discuter, rapporter pour le bon entendement des autres parlementaires. De ce travail de

---

[280] Murielle MAUGUIN HELGESON, L'élaboration parlementaire de la loi : étude comparative (Allemagne, France, Royaume Uni), Paris, Dalloz, 2006, 528 p.

[281] La Conférence des Présidents comprend, en général, le Président de l'Assemblée et les vice-présidents, les Présidents de Commission et le Rapporteur général de la Commission des Finances, les présidents des groupes parlementaires et le représentant des parlementaires non-inscrits ou indépendants.

[282] Le Bureau de chaque assemblée est composé du Président, des Vice-présidents, et dans certains pays, des secrétaires élus et des questeurs. Selon l'art.14 du Règlement intérieur de l'Assemblée nationale du Bénin « *14.1 – L'Assemblée nationale est dirigée par un Président assisté d'un Bureau. 14.2 – Le Bureau de l'Assemblée nationale, outre le Président se compose de : • un premier Vice-Président • un deuxième Vice-Président • un premier Questeur • un deuxième Questeur • un premier Secrétaire parlementaire • un deuxième Secrétaire parlementaire* » (www.assemblée -nationale.bj, consulté en juillet 2023). Voir aussi, art. 89 de la Constitution du Niger de 2010.

[283]Le nombre, la composition et les attributions des Commissions permanentes varient en fonction des Assemblées et/ou législatures. Elles sont généralement constituées de manière à pouvoir prendre en charge l'examen et le contrôle des textes des départements ministériels correspondants.

[284] Les Commissions *ad hoc* sont temporaires. Elles sont dissoutes dès que les objectifs pour lesquels elles sont constituées, sont atteints. Il en est ainsi, notamment, des commissions d'enquête parlementaire. Voir article 36 du Règlement intérieur de l'Assemblée nationale de la RDC de novembre 2006 « *Les Commissions sont des groupes techniques de travail de l'Assemblée nationale chargés d'examiner les questions soumises à leur délibération par la plénière ou par le Bureau. Elles peuvent être soit permanentes, soit spéciales et temporaires. Les commissions font rapport des conclusions de leurs délibérations à la plénière* », (www.droitcongolais.info , consulté en juillet 2023) ; Paul CAHOUA, « Les commissions, lieu du travail législatif », Pouvoirs n°34, pp. 37-49 ; Fabrice HOURQUEBIE (dir), Les commissions parlementaires dans l'espace francophone, Paris, Montchrestien, Lextenso, 2011, 282 p.

[285] L'Administration du Parlement dirigée par le Président s'occupe du fonctionnement quotidien de l'institution avec un personnel détaché de la fonction publique générale ou ressortissant de la fonction publique parlementaire. Voir, Loi n° 020-2009/AN portant institution d'une fonction publique parlementaire au Burkina Faso (www.assembleenationale.bf) ; Pierre AVRIL et Jean GICQUEL, Droit parlementaire, 5e édition, Paris, LGDJ, 2014, 414 p.

débroussaillage, il découle un rapport porté à la connaissance de tous les parlementaires pour examen et adoption lors de la séance plénière[286].

C'est aux stades terminaux de la discussion et de l'adoption[287], que se révèle toute une gamme de prérogatives gouvernementales[288].

D'abord, si les parlementaires disposent, en principe, du droit de faire des propositions de loi et des amendements[289], leur liberté de manœuvre est amoindrie par la possibilité pour le gouvernement de s'accaparer de l'ordre du jour[290], d'opposer des irrecevabilités[291], de soulever des motions de procédure, d'écarter les cavaliers budgétaires[292], voire même d'exercer un « forcing » en posant la question de

---

[286] Voir, site www.droitcongolais.info.

[287] En commission comme en séance plénière ; voir par exemple, au Cameroun, la Loi n°2016/011 du 27 octobre 2016 modifiant et complétant certaines dispositions de la Loi n°2013/006 portant Règlement intérieur du Sénat (www.camerlex.com , consulté en juillet 2023).

[288] Consulter, Moussa ZAKI, « Le contrôle de constitutionnalité des lois de finances : serpent de mer ou miroir des ombres ? », in NAREY Oumarou (Sous la direction), *La justice constitutionnelle.* Actes du colloque international de l'Association nigérienne de droit constitutionnel, Paris, L'Harmattan, 2016, pp. 263-290.

[289] Art.55 de la Constitution du Gabon de 1991 ; art.107 de la Constitution de la RCI de 2016 et art.78 de sa Constitution de 2000 ; art.82 de la Constitution sénégalaise de 2001.

[290] Dans la plupart des Constitutions des États sous étude, l'inscription par priorité à l'ordre du jour du Parlement d'un projet de loi déposé par le gouvernement ou d'une proposition de loi acceptée par lui, est de droit, à la demande de l'Exécutif (art.84 de la Constitution du Sénégal de 2001 ; art.57 de la Constitution du Gabon de 1991). Sur l'ordre du jour, consulter aussi *Cour constitutionnelle du Mali, Avis n°2014-01/CCM du 25 août 2014*, concernant le lien entre ordre du jour et questions orales et la distinction entre session ordinaire et session extraordinaire, disponible sur www.cour-constitutionnelle.ml. ; Pierre LE MIRE « L'ordre du jour sous la Ve République », RFDC, 1991, p.207 et s.

[291]Au moins deux sortes d'irrecevabilité peuvent être soulevées. D'abord, l'Exécutif peut se protéger de tout empiétement si une proposition de loi ou un amendement parlementaire ne porte pas sur le domaine de la loi. Ensuite, le droit de faire des propositions de lois ou d'amendement des parlementaires peut se voir opposé l'irrecevabilité si par son adoption, la proposition ou l'amendement tend à diminuer les ressources publiques, à créer ou à aggraver une charge, sauf en contrepartie de propositions de recettes compensatrices ou correspondantes (art.82 et 83 de la Constitution sénégalaise de 2001 ; art.55 et 56 de la Constitution du Gabon de 1991 ; art.24 de la Constitution togolaise de 2024).

[292] Il s'agit de dispositions insérées dans les lois de finances et qui sont sans rapport avec les textes débattus, consulter Maurice Christian BERGERES, « La prohibition des cavaliers budgétaires : une règle constitutionnelle », *Les Petites Affiches*, 23 décembre 2011, n°255, pp. 9-22.

confiance[293] ou en brandissant la menace de la dissolution[294], rappelant ainsi à l'ordre sa majorité parlementaire.

En dehors de cette procédure normale d'adoption, il faut noter l'existence d'ordonnances budgétaires. À cet égard, un double constat amène à distinguer d'une part, les États dont les Constitutions permettent l'usage des ordonnances budgétaires et d'autre part, les États qui ont fait l'économie d'un tel procédé[295].

S'agissant des États qui ont jeté leur dévolu pour la mise en vigueur du projet de loi de finances par ordonnances[296], il sied d'emblée de noter qu'une telle préférence n'est pas laissée à l'entière discrétion de l'Exécutif puisque le recours y afférant est assujetti au respect de diverses conditions. Les Constitutions des États qui ont opté pour une telle mise en vigueur, mettent l'accent sur des conditions tenant au délai dans lequel est enfermée l'adoption de la loi de finances. Dès l'ouverture de la session budgétaire[297], le Parlement est saisi du projet. Deux situations peuvent se présenter. Si du fait du Parlement, le projet n'est pas voté dans un délai précis[298], sa mise en vigueur empruntera la voie

---

293 La question de confiance est un mode d'engagement de la responsabilité du Gouvernement sur un texte, un programme, une déclaration de politique générale. Il va de soi qu'en cas de vote de défiance, la démission du gouvernement en est la conséquence. En revanche, en cas de confiance, le projet de loi est réputé adopté ; voir art.86 de la Constitution sénégalaise de 2001 ; art.63 de la Constitution gabonaise de 1991, art.116 de la Constitution du Burkina Faso de 1991 modifiée par la Loi n°002/97/ADP du 27 janvier 1997, art.159 de la Constitution de la République du Congo de 2015.

294 Le droit de dissolution, souvent considéré comme la contrepartie de la motion de censure qui est un apanage des membres du Législatif, permet à l'Exécutif d'abréger le mandat des parlementaires, ce qui ouvre la voie à de nouvelles élections législatives ; voir, Ismaila Madior FALL, « La construction des régimes politiques en Afrique : insuccès et succès », Revue afrilex, 2007, 37 p.

295 Les ordonnances budgétaires ne sont ni prévues par la Constitution sénégalaise de 2001, ni par les Constitutions du Mali de 1992, de la République de Guinée de 2020.

296 Voir Constitution de la République gabonaise de 1991 (article 48) et art.96 du Projet de Constitution gabonaise de 2024, Constitutions de la République de Côte d'Ivoire de 2000 (article 80) et de 2016 (art.112), de la République du Niger de 2010 (article 96), de la République du Bénin de 1990 (article 110), du Burkina Faso de 1991 (article 103), de la République de Madagascar de 2010 (art.92).

297 Certaines Constitutions prévoient au moins deux sessions ordinaires par an et en cas de besoin des sessions extraordinaires. On soulignera qu'à l'instar de certains États, le Sénégal a opté pour la session ordinaire unique (art.63 de la Constitution de 2001).

298 Le délai est variable : par exemple, 70 jours (RCI) ,45 jours (Togo), 60 jours (Burkina Faso), à la date du 31 décembre (Bénin).

de l'ordonnance. Si le retard est imputable au gouvernement par défaut de dépôt en temps utile, une session extraordinaire est convoquée, à l'issue de laquelle l'absence d'adoption implique une mise en vigueur par ordonnance.

Derrière ce schéma général, se dégagent des différences sensibles. Dans la plupart des Constitutions adoptant ces mesures, obligation est faite d'adopter la loi de finances dans les conditions d'une loi organique.

Au Gabon, le défaut de vote en équilibre de la loi de finances au terme de la session budgétaire aboutit à une reconduction par ordonnance du budget précédent, avec cette précision que « *cette ordonnance peut, néanmoins prévoir en cas de nécessité, toute réduction de dépenses ou augmentation de recettes* »[299]. Le Premier ministre peut convoquer le Parlement pour une nouvelle délibération dans les 15 jours. En session extraordinaire[300], si l'équilibre budgétaire n'est pas respecté, le budget

---

[299] Selon l'art.96 du Projet de Constitution gabonaise de 2024 « *Toutes les ressources et toutes les charges de l'État doivent, pour chaque exercice budgétaire, être évaluées et inscrites dans le projet annuel de loi de finances déposé par le Gouvernement à l'Assemblée nationale quinze (15) jours au plus tard après l'ouverture de la deuxième session ordinaire. Si le projet de loi de finances n'est pas déposé après ce délai, l'Assemblée nationale interpelle le Gouvernement quant au respect des prescriptions constitutionnelles. Il dispose d'un délai de quinze (15) jours pour déposer le projet de loi de finances. Après le dépôt du projet de loi de finances, si l'Assemblée nationale ne s'est pas prononcée en première lecture dans un délai de quarante-cinq (45) jours, le Président de la République saisit le Sénat qui statue dans un délai de vingt (20) jours. Il est ensuite procédé à son examen dans les conditions prévues à l'article 108 ci-après. Si au terme de la session budgétaire, le Parlement se sépare sans avoir voté le budget en équilibre, le Président de la République est autorisé à reconduire provisoirement, par ordonnance, le budget de l'année précédente. A la demande du Président de la République, le Parlement est convoqué dans les quinze, le budget de l'année précédente. A la demande du Président de la République, le Parlement est convoqué dans les quinze (15) jours pour une nouvelle délibération. Si au terme des quinze jours, le Parlement n'a pas voté le budget en équilibre, le Président de l'Assemblée nationale renvoie le projet de loi de finances de l'année au Président de la République. Celui-ci est établi définitivement par ordonnance spéciale. Les recettes nouvelles qui peuvent être créées, s'il s'agit d'impôts directs et des contributions ou taxes assimilables, sont mises en recouvrement pour compter du premier janvier* ».

[300] La session extraordinaire est aussi une des solutions empruntées au Congo où la Constitution prévoit « *Si le Parlement n'a pas voté le budget à la fin de la session d'octobre, le Premier ministre demande une session extraordinaire dont la durée ne peut excéder quinze (15) jours. Passé ce délai, le budget est établi, définitivement, par ordonnance après avis de la Cour constitutionnelle. Si le Parlement n'a pas été saisi du projet de loi de finances dans les délais prévus à l'article 152 et que le budget n'a pas été voté à l'issue de cette première session extraordinaire, une deuxième session*

est établi définitivement par ordonnance prise en Conseil des ministres et signée par le Président de la République[301].

Au Togo, l'art.24 de la Constitution de 2024 aménage les dispositions suivantes : « *Le budget de l'État, en recettes et en dépenses, est adopté sous la forme de loi de finances.*

L'initiative de la loi de finances appartient au Président du Conseil. Le projet de loi de finances est débattu et voté d'abord par l'Assemblée nationale puis transmis au Sénat dans les conditions prévues par une loi organique.

Les dispositions du projet de loi peuvent être mises en vigueur par ordonnance si le Parlement ne s'est pas prononcé dans un délai de quarante-cinq (45) jours suivant le dépôt du projet de loi et que l'année budgétaire vient à expirer. Dans ce cas, le gouvernement demande la convocation d'une session extraordinaire, pour la ratification.

Si le projet de loi de finances n'a pu être déposé en temps utile pour être voté et promulgué avant le début de l'exercice, le Président du Conseil demande, d'urgence, d'abord à l'Assemblée nationale puis au Sénat l'autorisation de reprendre le budget de l'année précédente par douzièmes provisoires »[302].

Cette solution est identique à celle préconisée dans un cadre bicaméral en Côte d'Ivoire, puisque la Constitution dispose : « *Le Parlement est saisi du projet de loi de finances avant la fin de la session ordinaire. Le projet de loi de finances doit prévoir les recettes nécessaires à la couverture intégrale des dépenses. Le Parlement vote le budget en équilibre. Si l'Assemblée nationale ne s'est pas prononcée en première lecture dans le délai de quarante jours après le dépôt du projet, le Président de la République saisit le Sénat, qui doit statuer dans un délai de quinze jours. Il est ensuite procédé dans les conditions prévues à l'article 110. Si le Parlement ne s'est pas prononcé dans un délai de*

extraordinaire est convoquée à la demande du Premier ministre » (art.153 de la Constitution congolaise de 2015).

Toutefois, la marge de manœuvre des parlementaires, dans le cadre de la session extraordinaire est assez réduite par l'ordre du jour déjà précisé, ce qui limite les possibilités de questions orales, voir *Cour constitutionnelle du Mali, Avis n°2014-01/CCM du 25 août 2014 sur la possibilité de questions orales lors d'une session parlementaire extraordinaire*, Recueil, vol.5, p. 44.

[301] Article 48 de la Constitution gabonaise de 1991.

[302] Pour rappel, on entend par douzièmes provisoires, les fractions mensuelles du budget de l'année précédente qui sont reconduites provisoirement en attendant l'adoption du budget pour l'exercice à venir.

soixante-dix jours, le projet de loi peut être mis en vigueur par ordonnance. Le Président de la République saisit, pour ratification, le Parlement convoqué en session extraordinaire, dans un délai de quinze jours. Si le Parlement n'a pas voté le budget à la fin de cette session extraordinaire, le budget est établi définitivement par ordonnance. Si le projet de loi de finances n'a pu être déposé en temps utile pour être promulgué avant le début de l'exercice, le Président de la République demande d'urgence au Parlement l'autorisation de reprendre le budget de l'année précédente par douzième provisoire »[303].

Au Burkina Faso, en sus de dispositions semblables à la Constitution togolaise, une procédure d'urgence (déclarée par le gouvernement) permet d'écourter le délai initial de 60 jours à 40 jours. À l'expiration du délai, si « *aucun vote n'est intervenu, le projet de loi est promulgué en l'état sur proposition du Premier ministre, par le Président du Faso, sous forme d'ordonnance* »[304].

Au Bénin, les dispositions du projet de loi sont mises en vigueur par ordonnance en cas d'absence de prononciation parlementaire à la date du 31 décembre. Une session extraordinaire est convoquée dans un délai de quinze jours par le gouvernement pour ratification et « *si l'Assemblée nationale n'a pas voté le budget à la fin de cette session extraordinaire, le budget est établi définitivement par ordonnance* »[305]. En revanche, si le retard est imputable au gouvernement, recours est fait aux douzièmes provisoires[306]. Le passage en revue de ces Constitutions francophones reflète en surimpression le caractère fondamental de la loi de finances de l'année (qui comprend le budget et ses annexes[307]) et fait de l'Exécutif le débiteur d'exigences en termes de reddition des comptes[308], de transparence et de performance socioéconomique. Ces

---

303 Art.112 de la Constitution de la République de Côte d'Ivoire du 8 novembre 2016 ; voir aussi l'art.114 de la Constitution du Niger de 2010.

304 Article 119 de la Constitution burkinabé, révisée par la loi n°002/97/ADP du 27 janvier 1997 ; lire, Luc Marius IBRIGA et Amidou GARANE, Constitutions Burkinabé. Textes et commentaires, Namur, Amitié Belgo-Burkinabé, 2001,174 p.

305 Voir, article 110 al.4 de la Constitution béninoise de 1990.

306 Selon l'art.111 de la Constitution béninoise « *Si le projet de loi de finances n'a pu être déposé en temps utile pour être promulgué avant le début de l'exercice, le président de la République demande d'urgence à l'Assemblée nationale l'autorisation d'exécuter les recettes et les dépenses de l'État par douzièmes provisoires* ».

307 Voir, à titre illustratif, la nouvelle LOLF sénégalaise, *supra*.

308 Ce principe est ainsi affirmé à l'art.15 de la Déclaration des Droits de l'Homme et du Citoyen, « *La société a le droit de demander compte à tout agent public de son administration* ».

exigences ont pour contrepartie l'octroi de maints privilèges gouvernementaux dans la procédure législative, dont une des extractions est la mise en vigueur du projet de loi y afférent, par ordonnances[309].

Ce tour d'horizon des Constitutions est révélateur de différentes particularités :

– L'établissement de conditions de fond et de forme pour l'adoption des lois de finances[310] ;

– la possibilité du recours aux ordonnances budgétaires ou à d'autres alternatives textuelles pour la mise en vigueur de la loi de finances, au-delà du délai prescrit[311] ;

---

[309] Sur ce point, il faut noter que la Cour du Bénin a précisé que le projet de loi de finances à mettre en vigueur par ordonnance est celui déposé à l'Assemblée nationale, *Cour constitutionnelle, Décision DCC 00-072 du 17 novembre 2000*. Voir, aussi, le commentaire sous *Cour constitutionnelle, Avis CC 00-01 du 7 janvier 2000, in* Nicaise MEDE, Les Grandes Décisions de la Cour constitutionnelle du Bénin, Dakar, L'Harmattan-Sénégal, 2018, pp.151-155.

[310] Voir, Madagascar, la décision par laquelle la HCC examine la loi de finances : « *Considérant que le contrôle de constitutionnalité des lois de finances s'exerce en référence à la Constitution, à la loi organique sur les lois de finances, tel que prévu implicitement par l'article 90 de la Constitution ; que la Cour de céans vérifie la conformité des procédures d'adoption et d'examen du projet de loi de finances et du respect des principes budgétaires ;*
Considérant que les lois de finances sont des lois ordinaires, mais qui sont adoptées selon une procédure spéciale ; que le Parlement autorise chaque année par le vote du budget les dépenses et les recettes de l'État ; que les procédures d'examen et d'adoption du projet de loi de finances par le Parlement sont prévues par l'article 92 de la loi fondamentale ainsi que par les articles 45 à 50 de la loi organique n° 2004 - 007 du 26 juillet 2004 sur les lois de finances ;
*Considérant que la Constitution a fixé un délai d'examen spécifique pour le projet de lois de finances ; qu'aux termes de l'article 92 de la Constitution , en son alinéa premier : «le Parlement examine le projet de loi de finances au cours de sa seconde session ordinaire » ; qu'il dispose d'un délai maximum de soixante jours pour l'examiner, conformément à l'alinéa 3 de l'article 92 de la Constitution ; que l'article 92 alinéa 4 et l'article 12 alinéa 5 fixent respectivement un délai maximum d'examen du projet de loi de finances pour l'Assemblée nationale et le Sénat ; que pour ce qui concerne le cas d'espèce, les délais prescrits par le législateur ont été respectés vu que l'adoption par les deux assemblées parlementaires s'est tenue durant la session ordinaire qui dure soixante jours; que la loi de finances pour 2023 a respectivement été adoptée par l'Assemblée nationale et le Sénat en leurs séances respectives du 25 novembre 2022, du 09 décembre 2022 et du 13 décembre 2022 »,(*Haute Cour constitutionnelle , *décision n°08-HCC/D3 du 21 décembre 2021 concernant la loi n°2022-015 portant loi de finances pour 2023).*

[311]Cf., Saidou Nourou TALL, Droit constitutionnel et ordonnances, *op. cit.*

– -la reconnaissance d'un droit d'amendement général ou spécial (d'ordre financier) de l'Exécutif et des parlementaires, le droit d'amendement des parlementaires étant enserré par les limites liées aux irrecevabilités ;

– dans la majorité des juridictions constitutionnelles, le manque d'enchâssement de la LOLF dans le bloc de constitutionnalité, ne constitue nullement un obstacle à sa caractérisation comme norme de référence dans le contrôle de conformité des lois de finances.

Au surplus, devant les juridictions constitutionnelles qualifiant les lois organiques d'éléments du bloc de constitutionnalité, les lois de finances adoptées sous la forme de loi organique en arborent tous les aspects, tant formels que matériels. En l'occurrence, l'office du juge se limite à la vérification de l'accomplissement des conditions de fond et de forme, avant de leur attribuer, le cas échéant, le label de conformité à la Constitution[312].

Toutefois, il faut constater, pour le déplorer, la faible utilisation des recours en inconstitutionnalité par voie d'action ou par voie d'exception concernant les lois de finances. Il est en effet curieux qu'un texte aussi important, qui régit la vie nationale pendant toute une année, fasse rarement l'objet de recours. Les explications sont peut-être à rechercher du côté de l'hermétisme des dotations chiffrées, des recettes toujours évaluatives ; du côté de la faible maîtrise par certains parlementaires ou autres justiciables des méandres des finances publiques ; du côté du manque de claire perception de l'enjeu des instruments financiers, du fait majoritaire ou du forcing gouvernemental mettant les parlementaires devant le fait accompli du lourd service de la dette, des impératifs liés à la masse salariale ou aux projets d'investissement pour l'émergence économique. Autant de facteurs qui pourraient justifier le faible volume du contentieux relatif aux lois de finances.

Certains textes ordinaires ou organiques encadrent des règlements d'assemblée.

– Les lois ou résolutions portant règlements intérieurs d'Assemblées parlementaires. Bien que certaines juridictions rangent ces textes dans le bloc de constitutionnalité, la plupart des Constitutions les classent parmi

[312] Voir, Moussa ZAKI, « Droit d'amendement des députés et principe de libre administration des collectivités locales (Observation sous Décision 4/C/2001 du Conseil constitutionnel sénégalais en date du 11 décembre 2001) », revue Afrilex, n°03/2003, pp. 223-243.

les textes susceptibles d'être soumis au contrôle de constitutionnalité en les incluant dans le domaine de la loi ordinaire ou dans le domaine de la loi organique[313] ou en les adoptant sous la forme de résolutions[314].

Les règlements d'Assemblée ont pour objet l'organisation interne et le fonctionnement d'une assemblée parlementaire[315].

À ce titre, l'art.89 de la Constitution du Bénin, dispose : « – *Les travaux de l'Assemblée nationale ont lieu suivant un Règlement intérieur qu'elle adopte conformément à la Constitution. Le Règlement intérieur détermine : – les différents modes de scrutin, à l'exclusion de ceux prévus expressément par la présente Constitution* ».

Au Congo, la Constitution de 2015 mentionne, en son article 121, que « *Chaque chambre du Parlement adopte un règlement intérieur qui détermine son fonctionnement, fixe la procédure législative et les modalités de contrôle de l'action gouvernementale. Le règlement intérieur de chaque chambre du Parlement, déclaré conforme à la Constitution par la Cour constitutionnelle, à force de loi organique. Le Président de l'Assemblée nationale ouvre et clôture les sessions ordinaires et extraordinaires de l'Assemblée nationale. Le Président du Sénat ouvre et clôture les sessions ordinaires et extraordinaires du Sénat* ».

À Madagascar, une loi organique fixe certains principes généraux tandis que le Règlement d'Assemblée (adoptée sous forme de résolution)

---

313 Cf., au Sénégal, loi organique n°2019-14 du 28 octobre 2019 modifiant et complétant la loi organique n°2002-20 du 15 mai 2002, modifiée, portant Règlement intérieur de l'Assemblée nationale, JORS n°7219, numéro spécial du mardi 29 octobre 2019 ; voir son contrôle de conformité à la Constitution, Conseil constitutionnel du Sénégal, *Décision n°2/C/2019 du 23 octobre 2019.* Voir, au Mali, Cour constitutionnelle, *arrêt n°2014-05/CC du 29 octobre 2014 relatif à la requête du Président de l'Assemblée nationale à l'effet de contrôler la conformité à la Constitution du Règlement intérieur, modifié, de l'Assemblée nationale du 05 février 2014.* Cette Loi organique a été modifiée et remplacée par une loi organique du 30 août 2024.

314 Ainsi, du temps du bicamérisme sénégalais, distinction était faite entre la loi votée par les deux assemblées et la résolution portant RI adoptée « *par chaque assemblée seule* », voir Conseil constitutionnel, *décision n°5/C/1999 du 25 février 1999* relative à la résolution portant règlement intérieur du Sénat (considérant n°4). Voir, aussi, la *décision n°1/C/2008 du 30 octobre 2008* (modifications des RI de l'Assemblée nationale et du Sénat). Se référer également, Madagascar, HCC, *Décision n°10-HCC/D3 du 11 juillet 2024 concernant la Résolution n° 001-2024/R tendant à modifier et à compléter certaines dispositions de la Résolution n°01-2019/R du 19 août 2019 portant Règlement intérieur de l'Assemblée nationale.*

315 Cf, Djibrihina OUEDRAOGO, « Le contrôle de constitutionnalité des règlements des assemblées parlementaires dans les États de l'Afrique de l'ouest francophone », *RFDC,* 2019/1, n° 117, p. 125 et s.

détermine l'organisation et le fonctionnement du Parlement[316]. De surcroit, l'art.82 du même texte retient que « *Les règles de fonctionnement du Sénat, sa composition ainsi que les modalités d'élection et de désignation de ses membres sont fixées par une loi organique* ».

Au Sénégal, le domaine du Règlement d'Assemblée est délimité par l'art.62 de la Constitution, en vertu duquel « *La loi organique portant Règlement intérieur de l'Assemblée nationale détermine :*

– *la composition, les règles de fonctionnement du bureau, ainsi que les pouvoirs, prérogatives et durée du mandat de son Président ;*

– *le nombre, le mode de désignation, la composition, le rôle et la compétence de ses commissions permanentes, sans préjudice du droit, pour l'Assemblée nationale, de créer des commissions spéciales temporaires ;*

– *l'organisation des services administratifs placés sous l'autorité du Président de l'Assemblée, assisté d'un secrétaire général administratif ;*

– *les conditions de constitution des groupes parlementaires et d'affiliation des députés auxdits groupes ;*

– *le régime disciplinaire de ses membres ;*

– *les différents modes de scrutin, à l'exclusion de ceux prévus expressément par la Constitution ;*

– *d'une façon générale, toutes les règles ayant pour objet le fonctionnement de l'Assemblée nationale dans le cadre de sa compétence constitutionnelle* »[317].

L'étude des Constitutions des États africains francophones montre certaines spécificités afférentes à ces Règlements et variables d'un pays à l'autre :

– les Règlements d'Assemblée peuvent relever soit du domaine de la loi ordinaire, soit du domaine de la loi organique, ou d'un acte autonormateur, comme une résolution par laquelle une chambre parlementaire s'adresse à elle-même, à ses propres structures, la résolution étant

---

[316] Art.79 : « *Les règles relatives au fonctionnement de l'Assemblée nationale sont fixées dans leurs principes généraux par une loi organique et dans leurs modalités par son règlement intérieur. Le règlement intérieur est publié au Journal officiel de la République* ». Le parlement bicaméral malgache comprend l'Assemblée nationale et le Sénat.

[317] Avant la révision de 2016, la Constitution de 2001 rangeait le Règlement intérieur de l'Assemblée nationale, dans le domaine de la loi ordinaire.

généralement un acte parlementaire non législatif, insusceptible de recours, mais pouvant, en cas de normativité du fait de la reproduction de dispositions constitutionnelles, subir un contrôle de conformité avant sa mise en application ;

– dans la plupart des cas, même si le Règlement revêt à la fois des caractères de règlement intérieur et de règlement de procédure, il comporte aussi un caractère externe par la structuration de la procédure législative et des rapports entre les pouvoirs exécutif et législatif ;

– cette fluctuation est à l'origine d'un régime juridique dual : d'une part, celui des Règlements, à la nature organique, insérés dans le bloc et servant de normes de référence dans le contrôle de constitutionnalité ; d'autre part, celui des Règlements, à la nature législative ou résolutoire, et dont la violation de celles de leurs dispositions non reprises de la Constitution, ne conduit pas, *ipso facto*, à une déclaration de non-conformité, ces règlements ne faisant pas partie du bloc de référence[318] ;

---

[318] Sénégal, Conseil constitutionnel, *décision n°1/C/2018 du 9 mai 2018 « Considérant que les requérants, tout en admettant dans leur exposé sommaire des faits, qu'une loi constitutionnelle ne peut être déférée à la censure du Conseil constitutionnel, soutiennent que la « Charte fondamentale de notre pays permet à une partie de la Représentation nationale » de saisir le Conseil, s'il apparaît que certaines dispositions de forme législative ainsi que les conditions de vote de la loi sont contraires à la Constitution et à la loi organique portant Règlement intérieur de l'Assemblée nationale ; Considérant qu'ils ajoutent que leur requête est fondée sur les dispositions de l'article premier de la loi organique n° 2016-23 du 14 juillet 2016 relative au Conseil constitutionnel et de l'article 92 de la Constitution qui, selon eux, n'opèrent « aucune distinction quant à la nature juridique des lois que le Conseil constitutionnel a pour compétence de contrôler » ;Considérant que la compétence du Conseil constitutionnel est strictement délimitée par la Constitution ; qu'elle n'est susceptible d'être précisée et complétée que par la Constitution ou par une loi organique qui lui est conforme ; que le Conseil constitutionnel ne saurait être appelé à se prononcer sur d'autres cas que ceux qui sont expressément fixés par ces textes ;Considérant que l'alinéa premier de l'article 92 de la Constitution et l'article premier de la loi organique relative au Conseil constitutionnel donnent compétence au Conseil pour connaître de la constitutionnalité des lois ordinaires et des lois organiques ; que le Conseil constitutionnel ne tient ni de ces textes ni d'aucune autre disposition de la Constitution et de la loi organique le pouvoir de statuer sur une révision constitutionnelle ; (...) Considérant que les requérants déclarent qu'au cours de la procédure de vote de la loi attaquée, le Règlement intérieur de l'Assemblée nationale a été méconnu en ce que la majorité a adopté une résolution présentée par un député et tendant à un vote sans débat en violation de l'article 72 du Règlement intérieur ; qu'ils ajoutent qu'un amendement a été adopté en méconnaissance des dispositions des articles 79, 80 et 81 du Règlement intérieur de l'Assemblée nationale ; Considérant qu'il ne résulte ni de la Constitution, ni de la loi organique 2016-23 relative au Conseil constitutionnel, ni d'aucun autre texte, une compétence du Conseil constitutionnel pour*

a contrario, la violation d'une disposition du Règlement reprenant une prescription constitutionnelle, encourt la sanction juridictionnelle.

On reconnait également des spécificités dans le contrôle des engagements internationaux et des actes administratifs.

Paragraphe II : La spécificité du contrôle des engagements internationaux et des actes administratifs

Le traitement de contentieux relatifs aux normes conventionnelles (A) ou administratives(B) est exemplatif d'un contrôle de constitutionnalité opéré sur des bases très éloignées de celles présidant à l'examen des lois, tant sont admises, sous certaines conditions, la primauté du traité sur la loi et celle de la loi sur les actes administratifs unilatéraux individuels ou règlementaires.

A) Les engagements internationaux et leur contrôle

Dès l'abord, il s'infère des Constitutions francophones la distinction entre les engagements internationaux[319]énumérés dans les préambules[320] et qui, sont classés dans le bloc de constitutionnalité, et les autres engagements internationaux de nature conventionnelle[321] ou non conventionnelle

---

se prononcer sur la conformité d'une résolution ou d'un amendement d'origine parlementaire au Règlement intérieur de l'Assemblée nationale... » (considérants 3 à 10).

[319] La notion d'engagement international semble connaître une extension maximale en Guinée avec la propension de la Cour à y intégrer des conventions avec des investisseurs privés (exploitation, établissement); voir plusieurs décisions, Guinée, Cour constitutionnelle, *arrêt n° AC 003 du 16 janvier 2017, Demande de contrôle de constitutionnalité de la Convention base révisée et consolidée, signée le 28 juin 2016 entre la République de Guinée et Chevaning Mining Company Ltd et la Société Anglo Gold Ashanti de Guinée (SAAG) ;*Guinée, Cour constitutionnelle, *arrêt n° AC 009 du 19 janvier 2017 Demande de contrôle de constitutionnalité du contrat de fourniture d'énergie électrique concernant la centrale électrique d'une capacité de 150MW dans la ville de Conakry, signé le 8 octobre 2015 entre la République de Guinée et Endeavor Energy Power Holdings Limited ;*Guinée, Cour constitutionnelle, arrêt *n° AC 11 du 1er décembre 2015 Demande de contrôle de conformité à la Constitution de la loi autorisant la ratification de la Convention d'établissement d'une raffinerie de pétrole à Kamsar entre la République de Guinée et la Société Brams Oil SA et Refineries Limited.*

[320] Voir, plus haut, dans ce chapitre.

[321] Le contrôle peut aussi bien porter sur les traités bilatéraux que sur les traités multilatéraux, les traités normatifs que les traités constitutifs d'organisations internationales ; voir, Conseil constitutionnel du Burkina Faso, *Avis juridique n°2003-08/CC du 14 avril 2003 sur le Statut de Rome de la Cour pénale internationale adopté le 17 juillet 1998* ; en Côte d'Ivoire, Conseil constitutionnel, *Décision n°L-002/97 du 02 avril 1997, contrôle de conformité à la Constitution des statuts de l'Observatoire*

qui constituent des normes dont l'examen de constitutionnalité entraine certaines conséquences.

Pour les textes internationaux cités dans les préambules[322], il faut admettre, sans doute, que toute énumération est restrictive en ce qu'elle imprime une direction et un choix entre textes internationaux. Aussi, le Préambule sénégalais a l'heur de se prémunir de certains oublis, par l'incise de l'affirmation de l'adhésion « *aux instruments internationaux adoptés par l'Organisation des Nations Unies et l'Organisation de l'Unité africaine* », précautions que les constituants béninois et togolais ont disséminé en d'autres termes dans leurs textes. Dès lors, une première tendance peut se dessiner en faveur d'une interprétation extensive englobant tout traité de ces deux Organisations. Toutefois, des incertitudes peuvent être décelées à ce niveau : l'énumération s'arrête-t-elle aux textes conventionnels ? De même, comment expliquer l'absence de toute référence à la coutume internationale ou aux principes généraux de droit au sens de l'art.38 du Statut de la CIJ et qui irriguent le Droit international public ?

Relativement à la coutume, sa non-présence peut découler de la difficulté d'assembler les preuves de sa formation (l'élément matériel ou *consuetudo* comme l'élément psychologique ou *opinio juris sive necessitatis*) et de son caractère malléable, justifiant sa rareté dans la plupart des Constitutions francophones[323].

Quant à la valeur exemplative des références internationales insérées dans les préambules, elle doit conduire l'interprète ou l'exégète à les rattacher au corps même de la Constitution qui prévoit de manière plus précise, des dispositions relatives aux femmes, aux enfants, à certaines libertés publiques ou droits fondamentaux, mais qui renvoie également

---

des Fonctions publiques africaines (OFPA), in Francisco Meledje Djedjro, Les grands arrêts de la jurisprudence constitutionnelle ivoirienne, *op. cit.*, p.179 ; au Gabon, Cour constitutionnelle, *décision n°09/CC/D2 du 13 juin 2001, relative à la loi n°003/2001 portant ratification de l'Acte constitutif de l'Union africaine* ; en ,Guinée, Cour constitutionnelle, *arrêt n° AC 001 du 09 janvier 2017, Demande de contrôle de constitutionnalité de la Convention générale de coopération entre la République de Guinée et le Royaume de Belgique (convention relative à la promotion et à l'accélération du développement humain durable, la promotion des droits de l'Homme et la bonne gouvernance) ;* Guinée, Cour constitutionnelle, arrêt *n° AC 002 du 9 janvier 2017, Demande de contrôle de constitutionnalité du Protocole pour éliminer le commerce illicite des produits du tabac entre les États parties de l'OMS , signé le 12 novembre 2012 à Séoul.*

322 Voir, Chapitre I de la Première partie.

323 Voir le problème en droit français, *CE, arrêt du 8 juin 1997, M. Aquarone*, Rec. Lebon, 1997, p. 206.

au processus de réception du droit international dans le droit interne tel qu'il est exprimé dans la Constitution.

L'esprit et l'énumération des normes trouvent leur prolongement dans la procédure de réception et dans les rapports entre Constitution et droit international[324].

Sur l'externalisation du droit constitutionnel ou l'internalisation du DIP, on aurait tort d'opposer de façon irrémédiable le droit international (supposé être un droit de coordination des volontés des États souverains) et le droit interne (censé être un droit de subordination et de hiérarchisation). En réalité, la complexité des rapports entre les deux droits, s'articule autour d'approches dites moniste ou dualiste. Dans les régimes politiques optant pour le monisme, les normes du DIP sont reçues directement dans le droit interne sans passer par l'épreuve de la ratification. À l'inverse, dans les États adoptant le dualisme, les normes conventionnelles sont réceptionnées après leur transformation en règle nationale par le biais de la ratification ou de l'approbation[325].

Dans les faits, les deux branches du droit public entretiennent des relations d'osmose en raison des nombreux appels ou renvois d'un droit à l'autre aussi bien dans le droit communautaire que dans le droit conventionnel.

Les Constitutions en étude n'échappent pas à ce schéma en profilant les modalités de réception et en consacrant l'autorité des traités internationaux[326].

---

324 Cf., Alioune SALL, « Le droit international dans les nouvelles constitutions africaines », R.J.P.I.C., n°3, sept-déc.1997, pp. 339-352 ; Alain ONDOUA, « La jurisprudence internationale des juridictions constitutionnelles des États d'Afrique noire francophone », in Oumarou Narey (dir.), La justice constitutionnelle, *op. cit.*, pp. 293-303 ; Arsène-Joël ADELOUI, « La Cour constitutionnelle et les normes d'origine externe (Droit international, droit communautaire et droit comparé) », *Revue Constitution et Consolidation*, Cour constitutionnelle du Bénin, 2019, n°000, pp. 9-38 ; Narcisse MOUELLE-KOMBI, « Les dispositions relatives aux conventions internationales dans les nouvelles constitutions des États d'Afrique francophone », R.J.P.I.C., n°1, Janvier-mars 2003, pp. 5-38.

325 Rafaa BEN ACHOUR et Slim LAGHMANI (dir.), Droit international et droits internes. Développements récents, Colloque des 16-17 et 18 avril 1998, Paris, Pédone, 1998, 318 p.

326 Cf., Saidou Nourou TALL, « La justice constitutionnelle sénégalaise et le Droit international public », *in* Oumarou NAREY (dir.), La justice constitutionnelle. Actes du colloque de l'ANDC, Paris, L'Harmattan, 2016, pp. 21-40 ; Saidou Nourou TALL, « Les références au Droit international public dans les Constitutions du Bénin, du Sénégal et du Togo » *in* Koffi AHADZI-NONOU, Fréderic-Joël AIVO, Dodzi KOKOROKO et Adama KPODAR (dir.), Démocratie en questions, Mélanges offerts à Théodore Holo, Toulouse, Presses de l'Université Toulouse 1 Capitole, 2017, 612 p.

En ce qui concerne la réception du droit international, il faut signaler que l'ambiance particulière des relations internationales, dominées par la souveraineté des États et la nécessité de leur consentement à être liés par les engagements internationaux, explique les appels fréquents adressés au droit interne. Ainsi, la détermination des autorités nationales compétentes pour négocier (Art. 7, Convention de Vienne sur le droit des traités entre États du 23 mai 1969), ratifier ou approuver les traités, relève exclusivement du droit constitutionnel. À cet égard, l'art. 95 de la Constitution sénégalaise, l'art. 137 de la Constitution togolaise de 1992[327] et l'art. 144 de la Constitution béninoise confient au Président de la République, les pouvoirs de négociation, de ratification ou d'approbation[328].

Ces dispositions ressortissent d'une jurisprudence certaine, notamment de la Cour Internationale de Justice qui faisait le constat suivant : « *Conformément au droit international, il ne fait pas de doute que tout Chef de l'État est présumé pouvoir agir au nom de l'État dans ses relations internationales* »[329]. L'énonciation générale de ces articles

---

[327] Il faut signaler le virage de la Constitution togolaise de 2024 dont l'art.89 dispose : « Le *Président du Conseil est garant des accords et traités internationaux négociés et signés par le gouvernement. Le Parlement en autorise la ratification. Le Président de la République en est informé* ». Voir, cependant, l'art.137 de la Constitution malgache, qui prévoit : « *Le Président de la République négocie et ratifie les traités. Il est informé de toute négociation tendant à la conclusion d'un accord international non soumis à ratification. La ratification ou l'approbation de traités d'alliance, de traités de commerce, de traités ou d'accord relatif à l'organisation internationale, de ceux qui engagent les finances de l'État y compris les emprunts extérieurs, et de ceux qui modifient les dispositions de nature législative, de ceux qui sont relatifs à l'état des personnes, des traités de paix, de ceux qui comportent modification de territoire, doit être autorisée par la loi. Avant toute ratification, les traités sont soumis par le Président de la République, au contrôle de constitutionnalité de la Haute Cour constitutionnelle. En cas de non-conformité à la Constitution, il ne peut y avoir ratification qu'après révision de celle-ci. Les traités ou accords régulièrement ratifiés ou approuvés ont, dès leur publication, une autorité supérieure à celle des lois, sous réserve, pour chaque accord ou traité, de son application par l'autre partie. Tout traité d'appartenance de Madagascar à une organisation d'intégration régionale doit être soumis à une consultation populaire par voie de référendum* ». Dans un sens voisin, l'art.182 de la Constitution malienne de 2023, prévoit : « *Les traités de paix, de commerce, les traités ou accords relatifs aux organisations internationales, ceux qui engagent les finances de l'État, ceux qui sont relatifs à l'état des personnes, ne peuvent être approuvés ou ratifiés qu'en vertu de la loi. Ils ne prennent effet qu'après avoir été approuvés ou ratifiés* ».

[328] Voir, art.149 à 151 de la Constitution du Burkina Faso.

[329] CIJ, *affaire Bosnie-Herzégovine c. Yougoslavie, arrêt du 11 juillet 1996.*

précités se rapporte au fait que le Chef de l'État est l'autorité principale de l'État en charge du *Treaty Making Power* et pouvant habiliter toute autre personne par un document écrit (pleins pouvoirs) à agir à sa place. Mais ces articles laissent entière la question de l'étendue des pouvoirs d'un gouvernement en cas de cohabitation avec la concurrence prédominante d'un Président doté de ces prérogatives constitutionnelles.

De surcroît, ces dispositions relancent la distinction entre les traités en forme solennelle et les traités en forme simplifiée[330]. Les traités simplifiés sont définitifs après les seules formalités de la négociation et de la signature alors que les traités solennels suivent une longue procédure comprenant, en plus des deux formalités précédentes, la ratification, l'enregistrement et la publication, intégrant l'intervention du Chef de l'État ou de toute autorité nationale investie des pouvoirs spéciaux.

En outre, il en résulte qu'au Sénégal, seule une autorisation parlementaire (loi) peut habiliter le Chef de l'État à ratifier certains traités particuliers énumérés[331]. Cette ratification est une procédure de droit interne laissée à la discrétion de l'État et l'intervention parlementaire en ce domaine ne dépouille pas l'autorité compétente du droit de faire ou de ne pas faire usage de cette autorisation ou d'en fixer les limites.

Sans doute, les termes des dispositions des art. 95 et 96 (Sénégal), art. 89 à 92 (Togo) et 145 (Bénin) laissent entrevoir la possibilité de ne pas recourir à l'Assemblée[332] pour le cas des traités simplifiés. Dans ce dernier cas, la jurisprudence du Conseil constitutionnel sénégalais de 2015 illustre les caractéristiques de cette catégorie de traités. Selon la juridiction, *« Considérant que l'accord du 22 août 2012 entre la République du Sénégal et l'Union africaine a pour objet la création de chambres africaines extraordinaires au sein des juridictions sénégalaises ; Que cet accord n'entre pas dans le champ de l'article 96 de*

---

330 Voir, art.181 de la Constitution du Mali de 2023 : « *Le Président de la République négocie et ratifie les traités. Il est informé de toute négociation tendant à la conclusion d'un accord international non soumis à ratification* ». Pour sa part, l'art.43 de la Constitution du Cameroun dispose « *Le Président de la République négocie et ratifie les traités et accords internationaux. Les traités et accords internationaux qui concernent le domaine de la loi, défini à l'article 26 ci-dessus, sont soumis, avant ratification, à l'approbation en forme législative par le Parlement* ».

331 Art. 96, alinéa premier, Constitution du Sénégal, art. 90 de la Constitution togolaise de 2024 et art. 145 de la Constitution béninoise, art.182 de la Constitution malienne.

332 C'est le cas de la Constitution de Madagascar, dont l'art.138 précise « *Le Premier ministre négocie et signe les accords internationaux non soumis à ratification* ». Voir aussi les attributions du Président du Conseil dans la Constitution togolaise de 2024, art.89, précité.

la Constitution qui énumère limitativement les traités et accords qui sont soumis à la procédure prévue à cet effet ; Qu'il s'agit, d'accords dits « en forme simplifiée « reconnus par le droit international des traités, par opposition aux accords « en forme solennelle » visés par l'article 96 de la Constitution (...) Considérant que la Convention de Vienne du 23 mai 1969 sur le droit des traités, ratifiée par le Sénégal le 11 avril 1986 et entrée en vigueur le 11 mai 1986 constitue la source principale du droit des traités ; Considérant que les accords en forme simplifiée peuvent être conclus au nom du Gouvernement par un représentant de l'État ; Considérant qu'aux termes de l'article 7 de la Convention précitée, une personne est considérée comme représentant d'un État si elle produit des pleins pouvoirs appropriés, ou s'il ressort de la pratique ou d'autres circonstances qu'il était de l'intention des parties concernées de considérer cette personne comme représentant de l'État à ces fins sans présentation de pleins pouvoirs ; Considérant que le Gouvernement du Sénégal par ses ministres, a eu à s'engager, à plusieurs reprises, dans des situations hors du champ de l'article 96 de la Constitution, notamment avec la Banque africaine de Développement, la Banque mondiale, le Fonds monétaire international sur des projets de financement, ou avec l'Union européenne dans le domaine de la pêche, tous, sujets de droit international de même nature que l'Union africaine ; Considérant que le ministre de la Justice, agissant ès-qualité, de surcroît au Sénégal même, est en droit de conclure un accord relatif à la mise en place d'une juridiction à caractère international destinée à faire juger des infractions de même nature ; que l'Union africaine, partie contractante, ne l'a pas considéré autrement ; qu'il y a lieu, dès lors, d'admettre la régularité de l'accord conclu par le ministre de la Justice et confirmé par l'instrument de ratification en date du 4 février 2013 adressé par le Président de la République au Président de la Commission africaine suivant lettre n° 0080/ASA/C1AS/en date du 12 février 2013 ; (...) Considérant, dès lors, que les magistrats de nationalité sénégalaise nommés par le Président de la Commission africaine n'ont pas pour mission de rendre la justice au nom du peuple sénégalais, mais siègent dans une juridiction internationalisée ou mixte, spécialisée qui prend sa source dans l'accord conclu avec l'Union africaine, engagement rappelé par la Cour de Justice de la Communauté économique des États de l'Afrique de l'Ouest (CEDEAO) dans sa décision N° ECW/CCJ/JUD/ 06/10 du 18 novembre 2010 ... »[333].

---

[333] Voir, Conseil constitutionnel sénégalais, *Affaire n° 1/C/2015, Décision du 2 mars 2015 (*considérants 10 et s.).

La procédure de réception du droit international dans le droit interne s'accompagne de la volonté réitérée du Constituant d'aménager la possibilité de conclure des « *accords d'association ou de communauté* » ou de coopération comprenant soit « *abandon partiel ou total de souveraineté en vue de réaliser l'unité africaine* »[334] soit avec d'autres États sous réserve de réciprocité[335]. Ces dispositions expriment les limitations de souveraineté opérées par la participation à des organisations communautaires telles que l'UEMOA[336], la CEDEAO[337], l'OHADA[338],

---

[334] Art. 96 al. 4 de la Constitution sénégalaise et art.149 de la Constitution béninoise.

[335] Art. 148 de la Constitution béninoise. Voir, dans le cadre panafricain, Côte d'Ivoire, Conseil constitutionnel, *Décision n°CI-2014-142/23-12/CC/SG du 23 décembre 2014 relative au contrôle de constitutionnalité du Protocole sur les amendements à l'Acte constitutif de l'Union africaine, adopté le 03 février 2003 à Addis-Abeba (Ethiopie) et le Protocole adopté le 11 juillet 2003 à Maputo (Mozambique), in* Recueil des décisions et avis du Conseil constitutionnel 2013-2016.
Voir, dans le cadre ouest africain, Côte d'Ivoire, Conseil constitutionnel, *Décision n°L-001/96 du 11 décembre 1996, contrôle de constitutionnalité de la Convention du 03 juillet 1996 de l'Union Monétaire Ouest africaine (UMOA), portant création du Conseil Régional de l'Epargne publique et des Marchés Financiers et son annexe, in* Francisco Meledje Djedjro, Les grands arrêts de la jurisprudence constitutionnelle ivoirienne, *op. cit.*, p.157.

[336] Voir, Conseil constitutionnel du Sénégal, *décision du 20 décembre 2016*, précitée, *«Considérant que la loi organique soumise à l'examen du Conseil constitutionnel, qui comporte trois articles, a pour objet de modifier la loi organique n° 2011 – 15 du 8 juillet 2011 portant loi organique relative aux lois de finances, transposant la Directive n° 06-2009/CM/UEMOA du 26 juin 2009 portant lois de finances au sein de l'UEMOA (...) ;Considérant que cet article insère dans l'article 74, un second alinéa ainsi rédigé : « Toutefois, les ministères peuvent disposer d'une période complémentaire d'adaptation, sans pouvoir excéder la période couverte par leur document de programmation pluriannuelle des dépenses de la même année. »; que cet article, qui s'inscrit dans le sens de la mise en vigueur progressive des dispositions de la loi organique n° 2011-15, n'est pas contraire à la Constitution ».*

[337] La Communauté Economiques Des États de l'Afrique de l'ouest (CEDEAO) est une OI d'intégration qui regroupe le Bénin, le Burkina Faso, le Cap Vert, la Côte d'Ivoire, la Gambie, le Ghana, la Guinée, la Guinée Bissau, le Libéria, le Mali, le Niger, le Nigéria, le Sénégal, la Sierra Leone et le Togo. Elle a été créée par le Traité de Lagos du 28 mai 1975, révisé à Cotonou le 24 juillet 1993.

[338] L'Organisation pour l'Harmonisation en Afrique du Droit des Affaires (OHADA) regroupe dix-sept États membres : Benin, Burkina Faso, Cameroun, Congo, Comores, Gabon, République démocratique du Congo, Côte d'Ivoire, République de Guinée, Guinée-Bissau, Guinée équatoriale, Mali, Niger, République Centrafricaine, Sénégal, Tchad, Togo. Elle a été créée par le Traité de Port-Louis du 17 octobre 1993 révisé par le Traité de Québec du 17 octobre 2008 ; voir ses sites : www.ohada.com , www.ohada.org.

la CIMA[339]) avec un droit communautaire originaire ou dérivé[340] prenant le pas sur le droit interne[341]. Elle constitue ainsi un pari sur l'avenir de l'intégration du continent.

Concernant le traité constitutif de l'OHADA, le Conseil constitutionnel du Sénégal s'est fondé sur la volonté du Sénégal[342], telle qu'énoncée dans la Constitution, de participer à la réalisation de l'unité africaine, pour décider : *« Considérant que les articles 14, 15 et 16 du Traité attribuent compétence à une Cour commune de Justice et d'Arbitrage devant assurer dans les États Parties l'interprétation et l'application communes du Traité et des règlements pris pour son application et des actes uniformes ; Que saisie par la voie du recours en cassation, cette Cour pourra également se prononcer sur les décisions rendues par les juridictions d'Appel des États Parties dans toutes les affaires soulevant des questions relatives à l'application des actes uniformes et des règlements prévus au présent Traité, à l'exception des décisions*

---

[339] La Conférence Interafricaine du Marché des Assurances (CIMA), instituée par le Traité de Yaoundé du 10 juillet 1992, regroupe les États membres suivants : Bénin, Burkina Faso, Cameroun, Centrafrique, Congo, Côte d'Ivoire, Gabon, Guinée-Bissau, Guinée Equatoriale, Mali, Niger, Sénégal, Tchad et Togo. Voir, Côte d'Ivoire, Conseil constitutionnel, *Décision n°2012-13/27-03/CC/SG sur les articles 256 à 266 du Code des assurances de la CIMA.*

[340] Voir Cour de Justice de l'UEMOA, *Avis consultatif du 18 mars 2003* ; Cour de Justice de la CEDEAO, *Affaire Hissene Habré contre République du Sénégal*, arrêts du 17 novembre 2009, 18 novembre 2010 et 14 mai 2012. Voir, Saidou Nourou TALL, Droit du contentieux international africain, Paris, L'Harmattan, 2018, 550p.

[341] Conseil constitutionnel sénégalais, *Décision du 16 décembre 1993, Affaire du Traité de Port-Louis* ; voir aussi Adama KPODAR, *Commentaire des grands avis et décisions de la Cour Constitutionnelle togolaise*, Lomé, Presses de l'UL, 2007 ; Ismaila Madior Fall (dir.), *Les décisions et avis du Conseil constitutionnel du Sénégal*, Dakar, CREDILA, 2008 ; Nicaise MEDE, *Les grandes décisions de la Cour constitutionnelle du Bénin*, Éditions universitaires européennes, 2012 ; DODZI K. KOKOROKO, « L'apport de la jurisprudence constitutionnelle africaine à la consolidation des acquis démocratiques. Les cas du Bénin, du Mali, du Sénégal et du Togo », Revue béninoise des Sciences juridiques et Administratives n° 18, p. 85.

[342] L'art.96 de la Constitution de 2001 dispose : « *Les traités de paix, les traités de commerce, les traités ou accords relatifs à l'organisation internationale, ceux qui engagent les finances de l'État, ceux qui modifient les dispositions de nature législative, ceux qui sont relatifs à l'état des personnes, ceux qui comportent cession, échange ou adjonction de territoire ne peuvent être ratifiés ou approuvés qu'en vertu d'une loi. Ils ne prennent effet qu'après avoir été ratifiés ou approuvés. Nulle cession, nulle adjonction de territoire n'est valable sans le consentement des populations intéressées. La République du Sénégal peut conclure avec tout État africain des accords d'association ou de communauté comprenant abandon partiel ou total de souveraineté en vue de réaliser l'unité africaine* ».

appliquant des sanctions pénales, et dans les mêmes conditions, sur les décisions non susceptibles d'appel rendues par toute juridiction des États Parties dans les mêmes contentieux ;(...) Considérant que même si les articles soumis à l'examen du Conseil constitutionnel avaient prescrit un véritable abandon de souveraineté, ils ne seraient pas inconstitutionnels ; que s'il y avait un doute à ce sujet, il serait levé par les dispositions du paragraphe 3 du préambule de la Constitution aux termes duquel « Le Peuple sénégalais, soucieux de préparer l'unité des États de l'Afrique et d'assurer les perspectives que comporte cette unité ; Conscient de la nécessité d'une unité politique, culturelle, économique et sociale, indispensable à l'affirmation de la personnalité africaine ;Conscient des impératifs historiques, moraux et matériels qui unissent les États de l'Ouest africain »... »[343].

La juridiction constitutionnelle béninoise va abonder dans le sens de la conformité du Traité OHADA, en précisant qu'« *un abandon partiel de souveraineté dans le cadre d'un Traité ne saurait constituer une violation de la Constitution dans la mesure où celle-ci à l'article 144, a prévu que le Président de la République négocie et ratifie les Traités et accords internationaux et que ledit Traité se justifie au surplus, par la nécessité de l'intégration régionale ou sous régionale affirmée par le préambule et l'article 149 de la Constitution*»[344].

À l'inverse, la juridiction constitutionnelle congolaise, à l'époque Cour suprême, avait constaté la non-conformité du Traité OHADA, en ces termes : « *les dispositions des articles 14, alinéas 3, 4 et 5, 15, 16, 18, 20, 25, alinéa 2 du Traité OHADA ne sont pas conformes à l'Acte fondamental du 24 octobre 1997, notamment en ses articles 71 et 72 (...) qu'il convenait, avant la mise en œuvre de la procédure constitutionnelle de ratification du Traité relatif à l'Harmonisation du Droit des Affaires en Afrique, que fut d'abord révisé l'Acte fondamental*

[343] Sénégal, Conseil constitutionnel, *décision n°3/C/93 du 16 décembre 1993*. Voir aussi, Côte d'Ivoire, Conseil constitutionnel,), *Décision du 23 décembre 1994, contrôle de conformité à la Constitution du Traité relatif à l'harmonisation du Droit des affaires en Afrique et portant création de l'OHADA, in* Francisco Meledje Djedjro, Les grands arrêts de la jurisprudence constitutionnelle ivoirienne, *op. cit.*, p.86.Consulter également, Emmanuel KAGISYE, « Normes OHADA et constitutions des États membres : conflit en léthargie ou simple temps mort ? ». 2013, hal-01278202 https://auf.hal.science/hal-01278202, soumis le 23 février 2016 (consulté le 12 décembre 2023).

[344] Bénin, Cour constitutionnelle, *décision DCC 19-94 du 30 juin 1994*.

du 24 octobre 1997, essentiellement en ses articles 71 et 72 »[345]. Néanmoins, elle reconnaitra que « *l'Acte fondamental du 24 octobre 1997 ne prévoit pas les mécanismes de sa propre révision* ».

S'agissant de la conformité du Traité CIMA, on peut évoquer la décision de la Cour du Niger, par laquelle elle estime que « *les dispositions des articles 229 et 257 à 266 du Code CIMA... contreviennent aux principes du pouvoir et de l'indépendance des juges, du droit de chacun à un procès équitable et de l'égalité des victimes devant la loi* »[346].

La réception du droit international soulève des difficultés dont le règlement est dévolu aux juridictions nationales qui ont fini par adhérer, de guerre lasse, à l'idée de la primauté du droit international[347].

Il sied, à cet égard, de se remémorer les propos de Louis Favoreu : « le principe de primauté, principe de droit international est reçu et aménagé dans l'ordre interne, de telle façon que soient réglés les conflits entre la norme internationale et la norme interne : pour la constitution, le conflit ne peut exister car, soit il est tranché préventivement par le Conseil constitutionnel, soit, il y a présomption de compatibilité entre la norme internationale et la norme constitutionnelle ; pour les lois, le conflit peut être résolu, en vertu de l'article 55, par le juge chargé de l'appliquer, sous certaines conditions ; pour les actes administratifs, la solution est donnée traditionnellement depuis des années par le juge administratif, qui assure la prééminence du traité sans référence à la constitution »[348].

---

[345] Congo, Cour suprême, *Avis n° 37/CS/98 du 1er octobre 1998*, note de Placide MOUDOUDOU, Penant n° 838, janvier-mars 2002, p.116 ; ohadata J-02-29 ; Babacar GUEYE et Saidou Nourou TALL, « Traité du 14 octobre 1993 relatif à l'harmonisation du Droit des Affaires en Afrique, tel que révisé à Québec le 17 octobre 2008 », (pp. 21-74), in OHADA, Traité et Actes uniformes commentés et annotés, 4e édition, Juriscope, 2012, 1460 p ; Guy Mipamb NAHM-TCHOUGLI, « Le juge constitutionnel face aux normes communautaires », consulter à l'adresse *http://www.courconstitutionnelle.tg/cour/?page_id=1235*.

[346] Niger, Cour constitutionnelle, *arrêt n° 2002-14/CC du 4 septembre 2002, Requête de MM. Ousmane Garba et Tanimoune Abdou ;* voir aussi la Cour constitutionnelle de la RCA, dans sa *décision n°003 du 9 juin 1998,* qui considère que « *le Code CIMA a violé le principe d'égalité entre les êtres humains et les principes fondamentaux de l'ordre public interne centrafricain (...) En conséquence, les dispositions des articles 259,260, 264 (...) doivent être déclarées non conformes à la Constitution comme violant le principe d'égalité* ».

[347] Voir les éclairages du Conseil constitutionnel ivoirien, *décision n°002/CC/SG du 17 décembre 2003*, sur les conditions de conformité à la Constitution du Statut de Rome portant sur la Cour pénale internationale.

[348] Louis FAVOREU, « Le Conseil constitutionnel et le droit international », A.F.D.I., XXIII, 1977, p. 114.

L'affirmation de la supériorité des traités sur les lois est fréquente dans les Constitutions modernes [349]. À l'instar de l'art. 55 de la Constitution française, les articles 98, 147 et 92 des Constitutions sénégalaise, béninoise et togolaise[350] conditionnent cette primauté au respect de la réciprocité, de la régularité de la ratification ou de l'approbation [351]. Cependant, il convient de faire soigneusement le

[349] Voir Madagascar, Haute Cour constitutionnelle, *décision n° 20-HCC/D1 du 14 juillet 2017* concernant la loi n° 2017-010 autorisant la ratification par Madagascar du Protocole portant amendement de l'Accord sur les Droits de propriété intellectuelle qui touchent au Commerce (ADPIC) de l'Organisation Mondiale du Commerce (OMC), dont sont tirées ces lignes : « *Considérant que depuis le 17 novembre 1995, Madagascar est membre de l'Organisation Mondiale du Commerce (OMC) dont la principale fonction est de favoriser, autant que possible, la bonne marche, la prévisibilité et la liberté des échanges entre les pays membres, dans l'intérêt de tous ;Considérant que le but de l'amendement à l'ADPIC est d'assurer, par un moyen juridique permettant, l'accès aux médicaments à des prix abordables, pour les pays en développement et les pays les moins avancés qui dépendent des importations de produits pharmaceutiques, par l'allègement des procédures entre pays membres ; Considérant que Madagascar est classé par l'Organisation des Nations Unies comme étant un des pays les moins avancés ;Considérant les dispositions des articles 17 à 38 de la Constitution de la quatrième République ;Considérant que la loi soumise au contrôle de constitutionnalité ne contient aucune disposition contraire à la Constitution (...)* ».

[350] La Constitution togolaise apporte une novation par l'introduction des clauses suivantes : « *Les traités et les accords régulièrement ratifiés ou approuvés ont, dès leur publication, une autorité supérieure à celle des lois, même postérieures, sous réserve, pour chaque accord ou traité de son application par l'autre partie.*
La réserve de réciprocité ne vaut pas pour les traités internationaux de protection des droits de l'homme et des libertés fondamentales.
Les juridictions ordinaires sont compétentes pour assurer l'effectivité de la prévalence des traités et accords internationaux lorsqu'à l'occasion d'une instance en cours, il est soutenu que les dispositions législatives ou règlementaires applicables sont contraires aux stipulations d'un traité ou accord international ».

[351] Au Sénégal, la *Cour suprême, dans l'Affaire Séga Seck Fall du 29 janvier 1975*, avait pu ainsi sanctionner le défaut de publication pour s'opposer à l'autorité d'une Convention internationale de l'OIT. Au Bénin , la Cour constitutionnelle, dans sa *décision DCC 02-050 du 30 mai 2002*, estime que « *la ratification et la publication sont deux conditions indispensables et indissociables à l'insertion des traités dans l'ordonnancement juridique béninois ; que la Convention n° 87 de l'OIT ratifiée par le Bénin n'a jamais été publiée ; qu'elle n'est donc pas applicable* » , ce qu'elle va réitérer dans sa décision *DCC 03-009 en date du 19 février 2003* : « *la Convention internationale relative aux droits de l'enfant du 20 novembre 1989 a été ratifiée par le Bénin le 30 août 1990, mais n'a jamais été publiée et n'entre donc pas dans le droit positif béninois ; qu'en conséquence le moyen tiré de la violation de ladite convention est inopérant*», , citées par Arsène – Joel ADELOUI, « La Cour constitutionnelle… », *op. cit.*.

départ entre deux types de contrôle opérés par les juridictions nationales : le contrôle de conventionnalité et le contrôle de contrariété.

Le contrôle de conventionnalité[352] est la procédure par laquelle les juridictions ordinaires (judiciaires, administratives) font prévaloir l'autorité du traité sur les lois[353]. Ce contrôle diffère du contrôle de contrariété, procédure par laquelle la juridiction constitutionnelle[354] examine si un engagement international ne comporte pas de clauses contraires à la Constitution et, le cas échéant, décide d'en subordonner la conformité à la révision de la Constitution[355]. Ce contrôle des engagements internationaux, par voie d'action ou par voie d'exception, confié exclusivement à la juridiction constitutionnelle, peut intervenir, dans une sorte de double détente, à deux moments.

Dans un premier temps, après la signature du traité, mais avant la promulgation de la loi autorisant l'approbation ou la ratification, si une

[352] En France , le Conseil constitutionnel avait fixé sa doctrine dans la *décision n°74-54 DC du 15 janvier 1975* , relative à la loi sur l'IVG (Interruption volontaire de grossesse) , à savoir qu'« *Il ne lui appartient pas, lorsqu'il est saisi en application de l'article 61 de la constitution, d'examiner la conformité d'une loi aux stipulations d'un traité ou d'un accord international* », voir Louis FAVOREU et Loïc PHILIP, Les grandes décisions du Conseil constitutionnel, 15e édition, Paris, Dalloz, 2009, pp.251-252.Cette position n'est pas rejetée au Bénin où le Haut Conseil de la République soutenait déjà : «« *dans le cas d'espèce, les décrets pris en application de l'article 100 de la constitution entrent dans le champ d'application des traités ou accords ratifiés par les États signataires ; (...) qu'une loi contraire à un traité ne serait pas pour autant contraire à la Constitution ;(...) qu'ainsi le contrôle du respect du principe énoncé à l'article 147 de la constitution ne saurait s'exercer dans le cadre de l'examen prévu à l'article 117 alinéa 1er en raison de la différence de nature entre les deux contrôles ; (...) de même, il n'appartient pas à la Cour constitutionnelle, lorsqu'elle est saisie en application de l'article 100 de la Constitution, d'examiner la conformité d'une modification par décret d'un texte de forme législative aux stipulations d'un traité ou d'un accord international* », Haut Conseil de la République statuant à titre provisoire comme Cour constitutionnelle du Bénin, *Décision 6 DC du 28 avril 1992* , citée par Arsène-Joel ADELOUI, « La Cour constitutionnelle... », *op. cit.*

[353] En application de l'art. 98 de la Constitution sénégalaise, de l'art.147 de la Constitution béninoise et de l'art.140 de la Constitution togolaise.

[354] En application des articles 90 à 92 de la Constitution sénégalaise, des articles 43 à 45 de la Constitution camerounaise de 1996, de l'art.146 de la Constitution béninoise, etc.

[355] Francisco MELEDJE DJEDJRO, « La révision des constitutions dans les États africains francophones : Esquisse de bilan », *RDP*, 1989, n°1, p. 112 ; Ismaila Madior FALL, Les révisions constitutionnelles au Sénégal : révisions consolidantes et révisions déconsolidantes de la démocratie sénégalaise, Dakar, CREDILA, 2011.

clause est contraire à la loi fondamentale, « *sa ratification ou approbation ne peut intervenir qu'après la révision de la Constitution* »[356].

Dans un second temps, si la Constitution est révisée (et que l'Exécutif n'a pas renoncé à ratifier le traité), la saisine du Conseil constitutionnel permettra de vérifier la non-contrariété du traité en question par rapport à la Constitution révisée.

Le contrôle de constitutionnalité des actes administratifs regorge, pour sa part, d'autres particularités.

B) Le contrôle de constitutionnalité des actes administratifs

Le contrôle de constitutionnalité des actes administratifs unilatéraux, qu'ils soient de nature réglementaire[357] ou à portée individuelle[358], garde un certain nombre de singularités.

Il n'est pas rare que les juridictions constitutionnelles effectuent le contrôle de constitutionnalité des actes[359] des autorités exécutives ou administratives placées au niveau central ou au niveau des collectivités territoriales décentralisées, actes qui sont, pour l'essentiel et en vertu d'une hiérarchie organique et matérielle, dénommés décrets, ordonnances, arrêtés, etc.

Si on privilégie le critère matériel, l'acte administratif intervient dans les matières relevant du domaine réglementaire puisqu'étant construit sur ce matériau.

Si l'option prise est orientée vers le critère organique, est loi ce qui est adopté par le parlement au terme de la procédure législative [360] et

---

[356] Voir , Cour constitutionnelle du Bénin qui soutient « ... *qu'au cas où un traité comporterait une disposition contraire à une prescription constitutionnelle, ledit traité ne pourra être ratifié qu'après amendement de la disposition constitutionnelle concernée ; qu'en tout état de cause, l'accord simplifié intervenu entre l'Association Mondiale de l'Appel à l'Islam et la République du Bénin ne saurait éclipser les engagements internationaux régulièrement pris par la République du Bénin dans le cadre de l'organisation internationale du Travail...* » (*Décision DCC 09-066 du 28 mai 2009*).

[357] L'acte administratif réglementaire a un caractère général, impersonnel et obligatoire et vise de manière indistincte, la population ou un groupe de particuliers se trouvant dans une situation identique.

[358] L'acte administratif individuel a une portée limitée à son seul destinataire, nommément visé dans le texte.

[359] Il s'agit, ici, exclusivement des actes administratifs unilatéraux, à caractère réglementaire ou à portée individuelle, tous actes décisoires faisant grief.

[360] Certaines juridictions constitutionnelles ont également fourni des définitions usuelles de la loi, *Conseil constitutionnel de Côte d'Ivoire, Décision n° CI-2019-003/DCC/21-*

par conséquent, est acte administratif, ce qui est édicté par une autorité investie du pouvoir réglementaire.

En ce qui concerne les ordonnances, la dissociation s'articule, généralement, autour de cette girouette que constitue la ratification dont la présence ou l'absence influe sur la nature de l'ordonnance. Il s'y ajoute que l'identité de l'acte juridique dépend de l'adoption d'un critère matériel ou d'un critère organique[361].

Quant aux autres décisions administratives, la doctrine française du droit public s'était longtemps exercée à tracer une ligne de démarcation entre le domaine de la loi et celui du règlement. On escomptait une révolution par rapport aux pratiques des IIIe et IVe Républiques avec le cantonnement annoncé du domaine de la loi conduisant, par ricochet, à donner libre cours aux règlements d'exécution de la loi et aux règlements autonomes[362]. Depuis lors, la théorie constitutionnelle est fondée, en l'occurrence, sur le fait que la détermination des matières relevant du domaine réglementaire se déduit, *a contrario* des matières assignées au

05/CC/SG du 21 mai 2019 ; voir aussi, sa décision *n° CI-2019-004/DCC/25-06/CC/SG du 25 juin 2019, op. cit.*

[361] Cf., Bruno GENEVOIS, « Conditions d'exercice du pouvoir réglementaire et compétence de la juridiction administrative », RFDA 2000, p.668; Mayacine DIAGNE, « La justice administrative en Afrique est-elle efficace ? », *in* Demba SY et Alioune Badara FALL (dir.), *La justice administrative en Afrique,* Actes des deuxièmes rencontres de Dakar, Presses de l'Université Toulouse 1 Capitole, 2017, p. 183.

[362] En dehors des règlements pris en exécution des lois (règlements subordonnés ou dérivés), la théorie et la pratique admettent la possibilité d'édicter ce qu'on dénomme des règlements autonomes (voir en France, l'arrêt du *CE ,8 août 1919, Labonne).* Il est à souligner que ces règlements peuvent faire l'objet de contrôle, mais par rapport à la Constitution *lato sensu* et aux PGD ; voir les manuels de Droit administratif, notamment Jacqueline MORAND-DEVILLER, Pierre BOURDON et Florian POULET, Droit administratif, 15e édition, Paris, LGDJ/Lextenso, 2017, 966 p.

domaine de la loi[363]. Mais « la révolution n'a pas eu lieu »[364]. Le domaine de la loi est loin de se limiter aux matières énumérées dans la Constitution. Le Parlement est non seulement de plus en plus obligé de donner pleine ampleur à ses propres attributions, au risque d'encourir la sanction de l'incompétence négative. En outre, toute délégation consentie au gouvernement pour intervenir dans le domaine législatif est limitée et encadrée à la fois par la Constitution et par la loi d'habilitation.

En se basant sur les critères de distinction entre principe de légalité et principe de constitutionnalité, le contrôle juridictionnel du règlement s'effectue par rapport à la loi et le contrôle de la loi par rapport à la

---

[363] Constitution de la République du Cameroun (révisée par la loi n° 96-06 du 18 janvier 1996), art. 26 et 27 ; Constitution de la République du Congo du 20 janvier 2002, art.111 (loi) et art.113 (règlement), Constitution de la République du Congo du 6 novembre 2015, art.110 et 125 (loi) et art.126 (règlement) ; Constitution de la République de Côte d'Ivoire (loi n°2000-513 du 1er août 2000), art. 71 et 72 et Constitution du 8 novembre 2016, modifiée en 2020 (art.101 et 103) ; Constitution de la République du Gabon (loi n°003/91 du 26 mars 1991, révisée par la loi n°047/2010 du 12 janvier 2011 et par la loi n° 001-2018 du 12 janvier 2018), art. 47 et 51, Projet de Constitution gabonaise de 2024, art.94 et 95 ; Constitution de la République de Guinée promulguée par décret D/068/PRG/CNDD/SGPRG/2010 du Conseil National de Transition le 19 avril 2010, art.72 (loi) et art.74 (règlement) et Constitution Guinéenne de la IVe République du 06 avril 2020 (JORG, numéro spécial du 14 avril 2020), art.80 et 81 ; Constitution de la République de Madagascar du 11 décembre 2010 (IVe République), art.95 et 97 ; Constitution de la République du Mali adoptée par référendum du 12 janvier 1992 et promulguée par décret n°92-073/P-CTSP du 27 février 1992, art.70 et 73, Constitution de la République du Mali du 22 juillet 2023, art.115 (loi) et art.116 (règlement) ; Constitution de la République du Niger du 25 novembre 2010 (VIIe République), art.99 et 100 (loi) et art.103 (règlement) ; Constitution de la République du Sénégal du 26 août 1960 (art. 39 et 42), du 7 mars 1963 (art. 56 et 65), du 22 janvier 2001 (art. 67 et 76) ; Constitution de la République togolaise de 1992, art.84 (loi) et 85 (règlement) et sa Constitution du 06 mai 2024 , art.17 (loi) et 18 (règlement) ;cf., aussi, Jean DU BOIS de GAUDUSSON, Gérard CONAC et Christine DESOUCHES (Textes rassemblés et présentés par), Les Constitutions africaines publiées en langue française, 2 vol., Paris, La Documentation française, Bruxelles, Bruylant, 1998 ; Hubert OULAYE, « La délimitation de la loi et du règlement en Côte d'Ivoire », in Études et Document du Centre Ivoirien de Recherches et d'Études juridiques (E.D.C.I.R.E.J), 1986, pp. 35-70 ; Jacques Mariel NZOUANKEU, « Les domaines respectifs de la loi et du règlement en Droit sénégalais », R.I.P.A.S. n°11, Dakar, octobre-décembre 1984 ; Eloi DIARRA, « Constitution et État de droit au Mali », R.J.P.I.C. n°4, octobre-décembre 1995, pp. 252-285.

[364] Propos prêtés à Jean RIVERO, lors de la clôture, en 1977, du colloque d'Aix -en-Provence, sur le thème, *Le domaine de la loi et du règlement*, PUAM, 1978, p. 263.

Constitution. Il en résulte que le fond gouvernant la compétence, le contrôle de légalité est davantage confié aux juridictions administratives[365], voire aux chambres administratives des Cours suprêmes, ce qui a pour effet d'amener la plupart des juridictions constitutionnelles à se déclarer incompétentes pour le contrôle des actes réglementaires[366].

Cette règle connait bien des inflexions dans certaines Constitutions qui réservent exceptionnellement l'examen des ordonnances et autres actes administratifs faisant grief à des juridictions constitutionnelles[367].

Dans ce registre, trois États francophones (Bénin, Gabon, Madagascar) ont jeté leur dévolu sur le contrôle de constitutionnalité des actes administratifs.

À Madagascar, l'art.117 de la Constitution de 2010 énumère les actes soumis à contrôle avant la promulgation ou la mise en application,

---

[365] Il est important d'attirer l'attention du lecteur sur le fait que dans certains États où l'on pratique le système d'unité de juridiction, il n'y a pas, à proprement parler, de juge spécialisé en droit du contentieux administratif, au contraire des pays instaurant un système de dualité de juridictions avec la coexistence de tribunaux de l'ordre administratif et de l'ordre judiciaire. Toutefois, même dans un système d'unité de juridiction, rien n'interdit de confier à une chambre ou section administrative au sein d'une cour suprême, par voie de cassation ou par voie directe (en premier et dernier ressort), certains contentieux (notamment le recours pour excès de pouvoir) résultant de l'application des actes et du déroulement des activités de l'administration. Aussi, dans cet ouvrage, ce n'est qu'au sens générique (par un léger abus de langage) que nous entendons les termes de « juge ou tribunal administratif » même lorsqu'il est fait cas des pays d'unité de juridiction où le juge de droit commun peut connaître de contentieux administratif et judiciaire.

[366] Cf, Congo, Cour constitutionnelle, *décision n° 006 DCC/SVA/19 du 13 septembre 2019, sur le recours en inconstitutionnalité de l'article 7 du décret n°2012-698 du 06 juin 2012 portant statut particulier du personnel de l'Université Marien NGOUABI ;* Cour constitutionnelle, *décision n°003/DCC/SVA/20 du 14 juillet 2020, sur le recours en inconstitutionnalité de l'arrêté n° 4831/MID/CAB du 28 février 2020 portant suspension du président du conseil départemental et municipal, maire de la ville de Brazzaville, et du décret n° 2020-119 du 29 avril 2020 portant révocation du président du conseil départemental et municipal, maire de la ville de Brazzaville, en ce qu'ils violent les articles 49 et 50 de la loi n° 7-2003 du 6 février 2003 portant organisation et fonctionnement des collectivités locales, d'une part, ainsi que 9 et 50 de la Constitution du 25 octobre 2015.*

[367] Voir entre autres, Frédéric Joël AIVO, Le juge constitutionnel et l'État de droit en Afrique. L'exemple du modèle béninois, Paris, L'Harmattan, 2006 ; Célestin KEUTCHA TCHAPNGA, « Le juge constitutionnel, juge administratif au Bénin et au Gabon ? », RFDC, 2008/3, n°75, pp. 551-583 ; Antoine MANIATIS, « La justice constitutionnelle béninoise », *Pro Justitia*, t.4 (2021), 13 p., disponible sur : https://ejournals.lib.auth.gr/projustitia (consulté en décembre 2023).

notamment les ordonnances[368] ou « *texte à valeur législative ou réglementaire* »[369].

Au Bénin, la Cour constitutionnelle, en vertu de l'art.117, statue obligatoirement sur la constitutionnalité, *inter alia*, « *des lois et des actes réglementaires censés porter atteinte aux droits fondamentaux de la personne humaine et aux libertés publiques et en général, sur la violation des droits de la personne humaine* ».

La Constitution béninoise organise, à la fois, la saisine directe et la saisine indirecte, y compris la saisine d'office, en son art.121 : « *La Cour Constitutionnelle, à la demande du Président de la République ou de tout membre de l'Assemblée nationale, se prononce sur la constitutionnalité des lois avant leur promulgation. Elle se prononce d'office sur la constitutionnalité des lois et de tout texte réglementaire censés porter atteinte aux droits fondamentaux de la personne humaine et aux libertés publiques. Elle statue plus généralement sur les violations des droits de la personne humaine et sa décision doit intervenir dans un délai de huit jours* ».

---

[368] L'art.117 se lit ainsi : « *Avant leur promulgation, les lois organiques, les lois et les ordonnances sont soumises obligatoirement par le Président de la République à la Haute Cour constitutionnelle qui statue sur leur conformité à la Constitution. Une disposition jugée inconstitutionnelle ne peut être promulguée. Dans ce cas, le Président de la République peut décider, soit de promulguer les autres dispositions de la loi ou de l'ordonnance, soit de soumettre l'ensemble du texte à une nouvelle délibération du Parlement ou du Conseil des ministres selon le cas, soit de ne pas procéder à la promulgation. Dans les cas prévus ci-dessus, la saisine de la Haute Cour constitutionnelle suspend le délai de promulgation des lois. Le règlement intérieur de chaque Assemblée est soumis au contrôle de constitutionnalité avant sa mise en application. Une disposition jugée inconstitutionnelle ne peut être appliquée* ».

[369] L'art.118 renchérit : « *Un chef d'institution ou le quart des membres composant l'une des Assemblées parlementaires ou les organes des collectivités territoriales décentralisées ou le Haut Conseil pour la Défense de la Démocratie et de l'État de droit peuvent déférer à la Cour constitutionnelle, pour contrôle de constitutionnalité, tout texte à valeur législative ou réglementaire ainsi que toutes matières relevant de sa compétence. Si, devant une juridiction, une partie soulève une exception d'inconstitutionnalité, cette juridiction sursoit à statuer et saisit la Haute Cour constitutionnelle qui statue dans le délai d'un mois. De même, si devant une juridiction, une partie soutient qu'une disposition de texte législatif ou réglementaire porte atteinte à ses droits fondamentaux reconnus par la Constitution, cette juridiction sursoit à statuer dans les mêmes conditions qu'à l'alinéa précédent. Une disposition déclarée inconstitutionnelle cesse de plein droit d'être en vigueur. La décision de la Haute Cour constitutionnelle est publiée au Journal officiel* ».

L'administré peut contester la validité constitutionnelle d'un acte réglementaire, sur le terrain de la violation de ses droits fondamentaux. Il en découle que, dans les conditions sus-mentionnées, la Constitution du Bénin autorise le contrôle de constitutionnalité des textes de nature réglementaire[370]. Un argument additif peut être tiré de l'écriture de son article 3 « *La souveraineté nationale appartient au peuple (...). La souveraineté s'exerce conformément à la présente Constitution qui est la Loi suprême de l'État.*

Toute loi, tout texte règlementaire et tout acte administratif contraires à ces dispositions sont nuls et non avenus. En conséquence, tout citoyen a le droit de se pourvoir devant la Cour constitutionnelle contre les lois, textes et actes présumés inconstitutionnels ».

C'est sur le fondement de l'art.3 précité que la Cour constitutionnelle a eu à se prononcer sur le recours d'un citoyen contre le décret n° 2015-035 portant code de transparence dans la gestion des finances publiques en République du Bénin qui transposait la Directive n° 01/2009/CM/UEMOA portant Code de transparence. La Cour confirme qu'elle n'est pas juge de la conventionnalité du décret et, se plaçant sur le terrain de la constitutionnalité, déclare que le décret n'est pas contraire à la Constitution[371].

Au Gabon, des prérogatives semblables sont attribuées à la Cour constitutionnelle, qui peut être saisie pour vérifier « *la constitutionnalité des lois organiques et des lois avant leur promulgation, des actes réglementaires censés porter atteinte aux droits fondamentaux de la personne humaine et aux libertés publiques* »[372]. Ces compétences

---

[370] Voir, Bénin, Cour constitutionnelle, *décision DCC 18-189 du 25 septembre 2018 Gilbert Vetinkpon Kingbé et Ralmeg Gandaho (recours en inconstitutionnalité du décret n°2017-485 du 02 octobre 2017 définissant les modalités de collaboration des organisations estudiantines avec l'État et les autorités des universités publiques en République du Bénin).*

[371] Bénin, *Cour constitutionnelle, Décision DCC 18-031 du 08 février 2018*. Voir aussi, pour un exemple de contrôle de constitutionnalité d'ordonnances, *Cour constitutionnelle, Décision DCC 27-94 du 24 août 1994,* à propos de laquelle , sur saisine du Président de l'Assemblée nationale, la Cour a estimé qu'en vertu, notamment, de l'art.77 de la Loi organique du 04 mars 1991 sur ladite Cour: *« qu'en l'espèce, les ordonnances en cause ne contiennent aucun visa de la consultation préalable de la Cour constitutionnelle ; que le Président de la République a pris ces ordonnances sans avis de la Cour constitutionnelle ; qu'il s'ensuit qu'il y'a vice de procédure ».*

[372] Voir l'incise de l'art.84 de la Constitution gabonaise de 1991, révisée en 2011. Il faut signaler que le Projet de Constitution qui sera soumis le 16 novembre 2024 au référendum reprend dans une rédaction, légèrement différente, ces attributions. Selon

peuvent bénéficier au citoyen par la voie de l'exception préjudicielle d'inconstitutionnalité, telle que prévue à l'art.86 de la Constitution : « *Tout Justiciable peut, à l'occasion d'un procès devant un tribunal ordinaire, soulever une exception d'inconstitutionnalité à l'encontre d'une loi ou d'un acte réglementaire qui méconnaîtrait ses droits fondamentaux. Le Juge du Siège saisit la Cour Constitutionnelle par voie d'exception préjudicielle* ». Ainsi, la Cour a censuré l'article 26 de l'arrêté du 26 avril 2001 réglementant l'institution des délégués du personnel ; arrêté pris contrairement aux dispositions de l'article 292 de la loi n° 3/94 du 21 novembre 1994 instituant le Code du Travail à laquelle il se réfère. Elle a déclaré les dispositions dudit article inconstitutionnelles, tout en précisant qu'elles sont séparables de l'ensemble du texte. La Cour constitutionnelle admet, à cet effet : « *la Confédération Syndicale Gabonaise a soumis à la Cour constitutionnelle l'arrêté n° 000147/MTEFP/SG/DGTMOE/DTR du 26 avril 2001 réglementant l'institution des Délégués du personnel, aux fins d'annulation des dispositions de l'article 26 dudit arrêté, par application des articles 84 de la Constitution et 35 de la Loi organique sur la Cour constitutionnelle ; (...) Considérant que le requérant fait valoir à cet égard que l'article 26 incriminé du texte réglementaire déféré met un terme aux mandats en cours des Délégués du personnel contrairement aux dispositions de l'article 292 de la loi n° 3/94 du 21 novembre 1994 instituant Code du travail en République gabonaise, modifiée par la loi n° 12/2000 du 12 octobre 2000 ; qu'en disposant ainsi, il viole les principes de la hiérarchie des normes et celui du parallélisme des formes* ».

Au regard de ces prétentions, la Cour réagit : « *Considérant qu'aux termes de l'article 35 de la Loi organique sur la Cour constitutionnelle,*

---

l'art.119 de ce document, « *Les lois organiques et les ordonnances portant sur le domaine relevant de la loi organique sont soumises par le Président de la République à la Cour Constitutionnelle avant leur promulgation ou leur publication.*
Les autres catégories de loi et les ordonnances peuvent être déférées à la Cour Constitutionnelle, soit par le Président de la République, soit par les Présidents des Chambres du Parlement ou un dixième (1/10) des membres de chaque Chambre, soit par les Présidents de la Cour de cassation, du Conseil d'État et de la Cour des comptes, soit par tout citoyen ou toute personne morale lésée par la loi ou l'ordonnance querellée. La Cour Constitutionnelle se prononce d'office sur la constitutionnalité des lois et des ordonnances censées porter atteinte aux droits fondamentaux de la personne humaine et aux libertés publiques. Elle statue plus généralement sur les violations des droits de la personne humaine et sa décision doit intervenir dans un délai maximum de huit (8) jours ».

les actes réglementaires peuvent être déférés devant celle-ci dans le mois de leur publication ; Considérant que la publication s'entend de l'insertion du texte concerné au Journal Officiel ou dans tout autre Journal d'annonces légales. Considérant que dans le cas d'espèce, l'arrêté querellé prévoit en son article 31 le mode de publication par insertion au journal officiel ; que cependant, au regard des pièces du dossier, cette insertion au Journal officiel n'a pas encore eu lieu, pas plus que n'a été faite la publication dans un autre Journal d'annonces légales ; qu'il s'ensuit que la requête introduite par la COSYGA le 29 mai 2001 est recevable ; (...) Considérant que la COSYGA demande l'annulation de l'article 26 de l'arrêté déféré au motif qu'il viole les principes de la hiérarchie des normes et du parallélisme des formes ; Considérant que selon le principe de la hiérarchie des normes, le contenu de la norme de valeur inférieure doit, pour sa validité, être conforme au contenu de la norme de valeur supérieure à laquelle elle se réfère ou qui lui sert de référence ; Considérant que la loi n° 3/94 du 21 novembre 1994 instituant Code du Travail en République gabonaise, modifiée par la loi n° 12/2000 du 12 octobre 2000, dispose en son article 292 que " les délégués du personnel sont élus pour une durée de trois ans renouvelables. Un arrêté du ministre chargé du Travail fixe : les conditions exigées pour être électeur ou éligible ; le nombre des délégués et leur répartition sur le plan professionnel ; les modalités de l'élection qui doit avoir lieu au scrutin secret ; les moyens mis à la disposition des délégués ; les conditions dans lesquelles ils seront reçus par l'employeur ou son représentant ; les conditions de révocation du délégué par le collège des travailleurs qui l'a élu " ; Considérant qu'il résulte des dispositions qui précèdent, entre autres, que les délégués du personnel ne peuvent être révoqués, avant le terme de leurs mandats, que par le collège de travailleurs qui les ont élus ; Considérant que l'article 26 querellé de l'arrêté n° 00147/MTEFP/SG/DGTMOE/DTR du 26 avril susvisé, pris en application de la loi n° 3/94 du 21 novembre 1994 instituant Code de Travail en République gabonaise, stipule qu'afin de dégager la représentativité effective de chaque organisation professionnelle des travailleurs sur le plan national, conformément à l'article 25 de la loi n° 12/2000 du 12 octobre 2000 portant modification de certains articles du Code de Travail en République gabonaise, les mandats des délégués du personnel en cours cessent dès la prise d'effet du présent arrêté " ;

Considérant qu'en édictant ainsi la cessation des mandats en cours des Délégués du personnel contrairement aux dispositions de l'article 292 de la loi n° 3/94 à laquelle il se réfère, l'article 26 de l'arrêté soumis à la Cour viole effectivement le principe constitutionnel de la hiérarchie des normes ; qu'en conséquence, il convient de déclarer les dispositions dudit article inconstitutionnelles ; Considérant que les dispositions ainsi censurées sont séparables de l'ensemble du texte … »[373].

Dans une autre affaire relative à un acte réglementaire, la Cour de Libreville soutient le raisonnement suivant : « (…) *Considérant qu'il convient de rappeler que dans le considérant n° 2 de la décision n° 006/94/CC en question, la Cour Constitutionnelle, statuant sur la constitutionnalité de la loi organique 10/94 fixant l'organisation, la composition, la compétence et le fonctionnement de la Cour Administrative et censurant alors l'article 35 de cette loi, avait jugé : "qu'aux termes de l'article 84, premier tiret, de la Constitution, la Cour Constitutionnelle statue obligatoirement sur la constitutionnalité des lois organiques, des lois ordinaires avant leur promulgation et des actes réglementaires censés porter atteinte aux droits fondamentaux de la personne humaine et aux libertés publiques ; qu'il en résulte que le contrôle de la régularité juridique des actes réglementaires relève de la compétence de cette haute instance ; qu'il suit de là qu'en énonçant que la Cour administrative connaît, en matière contentieuse, en premier et dernier ressort, des recours pour excès de pouvoir formés contre les décrets réglementaires, l'article 35, premier et deuxième tirets, du texte déféré à la Cour est contraire à la Constitution"; (...) Considérant que la société COGAPNEU fait valoir que l'arrêté en cause institue un monopole au profit de la société Centre Auto Bilan Agréé, créant ainsi une discrimination et une inégalité de traitement entre les opérateurs économiques, en violation des dispositions légales garantissant la libre concurrence en République gabonaise, notamment la loi 14/98 du 23 juillet 1998 fixant le régime de la concurrence, en ses articles 2, 7, 8, 9 et 33, ainsi que la loi n° 15/98 du 23 juillet 1998 instituant la Charte des Investissements (...) ; Considérant qu'il résulte des dispositions des articles 1er, 2 et 3 précités, que contrairement aux allégations de COGAPNEU, l'arrêté querellé ne traite pas en particulier de la société 'Centre Auto-bilan Agréé', mais confie de manière impersonnelle la production et la distribution des plaques d'immatriculation à des sociétés constituées en Centres de Contrôle Technique*

---

[373] Gabon, Cour constitutionnelle, *Décision n° 010/GCC du 29 juin 2001 relative à une demande en annulation de l'article 26 de l'arrêté n° 00147/MTEFP/SG/DGTMOE/DTR du 26 avril 2001 réglementant l'institution des délégués du personnel* (considérants 1, 3 à 9*)*.

Automobile Agréé ; (...) Considérant que la société COGAPNEU ne rapporte pas la preuve qu'elle est un Centre de Contrôle Technique Automobile Agréé au sens de l'arrêté n° 00139/MTMM/DGTT attaqué, ni qu'elle a présenté une demande d'agrément conformément aux dispositions de l'arrêté n° 00140/MTMM/DGTT du 30 août 1999 ; qu'elle est donc mal fondée à se prévaloir d'avoir subi un quelconque préjudice résultant d'une discrimination ou d'une inégalité de traitement, qu'il s'ensuit que la requête présentée par COGAPNEU doit être rejetée ... »[374].

Dans une autre espèce, la Cour constitutionnelle gabonaise, faisant usage de la régulation et de l'injonction, retient ce qui suit : « *1°)- Considérant que par requêtes susvisées la Confédération syndicale du Secteur Infrastructure et Équipement (COSSINEQ), la Société Civile Organisée (SOCIOR), Monsieur André Marc APERANO Conseiller départemental de BENDJE, l'Association pour la Défense des Droits de la Femme et de l'Enfant (ADDFE), la Communauté des personnes handicapées, la Confédération nationale du Patronat Gabonais PME-PMI, le Cabinet juridique, "Gabon Contentieux", l'Ordre des Architectes Gabonais, le Syndicat national des Petits Métiers, le Congrès syndical du Gabon, l'Union des Associations des Syndicats, des Organisations humanitaires et non gouvernementales du Gabon (EKAMA) et la Fédération syndicale du Patronat Gabonais (FESYPAG) ont saisi la Cour Constitutionnelle aux fins de voir déclarer inconstitutionnel le Décret n° 000264/PR du 19 février 2001 portant nomination et homologation des membres du Conseil économique et social, conformément aux dispositions des articles 84 de la Constitution, 35 de la loi organique sur la Cour Constitutionnelle ;* **(...)***10)- Considérant qu'il ressort de l'instruction et de l'examen des nombreuses pièces du dossier que la désignation des personnes dont les noms figurent sur le Décret n° 000264/PR du 19 février 2001 portant homologation et nomination des membres du Conseil économique et social au titre des groupes I, II, III et IV est intervenue en violation du principe de l'élection ainsi prescrit ; qu'il s'ensuit que les dispositions dudit décret y relatives doivent*

[374] Gabon, Cour constitutionnelle, *Décision n° 008/CC du 17 avril 2001 concernant une demande en annulation de l'arrêté n° 00139/MTMM/DGTT relatif à la production de plaques d'immatriculation de véhicules automobiles par le Comptoir Gabonais du Pneumatique*. Voir, Jean Zeh ONDOUA, « La répartition du contentieux des actes juridiques entre les juges constitutionnel et administratif au Gabon », Afrique Juridique et politique, Revue du CERDIP, volume 3, numéros 1 et 2, janvier-décembre 2008, pp. 78-103.

être déclarées contraires à la Constitution ; (...) 14)- Considérant, toutefois, que dans le souci de préserver le fonctionnement régulier et harmonieux des Institutions de la République, il y a lieu pour le Premier ministre d'organiser les élections au sein des syndicats, associations, groupements socio-professionnels et culturels ainsi qu'au sein des collectivités locales, en vue de la désignation des membres du Conseil économique et social, dans les délais prévus à l'article 10 du décret n° 224/PR/MPEAT du 3 février 1993 susvisé ; 15)- Considérant que la computation de ces délais partira de la date de notification au Premier ministre de la présente décision ; qu'en conséquence, la première session du Conseil économique et social s'ouvrira exceptionnellement le mardi 10 avril 2001 et le bureau du Conseil sera élu au cours de la séance d'ouverture ; D E C I D E Article 1er : Les dispositions du décret n° 000264/PR du 19 février 2001 portant nomination et homologation des membres du Conseil économique et social relatives à la désignation des représentants des groupes I, II, III et IV sont déclarées contraires à la Constitution et censurées... »[375].

La Cour fixera, plus tard, sa position pour le contrôle des actes réglementaires, en ces termes : « *qu'il en résulte qu'à la différence de la Constitution française qui limite l'intervention de la juridiction constitutionnelle, en matière de contrôle de constitutionnalité, aux seules lois organiques et ordinaires...le constituant gabonais a confié la compétence de la régularité juridique des actes réglementaires (sans exception) à la seule Cour constitutionnelle* »[376].

De l'observation de ces textes constitutionnels ou législatifs qui aménagent le contrôle de ces actes administratifs, il ressort que la constitutionnalité de ces actes peut être appréciée, dans le délai de deux mois de leur édiction par la voie du REP et après leur entrée en vigueur par la voie du recours direct ou par les voies des exceptions d'illégalité ou d'inconstitutionnalité. Est également mise en relief la possibilité de déférer à la juridiction constitutionnelle tout texte (ordonnance pour la HCC, tout acte réglementaire au Bénin et au Gabon) susceptible de porter atteinte aux droits fondamentaux de la personne humaine. Enfin, les chefs d'institution, certains organes, les autorités politiques (Président

---

[375] Gabon, Cour constitutionnelle, *Décision n° 005/CC du 8 mars 2001 relative à l'annulation du décret n° 000264/PR du 19 février 2001 portant nomination et homologation des membres du Conseil économique et social.*

[376] Gabon, Cour constitutionnelle, *Décision n° 144/CC du 28 octobre 2002*, Hebdo informations, n° 464 du 28 septembre 2002, p. 225.

de la République, parlementaires), les justiciables, soit par voie directe, soit par l'intermédiaire de la juridiction devant laquelle l'exception est soulevée, disposent du droit de recours.

D'autres normes d'origines externe et interne sont, selon les États, inclues ou exclues du contrôle de constitutionnalité, ce qui dénote une certaine versatilité.

Section II : La versatilité de normes soumises au contrôle de constitutionnalité

La simplicité originelle de la distinction entre normes de contrôle et normes du contrôle, tend à s'effilocher en raison de la frontière poreuse, entre l'inclusion et l'exclusion de l'examen de conformité, des lois constitutionnelles (§ I), des lois référendaires et du droit communautaire dérivé (§ II).

Paragraphe I : L'ambivalence du contrôle des lois portant révision constitutionnelle

Expression du pouvoir constituant dérivé, les lois de révision constitutionnelle s'entendent de textes portant sur des techniques et des pratiques juridiques aménagées dans le dessein de modifier, compléter, amender, changer, par addition ou soustraction, un article, un mot ou une phrase figurant dans une disposition de la Constitution ou Loi fondamentale[377].

Une fois, adoptées selon la procédure indiquée dans la Constitution et promulguées, ces lois sont insérées dans la Constitution avec laquelle elles font désormais corps[378].

---

[377] Cf., Mouhamadou NDIAYE, « La stabilité constitutionnelle, nouveau défi démocratique du juge africain », Annuaire international de Justice constitutionnelle (AIJC), vol. XXXIII -2017, pp. 667-688.

[378] Voir au Sénégal , les nombreuses révisions de la Constitution de 2001 par les lois suivantes : loi *n° 2003-15 du 19 juin 2003* portant révision de la Constitution et instituant un Conseil de la République pour les affaires économiques et sociales ; *loi n° 2006-37 du 15 novembre 2006* modifiant l'article 33 de la Constitution (*JORS* numéro spécial 6313 du 11 décembre 2006, p. 2003) ;loi *n° 2007-06* du *12 février 2007* créant un *Sénat* (*JORS* numéro 6332 du 10 mars 2007, p. 2387) ;loi *n° 2007-19 du 19 février 2007, modifiant l'article 34 de la Constitution (JORS numéro 6327 du 19 février 2007, p. 2210) ;loi* n° 2007-26 du 25 mai 2007 relative au Sénat (*JORS* n° 6353 du 30 juin 2007, p. 3050) *;loi n° 2008-30 du 7 août 2008, modifiant les articles 7, 63, 68, 71 et 82 de la Constitution (JORS numéro spécial 6420 du 8 août 2008, p. 752) ;loi* n° 2008-31 du 7 août 2008 portant suppression du Conseil de la République pour les affaires économiques et sociales (*JORS* numéro spécial 6420 du

À ce propos, depuis l'an 2000, l'Afrique a enregistré un nombre croissant de révisions, qui, en ajustant les dispositions constitutionnelles aux ambitions du personnel politique, contribuent à détourner nombre de principes constitutionnels de leur objectif[379]. Ces révisions portent essentiellement sur la conservation et la pérennisation au pouvoir au détriment des droits des citoyens[380], privant ainsi la Constitution d'une fonction essentielle, celle de s'ériger en technique de limitation du pouvoir.

Cette « fièvre révisionniste » pose plus largement le problème de l'instrumentalisation[381] voire de la manipulation de la Constitution avec une certaine banalisation de la procédure de révision facilitée par les majorités parlementaires[382].

Néanmoins, les controverses et supputations sur l'effet des lois portant révision constitutionnelle, en générant un grand nombre de recours contentieux, ne doivent pas conduire à passer sous silence, l'améa-

---

8 août 2008, p. 753) ;loi n° 2008-32 du 7 août 2008 portant création du Conseil économique et social (*JORS* numéro spécial 6420 du 8 août 2008, p. 754) ;loi n° 2008-33 du 7 août 2008 modifiant les articles 9 et 95 et complétant les articles 62 et 92 de la Constitution (*JORS* numéro spécial 6420 du 8 août 2008, p. 754) ; loi n° *2008-34 du 7 août 2008* portant révision de la Constitution (*JORS* numéro spécial 6420 du 8 août 2008, p. 755) ; loi *n° 2008-66 du 21 octobre 2008* portant modification de la première phrase de l'alinéa premier de l'article 27 de la Constitution (*JORS* numéro spécial 6432 du 21 octobre 2008, p. 1039) ; loi *n° 2008-67 du 21 octobre* 2008 portant modification de l'article 62, alinéa premier de la Constitution (*JORS* numéro spécial 6432 du 21 octobre 2008, p. 1040) ;loi *n° 2009-22 du 19 juin 2009* instituant un poste de Vice-président de la République (*JORS* numéro spécial 6475 du 19 juin 2009, p. 651) ; loi n° 2012-16 du 28 septembre 2012 portant révision de la Constitution (*JORS* numéro spécial 6688 du 28 septembre 2012, p. 1187) ; loi n° 2016-10 du 5 avril 2016 portant révision de la Constitution (*JORS* numéro spécial 6926 du 7 avril 2016, p. 505). loi *n° 2018-14 du 11 mai 2018* portant révision de la Constitution (*JORS* numéro 7094 du 12 mai 2018 ; *loi n° 2019-10 du 14 mai 2019*, portant révision de la constitution et *loi n° 2021-41 20 décembre 2021* portant révision de la constitution (JORS, numéro spécial, du 22 décembre 2021).

379 Boubacar BA, « L'évolution constitutionnelle des pays africains de succession française » Annales Africaines, Nouvelle Série, Volume 2, décembre 2020, N° 13, p. 11.

380 Emmanuel GYIMAH-BOADI, Le recul démocratique en Afrique de l'ouest : Caractéristiques, causes et solutions, Rapport, *Kofi Annan Foundation*, décembre 2021, 36 p.

381 Voir, El Hadj Omar DIOP, L'instrumentalisation de la Constitution dans les régimes politiques africains, Dakar, CREDILA/OVIPA, 2017, 362 p.

382 Denis BARANGER, « Un chantier qui ne prend jamais fin… Le juge, les révisions et les autres formes de changement constitutionnel dans la France contemporaine », *Jus politicum*, Revue de droit politique n° 18, juillet 2017, *Cours constitutionnelles et révisions de la Constitution*, p. 60 et s.

gement constitutionnel des modalités des révisions(A) et des limites des révisions (B).

A) Les modalités de la révision

La pratique observée, depuis les Constitutions issues de l'ère de l'indépendance jusqu'à celles du constitutionnalisme libéral, atteste d'une inflation des révisions portant sur la majeure partie des dispositions constitutionnelles dont celles qui fondent l'état de droit et la démocratie.

À cet égard, la doctrine du droit public, en se fondant sur l'entendement commun que la révision est l'acte par lequel l'on procède à une modification de la Constitution, en usant des modalités que la Constitution a fixées elle-même[383], s'appesantit, en outre, sur la distinction entre le pouvoir constituant originaire et le pouvoir constituant dérivé.

Il est de bon ton de rappeler que le pouvoir constituant originaire (considéré comme initial, absolu, inconditionné) s'analyse comme le droit d'un État de choisir souverainement les options fondamentales de son système politico-constitutionnel, en les faisant élaborer par un comité *ad hoc* d'experts, une assemblée constituante représentative des forces vives de la Nation ou par une assemblée parlementaire préconstituée et en les faisant adopter soit par la voie parlementaire soit par la voie du référendum.

Quant au pouvoir constituant dérivé, il est dit institué puisque c'est le pouvoir de changer, de modifier, d'amender la loi fondamentale qui prévoit elle-même, les conditions de forme et de fond pour sa révision[384].

Le schéma d'ensemble des dispositions constitutionnelles y relatives, repose sur un triptyque de normes :

---

[383]Les écrits sur le thème de la révision constitutionnelle ne se comptent plus , en France comme en Afrique francophone : Franck MODERNE, Réviser la Constitution : analyse comparative d'un concept indéterminé, Paris, Dalloz, 2006, 106 p ; Philippe ARDANT, « La révision constitutionnelle en France : problématique générale » *in La révision de la Constitution*, journées d'études des 20 mars et 16 décembre 1992, Association française des constitutionnalistes, Paris, Economica, 1993, p. 80 ; Ibrahim David SALAMI, « Le pouvoir constituant dérivé à l'épreuve de la justice constitutionnelle béninoise », Revue togolaise des Sciences juridiques (RTSJ), n° 0000, 2011, pp. 45-65.

[384] Voir, Olivier BEAUD, « Les mutations de la Ve République ou comment se modifie une Constitution écrite », Pouvoirs, n° 99, 2001, pp.19-31 ; Bernard QUIRINY, « Révisions partielles et révisions totales des Constitutions », *Jus politicum*, Revue de droit politique, 2015, Volume VII, http://juspoliticum.com/uploads/pdf (consulté le 10 octobre 2023).

– celles concernant l'initiative de la révision avec la compétence concurrente d'autorités du pouvoir exécutif et du pouvoir législatif ;

– celles afférentes aux modalités de vote du projet ou de la proposition de loi de révision, ouvrant la voie à une adoption par le parlement à la majorité qualifiée, ou par le peuple à travers un référendum ;

– celles tenant aux limites matérielles ou formelles de la révision constitutionnelle[385].

Les dispositions de l'article 103 de la Constitution sénégalaise de 2001 en donnent une illustration probante : « *L'initiative de la révision de la Constitution appartient concurremment au Président de la République et aux députés. Le Premier ministre peut proposer au Président de la République une révision de la Constitution. Le projet ou la proposition de révision de la Constitution doit être adopté par l'Assemblée nationale selon la procédure prévue à l'article 71 de la présente Constitution. La révision est définitive après avoir été approuvée par référendum. Toutefois, le projet ou la proposition n'est pas présenté au référendum lorsque le Président de la République décide de le soumettre à l'Assemblée nationale. Dans ce cas, le projet ou la proposition n'est approuvé que s'il réunit la majorité des trois cinquièmes*

[385] En général, dans les États africains francophones, l'initiative de la révision peut émaner des autorités exécutives (Chef d'État, Premier ministre) ou du parlement par le biais respectivement d'un projet de loi ou d'une proposition de loi de révision. Si la voie parlementaire/référendaire est prisée, alors le texte suit la procédure législative : discussion en commission et en séance plénière avant son adoption à la majorité simple, puis le texte est soumis au référendum pour son adoption définitive. Le texte entre en vigueur après sa promulgation suivie de sa publication au *Journal officiel*. Si la préférence est allouée à la seule voie parlementaire, le vote du texte est acquis à la majorité de deux tiers ou de trois cinquièmes. Dans ce sens, l'art.63 de la Constitution du Cameroun dispose :
« (1) l'initiative de la révision de la Constitution appartient concurremment au Président de la République et au Parlement.
(2) Toute proposition de révision émanant des membres du Parlement doit être signée par un tiers au moins des membres de l'une ou de l'autre Chambre.
(3) Le Parlement se réunit en congrès, lorsqu'il est appelé à se prononcer sur un projet ou une proposition de révision de la Constitution. Le texte est adopté à la majorité absolue des membres le composant. Le Président de la République peut demander une seconde lecture. Dans ce cas, la révision est votée à la majorité des deux tiers des membres composant le parlement.
(4) Le Président de la République peut décider de soumettre tout projet ou toute proposition de révision de la Constitution au référendum. Dans ce cas, le texte est adopté à la majorité simple des suffrages exprimés ».

des suffrages exprimés. Les articles 65 et 77 de la présente Constitution ne sont pas applicables aux lois constitutionnelles. La forme républicaine de l'État, le mode d'élection, la durée et le nombre de mandats consécutifs du Président de la République ne peuvent faire l'objet de révision. L'alinéa 7 du présent article ne peut être l'objet de révision »[386].

Aussi, la précision de l'écrit constitutionnel implique, 'en cas de saisine des juridictions constitutionnelles, que celles-ci s'astreignent à vérifier la conformité de la loi de révision[387].

C'est à ce niveau qu'apparaît la discrimination entre, d'une part, les États excluant toute possibilité, avant ou après promulgation, de contestation quant au fond de la loi constitutionnelle, et, d'autre part, les États incluant les lois de révision parmi les normes soumises au contrôle de constitutionnalité[388].

Pour les États excluant la loi de révision du contrôle de constitutionnalité, comme au Sénégal, la juridiction dédiée réitère, à l'envi et à quelques détails près, sa constantc position « … *Considérant que la compétence du Conseil constitutionnel est strictement délimitée par la Constitution ; qu'elle n'est susceptible d'être précisée et complétée que par la Constitution ou par une loi organique qui lui est conforme ; que le Conseil constitutionnel ne saurait être appelé à se prononcer sur d'autres cas que ceux qui sont expressément fixés par ces textes ; Considérant que l'alinéa premier de l'article 92 de la Constitution et l'article premier de la loi organique relative au Conseil constitutionnel donnent compétence au Conseil pour connaître de la constitutionnalité des lois ordinaires et des lois organiques ; que le Conseil constitutionnel ne tient ni de ces textes ni d'aucune autre disposition de la Constitution et de la loi organique le pouvoir de statuer sur une révision constitutionnelle ; Considérant, en effet, que le pouvoir constituant est souverain ;*

---

[386] Voir, l'art.184 de la Constitution malienne de 2023 ; art.162 et 163 de la Constitution malgache de 2010.

[387] Consulter, Mouhamadou Moustapha AIDARA, « Le juge constitutionnel africain et le contrôle des lois portant révision de la Constitution : Contribution à un débat », Revue Afrilex, décembre 2011, pp. 97-140.

[388] Sur cette branche, le Projet de Constitution gabonaise de 2024 classe les lois constitutionnelles parmi les normes à contrôler

. Son art.167, alinéa 3 dispose : « *Tout projet ou toute proposition de révision de la Constitution ainsi que tout amendement y relatif est soumis au contrôle de la Cour Constitutionnelle quant à la régularité de la procédure et de l'objet de la révision, avant le référendum ou la réunion du Parlement en Congrès* ».

qu'il lui est loisible d'abroger, de modifier ou de compléter les dispositions de valeur constitutionnelle dans la forme qu'il estime appropriée ; qu'ainsi, rien ne s'oppose à ce qu'il introduise dans le texte de la Constitution des dispositions nouvelles qui dérogent implicitement ou expressément à une règle ou à un principe de valeur constitutionnelle, sous réserve des interdictions de révision prévues par la Constitution elle-même (...) Le Conseil constitutionnel n'a pas compétence pour statuer sur la conformité à la Constitution de la loi portant révision de la Constitution et adoptée par l'Assemblée nationale...»[389].

Il convient, cependant, de relever que, tout en rendant tribut à la majesté constitutionnelle portée, même pour les États ayant fait cette option, le juge constitutionnel exerce un contrôle minimum relatif au respect de la procédure de révision et des clauses limitatives de la révision[390]. À ce titre, la jurisprudence constitutionnelle en encadrant la procédure, en fixe également les balises, comme dans l'affaire dite « *Maastricht II* » : «*19. Considérant que sous réserve, d'une part, des limitations touchant aux périodes au cours desquelles une révision de la Constitution ne peut pas être engagée ou poursuivie, qui résultent des articles 7, 16 et 89, alinéa 4, du texte constitutionnel et, d'autre part, du respect des prescriptions du cinquième alinéa de l'article 89 en vertu desquelles « la forme républicaine du gouvernement ne peut faire l'objet d'une révision », le pouvoir constituant est souverain ; qu'il lui est loisible d'abroger, de modifier ou de compléter des dispositions de valeur constitutionnelle dans la forme qu'il estime appropriée ; qu'ainsi rien ne s'oppose à ce qu'il introduise dans le texte de la Constitution des dispositions nouvelles qui, dans le cas qu'elles visent, dérogent à une règle ou à un principe de valeur constitutionnelle ; que cette dérogation peut être aussi bien expresse qu'implicite ;*

20. Considérant qu'aux termes de la première phrase de l'article 88-3 de la Constitution, « sous réserve de réciprocité et selon les modalités prévues par le traité sur l'Union européenne signé le 7 février 1992, le droit de vote et d'éligibilité aux élections municipales peut être accordé

---

389 Sénégal, Conseil constitutionnel, *décision n° 1/C/2018 du 19 mai 2018, (*considérants 5 à 7 et article premier du dispositif).

390 Voir, Conseil constitutionnel de la Côte d'Ivoire, *décision CI-2020-002/DCC/19-03/C/SG du 19 mars 2020 relative à la loi de révision de la loi n° 2016-886 du 8 novembre 2016 portant Constitution de la République de Côte d'Ivoire,* JORCI n° 23 du jeudi 19 mars 2020 ; Conseil constitutionnel du Sénégal, *Décision n° 9/C/1998 du 9 octobre 1998, in* Ismaila Madior FALL, (dir.) Les Décisions et Avis du Conseil constitutionnel du Sénégal, CREDILA, 2008 p. 261.

aux seuls citoyens de l'Union résidant en France » ; qu'il ne saurait par suite être valablement soutenu que l'article 8 B, paragraphe 1, ajouté au traité instituant la Communauté européenne par l'article G du traité sur l'Union européenne serait contraire à l'article 3 de la Constitution …»[391].

À l'opposé, d'autres juridictions constitutionnelles ont opté pour un contrôle approfondi de la constitutionnalité réelle des lois de révision.

En l'espèce, la Cour du Bénin conforte cette assertion, en décidant : «*Considérant que le pouvoir constituant détenu par le peuple par voie référendaire et par l'Assemblée nationale dans le cadre des dispositions des articles 154 et 155 de la Constitution est souverain dans les conditions et sous le respect des procédures fixées par la Constitution ; que pour examiner la conformité à la Constitution de la loi de révision, la haute Juridiction procède, alors, d'une part, au contrôle du respect par l'Assemblée nationale de la procédure de révision conformément aux articles 154 et 155 de la Constitution et, d'autre part, au contrôle du respect par la représentation nationale des dispositions énoncées à l'article 156 de la Constitution ; qu'en cas de nécessité, la Cour constitutionnelle procède, également, à la correction de toute erreur matérielle ou formelle (…) Considérant qu'il résulte de ces dispositions que le projet ou la proposition de la loi de révision de la Constitution est soumis préalablement à une délibération pour sa prise en considération par la majorité des trois quarts des membres composant l'Assemblée nationale ; qu'en cas de délibération favorable à la prise en considération, la révision n'est approuvée que par référendum à moins que le projet ou la proposition soit approuvé par la majorité des quatre cinquièmes des membres composant l'Assemblée nationale ; Considérant qu'en l'espèce, la révision de la Constitution a été entreprise à l'initiative d'un groupe de députés par une proposition de loi ; que cette proposition de loi a été soumise le 31 octobre 2019 à un premier vote pour sa prise en considération approuvée à l'unanimité des 83 députés composant l'Assemblée nationale ; qu'à la suite de cette délibération favorable à la prise en considération, la proposition a été soumise à nouveau à la représentation nationale et approuvée à l'unanimité des 83 députés composant ladite Assemblée ; qu'il y a lieu*

[391] France, Conseil constitutionnel, *décision n° 92-312 DC du 02 septembre 1992, Traité sur l'Union européenne,* (Journal officiel du 3 septembre 1992, page 12095).

de dire que la procédure de révision est conforme aux dispositions visées de la Constitution ... »[392].

Une telle approche de contrôle serait justifiée, de l'avis d'un auteur, par les considérations suivantes : « la loi constitutionnelle en soi n'a aucun statut particulier justifiant une immunité ce qui met en évidence, dans cette logique, l'objet même du contrôle de constitutionnalité »[393]. L'argument de taille est ici fondé sur la prétendue analogie entre loi ordinaire et loi constitutionnelle pour affirmer, par conséquent, leur égale soumission au contrôle de constitutionnalité.

Arpentant cette voie, la Cour malienne a fait prévaloir cette position : « *Considérant que la loi portant révision de la Constitution qui est l'objet du référendum n'étant pas une loi organique fait donc partie des autres catégories de lois prévues à l'article 88 de la Constitution ; qu'en conséquence elle est susceptible de recours en contrôle de constitutionnalité devant la Cour constitutionnelle* »[394].

Bien entendu, une telle assimilation est difficile à soutenir au regard des spécificités matérielles et formelles des lois constitutionnelles qui s'éloignent des particularités des matières relevant du domaine de la loi ordinaire[395].

---

[392] Bénin, Cour constitutionnelle, *décision DCC 19-504 du 06 novembre 2019*. Il s'agissait de l'examen de conformité de la loi constitutionnelle n° 2019-40 portant révision de 47 articles de la loi n° 90-32 du 11 décembre 1990 portant Constitution de la République du Bénin.

[393] Mouhamadou Moustapha AIDARA « Le juge constitutionnel africain ... », *op. cit.*, p. 100. L'auteur cite la décision *CC 06-074 de la Cour Constitutionnelle du Bénin du 8 juillet 2006 (*in Luc SINDJOUN, les Grandes décisions de la justice constitutionnelle africaine, Bruxelles, Bruylant, 2009 p. 311), dans laquelle la Cour reconnait sa compétence pour contrôler la constitutionnalité des lois constitutionnelles, ce qu'elle va réaffirmer dans sa *décision DCC 11-067 du 20 octobre 2011* invalidant la loi organique n° 2011-27 portant conditions de recours au référendum, votée par l'Assemblée nationale le 30 septembre 2011, confirmée par la loi organique n° 2011-27 du 18 janvier 2012 sur le référendum et la loi constitutionnelle n° 2019-40 portant révision de 47 articles de la loi n° 90-32 du 11 décembre 1990 portant Constitution de la République du Bénin adoptée par l'Assemblée nationale en sa séance du 31 octobre 2019.

[394] Mali, Cour constitutionnelle, *Arrêt n° 01-128 du 12 décembre 2001*, cité par Mouhamadou Moustapha AIDARA, *op. cit.* Voir, aussi au Burkina Faso, Conseil constitutionnel, *décision n° 2012-008/CC du 26 avril 2012.*

[395] Consulter, Burkina Faso, Conseil constitutionnel, *décision n° 2024-001/CC du 12 janvier 2024 de vérification du respect de la procédure de révision de la Constitution pour l'adoption de la loi constitutionnelle n° 045-2023 du 30 décembre 2023 portant révision de la Constitution, op. cit.*

Au vu de ce qui précède, les mutations constitutionnelles, à travers les lois de révision, sont enserrées dans des limites.

B) Les limites de la révision

La récurrente problématique de la révision constitutionnelle en Afrique, en raison des causes alléguées et des conséquences constatées, ne cesse d'alimenter la littérature juridique et de susciter, à tort ou à raison, moult commentaires de la doctrine, approbations ou désapprobations de classe politique et de la société civile[396].

Le point nodal de ces réactions porte sur l'opportunité et le caractère peu démocratique de certaines modifications de la loi fondamentale, altérant fortement le suivi de la procédure et le respect des limites de la révision constitutionnelle.

À cet égard, il faut s'en rapporter à l'éclairage de Carl Schmitt, qui traitant volontiers de la Constitution de Weimar, soulignait qu'« un pouvoir de « réviser la Constitution » attribué par une normation de lois constitutionnelles signifie qu'une ou plusieurs dispositions légiconstitutionnelles peuvent être remplacées par d'autres, mais seulement à la condition que l'identité et la continuité de la constitution dans son ensemble soient préservées. Le pouvoir de révision constitutionnelle ne contient donc que le pouvoir d'apporter à des dispositions constitutionnelles des modifications, additions, compléments, suppressions, etc., mais pas le pouvoir de modifier le fondement de sa propre compétence de révision constitutionnelle, de l'élargir ou de la remplacer par un autre (par exemple en modifiant l'article 76 par la procédure de l'article de telle sorte que la majorité simple du Reichstag suffise pour décider d'une révision constitutionnelle »[397].

L'auteur met particulièrement en évidence, la distinction à entretenir entre le pouvoir constituant originaire incarné par la Constitution ou

---

[396] Voir, Marie-Françoise RIGAUX, La théorie des limites matérielles à l'exercice de la fonction constituante, Bruxelles, Larcier, 1985, p .45 et s ; se référer, en droit comparé, Kemal GOZLER, Le pouvoir de révision constitutionnelle, Villeneuve d'Ascq, Presses universitaires du Septentrion, 1997,
https://www.anayasa.gen.tr/pcr.htm (consulté en novembre 2023).

[397] Carl SCHMITT, Théorie de la Constitution, Paris, PUF, 1993, p.169 et s.
Cette vision est partagée par Favoreu qui estime que certains principes sont à la base de l'ordre constitutionnel (démocratie, séparation des pouvoirs, état de droit, etc.) qu'il définit, comme l'ensemble de normes le plus difficile à modifier, à l'opposé du « droit constitutionnel formel », Louis FAVOREU et alii, Droit constitutionnel…, *op. cit.*

Verfassung et le pouvoir constituant dérivé symbolisé par la loi de révision constitutionnelle ou *Verfassungsgesetz.*

L'auteur justifie cette compréhension, en apportant la précision suivante : « La révision constitutionnelle n'équivaut donc pas à l'abrogation de la constitution. (...) la procédure de l'article 76 en Allemagne (organisant la révision de la constitution de Weimar), ne pourrait pas transformer le droit de vote démocratique en un système de soviets ; les éléments fédéralistes que contient la constitution (...) ne peuvent pas être abrogés d'un coup de plume par la procédure de l'article 76, si bien que le Reich allemand deviendrait d'un coup un État unitaire grâce à une révision constitutionnelle. (...) il est donc impossible non seulement sur le plan politique, mais encore sur celui du droit constitutionnel, d'éliminer purement et simplement la Bavière par la voie de l'article 76 (...) même lorsque l'on parle d'une révision totale de la constitution, il convient de respecter la distinction que nous venons d'exposer et d'observer les limites du pouvoir de révision qui en résultent. (...) on peut se demander jusqu'à quel point la révision totale prévue par la constitution fédérale suisse peut produire une constitution entièrement nouvelle (c'est-à-dire une modification de la décision politique sur le genre et la forme de l'existence de l'État), parce que la constitution suisse est purement démocratique et que l'on a évidemment pas envisagé sérieusement une abrogation de ce fondement démocratique ou de la forme démocratique de gouvernement, même dans le cas d'une révision totale »[398].

Pour d'autres auteurs, la longévité constitutionnelle n'est pas déterminée par une apposition intangible de limites, mais par l'adhésion des gouvernés à l'esprit et à l'écrit constitutionnels. Ainsi Barthélémy et Duez écrivaient : « Pour protéger un régime politique déterminé, le législateur constituant inscrit parfois dans son œuvre l'interdiction de toute révision constitutionnelle sur ce point. Ainsi l'article 90 de la constitution brésilienne du 24 février 1891, après avoir posé au paragraphe 1 le principe de la révision constitutionnelle, en excepte au paragraphe 4 la forme républicaine et la forme fédérative de l'État. La constitution norvégienne du 4 novembre 1814 disposait jusqu'en 1907, que les modifications par révision constitutionnelle ne pourraient jamais en altérer les principes et l'esprit. La constitution grecque du 16 novembre 1864 exceptait de la révision constitutionnelle les dispositions fondamentales. La constitution portugaise du 21 mars 1911, prescrit

---

398 Carl SCHMITT, p. 243 et s.

dans son article 82 paragraphe 2, que ne pourront faire l'objet de délibérations les propositions de révision dont le but serait d'abolir la forme républicaine du gouvernement. En Égypte, la constitution du 22 octobre 1930 interdit les propositions de révision relatives à la forme représentative et parlementaire, à l'ordre de succession au trône et aux principes de liberté et d'égalité garantis par la Constitution. C'est l'intangibilité absolue de la République que l'Assemblée nationale de révision a inscrite en 1884 dans l'article 8 de la loi constitutionnelle du 25 février 1875 : la forme républicaine du gouvernement ne peut faire l'objet d'une proposition de révision. Il est évident que toutes ces dispositions ne constituent que de simples vœux, sans force juridique obligatoire pour les successeurs des constituants et pour les générations futures. Tout au plus, pour respecter les formes et la procédure, devrait-on commencer par demander la révision de cet article 8, tel qu'il a été rédigé en 1884 (…). Du strict point de vue juridique, ce procédé est manifestement sans valeur puisqu'il consacre, en somme, l'intangibilité absolue d'une partie de la constitution (…) La force d'une constitution n'est pas dans les barrières de papier imaginées par les constituants ; elle est dans l'adhésion du peuple et dans l'adaptation aux besoins du moment »[399].

Néanmoins, le souci de renforcer l'état de droit et le besoin corrélatif de la protection des droits fondamentaux justifient l'érection de forteresses, de barrières, de limites appelées « *clauses d'intangibilité* » ou « *clauses d'éternité* »[400].

Celles-ci se conçoivent comme des principes et des règles indérogeables, c'est-à-dire, ne pouvant faire l'objet d'aucune révision et qui sont relatives à des périodes dans lesquelles la révision est prohibée notamment entre deux tours du scrutin, en cas d'atteinte à l'unité et à l'intégrité du territoire[401], intérim, circonstances exceptionnelles) ou qui

---

[399] Voir, Joseph BARTHELEMY et Paul DUEZ, Traité élémentaire de droit constitutionnel, 1933 réimprimé en 1985. p. 232 et s.

[400] Voir, art.156 de la Constitution béninoise de 1990 révisée en 2019, art.103 de la Constitution ivoirienne de 2016 révisée en 2020, art.144 de la Constitution togolaise de 1992 et art.94 de la Constitution togolaise du 06 mai 2024.

[401] Mali, Cour constitutionnelle, *Arrêt n° 01-128 du 12 décembre 2001, précité « Considérant que le contrôle de constitutionnalité de la loi portant révision de la constitution consiste à l'analyser pour déterminer si l'autorité qui en a pris l'initiative est habilitée à le faire de par la Constitution, si le quorum indiqué par la Constitution a été atteint lors de son vote par l'Assemblée nationale , si son vote n'a pas eu lieu alors qu'il est porté atteinte à l'intégrité du territoire et enfin si elle n'a pas révisé les normes qui de par la Constitution ne peuvent faire l'objet d'une révision* ».

sont relatives à la forme républicaine de l'État ou du gouvernement[402], au mode d'élection du Président de la République, à la durée du mandat et au nombre de mandats consécutifs du Président de la République, ou encore « *à la laïcité, au multipartisme* », « *au principe de la séparation de l'État et de la religion* », « au *caractère pluraliste de la démocratie* », « *aux principes démocratiques qui régissent la République* »[403], ou selon le constituant malgache, « l*a forme républicaine de l'État, le principe de l'intégrité du territoire national, le principe de la séparation des pouvoirs, le principe d'autonomie des collectivités territoriales décentralisées, la durée et le nombre du mandat du Président de la République…*»[404].

Il va de soi que les juridictions constitutionnelles sollicitées veillent au respect scrupuleux de ces clauses limitatives.

On ne saurait aborder ces limites sans convoquer doctrine, jurisprudence et actualité constitutionnelle[405]. Sur ces plans, la nécessité d'une révision est peu discutée dans son principe, pour adapter aux réalités socioculturelles des normes désuètes, pour consolider l'état de droit, pour passer de situations de transition à des situations de rétablissement de la « légalité constitutionnelle ». Comme le professait Pierre Royer-Collard, « Les Constitutions ne sont pas des tentes dressées pour le sommeil »[406].

Reste le sempiternel débat sur la possibilité de réviser les limites posées à la révision. Au regard de leur fonction protectrice de l'État et du fonctionnement régulier des institutions, leur révision peut porter atteinte à la stabilité constitutionnelle, à la cohérence de la hiérarchie normative et à la séparation des pouvoirs, avec le risque pendant de l'affadissement des droits de la personne humaine. Il est aussi évident,

---

[402] Lire, Jacques ROBERT, « La forme républicaine du Gouvernement », RDP n° 2-2003.

[403] Voir, art.175 de la Constitution nigérienne de 2010, articles 116 et 117 de la Constitution gabonaise de 1991 révisée en 2018, art.64 de la Constitution camerounaise de 1996 révisée en 2008.

[404] Art.163 de la Constitution malgache de 2010.

[405] Lire, Ibrahim SALAMI, « Le pouvoir constituant dérivé à l'épreuve de la justice constitutionnelle béninoise », RTSJ, n° 0000, Janvier/Juin 2011, pp. 45-65 ; Mactar KAMARA, « Supra-constitutionnalité et exercice du pouvoir constituant dérivé », RRJ-Droit prospectif, 2008, n° 3, pp. 1431-1476 ; Jean-Louis ATANGANA-AMOUGOU, « Rigidité et instabilité constitutionnelles dans le nouveau constitutionnalisme africain », Afrique Juridique et politique, Juillet-décembre 2006, Vol. 2, n° 2, pp. 42-87. .

[406] Formule de Pierre Royer-Collard, citée par Jean GICQUEL et Jean-Éric GICQUEL, Droit constitutionnel, *op. cit.*

qu'il est difficile d'opposer un obstacle dirimant au pouvoir constituant entreprenant l'élaboration d'une nouvelle Constitution.

Mais, c'est sur le terrain de l'opportunité et des menaces potentielles à la démocratie et à l'état de droit que se pose trop souvent la question de la révision constitutionnelle en Afrique.

Les Constitutions africaines dites de la « troisième génération » (depuis 1990), pour relever le défi de la démocratie et de l'état de droit, s'approprient de plus en plus de nouveaux principes et valeurs ayant trait au multipartisme, à la reconnaissance des droits et à l'exercice des libertés, à une distribution plus nette du pouvoir politique et à l'institutionnalisation d'une justice constitutionnelle plus efficace.

Dans le cadre du renforcement de la démocratie, on observe une plus grande ouverture vers le multipartisme[407], la stabilisation des règles de compétition électorale[408], la recherche de l'alternance politique à travers la limitation du nombre et de la durée des mandats, la consécration de nouveaux droits fondamentaux[409].

Il en appert que chaque progrès dans ce domaine doit pouvoir trouver un écho par la constitutionnalisation de normes nouvelles, ou par le perfectionnement des normes déjà existantes.

En effet, certaines révisions peuvent introduire des droits nouveaux comme le droit à la santé, le droit à l'environnement, les impératifs liés au développement durable ; renforcer le droit d'accès à la justice constitutionnelle. D'autres révisions peuvent conduire à la création d'institutions renforçant la transparence, à l'amélioration des relations entre l'administration et les usagers, voire même constitutionnaliser la décentralisation territoriale, les systèmes électoraux, la parité entre les hommes et les femmes, la prise en compte de certains groupes sociaux vulnérables comme les minorités, les populations autochtones, etc.

L'instabilité constitutionnelle en Afrique est marquée par une remise en cause récurrente des acquis démocratiques. Dans le cheminement vers la construction de l'état de droit, l'inflation des révisions constitutionnelles

---

[407] Par exemple, c'est par le biais de la révision constitutionnelle que le pluralisme politique fut introduit au Sénégal avant l'instauration du multipartisme intégral par la loi n° 81-16 du 6 mai 1981 portant révision constitutionnelle.

[408] Sénégal, Loi constitutionnelle n° 91-46 du 6 octobre 1991 portant révision de la Constitution.

[409] Il s'agit de la loi constitutionnelle n° 2016-10 du 5 avril 2016. Cf. Ismaïla Madior FALL, La réforme constitutionnelle du 20 mars 2016 au Sénégal. La révision consolidante record, Paris, L'Harmattan, 2017, 200 p.

cache mal un certain tâtonnement dans le choix du régime politique, à travers la suppression-restauration de normes et d'institutions.

Les révisions constitutionnelles « déconsolidantes » semblent révéler, dans leur *modus operandi* et dans leur contenu, plusieurs logiques dont celles relatives à la conservation du pouvoir, à la fidélisation de la clientèle politique, à l''affaiblissement de l'opposition ; toutes choses préjudiciables à la crédibilité de l'état de droit[410]. Il s'agit aussi de celles relatives à la levée de la limitation du nombre de mandats présidentiels, à l'allongement de la durée du mandat du Chef d'État, à, la prorogation de la législature en cours, au durcissement des conditions d'éligibilité à la présidence de la République[411], à la remise en cause des libertés et des droits des citoyens, à la résurgence de la concentration excessive des pouvoirs par le chef de l'État, assurant une pérennité de celui-ci au détriment de la stabilité de la Constitution[412].

En guise de rempart aux dérives du pouvoir constituant institué, le rôle du juge constitutionnel dans la protection de l'état de droit pourrait être plus accru en matière de révision constitutionnelle, à l'instar de son recours aux principes et objectifs à valeur constitutionnelle comme « *le*

---

410 Ismaila Madior FALL, Les révisions constitutionnelles au Sénégal. Révisions consolidantes et révisions déconsolidantes de la démocratie sénégalaise, Dakar, CREDILA, 2011, 218 p ; Francisco MELEDJE DJEDJRO, « Les révisions des constitutions dans les États africains francophones. Esquisse de bilan », Revue du Droit public et de la Science politique en France et à l'étranger, n° 1, 1992, pp. 111-134 ; Jorge MIRANDA, « Le contrôle et les limites de la révision de la Constitution », AIJC, Paris, Economica, XX-2004, pp. 441-457.

411 Stéphane BOLLE, « Les révisions dangereuses. Sur l'insécurité constitutionnelle en Afrique », in Placide Mukwabuhika MABAKA (dir.), Constitutions et risque(s), Paris, L'Harmattan, 2010, p. 252.

412 Gérard CONAC, « L'évolution constitutionnelle des États francophones d'Afrique noire et de la République démocratique malgache », in Gerard CONAC, Les institutions constitutionnelles des États d'Afrique francophone et de la République malgache, Paris, Economica, 1979, p. 7 ; Ahmed Salem OULD BOUBOUTT, « Les juridictions constitutionnelles en Afrique », in Annuaire international de Justice constitutionnelle (AIJC), XIII-1997, pp. 31-45.

consensus national » au Bénin[413], « *la sécurité juridique et la stabilité des Institutions* » au Sénégal[414].

De même, le peuple souvent appelé à entériner les révisions constitutionnelles pourrait, par son statut de « *contre-pouvoir* »[415], exercer ce que François Borella appelle un « *devoir de vigilance soupçonneuse à l'égard du pouvoir* »[416].

À l'image des lois de révision, d'autres textes font également l'objet de controverses sur leur inclusion ou leur exclusion des normes soumises au contrôle de constitutionnalité.

Paragraphe II : Le contrôle des lois référendaires et des textes de droit communautaire dérivé

D'autres points d'interrogation ou de friction en matière d'inclusion ou d'exclusion du contrôle de constitutionnalité se manifestent dans l'examen de conformité des textes législatifs adoptés par référendum (A) et des normes issues du droit communautaire dérivé (B).

A) Le cas des lois référendaires

Dans les sociétés contemporaines, des procédés de démocratie directe sont épisodiquement utilisés. En effet, les démocraties modernes, ne se satisfaisant pas toujours du recours aux seuls représentants de la nation, éprouvent le besoin régulier d'interroger leur présent pour construire leur

---

[413] Voir, ces extraits de la Décision précitée de la Cour constitutionnelle du Bénin *DCC n° 06-074 du 08 juillet 2006 : « Considérant que... si la Constitution a prévu les modalités de sa propre révision, la détermination du peuple béninois à créer un État de droit et de démocratie pluraliste, la sauvegarde de la sécurité juridique et de la cohésion nationale commandent que toute révision tienne compte des idéaux qui ont présidé à l'adoption de la Constitution du 11 décembre 1990, notamment le consensus national, principe à valeur constitutionnelle... »*.

[414] Voir, Décision de la Conseil constitutionnel du Sénégal n° 1/C/2016 du 12 février 2016 selon laquelle « *La sécurité juridique et la stabilité des Institutions, inséparables de l'État de droit dont le respect et la consolidation sont proclamés dans le préambule de la Constitution du 22 janvier 2001, constituent des objectifs à valeur constitutionnelle que toute révision doit prendre en considération, pour être conforme à l'esprit de la Constitution* », www.conseilconstitutionnel.sn.

[415] Abdoulaye SOMA, « Le peuple comme contre-pouvoir en Afrique », RDP, n° 4, 2014, pp. 1019-1049 ; Ibrahim MOUMOUNI, « Le fondement juridique du contre-pouvoir populaire », in Oumarou NAREY (dir.), Séparation des pouvoirs et contre-pouvoirs, Actes des 1ères Journées scientifiques de droit constitutionnel, Paris, L'Harmattan, 2018, pp. 415-437.

[416] François BORELLA, « La situation actuelle du Droit constitutionnel », RFDC n° 89, 2012/1, p. 6.

devenir, en recourant à l'arbitrage de la population, invitée dans le cadre d'un référendum[417], à se prononcer sur des projets ou propositions de loi. Ces textes portent sur des questions d'ordre interne ou d'ordre international, mais toujours d'intérêt vital pour le pays, pour consolider les acquis démocratiques[418], pour trancher des questions qui divisent la société et qui ne sauraient être résolues seulement en usant de la voie parlementaire. L'électorat est ainsi appelé à répondre, par l'affirmative ou la négative, un consentement majoritaire sanctifiant l'adoption du texte[419].

La plupart des États africains prévoient la possibilité de recourir au référendum. Si les Constitutions aménagent les principes fondamentaux et précisent les circonstances dans lesquelles (et les modalités par lesquelles) un projet ou une proposition de loi est adopté(e) par référendum, il revient aux Codes électoraux (partie législative et partie réglementaire) d'en détailler les aspects organisationnels, l'édiction des actes préparatoires(fichier électoral, listes des bureaux de vote, convocation des électeurs, jour du scrutin, conditions de vote, de dépouillement des bulletins de vote, proclamation des résultats et règlement des contentieux y afférant, etc.).

Ainsi, dans la majorité des cas, les États africains utilisent la voie du référendum constitutionnel par recours au pouvoir constituant originaire, lors de l'élaboration d'une nouvelle Constitution [420], ou, moins régulièrement, par recours au pouvoir constituant dérivé, à l'occasion de la modification de la Constitution[421].

L'organisation des pouvoirs publics, la coopération, l'intégration régionale ou sous-régionale, la promotion des droits fondamentaux ou

---

[417] Le référendum peut être constituant ou législatif. Il est dit constituant en cas de recours au pouvoir constituant originaire ou dérivé. Il est dit législatif lorsque l'électorat est invité à se prononcer par rapport à un projet ou proposition de texte relevant matériellement du domaine de la loi.

[418] Art.58 de la Constitution béninoise de 1990 « *Le Président de la République, après consultation du Président de l'Assemblée nationale et du Président de la Cour Constitutionnelle, peut prendre l'initiative du référendum sur toute question relative à la promotion et au renforcement des Droits de l'Homme, à l'intégration sous-régionale ou régionale et à l'organisation des pouvoirs publics* ».

[419] Voir, Conseil constitutionnel du Sénégal, *décision n° 1/C/2001 du 15 janvier 2001*, sur la proclamation résultats du référendum du 07 janvier 2001, qui donnera les résultats suivants : (OUI : 1559432 ; NON : 99108).

[420] Référendum du 18 juin 2023 pour l'adoption du projet de Constitution du Mali ; référendum du 7 janvier 2001 pour l'adoption du projet de constitution du Sénégal.

[421] Au Sénégal, à la suite du référendum, adoption de la loi n° 2016-10 du 5 avril 2016 portant révision de la Constitution (*JORS* numéro spécial 6926 du 7 avril 2016, p. 505).

toute question d'importance fondamentale[422] sont autant d'autres facteurs et hypothèses d'adoption de lois référendaires prévues par ces Constitutions. L'exemple est fourni par le Sénégal où le Président de la République dispose d'un double pouvoir discrétionnaire soit, de soumettre tout projet de loi constitutionnelle au référendum avec cette réserve qu'il doit s'attacher l'avis préalable du Président de l'Assemblée nationale et du Conseil constitutionnel, soit sur proposition du Premier ministre, après avoir recueilli l'avis de ces autorités parlementaire et juridictionnelle, de soumettre tout projet de loi (quelle qu'en soit la matière) au référendum[423].

Dans la même veine, avec quelques légères nuances, l'art.60 de la Constitution malienne de 2023 dispose « *Le Président de la République, sur son initiative ou sur proposition conjointe des deux (02) chambres du Parlement, après avis de la Cour constitutionnelle publié au Journal officiel, peut soumettre, au référendum, toute question d'intérêt national, tout projet de loi portant sur l'organisation des pouvoirs publics, l'approbation d'un accord d'union ou l'autorisation de ratification d'un traité qui, sans être contraire à la Constitution, aurait des incidences sur le fonctionnement des institutions. Lorsque le référendum a conclu à l'adoption du projet, le Président de la République le promulgue dans les délais prévus à l'article 59* »[424].

D'une manière plus libérale, un pouvoir discrétionnaire holistique ressort des attributions constitutionnelles du Chef de l'État en Côte d'Ivoire, puisqu'en vertu de l'art. 75, « *Le Président de la République, après consultation du bureau du Congrès, peut soumettre au référendum tout texte ou toute question qui lui paraît devoir exiger la consultation*

---

[422] Une alternative : le Président de la République « *peut sur toute question importante à caractère national, décider en Conseil des ministres, de recourir directement à l'expression de la volonté du peuple par voie de référendum…* », art.55, 5° de la Constitution de Madagascar.

[423] Art.51 de la Constitution de 2001 « *Le Président de la République peut, après avoir recueilli l'avis du Président de l'Assemblée nationale et du Conseil constitutionnel, soumettre tout projet de loi constitutionnelle au référendum.*
Il peut, sur proposition du Premier ministre et après avoir recueilli l'avis des autorités indiquées ci-dessus, soumettre tout projet de loi au référendum.
Les Cours et Tribunaux veillent à la régularité des opérations de référendum. Le Conseil constitutionnel en proclame les résultats ». Cet article, modifié, est issu de l'article 4 de la loi constitutionnelle n° 2012-16 du 28 septembre 2012 portant révision de la Constitution (JORS, numéro spécial 6688 du 28 septembre 2012, p. 1187).

[424] Voir, dans ce sens, les articles 60 de la Constitution du Mali, 58 de la Constitution du Bénin, 75 de la Constitution de la Côte d'Ivoire.

directe du peuple. Lorsque le référendum a conclu à l'adoption du texte, le Président de la République le promulgue dans les délais prévus à l'article 74 alinéa 2 »[425].

Néanmoins, le large pouvoir d'initiative du Président est contrebalancé par l'existence de limites, notamment lorsqu'il s'agit de matières relevant du droit des traités dont l'approbation ou la ratification est conditionnée par la consultation de populations intéressées[426].

Par ailleurs, une différenciation s'établit dans l'intervention des juridictions en matière d'appréhension du contentieux de la loi référendaire.

Dans certains États, les juridictions constitutionnelles, à l'instar du Conseil constitutionnel français, déclinent toute compétence pour exercer un contrôle de conformité de cette catégorie de loi s'arcboutant sur l'argument que la loi référendaire est l'expression directe de la souveraineté du peuple et qu'elle est insusceptible de censure. La jurisprudence fondatrice de cette position est la décision de 1962, dont voici des extraits : « 2. *Considérant que, si l'article 61 de la Constitution donne au Conseil constitutionnel mission d'apprécier la conformité à la Constitution des lois organiques et des lois ordinaires qui, respectivement, doivent ou peuvent être soumises à son examen, sans préciser si cette compétence s'étend à l'ensemble des textes de caractère législatif, qu'ils aient été adoptés par le peuple à la suite d'un référendum ou qu'ils aient été votés par le Parlement, ou si, au contraire, elle est limitée seulement à cette dernière catégorie, il résulte de l'esprit de la Constitution qui a fait du Conseil constitutionnel un organe régulateur de l'activité des pouvoirs publics, que les lois que la Constitution a entendu viser dans son article 61 sont uniquement les lois votées par le Parlement et non point celles qui, adoptées par le Peuple à la suite d'un référendum, constituent l'expression directe de la souveraineté nationale ;*

3. Considérant que cette interprétation résulte également des dispositions expresses de la Constitution et notamment de son article 60 qui

---

[425] Art.75 de la Constitution ivoirienne de 2016.

[426] Art.96 de la Constitution « *Les traités de paix, les traités de commerce, les traités ou accords relatifs à l'organisation internationale, ceux qui engagent les finances de l'État, ceux qui modifient les dispositions de nature législative, ceux qui sont relatifs à l'état des personnes, ceux qui comportent cession, échange ou adjonction de territoire ne peuvent être ratifiés ou approuvés qu'en vertu d'une loi. Ils ne prennent effet qu'après avoir été ratifiés ou approuvés Nulle cession, nulle adjonction de territoire n'est valable sans le consentement des populations intéressées* ». Voir, aussi, l'art.145 de la Constitution du Bénin, l'art.137 de la Constitution malgache.

détermine le rôle du Conseil constitutionnel en matière du référendum et de l'article 11 qui ne prévoit aucune formalité entre l'adoption d'un projet de loi par le peuple et sa promulgation par le Président de la République ;

4. Considérant, enfin, que cette même interprétation est encore expressément confirmée par les dispositions de l'article 17 de la loi organique susmentionnée du 7 novembre 1958 qui ne fait état que des "lois adoptées par le Parlement" ainsi que par celles de l'article 23 de ladite loi qui prévoit que "dans le cas où le Conseil constitutionnel déclare que la loi dont il est saisi contient une disposition contraire à la Constitution sans constater en même temps qu'elle est inséparable de l'ensemble de la loi, le Président de la République peut promulguer la loi à l'exception de cette disposition, soit demander aux Chambres une nouvelle lecture" ;

5. Considérant qu'il résulte de ce qui précède qu'aucune des dispositions de la Constitution ni de la loi organique précitée prise en vue de son application ne donne compétence au Conseil constitutionnel pour se prononcer sur la demande susvisée par laquelle le Président du Sénat lui a déféré aux fins d'appréciation de sa conformité à la Constitution le projet de loi adopté par le Peuple français par voie de référendum le 28 octobre 1962 (...) Le Conseil constitutionnel n'a pas compétence pour se prononcer sur la demande susvisée du Président du Sénat … »[427].

Cette position est partagée par certains États comme le Sénégal où le Conseil constitutionnel prononce invariablement son incompétence à connaître de la constitutionnalité de ces lois. Ainsi dans l'*Affaire n° 5/2000, Décision du 16 novembre 2000*, le Conseil constitutionnel, saisi pour avis par le Président de deux textes dont l'un organisait un référendum et l'autre convoquait le corps électoral sur la base de l'art.46 de la Constitution de 1963, révisée, a été d'avis : « (…) 2. *Considérant que l'article 46 de la Constitution dispose* : « le *Président de la République peut, sur la proposition du Premier ministre et après avoir consulté les présidents des assemblées et recueilli l'avis du Conseil constitutionnel, soumettre tout projet de loi au référendum » ;*

[427]France, Conseil constitutionnel, *décision n° 62.20 DC du 6 novembre 1962, in* Louis FAVOREU, Patrick GAIA, Richard GHEVONTIAN, Ferdinand MELIN-SOUCRAMANIEN, André ROUX, Éric Oliva, Loïc PHILIP, Les grandes décisions du Conseil constitutionnel, Paris, Dalloz, coll. « Les Grands arrêts », 2013.

3. Considérant que la législation sénégalaise ne contient aucune disposition constitutionnelle ou légale fixant les modalités d'organisation du référendum :

4. Considérant qu'en l'absence d'une telle disposition, il appartient au pouvoir règlementaire d'en fixer les règles ; qu'en l'absence de disposition législative, le Président de la République peut prendre toutes mesures règlementaires relatives à l'organisation du référendum ».

Cette jurisprudence a été réitérée par le même Conseil en 2005 sur saisine du PR pour avis relatif à deux textes, le projet de loi modifiant l'article 60 de la Constitution et le projet de loi ordinaire repoussant la date des élections législatives au jour du premier tour du scrutin de l'élection présidentielle de 2007. Il se prononcera ainsi : « 1. *Considérant que la Constitution et la loi organique susvisées ont strictement délimité la compétence du Conseil constitutionnel ; que celui-ci ne saurait être appelé à statuer ou à émettre un avis dans d'autres cas que ceux qu'ils ont expressément prévus ;*

2. Considérant que le Conseil constitutionnel ne peut être saisi par le Président de la République pour avis que, lorsqu'en vertu de l'article 51 de la Constitution, il décide de soumettre tout projet de loi constitutionnelle ou sur proposition du Premier ministre tout projet de loi, au référendum, (...) le Conseil constitutionnel n'a pas compétence pour répondre en l'espèce à la demande d'avis du Président de la République. ...»[428].

Dans l'examen de l'intervention des juridictions constitutionnelles, différents moments peuvent être identifiés :

– avant le référendum, avec la consultation sollicitée par l'Exécutif sur le projet ou la proposition de loi ;

– après le référendum avec le contrôle de la régularité des opérations précédant la proclamation définitive des résultats.

Cependant, l'immunité grandement offerte à la loi référendaire[429] ne devrait pas incliner à passer outre à de graves irrégularités de fond ou

---

[428] Sénégal, Conseil constitutionnel, *décision n° 1/2005 du 7 septembre 2005.*

[429]Généralement, le droit administratif des États francophones d'Afrique subsaharienne reconnait que la décision du PR de recourir au référendum constitue un acte de gouvernement insusceptible de REP puisqu' animé par un mobile politique et intervenant au plus haut niveau des relations internationales ou des relations entre les pouvoirs constitutionnels, (suivant en cela une jurisprudence française du Conseil d'État *Ass., 19 octobre 1962, Brocas, CE, Laffitte 1822, CE Prince Napoléon, 1875...*).

de forme constatées dans les actes préparatoires ou affectant la sincérité des opérations de vote, sauf à s'en remettre à la théorie de l'influence déterminante[430] ou à ranger dans le placard des pertes et profits, toute allégation de vice pour ne pas froisser les susceptibilités d'un électorat souvent instrumentalisé par la classe politique contre les décisions à elle défavorables rendues par les juridictions constitutionnelles.

Se pose alors la question de savoir, si la duplication de l'art.11 de la Constitution française, peut être envisagée en Afrique. On se souvient que l'art.11 de ladite Constitution (version d'origine) permettait de « *soumettre au référendum tout projet de loi portant sur l'organisation des pouvoirs publics* »[431] et avait été utilisé en 1962 par le Général de

---

Pour Louis Favoreu, « l'immunité juridictionnelle des actes de l'exécutif regroupés sous le vocable actes de gouvernement est due à l'absence de juge compétent, et que ce juge, dont la compétence fait défaut, est le juge constitutionnel ». Voir, René CHAPUS, « L'acte de gouvernement, monstre ou victime ? », Dalloz, 1958, chronique II, pp.5-10 ; Demba SY, Droit administratif, *op. cit.*

[430] La technique de l'influence déterminante est utilisée par le juge électoral pour identifier de graves irrégularités dans l'organisation et le déroulement du scrutin susceptibles d'entacher la sincérité des opérations électorales. Le juge ne se résout à annuler totalement ou partiellement les élections que si ces irrégularités ont eu une influence déterminante sur les résultats des élections. En tout état de cause, en plus de ce pouvoir d'annulation, le juge constitutionnel dispose du pouvoir de redressement (correction, rectification ou réformation) des résultats. Comme l'explicitait l'ancien président du CCS, feu Youssoufa Ndiaye, « *Lorsque le juge a à connaître d'un litige électoral, il doit être guidé par le souci de faire respecter la sincérité du scrutin, c'est-à-dire la volonté du corps électoral ainsi, il ne doit pas procéder à des annulations systématiques. Il ne peut le faire que lorsqu'il a acquis la conviction que la volonté des électeurs a été trahie et de manière telle qu'il est impossible de la reconstituer a posteriori de façon certaine* », *in Le Soleil* (quotidien sénégalais) du 5 avril 1993 p. 5. Voir, Sénégal, Conseil constitutionnel, *décision sur les affaires N°12 à 29/E/98 du 18 juin 1998 ; Conclusions* de L. TOUVET sous *CE, 18 décembre 1996, Élections municipales de Vitrolles, R.D.P,* 1997, p. 592 ; Ousmane KHOUMA, « La sincérité du scrutin présidentiel devant les juridictions constitutionnelles africaines (les exemples du Bénin, de la Côte d'Ivoire, du Mali et du Sénégal) », Afrilex, 2013, p. 32.

[431]La version initiale de l'art.11, en 1962 était ainsi rédigée : « *Le Président de la République, sur proposition du Gouvernement pendant la durée des sessions ou sur proposition conjointe des deux assemblées, publiées au Journal officiel, peut soumettre au référendum tout projet de loi portant sur l'organisation des pouvoirs publics, comportant approbation d'un accord de la Communauté ou tendant à autoriser la ratification d'un traité qui, sans être contraire à la Constitution, aurait des incidences sur le fonctionnement des institutions. Lorsque le référendum a conclu à l'adoption du projet de loi, le Président de la République le promulgue dans le délai prévu à l'article précédent.* ».

L'article 11 , modifié par la loi constitutionnelle du 4 août 1995 et à la suite de la révision constitutionnelle du 23 juillet 2008, dispose dorénavant : « *Le Président de*

Gaulle, au point de susciter les débats passionnés de la classe politique[432] et de soulever l'ire de certains doctrinaires qui ne s'étaient pas privés de rappeler la formule de « fraude à la Constitution » chère à Liet-Veaux[433].

---

la République, sur proposition du Gouvernement pendant la durée des sessions ou sur proposition conjointe des deux Assemblées, publiées au Journal Officiel, peut soumettre au référendum tout projet de loi portant sur l'organisation des pouvoirs publics, sur des réformes relatives à la politique économique, sociale ou environnementale de la nation et aux services publics qui y concourent, ou tendant à autoriser la ratification d'un traité qui, sans être contraire à la Constitution, aurait des incidences sur le fonctionnement des institutions.
Lorsque le référendum est organisé sur proposition du Gouvernement, celui-ci fait, devant chaque assemblée, une déclaration qui est suivie d'un débat.
Un référendum portant sur un objet mentionné au premier alinéa peut être organisé à l'initiative d'un cinquième des membres du Parlement, soutenue par un dixième des électeurs inscrits sur les listes électorales. Cette initiative prend la forme d'une proposition de loi et ne peut avoir pour objet l'abrogation d'une disposition législative promulguée depuis moins d'un an.
Les conditions de sa présentation et celles dans lesquelles le Conseil constitutionnel contrôle le respect des dispositions de l'alinéa précédent sont déterminées par une loi organique.
Si la proposition de loi n'a pas été examinée par les deux assemblées dans un délai fixé par la loi organique, le Président de la République la soumet au référendum.
Lorsque la proposition de loi n'est pas adoptée par le peuple français, aucune nouvelle proposition de référendum portant sur le même sujet ne peut être présentée avant l'expiration d'un délai de deux ans suivant la date du scrutin.
Lorsque le référendum a conclu à l'adoption du projet ou de la proposition de loi, le Président de la République promulgue la loi dans les quinze jours qui suivent la proclamation des résultats de la consultation ». Voir , Christian BIGAUT, Les révisions de la Constitution de 1958, Paris, La documentation française, 2000 ; Romain RAMBAUD, « Le Conseil constitutionnel n'écarte pas les lois fiscales du champ du référendum », *L'actualité juridique. Droit administratif*, 16 janvier 2023 ; Gérard CONAC, « *Les débats sur le référendum sous la Ve République* », Pouvoirs n° 77, avril 1996, pp. 97-110.

432 Le procédé était contesté par le Président du Sénat, Gaston de Monnerville qui avait accusé le Premier ministre, Georges Pompidou, de « forfaiture ». Après l'adoption de la motion de censure contre le Gouvernement Pompidou, l'Assemblée nationale sera dissoute. Le texte soumis au référendum sera approuvé à 62 % des suffrages exprimés. Saisie par le Président du Sénat, le Conseil constitutionnel décline sa compétence quant à cette loi, à la fois constitutionnelle et référendaire.

433 Georges Liet-Veaux définit la notion de fraude à la constitution comme le procédé « par lequel la lettre des textes est respectée, tandis que l'esprit de l'institution est renié. Respect de la forme pour combattre le fond, c'est la fraude à la constitution », Georges LIET-VEAUX, « La 'fraude à la constitution' : essai d'une analyse juridique des révolutions communautaires récentes », Revue du droit public, 1943, p. 116 ; Séni Mahamadou OUEDRAOGO La lutte contre la fraude à la constitution en Afrique noire francophone, Université Montesquieu, Bordeaux IV, 2011, 449 p.

En réalité, une telle hypothèse n'a pas été réalisée, les constituants ayant, souvent, au moins sur le plan textuel, posé des garde-fous, encadrant le recours au référendum. Mais, le réalisme montre que la tentation est grande, lors de la survenance de situations d'exception d'user de stratégies de contournement des procédures normales de révision, notamment en recourant à des référendums à l'issue programmée à la faveur de changements anticonstitutionnels de gouvernement, de proclamation d'état d'exception, de périodes de transition amenant à subjuguer l'écrit constitutionnel, sacrifié, alors, sur l'autel d'une prétendue recherche « de la paix et de la réconciliation nationale ».

Par ailleurs, l'inclusion des textes de droit communautaire soulève aussi quelques difficultés.

B) Le cas du droit communautaire dérivé

La justice constitutionnelle est, en l'occurrence, caractérisée par la consécration indubitable de l'autorité des traités internationaux sur les lois.

Quant au rapport entre le droit communautaire et le droit interne[434], le droit communautaire l'emporte sur toute disposition nationale. Le principe de la primauté implique pour l'État, interdiction d'appliquer une mesure contraire au Traité communautaire. Il entraîne aussi l'obligation pour l'État d'interpréter tout son droit national en conformité avec le droit communautaire et, le cas échéant, de réparer les conséquences dommageables de son non-respect[435].

La Cour de l'UEMOA l'a rappelé dans son *Avis n° 001/2003 du 18 mars 2003* : « *La primauté bénéficie à toutes les normes communautaires, primaires comme dérivées, immédiatement applicables ou non, et s'exerce à l'encontre de toutes les normes nationales, administratives, législatives, juridictionnelles, et même constitutionnelles, parce que l'ordre juridique communautaire l'emporte dans son intégralité sur les ordres juridiques*

[434] Voir, en général, Serge François SOBZE, « L'harmonisation des processus d'intégration en Afrique noire francophone », *Unif. L. Rev.*, 2021, 1–33 doi:10.1093/ulr/unab009 (consulté le 10 octobre 2023) ; Samuel-Jacques PRISO-ESSAWE, « Fondements constitutionnels de l'intégration régionale en Afrique : De l'opérationnalité du concept d'« Unité africaine » ,*UNU-CRIS Working Papers*, W-2014/11, 24 p., www.cris-unu.edu.

[435] Dans le cadre de l'UEMOA, l'art. 6 du Traité du 10 janvier 1994 a le mérite d'être clair : *« Les actes arrêtés par les organes de l'Union pour la réalisation des objectifs du présent Traité et conformément aux règles de procédures instituées par celui-ci, sont appliqués dans chaque État membre nonobstant toute législation nationale contraire antérieure ou postérieure ».*

nationaux (...) ; Ainsi, le juge national, en présence d'une contrariété entre le droit communautaire et une règle de droit interne, devra faire prévaloir le premier sur la seconde en appliquant l'un et en écartant l'autre »[436].

Le droit communautaire est un système de normes, commandant une hiérarchie à son avantage Aussi, distingue-t-on le droit communautaire principal (originaire ou primaire) composé des traités et protocoles des organisations d'intégration, du droit communautaire dérivé, qui est lui formé des actes juridiques adoptés par les organes ou institutions de ces organisations agissant comme exécutants.

Si, en général, le traitement juridique des Traités et Protocoles communautaires est identique à celui des autres conventions internationales, la difficulté à laquelle le juge constitutionnel se heurte, est relative au droit dérivé dont la pluralité normative emprunte des effets différents pour les directives, Actes uniformes, Actes additionnels, Règlements, Décisions, avis et recommandations[437].

S'agissant des règlements de la CEDEAO, de l'UEMOA ou de la CEMAC, ils bénéficient du caractère obligatoire dès leur adoption par les organes faitiers (Conférence des Chefs d'États et de gouvernement, Conseils des ministres) avec en plus un effet direct (*self executing*) et un effet immédiat (sans avoir besoin de ratification). Bien que n'étant pas *proprio motu* des traités, mais des actes unilatéraux des organisations internationales, ils ne sauraient, néanmoins, être distincts du groupe générique « d'engagements internationaux ». Leur méconnaissance par l'État membre conduit à une éventuelle mise en jeu de la responsabilité internationale de l'État fautif.

Sur le plan contentieux, ils s'imposent également dans l'ordre juridique interne. La Cour constitutionnelle du Togo précise ainsi le caractère et les effets du règlement communautaire : « 7. Considérant que le Règlement, de nature essentiellement normative, a une portée impersonnelle et générale, obligatoire dans tous ses éléments et est directement applicable dans tout État membre ; qu'il est l'acte le plus

[436] *Cour de Justice de l'UEMOA, Avis n° 001/2003 du 18 mars 2003, op. cit.*

[437] Les règlements communautaires sont obligatoires dans tous leurs éléments, immédiatement et directement applicables dans tout État membre. Les directives lient tout État membre destinataire quant au résultat à atteindre tout en laissant aux instances nationales leur compétence en ce qui concerne la forme et les moyens. Les décisions sont obligatoires dans tous leurs éléments pour les destinataires qu'elles désignent. Les recommandations et les avis ne lient pas.

complet, le plus supranational et le plus efficace dans la panoplie des actes juridiques des institutions d'intégration économique régionale ; Qu'il crée un même droit dans tout l'ordre juridique communautaire sans tenir compte des frontières, en étant valable uniformément et intégralement dans tous les États membres ; qu'ainsi, il est interdit aux États membres d'appliquer de manière incomplète les dispositions d'un Règlement ou de procéder à une sélection parmi celles-ci ; Que son applicabilité directe dans tous les États membres signifie que, sans nécessité d'aucune mesure portant réception dans le droit national, il a une validité automatique dans l'ordre juridique concerné et comme tel s'adresse non pas à des destinataires limités, désignés ou identifiables, mais à des catégories de personnes envisagées de manière générale et abstraite et confère des droits et/ou impose des obligations aux États membres, à leurs organes et aux particuliers, comme le fait la loi nationale ; 8. Considérant que dans l'ordre juridique des États membres d'une organisation d'intégration économique régionale, le Règlement est supérieur aux lois ordinaires et aux autres dispositions nationales infra-législatives ; que le Règlement est en dessous de la Constitution et, de manière générale, à l'ensemble du bloc de constitutionnalité et des traités; qu'il en résulte que les dispositions nationales contraires se situant dans le champ du Règlement sont de droit abrogées à l'exception des droits fondamentaux remis en cause par ledit Règlement ; Qu'en conséquence, toute institution d'un État membre d'une organisation d'intégration économique régionale a l'obligation d'appliquer intégralement le Règlement communautaire et de protéger les droits que celui-ci confère directement aux particuliers, en laissant inappliquée toute disposition de la législation nationale éventuellement contraire »[438].

Pour les Actes uniformes, au stade de projets, ils sont préparés par le Secrétariat permanent en concertation avec les gouvernements des États parties, délibérés et adoptés par le Conseil des ministres, après avis de la Cour Commune de Justice et d'Arbitrage. L'article 10 du Traité OHADA confère une grande autorité à ces Actes uniformes, en disposant : *« Les Actes uniformes sont directement applicables et obligatoires nonobstant toute disposition contraire de droit interne, antérieure ou postérieure ».*

[438]Cour constitutionnelle du Togo, *Affaire Maître Akakpo Assignon Kokouda c/Ordre des Avocats du Togo, Décision n° C -003/20 du 13 mai 2020.*

Quant aux Actes additionnels, adoptés dans le cadre de la CEDEAO de la CEMAC ou de l'UEMOA, ils complètent les dispositions des traités communautaires, mais sans les modifier.

Toutefois, il faut nuancer l'application du principe de primauté en le modulant en fonction des actes de droit communautaire dérivé. Le cas des directives est significatif. Celles-ci doivent leur caractère obligatoire quant aux résultats fixés par ces textes, les États membres, dans l'entreprise de transposition, gardant *mutatis mutandis* le pouvoir discrétionnaire quant aux moyens d'action (loi, ordonnance, décret, arrêté) pour l'atteinte des buts énoncés[439]. Dans ce cadre, la transposition de la directive[440] est subordonnée à la satisfaction des conditions relatives aux objectifs énumérés dans ce texte, mais également, à la nature de la matière selon qu'elle relève, au niveau national, du domaine de la loi ou du domaine du règlement. Dès lors que ces exigences sont respectées, le contrôle du

---

[439] C'est le sens dans lequel s'est inscrite aussi la Cour du Bénin, en décidant : «*De la lecture combinée de ces dispositions (art. 98, 99, 100 et 112 de la Constitution), il ressort qu'en matière de finances publiques, seules la loi de finances de l'année, la loi de finances rectificative, la loi de règlement et la loi organique de finances relèvent de la compétence du législateur ; qu'en conséquence, toute autre matière, en l'occurrence des règles de transparence dans la gestion des finances publiques, que du reste le législateur communautaire n'a pas cru devoir inclure dans la directive n° 06/2009/CM/UEMOA portant loi de finances, ne peut relever que du domaine réglementaire ; que dès lors, il échet pour la Cour de dire et juger que le décret n° 2015-035 du 29 janvier 2015 portant code de transparence dans la gestion des finances publiques en République du Bénin n'est pas contraire à la Constitution* » (Bénin, Cour constitutionnelle, *Décision DCC 18-031 du 8 février 2018*).

[440] Concernant cette norme de droit dérivé, la CC du Bénin poursuivait ,ainsi, dans la décision précitée : « *Considérant que les directives communautaires relèvent de la catégorie des normes communautaires dérivées ; qu'elles sont élaborées et adoptées par le Conseil des ministres de l'Union ; Considérant qu'aux termes de l'article 43 alinéa 2 du traité de l'UEMOA du 10 janvier 1994, les directives « lient tout État quant aux résultats à atteindre », mais laissent, quant à leur internalisation, le choix aux États d'adopter la forme et les moyens compatibles avec les règles internes d'organisation des pouvoirs publics ; que dans ces conditions et en l'absence de dispositions constitutionnelles expresses, la transposition d'une directive communautaire dans le droit positif national doit s'opérer conformément aux règles de compétence et de procédure prévues par la Constitution ; que la mesure de transposition ne peut que relever, soit du domaine de la loi soit du domaine réglementaire suivant les règles constitutionnelles de répartition des compétences entre le législateur et l'exécutif ; Considérant que si la Cour n'a pas compétence pour opérer un contrôle de conventionnalité sur le décret en cause, il est, en revanche de sa compétence de s'assurer du respect des règles constitutionnelles en ce qui concerne la transposition d'une directive communautaire dans le droit positif national* » (Cour constitutionnelle, *Décision n° DCC 18-031 du 08 février 2018, précitée*).

texte de transposition ne peut aboutir qu'à une déclaration de conformité. Le Conseil constitutionnel du Sénégal s'est exprimé dans ce sens : *« Considérant qu'après avoir rappelé dans le préambule de la Constitution l'attachement du peuple sénégalais à l'idéal de l'unité africaine, le Constituant a prévu, dans l'article 96, alinéa 3 de la Constitution, que la République du Sénégal peut conclure avec tout État africain des accords d'association ou de communauté comprenant abandon partiel ou total de souveraineté dès lors que lesdits accords ont pour objet la réalisation de l'unité africaine; Considérant que, s'inscrivant dans « la logique des efforts d'intégration régionale en Afrique », le Sénégal et d'autres États africains ont adopté le Traité instituant l'Union Économique et Monétaire Ouest africaine (UEMOA) ; Considérant qu'il résulte des articles 6, 7 et 43 du Traité de l'UEMOA, que les actes arrêtés par les organes de l'Union sont appliqués dans chaque État membre nonobstant toute législation nationale contraire, antérieure ou postérieure, que tous les États apportent leur concours à la réalisation des objectifs de l'Union en prenant toutes mesures générales ou particulières propres à assurer l'exécution des obligations découlant du Traité, en s'abstenant à cet effet de toutes mesures susceptibles de faire obstacle à son application et que les organes de l'Union peuvent adopter des directives qui lient tous les États membres quant aux résultats à atteindre ;Considérant que, parmi les obligations qui découlent pour l'État du Sénégal de la conclusion de cet accord, il y a celle de respecter les exigences communautaires en procédant notamment à la transposition, en droit interne, des directives communautaires ; Considérant que la République du Sénégal a procédé, en adoptant une loi organique, à la transposition de la Directive n° 06/2009/CM/UEMOA du 26 juin 2009 portant lois de finances au sein de l'Union Économique et Monétaire Ouest africaine ; qu'il appartient, dans ces conditions, au Conseil constitutionnel d'apprécier, au regard des dispositions des articles 67 et 78, alinéa 2 de la Constitution, la conformité aux exigences constitutionnelles du choix de la nature de la mesure de transposition et de la régularité de la procédure suivie ; Considérant, en ce qui concerne la nature de l'acte de transposition, qu'en vertu des articles 67, alinéa 4 et 68, alinéa 1 de la Constitution, les lois de finances déterminent les ressources et les charges de l'État dans les conditions et sous les réserves prévues par une loi organique et que l'Assemblée nationale vote les lois de finances dans les conditions fixées par une loi organique ;(...) Considérant que la loi organique soumise à l'examen du Conseil constitutionnel est une reproduction de la Directive n° 06/2009/CM/UEMOA du 26 juin 2009 qu'elle a pour objet de transposer ; qu'elle a été adoptée par l'Assemblée nationale conformément aux dispositions constitutionnelles (...)* »[441].

Le droit dérivé de l'OHADA a également inspiré des décisions constitutionnelles. L'originalité de l'OHADA réside dans la nomenclature des actes de droit dérivé, singulièrement les Actes uniformes. Ceux-ci une fois adoptés par le Conseil des ministres ; entrent en vigueur après quatre-vingt-dix jours. Leur effet, en vertu de l'art.10 du Traité est qu'ils sont supérieurs à toute loi nationale, qu'elle soit antérieure ou postérieure.

Dans le même sillage, on ne manquera pas de souligner la particularité des recours dans le cadre de l'OHADA. Ici, la Cour commune de justice et d'arbitrage (CCJA) saisie d'un recours en cassation, se prononce sur toutes les décisions rendues, en dernier ressort sur le plan national, dans toutes les affaires soulevant des questions relatives à l'application des Actes uniformes et des Règlements. L'art. 14 al. 3 du Traité OHADA et l'art.28 du Règlement de procédure confient à la CCJA le traitement des questions relatives à l'application des Actes uniformes et des Règlements prévus au Traité. En cas de cassation, la CCJA évoque l'affaire (art. 14 § 5) et statue sans renvoi[442].

Ainsi, pour attester de cette primauté du droit communautaire au Sénégal, il est admis, de l'avis d'Idrissa Sow que, « désormais toute affaire dont l'un des moyens de cassation met en œuvre l'application et l'interprétation d'une disposition d'un acte uniforme est systématiquement renvoyée devant la Cour commune de Justice et d'Arbitrage »[443].

Du fait que la CCJA accepte qu'il ne suffit pas de fonder sa propre compétence sur la simple invocation, à des fins dilatoires, de la méconnaissance d'une norme OHADA, la Cour suprême du Sénégal par un arrêt de 2012 s'est reconnue compétente pour connaître d'une décision relative à un bail à usage commercial, pourtant régie par le droit OHADA, en estimant que les moyens à l'appui du pourvoi n'appelaient ni l'application ni l'interprétation d'un Acte Uniforme[444].

---

441 Sénégal, Conseil constitutionnel, *décision n° 1/C/2020 du 24 février 2020* (à propos de la LOLF transposant la directive de l'UEMOA).

442 Se référer à Saidou Nourou TALL, Droit du contentieux international africain, Paris, L'Harmattan, 2018, 550 p.

443 Sénégal, Cour suprême, *arrêt du 20 juin 2012, Veritas c. SIPRES et autres.*

444 Voir les commentaires, *Cour suprême, Audience solennelle de rentrée des Cours et Tribunaux, Année 2014-2015 Thème : L'application des règles communautaires par le juge sénégalais, Discours d'usage prononcé par Monsieur Idrissa Sow*, Conseiller référendaire à la Cour suprême.

Le juge national est pourtant tenu de garantir la suprématie des règles communautaires sur les lois nationales. Mais, le principe de primauté peut conduire à une impasse dans l'hypothèse où le standard de protection des droits fondamentaux est de niveau inférieur par rapport à la protection de ces droits au niveau constitutionnel[445].

En droit comparé, s'est posée la question de la protection des droits et libertés par la Loi fondamentale allemande dans les affaires « *So Lange I* »[446] et « *So Lange II* »[447] « aussi longtemps que » (*so lange*) une protection comparable est absente en droit européen.

En effet, si dans la première espèce, la Cour se déclare compétente pour apprécier la conformité d'un acte de droit dérivé par rapport à la Constitution aussi longtemps que le droit européen serait d'une moindre protection que la Loi fondamentale allemande. La juridiction précisera en 1986 qu' *: « Aussi longtemps que les Communautés européennes, et notamment la jurisprudence de la Cour de justice des Communautés, garantiront de façon générale une protection efficace des droits fondamentaux contre le pouvoir souverain des Communautés, d'une manière qui puisse être considérée comme substantiellement égale à la protection des droits fondamentaux que la Loi fondamentale impose de façon indisponible et garantiront notamment de façon générale le contenu substantiel des droits fondamentaux, la Cour constitutionnelle fédérale n'exercera plus sa juridiction sur l'applicabilité* du *droit communautaire dérivé qui sera invoqué comme fondement du comportement de tribunaux et d'autorités allemandes dans le champ de souveraineté de la République fédérale d'Allemagne… »*[448].

---

[445] Voir, Walter Têtê FOLIKOUE, « Les rapports entre la Cour constitutionnelle béninoise et les juridictions communautaires africaines », in Études en l'honneur du Professeur Théodore Holo, Tome 2, pp. 197-222.

[446] République Fédérale d'Allemagne, Cour constitutionnelle fédérale, *Arrêt du 29 mai 1974,* 2 BvL 52/71, Recueil BVerfGE 37. Consulter, Christine LANGENFELD, « La jurisprudence récente de la Cour constitutionnelle allemande relative au droit de l'Union Européenne », *Titre VII*, Les Cahiers du Conseil constitutionnel, [en ligne], n° 2, *De l'intégration des ordres juridiques : droit constitutionnel et droit de l'Union européenne*, avril 2019. URL:https://www.conseil-constitutionnel.fr/publications/titre-vii/la-jurisprudence-recente-de-la-cour-constitutionnelle-allemande-relative-audroit-de-l-union.

[447]République Fédérale d'Allemagne, Cour constitutionnelle fédérale, *Arrêt du 22 octobre 1986 « So lange II ». Lire,* Christian AUTEXIER, « Commentaire de la décision du 22 octobre 1986 Solange II », AIJC, 3-1987, 1989. La liberté de l'information. pp. 419-447.

[448] Voir, Christian AUTEXIER, *op. cit.*

Si l'argumentation développée par la Cour de Karlsruhe en faveur du droit fédéral est satisfaisante pour les justiciables, l'éviction légère du droit communautaire européen a suscité la réaction attendue de la CJCE (CJUE), d'élever davantage le niveau de protection communautaire des droits fondamentaux, en dressant depuis lors, un véritable et impressionnant catalogue des droits et libertés dans l'espace communautaire[449].

Le patriotisme constitutionnel s'est également invité, à travers l'expression de « *principe inhérent à l'identité constitutionnelle de la France* » dans le cadre de l'examen de conformité d'une loi transposant une directive communautaire : « *16. Considérant que le titre I de la loi déférée a pour objet de transposer la directive du 22 mai 2001 susvisée sur l'harmonisation de certains aspects du droit d'auteur et des droits voisins dans la société de l'information ;*

17. Considérant qu'aux termes du premier alinéa de l'article 88-1 de la Constitution : « La République participe aux Communautés européennes et à l'Union européenne, constituées d'États qui ont choisi librement, en vertu des traités qui les ont instituées, d'exercer en commun certaines de leurs compétences » ; qu'ainsi, la transposition en droit interne d'une directive communautaire résulte d'une exigence constitutionnelle ;

18. Considérant qu'il appartient par suite au Conseil constitutionnel, saisi dans les conditions prévues par l'article 61 de la Constitution d'une loi ayant pour objet de transposer en droit interne une directive communautaire, de veiller au respect de cette exigence ; que, toutefois, le contrôle qu'il exerce à cet effet est soumis à une double limite ;

19. Considérant, en premier lieu, que la transposition d'une directive ne saurait aller à l'encontre d'une règle ou d'un principe inhérent à l'identité constitutionnelle de la France, sauf à ce que le constituant y ait consenti ;

20. Considérant, en second lieu, que, devant statuer avant la promulgation de la loi dans le délai prévu par l'article 61 de la Constitution, le Conseil constitutionnel ne peut saisir la Cour de justice des Communautés européennes de la question préjudicielle prévue par l'article 234 du traité instituant la Communauté européenne ; qu'il ne saurait en conséquence déclarer non conforme à l'article 88-1 de la Constitution qu'une disposition législative manifestement incompatible avec la directive qu'elle a pour objet de transposer ; qu'en tout état de cause, il revient aux autorités juridictionnelles nationales, le cas

---

[449] Voir, Saidou Nourou TALL, Droit es organisations internationales africaines, *op. cit.*

échéant, de saisir la Cour de justice des Communautés européennes à titre préjudiciel ... »[450].

Les empreintes de ces pas pourraient être suivies dans les droits communautaires UEMOA/CEDEAO d'autant plus que certaines juridictions nationales ont constaté une protection des droits fondamentaux plus élevée au niveau de leurs Constitutions, faisant prévaloir celles-ci au détriment du droit communautaire dont la cuirasse de protection des droits reste peu tenue[451], malgré les efforts pourtant soutenus de la Cour de Justice de la CEDEAO depuis l'entrée du Protocole d'Accra du 19 janvier 2005.

En dépit l'exécution de ses engagements pendant une dizaine d'années et de sa participation dans plusieurs affaires en tant que défenderesse, la République du Bénin a initié en 2020, une résistance à l'exécution des décisions des juridictions communautaires.

S'agissant de la CJ/UEMOA, à la suite de la décision de 2019 (affaire Déwédi, précitée) de la Cour constitutionnelle, le président de la Commission avait saisi la Cour de l'Union qui avait conclu dans son arrêt *n° 005/2020 du 8 juillet 2020 : « DIT QUE :*

– la Cour constitutionnelle du Bénin, instance statuant en dernier ressort, avait l'obligation de saisir la Cour de justice de l'UEMOA par le biais du recours préjudiciel, pour l'interprétation du Règlement n° 05/CM/UEMOA du 25 septembre 2014 ;

---

[450] France, Conseil constitutionnel, décision *n° 2006-540 DC du 27 juillet 2006, Loi relative au droit d'auteur et aux droits voisins dans la société de l'information,* (Journal officiel du 3 août 2006, page 11541, texte n° 2). Consulter, en droit comparé, Laurence BURGORGUE-LARSEN (dir.), L'identité constitutionnelle saisie par les juges en Europe, Paris, Pedone, 2011, 168 p.

[451] L'affaire Éric Déwédi est confirmative de cette approche. Selon la juridiction, « *Considérant qu'ainsi, la loi sur le barreau qui accorde aux avocats aspirants aux fonctions d'enseignants du supérieur et aux enseignants agrégés des facultés de droit, des droits plus avantageux que ceux accordés par le Règlement UEMOA visé n'est pas contraire et ne rompt nullement les engagements internationaux de l'État ;Qu'il en résulte que le refus par l'ordre des avocats du Bénin de satisfaire la demande du requérant , méconnait le droit de ce citoyen à l'égalité devant la loi reconnu par l'article 26 de la Constitution... », Cour constitutionnelle, décision DCC 19-287 du 22 août 2019.* Le requérant, agrégé des facultés de droitn, demandait son inscription au tableau de l'ordre et se fondait principalement sur son droit à l'égalité d'autant plus que d'autres professeurs de droit avaient vu leurs demandés acceptées ; le Bâtonnier lui opposera un refus en se fondant sur certaines dispositions du Règlement n°05/CM/UEMOA du 25 septembre 2014 relatif à l'harmonisation des règles régissant la profession d'avocat dans l'espace UEMOA.

– *l'interprétation faite par ladite Cour du sens et de la portée des dispositions de l'article 35 du Règlement est manifestement erronée ;*

– *l'article 35 dudit Règlement pose un principe de compatibilité entre l'accès à l'exercice de la profession d'avocat et la fonction d'enseignant vacataire, compris comme une catégorie professionnelle dont le régime et le statut sont juridiquement conciliables avec la profession d'avocat ;*

– *la primauté de l'ordre juridique de l'Union dans son intégralité sur les ordres juridiques nationaux implique qu'aucune disposition juridique administrative, législative, juridictionnelle et même de niveau constitutionnel interne ne saurait être utilisée, pour mettre en échec le droit communautaire (...) ».*

Sur saisine du greffier de la CJ/UEMOA notifiant l'arrêt n° 005/2020 du 08 juillet 2020 de celle-ci et saisine d'Éric Déwédi formant un recours contre ledit arrêt de la Cour communautaire, la juridiction béninoise rendra une décision ruinant les attentes de l'Union. Selon la Cour, *« Considérant d'autre part, que si les dispositions conventionnelles qui instituent les organes d'intégration juridique ou économique ont une valeur supra législative, elles ont également une valeur infra constitutionnelle ; qu'elles ne valent ni n'équivalent les dispositions de la Constitution dont le juge constitutionnel est l'interprète exclusif et authentique ; que par suite, le renvoi préjudiciel, qui ne vaut que pour l'interprétation des normes relevant du contrôle de la légalité et non de la constitutionnalité n'est pas opposable à la Cour constitutionnelle, les notions de « juridiction nationale », de « juge national », d'« ordre juridique », « d'ordre judiciaire » et de « primauté législative » ne pouvant être opposables qu'aux juridictions en charge du contrôle de la légalité ; Considérant que la Cour constitutionnelle qui, en vertu des articles 114 et 117 de la Constitution, s'est prononcée sur la conformité à la Constitution des dispositions d'une loi béninoise, en l'occurrence les articles 5 alinéa 1, 26 alinéa 2 et 40 alinéa 3 de la loi 65-6 du 20 avril 1965 instituant le barreau de la République du Bénin, dont elle a l'exclusive compétence ne peut que dire, conformément à l'article 124 de la Constitution, que sa décision DCC n° 19-287 du 22 août 2019 n'étant susceptible d'aucun recours, l'autorité de chose jugée qui lui est attachée s'impose aux pouvoirs publics et à toutes les autorités civiles, militaires et juridictionnelles ... »*[452].

[452] Bénin, Cour constitutionnelle, Décision *DCC 20-641 du 19 novembre 2020, Affaires Boubakar Taweye Maidanda et Éric Déwédi.*

S'agissant, ensuite, de la CJ/CEDEAO, suite à un recours d'un citoyen en « *annulation de toutes les décisions rendues par la Cour de Justice de la CEDEAO à l'égard du Bénin sur le fondement de l'article 9 du Protocole additionnel A/SP 1/01/05* » portant amendement du préambule, des articles 1er, 2, 9, 22 et 30 du Protocole A/P1/7/91 relatif à la Cour de Justice de la Communauté ainsi que de l'article 4 paragraphe 1 de la version anglaise dudit protocole signé à Accra le 19 janvier 2005,la Cour constitutionnelle du Bénin a affirmé, dans la *décision DCC 20-434 du 30 avril 2020,Affaire Michel Ahohou* : « *Considérant en effet que le protocole additionnel A/SP.1/01/05 du 19 janvier 2005 ne saurait être opposable à l'État du Bénin qu'à la suite de son introduction régulière dans l'ordre interne par un décret de ratification pris suite à une loi d'autorisation de ratification adoptée par l'Assemblée nationale, promulguée par le président de la République et publiée au journal officiel de la République du Bénin ; qu'en ce qu'il érige la Cour de justice communautaire en juge supranational de la violation des droits humains censée être commise au Bénin et modifie l'organisation des juridictions nationales et les lois qui les régissent, ce protocole aurait dû être ratifié selon la procédure instituée à l'article 145, alinéa 1 de la Constitution ; que ne l'ayant pas fait et ayant donné suite aux différentes procédures engagées sur le fondement de ce protocole, les gouvernements successifs de l'État ont privé leur action des devoirs de conscience, de compétence et de probité au sens de l'article 35 de la Constitution qui dispose que : « Les citoyens chargés d'une fonction publique ou élus à une fonction politique ont le devoir de l'accomplir avec conscience, compétence, probité, dévouement et loyauté dans l'intérêt et le respect du bien commun » ; qu'enfin, les actes qui résultent de la mise en œuvre du protocole additionnel visé sont non avenus à l'égard du Bénin par application de l'article 3 al. 3 de la Constitution selon les termes 8 duquel « Toute loi, tout texte réglementaire et tout acte administratif contraires à ces dispositions sont nuls et non avenus... » (...) Les gouvernements successifs qui ont donné suite aux différentes procédures engagées sur le fondement du protocole additionnel de la CEDEAO A/SP.1/01/05 du 19 janvier 2005 en l'absence d'une loi de ratification, promulguée et publiée au journal officiel, ont violé l'article 35 de la Constitution(...) Tous les actes qui résultent de la mise en œuvre du protocole additionnel de la CEDEAO A/SP.1/01/05 du 19 janvier 2005 sont non avenus à l'égard du Bénin*»[453].

[453] Voir, Cour de justice de la CEDEAO : La Cour Constitutionnelle du Bénin rend une décision lourde de conséquence », disponible : https://ortb.bj/politique/3165-

En tout état de cause, le risque existe que les juridictions de différents pays conçoivent diversement le droit communautaire. Le renvoi préjudiciel a pour avantages une centralisation des problèmes d'interprétation du droit communautaire, la protection subséquente des droits des justiciables et l'élaboration d'une somme jurisprudentielle à même d'éclairer la compréhension des tribunaux internes et éviter ainsi des divergences d'interprétation susceptibles de saper les fondements de l'intégration communautaire. Il permet aussi de développer ce fameux « dialogue des juges » appelé de tous les vœux sous de nombreux cieux[454].

C'est dans ce sens qu'il faut appréhender la position de l'actuelle Cour Suprême du Sénégal qui a sanctionné la violation par l'article 2 du code des marchés publics d'une directive communautaire de l'Union Économique et Monétaire Ouest africaine (UEMOA)[455], ou encore celle de l'ex-Conseil d'État du Sénégal accueillant favorablement le moyen développé par des requérants, étudiants étrangers, sur le fondement de l'article 96 du Traité de l'UEMOA pour contester la légalité d'une décision du Recteur de l'Université Cheikh Anta Diop qui instituait une différenciation de tarifs des droits d'inscription en fonction de la nationalité[456].

Il en appert que si le traitement des traités et protocoles communautaires par rapport à la Constitution suit les solutions offertes par les articles 95 à 98 de cette Loi fondamentale (Contrôle de constitution-

---

cour-de-la-justice-de-la-cedeao-lacour-constitutionnelle-rendune-décision-lourde-de-conséquence-au-Bénin/ (consulté en juillet 2023) ; Adama KPODAR et Cyrille MONEMBOU, « La pyramide des normes entre l'interne et l'externe : quand le droit communautaire courbe l'échine devant le droit national contraire », Revue Constitution et Consolidation de l'État de droit et des Libertés Fondamentales en Afrique. 2020, N°2 et 3/SEMESTRIEL.

[454] Le renvoi préjudiciel, procédure incidente, s'analyse moins en un véritable recours que comme un mécanisme d'homogénéisation, de coopération et de clarification. Il comprend deux branches : le renvoi pour interprétation et le renvoi pour appréciation de validité. Le premier vise les cas où les tribunaux nationaux saisis d'un litige dans lequel se pose une question d'interprétation du droit communautaire, peuvent ou doivent saisir la Cour de justice communautaire aux fins d'interprétation. Le renvoi préjudiciel pour appréciation de validité permet aux juridictions nationales d'interroger la Cour communautaire sur le point de savoir si une disposition du droit communautaire dérivé applicable dans un litige est conforme aux règles supérieures.

[455] Sénégal, Cour suprême, *arrêt n°29 du 10 mai 2012 CENTIF c. Comité de règlement des différends de l'Autorité de Régulation des Marchés Publics.*

[456] *Conseil d'État, arrêt n°76 du 31 août 1994, Prosper Nguena Nitchen et autres c. Université Cheikh Anta Diop de Dakar.*

nalité), toutefois, ce serait en vain d'appliquer ces solutions pour les actes de droit dérivé ou dans le cas du contrôle de conventionnalité[457].

Relativement à ce contrôle de conventionnalité, la position du CCS est la suivante : « *Il n'appartient pas au Conseil constitutionnel d'apprécier la conformité de la loi aux stipulations d'un traité ou accord international* »[458].

Pour épiloguer sur ce point, après la mise en lumière des normes de référence et des normes contrôlées, le droit du contentieux constitutionnel s'intéresse à d'autres objets, les institutions, les droits et libertés, le tout pouvant être profondément métamorphosé en temps de crise.

---

[457] Voir, en France, Jean-François AKANDJI-KOMBE, « Le juge (du fond), les parties et la question prioritaire de constitutionnalité. Stratégies contentieuses entre question de constitutionnalité et contrôle de conventionnalité », Dalloz, n° 17, 2010, pp. 1725-1732 ; Henri LABAYLE, « Question prioritaire de constitutionnalité et question préjudicielle : ordonner le dialogue des juges ? », RFDA, n° 4, 2010, pp. 659-678 ; Hélène APCHAIN, « La QPC et le contrôle de conventionnalité : complémentarité ou antagonisme e ? », juin 2012, 18 p, www.credho.org.

[458] Sénégal, Conseil constitutionnel, *Décision 1/C/2005 du 12 février 2005*, (23e considérant).

TITRE II

LES CONTENTIEUX CONSTITUTIONNELS DES INSTITUTIONS, DES DROITS FONDAMENTAUX ET DES TEMPS DE CRISE

Il ressort des développements antérieurs qu'il n'est plus contesté que la personne humaine dispose de droits constitutionnels qu'il doit être en mesure, en cas de violation présumée ou avérée, de porter la revendication soit de manière immédiate (recours direct) soit de manière médiate (recours indirect), devant la juridiction constitutionnelle.

Le règlement des contentieux des droits fondamentaux mobilise la revendication citoyenne et, sans être un concurrent, joue une fonction adjuvante, additionnelle à la résolution des contentieux institutionnels, trop longtemps privilégiés (**Chapitre I**).

Par ailleurs, la récurrence des instabilités sociales et politiques dans certains États africains, a engendré l'émergence d'une kyrielle de normes hâtivement dénommées « *ordonnances, accords politiques, actes provisoires d'organisation des pouvoirs publics, chartes de la transition* ». Le maintien ou la création de juridictions constitutionnelles durant ces longues et répétitives périodes de crise permet de soumettre les normes à un contrôle par rapport à un Acte fondamental (en cas de suppression ou de suspension de la Constitution) ou, ensemble à la Charte et à la Constitution (quand elle est maintenue), les nouvelles autorités s'empressant de souligner la primauté de l'acte fondant la transition en cas de contrariété par rapport à la Constitution survivante, mais moribonde (**Chapitre II**).

CHAPITRE I

LES CONTENTIEUX INSTITUTIONNELS ET DES DROITS ET LIBERTÉS

La matérialité du contentieux de constitutionnalité se manifestant principalement par le contrôle normatif, celui-ci connait un essor en gagnant divers domaines d'expression notamment les institutions.

En effet, tout en étant normatif, le droit constitutionnel se fonde largement sur les institutions publiques constitutionnelles dont la promotion a été faite par la théorie de la séparation des pouvoirs que prolongent, dans la plupart des pays étudiés, les institutions relevant des collectivités territoriales décentralisées. Le gonflement corrélatif de la jurisprudence est redevable de contentieux à la fois interinstitutionnels et intra-institutionnels qui s'invitent, de plus en plus, dans l'office du juge constitutionnel (**Section I**).

Le droit du contentieux constitutionnel n'épuise pas son champ d'application en faisant un point de fixation sur les normes de référencé et les normes contrôlées, il s'installe, aussi, sur des aspects substantiels de promotion et de protection des droits fondamentaux. En effet, la consécration formelle des droits et libertés de la personne humaine, implique, dans le conflit éternel entre l'autorité et la liberté, l'aménagement de voies de recours pour les justiciables (**Section II**).

Section I : Les contentieux institutionnels

Appréhendée au sens large, la notion d'institution[459] renvoie à des formes organisationnelles, des structures, qui sont régies par la Constitution, la loi, le règlement, la coutume ou le traité international.

---

[459] C'est à Maurice Hauriou qu'on doit l'une des études les plus abouties sur la notion d'institution. En effet, le phénomène politique saisi par le droit constitutionnel transmute par les institutions qui sont chargées de leur donner corps et cohérence, dans leurs aspects structurel et fonctionnel. On distingue alors les institutions-personnes (ou institutions-corps) et les institutions-choses (ou institutions-mécanismes ou institutions-normes). C'est de la conjonction et de l'articulation de ces deux types d'institutions

Le fonctionnement régulier des institutions constitutionnelles n'en produit pas moins, des conflits de compétences, des empiètements volontaires ou involontaires dans les attributions des organes exécutif, législatif et juridictionnel (§I). Il en résulte une séparation horizontale qui n'en occulte pas moins une autre séparation –verticale- entre pouvoirs centraux et collectivités territoriales décentralisées, générant aussi des contentieux relatifs aux matières transférées (§II).

Paragraphe I : Le contentieux de la répartition horizontale des compétences

Le dogme de la séparation des pouvoirs irrigue les systèmes politiques modernes, à telle enseigne que ces derniers offrent en contre-modèles, les régimes de confusion des pouvoirs.

Au niveau central de l'État, la séparation, à la fois organique et fonctionnelle, se traduit par une distribution de compétences entre les pouvoirs exécutif, législatif et judiciaire faisant ressortir deux niveaux d'opérationnalité : entre organes (A) et au sein du même organe (B).

A) Au niveau interinstitutionnel

La pratique jurisprudentielle des États francophones porte témoignage de contentieux opposant, en majorité, l'Exécutif au Législatif, et, dans une moindre mesure, au Judiciaire. Dans le cadre des rapports entre le pouvoir exécutif et le pouvoir législatif, la répartition de leurs compétences respectives repose sur la séparation entre le domaine de la loi et le domaine du règlement[460].L'assise des contentieux est, en l'occurrence, portée sur les différentes missions du Parlement, les droits des parlementaires et les empiétements de compétences entre les deux organes.

La loi est l'œuvre du législateur. Issu, dans la quasi-totalité des cas, d'une délibération parlementaire, le projet ou la proposition de loi peut subir les épreuves de l'inscription à l'ordre du jour, d'un examen en commission (généralement la Commission des Lois) et en séance plénière,

---

que les systèmes politiques s'organisent et fonctionnement. Voir, Maurice HAURIOU, Théorie de l'institution et de la fondation, 1925 ; Éric MILLARD, « Hauriou et la théorie de l'institution », *Droit et Société* , année 1995, n° 30-31, pp. 381-412 ; Rémi JARDAT, « Maurice Hauriou, théoricien de l'institution et inspirateur de statuts mutualistes », Revue internationale de l'économie sociale,2009, (312), pp.70-83.

[460] Voir, supra, les développements sur la loi ordinaire.

faire l'objet d'amendements[461] ou autres articles additionnels[462]. Le texte législatif peut être confronté à des irrecevabilités, à de nouvelles lectures[463], à la procédure d'urgence[464], à la navette parlementaire[465], au vote bloqué[466], à la discussion, à l'adoption ou au rejet, à l'engagement de la responsabilité du gouvernement[467], au contrôle de constitutionnalité[468].

À ces différentes étapes d'élaboration, de discussion, avant ou après la promulgation, des contentieux peuvent opposer Exécutif et Législatif. Il faut signaler, à titre de pierre d'attente, que dans la plupart des États africains, le droit de saisine de la juridiction constitutionnelle est octroyé aussi bien au Gouvernement qu'aux membres du Parlement en sorte que très souvent ces juridictions sont amenées à arbitrer les conflits de compétence entre Législatif et Exécutif. Le contentieux qui en résulte s'accroît du fait qu'un nombre réduit de parlementaires (un

---

[461]Voir, Jean-Louis PEZANT, « Le contrôle de recevabilité des initiatives parlementaires. Éléments pour un bilan », RFSP, n°1,1981, pp. 140-171.

[462] Voir, art.82, alinéa 3 de la Constitution sénégalaise de 2001.

[463] La seconde lecture est une nouvelle délibération, c'est-à-dire un réexamen (discussion et vote) qui peut être demandé par l'Exécutif dans certaines conditions (art.73 de la Constitution du Sénégal de 2001). Cette demande ne saurait constituer un dilatoire, c'est-à-dire, qu'elle ne doit pas être faite « *en des termes généraux et imprécis ; qu'elle doit préciser l'objet pour lequel elle a été formulée ; (qu'elle ne doit pas avoir pour but) d'entraver la promulgation d'une loi adoptée par l'Assemblée* » (*Chambre constitutionnelle de la Cour suprême du Niger, arrêt n°95-06 du 5 septembre 1995*). Voir aussi, Bruno BAUFUME, « Le droit présidentiel de demander une nouvelle délibération de la loi : le précèdent du 13 juillet 1983 (Loi sur l'exposition universelle de 1989) », RDP 1985, p. 1240.

[464] C'est une procédure abrégée (accélérée) de vote qui est aménagée en cas d'urgence déclarée en principe par l'Exécutif, ou épisodiquement par les membres du Parlement (art.58 de la Constitution du Gabon).

[465] La navette parlementaire est une expression imagée, qui qualifie l'examen à tour de rôle d'un texte de loi par les Assemblées dans un contexte bicaméral.

[466]Le vote bloqué correspond à une technique procédurale d'examen et d'adoption du texte de la loi imposant à l'Assemblée concernée de se prononcer par un vote unique sur tout ou sur une partie du texte en discussion. Dans ce cas, seuls les amendements proposés ou acceptés par l'Exécutif seront admis. Voir, art.121 de la Constitution du Burkina Faso de 1991 et art.82 alinéa 4 de la Constitution du Sénégal de 2001 ; Pierre AVRIL, « Le vote bloqué », RDP 1971, n°2, pp. 469-503 ; Valérie SOMMACO, Le droit d'amendement et le juge constitutionnel en France et en Italie, Paris, LGDJ, 2002 ; Jean-Pierre CAMBY, La procédure législative en France, Paris, Coll. Documents d'études, droit constitutionnel et institutions politiques, n°1-12, La Documentation française, 1997, 46 p.

[467] Se référer à la Section précédente.

[468] Se référer à la deuxième partie de cet ouvrage.

dixième, un tiers, un quart)[469], généralement de la minorité, est mis en mesure de contester, constamment, avant la promulgation, le texte adopté par la majorité parlementaire.

De même, au cours de la procédure législative, le droit d'amendement et de contre-propositions fait également l'objet d'admission.

Les différentes Constitutions des pays du champ de l'étude reconnaissent à la fois le droit d'amendement du Gouvernement et des membres des parlements. Toutefois en matière de projet de loi d'habilitation, l'Exécutif peut opposer des irrecevabilités, soit pour des raisons financières[470] ; soit si l'amendement parlementaire n'a aucun lien avec le texte en discussion (art.55 de la Constitution du Gabon), soit si les amendements ne sont pas du domaine de la loi (art.83 de la Constitution sénégalaise de 2001), soit si les propositions, projets ou amendements sont contraires aux bonnes mœurs (art.110 de la Constitution de la 7e République du Niger)[471].

L'Exécutif peut aussi s'opposer à l'examen de tout amendement en plénière qui n'a pas été préalablement soumis à la Commission à laquelle le Parlement a confié le projet de loi (art.122 de la Constitution du Burkina Faso).

Les membres des parlements disposent à la fois du droit de recours, du droit de faire des propositions et du droit d'amendement. Ces droits sont régulièrement exercés par les parlementaires ou protégés par les juridictions. Au Sénégal, le Conseil constitutionnel a mis l'emphase sur l'étendue et les limites de ces droits : « *Considérant que les requérants, qui fondent leur recours sur l'article premier de la loi organique n° 2016-23 du 14 juillet 2016 relative au Conseil constitutionnel, soutiennent que le 22 décembre 2021, ils ont déposé au secrétariat du*

[469] Ce critère quantitatif tient au nombre minimum de parlementaires qui peut dans le délai de promulgation, saisir la juridiction constitutionnelle. Ce nombre peut être le dixième (Guinée, Niger, Sénégal), le quart (Madagascar), le cinquième (Togo) ou le tiers (des sénateurs ou des députés, art.47 de la Constitution du Cameroun, art.178 de la Constitution du Congo de 2015).
La Constitution du Bénin de 1990 se démarque de ce schéma en permettant la saisine par tout membre de l'Assemblée nationale (art.121).

[470] Voir, Chapitre II du Titre I de cette première partie.

[471] Pour la loi d'habilitation, seul l'exécutif peut initier la procédure d'autorisation. Les parlementaires en sont réduits à adopter, amender ou rejeter le texte. Toute modification de la demande d'habilitation est subordonnée à l'accord tacite ou exprès du Gouvernement. Cf., Abdoulaye DIEYE, « La loi d'habilitation en droit comparé : la situation dans quelques pays d'Afrique noire francophone et en France », Annales de l'Université des sciences sociales de Toulouse, Tome LV, 2014, pp. 133-167.

Président de l'Assemblée nationale, une proposition de loi visant à modifier l'alinéa 3 de l'article 319 de la loi n° 65-60 du 21 juillet 1965 portant code pénal modifié criminalisant les actes contre-nature suivants : Homosexualité, Lesbianisme, Bisexualité, Transsexualité, Nécrophilie et Zoophilie ; qu'à la suite de ce dépôt, ils ont été informés, par lettre du 31 janvier 2022 du Président de l'Assemblée nationale, à laquelle est joint un communiqué de presse du 5 janvier 2022, que le Bureau de l'Assemblée nationale a déclaré leur proposition de loi irrecevable ; Considérant qu'à l'appui de leur demande, ils invoquent la « violation de *l'article 60 du Règlement intérieur* », *d'une part, en son alinéa premier, en ce que le Président de l'Assemblée nationale n'a ni donné connaissance de la proposition de loi à l'Assemblée, ni informé par écrit les auteurs de la proposition de loi des diligences effectuées et, d'autre part, en ses alinéas 4 et 6, en ce que le Bureau s'est prononcé sur l'opportunité et la pertinence de la proposition de loi, alors que le Règlement intérieur ne lui confère que le pouvoir limitatif de vérifier la recevabilité financière des propositions de loi et amendements formulés par les députés ; (...) Considérant qu'il convient de souligner, en ce qui concerne la recevabilité des propositions de loi et des amendements d'origine parlementaire, que le Conseil constitutionnel peut être saisi dans les cas prévus aux articles 82 et 83 de la Constitution ; Considérant que l'article 82 de la Constitution dispose : « Les propositions et amendements formulés par les députés ne sont pas recevables lorsque leur adoption aurait pour conséquence, soit une diminution des ressources publiques, soit la création ou l'aggravation d'une charge publique, à moins que ces propositions ou amendements ne soient assortis de propositions de recettes compensatrices » ; que lorsque le grief est tiré de la violation de ces dispositions, le Conseil constitutionnel ne peut être saisi que dans le cadre d'un contrôle de constitutionnalité sur le fondement et dans les conditions de l'article 74 de la Constitution ; Considérant que l'article 83 de la Constitution prévoit : « S'il apparaît, au cours de la procédure législative, qu'une proposition ou un amendement n'est pas du domaine de la loi, le Premier ministre et les autres membres du Gouvernement peuvent opposer l'irrecevabilité. En cas de désaccord, le Conseil constitutionnel, à la demande du Président de la République, de l'Assemblée nationale ou du Premier ministre, statue dans les huit jours » ; que cette disposition, à laquelle renvoie, notamment, l'article premier de la loi organique relative au Conseil constitutionnel invoqué par les requérants, vise les propositions ou amendements qui ne sont pas du domaine de la loi et ne confère pas à ces dernières qualités à saisir le Conseil constitutionnel... »*[472].

Dans d'autres décisions, la même juridiction a clarifié les implications du droit d'amendement des députés, notamment avec l'affaire dite « amendement Moussa SY », dans laquelle elle s'est prononcée ainsi : *« Considérant qu'en soulevant contre l'amendement devenu la loi n° 09 du 21 novembre 2001 le moyen tiré du détournement de procédure, les requérants envisagent deux situations qui posent le problème des limites du droit d'amendement des députés et de celui du respect des règles de la procédure législative fixée par le Règlement intérieur de l'Assemblée nationale ; Considérant que le droit d'amendement qui leur est reconnu et qui n'est que le corollaire de leur droit d'initiative, peut s'exercer, sans limites, dans le domaine législatif défini par l'article 67 de la Constitution et dans le respect des restrictions imposées par les articles 77, 82 et 83 de la Constitution ;Considérant que ce droit défini par l'article 70 du règlement intérieur peut également se manifester sous la forme d'un contre-projet et dont les conditions de recevabilité sont gouvernées par l'article 72 du règlement intérieur qui dispose : « les contre-projets et amendements sont déposés par écrit : s'ils interviennent avant la discussion en commission, ils sont communiqués à la commission compétente et, si possible, imprimés et distribués ; s'ils interviennent en séance plénière, ils sont déposés sur le bureau du président qui en donne communication. L'assemblée décide alors s'ils sont discutés immédiatement ou renvoyés en commission ;les amendements ne sont recevables que s'ils s'appliquent effectivement aux textes en discussion ou s'agissant de contre-projets et d'articles, s'ils sont proposés dans le cadre dudit texte (...) ; Considérant que la seule condition de recevabilité posée par l'article 72 est que le contre-projet doit avoir un lien de connexité avec le texte qu'il modifie ou remplace (Décision 1/C/98 du 9 février 1998) ; Qu'il n'est pas contesté que ce lien direct existe ;*

Considérant enfin que Conseil constitutionnel a déjà jugé par sa décision susvisée que sa compétence d'attribution exclut de ce domaine le Règlement intérieur de l'Assemblée nationale ; que dès lors, le moyen tiré de la violation dudit règlement doit être écarté ; Considérant

---

[472] Sénégal, Conseil constitutionnel, Affaire n° *4/C/22, décision n° 4/C/2022 du 23 juin 2022.*

qu'il résulte de tout ce qui précède que l'amendement voté et adopté le 21 novembre 2001 par l'Assemblée nationale est recevable »[473].

Le droit d'amendement est, donc, strictement délimité, comme le réitère le Conseil *« Considérant que les requérants soutiennent que l'amendement d'origine parlementaire, introduisant dans le Code électoral l'article L.150 alinéa premier, est irrecevable en ce qu'il viole l'article 6 de la Déclaration des Droits de l'Homme et du Citoyen de 1789, les articles premier et 3 de la Constitution, portant ainsi atteinte au principe d'égalité entre partis politiques et au « principe de représentativité suffisante » ; Considérant, cependant, que la recevabilité d'un amendement ne peut être contestée que dans deux cas : d'une part, sur le fondement de l'article 82 de la Constitution, lorsque son adoption aurait pour conséquence, soit une diminution des ressources publiques, soit la création ou l'aggravation d'une charge publique, sans que cet amendement ne soit assorti de propositions de recettes compensatrices, et d'autre part, sur le fondement de l'article 83 de la Constitution, s'il apparaît, au cours de la procédure législative, que l'amendement n'est pas du domaine de la loi ;Considérant que le moyen tiré de l'irrecevabilité de l'amendement parlementaire, qui n'est pas fondé sur un grief tiré des articles 82 et 83 précités, doit être rejeté »*[474].

---

473 Sénégal, Conseil constitutionnel, *décision n°3/C/2001, sur les affaires n°3 et 4/C/2001, du 11 décembre 2001*. En l'occurrence, dans cette jonction d'affaires, la haute instance avait été saisie, par des députés de l'opposition, au sujet de l'amendement examiné et adopté par l'Assemblée nationale en sa séance ordinaire du 21 novembre 2001 et tendant à instaurer, à titre transitoire, des délégations spéciales pour la gestion des conseils régionaux, des conseils municipaux et des conseils ruraux. Certains députés soutenaient que l'amendement du député Moussa Sy présenté au cours de l'examen du projet de loi n° 09/2001, et adopté en lieu et place du projet de loi initial présenté par le gouvernement, n'est pas conforme à la Constitution puisqu'étant en réalité « une proposition de loi » différente en tous points du projet de loi gouvernemental. Dans une deuxième saisine, d'autres députés insistaient sur le fait que « *l'amendement proposé et adopté est irrecevable pour non-respect et violation des dispositions de l'article 82 de la Constitution pour n'avoir pas été assorti de propositions de recettes compensatrices alors qu'elle crée une incidence financière certaine sur les finances publiques étatiques et/ou collectivités locales* ». Ils alléguaient, en outre, que l'amendement résulte d'un détournement de procédure, d'une violation de la loi sur les collectivités locales. Voir, Moussa ZAKI, « Droit d'amendement… », article précité.

474 Sénégal, Conseil constitutionnel, *décision n° 1/C/2022 affaire n° 2-C-22 du 29 avril 2022 (modification du Code électoral)*.

Le respect des droits des parlementaires est préservé par la juridiction, lorsqu'elle intervient aussi en matière électorale. C'est ce qui ressort des lignes suivantes :

« *Considérant, selon les requérants, que la diminution du nombre de députés à élire sur la liste nationale installe un déséquilibre entre députés élus au scrutin majoritaire dans le cadre du département, députés élus au scrutin proportionnel sur liste nationale et députés élus dans la diaspora au scrutin majoritaire ; qu'ils ajoutent qu'un tel déséquilibre entraîne une rupture d'égalité entre électeurs et entre candidats et méconnaît le principe du pluralisme des courants d'idées et d'opinions ;*

Considérant que l'article 67 de la Constitution confère au législateur compétence pour fixer les règles concernant le régime électoral de l'Assemblée nationale ; qu'il s'en infère que la détermination du mode d'élection des députés et de répartition des sièges à l'Assemblée nationale, objet de l'article L. 150, alinéa premier, est une attribution exclusive du législateur ; Considérant, au surplus, que ce texte, qui s'applique indistinctement aux partis politiques, coalitions de partis politiques et candidats indépendants, n'a ni pour objet, ni pour effet de faire obstacle à leur participation aux élections législatives en considération de leur envergure ou orientation idéologique ; qu'il s'ensuit que le moyen, en cette branche, n'est pas fondé ; (...) Considérant que les requérants font valoir que « l'article L.150, alinéa premier de la loi n° 16/2022, apporte une réforme substantielle de la loi électorale » et « viole gravement l'article 2.1 du protocole A/SP.1/12/01 sur la démocratie et la bonne gouvernance, additionnel au protocole relatif au mécanisme de prévention, de gestion, de règlement des conflits, de maintien de la paix et de la sécurité » ; qu'ils affirment que pour la sauvegarde des « principes de convergence constitutionnelle », qui est du ressort des « compétences naturelles » du juge constitutionnel, le Conseil constitutionnel doit déclarer la loi non conforme à la Constitution ; Considérant que les normes auxquelles se réfère le Conseil constitutionnel, pour l'exercice du contrôle de constitutionnalité, sont les dispositions de la Constitution, son Préambule ainsi que les instruments auxquels fait référence ce Préambule ; Considérant, par suite, qu'il n'appartient pas au Conseil constitutionnel, saisi en application de l'article 74 de la Constitution, d'apprécier la conformité de la loi à un traité ou à un accord international ; qu'il s'ensuit que le moyen n'est pas fondé ; (...) Considérant que le moyen tiré de l'irrecevabilité de l'amendement parlementaire, qui n'est pas fondé sur un grief tiré des articles 82 et 83 précités, doit être rejeté »[475].

Au plan interinstitutionnel, c'est dans le domaine de la répartition horizontale des compétences entre le Parlement et l'Exécutif qu'on constate l'émergence d'un grand nombre de contentieux relatifs aux empiètements, avérés ou allégués, de l'Exécutif dans le domaine de la loi ou du Législatif dans le domaine du règlement.

S'agissant de conflit de compétences, la doctrine distingue le conflit positif du conflit négatif. Le conflit positif caractérise la situation dans laquelle deux personnes ou deux entités se déclarent, à tort ou à raison, également compétentes pour prendre des décisions dans le même domaine. Le conflit négatif est, quant à lui, révélateur de la situation dans laquelle deux personnes ou deux entités se considèrent incompétentes, à tort ou à raison, pour agir ou décider dans le même domaine.

Quant à la notion de *compétence*[476], elle est, *ratione materiae*, synonyme du pouvoir attribué à une personne, une institution, un organe pour agir et prendre des décisions dans un domaine déterminé. La compétence confère juridiquement un titre d'action et de décision, une aptitude reconnue par les règles de droit, une capacité juridique à édicter ou à exécuter des normes sur le fondement de la Constitution, de la loi, du règlement, ou de tout autre texte pertinent.

En droit constitutionnel sénégalais, le conflit de compétence trouve son fondement dans les dispositions des articles 83 et 92 de la Constitution. Aux termes de l'article 83 précité : « *S'il apparaît, au cours de la procédure législative qu'une proposition ou un amendement n'est pas du domaine de la loi, le Premier ministre et les autres membres du Gouvernement peuvent opposer l'irrecevabilité.*

En cas de désaccord, le Conseil constitutionnel, à la demande du Président de la République, de l'Assemblée nationale ou du Premier ministre, statue dans les huit jours ». Il résulte de ces dispositions que le conflit de compétences s'analyse en un désaccord survenu au cours de la procédure législative du fait d'une proposition de loi ou d'un amendement entre, d'une part, le Premier ministre et les membres du Gouvernement, et, d'autre part, l'Assemblée nationale,

---

[475] Sénégal, Conseil constitutionnel, *décision n° 1/C/2022 du 29 avril 2022.*

[476] Quatre ordres de compétences sont identifiés en droit : la compétence *ratione loci* (sur un lieu), la compétence *ratione temporis* (pendant un temps déterminé), la compétence *ratione personnae* (sur des personnes) et la compétence *ratione materiae* (dans des matières).

sur les compétences constitutionnelles dévolues respectivement au pouvoir législatif et au pouvoir exécutif. Le Conseil ne peut alors statuer que sur la seule question de savoir si la proposition de loi ou l'amendement est du domaine de la loi (article 67 de la Constitution) ou a un caractère règlementaire (article 76 de la Constitution)[477].

Ces illustrations sénégalaises peuvent trouver un écho dans d'autres contrées africaines. À cet égard, une sommation des contentieux entre les trois pouvoirs ou au sein de l'Exécutif peut être illustrée avec l'affaire du Président Albert Zafy dans laquelle la HCC effectue un véritable récital démonstratif : « *Considérant que par résolution du 26 juillet 1996, l'Assemblée nationale, Institution de l'État, met en cause la responsabilité du Président de la République en vertu de la prérogative que l'article 50 de la Constitution lui attribue ; Considérant que la Constitution n'a pas fixé la procédure à suivre en matière d'empêchement définitif ; (...) Considérant que la résolution d'empêchement tend à mettre fin prématurément au mandat du Président de la République en mettant en jeu sa responsabilité pour cause de violation de la Constitution ; Considérant que la juridiction constitutionnelle est tenue de respecter et de faire respecter la Constitution ainsi que les libertés fondamentales qu'elle garantit dont notamment la plénitude et l'inviolabilité des droits de la défense prévue à l'article 13, in fine, de la Constitution qui prescrit que " L'État garantit la plénitude et l'inviolabilité des droits de la défense devant toutes les juridictions et à tous les stades de la procédure... " ; (...) Considérant que la Constitution consacre et organise le principe de la responsabilité politique des Institutions ; qu'ainsi, le Gouvernement est responsable devant l'Assemblée nationale qui peut lui refuser sa confiance ou voter une motion de censure ; que l'Assemblée nationale peut être dissoute par le Président de la République en Conseil des ministres en cas de crise gouvernementale ; que le Président de la République peut être empêché par le biais d'une résolution adoptée par l'Assemblée nationale pour violation de la Constitution ou toute autre cause dûment constatée et prouvée ; Considérant que la Haute Cour Constitutionnelle ne pouvant*

---

[477] Contrairement au Conseil constitutionnel du Sénégal, le Conseil constitutionnel français a eu l'opportunité de se prononcer sur cette question dans sa *décision du 26 avril 1979* ; Voir, Thierry S. RENOUX, Michel DE VILLIERS et Xavier MAGNON (dir.), Code constitutionnel, Paris, LexisNexis, 2019, p. 954 ; Henri ROUSSILLON, Le Conseil constitutionnel, Paris, 3e édition, Dalloz, Coll. « Connaissance du droit », 1996, p.135 et s ; Jean Claude GAUTRON et Michel ROUGEVIN-BAVILLE, Droit public du Sénégal, Paris, Pédone, 1977, p. 120-121.

participer à l'exercice du pouvoir politique ne saurait effectuer en aucun cas un contrôle de l'opportunité de la décision de l'Assemblée nationale et substituer sa propre appréciation à celle souveraine de ladite Institution ; Considérant cependant que la souveraineté de l'Assemblée nationale ne saurait non plus s'exercer d'une manière arbitraire ; qu'il revient néanmoins à la Haute Cour constitutionnelle, en matière de procédure d'empêchement, de contrôler si les griefs invoqués reposent sur des faits existants et si ces griefs sont de nature à constituer une violation des devoirs et obligations qui incombent au Président de la République selon la Constitution ; (...) Considérant que l'Assemblée nationale reproche au Président de la République d'avoir promulgué tardivement des lois qu'elle a régulièrement votées ; (...) Considérant que la promulgation constitue pour le Président de la République un devoir et une obligation dans la mesure où la loi exprime la volonté souveraine du peuple ; qu'en matière de promulgation, sa compétence est liée se distinguant ainsi de la signature des ordonnances et des décrets pour lesquels il dispose d'un pouvoir d'appréciation ; (...) ;Considérant en conséquence que la non-promulgation des lois constitue une violation de la Constitution au sens de l'article 50 ;(...)Considérant que dans ces conditions, le poste de Président de la République se trouve vacant et que l'application de l'article 52 de la Constitution, qui ne saurait être dissocié des articles 50 et 51, s'impose ; Considérant qu'il y a également lieu de confier au Premier ministre, Chef du Gouvernement, les attributions normalement dévolues par la Constitution au Président de la République à l'exclusion toutefois de celle prévue à l'article 58 de la Constitution concernant la dissolution de l'Assemblée nationale ; Qu'en outre, il ne peut être fait application à son encontre de l'article 94 nouveau de la Constitution relatif à la motion de censure »[478].

Dans un autre registre, la complexité inhérente à certains textes en forme législative dépend de leur nature hybride, amenant quelquefois à déceler dans la nouvelle loi, des dispositions à caractère règlementaire susceptibles de faire l'objet d'une procédure ultérieure de déclassement. Il en découle un « régime byzantin »[479] dont l'instabilité reste le caractère dominant.

---

[478] Madagascar, haute Cour Constitutionnelle, *décision n°17-HCC/D3 du 04 septembre 1996.*

[479] Louis FAVOREU et al. Droit constitutionnel, *op. cit.*, p. 718.

Mais, ce diptyque est fortement atténué par l'incertitude que laissent entrevoir les possibilités de mutation de ces normes[480].

Pour ces textes de forme législative (ordonnances ou autres normes) qui sont intervenus dans des matières règlementaires, seul un décret, après intervention de la juridiction constitutionnelle, peut permettre leur déclassement[481]. En d'autres termes, une présomption de texte en forme législative s'attache à ces textes aussi longtemps que les juridictions constitutionnelles ne se seront pas prononcées en sens contraire. Au demeurant, il convient de souligner, qu'ils soient ratifiés ou non, ceux de ces textes appelés ordonnances peuvent, toujours, être modifiés par la loi.

La seule possibilité pour l'Exécutif de réclamer son dû, concernant les ordonnances ratifiées, mais ayant un contenu règlementaire, est d'initier une procédure de délégalisation.[482] Par ce moyen, l'Exécutif reprend une initiative momentanément perdue lors de la phase de ratification parlementaire. En exerçant son droit de saisine de la juridiction, il fait constater que certaines dispositions, ayant acquis formellement une valeur législative, ont, en fait, matériellement un caractère règlementaire[483]. À cet égard, les normes auxquelles la

---

[480] Voir, *supra*.

[481] Consulter, Louis FAVOREU, « La délégalisation des textes en forme législative par le Conseil constitutionnel », *in* Mélanges offerts à Marcel Waline, LGDJ, 1974, 429 p.

[482] Voir, Conseil constitutionnel du Sénégal, *décision 2/C2023 du 1er février 2023* dans laquelle, le juge décide, d'une part, que les dispositions des articles premier et 2 de la loi n°2014-03 du 22 janvier 2014 portant baisse des loyers n'ayant pas été calculés suivant la surface corrigée ont un caractère réglementaire ; d'autre part, que les dispositions de l'article 3 de la loi n° 2014-03 sont du domaine de la loi ; cf., Papa Assane TOURE, « La procédure constitutionnelle de délégalisation au service de la politique de régulation des loyers : à propos de la décision du Conseil constitutionnel n°2/C/2023 du 1er février 2023 », en ligne www.ceracle.com, (consulté en octobre 2023).

[483] La Cour suprême du Sénégal (supprimée entre 1992 et 2008) avait été saisie très tôt, de demandes de délégalisation , à l'initiative du président du Conseil (des ministres), qui aboutiront au déclassement de dispositions de l'Ordonnance n°60-29 du 12 octobre 1960 relative à l'attribution d'une indemnité spéciale de 20 % en faveur du personnel de l'Enseignement du premier degré (*Cour suprême ,Sections réunies, arrêt du 10 janvier 1962*), et à l'initiative du Président de la République, de l'Ordonnance n°60-39 du 22 octobre 1960 ratifiée par la loi n°61-53 du 23 juin 1961 relative à la modification des limites de la Commune de Kaolack (*Cour Suprême , Sections réunies, arrêt du 22 octobre 1968*). Cette seconde demande sera également accueillie positivement ; voir, les arrêts de la Cour suprême du Sénégal, sections réunies, *CS, arrêt du 17 novembre 1962, CS, arrêt du 5 mars 1963 ; CS, arrêt du 31 octobre 1964 ; CS, arrêt du 29 mai 1965*

juridiction doit faire référence englobent la Constitution *stricto sensu*, mais aussi le préambule, les déclarations de droit (DDHC, DUDH), les principes de ou à valeur constitutionnelle, etc.

Si l'Exécutif est suivi dans ses conclusions, la haute juridiction déclare le caractère règlementaire des dispositions du texte en cause qui sont alors délégalisées.

Par la suite, l'Exécutif adoptera un décret de déclassement[484] pour modifier ces dispositions en les faisant réintégrer le domaine règlementaire. Incidemment, le contrôle opéré par le juge constitutionnel ne s'assimile pas à un contrôle de constitutionnalité de la loi. Tout au plus, s'agit-il d'une procédure déclaratoire du caractère règlementaire. Le contrôle exercé est dit minimum, puisque portant exclusivement sur la nature des dispositions réclamées[485].

À ce niveau, il convient de distinguer la délégalisation de la « déconstitutionnalisation ». En effet, à la suite de la Constitution française de la Ve République (article 37), des Constitutions africaines admettent une « déconstitutionnalisation » pour les textes en forme législative intervenus dans les matières règlementaires avant l'entrée en vigueur de la Constitution et une délégalisation pour ceux de ces textes survenant après l'entrée en vigueur. Dans ces différents cas, l'Exécutif se voit octroyer la possibilité de rétablir l'unité des matières règlementaires en faisant appel à une procédure duale[486] pour récupérer

---

in Annales africaines, Dakar NEA, 1979, pp. 158-164 et la RIPAS n°23-24, janvier-décembre 1990.

Voir, en France, Conseil *constitutionnel, décision du 7 novembre 2000, Code de l'Environnement*, chronique constitutionnelle française n°97, Revue Pouvoirs 2000, p.153, *décision n°2022 - 300 L du 28 juillet 2022 et décision n° 2022-299L du 7 juillet 2022.*

[484] Il est utile de préciser que c'est la juridiction constitutionnelle qui décide la délégalisation, avant qu'un décret ne procède au déclassement. Il va de soi que le recours pour excès de pouvoir permettra d'en contester la régularité (CE français, *arrêt du 3 décembre 1999, Oiseaux migrateurs*, RDP, 2000, p. 1, note Jean-Pierre Camby).

[485] Jean GICQUEL, Droit constitutionnel et Institutions politiques, op. cit., p.700. L'auteur cite la *décision du Conseil constitutionnel français du 8 juin 1995, Emplois civils et militaires de l'État,* chr., n°75, p.178.

[486] À la différence de la procédure de déclassement déjà décrite, la « déconstitutionnalisation » vise les textes en forme législative intervenus sous l'empire d'une Constitution antérieure, (article 73 al.2 de la Constitution malienne de 1992, article 126 al.2 de la Constitution tchadienne de 1996). Dans ce cas, après avis des juridictions administratives (Chambre administrative de la Cour suprême pour le Tchad, Cour suprême pour le Mali), un décret procédera à leur réintégration dans le domaine règlementaire.

des dispositions égarées dans la loi. Pour celles qui sont intervenues dans des matières règlementaires, seul un décret, après intervention de la juridiction constitutionnelle, peut permettre leur déclassement[487].

La prégnance des contentieux entre les organes faitiers semble éclipser la présence d'autres contentieux à l'intérieur de chacun de ces pouvoirs.

B) Au niveau intra-institutionnel

À l'intérieur de la même institution, des contentieux peuvent naitre, impliquant l'intervention de la juridiction constitutionnelle. Ainsi, en dehors des dissensions habituelles entre majorité et opposition parlementaires qui forment le lot quotidien des affaires traitées par ces juridictions, la pratique constitutionnelle des États africains fournit des exemples de différends au sein du Parlement, de l'exécutif bicéphale, entre le Chef de l'État et le Chef du Gouvernement, surtout en période cohabitation ou entre la juridiction constitutionnelle et les autres cours et tribunaux.

Cette procédure, passée sous silence par la Constitution sénégalaise de 2001, était organisée par la Constitution de 1960 (article 42). La Cour suprême *Sections réunies* a eu l'occasion d'opérer la « déconstitutionnalisation » de textes antérieurs. En attestent les arrêts suivants : *arrêt du 16 février 1960* déclarant l'absence de vigueur des dispositions de l'Ordonnance n°59-037 du 31 mars 1959 portant fixation des conditions d'exercice du pouvoir règlementaire au Sénégal ,ce qui a permis au décret n°61-11 du 15 mars 1961 du Président du Conseil, de modifier l'ordonnance, (JORS n°3443 du 1er avril 1961, p.461) ; *arrêt du 17 novembre 1962, Secrétariat général du gouvernement,* déclarant que les dispositions de l'Ordonnance n°59-40 du 31 mars 1959 portant organisation du Secrétariat général du gouvernement, à l'exception des articles 2, 8 al.1er et 19, ne sont plus en vigueur ; *arrêt du 5 mars 1963* selon lequel , seules certaines dispositions de l'Ordonnance n°59-025 du 18 mars 1959 portant création d'un commissariat à l'urbanisme et à l'habitat, avaient un caractère législatif à l'exclusion des autres possédant un caractère règlementaire ; *arrêt du 25 juillet 1967,* déclarant le caractère règlementaire des dispositions de l'Ordonnance n°59-11 du 25 juin 1959 ratifiée par la loi n°59-66 du 6 novembre 1959 de la Fédération du Mali et fixant le taux de la redevance pour certains produits miniers (Arrêts reproduits dans la RIPAS n°23-24, pp. 81-104). Consulter aussi, Salifou SYLLA et Serigne DIOP, « Les compétences de la Cour suprême du Sénégal en matière constitutionnelle », *in* Les Cours suprêmes en Afrique (sous la direction de Jean DU BOIS DE GAUDUSSON et Gérard CONAC), Paris, Economica, 1988, Tome 1, pp. 325-336.

[487] La procédure de délégalisation comme cela est indiqué à l'article 37 al.2 de la Constitution française, nécessite l'intervention de juridictions constitutionnelles pour en faire constater le caractère règlementaire. Voir également Louis FAVOREU, « La délégalisation des textes en forme législative par le Conseil constitutionnel », *in* Mélanges offerts à Marcel Waline, LGDJ, 1974, 429 p.

- Au sein du parlement

À la différence des contentieux surgissant dans les rapports entre les pouvoirs exécutif et législatif, on constate, souvent, au sein de l'instance parlementaire, des litiges entre groupes parlementaires qui allèguent de violations de la Constitution ou du Règlement intérieur de l'institution.

Du fait de la tendance à la disparition d'assemblées monocolores, les parlements nationaux donnent, aujourd'hui l'image d'un kaléidoscope, avec la représentation de divers courants aux opinions très contrastées, sinon, très virulentes. Il s'en infère, quelquefois, en plus des dissensions crypto-personnelles accentuées, à tort ou à raison, par la « main invisible » de l'Exécutif, des clivages partisans et des postures dissymétriques irréductibles, dont les tentatives de résolution suivent la voie juridictionnelle[488].

---

[488] Cf., Cour constitutionnelle dans la décision *DCC 18-186 du 18 septembre 2018*, dans laquelle « *Messieurs Valentin DJENONTIN-AGOSSOU et Idrissou BAKO, forment un recours en inconstitutionnalité, d'une part, de la saisine de l'assemblée nationale par les autorités judicaires sans la reprise de l'audit relatif à la filière coton par le Gouvernement, d'autre part, de la levée de leur immunité, enfin de la délibération par laquelle l'assemblée nationale a constitué la commission parlementaire aux fins d'établir un rapport sur la levée desdites immunités* ».
Une réponse similaire sera faite, plus tard, dans une affaire introduite par les mêmes requérants devant la Cour constitutionnelle du Bénin, *décision DCC 19-084 du 28 février 2019, Atao Hinnouho :* « *(…) 1 – Sur la demande de levée* d'immunité. *Considérant que le requérant soutient que bien qu'il ne soit que bailleur des locaux dans lesquels les médicaments ont été découverts et non propriétaire ni gardien de ces produits, une procédure judiciaire de flagrant délit a été, à tort et en violation de la Constitution, ouverte contre lui ; que fort de cette procédure, le Procureur général a adressé au président de l'Assemblée nationale une demande de levée de son immunité parlementaire ; que cependant, il apparaît que la demande de levée d'immunité a été faite dans le cadre d'une procédure judiciaire de flagrant délit et conformément aux articles 70 et 71 du règlement intérieur de l'Assemblée nationale ; qu'ainsi, en l'état où il n'est pas reproché à la procédure ouverte par les autorités judiciaires la méconnaissance des droits de la défense, il n'y a pas violation de la Constitution ;*
2- Sur la décision n° P. 2018-03/AN/PT du 07 mai 2018 portant création de la commission spéciale chargée d'étudier la demande de levée de l'immunité des députés BAKO Idrissou, DJENONTIN AGOSSOU Valentin et HINNOUHO Mohamed Taofick ; Considérant que le requérant demande à la Cour de contrôler la conformité à la Constitution de la décision n° P. 2018-03/AN/PT du 07 mai 2018 ; que cependant, il apparaît qu'en ce qui concerne le requérant, la saisine du président de l'Assemblée nationale et la prise de la décision querellée sont consécutives à une procédure de flagrant délit ouverte à son encontre ; que par ailleurs, il n'a pas été relevé que les dispositions des articles 70, 71.1 et 71.2 précités du règlement intérieur de l'Assemblée

Des grappes d'illustrations de ces contentieux intra-institutionnel sont fournies par les obstacles internes aux droits de parlementaires et par la question des immunités parlementaires.

S'agissant des obstacles internes aux droits des parlementaires, qu'ils soient axés sur des arguments fallacieux ou avérés, ils reflètent le jeu et la mise en spectacle des débats parlementaires, le fonctionnement et l'organisation interne des Parlements autour de la Conférence des Présidents, du Bureau, des groupes parlementaires, du travail dans les commissions et en séance plénière. Une manifestation de ces obstacles a été présentée à l'appui de la requête d'un groupe de députés, justifiant de l'absence des deux copies du texte de loi attaqué, par le refus opposé à leur demande, par l'administration parlementaire. Sur ce point, la réponse de la juridiction constitutionnelle allant dans le sens de la protection du droit au recours des parlementaires, est très édifiante : « *(...) Considérant que l'article 16 de la loi organique sur le Conseil constitutionnel dispose que la requête doit être accompagnée de deux copies du texte de loi attaqué ;Considérant que pour justifier la non-production des deux textes de loi attaqués, les requérants ont joint à leur requête un procès-verbal de constat d'huissier (...) ; Considérant que les députés tiennent de l'article 74 de la Constitution le droit de saisir le Conseil constitutionnel d'un recours pour faire déclarer une loi inconstitutionnelle en déposant au greffe de celui-ci, conformément aux dispositions de l'article 16 de la loi organique n° 2016-23 du 14 juillet 2016 relative au Conseil constitutionnel, une requête accompagnée de deux copies du texte de loi attaqué dans les six jours francs suivant l'adoption définitive de la loi ; Considérant que pour permettre aux députés d'exercer, sans entraves, ce droit constitutionnel dans les conditions prévues par la loi, la copie de la loi adoptée doit être mise à leur disposition dès son adoption par l'administration parlementaire ; Considérant que le Conseil constitutionnel, pour assurer sa mission de régulation, a, à sa demande, obtenu du Secrétariat général de l'Assemblée nationale les textes de loi n° 12-2021 et n° 13-2021 adoptés par l'Assemblée nationale en sa séance du 25 juin 2021 ...* »[489].

Les droits des parlementaires de la majorité comme de l'opposition comportent également la liberté de candidature du député et l'impératif selon lequel la représentation nationale, dans ses organes, doit refléter

---

nationale ont été méconnues ; qu'il s'ensuit qu'il n'y a pas violation de la Constitution... ».

489 Sénégal, Conseil constitutionnel, *décision n° 2/C/2021 du 20 juillet 2021.*

la configuration politique. Dans cette direction, la Cour du Niger affirmait : « ... *le Bureau composé de onze (11) membres élus sur treize (13) prévus ne reflète pas la configuration politique de l'Assemblée nationale (...) les deux (02) membres du Bureau restants doivent nécessairement être élus conformément aux dispositions du règlement intérieur de l'Assemblée nationale (...) le groupe parlementaire ne peut faire obstacle à la liberté de candidature des députés qui le composent, sans violer le Pacte international relatif aux droits civils et politiques visé par le préambule qui fait partie intégrante de la Constitution* »[490]. Faisant usage de ce qu'il est convenu d'appeler un pouvoir d'injonction[491], la juridiction intime aux autorités parlementaires de faire droit aux dispositions du règlement intérieur en convoquant les députés pour les sessions : « *dit que le Président de l'Assemblée nationale est tenu de convoquer l'Assemblée pour... poursuivre sans discontinuer l'élection des deux membres du Bureau restants dès notification du présent arrêt (...) qu'en cas de refus d'obtempérer immédiatement à l'arrêt de la Cour..., il sera procédé à la mise en œuvre des dispositions de l'article 89 alinéa 6 de la Constitution relatif à la vacance de la présidence de l'Assemblée nationale; que dans ce cas, les membres du Bureau élus continuent l'élection des membres manquants en vertu du principe de continuité du service public (...) tout refus persistant de la part des présidents des groupes parlementaires concernés de déposer des candidatures aux postes vacants est considéré comme une renonciation temporaire à leur droit d'occuper les postes qui leur reviennent conformément à l'article 89 alinéa 1 de la Constitution; que par conséquent, les autres membres du Bureau élus doivent assurer le fonctionnement régulier de l'Assemblée nationale* »[492].

Dans la même perspective, face aux accusations proférées par des députés requérants de blocage de l'institution parlementaire, le Conseil du Sénégal rappelle l'importance attachée aux principes démocratiques affirmés par le préambule de la Constitution, notamment « *la volonté du Sénégal d'être un État moderne qui fonctionne selon le jeu loyal et*

---

490 Niger, Cour constitutionnelle, *arrêt n°004/CC/MC du 02 mai 2014*, cité par Mamadou DAGRA, Justice constitutionnelle et processus de démocratisation en Afrique de l'Ouest francophone, DRAFT Rapport national Niger, Franz Von Liszt Institute - *Justus Liebig University, Giessen Oktober* 2014, 31p, www.uni-giessen.de/intlaw (consulté en décembre 2023).

491 Sur le pouvoir d'injonction, voir la deuxième partie de l'ouvrage.

492 Niger, Cour constitutionnelle, *arrêt n° 06/CC/du 15 mai 2014*, cité par Mamadou DAGRA, *op. cit.*, p. 11.

équitable entre une majorité qui gouverne et une opposition démocratique, et un État qui reconnaît cette opposition comme un pilier fondamental de la démocratie et un rouage indispensable au bon fonctionnement du mécanisme démocratique ». Il en déduit « ... *que la convocation régulière de la Conférence des Présidents, afin qu'elle mette en œuvre ses attributions, y participe* »[493].

Concernant les immunités parlementaires, elles tendent à protéger les parlementaires contre toute initiative de l'Exécutif par l'intermédiaire du ministère public de nature à porter atteinte à leur honneur de représentants de la nation et à l'indépendance du Parlement. Généralement, on distingue l'immunité de procédure et l'immunité de fond[494]. Ces immunités se traduisent par l'irresponsabilité et l'inviolabilité.

L'irresponsabilité du parlementaire protège celui-ci contre toute action judiciaire qui pourrait lui être intentée pour les actes commis dans l'exercice de ses fonctions. Cette immunité de fond est permanente. Le parlementaire ne peut être poursuivi pour ses opinions, propos tenus à la tribune ou pendant les séances des commissions.

L'inviolabilité ou immunité de procédure, vise à contrecarrer toute velléité de l'Exécutif d'arrêter le parlementaire, à titre préventif, pour l'empêcher de siéger ou simplement pour faire pression sur lui par la menace de poursuite (sauf cas de flagrant délit ou autorisation de l'Assemblée)[495].

Ces immunités forment une cuirasse protectrice pour le parlementaire, qui est assuré, en principe, d'être à l'abri de l'arbitraire des poursuites des autorités judiciaires. Aussi, toute levée de ces immunités requiert le respect de certaines conditions énoncées dans la Constitution et dans le Règlement intérieur de l'institution d'appartenance de cet élu de la Nation.

La Chambre constitutionnelle de la Cour suprême du Niger n'a pas manqué d'insister sur le respect de ces conditions : « *Attendu que le législateur Nigérien, en introduisant une distinction entre les mesures de levée de l'immunité parlementaire et d'autorisation de poursuite ou d'arrestation et en définissant les procédures respectives à suivre, a voulu ainsi consacrer une protection très rigoureuse du député, rendant ainsi plus difficiles les poursuites judiciaires contre le député ; Attendu que selon le règlement intérieur, pour engager des poursuites contre un*

---

[493] Sénégal, Conseil constitutionnel, *décision n°3/C/2023 du 12 avril 2023*.

[494] Voir, Saidou Nourou TALL, « Le statut des députés au Sénégal », Revue EDJA, n° 57, avril-juin 2003, pp. 51-75.

[495] Voir, Saidou Nourou TALL, « Le statut des députés au Sénégal », *op. cit.*

député pendant la durée des sessions, l'Assemblée nationale doit nécessairement procéder à deux votes distincts : le premier portant sur la levée de l'immunité parlementaire du député et le second portant sur l'autorisation de poursuite ou d'arrestation ; qu'en l'espèce, l'Assemblée nationale était en session au moment des faits ; Attendu que la levée de l'immunité parlementaire permet seulement de mettre le député à la disposition de la justice pour son audition, mais non de le poursuivre ou de l'arrêter ; que pour engager des poursuites contre un député ou pour procéder à son arrestation, il faut en plus de la levée de l'immunité parlementaire, obtenir une autorisation de l'Assemblée nationale ; (...) Attendu qu'aux termes de l'article 44 du règlement intérieur "sauf cas de flagrant délit, aucun député ne peut pendant la durée des sessions, être poursuivi ou arrêté en matière correctionnelle ou criminelle qu'avec l'autorisation de l'Assemblée nationale à une majorité des deux tiers (2/3)" ; que l'autorisation préalable donnée par l'Assemblée nationale est donc la base légale et nécessaire de toute poursuite judiciaire contre un député ; Attendu qu'il n'apparaît pas à travers les pièces du dossier que l'Assemblée nationale ait donné cette autorisation de poursuite; que la résolution n 004/AN s'est tout simplement limitée à lever l'immunité parlementaire des députés sans se prononcer sur l'autorisation de poursuite ; (...) Attendu que la procédure consistant pour le Procureur de la République à adresser directement la demande de levée de l'immunité parlementaire, même sur instruction du ministre de la Justice, Garde des Sceaux, viole le principe de la séparation des pouvoirs prévu par les articles 79 et 99 de la Constitution ; qu'il échet par conséquent de soulever ce moyen d'office et de dire que la saisine de l'Assemblée nationale a été irrégulièrement introduite »[496].

La Cour constitutionnelle du Niger, emboitant le pas à sa devancière, va ciseler les contours de la levée de l'immunité parlementaire, en ces termes : *« (...) Considérant que les requérants demandent à la Cour «de juger et de dire que l'arrestation d'un député même hors session ne peut être autorisée que dans le cadre d'une poursuite judiciaire régulière ; (...) Considérant que les requérants demandent à la Cour «de juger et de dire que le bureau de l'Assemblée nationale ne peut pas en l'état actuel de son règlement intérieur autoriser l'arrestation d'un député sans pour autant respecter le principe du contradictoire à travers l'audition de l'intéressé sur les faits qui lui sont reprochés»; Considérant que le Règlement intérieur de l'Assemblée nationale*

[496] Niger, Chambre constitutionnelle de la Cour suprême, *arrêt du 10 juin 1994*.

prévoit en ses articles 51, 54 et 55 une procédure de levée de l'immunité du député lorsque l'Assemblée nationale est en session ; que cette procédure comporte la mise en place d'une commission ad hoc, des débats et l'audition du député concerné ainsi que le quorum requis; Considérant qu'une telle procédure n'a pas été prévue par le Règlement intérieur et la loi portant Statut du député lorsque l'Assemblée nationale n'est pas en session ; Considérant que la Cour constitutionnelle n'est pas habilitée à combler ou corriger les lacunes ou insuffisances du Règlement intérieur de l'Assemblée nationale ; que dès lors il n'appartient pas à la Cour d'apprécier l'opportunité d'aménager une procédure pour la levée de l'immunité du député hors session ; (...) Considérant que les requérants demandent à la Cour «de juger et de dire que l'arrestation d'un député conformément à l'alinéa 4 de l'article 88 de la Constitution, sans que ce député ne soit poursuivi et que cette poursuite ne soit autorisée par la plénière de l'Assemblée nationale, est une méconnaissance du principe même de l'immunité parlementaire posée à l'alinéa 1 de l'article 88 de la Constitution. » (...) Considérant qu'au regard de ce principe, le constituant a prévu trois cas de figure pour la mise en œuvre de cette immunité ; Considérant qu'en effet après avoir consacré l'irresponsabilité absolue et perpétuelle à l'alinéa 2 de l'article 88 de la Constitution, le constituant a prévu l'inviolabilité du député selon que l'Assemblée nationale est en session ou hors session respectivement aux alinéas 3 et 4 du même article ; (...) que par conséquent l'autorisation d'arrestation d'un député par le bureau de l'Assemblée nationale prévue à l'alinéa 4 de l'article 88 de la Constitution, ne constitue pas une méconnaissance du principe de l'immunité parlementaire ... »[497].

Ainsi, la résolution de l'Assemblée prononçant la levée de l'immunité, qui a un caractère d'un acte parlementaire, mais non législatif, fait l'objet de recours en inconstitutionnalité devant les juridictions y dédiées.

Toutefois, au Sénégal, la juridiction décline, invariablement, sa compétence pour vérifier la conformité à la Constitution de la résolution de levée de l'immunité de parlementaire, comme dans l'affaire dite « Khalifa Ababacar Sall », en 2017 : « *(...) Considérant que la compétence du Conseil constitutionnel est strictement délimitée par la Constitution et la loi organique n° 2016-23 du 14 juillet 2016 relative au Conseil constitutionnel ;Considérant que les requérants ont entendu saisir le Conseil constitutionnel d'un « recours en inconstitutionnalité... » ; qu'il*

[497] Niger, Cour constitutionnelle, *Arrêt n° 13/CC/MC du 9 septembre 2014* (affaire du député Hama Amadou).

y a lieu de faire observer qu'en matière constitutionnelle, les articles 92 de la Constitution et premier de la loi organique susvisée donnent au Conseil constitutionnel mission pour se prononcer sur la constitutionnalité des lois, sur le caractère réglementaire des dispositions de forme législative, sur la recevabilité des propositions de lois et amendements d'origine parlementaire, sur la constitutionnalité des engagements internationaux, sur les exceptions d'inconstitutionnalité soulevées devant la Cour d'appel ou la Cour suprême ainsi que sur les conflits de compétence entre le pouvoir exécutif et le pouvoir législatif ; Considérant que le Conseil constitutionnel ne saurait être appelé à se prononcer sur d'autres cas que ceux qui sont expressément et limitativement prévus par ces textes ;Considérant qu'aucune disposition ni de la Constitution ni de la loi organique n° 2016-23 du 14 juillet 2016 précitée ne donne compétence au Conseil constitutionnel pour se prononcer sur le recours par lequel les requérants lui ont déféré, non pas une loi, mais une « décision », du reste non produite, adoptée par l'Assemblée nationale en sa séance plénière du 25 novembre 2017, en application de son Règlement intérieur ; que, par suite, il y a lieu de se déclarer incompétent »[498].

Le Conseil ne s'est pas, davantage départi de cette jurisprudence lors du déferrement du texte levant l'immunité d'un autre membre de l'opposition parlementaire, dans l'affaire dite « Ousmane Sonko » : « (…) *Considérant que, par cette saisine, les requérants, qui visent tantôt un projet de résolution, tantôt une résolution, cherchent à faire contrôler par le Conseil constitutionnel la conformité à la Constitution d'une résolution portant levée de l'immunité parlementaire d'un député ; (...) Considérant qu'il résulte de la combinaison de l'article 74, de l'alinéa 2 de l'article 78 et de l'alinéa premier de l'article 92 de la Constitution et de l'article premier de la loi organique n° 2016-23 relative au Conseil constitutionnel, que le Conseil constitutionnel, en ce qui concerne les actes émanant de l'Assemblée nationale, ne peut connaître que des procédures visant des lois, que celles-ci aient le caractère de loi ordinaire ou de loi organique ;Considérant que la loi, au sens de ces textes, s'entend des actes législatifs votés par l'Assemblée nationale selon la procédure prévue à cet effet et ayant une portée normative parce qu'énonçant des règles de droit ; que seuls entrent dans cette catégorie les actes destinés à être promulgués par le Président de la République et dont la promulgation ne peut intervenir*

[498] Sénégal, Conseil constitutionnel, *décision n° 9/C/2017 du 8 décembre* 2017 (considérants 2 à 8).

qu'en l'absence d'une déclaration d'inconstitutionnalité ;Considérant que la résolution de l'Assemblée nationale ayant pour objet la levée de l'immunité parlementaire d'un député, dépourvue de tout caractère normatif, n'entre pas dans les prévisions des articles de la Constitution et de la loi organique précités ; (...) Considérant que le Conseil constitutionnel ne tient, ni de la Constitution ni de la loi organique n° 2016-23 du 14 juillet 2016 relative au Conseil constitutionnel, le pouvoir de statuer sur la procédure par laquelle l'Assemblée nationale adopte la levée de l'immunité parlementaire d'un député ou celui de contrôler la conformité à la Constitution de la résolution adoptée à cet effet ; qu'il y a lieu de rejeter la requête tendant à cette fin »[499].

- **Au sein de l'Exécutif**

Par ailleurs, constat peut être fait de contentieux mettant aux prises les chefs d'un exécutif dualiste. En effet, les expériences démocratiques valorisant les exécutifs bicéphales[500] n'ont pas toujours permis une cohabitation fluide entre le Chef de l'État et le Chef de Gouvernement, le binôme générant parfois son lot de contentieux portés à la connaissance du juge constitutionnel[501].

---

[499] Sénégal, Conseil constitutionnel, *décision n° 1/C/2021, Affaire n° 1-C-21, du 17 mars 2021,* (considérants 2 à 8).

[500] De nombreuses études y ont été consacrées, notamment : Serigne DIOP, Le Premier ministre africain : la renaissance du bicéphalisme exécutif en Afrique à partir de 1969, thèse, Université de Dakar, 1985 ; Ismaïla Madior FALL, Le pouvoir exécutif dans le constitutionnalisme des États d'Afrique, Paris, L'Harmattan, 2008 ; Alioune SALL, « Le bicéphalisme du pouvoir exécutif dans les régimes politiques d'Afrique noire : crises et mutations », Revue Penant, n° 825, septembre-décembre 1997, pp. 287-309 ; Joseph OWONA, « Le pouvoir exécutif », Encyclopédie juridique de l'Afrique, Dakar-Lomé-Abidjan, Nouvelles Éditions africaines, 1982, t. I, p. 97 et s. ; Claude F. MOMO et Éric-Adol T. GATSI, « L'exécutif dualiste dans les régimes politiques des États d'Afrique noire francophone », Les Annales de droit [En ligne], 14 | 2020, consulté le 04 janvier 2024. URL : http://journals.openedition.org/add/1898 ; DOI : https://doi.org/ 10.4000/add.1898 ; MEL Agnero Privat, « La réalité du bicéphalisme du pouvoir exécutif ivoirien », RFDC 2008/3, no 75, pp. 413-549 ; Godefroy MOYEN, « L'exécutif dans le nouveau constitutionnalisme africain : les cas du Congo, du Bénin et du Togo », Annales de l'université Marien-Ngouabi, vol. 10, no 3, 2009, pp. 40-68.

[501] Voir, Frederic -Joel AIVO, « Le juge et les droits fondamentaux : Retour sur un quart de siècle de jurisprudence (trop active) de la Cour constitutionnelle du Bénin », in Démocratie en questions, Mélanges en l'honneur du Professeur Théodore HOLO, Toulouse, Presses de l'Université Toulouse Capitole, 2017 ; Palouki MASSINA, « Le juge constitutionnel africain francophone : entre droit et politique », RFDC, 2017/3 (N° 111), pp. 641 -670.

La discorde de majorités présidentielle et gouvernementale cristallise alors un duo devenu un duel entre le Président de la République tirant sa légitimité de l'élection au scrutin uninominal majoritaire à un ou à deux tours et un Premier ministre dont la légitimité vient aussi de son élection au suffrage universel (scrutin de liste majoritaire ou à la représentation proportionnelle).

Dans l'hypothèse de concordance de majorités, la figure du Chef de l'État reste proéminente en tant que premier représentant de la Nation. Il est vrai que cette acception dérive de la conception gaullienne du pouvoir, le Président de la République étant dépositaire de « l'autorité de l'État »[502], et, marquée par « la primauté du Chef de l'État qui lui vient de son mandat national »[503] propos auxquels les constitutionnalismes africains adhèrent à bien des égards. Selon le syllogisme de Maurice Kamto, « le Chef de l'État incarne l'État… et la Nation se confond avec l'État… donc le Chef d'État incarne la Nation »[504]. Dès lors, le rôle du Premier ministre est largement tributaire de la marge de manœuvre que veut bien, dans la plupart des cas, lui laisser le Président de la République qui, d'ailleurs, le nomme et met fin à ses fonctions. Selon un auteur, on peut admettre qu'« à s'en tenir à la lettre de la plupart des Constitutions, le Premier ministre et le gouvernement ont vocation à exercer leurs compétences sous l'autorité du Président de la République. Même si les formules retenues pour exprimer cette primauté varient d'une Constitution à une autre, elles traduisent toutes, parfois de manière confuse, le souci de préserver l'autorité présidentielle »[505].

En revanche, l'avènement de la situation de cohabitation brouille la visibilité de leurs rôles respectifs, la pratique conduisant, au gré des rapports de force ou de l'écriture constitutionnelle, à déterminer un domaine de pouvoirs propres et un domaine de pouvoirs partagés entre les deux « têtes » de l'Exécutif. Il en ressort, immanquablement, des dissensions sur la conduite des politiques publiques, Chef d'État et Premier ministre étant élus sur la base de programmes dissemblables. Lorsque la résolution de ces contentieux ne prend pas le chemin des

---

502 Conférence presse de De Gaulle du 31 janvier 1964.

503 *Dixit*, Georges Pompidou, conférence de presse du 10 juillet 1969.

504 Maurice KAMTO, Pouvoir et droit en Afrique. Essai sur les fondements du constitutionnalisme dans les États d'Afrique noire francophone, Paris, LGDJ, 1987, p. 43.

505 Albert BOURGI, « L'évolution du constitutionnalisme en Afrique : du formalisme à l'effectivité », RFDC, 2002/4 (n° 52), pp. 721 -748 (ici, page 731).

armes, il emprunte parfois la voie de la justice constitutionnelle, comme au Niger[506], ou à Madagascar[507].

- **Au sein des juridictions nationales**

La volonté des Cours et Conseils constitutionnels d'affirmer leur prééminence, se voit de temps en temps contrariée par l'intervention d'autres juges nationaux tardant à exercer leurs compétences ou guidés par le souci de vider eux-mêmes tout litige ayant pour siège une quelconque disposition constitutionnelle.

En matière électorale, l'une des premières décisions du Conseil constitutionnel sénégalais retrace les atermoiements de la Commission nationale de Recensement des Votes de proclamer les résultats provisoires de l'élection présidentielle. La CNRV, à l'échéance du délai avait renvoyé les procès-verbaux au Conseil constitutionnel. Ce dernier lui intimera l'ordre d'exercer sa compétence en ces termes : *« Considérant que par lettre n° 00122 du 28 février 1993 enregistrée au greffe du Conseil constitutionnel le 1er mars 1993, le Premier Président de la Cour d'appel, Président de la Commission nationale de Recensement des Votes, a transmis au Conseil constitutionnel les procès-verbaux et l'ensemble des pièces relatives aux opérations électorales qui se sont déroulées le 21 février 1993 en vue de l'élection du Président de la République, et ce, sans que soit intervenue la proclamation provisoire prévue à l'article 29, alinéa 2 de la Constitution et à l'article 58, alinéa 7 du Code électoral ;Considérant que cette situation non prévue par la législation en vigueur appelle de la part du Conseil quelques considérations pour bien situer la question qui se pose, après quoi le Conseil aura à aborder le problème dans son ensemble, non sans s'être expliqué sur les éléments qui éclairent l'économie des dispositions constitutionnelles, législatives ou réglementaires auxquelles il pourrait avoir recours*

[506]Au Niger, entre le Président Ali Seïbou et le Premier ministre Mahamane Ousmane : la chambre constitutionnelle de la Cour suprême, s'est prononcée sur la décision du chef d'État de fixer unilatéralement l'ordre du jour du conseil des ministres et sur son refus de promulguer les lois votées par le parlement (*Arrêt n° 95-05 du 5 septembre 1995*, JORN, spécial n° 7 du 6 septembre 1995, p. 3). Cf., Mamadou DAGRA, *op. cit.* ; Koffi AHADZI-NONOU, « Le Premier ministre en Afrique noire francophone : étude de quelques exemples récents », Revue Nigérienne de Droit, revue semestrielle, novembre 1999, n° 01, pp. 25-76 ; Luc NGWE, « Le premier ministre dans les mutations politiques des États d'Afrique francophone : retour sur des expériences de formalisation d'un rôle et d'un ordre politiques », Afrika Spectrum, 41 (1), 2006, pp. 7-34, https://nbn-resolving.org/urn:nbn:de:0168-ssoar-10467 (consulté en décembre 2023).

[507] Voir, *supra*, l'affaire Albert Zafy.

pour son raisonnement ; Considérant que le Conseil constitutionnel, dans le cadre de ses compétences en matière d'opérations électorales, a deux fonctions bien déterminées par la Constitution et par le Code électoral : d'une part la solution des contestations que peuvent élever les candidats sur la régularité des opérations électorales et d'autre part la proclamation des résultats définitifs. Considérant qu'en ce qui concerne la contestation de la régularité des opérations électorales, le Conseil, saisi par l'un des candidats en application de l'article 29, alinéa 2 de la Constitution, est appelé à statuer sur des irrégularités alléguées ; (...) Considérant que la saisine du Conseil par le Premier Président de la Cour d'appel, Président de la Commission nationale de Recensement des Votes ne l'oblige à procéder à la proclamation définitive des résultats des votes qu'une fois expirés les délais légaux de contestation des résultats après la proclamation provisoire de ces résultats, point de départ desdits délais ;Considérant que cette proclamation provisoire n'est pas intervenue ;Considérant toutefois que la règle selon laquelle la proclamation provisoire doit intervenir avant la proclamation définitive à effectuer par le Conseil, ne peut être considérée comme intangible ; qu'elle peut être écartée devant le principe fondamental de la nécessité absolue de la continuité du fonctionnement des institutions ; que ce fonctionnement continu des institutions exige que la Commission nationale de Recensement des Votes exerce sa mission conformément à la loi et dans un délai raisonnable ; (...) Les procès-verbaux et l'ensemble des pièces relatives aux opérations électorales du 21 février 1993 seront retournés à la Commission nationale de Recensement des Votes ;La Commission nationale de Recensement des Votes dispose d'un délai de soixante-douze heures à compter du 2 mars 1993 à 15 h 00, pour procéder à la proclamation provisoire prévue par la Constitution et le Code électoral ; passé ce délai et en l'absence d'une proclamation provisoire le Conseil constitutionnel qui reste saisi de l'affaire, procédera comme il est indiqué à l'article 29 de la Constitution et le délai de recours des candidats commencera à courir pour compter de la constatation, par le Premier président de la Cour d'appel, Président de la Commission nationale de Recensement des Votes, du « blocage » du fonctionnement de la Commission... »[508].

En dépit de l'injonction, la CNRV n'y déferrant pas, le Conseil constitutionnel proclamera lui-même les résultats*: « Considérant que*

[508] Sénégal, Conseil constitutionnel, *décision n° 5/E/1993 du 2 mars 1993.*

le Conseil constitutionnel, Juridiction suprême, seul Juge des élections, exerce un contrôle différent par sa nature et son étendue de celui exercé par la Commission nationale de Recensement des Votes ;Que les décisions de celle-ci sont prises sous le contrôle du Conseil et ne sauraient donc le lier dans l'exercice de sa fonction juridictionnelle ;Que dans ce cadre, le Conseil a le pouvoir de revenir sur les décisions prises, soit pour les confirmer, soit pour les infirmer ;Que le Conseil peut exercer ce pouvoir, même en cas de proclamation provisoire des résultats du scrutin ;Qu'il en est ainsi lorsque des contestations des opérations électorales sont soulevées par les candidats ;Que ce pouvoir s'exerce également et a fortiori, en l'absence de toute proclamation provisoire ; Considérant, en effet, que le rôle de la Commission nationale de Recensement des Votes est de centraliser, de décompter et de totaliser les résultats constatés par les différents procès-verbaux qui lui sont envoyés et de procéder à la proclamation provisoire des résultats, après avoir opéré, s'il y a lieu, le redressement des chiffres portés sur les procès-verbaux ; qu'elle doit en outre trancher les questions que peut poser, en dehors de toute réclamation, le décompte des bulletins, sans préjudice toutefois du pouvoir d'appréciation du Conseil constitutionnel ; Qu'en cas de carence de la Commission nationale de Recensement des Votes, soit qu'elle n'a pas procédé au recensement des votes, soit qu'elle n'a pas procédé à la proclamation provisoire des résultats y afférents, le Conseil est en droit de se substituer à elle(...) »[509].

En matière constitutionnelle, il a été relevé divers points de friction entre juridictions constitutionnelles et autres cours et tribunaux tels que les réticences de ces instances à transmettre à la juridiction constitutionnelle les affaires dans lesquelles ont été soulevées des exceptions d'inconstitutionnalité[510] ; la tendance pour cette dernière à adopter un

[509] Voir, Conseil constitutionnel du Sénégal, *décision n° 6/E/1993 du 13 mars 1993.*

[510] Voir , Conseil constitutionnel du Sénégal , *décision, n° 5/C/2022 du 28 septembre 2022 : «Considérant que les inculpés Adama Mohamed Mbareck Bou LABEID et Alameer Mubarak Abdul Jalil Abdul GHANI, poursuivis des chefs d'association de malfaiteurs, de trafic international de drogue, de contrebande en bande organisée et de blanchiment de capitaux en bande organisée, ont interjeté appel des ordonnances de refus de mise en liberté provisoire rendues par le juge d'instruction du 3ᵉ cabinet du Tribunal de grande instance hors classe de Dakar ;Considérant que devant la Chambre d'Accusation de la Cour d'Appel de Dakar, les inculpés ont soutenu l'inconstitutionnalité des dispositions de l'article 344 du Code des Douanes, en ce qu'elles violeraient « les dispositions des articles 6, 7 et 91 de la Constitution et 16 de la Déclaration de 1789 » et ont demandé à la juridiction d'appel, en application de l'article 22 de la loi organique n° 2016-23 précitée, de saisir le Conseil*

ton directif pour sanctionner les décisions de justice assimilées à des violations des droits humains [511] ; les dysfonctionnements de la

constitutionnel de l'exception d'inconstitutionnalité ainsi soulevée et de surseoir à statuer ;Considérant que par arrêt n° 53 du 24 février 2022, la Chambre d'Accusation a rejeté l'exception d'inconstitutionnalité au motif que l'article 344 du Code des Douanes ne viole pas les dispositions constitutionnelles invoquées et a confirmé les ordonnances de refus de mise en liberté provisoire ;Considérant que les inculpés se sont pourvus en cassation contre cet arrêt ;Considérant que, statuant sur le pourvoi, la Chambre criminelle de la Cour suprême, par arrêt n° 27 du 19 mai 2022, a rendu la décision suivante : « casse et annule l'arrêt n° 53 de la chambre d'accusation ; saisit le Conseil constitutionnel de l'exception d'inconstitutionnalité de l'article 344 du Code des douanes ; dit que la procédure d'appel contre les ordonnances entreprises va se poursuivre après la décision du Conseil constitutionnel (...) » ; Considérant toutefois, qu'en l'espèce, l'exception d'inconstitutionnalité n'a pas été soulevée devant la Cour suprême, mais devant la cour d'appel ;Considérant, en outre, que le litige porté devant la Cour suprême avait pour objet la violation par la Chambre d'Accusation de l'article 22 de la loi organique relative au Conseil constitutionnel et que sa solution ne dépendait pas d'une appréciation préalable de la constitutionnalité de l'article 344 du Code des Douanes ;Considérant, qu'à la suite de l'annulation de l'arrêt de la Chambre d'Accusation par la Cour suprême, il appartient à la cour d'appel de renvoi de saisir obligatoirement le Conseil constitutionnel de l'exception d'inconstitutionnalité soulevée et de surseoir à statuer jusqu'à ce que le Conseil se soit prononcé ; (...) La Chambre d'Accusation de la Cour d'appel de Dakar, saisie d'une exception d'inconstitutionnalité dirigée contre l'article 344 du Code des Douanes, a l'obligation de transmettre au Conseil constitutionnel l'exception ainsi soulevée et de surseoir à statuer jusqu'à ce que le Conseil constitutionnel se soit prononcé, conformément à l'article 22 de la loi organique relative au Conseil constitutionnel. (...) En conséquence, est irrecevable la saisine du Conseil constitutionnel par la Cour suprême de l'exception d'inconstitutionnalité dirigée contre l'article 344 du Code des Douanes, soulevée devant la Chambre d'Accusation de la Cour d'Appel de Dakar ». Voir, également, Guy Mipamb NAHM TCHOUGLI, « L'exception d'inconstitutionnalité en droit togolais », consultable sur http://www.courconstitutionnelle.tg, cité par Palouki MASSINA, *op. cit.*, p. 11 (note 144).

[511] Selon la Cour du Bénin, « *les décisions de justice ne sont pas des actes susceptibles de recours devant la Cour constitutionnelle pour autant qu'elles ne violent pas les droits fondamentaux des citoyens et les libertés publiques (...) en matière des droits de l'homme, les décisions de la Cour constitutionnelle priment celles de toutes les autres juridictions **(...)**; qu'en s'abstenant de tirer toutes les conséquences de la Décision DCC 06-076 du 27 juillet 2006 ayant déclaré contraire à la Constitution l'arrêt n° 75/2001 du 04 décembre 2001, la chambre judiciaire [de la Cour suprême] a, dans l'arrêt n° 13 CJ-CT querellé, méconnu l'autorité de la chose jugée attachée à la Décision DCC 06 - 076 précitée de la Cour constitutionnelle* ». Par conséquent, la haute juridiction constitutionnelle a décidé que « *l'arrêt n° 13/CJ-CT du 24 novembre 2006 de la chambre judiciaire de la Cour suprême rendu dans l'affaire opposant les consorts ATOYO Alphonse aux consorts Sophie AÏDASSO est contraire à la Constitution* », Cour constitutionnelle, *Décision DCC 09-087 du 13 août 2009, Alphonse Ménonkpinzon Atoyo et consorts*, Recueil des décisions et avis, 2009,

justice[512] ; le non-respect du délai raisonnable[513], ou leurs empiètements dans le domaine de compétence d'autres organes[514].Il s'agit là de divers facteurs pouvant obvier à l'instauration du fameux « dialogue des

pp. 432-446. Voir, aussi, Cour constitutionnelle du Bénin, *décisions n° DCC 09-087 du 13 août 2009, DCC 16-022 du 28 janvier 2016, DCC 04-051 du 18 mai 2004,* Recueil des décisions et avis, 2004, pp. 221-223 *; DCC 06-076 du 27 juillet 2006*, etc.

[512] Voir, par exemple, Cour Constitutionnelle du Bénin, *Décision DCC 16-007 du 07 janvier 2016, Guillaume Kpakpa* : « *que s'il est établi que le dysfonctionnement du service de la justice ne peut nuire au droit des justiciables à être jugés dans un délai raisonnable, il convient de souligner que ceux-ci doivent y concourir, pour autant que la loi le permet, par leur présence et la production par eux de tous écrits ou documents nécessaires au dénouement rapide du procès ; que dans le cas d'espèce, il s'est écoulé sept (07) ans deux (02) mois sans que la procédure n'ait été finalisée ; que ce délai anormalement long est imputable tant à la cour d'Appel d'Abomey qu'aux parties au procès et à leurs conseils ; qu'en effet, les raisons évoquées pour justifier cette lenteur, pour réelles qu'elles soient, ne sauraient exonérer la cour d'Appel de sa mission constitutionnelle de rendre la justice dans un délai raisonnable ; que de même, l'absence à certaines audiences des parties au procès et de leurs conseils y a largement contribué ; que dès lors, il échet pour la Cour de dire et juger qu'il y a violation de la Constitution* ».

[513] Voir, Cour Constitutionnelle du Bénin, *Décision DCC 16-051 du 21 avril 2016, Waliss Boukary*, dans laquelle elle juge : « Considérant que dans sa jurisprudence constante, notamment la décision DCC 10-072 du 1er juillet 2010, la Cour a dit et jugé que *« Les dysfonctionnements... ne sauraient exonérer les juridictions de leur mission constitutionnelle de rendre la justice dans un délai raisonnable ; qu'il en découle que les motifs tirés du dysfonctionnement de l'appareil judiciaire du fait des grèves sont inopérants à justifier ce long délai observé dans l'instruction de l'affaire ; qu'en conséquence, il y a lieu de dire et juger que le délai mis pour le traitement du dossier judiciaire du requérant est anormalement long* ».

[514] Voir , Cour Constitutionnelle du Bénin, *Décision DCC 98-042 du 14 mai 1998, Louis Ayikpé*, dans laquelle elle s'exprime sur le principe de la séparation des pouvoirs : « *le principe de la séparation des pouvoirs posé à l'article 125 de la Constitution signifie que chacun des pouvoirs exerce ses compétences sans que l'un puisse exercer celles de l'autre, ni s'immiscer dans l'exercice de ses attributions ; que la suspension de la procédure disciplinaire telle que prescrite par la Loi n° 86-013 précitée apparaît comme une mesure destinée à garantir une bonne administration de la justice disciplinaire et ne constitue pas une immixtion du pouvoir judiciaire dans l'exercice du pouvoir disciplinaire, celui-ci conservant sa liberté de décision …* » , cité par Hilaire AKEKORO, « La Cour constitutionnelle et le pouvoir judiciaire… », *op. cit.*

juges »[515], pourtant si nécessaire pour renforcer la démocratie et consolider les droits et libertés de la personne humaine[516].

À ce contentieux de répartition horizontale des attributions exécutive, législative et juridictionnelle, on peut adjoindre un contentieux dit vertical, entre les autorités centrales (gouvernementales) et les collectivités décentralisées.

Paragraphe II : Le contentieux de la répartition verticale des compétences

L'avènement du pluralisme politique au début des années 1990 avec comme corollaire, le délaissement de régimes de parti unique, a eu, entre autres effets, une sorte de desserrement de l'autorité administrative centralisée de l'État et l'adoption textuelle de la décentralisation territoriale dont la pratique a pu susciter aussi son lot de contentieux (B).

A) Le cadre de la décentralisation territoriale

Au moment des indépendances, le réflexe des nouveaux États était naturellement porté vers la recherche de l'unité nationale, la protection de l' intégrité territoriale et la lutte contre le sous-développement économique, autant de priorités d'action que devait poursuivre le parti unique servi par une administration concentrée et centralisée .Le risque était pendant d'avoir ce qu'on a pu traiter « *d'apoplexie au Centre et de paralysie aux extrémités* »[517] et de s'en référer, constamment, au

[515]Voir, Mélanges en l'honneur du Président Bruno GENEVOIS, Le dialogue des juges, Paris, Dalloz, 2009, 1166 p ; Régis de GOUTTES, « Le dialogue des juges », Cahiers du Conseil constitutionnel, hors-série 2009, Colloque du Cinquantenaire, 3 novembre 2009, en ligne : https://www.conseil-constitutionnel.fr/conseilconstitutionnel/francais/nouveaux-cahiers-du-conseil/cahier-hors-serie-2009/le-dialogue-des-juges.138650.html, consulté en décembre 2023.

[516] Kossivi François-Xavier HOUNAKE, Les juridictions constitutionnelles dans les démocraties émergentes de l'Afrique noire francophone : Les cas du Bénin, du Gabon, du Niger, du Sénégal et du Togo, Thèse de doctorat en droit public, Université de Lomé, 2012 ; Étienne Sossou AHOUANKA , « Le juge constitutionnel et la protection des droits fondamentaux», Revue béninoise des Sciences juridiques et administratives, 2005 ; Simplice Comlan DATO, « L'incursion du juge constitutionnel dans le domaine du juge ordinaire », Revue Constitution et Consolidation, n° 7, 2022, pp. 225-279 ; Dandi GNAMOU, « La Cour constitutionnelle du Bénin en fait-elle trop ? », *op. cit.* ; Philippe BLACHÈR « Le Conseil constitutionnel en fait-il trop ? », Revue Pouvoirs, n° 105, 2003, pp. 17-28.

[517] Selon la formule de Félicité Robert de Lamennais, « La centralisation, c'est l'apoplexie au centre et la paralysie aux extrémités ».

pouvoir central(Chef d'État, gouvernement et services centraux) pour résoudre les plus infimes détails d'administration.

Aussi, depuis plusieurs années, les États d'Afrique subsaharienne francophone ont pris le pli d'expérimenter divers systèmes de représentation et de participation[518] des populations locales à la gestion des affaires publiques de l'État, mais, à l'échelon local[519]. Cette décentralisation territoriale se présente comme un procédé par lequel les populations locales désignent des élus locaux pour gérer les affaires locales. Elle s'opère par l'entremise de collectivités territoriales, personnes

---

[518] Au Sénégal, l'art.102 de la Constitution dispose : « *Les collectivités territoriales constituent le cadre institutionnel de la participation des citoyens à la gestion des affaires publiques. Elles s'administrent librement par des assemblées élues au suffrage universel direct. Elles participent, à la territorialisation des politiques publiques, à la mise en œuvre de la politique générale de l'État ainsi qu'à l'élaboration et au suivi des programmes de développement spécifiques à leurs territoires. Leur organisation, leur composition et leur fonctionnement sont déterminés par la loi. La mise en œuvre de la décentralisation est accompagnée par la déconcentration qui est la règle générale de répartition des compétences et des moyens entre les administrations civiles* ». Au Cameroun, l'art.55 de la Constitution dispose : « *(1) Les collectivités territoriales décentralisées de la République sont les régions et les communes. Tout autre type de collectivité territoriale décentralisée est créé par la loi.*
(2) Les collectivités territoriales décentralisées sont des personnes morales de droit public. Elles jouissent de l'autonomie administrative et financière pour la gestion des intérêts régionaux et locaux. Elles s'administrent librement par des conseils élus et dans les conditions fixées par la loi.
Les Conseils de collectivités territoriales décentralisées ont pour mission de promouvoir le développement économique, social, sanitaire, éducatif, culturel et sportif de ces collectivités.
(3) L'État assure la tutelle sur les collectivités territoriales décentralisées dans les conditions fixées par la loi.
(4) L'État veille au développement harmonieux de toutes les collectivités territoriales décentralisées sur la base de la solidarité nationale, des potentialités régionales et de l'équilibre inter-régional.
(5) L'organisation, le fonctionnement et le régime financier des collectivités territoriales décentralisées sont déterminés par la loi.
(6) Le régime des communes est déterminé par la loi ». Voir, aussi, les articles 150 à 153 de la Constitution béninoise de 1990 ; art.176 de la Constitution malienne de 2023, art.172 de la Constitution ivoirienne de 2016.

[519] Aussi, au Cameroun, l'art.47 de la Constitution prévoit que le Conseil constitutionnel peut statuer sur les conflits entre l'État et les régions et entre les régions. En conséquence, selon cet article, « *Les présidents des exécutifs régionaux peuvent saisir le Conseil constitutionnel lorsque les intérêts de leur région sont en cause* »*417* et que « *avant leur promulgation, les lois ainsi que les traités et accords internationaux peuvent être déférés au Conseil constitutionnel par (...) les présidents des exécutifs régionaux (...)* ».

morales de droit public dotées d'une autonomie administrative et financière[520]. Elle se traduit aussi par un transfert de compétences de l'État (qui a toujours en charge les affaires nationales en termes de dépenses de souveraineté) vers ces collectivités territoriales décentralisées dont les pouvoirs sont limités à l'administration des affaires des localités concernées[521].

---

[520] La Constitution ivoirienne de 2016 en fixe les règles dans deux articles successifs : Article 173 « Les *collectivités territoriales bénéficient de ressources dont elles peuvent disposer librement dans les conditions fixées par la loi. Elles peuvent recevoir tout ou partie des produits des impositions de toute nature. Les recettes fiscales et les autres ressources propres des collectivités territoriales représentent une part déterminante de l'ensemble de leurs ressources* » et l'Article 174 « *Tout transfert de compétences entre l'État et les collectivités territoriales s'accompagne de l'attribution de ressources équivalentes à celles qui étaient consacrées à leur exercice* ».

La Constitution congolaise de 2015 prévoit, aussi, en son article 209 : « *Les collectivités locales s'administrent librement par des conseils élus et dans les conditions prévues par la loi, notamment en ce qui concerne leurs compétences et leurs ressources. En plus de leurs ressources propres, l'État alloue, chaque année, aux collectivités locales une contribution conséquente de développement. Toute imputation des dépenses de souveraineté de l'État sur les budgets des collectivités décentralisées est interdite* ».

[521] Voir, Cour constitutionnelle du Bénin, *décision DCC 98-079 du 20 octobre 1998*, dont voici un extrait : « *Considérant que, selon les dispositions de l'article 120 de la Constitution, le président de la République peut solliciter l'examen en procédure d'urgence d'une loi censée porter atteinte aux droits de la personne humaine et aux libertés publiques ; que, selon les dispositions de l'article 19 de la loi organique sur la Cour constitutionnelle, le président de la République peut demander, le cas échéant, l'examen en urgence d'une loi organique ; que, d'après les dispositions de l'article 36 de la loi organique sur la Cour constitutionnelle, le président de la République peut solliciter l'application de la même procédure dans le cadre d'une demande d'avis aux fins de délégalisation de textes de forme législative prévue à l'article 100 alinéa 2 de la Constitution ; Considérant que la loi soumise à examen ne relève d'aucune des catégories de textes ci-dessus énumérées ; que, dès lors, la demande d'examen en procédure d'urgence présentée par le président de la République est irrecevable ; Considérant que la Constitution dispose, d'une part, en son article 98 : " Sont du domaine de la loi les règles concernant : ... - l'organisation territoriale, la création et la modification de circonscriptions administratives ; ... La loi détermine les principes fondamentaux : ... de la libre administration des collectivités territoriales, de leurs compétences et de leurs ressources" ; d'autre part, en son Titre X relatif aux collectivités territoriales ; articles 150 à 153 : Article 150 : " Les collectivités territoriales de la République sont créées par la loi. " ; Article 151 : " Ces collectivités s'administrent librement par des conseils élus et dans les conditions prévues par la loi. " ; Article 152 : " Aucune dépense de souveraineté de l'État ne saurait être imputée à leur budget. " ; Article 153 : " L'État veille au développement harmonieux de toutes les collectivités territoriales sur la base de la solidarité nationale, des potentialités régionales et de l'équilibre interrégional. " ; Considérant que l'examen de la loi déférée fait apparaître que son TITRE II, intitulé " Des collectivités*

Au prisme des rapports entre l'État et ces collectivités publiques, il ressort des avantages et des inconvénients. Négativement, les politiques de décentralisation (encouragées, voire dictées par les Institutions Financières Internationales[522]) érodent le pouvoir unitaire de l'État, en l'émiettant avec ce risque de développement inégal car certaines collectivités connaitront une croissance plus soutenue que d'autres, obligeant l'État à s'adonner à un interventionnisme administratif et financier constant, vidant de toute substance la philosophie de la décentralisation.

Positivement, cette territorialisation des politiques publiques de l'État est le reflet de la démocratie locale, avec ce mérite que les populations locales connaissent mieux les problèmes locaux et que leurs organes exécutif et délibérant pourront orienter les budgets vers les priorités locales. Dans ce cadre, on peut relever la décision de 2021 de la Haute Cour constitutionnelle de Madagascar, affirmant : « *Considérant que par requête en date du 29 octobre 2021, enregistrée le 02 décembre 2021 au greffe de la Haute Cour Constitutionnelle, le nommé ISSOUF ISMAEL Amédée, Président du Conseil Municipal de la Commune Urbaine de NOSY-BE demande à la Cour de céans l'annulation et/ou la révision de la décision n° 25-HCC/D3 du 02 Juillet 2015 concernant la loi n° 2015-013 portant transfert des terres ayant appartenu aux colons au profit des citoyens malagasy ; (...) Considérant que d'après l'article 119 de la Constitution, « La Haute Cour Constitutionnelle peut être consultée par tout chef d'institution et tout organe des collectivités territoriales décentralisées» ;Considérant que les collectivités territoriales décentralisées sont dotées d'un organe délibérant et d'un organe exécutif ; que selon l'article 72 de la loi n° 2014-020 du 27 septembre 2014 relative aux ressources des*

territoriales ", comporte trois chapitres consacrés, le premier à la commune, le second à l'arrondissement, le troisième au village et au quartier de ville ; qu'en incluant sous ce TITRE II et l'arrondissement et le village et le quartier de ville, le législateur leur confère nécessairement, comme à la commune, le statut de collectivités territoriales ; que, dès lors, les dispositions relatives à leur organisation doivent être conformes aux articles 150 à 153 susvisés de la Constitution ; Considérant qu'au regard de tout ce qui précède, le contrôle de conformité à la Constitution de la loi sous examen fait apparaître dès lors que certaines de ses dispositions sont conformes à la Constitution sous réserve d'observations, que d'autres n'y sont pas conformes, et que certaines y sont conformes… ».

[522] Voir, Saidou Nourou TALL, « De l'externalisation de la gouvernance administrative : les agences exécutives dans les organisations internationales », *Droit sénégalais n° 6*, novembre 2007, pp. 61-77.

collectivités territoriales décentralisées, aux modalités d'élections ainsi qu'à l'organisation au fonctionnement et aux attributions de leurs organes, « Les organes des collectivités territoriales décentralisées sont les organes délibérants dénommés conseil municipal pour les communes urbaines et conseil communal pour les communes rurales [...] et les organes exécutifs sont les maires pour les communes urbaines et rurales [...] » ; Considérant que d'après l'article 14 de la loi n° 2014-020 du 27 septembre 2014 sus citée, « À chaque collectivité territoriale décentralisée, le conseil règle par ses délibérations les affaires qui sont dévolues par la loi à sa compétence, conformément au principe de libre administration défini à l'article 144 de la Constitution » ; Considérant que par définition, l'organe délibérant est une assemblée élue réunissant tous les conseillers municipaux ou les conseillers communaux ; que cet organe est représenté par son président ou son vice-président dans tous les actes l'engageant et ce, suivant une délibération de l'assemblée toute entière, conformément aux dispositions de l'article 14 sus-visée ; (...) que le seul fait de porter ce titre ne leur confère pas le droit de prétendre être organe délibérant de la commune urbaine de NOSY-BE et de se prévaloir de cette qualité pour saisir la Cour de céans pour demander l'annulation et/ou la révision de la décision de la Haute Cour Constitutionnelle ... »[523].

Quoi qu'il en soit, la coexistence d'un domaine de compétences dévolu à la collectivité décentralisée avec un domaine de compétences non transférées peut, si la ligne de démarcation n'est pas bien tracée, conduire à des empiétements générateurs de contentieux.

C) Le contentieux de la décentralisation

Les Lois fondamentales reconnaissent le principe de la libre administration des collectivités territoriales[524], déterminent que les principes fondamentaux de cette libre administration sont du domaine

[523] Haute Cour constitutionnelle de Madagascar, dans sa *décision n° 19-HCC/D3 du 06 décembre 2021* relative à une requête aux fins de révision.

[524] L'art.139 de la Constitution de Madagascar de 2010 dispose : « *Les collectivités territoriales décentralisées, dotées de la personnalité morale et de l'autonomie administrative et financière, constituent le cadre institutionnel de la participation effective des citoyens à la gestion des affaires publiques et garantissent l'expression de leurs diversités et de leurs spécificités. Elles possèdent un patrimoine comprenant un domaine public et un domaine privé qui sont délimités par la loi. Les terres vacantes et sans maître font partie du domaine de l'État* » ; dans le même sens, voir *décision DCC 98-080 du 20 octobre 1998.*

de la loi[525] et instituent, quelquefois, un certain nombre de structures ou assemblées[526] destinées à recueillir l'avis de ces collectivités, chaque fois que de besoin.

Dans ce sillage, la juridiction malgache, se plaçant tantôt dans un rôle de censeur, tantôt dans un rôle de pédagogue, décortique avec minutie les tenants et aboutissants de la décentralisation, en ces termes : « *Considérant que la Haute Cour Constitutionnelle a été saisie le 27 novembre 2015 par le Président de la République par lettre N° 107/PRM/SG/DEJ-15 reçue et enregistrée au greffe le même jour, pour soumettre au contrôle de conformité à la Constitution, préalablement à sa promulgation, conformément aux dispositions de l'article 117 de la Constitution, la loi n° 2015-024 portant octroi de Fonds Local de Développement au profit des Collectivités territoriales décentralisées de base ; (...) Considérant qu'en vertu de l'article 3 de la Constitution, « la République de Madagascar est un État reposant sur un système de Collectivités Territoriales Décentralisées composée des Communes, des Régions et des Provinces dont les compétences et les principes d'autonomie financière sont garantis par la Constitution et définis par la loi* » ; (…) *que les autorités décentralisées sont les collectivités territoriales ou locales constituées par les Communes, les Régions et les Provinces ; que les deux grands principes de la décentralisation sont le principe d'autonomie et le principe de libre administration ; que la libre administration des collectivités territoriales est un principe général à valeur constitutionnelle ; (...) Considérant que l'article 71 alinéa premier de la Constitution prévoit que* « *le mandat de député est incompatible*

---

[525] Voir, art.67 de la Constitution sénégalaise de 2001 ; art.99 de la Constitution béninoise de 1990 ; voir, aussi, Alexis ESSONO OVONO, « L'autonomie financière des collectivités locales en Afrique noire francophone. Le cas du Cameroun, de la Côte-d'Ivoire, du Gabon et du Sénégal », Revue Afrilex 2021/3, 24p ; Théodore HOLO, « La décentralisation au Bénin : mythe ou réalité ? », Revue béninoise des sciences juridiques et administratives, n° 7, décembre 1986 ; Jean du Bois DE GAUDUSSON, « La décentralisation menacée par la (bonne) gouvernance ? Interrogations sur de récents rapports de la Banque mondiale à partir du cas africain », in Mélanges en l'honneur de Franck Moderne, Paris, Dalloz, p. 995.

[526] Ainsi en est-il du Haut Conseil des Collectivités territoriales (HCCT) au Sénégal, prévu à l'article 66-1 de la Constitution, qui se lit : « *Le Haut Conseil des Collectivités territoriales est une Assemblée consultative. Il donne un avis motivé sur les politiques de décentralisation et d'aménagement du territoire. Une loi organique détermine le mode de désignation, le nombre et le titre des membres, ainsi que les conditions d'organisation et de fonctionnement de l'institution* ». Cet article a été complétée par la loi organique n° 2016-24 du 14 juillet 2016. Cette institution a fait l'objet en août 2024 d'un projet de suppression qui n'a pas abouti.

avec l'exercice de tout autre mandat public électif et de tout emploi public, excepté l'enseignement » ; (...) que le Comité local de Développement est une mise en œuvre du processus de décentralisation financière ; qu'en confier la présidence à un député constitue une atteinte excessive au principe d'autonomie et au principe de libre administration des Collectivités territoriales décentralisées ; qu'en vertu de ces deux principes, cet organe doit être présidé par une autorité locale élue et non par un représentant de l'État central, qu'il relève du législatif ou de l'exécutif ; qu'en conséquence, les élections régionales devraient être organisées dans les meilleurs délais ; Considérant cependant que le Parlement, en tant que l'une des principales institutions de la gouvernance, a un rôle critique de contrôle et de supervision en matière financière ; qu'en conséquence, les députés et surtout les sénateurs en tant que représentants des Collectivités territoriales décentralisées selon l'article 81 de la Constitution peuvent assurer le suivi de l'usage des fonds par le Comité local de Développement, mais ne pas participer à la prise de décision;(...) Considérant que l'article 4 alinéa 2 de la loi n° 2015-025 dispose que « le représentant de l'État est l'ordonnateur secondaire. En tant que tel, il contrôle la légalité de l'acte pris par le Comité local de Développement » ; Considérant que les attributions du représentant de l'État auprès des collectivités territoriales décentralisées sont limitativement énumérées par les articles 15 à 23 de la loi n° 2014-021 relative à la représentation de l'État ; que la fonction d'ordonnateur secondaire ne figure pas parmi ces attributions ; qu'en conséquence la désignation de l'ordonnateur secondaire doit tenir compte des dispositions législatives en vigueur ».

La haute juridiction conclut en premier lieu que *: « sont contraires à la Constitution l'article 1 alinéa 2 et 3, les articles 2 et 3 de la loi n° 2015-024 »,* en second lieu que *« sont conformes à la Constitution toutes les autres dispositions de la loi »* et qu'en troisième et dernier lieu que *« L'article 1 alinéas 2 et 3, les articles 2 et 3 étant des dispositions essentielles non détachables, la loi n° 2015-024 ne peut être promulguée en l'état... »*[527].

En dehors d'une des règles les plus saillantes du droit de la décentralisation qu'est le principe de la libre administration des

[527] Madagascar, Haute Cour constitutionnelle, *décision HCC/D3 du 26 décembre 2015 relative à la loi n° 2015-024.*

collectivités [528] territoriales, le contentieux des matières transférées mobilise davantage l'attention[529].

Un exemple de contentieux dans lequel étaient en cause les compétences transférées à une collectivité territoriale et le partage d'attributions avec l'État a été soumis au Conseil constitutionnel du Sénégal dans l'affaire dite « *Entente CADAK-Car* », dans laquelle la juridiction emprunte le raisonnement suivant : « *Considérant que les requérants font observer, par ailleurs, qu'en vertu de l'article 102 de la Constitution, « Les collectivités [locales] constituent le cadre institutionnel de la participation des citoyens à la gestion des affaires publiques. Elles s'administrent librement par des assemblées élues. Leur organisation, leur composition et leur fonctionnement sont déterminés par la loi. », et qu'aux termes de l'article 67 de la Constitution, « La loi détermine les principes fondamentaux : [...] de la libre administration des collectivités [locales], de leurs compétences et de leurs ressources » ; qu'ils en déduisent que la mise en œuvre et la détermination des principes fondamentaux de la libre administration des collectivités territoriales, de leurs compétences et de leurs ressources relèvent du domaine réservé au législateur ;Considérant que les deux moyens tendent en réalité à faire juger, par le Conseil constitutionnel, qu'en conférant au pouvoir exécutif le droit de déterminer par décret les modalités de mise en œuvre des missions relatives au nettoiement et à la salubrité dans les collectivités territoriales, alors qu'en vertu des articles 67 et 102 de la Constitution, cette matière relève du domaine de la loi et non du règlement, le législateur a méconnu les limites de sa compétence ;(...) ; Considérant qu'il y a lieu de préciser que le principe de la libre administration des collectivités territoriales, consacré par l'alinéa premier de l'article 102 de la Constitution, n'a pour objet ni de fixer le domaine de la loi par rapport au règlement, ni d'exclure la*

[528] Voir, Abdourahmane DIOKHANE, « Le principe de la libre administration des collectivités locales », in *La régionalisation*, Actes du colloque international de Dakar, 1er-3 juillet 1996, UCAD/FSJP, CREDILA, 1998, pp. 95-115 ; Luc Patrick BALLA MANGA, « La libre administration des collectivités territoriales décentralisées dans le nouveau droit camerounais de la décentralisation », Revue Constitution et Consolidation, 2022, n°8, pp. 145-178.

[529] Cossoba NANAKO, La libre administration des collectivités territoriales au Bénin et au Niger, Thèse de doctorat, Université d'Abomey-Calavi (Bénin), 2016, 436p ; Paul TRAORE, « Le juge constitutionnel et le principe de la libre administration des collectivités territoriales : au sujet de l'arrêt N°2016-05/CC du 05 Mai 2016 de la cour constitutionnelle du Mali », Revue malienne des sciences juridiques, politiques et économiques de Bamako (REMASJUPE), n°4,2017, pp. 101-152.

compétence réglementaire dans ce domaine ; qu'il a pour objet d'interdire au pouvoir législatif de porter atteinte à la règle de l'autonomie institutionnelle et fonctionnelle des collectivités territoriales telle qu'elle résulte de la Constitution ;

Considérant, s'agissant de l'article 67 de la Constitution, que cette disposition, en déterminant le domaine de la loi, distingue les matières qui relèvent totalement du domaine législatif puisque c'est la loi qui en fixe, à la fois, les principes fondamentaux, les modalités d'application et celles qui relèvent partiellement du domaine de la loi, celle-ci n'en fixant que les principes fondamentaux ;Considérant qu'en vertu de ce texte, la loi ne détermine que les principes fondamentaux de la libre administration des Collectivités territoriales, leurs compétences et leurs ressources ; qu'il en résulte que, pour ces matières, les règles de mise en œuvre sont du domaine du règlement ;Considérant qu'en renvoyant au règlement pour déterminer les modalités de mise en œuvre des missions relatives au nettoiement et à la salubrité dans les collectivités territoriales, l'article 119 du Code général des Collectivités territoriales n'est en rien contraire à l'article 67 de la Constitution ; Considérant que l'article 102 de la Constitution, en vertu duquel l'organisation, la composition et le fonctionnement des collectivités territoriales sont déterminés par la loi, doit être combiné avec l'article 67 de la Constitution qui ne renvoie à la loi que pour déterminer les principes fondamentaux de la libre administration des collectivités territoriales ; qu'il résulte de cette combinaison que, pour ces matières, la loi peut, sans violer la Constitution, renvoyer au règlement pour déterminer les modalités de sa mise en œuvre ;Considérant qu'il y a lieu de rejeter l'exception d'inconstitutionnalité »[530].

En définitive, il ressort que les libertés conférées aux collectivités territoriales, s'insèrent dans un cadre plus large de prérogatives et facultés visant à préserver l'intérêt général et, par ricochet, l'ordre public tout en intégrant la perspective de sauvegarde des droits fondamentaux de la personne humaine.

Section II : Le contentieux des droits et libertés

Deux principales approches de la prise en compte des droits et libertés, sont perceptibles dans les Constitutions modernes : une première les consignant dans les textes de renvoi du Préambule (déclarations et

[530] Conseil constitutionnel du Sénégal, *décision n° 1/C/2019, affaire n° 1/C/19 du 25 avril 2019*, (considérants 5 à 11).

conventions relatives aux droits de l'Homme), et, une seconde, les centralisant dans une subdivision du corpus constitutionnel (Partie, Titre ou Chapitre) qui est alors consacrée à un large éventail de ces droits[531].

À l'évidence, ce diptyque classique est concurrencé, en Afrique francophone par une troisième approche dite mixte, permettant de repérer aussi bien dans les préambules que dans les dispositifs constitutionnels, en plus de textes annexés[532], les droits et les devoirs de la personne, qu'elle soit envisagée *ut singuli* ou membre d'un groupe[533].

Par conséquent, la compétence contentieuse est activée sur le fondement d'une prétendue violation de n'importe quel droit constitutionnellement consacré et garanti [534] (§ I) et l'office des juridictions

---

[531] Voir, par exemple, dans la Constitution sénégalaise de 2001, le Titre II, intitulé « *Des droits et libertés fondamentaux et des devoirs des citoyens* » comprenant les articles 7 à 25-3. L'article 8 condense la plupart des droits et libertés, en disposant : « *La République du Sénégal garantit à tous les citoyens les libertés individuelles fondamentales, les droits économiques et sociaux ainsi que les droits collectifs. Ces libertés et droits sont notamment : les libertés civiles et politiques : liberté d'opinion, liberté d'expression, liberté de la presse, liberté d'association, liberté de réunion, liberté de déplacement, liberté de manifestation, les libertés culturelles, les libertés religieuses, les libertés philosophiques, les libertés syndicales ,la liberté d'entreprendre, le droit à l'éducation, le droit de savoir lire et écrire, le droit de propriété, le droit au travail, le droit à la santé, le droit à un environnement sain, le droit à l'information plurielle. Ces libertés et ces droits s'exercent dans les conditions prévues par la loi* ».

[532] Il faut souligner l'approche de la Constitution togolaise de 2024, qui cite les textes de référence dans le Préambule, puis détaille les droits dans une « *Déclaration solennelle des Droits et Devoirs fondamentaux des personnes et des citoyens* » annexée à la Constitution. En République du Congo, ces droits et libertés sont prévues dans le préambule, dans la Constitution congolaise de 2015 et dans la Charte nationale des droits et libertés du 29 mai 1991, ce dernier texte étant visé par le préambule.

[533] Lire, Henri OBERDORFF, Droits de l'Homme et Libertés fondamentales, 8e édition, Paris, LGDJ-Lextenso, 2021, 750p ; Vanessa BARBE, L'essentiel du Droit des Libertés fondamentales, 2e édition, Paris, Gualino2 020-2021 ; Véronique CHAMPEIL-DESPLATS « Des « libertés publiques » aux « droits fondamentaux ». Effets et enjeux d'un changement de dénomination », communication au colloque « *Des droits fondamentaux à l'obsession sécuritaire : mutation ou crépuscule des libertés publiques ?* » organisé par l'Institut Michel Villey pour la culture juridique et la philosophie du droit en collaboration avec l'Institut Carré de Malberg de l'Université de Strasbourg (Paris, 14 mai 2010), 16p.

[534] À cet égard , il sera convenu d'entendre ces droits et libertés fondamentaux , dans le sens que leur prête Théodore Holo à savoir , qu'il s'agit « des prérogatives inhérentes à la nature humaine, antérieures et extérieures à l'État, à la différence des libertés publiques qui s'analysent davantage comme des droits et facultés assurant la liberté et la dignité de la personne humaine et bénéficiant de garanties institutionnelles », Théodore HOLO, « Démocratie revitalisée ou démocratie émasculée ? Les Constitutions

constitutionnelles s'exerce tant par la voie de recours directs, que par la voie de recours indirects (§ II).

Paragraphe I : La protection constitutionnelle des droits et libertés

Comme cela a été rapporté dans les développements sur les normes de référence, les constituants africains ont procédé à l'internalisation des grandes Déclarations et Conventions relatives à la promotion et à la protection des droits et libertés fondamentaux[535].

L'enracinement des droits fondamentaux dans leurs bases théoriques (A) se manifeste, aussi, dans la pratique, par toute une série de modulations (B).

A) Les fondements théoriques

La fondamentalité des droits et libertés peut se traduire en une formalisation dans le prescrit constitutionnel ou l'écrit législatif et dans une matérialisation par l'énonciation de normes au contenu permissif ou prohibitif[536].

Tels qu'ils sont consacrés et garantis par les conventions internationales à vocation universelle ou régionale et par les Constitutions, les droits et libertés s'articulent autour de trois générations ou catégories : les droits civils et politiques, les droits économiques sociaux et culturels et les droits de solidarités.

Apparus avant la Deuxième Guerre mondiale, généreusement insérés dans les dispositions des Constitutions africaines, à partir de 1990 et consolidés par les juridictions constitutionnelles, les droits civils et politiques[537] comprennent, sans que cela n'en épuise l'énumération, les

---

du renouveau démocratique dans les États de l'espace francophone africain : régimes juridiques et systèmes politiques », RBSJA n°16, 2006, pp. 17-41 ; Etienne Sossou AHOUANKA, « Le juge constitutionnel béninois et la protection des droits fondamentaux de la personne », *op. cit.*, p. 5 ; Louis FAVOREU et alii, Droit des libertés fondamentales, 8e éd., Paris, Dalloz, coll. » Précis Dalloz », 2021, 978 p ; Mouhamadou Mounirou SY, La protection constitutionnelle des droits fondamentaux en Afrique. L'exemple du Sénégal, Paris, L'Harmattan, 2007, 564 p.

535 Voir nos ouvrages, Droit des organisations internationales africaines, *op. cit.* ; Droit du contentieux international africain, *op. cit.*

536 Vanessa BARBE, L'essentiel du Droit des Libertés fondamentales …, *op. cit.*, p.15 et s ; Olivier JOUANJAN, « La théorie allemande des droits fondamentaux », AJDA, 1998, p. 44 et s.

537 Voir, Jean MORANGE, « Droit civils et politiques », in Dénis ALLAND et Stéphane RIALS (dir.), Dictionnaire de la culture juridique, Paris, PUF, coll. « Quadrige », 2003,

droits à la vie, à un nom, à la nationalité, à la liberté, à la sécurité, au libre développement de sa personnalité, à l'intégrité corporelle notamment à la protection contre toutes mutilations physiques, le droit de propriété, l'inviolabilité du domicile, le droit d'aller et venir, la liberté, l'égalité, les libertés d'expression, de conscience, d'opinion, la liberté de la presse, la liberté de manifestation, les libertés culturelles, les libertés religieuses[538], les libertés philosophiques, les garanties judiciaires comme le droit de recours, le droit à un procès équitable, le droit d'être jugé dans un délai raisonnable, les droits de la défense, etc.

De leur côté, considérés comme relevant de la deuxième génération, les droits économiques, sociaux et culturels sont dus à l'influence des États socialistes. Ils traduisent l'importance de l'épanouissement de la personne humaine, notamment sa participation à la vie en société et au développement économique de son pays, la reconnaissance et l'exercice de sa culture. Ces droits comprennent, entre autres, la liberté de réunion, la liberté syndicale, la liberté de commerce et d'industrie, le droit de pratiquer sa culture, le droit au travail, le droit à la santé, le droit à l'éducation, le droit à l'alimentation, le droit à la Sécurité sociale, le droit à un niveau de vie suffisant, etc.

Pour leur part, constituant la troisième génération et défendus, historiquement, par les États du Tiers-Monde (résolutions des Nations Unies et Charte africaine des droits de l'Homme et des Peuples), les droits de solidarité sont le reflet de droits collectifs. Il s'agit notamment du droit à la paix, du droit au développement, du droit à un environnement sain, du droit d'un peuple à l'autodétermination, du droit d'un peuple à disposer librement de ses ressources et richesses naturelles, etc. Ainsi s'agissant du droit à un environnement sain, qui est une composante de la troisième génération, il est de plus en plus intégré dans les préambules ou encore dans le *corpus juris des* Lois fondamentales des États africains, à l'instar de la Constitution sénégalaise de 2001, dans sa révision de 2016.

Cette constitutionnalisation de l'environnement s'exprime dans plusieurs dispositions, notamment à l'article 25-1, en vertu duquel *« Les*

---

pp. 536-538 ; Philippe BLACHER, « Droits fondamentaux (classification) », in Dominique CHAGNOLLAUD et Guillaume DRAGO (dir.), Dictionnaire des droits fondamentaux, Paris, Dalloz, 2006, p. 280 et s.

[538] Sur l'invocation de la liberté de culte, voir Conseil constitutionnel du Cameroun, *Affaire Jonathan Nti, décision n°01/CC/CT du 14 octobre 2020* (Requête aux fins de rétablissement des droits constitutionnels).

ressources naturelles appartiennent au peuple. Elles sont utilisées pour l'amélioration de ses conditions de vie. L'exploitation et la gestion des ressources naturelles doivent se faire dans la transparence et de façon à générer une croissance économique, à promouvoir le bien-être de la population en général et à être écologiquement durables... ».

L'article 25-2 dispose, de manière plus explicite, que : « *Chacun a droit à un environnement sain. La défense, la préservation et l'amélioration de l'environnement incombent aux pouvoirs publics. Les pouvoirs publics ont l'obligation de préserver, de restaurer les processus écologiques essentiels, de pourvoir à la gestion responsable des espèces et des écosystèmes, de préserver la diversité et l'intégrité du patrimoine génétique, d'exiger l'évaluation environnementale pour les plans, projets ou programmes, de promouvoir l'éducation environnementale et d'assurer la protection des populations dans l'élaboration et la mise en œuvre des projets et programmes dont les impacts sociaux et environnementaux sont significatifs* ».

Enfin, l'article 25-3 énonce, parmi les droits et devoirs du citoyen sénégalais, les impératifs de respect de l'environnement et du développement durable : « *(...) Tout citoyen a le devoir de préserver les ressources naturelles et l'environnement du pays et d'œuvrer pour le développement durable au profit des générations présentes et futures (...)* ».

Ces différentes catégories s'opposent (droits positifs ou négatifs) ou se complètent (droits individuels ou collectifs).

La systématique de ces droits et libertés n'implique pas que certains d'entre eux ne puissent admettre, pour leur réalisation, des atténuations.

B) Les modulations pratiques

L'énoncé de ces droits donne, en dehors de certains droits intangibles, la possibilité d'en moduler les effets dans la pratique.

Juridiquement, la fondamentalité de certains droits et libertés est renforcée par leur immutabilité en raison de leur immersion dans le noyau intangible des droits de la personne humaine[539]. En revanche, la

[539]Cf. Déclaration et Programme d'action de Vienne (Conférence mondiale sur les droits de l'Homme, Vienne, 15-25 juin 1993). Doc. A/ CONF.157/23, 12 juillet 1993, paragraphe 5.

[539] Cf. art. 29 § 2 de la Déclaration universelle des Droits de l'Homme du 10 décembre 1948.

plupart des droits et libertés connaissent un encadrement par les lois et règlements nationaux[540].

Il est admis que les droits et libertés peuvent, dans bien des cas, être considérés comme des droits à réalisation progressive ou dont la matérialisation implique un surcroit de dynamisme normatif et financier en fonction du niveau de développement d'un pays et en fonction de la synergie collaborative entre les pouvoirs publics, les populations et les secteurs privés nationaux et étrangers.

Ainsi, par exemple, l'idée de conférer à la personne humaine un droit à l'eau [541]semble séduire la communauté internationale au point que des propositions se sont efforcées d'en définir le contenu et d'en circonscrire les pourtours .Il en est de même du droit à l'alimentation, ainsi formulée par Jean Ziegler, dans son rapport sur le droit à l'alimentation: « Le droit à l'alimentation est le droit d'avoir un accès régulier, permanent et libre, soit directement, soit au moyen d'achats monétaires, à une nourriture quantitativement et qualitativement adéquate et suffisante », ce qui engloberait nécessairement « le droit à une nourriture solide et à une nourriture liquide c'est-à-dire, dans ce dernier cas, à l'eau potable »[542]. C'est dans ce sens qu'il faut replacer le Protocole de Maputo de 2003 à la Charte africaine des Droits de l'Homme et des peuples, relatif aux Droits de la Femme en Afrique qui prévoit le droit à la sécurité alimentaire en son article 15 : « *Les États parties assurent aux femmes le droit d'accès à une alimentation saine et adéquate. À cet égard, ils prennent les mesures nécessaires pour : a) assurer aux femmes l'accès à l'eau potable, aux sources d'énergie domestique, à la terre et aux moyens de production alimentaire ; b) établir des systèmes*

---

[540] Voir le Sous-Titre I « *Des Droits et Libertés* » (articles 8 à 49) du Titre I de la Constitution congolaise de 2015 ; Titre II « *Des Droits et des Devoirs de la personne humaine* » (articles 7 à 40) de la Constitution béninoise de 1990.

[541] Ce droit à l'eau est défini dans la Déclaration de Madère, comme : « *le droit pour toute personne, quel que soit son niveau économique, de disposer d'une quantité minimale d'eau de bonne qualité qui soit suffisante pour la vie et la santé.* ». Conseil Européen du Droit de l'Environnement, Déclaration de Madère sur la gestion durable des ressources en eau, avril 1999, Revue Européenne de droit de l'environnement, Vol.3, pp. 359-361 (2000).

[541]Voir son rapport sur le droit à l'alimentation présenté à l'Assemblée générale des Nations Unies (A/56/210). Voir Abdoulaye SOMA, Droits de l'Homme à l'alimentation et sécurité alimentaire en Afrique, Zurich/Bruxelles, Schulthess/Bruylant, 2010, 561 p.

[542]Parmi les termes de référence du Rapporteur spécial pour le droit à l'alimentation, il lui était recommandé par le Comité des Droits de l'Homme de prêter une attention spéciale à la question de l'eau potable, voir Res. 2001/25.

d'approvisionnement et de stockage adéquats pour assurer aux femmes la sécurité alimentaire ».

En fait, l'exégèse des nombreux textes relatifs aux droits de la personne humaine permet d'offrir un creuset de réception d'un droit à l'eau en étroite imbrication avec d'autres droits humains. Aussi, peut-on raisonnablement soutenir, l'idée que ce droit nouveau ne saurait durablement s'établir que s'il est corrélé à d'autres droits, comme le droit à un niveau de vie suffisant[543],le droit à la santé[544],le droit à la dignité, le droit à la vie[545], le droit au logement, le droit à l'alimentation, ou encore le droit à l'environnement[546], catalogue de droits libellés de manière implicite ou explicite dans l'art.25 de la Déclaration universelle des Droits de l'Homme de 1948 qui en est la source inspiratrice, à savoir : « *Toute personne a droit à un niveau de vie suffisant pour assurer sa santé, son bien-être et ceux de sa famille, notamment pour l'alimentation, l'habillement, le logement, les soins médicaux..* ». Dans le même sillage, on peut souligner l'apport de l'ancienne Organisation de l'Unité africaine avec la Charte africaine des Droits et du Bien-être de l'Enfant de juillet 1990, qui reconnait qu'incombe à l'État l'obligation de prendre les mesures nécessaires « *pour garantir la fourniture d'une alimentation et d'une eau de boisson saine et en quantité suffisante* ».

Beaucoup d'instances internationales comme la Commission du développement durable, le Comité des droits économiques, sociaux et culturels ou encore l'Assemblée générale de l'ONU se sont évertués à en densifier la teneur et à en promouvoir l'esprit.

---

[543]Selon le Pacte international relatif aux droits économiques, sociaux et culturels, « *Les États reconnaissent... le droit de toute personne à un niveau de vie suffisant pour elle-même et sa famille, y compris une nourriture, un vêtement et un logement suffisant » (art.11 § 1).*

[544]Ce droit est ainsi proclamé par l'art.12 du Pacte international relatif aux droits économiques, sociaux et culturels : « ... *le droit qu'a toute personne de jouir du meilleur état de santé physique et mentale qu'elle soit capable d'atteindre* ».

[545] Art.6 du Pacte international relatif aux droits civils et politiques de 1966.

[546] Le droit à l'environnement est reconnu dans de nombreuses conventions internationales, comme la Charte africaine des droits de l'Homme et des Peuples de 1981 dont l'article 24 se lit ainsi qu'il suit : « *Tous les peuples ont droit à un environnement satisfaisant et global, propice à leur développement* », ou encore l'article 18 du Protocole sur le droit des femmes en Afrique. Il en est de même de l'art.1er de la Convention d'Aarhus du 25 juin 1998 sur l'accès à l'information, la participation du public au processus décisionnel et l'accès à la justice en matière d'environnement, qui lie le droit à l'environnement au droit à la santé.

Ainsi garantis dans les instruments internationaux, les droits de l'Homme peuvent être restreints par les États sans qu'il en découle une violation des obligations qu'ils ont assumées, ceci par trois mécanismes :

– la limitation[547]: les clauses de limitation permettent de rétablir l'équilibre entre les droits individuels et les droits collectifs. Cependant, même dans ce cas, il existe un noyau dur de droits indélogeables (droit à la vie, à l'intégrité physique, interdiction de la torture, interdiction de la discrimination...);

– la réserve[548] : le droit international public permet à l'État, lors de la ratification d'un traité, de ne pas accepter l'ensemble des obligations y afférentes. Mais cette possibilité n'est pas illimitée;

– la dérogation : plusieurs traités des droits de l'Homme prévoient la possibilité de suspendre leur application, au moins en partie, lors d'une situation d'urgence (art. 4 du pacte international des droits civils et politiques), en cas de guerre ou de situation mettant en danger la sécurité ou l'indépendance des États[549].

Il faut mentionner qu'il ne saurait y avoir dérogation aux normes du noyau dur qui s'apparentent incontestablement aux normes du *Jus cogens*, ce qui n'a pas tari les controverses sur la justiciabilité ou l'injusticiabilité des droits de la seconde génération[550].

---

547 Cf. art. 29 § 2 de la Déclaration universelle des Droits de l'Homme du 10 décembre 1948.

548 Art. 19 à 23 de la Convention de Vienne du 23 mai 1969 sur le droit des traités entre États.

549 Art. 15 de la Convention européenne des droits de l'Homme et art. 27 de la Convention Américaine des droits de l'Homme; cf., Saidou Nourou TALL, Théorie et réalités du Droit international humanitaire : Contribution à l'étude de l'application du droit des conflits armés en Afrique noire contemporaine, Sarrebruck, Éditions universitaires européennes, mai 2012, 550 p. ; Hubert THIERRY, Droit et Relations internationales, (Traités, Résolutions, Jurisprudence), Paris, Montchrestien, 1984, 696 p. ; Jean-François AKANDJI-KOMBE, « Droits économiques, sociaux et culturels », in Joel ANDRIANTSIMBAZOVINA et *alii* (dir.), Dictionnaire des droits de l'Homme, Paris, PUF, 2008, p. 255 et s.

550 Cf., Éric SIMO, « Les droits économiques et sociaux dans la jurisprudence constitutionnelle africaine », La Revue des droits de l'homme [Online], 23 | 2023, 43 p. URL: http://journals.openedition.org/revdh/16213 ; DOI: https://doi.org/10.4000/revdh16213 (consulté en décembre 2023) ; Simon-Pierre ZOGO NKADA , « Le nouveau constitutionnalisme africain et la garantie des droits socioculturels des citoyens : cas du Cameroun et du Sénégal », RFDC, 2012/4, n° 92, pp. 1-17 ; Diane ROMAN , « La justiciabilité des droits sociaux ou les enjeux de l'édification d'un État de droit social », Revue des droits de l'homme, n° 1, 2012, pp. 1-41.

Il en ressort, également, que lorsque le juge se trouve dans une situation où deux droits de valeur égale sont susceptibles d'application, il s'astreint à en opérer l'arbitrage soit en faveur de la sauvegarde de l'ordre public, soit en les conciliant de manière à leur donner un effet utile. C'est ce qu'on peut retenir de la *décision 2/C/2021, Affaire n° 2-C-21 du 20 juillet 2021* du Conseil constitutionnel du Sénégal *:* « *Considérant qu'en dehors des droits dits intangibles, valables en tout temps et en toutes circonstances, comme le droit à la vie, l'interdiction de l'esclavage, les crimes de guerre, les crimes contre l'humanité et les crimes de génocide, l'interdiction de la torture qui sont consacrés dans les conventions internationales, les autres droits et libertés, peuvent faire l'objet de restrictions par le législateur pour des raisons d'ordre public, de sécurité publique et de santé publique lorsqu'il s'agit, sans que cela soit limité à ces exemples, de parer à «un danger collectif ou protéger des personnes en péril de mort » ou encore pour « protéger la jeunesse* en danger », *comme le prévoit l'article 16 de la Constitution* ; *(...)*

Considérant, cependant, qu'il convient de rappeler, que la plupart des droits et libertés prévus dans la DDHC ou dans la DUDH sont repris dans le Titre II de la Constitution, intitulé « Des droits et libertés fondamentaux et des devoirs des citoyens », qui ne consacre ces droits et libertés, notamment l'inviolabilité du secret de la correspondance et des communications, qu'en subordonnant leur exercice aux prescriptions de la loi ;(...) Considérant *qu'en ce qui concerne le droit au secret des correspondances, il est prévu dans l'article 13 in fine de la Constitution, le pouvoir pour le législateur de le restreindre ; (...) ; Considérant que lorsqu'un droit ou une liberté est en concurrence avec une autre règle d'égale valeur, leur conciliation ne peut se faire que de manière à préserver l'intérêt général et l'ordre public qui sont des objectifs de valeur constitutionnelle ; Considérant que, même lorsqu'il s'agit de libertés fondamentales garanties par la Constitution, le législateur peut apporter des restrictions à leur exercice en invoquant d'autres principes à valeur constitutionnelle tels que la sauvegarde de l'ordre public ou la sauvegarde de l'intérêt général ;Considérant qu'il résulte de ce qui précède, que le législateur, en instaurant un système de surveillance des correspondances et communications à travers les dispositions de l'article 90-16, ne fait qu'aménager un mécanisme de prévention des infractions afin de garantir la sûreté des personnes et des biens, ce qui contribue davantage au respect des libertés individuelles en adéquation avec les dispositions de la Constitution ; qu'ainsi, ces deux premiers moyens ne sauraient être retenus ...* »[551].

551 Sénégal, Conseil constitutionnel, *décision 2/C/2021, Affaire n° 2-C-21 du 20 juillet 2021* (considérants 29 à 36).

Cette protection juridictionnelle des droits et libertés fondamentaux peut, en fonction de l'accès au prétoire, s'effectuer dans le cadre de recours direct ou indirect.

Paragraphe II : La justiciabilité constitutionnelle des droits et libertés

Auréolés de la fondamentalité[552], les droits et libertés[553] forment des normes hétérogènes, généreusement proclamées dans les lois fondamentales des États africains francophones. L'intervention des juridictions constitutionnelles, pour leur protection, s'effectue de manière immédiate ou médiate selon qu'est instaurée la possibilité de recours direct (A) ou de recours indirect (B).

A) Le recours direct

Le recours est dit direct lorsque l'action en inconstitutionnelle sans être liée à une procédure incidente, est exercée par le justiciable conditionnellement (dans une affaire qui le concerne) ou inconditionnellement (à l'égard de tout texte conventionnel, législatif ou administratif).

Peu d'États africains francophones aménagent le recours direct des individus pour violation alléguée de leurs droits fondamentaux. Il s'agit, principalement, du Bénin et du Congo.

Le poids des expériences politico-constitutionnelles, la nécessité de la lutte contre l'impunité, l'arbitraire et la négation des droits justifient amplement l'adoption de ce mode de recours offrant aux justiciables la possibilité de remédiation aux violations de leurs droits.

Il en résulte, sans aucun doute, un encombrement du prétoire de la Cour constitutionnelle se traduisant par un volume important de

---

[552] Les droits fondamentaux ou libertés fondamentales ou droits et libertés fondamentaux constituent un ensemble de principes et de règles ayant un caractère essentiel pour l'individu. Ils incluent les libertés publiques, les droits humains tels qu'ils sont consacrés par les textes internationaux, les Constitutions, les lois et les règlements en vigueur. Cette fondamentalité a plusieurs significations : un sens normatif (normes consacrées sur les plans international et constitutionnel) les plaçant à un niveau supra-légal ; un sens réaliste fondé sur l'interprétation textuelle et jurisprudentielle magnifiant leur caractère essentiel pour l'individu immergé dans un état de droit démocratique ; un sens logique, naturel dérivant, en même temps, des nécessités de la vie sociale, de la sacralité de l'individu, créature au-dessus des autres créatures, dont la vie et la destinée ne sauraient être assurées sans la sauvegarde de sa dignité en tout temps et en toutes circonstances ; voir, Vanessa BARBE, *op. cit.* ; Henri OBERDORFF, *op. cit.* ; Louis FAVOREU, *op. cit.*

[553] Voir, Chapitre I, Section I, de ce titre de la Première Partie.

contentieux, mais il n'en demeure pas moins qu'il est nécessaire que ces recours soient disponibles et que le juge soit accessible.

Au Bénin[554], la Constitution de 1990 prévoit ce type de recours, dans différents articles, d'abord l'article 3, qui pose le principe général de la saisine : « *La souveraineté nationale appartient au peuple (...). La souveraineté s'exerce conformément à la présente Constitution qui est la Loi suprême de l'État. Toute loi, tout texte règlementaire et tout acte administratif contraires à ces dispositions sont nuls et non avenus. En conséquence, tout citoyen a le droit de se pourvoir devant la Cour constitutionnelle contre les lois, textes et actes présumés inconstitutionnels* ».

Ensuite, l'article 117 en affine les contours : « *La Cour constitutionnelle statue obligatoirement sur (...) la constitutionnalité des lois et des actes réglementaires censés porter atteinte aux droits fondamentaux de la personne humaine et en général, sur la violation des droits de la personne humaine (...)* ».

Cet article doit être combiné avec d'autres articles du même texte fondamental encadrant l'office de la Cour, notamment l'article 121, selon lequel « *La Cour Constitutionnelle, à la demande du Président de la République ou de tout membre de l'Assemblée nationale, se prononce sur la constitutionnalité des lois avant leur promulgation.*

Elle se prononce d'office sur la constitutionnalité des lois et de tout texte réglementaire censés porter atteinte aux droits fondamentaux de la personne humaine et aux libertés publiques. Elle statue plus généralement sur les violations des droits de la personne humaine et sa décision doit intervenir dans un délai de huit jours ».

De surcroît, les termes de l'article 122 précisent les recours direct et indirect : « *Tout citoyen, peut saisir la Cour Constitutionnelle sur la constitutionnalité des lois, soit directement, soit par la procédure de l'exception d'inconstitutionnalité invoquée dans une affaire qui le concerne devant une juridiction. Celle-ci doit surseoir jusqu'à la décision de la Cour Constitutionnelle qui doit intervenir dans un délai de trente jours* ».

Ce type de contentieux réserve une place de choix au citoyen, titulaire d'un droit de saisine (*jus standi*) constitutionnel se concrétisant par la faculté d'introduire des recours directs contre les actes

---

554 Voir, Ségnonna Horace ADJOLOHOUN, Droits de l'homme et justice constitutionnelle en Afrique : le modèle béninois à la lumière de la Charte africaine des droits de l'homme et des peuples, Paris, L'Harmattan, 2011, 193 p.

administratifs ou les lois en alléguant de la violation de ses droits et libertés fondamentaux. Devant l'afflux des recours et la nécessité d'en cerner au plus près l'étendue et les limites du recours direct, la Cour s'est, pour écarter de son office, le contrôle de l'exécution des traités, prononcée ainsi : *« Considérant qu'en l'espèce, le requérant sollicite de la haute Juridiction de dire et juger que le Garde des Sceaux, ministre de la Justice et de la Législation a violé l'article 35 de la Constitution, pour n'avoir pas transmis aux organes du Traité, le 17 mai 2023 au plus tard, son quatrième rapport périodique sur la mise en œuvre de la Convention contre la torture et autres peines ou traitements cruels, inhumains ou dégradants ; Qu'une telle demande tend à faire apprécier par la haute Juridiction, la constitutionnalité de l'exécution par l'État béninois d'un engagement international, en l'occurrence la recommandation du Comité des Nations Unies contre la torture ; Que cette recommandation ne saurait s'analyser comme faisant partie des actes, textes ou lois susceptibles d'être déférés au contrôle de la juridiction constitutionnelle, au sens des articles 3, alinéa 3, 114, 117 et 122 de la Constitution ; Qu'il convient, dès lors, que la Cour de se déclare incompétente ... »*[555].

De la même manière, elle se déclare incompétente pour statuer sur un « *recours en inconstitutionnalité des notes qui lui ont été attribuées au test d'entrée au Centre béninois de formation professionnelle des avocats (CBFPA)* »[556]

La Cour constitutionnelle du Bénin s'est remarquablement illustrée dans la protection des droits fondamentaux à travers l'usage du recours direct de citoyens[557] portant plainte contre n'importe quel organe de l'État[558] ; en excipant de toute violation découlant d'une loi (y compris

[555] Bénin, Cour constitutionnelle, *Décision DCC 24-110 du 20 juin 2024, Affaire Romuald Gbaguidi.*

[556] Bénin, Cour constitutionnelle, *Décision DCC 24-131 du 04 juillet 2024, Affaire Prosper Allagbé.*

[557] Voir à ce sujet, Sylvestre FARRA, « Les fondations de l'exception d'inconstitutionnalité au Bénin », *in* Cour constitutionnelle, Études en l'honneur de Madame Elisabeth K. Pognon et de la première Mandature (1993-1998), Cotonou, 2021, pp. 159-190 ; Etienne AHOUANKA, « Le juge constitutionnel béninois et la protection des droits fondamentaux de la personne », RBSJA, 2005 ; John Richard KEUDJEU DE KEUDJEU, « L'effectivité de la protection des droits fondamentaux en Afrique subsaharienne francophone », Revue CAMES/SJP, n°001/2017.

[558] Voir aussi la décision de la Cour faisant droit aux arguments d'un requérant qui contestait « *l'ajournement sine die de l'examen de trois projets de lois relatifs aux accords de* prêt » et concluant que « *l'Assemblée nationale a violé la Constitution* »

les lois d'habilitation, de ratification), d'un acte règlementaire ou d'une ordonnance.

À côté de certaines affaires contentieuses qui peuvent paraitre très originales[559] ou fantaisistes[560], au point de pousser certains doctrinaires à s'interroger sur l'envergure de l'office de la Cour[561], de nombreuses décisions ont étoffé les droits des justiciables et permis de sanctionner les violations des droits humains.

En tout état de cause, une impressionnante agrégation jurisprudentielle se dégage de l'œuvre de la Cour. Dans plusieurs affaires, elle a été amenée à se prononcer sur les allégations de violations des droits constitutionnels par des décisions politiques [562], des discours ou

(*Cour constitutionnelle du Bénin, Décision DCC 08-072 du 25 juillet 2008, Joseph H. Gnonlonfoun*. Voir, Steven Modeste YOMBI, « La protection des droits fondamentaux par les juridictions constitutionnelles dans le néo-constitutionnalisme africain : cas du Bénin et du Gabon », Cahiers africains de droit international, 2019, 35 p.

[559]Aussi, la Cour s'est-elle déclarée incompétente concernant le recours d'un particulier alléguant de la violation, par le PR et l'AN du Bénin, du Traité de l'UEMOA et de la Directive n°1/2009 précitée (impliquant la création et l'installation d'une Cour des comptes nationale), recours tendant plutôt à lui faire faire un contrôle de l'interprétation et de l'application du Traité déjà régulièrement ratifié (*Cour constitutionnelle du Bénin, Décision DCC 18-202 du 11 octobre 2018*).
Dans une autre affaire, la Cour déclare non contraire à la Constitution la tenue d'audiences publiques, rejetant ainsi les prétentions du requérant selon lesquelles ces audiences allaient à l'encontre « de *la tradition de la culture du secret instituée à l'occasion de la prise de grandes décisions au sein des assemblées ou institutions au plan national ou international…* ». La Cour va fonder sa décision sur les exigences de transparence et du caractère public et contradictoire de la procédure, ce qui ne concerne pas « *les délibérations de la Cour qui restent secrètes...* » (*Cour constitutionnelle du Bénin, Décision DCC 18-262 du 06 décembre 2018, Simplice Amoussou Soudé*).

[560] Cf., Joseph DJOGBENOU, « Le contrôle de constitutionnalité des décisions de justice : une fantaisie de plus ? », Afrilex, avril 2014, 27 p.

[561] Cf., Dandi GNAMOU, « La Cour constitutionnelle du Bénin en fait-elle trop ? », *in* Fréderic-Joël AIVO (dir.), La Constitution béninoise du 11 décembre 1990. Un modèle pour l'Afrique ? Mélanges en l'honneur de Maurice Ahanhanzo-Glèlè, Paris, L'Harmattan, 2014, 800p ; Dario DEGBOE, « Les vicissitudes de la protection des droits et libertés par la Cour constitutionnelle du Bénin », Les Annales de droit [En ligne], 10 | 2016, mis en ligne le 08 janvier 2018, consulté en janvier 2024. URL : http://journals.openedition.org/add/336 ; DOI : 10.4000/add.336.

[562] Bénin, Cour constitutionnelle, *décision DCC 08-072 du 25 juillet 2008, Joseph H. Gnonlonfoun, précitée,* recours en inconstitutionnalité de la décision de l'Assemblée nationale de reporter *sine die* les débats et le vote de trois projets de loi et concluant à la violation de l'art.35 de la Constitution par l'Assemblée nationale.

propos[563]. Elle a été saisie pour examen de la plupart des droits et libertés notamment, l'interdiction de discrimination, corollaire du principe d'égalité[564], le droit de grève et ses limitations dans certains secteurs d'activité[565], l'égal accès aux emplois publics[566], la protection de la santé[567], la liberté d'association[568], le droit à l'alimentation[569], les droits de la défense[570], les droits de la femme[571], le droit à l'eau[572], l'interdiction des arrestations et détentions arbitraires[573], sévices,

---

[563] Bénin, Cour constitutionnelle, *décision DCC 21-084 du 11 mars 2021, Charles Sourou Bara* (recours en inconstitutionnalité contre les propos tenus par le préfet du département du Plateau).

[564] Bénin, Cour constitutionnelle, *décision DCC 96-067 du 21 octobre 1996*, par laquelle elle considère : *« La notion d'égalité de tous devant la loi contenue dans l'article 26 alinéa 1er de la Constitution doit s'analyser comme étant un principe général selon lequel la loi doit être la même pour tous dans son adoption et dans son application et ne doit contenir aucune discrimination injustifiée »*. Voir aussi ses décisions *DCC 06-37 du 4 avril 2006, DCC 07-124 du 18 octobre 2007, Houekponhoundé Jacob, DCC 17-034 du 16 février 2017, Barthélemy Sindonou, DCC 17-172 du 27 juillet 2017, André Hotossé Houlanou, DCC 17-238 du 16 novembre 2017, Jacques Houegbé* (discrimination subie par le requérant du fait du non-paiement de ses frais de soutenance à l'École Nationale d'Administration et de Magistrature).

[565] Cf., entre autres, *décision DCC 11-065 du 30 septembre 2011 et décision DCC 18-141 du 28 juin 2018* (lois interdisant le droit de grève aux militaires, paramilitaires et autres agents publics des secteurs vitaux).

[566] A titre d'exemple, dans sa *décision DCC 01-005 du 11 janvier 2001*, la Cour constitutionnelle du Bénin a particulièrement mis en exergue cet égal accès en censurant pour inconstitutionnalité… un communiqué, à la radio, du ministre de la Fonction publique portant indication de la nécessité de jouir d'une bonne condition physique.

[567] Voir, Cour constitutionnelle, *décision DCC 01-009 du 11 janvier 2001* (arrestation, traitement inhumain et dégradation de l'état de santé).

[568] Voir, Cour constitutionnelle du Bénin, *décision DCC 06-47 du 5 avril 2006.*

[569] Voir, Cour constitutionnelle du Bénin, décision *DCC 10-003 du 21 janvier 2010.*

[570] Voir, Cour constitutionnelle du Bénin, *décision DCC 97-008 du 2 avril 1997.*

[571] Voir, Cour constitutionnelle du Bénin, *décision DCC 21-007 du 07 janvier 2021 Raïssa K. Nouagovi et Nestime Elvire Sédjro Boko (*jonction d'affaires, *demande de relecture de la* loi 2019-43 modifiant le Code électoral et allégations de violation des principes de non-discrimination et d'égalité sur le fondement de la convention sur l'élimination de toutes les formes de la -discrimination à l'égard des femmes, rejets du fait de l'autorité de la chose jugée).

[572] Voir, Cour constitutionnelle du Bénin, décision DCC *12-124 du 07 juin 2012, Fidélia A. Apovo*, affaire dans laquelle, elle retient :
« … que le droit du citoyen à l'eau potable fait partie de ses droits fondamentaux ; qu'il s'agit d'un droit-créance opposable à l'État … ».

[573] Voir, Cour constitutionnelle du Bénin, *décision DCC n°22-293 du 06 octobre 2022 Raphael Ola* (durée supplémentaire de détention arbitraire).

traitements cruels, inhumains et dégradants[574], le droit à l'éducation[575], le droit des victimes à la réparation[576], etc.

Dans ce sillage, beaucoup d'affaires traitées par la Cour portent sur le droit d'être jugé dans un délai raisonnable[577], ou sur le dépassement de la durée légale de la garde à vue[578].

Les innovations de la Cour sont également, à trouver dans sa tendance à reconnaître sa compétence et à sanctionner la méconnaissance des droits et libertés tant dans le cadre du contrôle par voie d'action que dans le cadre du contrôle par voie d'exception.

L'esprit qui anime le choix du recours direct, semble aussi souffler sur la rétention du contentieux des droits fondamentaux dans d'autres États. Au surplus, on ne saurait passer sous silence qu'au Congo, l'art.180, alinéa premier de la Constitution de 2015 dispose que « *Tout particulier peut, soit directement, soit par la procédure de l'exception d'inconstitutionnalité invoquée devant une juridiction dans une affaire qui le concerne, saisir la Cour constitutionnelle sur la constitutionnalité des lois et des traités* ». Toutefois, on fera remarquer le caractère

---

[574] Voir, Cour constitutionnelle du Bénin, *décision DCC n°02-058 du 04 juin 2002, Adèle Favi*, note Nicaise MEDE ; Voir, aussi, Cour constitutionnelle du Bénin, *décision DCC 20-421 du 09 avril 2020. Macaire Adjoudémé* (plainte contre les Forces armées béninoises pour traitements inhumains, non-assistance à personne en danger, harcèlement dans le service, abus d'autorité et fausse accusation de vol) ; *décision DCC 22-384 du 24 novembre 2022 Flora Mahoulikponto* (recours en inconstitutionnalité des traitements infligés à son époux) ; *décision DCC 21-104 du 1er avril 2021, Narcisse Dégila* (abus d'autorité, détention illégale et traitement humiliant et dégradant).

[575] Voir , dans ce sens, La Cour constitutionnelle du Bénin , dans sa *décision DCC 16-046 du 18 février 2016 , Ragid Roméo Loko* dans laquelle elle fixe les contours de ce droit, en ces termes: « *s'il est vrai que l'État a l'obligation de pourvoir à l'éducation de la jeunesse en rendant obligatoire l'enseignement primaire, en revanche, il n'est pas indiqué qu'il a pour obligation d'assurer en même temps à tous la gratuité de l'enseignement public ; que celle-ci devra être assurée progressivement* ».

[576] Voir, Cour constitutionnelle du Bénin, *décision DCC 02-52 du 31 mai 2002,* dans laquelle la Cour décide que les préjudices subis par toute personne du fait de la violation de ses droits fondamentaux ouvrent droit à réparation. Lire, Étienne Sossou AHOUANKA, « Le juge constitutionnel et la protection des droits fondamentaux », Revue béninoise des sciences juridiques et administratives, n° 15, 2005, pp. 93-129.

[577] Voir, Cour constitutionnelle du Bénin, *décisions DCC 23-254 du 07 décembre 2023 Séverin Kekessi et DCC23-255 du 07 décembre 2023 Jared A. Bouté* (détention provisoire abusive, mais pas violation du droit d'être jugé dans un délai raisonnable).

[578] Voir, Cour constitutionnelle du Bénin, *décision* DCC *21-001 du 07 janvier 2021 Bertin Vidandé* (absence de traitements cruels, respect durée légale de la garde à vue et donc, non violation de la Constitution par le commissaire de police) ; *décision* DCC *21-087 du 18 mars 2021 Alphonsine Attédé* (garde à vue abusive et contraire à la Constitution).

sibyllin de cette disposition qui traduit plus une clause générale de compétence. En effet, le recours direct prévu au Congo s'apparente plus au recours par voie d'exception ou par voie d'action, en ce sens que le requérant justifiant de son *locus standi*, peut contester n'importe quel(le) traité ou loi, qu'il estime contraire à la Constitution.

À titre illustratif, la saisine de la Cour constitutionnelle « *aux fins de faire déclarer inconstitutionnel l'article 16 de la loi n° 21-2018 du 13 juin 2018 fixant les règles d'occupation et d'acquisition des terres et terrains* ». La Cour constitutionnelle congolaise, sur le fondement de l'art.180, a sanctionné la violation du droit de propriété : « *Considérant que le recours introduit par monsieur NONGOU Elie Jean Pierre porte précisément sur l'alinéa premier de l'article 16 de la loi précitée qui oblige les propriétaires terriens à rétrocéder à l'État dix pour cent (10 %) de la superficie de leurs terres et terrains reconnus et ce, sans contrepartie ;*

Considérant qu'il résulte de l'article 23 sus-cité de la Constitution que le droit de propriété ne peut subir de limitations justifiées par l'utilité publique, comme il en est le cas en l'espèce s'agissant de la constitution des réserves foncières de l'État nécessaires à la mise en œuvre du plan national de développement économique et social, que sous la condition d'une juste et préalable indemnité ;

Considérant que l'alinéa premier critiqué de l'article 16 de la loi n° 21-2018 du 13 juin 2018 fixant les règles d'occupation et d'acquisition des terres et terrains ne prend nullement en compte l'exigence constitutionnelle d'une juste et préalable indemnité ; que cet alinéa porte, de toute évidence, atteinte à la garantie constitutionnelle du droit de propriété tel que consacré par la Constitution en son article 23 ; qu'il est, donc, contraire à la Constitution ; Considérant qu'aux termes de l'article 181 alinéa premier de la Constitution, « Une disposition déclarée inconstitutionnelle ne peut être ni promulguée, ni mise en application » ; qu'il en infère que l'article 16 alinéa premier de la loi n° 21-2018 du 13 juin 2018 fixant les règles d'occupation et d'acquisition des terres et terrains ne peut être mis en application… »[579].

[579] Congo, Cour constitutionnelle, *décision n° 002/DCC/SVA/18 du 13 septembre 2018 sur le recours en inconstitutionnalité de l'article 16 de la loi n° 21-2018 du 13 juin 2018 fixant les règles d'occupation et d'acquisition des terres et terrains*. Dans le même sens, Congo, Cour constitutionnelle, *décision n° 003/DCC/SVA/18 du 3 octobre 2018, sur le recours en inconstitutionnalité des articles* 13, 16 et 29 *de la loi n° 21-2018 du 13 juin 2018 fixant les règles d'occupation et d'acquisition des terres et terrains.*

Dans une autre affaire, le requérant invoque divers articles de la Constitution garantissant le respect des droits de la défense (article 9), le droit de présenter des requêtes aux organes appropriés de l'État (article 46) et le droit d'agir en justice dans les formes déterminées par la loi pour tout citoyen qui subit un préjudice du fait de l'administration (article 47)[580].

De même, la Cour a eu l'occasion de traiter du principe d'égalité devant la loi fiscale, en estimant : « *Considérant, en effet, qu'en l'espèce, le législateur traite distinctement des contribuables placés dans des situations juridiques différentes ; qu'il s'agit, précisément et d'abord, d'une part, au regard de l'article 21 nouveau alinéa 5 précité, de ceux qui se sont acquittés de la TVA pour le compte des fournisseurs étrangers dont les prestations y relatives n'ont pas subi au Congo une imposition sur le revenu et qui, de ce fait, ne bénéficient pas du droit à déduction ; qu'il s'agit, ensuite et par conséquent, d'autre part, des contribuables qui se sont acquittés de la TVA pour le compte des fournisseurs étrangers dont les prestations y relatives ont subi, au Congo, une imposition sur le revenu et qui bénéficient, ainsi, du droit à déduction ;*

Considérant que le requérant est, dans ces conditions, mal fondé à soutenir que « dans la présente situation, l'article 21 vient traiter différemment des contribuables dans des situations semblables » ;

Considérant que, de tout ce qui précède, le législateur, contrairement aux allégations du requérant, n'a en rien violé le principe d'égalité devant la loi fiscale tel qu'il résulte des articles 15 de la Constitution, 7 de la Déclaration universelle des Droits de l'Homme du 10 décembre 1948 et 1er de la Charte de l'unité nationale et la Charte des droits et libertés du 29 mai 1991 ;

Considérant, par ailleurs, que le grief selon lequel il y a une contradiction entre les dispositions précitées des articles 21 nouveau et 18 sous la garantie du principe de neutralité de la TVA est inopérant car il ne relève pas de la compétence de la Cour constitutionnelle de connaître des contradictions entre les dispositions d'une même loi ; Considérant, en somme, que l'article 21 alinéa 5 nouveau de la loi n° 12-97 du 12 mai 1997 instituant la taxe sur la valeur ajoutée, issu de la loi n° 40-2018 du 28 décembre 2018 portant loi de finances pour

[580] Congo, Cour constitutionnelle, *décision n° 002DCC/SVA/19 du 1er février 2019, recours en inconstitutionnalité de l'article 441 alinéa 7, deuxième paragraphe, du code général des impôts issu de la loi n° 36-2011 du 29 décembre 2011 portant loi de finances pour l'année 2012.*

l'année 2019, n'est pas contraire aux articles 15 de la Constitution, 7 de la Déclaration universelle des Droits de l'Homme du 10 décembre 1948 et 1er de la Charte de l'unité nationale et la Charte des droits et libertés du 29 mai 1991 »[581].

En outre, au Congo, le Code de la famille, en certaines de ses dispositions portant sur l'âge, le mariage, la polygamie, a suscité un intérêt considérable. En l'occurrence, la Cour va déclarer: « *Considérant que, selon le requérant, les articles 121, 135 et 136 du code de la famille sont discriminatoires à l'égard de la femme en ce qu'ils n'ouvrent les voies de la polygamie qu'à l'homme, ce, alors, indique-t-il, qu'en application de la Déclaration universelle des Droits de l'Homme, « Tous les êtres humains naissent libres et égaux en dignité et en droits » (article 1er) et que l'homme et la femme doivent être traités en égaux (article 16) ; qu'à travers ces articles, le législateur a, par ailleurs, violé son obligation de protection du mariage et de la famille telle que prescrite à l'article 38 de la Constitution ; (...) Considérant qu'aux termes de l'article 121 alinéa 2 du code de la famille, la polygamie est une option ; que cette option est laissée à la libre appréciation des futurs époux ; qu'en consacrant cette option, le législateur s'interdit de discriminer les époux qui choisiraient le mariage polygamique ; Considérant que cette disposition est en totale harmonie avec l'article 6 c/et e/du Protocole à la Charte africaine des droits de l'homme et des peuples relatif aux droits de la femme en Afrique du 11 juillet 2003 et ratifié le 14 décembre 2011 par la République du Congo qui intègre le corpus constitutionnel et reconnait les deux formes de mariage en ces termes :*

« La monogamie est encouragée comme forme préférée du mariage. Les droits de la femme dans le mariage et au sein de la famille y compris dans les relations conjugales polygames sont défendus et préservés » ; « Les deux époux choisissent, d'un commun accord, leur régime matrimonial et leur lieu de résidence » ; Qu'ainsi, les moyens tirés de la violation, par le législateur, des articles 38 alinéa 1er de la Constitution, 1er et 16-1 de la Déclaration universelle des Droits de l'Homme encourent rejet ; Que les articles 121, 135 et 136 du code de la famille sont, par conséquent, conformes aux dispositions invoquées par le requérant. (...) Considérant que, selon le requérant, en fixant et

[581] Congo, Cour constitutionnelle, *décision n° 003DCC/SVA/19 du 07 mars 2019, sur le recours en inconstitutionnalité de l'article 21 de la loi n° 12-97 du 12 mai 1997 instituant la taxe sur la valeur ajoutée, issu de la loi n° 40-2018 du 28 décembre 2018 portant loi de finances pour l'année 2019.*

imposant un âge nubile différent selon qu'il s'agit de l'homme ou de la femme, l'article 128 du code de la famille viole, également, les articles 16-1 de la Déclaration universelle des Droits de l'Homme et 17 alinéa 1er de la Constitution sur le principe d'égalité entre les deux êtres ; Considérant que l'article 128 alinéa premier du code de la famille, sur l'âge nubile, dispose : « L'homme avant 21 ans révolus et la femme avant 18 ans révolus ne peuvent contracter mariage » ; (...) Considérant que le préambule de la Constitution du 25 octobre 2015 déclare qu'en font partie intégrante, les principes fondamentaux proclamés et garantis par « tous les textes nationaux et internationaux pertinents dûment ratifiés, relatifs aux droits humains » ; Considérant que la République du Congo a, en date du 26 juillet 1982, ratifié la Convention sur l'élimination de toutes les formes de discrimination à l'égard des femmes ; Que cette convention prescrit de fixer un âge minimal pour le mariage afin de prévenir et d'éliminer toute discrimination dont pourraient être victimes les femmes ; Considérant que l'article 16.2 de ladite convention stipule, en effet, que « Les fiançailles et les mariages d'enfants n'auront pas d'effets juridiques et toutes les mesures nécessaires, y compris des dispositions législatives seront prises afin de fixer un âge minimal pour le mariage et de rendre obligatoire l'inscription du mariage sur un registre officiel » ; (...) Considérant, d'ailleurs, que l'article 16-1 de la Déclaration universelle des Droits de l'Homme ne fixe, nulle part, un âge nubile identique pour l'homme et la femme au regard duquel le législateur, à travers l'article 128 alinéa 1er critiqué, se serait mépris ; Considérant, dans ces conditions, que la différence d'âge entre l'homme et la femme, s'agissant de personnes ayant atteint l'âge de la majorité et donc capables de tous les actes de la vie civile, procède de considérations qui relèvent du pouvoir général d'appréciation du législateur ; Considérant, en effet, que ces considérations qui sont, entre autres, en l'occurrence, d'ordre sociologique et physiologique, n'excluent pas que le législateur déroge au principe d'égalité entre l'homme et la femme au profit de l'intérêt général ; Considérant, à cet égard, qu'en fixant la majorité nubile à 18 ans pour la femme et à 21 ans pour l'homme, l'article 128 alinéa 1er du code de la famille n'a, en rien, violé les textes supra invoqués par le requérant ; Qu'il s'ensuit que l'article 128 alinéa 1er en cause est conforme aux articles 16- 1 de la Déclaration universelle des Droits de l'Homme et 17 alinéa 1er de la Constitution ; (...) Considérant que la pratique du versement de la dot par le futur époux, formalisée à l'article 141 du code de la famille, est une coutume ancrée dans la société congolaise depuis des temps immémoriaux ; Considérant que c'est à l'effet d'intégrer cette coutume dans le corpus constitutionnel congolais que la Constitution du 25 octobre 2015 a, dans son préambule, voulu « ...concilier les valeurs universelles de la démocratie et les réalités politiques, sociales et culturelles nationales ... » auxquelles se réfère le législateur ; Qu'ainsi, en instituant le versement de la dot par l'époux, le législateur n'a donc pas entendu méconnaître le principe d'égalité entre l'homme et la femme, mais a voulu traduire, dans un dispositif normatif, une tradition déjà ancrée dans les mœurs ; Qu'il en infère qu'en disposant comme il l'a fait à l'article 141 du code de la famille, le législateur n'a ni laissé hors de sa protection le mariage et la famille ni méconnu le principe d'égalité entre l'homme et la femme ; Que, par conséquent, l'article 141 n'est pas contraire aux articles 38 alinéa 1er de la Constitution et 16-1 de la Déclaration universelle des Droits de l'Homme ... »[582].

En définitive, l'usage de recours directs pour violation des droits et libertés n'oblitère pas l'existence plus répandue, dans les États africains francophones, de voies moins rectilignes pour la protection des droits fondamentaux.

B) Le recours indirect

Le recours individuel pour inconstitutionnalité emprunte, davantage, la voie de l'exception[583], lorsque les requérants [584] n'en font pas un moyen d'inconstitutionnalité à l'égard d'un texte législatif avant sa promulgation ou d'un texte conventionnel avant sa ratification.

En effet, c'est à la faveur d'un procès devant une autre juridiction, que les requérants invoquent la violation de leurs droits fondamentaux et excipent de l'inconstitutionnalité[585], en leurs chefs, du texte législatif ou de l'accord international concerné.

---

582 Congo, Cour constitutionnelle, *décision n° 004/DCC/SVA/20 du 22 juillet 2020, sur le recours en inconstitutionnalité des articles 121, 128, 135, 136 et 141 de la loi n° 073/84 du 17 octobre 1984 portant code de la famille.*

583 Sur l'exception d'inconstitutionnalité, voir Chapitre I, Titre I de la Deuxième Partie.

584 Selon les Constitutions, Chef d'État, Chef de Gouvernement, Chef d'Institution, parlementaires, voir Deuxième Partie de cet ouvrage.

585 Aussi, la Haute Cour va décider dans un casanalogue : « *Considérant par conséquent que la demande tendant à faire statuer sur l'exception d'inconstitutionnalité dirigée contre un acte juridique émanant de l'autorité judiciaire, rentre bien dans la compétence de la Haute Cour, l'acte étant prétendu porter atteinte à un droit fondamental* (…) » Cf., Haute Cour constitutionnelle de Madagascar, *décision n° 02-*

Dans cet ordre d'idées, diverses affaires contentieuses dans lesquelles étaient en jeu certains droits ont été soumises aux juridictions constitutionnelles, leur donnant l'occasion d'en affirmer et d'en réitérer l'amplitude. Tels en sont les cas du droit de grève et des libertés syndicales[586], de la liberté de commerce et d'industrie[587], du droit de

---

HCC/D2 du 07 avril 2003 relative à une exception d'inconstitutionnalité introduite par sieur Tantely Andrianarivo.

[586] Voir, Conseil constitutionnel sénégalais, aff*aire n° 2/C/13, décision n° 2/C/2013 du 18 juillet 2013, Pape Djigdiam Diop c/État du Sénégal*, (exception d'inconstitutionnalité soulevée contre 'article 8 du Statut des douanes). Selon la juridiction : « *Considérant toutefois que ni la liberté syndicale, ni le droit de grève ne sont absolus ; qu' en disposant qu'ils s'exercent dans le cadre prévu par la loi, le constituant a entendu affirmer que le droit de grève ainsi que la liberté syndicale ont des limites résultant de la nécessaire conciliation entre la défense des intérêts professionnels dont la grève est un moyen et la préservation de l'intérêt général auquel la grève peut porter atteinte ; Considérant que l'article 8, alinéa 2 du Pacte international relatif aux droits économiques, sociaux et culturels du 16 décembre 1966 ratifié par le Sénégal le 13 février 1978 se situe dans cette perspective lorsqu'il précise que la garantie constitutionnelle du droit de grève « n'empêche pas de soumettre à des restrictions légales l'exercice de ce droit par les membres des Forces Armées, de la Police ou de la Fonction publique »;Considérant par ailleurs que l'Organisation internationale du Travail indique : « Les fonctionnaires de l'administration et du pouvoir judiciaire exercent des fonctions d'autorité au nom de l'État ; leur droit de recourir à la grève peut faire l'objet de restrictions, telle que la suspension ou l'interdiction » (336e rapport, cas n° 2383) ;Considérant que sur la liberté syndicale, l'Organisation internationale du Travail précise : « L'interdiction du droit de grève aux travailleurs des Douanes, fonctionnaires exerçant des fonctions d'autorité au nom de l'État, n'est pas contraire aux principes de la liberté syndicale » (304e rapport, cas 1719) ; Considérant qu'il apparaît ainsi que ni la liberté syndicale, ni le droit de grève ne peuvent avoir une portée absolue ; que le législateur est habilité à limiter ou à interdire leur exercice notamment en cas d'impérieuse nécessité ; Considérant que le personnel des Douanes, corps paramilitaire, assure une mission de service public qui ne peut s'accommoder d'interruption volontaire de nature à mettre en péril le fonctionnement de l'État ; que l'intérêt général est donc à même de justifier l'interdiction par le législateur du droit de grève et du droit syndical au personnel des Douanes »* (considérants 5 à 14). Voir aussi, Conseil constitutionnel de la Cote d'Ivoire*, Avis n° CI-2014-A-137/10-06/CC/SG du 10 juin 2014*, dans lequel est mise en évidence la nécessité du respect de droits et libertés (liberté syndicale, droit de grève) pour la constitutionnalité d'une loi. Voir, également, Madagascar, Haute Cour, *Décision n° 06 - HCC/D3 du 27 juillet 2022* ; et, en général, Epiphane SOHOENOU, « La justice constitutionnelle et le droit de grève dans l'espace francophone » in Oumarou NAREY (dir.), La justice constitutionnelle, *op. cit*., pp. 375-392.

[587] Voir différentes décisions : en RCI, Conseil constitutionnel , *Décision n° CI-2014-139/26-06/CC/SG du 26 juin 2014* relative au recours en exception d'inconstitutionnalité de la société *APM Terminals Côte d'Ivoire*, portant sur l'article 31 de la

propriété et de sa limitation par l'expropriation pour cause d'utilité publique[588] , du principe d'égalité [589], du droit à la santé[590] , etc.

En définitive, l'existence de contentieux constitutionnels, en mettant en lumière les normes, les institutions et les droits fondamentaux en période de fonctionnement normal, peut se voir substitué, en période d'exception, un droit de la crise avec un contentieux au traitement marqué par divers ordres de complexité.

---

décision présidentielle n° 001/PR du 11 janvier 2012 portant création, organisation et fonctionnement des tribunaux de commerce ; au Bénin, Cour constitutionnelle, *Décision DCC 98-021 du 11 mars 1998, Société Nationale pour la Promotion Agricole « SONAPRA »*.

[588] Conseil constitutionnel du Sénégal, Affaires 3 et 4/C/96, *décision du 3 juin 1996, Moussa Ouattara et autres : « Considérant que les requérants invoquent la non-conformité de l'article premier de la loi de 1976 à l'article 12 de la Constitution en ce qu' « il prévoit des restrictions au droit de propriété pour cause d'« utilité publique » alors que cette notion d'utilité publique est manifestement plus large que celle de « nécessité publique » si l'on se réfère aux stipulations de l'article 2 de la loi susvisée* ; (…) *Considérant que si depuis la Déclaration des Droits de l'Homme et du Citoyen de 1789, à laquelle se réfère la Constitution, les limitations apportées au cours des temps au droit de propriété et en tout premier lieu par l'expropriation, sont le fruit d'une évolution dictée par les exigences de la préservation de l'intérêt général, ce droit n'a cependant pas été atteint dans son essence ; Considérant que ces garanties légales, si elles sont effectivement respectées et contrôlées dans la phase contentieuse, sont de nature à assurer à l'exproprié une juste et préalable compensation à la perte de son droit de propriété* »(considérants 7 à 12). Voir, aussi, Cour constitutionnelle de la République du Congo, *Décision n° 002/DCC/SVA du 13 septembre 2018 relative au droit de propriété ;* haute Cour constitutionnelle de Madagascar, *Décision n° 01-HCC/D3 du 17 janvier 2018 concernant la loi n° 2017-023 relative aux Zones économiques Spéciales ;* Cour constitutionnelle du Bénin, *Décision DCC 17-039 du 23 février 2017.*

[589] La Cour constitutionnelle du Niger en donne la lecture suivante : « *le principe d'égalité n'implique pas l'égalitarisme ; que s'il interdit de traiter de manière différente les personnes se trouvant dans une situation identique, il permet toutefois de traiter de manière différente des personnes se trouvant dans des situations différentes à condition que ce traitement différencié soit justifié par l'intérêt général ; que dès lors (...), le principe d'égalité ne s'oppose pas à ce que le législateur règle de façon différente des situations différentes, ni à ce qu'il déroge à l'égalité pourvu que, dans l'un comme dans l'autre cas, la différence de traitement qui en résulte soit en rapport avec l'objet de la loi qui l'établit* ». (*Arrêt n° 02/CC/MC/du 29 avril 2020*).

[590] Comme le Conseil constitutionnel Ivoirien, dans sa *décision n° CI-2015-147/30-04/CC/SG du 30 avril 2015*, estimant que : « *la Convention, en préconisant à chaque État membre d'assurer la santé, la sécurité et la protection de l'environnement des travailleurs, poursuit le même but que la Constitution, (...)* ».

CHAPITRE II

LE CONTENTIEUX DES TEMPS DE CRISE

La justice constitutionnelle en Afrique francophone n'est pas seulement présente dans les périodes de fonctionnement normal des institutions, elle connait, de plus en plus, une excroissance adaptative dans les nombreuses situations de crise, creusets d'apparition de transitions civiles ou militaires, mais aussi dans les situations d'exception (état d'urgence, état de siège).

Certes, le droit constitutionnel contient déjà bien des dispositions pour la gestion des pouvoirs de crise à l'instar de l'article 16 de la Constitution française de 1958 dont on peut retrouver la trace dans beaucoup de Constitutions africaines francophones, mais cette légalité de crise constitutionnalisée ne fait que tirer les conséquences normales du duo paix-conflit qui est présent dans toute société humaine .Il se développe, dans ces cas, les signes d'une normativité en crise .En effet, ces périodes de crise ont donné la nette impression d'une présence duale, d'un droit constitutionnel prévisible et saisissable et d'un droit constitutionnel circonstanciel et de crise. (Section I). Cette normativité de crise sert de réceptacle à un contentieux constitutionnel de la crise (Section II).

Section I : L'émergence d'un droit de la crise

Les mutations sociopolitiques en Afrique francophone laissent entrevoir des situations hétéroclites mettant à rude épreuve les fondements classiques d'un droit constitutionnel sacralisant l'écrit et l'esprit des Lois fondamentales. La perturbation de l'ordre constitutionnel, qui en résulte, porte les germes d'un droit transitionnel complexe parce que discuté (§ I).

Si ce droit de la transition s'est établi en marge (ou a contrario) de la Constitution, cette dernière est, cependant, prédictive de situations de crise aménagées dans le cadre de l'état d'exception (§ II).

Paragraphe I : La complexité du droit transitoire

Le vocabulaire de la doctrine du Droit public s'est enrichi, depuis quelques années, suscitant curiosités, supputation et expectatives, devant des expressions pétillantes, à la teneur juridique indécise, telles que « petites Constitutions »[591], Constitutions provisoires[592], « pré constitutions »[593], Constitutions intérimaires[594], chartes constitutionnelles

[591]Selon Moussa Zaki, « Les petites constitutions sont de deux ordres : elles sont formelles ou matérielles. Formalisées, elles sont en règle générale des constitutions de sortie de crise élaborées dans la perspective d'une constitution définitive qui respecte certains principes de base adoptés par une assemblée constituante. Elles se distinguent des Constitutions « normales » par leur domaine de validité temporel, c'est-à-dire qu'elles sont édictées pour une durée par principe limitée. Elles sont également spécifiques par le fait qu'elles ne sont pas le plus souvent édictées en la forme constitutionnelle, mais relèvent de plusieurs actes de formes différentes, allant des ordonnances et des lois aux simples proclamations. Leur mise en place résulte soit d'une volonté délibérée, soit imposée par des circonstances politiques particulières », Moussa ZAKI, « Petites constitutions et droit transitoire en Afrique », RDP, n°6, 2012, pp. 1667-1696. Voir, aussi, Marcel PRELOT, Précis de droit constitutionnel, Paris, Dalloz, 1949, p. 307 ; Georges VEDEL, Droit constitutionnel, Paris, Sirey, 1949, pp. 273-275 ; Laurent PECH, « Les dispositions transitoires en droit constitutionnel », RRJ, 1999, p. 1412.

[592] La paternité de l'expression de « Constitution provisoire » est attribuée à Georges Vedel, qui qualifiait ainsi la situation juridique régie par la loi du 2 novembre 1945 portant organisation provisoire des pouvoirs publics ; Georges VEDEL, Droit constitutionnel, Paris, Sirey, 1949, op. cit.

[593] Willy ZIMMER, « La loi du 3 juin 1958 : contribution à l'étude des actes préconstituants », RDP, 1995, p. 385.

[594] Voir la Constitution Intérimaire de la République d'Afrique du Sud de 1993 , (www.gov.za) ; Séverin ANDZOKA ATSIMOU, L'ingénierie constitutionnelle, solution de sortie de crise en Afrique : les exemples de l'Afrique du Sud, de la République démocratique du Congo, du Burundi et du Congo, Thèse Université Cheikh Anta Diop de Dakar, 2013, 712 p ; Fabrice HOURQUEBIE, « La diffusion du constitutionnalisme en Afrique du Sud : une analyse à travers la décision de la Cour constitutionnelle du 06 juin 1995 portant inconstitutionnalité de la peine de mort », www.droitconstitutionnel.org/congresmtp/textes7/ et *Politeia,* n°7, 2005, pp. 649-675 ; Noëlle LENOIR, « Le nouvel ordre constitutionnel en Afrique du Sud », Cahiers du Conseil constitutionnel n°1, décembre 1996.

de transition[595], Actes constitutionnels provisoires[596] ou ordonnances pour l'organisation provisoire des pouvoirs publics[597].

L'instabilité terminologique[598] est le reflet d'un droit minoré par des facteurs politiques (A) et dont l'éclectisme cache mal une volonté de raccordement à la normalité juridique du fonctionnement régulier des pouvoirs publics(B).

A) Une normativité apparemment minorée

Les expressions utilisées pour caractériser ce droit de la transition[599], sont des tentatives de circonscrire une pluralité ou une complexité des

---

[595] Voir, à ce propos, Charles TUEKAM TATCHUM, « Les chartes de transition dans l'ordre constitutionnel des États d'Afrique noire francophone : étude à partir des exemples du Burkina Faso et de la République centrafricaine », Revue CAMES/SJP, n°001/2016, pp. 25-50.

[596] L'effet temporel de ces textes est mis en valeur par leur triple sens. Selon Cartier, « Les petites Constitutions s'inscrivent dans une triple dimension temporelle. Par rapport au passé d'abord, issues d'une rupture avec l'ordre juridique précédent, elles participent à la réception d'une partie de ses composantes dans un ordre nouveau. Par rapport au présent ensuite, elles organisent à titre provisoire les rapports entre les pouvoirs publics, sur la base d'un texte non nécessairement de forme constitutionnelle, et contribuent ainsi à la définition d'un ordre juridique de transition, relais plus ou moins formalisé. Par rapport au futur enfin, les petites Constitutions participent à la détermination du titulaire du pouvoir constituant dit « originaire » en définissant les modalités de production de la Constitution définitive. Ce faisant, les petites Constitutions contribuent à la définition d'un droit transitoire matériellement constitutionnel », Emmanuel CARTIER, « Les petites Constitutions : contribution à l'analyse du droit constitutionnel transitoire », RFDC 2007/3, n°71, p. 517.

[597] Voir, Ordonnance n° 2010-85 du 16 décembre 2010 portant statut de l'Opposition au Niger ; Ordonnance n°05/007 du 2 juin 2005 relative aux partis politiques et au statut de l'opposition en République centrafricaine, (prise après avis du Conseil National de Transition par le Général d'armée François Bozizé).

[598] On peut dissocier alors, selon le Pr. Meledje : « d'une part, les arrangements politiques conventionnels et les arrangements politiques autoritaires, et d'autre part, les accords issus des crises postélectorales et les accords issus des crises dues à la contestation de la gestion des affaires publiques », Francisco MELEDJE-DJEDJRO, « Les arrangements politiques et la constitution : le droit constitutionnel de crise », Droit constitutionnel, 9e édition, ABC, Abidjan, 2012, p. 237 et s.

[599] Dans les sciences juridiques, la notion de droit transitoire connait plusieurs acceptions. Pris au sens générique, le droit transitoire est un ensemble de principes et de règles dont la fonction est de résoudre les problèmes de conflits de lois (ou toute autre norme) dans le temps pour éviter un chevauchement de deux textes (général ou spécial, antérieur ou postérieur) ou une superposition de contrariétés d'obligations d'ordre juridique, également valables, à la charge des pouvoirs publics ou des citoyens. Lire, Yawo Kakaty LOGO, « Les mésententes politiques et le droit constitutionnel en Afrique noire francophone », Afrilex, novembre 2018, www.http://afrilex.u-bordeaux4.fr

normes dans les périodes de crise[600] à la faveur desquelles on a observé l'empreinte d'un « droit constitutionnel transitoire »[601], fruit d'une volonté unilatérale octroyée, ou produit de compromis politiques[602] et autres « arrangements »[603].

En réalité, ce droit transitoire va au-delà d'une simple légalité de crise pour, dans un essai de résorption des antagonismes[604] , offrir une

---

(consulté en juin 2023) ; Steve Thiéry BILOUNGA, « La crise de la loi en droit public camerounais », *Les Annales de droit,* n°11/2017, pp. 21-56, disponible en ligne : http://www.journals.openedition.org/add/496 (consulté en janvier 2024). Cf., aussi, Paul ROUBIER, Le droit transitoire : conflits des lois dans le temps, 1929, 2e éd., Paris, Dalloz et Sirey, 1960, p. 5 ; Jacques HERON, Principes du droit transitoire, Paris, Dalloz, coll. Philosophie et théorie générale du droit, 1996, 168 p. ; Patrice LEVEL, Essai de systématisation du conflit des lois dans le temps, thèse Paris, LGDJ, 1959, 344 p.

600 On peut se référer à cette définition de la période de crise fournie par Oumarou Narey, « elle est entendue, (…), comme les circonstances ou les situations de conflits, parfois violents, pendant lesquelles le fait politique prime sur le droit et la hiérarchie des normes juridiques est soit mise sur orbite, soit dévalorisée ou ne présente aucune importance », Oumarou NAREY « La suprématie de la Constitution… », *op. cit.*, p.2 ; cf., aussi, Sébastien LATH YEDOH, « La production constitutionnelle en période de crise dans les États d'Afrique : crise du constitutionnalisme ou constitutionnalisme de crise ? », *in* Francisco MÉLÈDJE DJEDJRO, Martin BLÉOU (dir.), Mélanges offerts à Francis Vangah WODIÉ, Toulouse, Presses de l'Université Toulouse 1 Capitole, 2016, 568 p, (pp. 337-359).

601 Emmanuel CARTIER « Les petites Constitutions : contribution à l'analyse du droit constitutionnel transitoire », *op. cit.*

602 Adama Kpodar offre un excellent raccourci de ces accords : « Les accords de paix dans plusieurs pays, parce qu'ils constituent le statut de l'État en crise ou en reconstruction, s'appliquent en définitive comme des constitutions matérielles. Certains accords créent des Constitutions de transition, parfois reconstituent les pouvoirs classiques de l'État. Cf. l'Accord global et inclusif de Sun City du 17 décembre 2002 pour la RDC ; Accord de paix et de réconciliation d'Arusha du 28 août 2000 pour le Burundi. D'autres érigent carrément de nouveaux principes fondamentaux, modifient la forme de l'État en créant désormais comme au Soudan un État fédéral par l'autonomisation d'une région. Cf. L'accord global du 9 janvier 2005 », Adama KPODAR, « Politique et ordre juridique… », *op. cit.*

603 Ces « arrangements » a – constitutionnels, pour reprendre l'expression de Meledje-Djedjro, sont potentiellement attentatoires à la stabilité politique et constitutionnelle car « Quels qu'en soient le motif et la finalité, la prolifération d'arrangements obtenus en marge des mécanismes constitutionnels appropriés porte, en vérité, une nouvelle forme de menace à la Constitution ».

604 Voir en Côte d'Ivoire, des textes faisant référence dans leurs visas, à la fois à la Constitution de 2000, à l'Accord politique de Ouagadougou et ses accords complémentaires ainsi qu'à la Décision n°2008-15/PR du 14 avril 2008 portant modalités spéciales d'ajustements du Code Electoral et à la Décision n°001/PR du 03 octobre 2011 relative aux ordonnances du Président de la République, notamment

solution de sortie en dehors des mécanismes constitutionnels avec ou sans la garantie et la médiation d'acteurs internationaux[605]. En cela, il est annihilateur ou anesthésiste de l'ordre juridique préexistant et constructeur ou prothésiste d'un ordre normatif juvénile[606].

Ce dynamisme normatif se manifeste par un certain nombre d'incidences. Sur le plan théorique, les partisans et adversaires de ce droit transitoire s'arcboutent sur des arguments pour accepter[607] ou rejeter cet agencement juridique circonstanciel[608].

On a, également, fait valoir une quasi-similitude entre ces actes transitoires et la coutume constitutionnelle[609], ou encore, avec ce qu'on

---

l'Ordonnance n° 2011-382 du 10 novembre 2011 modifiant les articles 80 ,82 et 100 de l'Ordonnance n°2008-133 du 14 avril 2008 portant ajustements du Code électoral pour les Élections législatives de sortie de crise, tels que modifiés par l'Ordonnance n°2011-352 du 24 octobre 2011 et l'article 98 de la loi n°2000-514 du 1er août 2000 portant Code Electoral (www.droit-afrique.com).

[605] Martin BLEOU, « Les acteurs de la transition constitutionnelle », *in* Xavier PHILIPPE, Natasa DANELCIUC-COLODROVOSCHI, *op. cit.*, pp. 81-82 ; Francisco MELEDJE DJEDJRO, « Constitution et urgence ou le lien entre les contestations violentes de l'ordre constitutionnel et la régulation constitutionnelle des crises », Revue ivoirienne de droit, n° 42, 2011, pp. 11-33.

[606] Sur ces différentes questions, lire Augustin LOADA et Jonathan WHEATLEY (dir.), Transitions démocratiques en Afrique de l'Ouest : Processus constitutionnels, société civile et institutions démocratiques, *op. cit.*

[607] Selon, par exemple, une opinion : « l'ordre juridique n'est pas auto-fondé, mais il est issu d'un équilibre politique concret, qui exprime des règles non formalisées, régissant une société déterminée, à un moment historique donné. La Constitution provisoire est la première expression formalisée de cet équilibre. En organisant les pouvoirs et en structurant les rapports de production et de validité entre les normes, elle est la norme fondamentale de l'ordre juridique transitionnel », Nicoletta PERLO, « Les constitutions provisoires, une catégorie normative au cœur des transitions constitutionnelles », AFDC, 2014, *Atelier F « Transitions constitutionnelles »*, 33 pages, p. 7.

[608] Au regard de la théorie de Kelsen, le fétichisme constitutionnel qui en découle est mis à rude épreuve par les égratignures subies par le principe de la hiérarchie des normes bâti sur le Maître de Vienne, à savoir qu' « une norme ne fait partie d'un ordre juridique que parce qu'elle a été posée conformément aux dispositions d'une autre norme de cet ordre », Hans KELSEN, Théorie générale du droit et de l'État, Bruxelles-Paris, Bruylant, LGDJ, 1997; Hans KELSEN, La théorie pure du droit, Paris, Dalloz, 1962, p. 315.

[609]Georges VEDEL, « Le droit, le fait et la coutume », *Le Monde* du 27 juillet 1968, p. 7 ; Stéphane RIALS, « Réflexion sur la notion de coutume constitutionnelle », Revue administrative, 1979, p. 265 et s ; Julien LAFERRIERE, « La coutume constitutionnel, son rôle et sa valeur en France », RDP 1944, p. 44 et s.

a appelé les Conventions de la Constitution[610]. Il s'agirait là d'une fausse évidence pour deux raisons majeures, d'abord parce que la coutume constitutionnelle doit reposer sur la règle des trois « c » (constance-continuité-consensus), alors que le droit transitoire n'est pas prolongé dans le temps et ne s'inscrit pas toujours dans un consensus immuable entre les acteurs ; ensuite, parce que les Conventions de la Constitution s'identifient plutôt à « une révision politique de la constitution ou à tout le moins une interprétation plus ou moins laxiste qui s'impose grâce à l'accord des acteurs politiques comme une norme obligatoire tant que le consensus persiste ou qu'une révision juridique expresse ne s'y est pas substituée »[611].

Le déficit de légitimité enchâssant les normes produites par les régimes de transition justifie la recherche d'une légalité de substitution par l'adossement à une Constitution maintenue, remise en vigueur ou retaillée sur mesure pour les besoins d'un raccordement à la légalité normale et ainsi redorer le blason des acteurs principaux de la transition.

B) Une normativité reconnectée

Ce droit transitoire, émanation d'une normativité ordinaire surmontée ou d'une crise de normativité[612], invite à plusieurs interrogations relatives à sa nature, à son degré de validité et d'opposabilité, à la possibilité de son contrôle juridictionnel.

La normativité véhiculée par ce droit d'application provisoire, dans l'attente du rétablissement du *statu quo ante* constitutionnel, en opérant l'abrogation, la suspension ou la mise sous tutelle de la Loi fondamentale au profit de la norme transitoire, se pare d'une double ambition :

---

[610] Qualifiée ainsi par Albert Venn DICEY en 1885, dans son ouvrage, Introduction à l'étude du droit constitutionnel, Trad. André Batut/Gaston Jeze, Paris, éd. Giard et Brière, 1902 ; voir aussi, Pierre AVRIL, « Application de la notion de convention de la constitution à quelques problèmes constitutionnels », *in* Présence du droit public et des droits de l'homme, Mélanges offerts à Jacques Velu, Bruxelles, Bruylant, 1992, p. 292 ; Yves MENY, « Les conventions de la constitution », Pouvoirs, 1989, n° 50, pp. 53-68 ; Félicien LEMAIRE, « Les conventions de la constitution dans le système français », RFDC, 1998, pp. 451-515.

[611] Olivier DUHAMEL et Yves MENY (dir.), Dictionnaire constitutionnel, Paris, PUF, 1992, p. 232.

[612] Fréderic Joël AIVO, « La crise de normativité de la Constitution en Afrique », RDP 2012-1-006, pp. 141-172.

– offrir l'apparence d'un droit constitutionnel de remplacement intégrant la possibilité de contrôle de conformité par une instance juridictionnelle ;

– préparer le retour au fonctionnement normal des institutions, à la suite de la résurrection de la Constitution ou de l'adoption référendaire d'une nouvelle Loi fondamentale, prétexte à l'organisation d'une élection présidentielle validant l'emprise du chef de la junte, paré désormais du manteau de la légitimité démocratique.

Il s'ensuit que les incertitudes sont d'autant plus prégnantes que ces actes transitoires ont dans certains pays prolongé, complété et subjugué la Constitution en vigueur.

Au Burkina Faso, la Charte de la transition du 13 novembre 2014, dispose, en son article 25 : « *en cas de contrariété entre la Charte de la transition et la Constitution, les dispositions de la présente charte prévalent* ». Dans d'autres pays, ces actes transitoires ont supplanté, suspendu ou abrogé la Constitution.

Pour sa part, le Mali, entre 2020 et 2023, avait offert un cas illustratif du clair-obscur de ces normes. En effet, il faut souligner les dispositions sibyllines de l'art.25 de la Charte de Transition de 2020 qui, tout en cohabitant avec la Constitution de 1992, faisait aussi prévaloir la Charte en cas de contrariété avec la Constitution. Réceptrice d'une demande d'avis relative à la préséance dans les visas des textes législatifs et réglementaires, entre la Charte et la Constitution, la Cour suprême du Mali, dans des formations distinctes, avait donné, en l'espace de quinze jours, deux réponses diamétralement opposées.

Dans un premier temps, elle a privilégié, (en Assemblée consultative, formation restreinte), une interprétation littérale du premier alinéa de l'art.25 de la Charte, en estimant : « *Considérant que depuis le 12 septembre 2020 date d'adoption de la Charte de la transition par les forces vives de la Nation, réunies en concertations nationales et qui est entrée en vigueur le même jour conformément aux dispositions de son article 24 « la présente Charte entre en vigueur dès son adoption par les forces vives de la Nation », l'Acte fondamental n° 001/CNSP du 24 août 2020 demeure sans effet ;*

Considérant qu'avec la prestation de serment du Président de la Transition et du Vice-Président comme une exigence du Droit interne, la prééminence, s'agissant des visas de textes, revient à la Charte de la transition dans le sens de son article 25 « en cas de contrariété entre la Charte de la transition et la Constitution du 25 février 1992, les dispositions de la présente Charte s'appliquent »(...) DIT : Qu'il sied de retenir dans les visas, la prééminence de la Charte de la Transition suivie de la Constitution du 25 février 1992 »[613].

Deux semaines plus tard, après installation du Président de la Transition, la même Cour, cette fois-ci en Assemblée plénière, rejette cette conclusion pour retenir *: « Dit de viser la Constitution d'abord et la Charte de Transition après »*[614].

Au Mali Cette Charte de Transition de 2020 précitée, disposait en son art.25 qu'« *En cas de contrariété entre la Charte de la Transition et la Constitution du 25 février 1992, les dispositions de la présente Charte s'appliquent. La Cour constitutionnelle statue en cas de litige* ». Dans l'espoir d'une refondation de l'État et de la réconciliation nationale, la Transition malienne était t conduite par les Président et Vice-président, assistés par le Gouvernement et le Conseil National de transition, dont les missions se déclinaient ci-après : *«le rétablissement et le renforcement de la sécurité sur l'ensemble du territoire national ; le redressement de l'État et la création des conditions de base pour sa refondation ; la promotion de la bonne gouvernance ;la refonte du système éducatif ; l'adoption d'un pacte de stabilité sociale ;le lancement du chantier des réformes politiques, institutionnelles, électorales et administratives ;l'organisation des élections générales ; la mise en œuvre de l'Accord pour la Paix et la Réconciliation au Mali, issu du processus d'Alger ... ».*

Dans cette logique, la multiplication d'accords politiques entre gouvernement et rebelles est illustrative d'une sorte de conventionnalisme constitutionnel[615]qui est la traduction de véritables compromis politiques de sortie de crise[616].

---

[613] Mali, Cour suprême, *Avis n° 12-2020/CS-AC.FR de consultation juridique du 25 septembre 2020.*

[614]Mali, Cour suprême, *Avis n° 13-2020/CS-AC. FP de consultation juridique du 7 octobre 2020.* Ces actes, chartes et avis peuvent être consultés sur le site : www.sgg-mali.ml.

[615] Jean Louis ATANGANA AMOUGOU, « Les accords de paix dans l'ordre juridique interne en Afrique », Revue de la Recherche Juridique-Droit Prospectif, 2008, n° 3, pp. 1723-1745 ; voir aussi, Jean DU BOIS DE GAUDUSSON, « Le recours au contrat, une chance pour le constitutionnalisme contemporain, en Afrique et ailleurs ?», *in* Mélanges en l'honneur du professeur Jean Hauser, Lexis Nexis, 2012, p. 803.

[616]Jean DU BOIS DE GAUDUSSON, «Les solutions constitutionnelles des conflits politiques», Afrique contemporaine, numéro spécial, 4e trimestre 1996, pp. 250-256 ; Luc SINDJOUN, « Le gouvernement de transition : éléments pour une théorie politico-constitutionnelle de l'État en crise ou en reconstruction », *in* Démocratie et

En effet, comme le souligne Fréderic Aivo : « La portée de ces accords conclus entre acteurs politiques, en dehors du pouvoir constituant, contraste fort bien avec la valeur constitutionnelle qui leur est conférée dans la pratique. Dans bien des cas, comme celui en Côte d'Ivoire des accords de Linas-Marcoussis, d'Accra, de Pretoria et d'Ouagadougou, l'application de ces instruments prime sur la Constitution. Il apparaît donc évident que le recours à ce droit spécifique de sortie de crise, nonobstant son efficacité, n'est pas sans entraîner des conséquences sur le droit de la Constitution lui-même. Avec ces accords, l'on se trouve en présence de textes neutralisant des dispositions constitutionnelles prévoyant des révisions de fond alors même qu'ils n'ont ni force de loi ni valeur constitutionnelle »[617].

De tels réaménagements pour compléter, suspendre, abroger ou réajuster les dispositions constitutionnelles ont été aussi opérés sous d'autres cieux.

À Madagascar, les protagonistes de la crise vont signer la Convention du 31 octobre 1991, entrainant ainsi la modification de la Constitution du 31 décembre 1975. Un des changements majeurs est le choix porté sur le chef de l'opposition (Albert Zafy) pour présider la « *Haute Autorité pour la Transition de la IIIe République* », et dont l'une des prérogatives nouvelles est de ratifier, pour leur validité, les ordonnances prises par le Gouvernement.

D'autres évènements à Madagascar vont conduire les protagonistes à adopter des dispositions pour le moins curieuses, comme le relate Paterne Mambo : « Plus récemment, l'actualité politique et juridique malgache a révélé que la crise née du renversement de Marc Ravalomanana par Andry Rajoelina, président de la haute autorité de la transition depuis le 17 mars 2009, suite à des manifestations populaires violentes, a été le germe d'un conventionnalisme politique dont certaines normes s'opposent à la Constitution de la République de Madagascar du 11 décembre 2010, pourtant adoptée par voie référendaire le 17 novembre 2010. L'échec des accords de Maputo et d'Addis-Abeba a fait place à la signature, le 17

liberté : tension, dialogue et confrontation, Mélanges Slobodan Milacic, Bruxelles, Bruylant, 2008, p. 977 , (pp. 968-1011) ; Célestin KEUTCHA TCHAPNGA, «Droit constitutionnel et conflits politiques dans les États francophones d'Afrique noire », RFDC, juillet 2005/3, n° 63, pp. 451-491.

617 Fréderic Joël AIVO, *op. cit.*, p.143 ; voir aussi Francisco MELEDJE DJEDJRO. « Faire, défaire et refaire la constitution en Côte d'Ivoire : un exemple d'instabilité chronique », *in* Charles FOMBAD, Christina MURRAY, (eds), *Fostering constitutionalism in Africa*, Pretoria *University Law Press*, 2010, pp. 309-339.

septembre 2011, d'un autre accord politique, appelé feuille de route pour la sortie de crise. Certaines dispositions de la feuille de route s'avèrent en effet contraires à la Constitution malgache de la Quatrième République. Cet accord politique prévoit par exemple une Cour électorale spéciale, destinée à remplacer la Haute Cour constitutionnelle malgache consacrée par la Constitution malgache. Cette situation est d'autant plus délicate que, conformément au texte constitutionnel, tous les textes législatifs doivent, avant leur promulgation, être soumis au contrôle de constitutionnalité de la Haute Cour constitutionnelle, celle-là même que la feuille de route entend supprimer »[618].

En toutes hypothèses, les périodes de transition sont propices en déploiement d'intelligence créatrice par l'adoubement de normes et d'institutions[619], renouvelant ou bouleversant, selon les cas, la science constitutionnelle.

Par ailleurs, durant ces périodes de crise, les solutions politiques ou qui résultent d'actes constitutionnels provisoires, peuvent prendre une allure comparable à celles qui apparaissent dans le cadre de l'état d'exception.

Paragraphe II : L'état d'exception

L'ordre social, dans sa dimension politique et institutionnelle, suppose, pour sa stabilité, l'absence de perturbations significatives qu'elles soient d'origine entropique ou dues à des situations échappant à son influence. Face à de telles situations, le premier réflexe dans un état de droit est de se tourner vers des solutions juridiques et politiques que les pouvoirs publics ont coutume d'appliquer. À défaut, il faut s'en remettre à des solutions sortant de l'ordinaire, mais que le droit positif[620] prévoit pour subjuguer et juguler l'anormalité extrême et contextuelle en

---

[618] Paterne MAMBO, « Les rapports entre la constitution et les accords politiques dans les États africains : réflexion sur la légalité constitutionnelle en période de crise », Revue de droit de McGill, 2012, n°57, p. 930.Voir aussi, Jaona RABENIRAMY, « Les forces armées et les crises politiques (1972-2002) », Politique africaine 2002/2, n° 86, pp. 86-102.

[619]Consulter, Ibrahim David SALAMI, « Le Chef de l'État de transition », RBSP, Vol.1, n°01, mai 2017, *op. cit.*

[620]Le rôle curatif et préventif de la règle de droit se révèle, à ce niveau, au regard des nombreuses vicissitudes auxquelles l'État moderne est de plus en plus confronté. À cet égard, certains États comme le Burkina Faso et le Mali ont développé une grande production normative en matière d'état d'urgence. Voir, Djaminatou ZOMBRE, La protection des droits fondamentaux dans l'état d'exception : exemples du Burkina Faso et du Mali, Thèse de doctorat, UCAD, Dakar, Janvier 2021.

recourant, *inter alia*, à des « pouvoirs de crise » [621] mis à la disposition d'un « dictateur »[622], d'un messie, homme providentiel[623], ou d'un Chef d'État[624]. Il en résulte une grande variété de situations de crise relevant des états d'exception (A) dont le traitement juridique est diversifié (B).

---

[621]Emile OUEDRAOGO, « Les normes d'urgence dans les Constitutions des États francophones d'Afrique noire », Annales de l'Université Marien Ngouabi, Sciences juridiques et politiques, volume 18, numéro 2, 2018, pp. 59-67, www.annalesumg.org ; Pasquale PASQUINO, « Urgence et État de droit : le gouvernement d'exception dans la théorie constitutionnelle », *Les cahiers de la sécurité intérieure*, n° 51, 1er trimestre, 2003, p. 13 ; Oren GROSS, Fionnuala NÌ AOLÁIN, *Law in time of crisis. Emergency powers in Theory and Practice*, Cambridge, University Press, 2007, 516 p.

[622] Le terme « dictateur » ne doit pas être saisi dans son sens actuel d'un homme sans foi ni loi bafouant les règles les plus élémentaires de l'ordre juridique, violant les droits et libertés fondamentaux et détenant sans partage les pouvoirs exécutif et législatif ou les subordonnant à sa seule volonté. Il faut remonter à son acception dans la Rome antique. Dans les périodes de paix troublée, de crises profondes des institutions et de menaces d'invasion, les pleins pouvoirs de gouvernement (réunion de la *« potesta maxima »* et de l'*« imperium maximum »)* étaient votés par le Sénat et les Consuls par la voie de l'acte de nomination appelé « *dictio* » pour être confiés à un homme. Celui-ci, confirmé par l'Eglise est chargé d'user de tous les moyens (surtout militaires) pour le maintien de l'ordre public et le rétablissement de la paix et ceci pour une durée n'excédant pas en général six mois sauf reconduction expresse. Une certaine immunité était assurée à ce dictateur, notamment avec la 3e loi *valeria de provocatione* en 300 av. J.-C. qui disposait « *Il ne sert à rien pour un dictateur d'avoir en droit un pouvoir illimité s'il peut à sa sortie être poursuivi pour les actes qu'il a pris en vertu de celui-ci* ». Devant le succès de l'institution, la pratique va perdurer en sorte qu'entre 501 et 202 av. J.-C., on ne recense pas moins de 76 dictatures. On notera ainsi les dictatures instaurées au profit de Scylla (en 82 av. J.-C.), de Jules César (47-44 av. J.-C.), précédant l'avènement de l'Empire Romain ; voir surtout, Théodore REINACH, l'état de siège : études historique et juridique, Paris, Librairie Cotillon, 1885, 324 p.

[623] Une autre institution assez proche de la dictature romaine est celle de l'*oesymnètie*, qui existait dans la Grèce antique. L'*oesymnète*, assisté par un ou plusieurs consuls, était chargé du rétablissement de la paix et cette échéance était aussi la limite temporelle de ses pouvoirs qui pouvaient excéder largement la durée d'une année. Aussi, Pittacus, qui avait été nommé à cette fonction par les Mytiléniens pour les défendre contre le groupe des bannis d'Alcée, ne quittera le pouvoir qu'au bout de 10 ans. L'oesymnète disposait, en plus du pouvoir exécutif, du pouvoir de réformer les lois, selon la mission à lui confiée par le peuple ; voir Giorgio AGAMBEN, *The state of exception, Chicago, The University of Chicago Press*, 2005 ; Théodore REINACH, *op. cit.*

[624] Bruce ACKERMAN, « *The emergency constitution* », *The Yale Law Journal,* vol. CXII, n°5, 2004, pp. 1029-1091. L'auteur défend l'idée de l'établissement d'une Constitution pour les périodes de crise, une sorte de compendium de lois et règlements pour faire face aux situations d'exception et l'attribution de pouvoirs renforcés en faveur des autorités exécutives.

A) L'exceptionnalisme des situations

Polysémique, très contestée en doctrine dans sa définition[625] , dans ses caractéristiques[626] et dans son utilité ou ses dangers pour l'état de droit [627] , la notion d'état d'exception ne laisse insensibles ni les philosophes, ni les sociologues et les politologues, encore moins les juristes en droit interne[628] ou en droit international[629].

---

625 Voir Djaminatou ZOMBRE, La protection des droits fondamentaux dans l'état d'exception : exemples du Burkina Faso et du Mali, *op. cit.* L'auteure rappelle les définitions des sociologues et des philosophes, notamment Marie GOUPY, L'essor de la théorie juridico-politique sur l'état d'exception dans l'entre-deux guerres en France et en Allemagne : une genèse de l'état d'exception comme enjeu pour la démocratie, thèse présentée pour l'obtention du grade de docteur en Philosophie, École normale supérieure de Lyon, 2011, pp. 18-22, Giorgio AGAMBEN, *Homo Sacer I*, Le pouvoir souverain et la vie nue, Paris, Le Seuil, 1997, p. 27 ;Giorgio AGAMBEN, *Homo Sacer II*, l'État d'exception, Paris, Le Seuil, 2003, 160 p.

626 Voir, François SAINT-BONNET, L'état d'exception, Paris, P.U.F., coll. Léviathan, 2001, 400 p.

627 Voir les deux ouvrages majeurs du juriste allemand, Carl SCHMITT, Théologie politique, 1922, (traduction de Jean- Louis Schliegel), Paris, Le Seuil, 1988, 182 p. ; Carl SCHMITT, La dictature, Paris, Le Seuil, 2000.

628 Notamment en droit constitutionnel et en droit administratif ; voir, Spyros THEODOROU (dir.), L'exception dans tous ses états, Paris, Éditions Parenthèses, 2007, 294p ; Bernard-Raymond GUIMDO DONGMO, Le juge administratif camerounais et l'urgence. Recherches sur la place de l'urgence dans le contentieux administratif camerounais, Thèse de doctorat, Université de Yaoundé II, 2004, 616p.

629 Certaines Conventions permettent à l'État de limiter, de suspendre ou de déroger à l'application des Droits de l'Homme, au moins en partie en cas d'urgence, d'état de siège ou de circonstances exceptionnelles, en adoptant des mesures restrictives des libertés individuelles justifiées et limitées (art.4 du Pacte international sur les Droits civils et politiques, art.15 de la Convention européenne de sauvegarde des Droits et Libertés fondamentales, art.27 de la Convention américaine des Droits de l'Homme). Toutefois, ces restrictions ne peuvent concerner le noyau intangible des Droits de l'homme composé de normes non dérogeables et qui s'imposent à l'État en tout temps et en toutes circonstances. On soulignera , par ailleurs, que la Commission des Droits de l'Homme de l'O.N.U, dans son rapport intitulé : *« Study of the implications for human rights of recent developments concerning situations known as states of siege or emergency »*, mentionne que cette notion englobe plusieurs situations notamment celle de force majeure comme les catastrophes et désastres écologiques, celles résultant d'une crise politique et celles issues de situations économiques particulières (voir documents officiels des Nations unies, E/CN.4/sub.2/1982/15 de 1982 , et E/CN.4/sub.2/1997/19 du 23 juin 1997, Rapports de Nicole Questiaux et Léandro Despouy). Voir aussi, Claudio GROSSMAN, « *A Framework for the Examination of States of Emergency under the American Convention on Human Rights* », *American University International Law Review*, n°1, 1986, p. 36 ; Evan J.CRIDDLE, Evan

En tout état de cause, la littérature juridique reconnait plusieurs situations relevant de l'état d'exception[630]. La qualification d'état d'exception s'attache à des circonstances exceptionnelles d'origine entropique ou naturelle, d'ordre politique, économique, militaire ou autre (état de guerre, état d'urgence, état de siège, état de mise en garde[631], état d'alerte, état de catastrophe sanitaire[632], ou autre cas de force majeure) qui peuvent se manifester par des troubles intérieurs ou des tensions internes[633] d'une extrême gravité, remettant en cause l'unité nationale, le fonctionnement des institutions, la survie de l'État.

FOX-DECENT, *«Human Rights, Emergencies, and the Rule of Law », Human Rights Quarterly*, n °34, 2010.

[630] Selon Djaminatou Zombré, il faut préciser que « Depuis quelques années, la notion d'état d'exception est utilisée de deux manières différentes. Dans une première acception classique, l'état d'exception désigne une période, un moment où les règles normales de fonctionnement de l'État sont suspendues ou écartées pour faire face à un péril. Dans une acception plus contemporaine, il désigne une transformation en profondeur des mécanismes de fonctionnement de l'État de droit, face à des périls durables tels que le terrorisme », (*op. cit.*, p. 8).

[631] L'état de mise en garde est prévu notamment à l'art. 29 a de la Constitution du Gabon de 1991 dans sa rédaction issue de la loi constitutionnelle 1/97 du 22 avril 1997. Après délibération en Conseil des ministres et consultation des Présidents des chambres du Parlement, le Premier ministre peut le proclamer par arrêté, étant bien entendu que la prorogation de cet état, au-delà de 21 jours, requiert l'autorisation du Parlement.

[632] Voir au Sénégal, Loi n°2021-18 du 19 janvier 2021 relative à l'état d'urgence, l'état de siège et l'état de catastrophe sanitaire modifiant la loi n°69-29 du 29 avril 1969 relative à l'état d'urgence et à l'état de siège.

[633] Les troubles intérieurs et les tensions internes sont des situations de violence à l'intérieur d'un État et qui sont caractérisées par des actes de violence plus ou moins isolés et sporadiques qui perturbent l'ordre public en raison des menaces pesant sur les personnes et les biens, amenant les pouvoirs publics à faire appel aux forces de défense et de sécurité pour maintenir ou rétablir l'ordre (grèves généralisées, émeutes, manifestations accompagnées d'actes de vandalisme, etc.). Ces situations peuvent engendrer ou être générées par des arrestations massives et systématiques de personnes, des violations graves des droits de la personne humaine, l'imposition d'un couvre-feu. Si l'État peut ,en vertu des textes fondamentaux des droits de l'Homme, restreindre certains droits et libertés dans un but d'intérêt général et de maintien de l'ordre public, il reste que les droits considérés comme intangibles ou du noyau dur et qui s'apparentent pour certains d'entre eux aux normes du *jus cogens* (art.53 et 64 de la Convention de Vienne du 23 mai 1969 sur le droit des traités entre États), s'imposent en tout temps et en toutes circonstances à l'État ;voir Saidou Nourou TALL, Théories et réalités du droit international humanitaire, *op. cit.* ; Saidou Nourou TALL, Droit des organisations internationales africaines, *op. cit.*

Devant de telles situations, l'État est placé dans une sorte d'*ultima ratio regum*[634], l'obligeant pratiquement à s'affranchir de la légalité habituelle pour édicter des mesures exceptionnelles justifiées par la nécessité de réagir dans les meilleurs délais, sans être esclave du poids de la lourde créance des droits et libertés fondamentaux[635], non plus des contraintes afférentes au respect de la séparation des pouvoirs.

Ainsi appréhendé, l'état d'exception peut résulter de causes endogènes ou exogènes. Il se définit alors comme la situation dans laquelle la légalité normale est écartée[636] au profit de la légalité hors normes pour faire face à des circonstances exceptionnelles dont l'extrême degré de dangerosité hypothèque la cohésion sociale et la survie de l'État.

Ces situations ne sont pas rares en Afrique, continent qui est caractérisé par l'instabilité récurrente des institutions, les mouvements de rébellion, la vulnérabilité due aux catastrophes naturelles ou d'origine industrielle, l'insécurité maritime, les aléas de la sécurité alimentaire, la fragilité des processus économiques et les obstacles à la reconstruction de la paix après les conflits et les crises[637]. Ce tableau, déjà sombre, des crises peut, par la combinaison de tous ces facteurs de vulnérabilité, culminer vers des pics extrêmes dénommés états d'exception.

---

[634] Formule que Louis XIV avait fait graver autour de la bouche de ses canons, qui signifie littéralement, « le dernier argument du Roi ».

[635] Mactar KAMARA, « De l'applicabilité du droit international des droits de l'Homme dans l'ordre juridique interne », Annuaire Colombien de Droit international, Bogota, n°4, 2011, pp. 97-162.

[636] C'est le sens intrinsèque d'exception qui vient du vocable latin "*exceptio*" dérivé du mot "*excipere*" qui signifie "mettre de côté" ou "retirer de". Voir, André-Jean ARNAUD, Dictionnaire encyclopédique de théorie et de sociologie du droit, 2e éd., Paris, L.G.D.J., coll. Quadrige, 1993, p. 122.

[637] Le continent africain, notamment dans sa partie occidentale, est de plus en plus l'épicentre des crises et conflits. Ceux-ci ont pour noms : crises internes liées aux contestations politiques autour des constitutions et des règles électorales, crises à caractère communautaire, conflits fonciers en zone rurale, crises nées des catastrophes naturelles telles que sécheresse , famines ,déforestation et érosion côtière , terrorisme ,piraterie et insécurité maritime, criminalités transfrontalières, cybercriminalité, phénomène spécifique des migrations ,coups d'État, insécurité liée à la prolifération des armes légères et de petit calibre (ALPC), risques sanitaires, corruption comme menace et facteur de fragilisation, menaces environnementales, conflits armés internationaux et non internationaux et crises interétatiques, insécurité humaine et sociale, conséquences des mouvements de populations (expulsés, déplacés, réfugiés), etc. Voir notre thèse de doctorat, Saidou Nourou TALL, Théories et réalités du Droit international Humanitaire, *op. cit.*

Faisant la recension des situations d'urgence en droit constitutionnel, Jacques Robert [638]distingue d'une part les « *urgences exceptionnelles* », comprenant plusieurs cas de figure comme l'état d'urgence, l'état de siège, la mise en garde, la théorie des circonstances exceptionnelles, le maintien de l'ordre et, d'autre part, « *les crises majeures* » résultant de la déclaration de guerre , de l'alerte nucléaire, de l'urgence terroriste ou conduisant au déclenchement des pouvoirs exceptionnels de l'art.16 de la Constitution de 1958.

La pluralité des situations d'exception s'accompagne d'une pléthore de normes visant à faciliter leur application, voire à réduire au maximum leurs impacts négatifs.

B) La juridicité des normes de crise

Les menaces qui peuvent peser sur la vie et les biens des citoyens, nécessitent un encadrement étroit, une minoration précise par le biais de lois et règlements.

Au-delà de l'intérêt que peut susciter une taxinomie, quelques situations semblent retenir davantage l'attention au regard des systèmes constitutionnels africains. En effet, la majorité de ces Constitutions évoquent, à côté de la guerre, de l'état d'urgence et de l'état de siège, une pluralité de situations exceptionnelles notamment l'état de nécessité, l'état de mise en garde[639], la loi martiale, la mobilisation générale, l'état d'alerte sans les définir, se bornant seulement à en détailler la procédure textuelle d'élaboration[640].

---

[638] Jacques ROBERT, « Situations d'urgence en droit constitutionnel », Revue internationale de Droit comparé, n°2, 1990, pp. 750-764.

[639] Par exemple, l'art.29a de la Constitution gabonaise prévoit que la mise en garde et l'état d'alerte peuvent être proclamés par arrêté du Premier ministre, si les circonstances l'exigent, après délibération du Conseil des ministres et consultation des Présidents des chambres du Parlement (pour la mise en garde), après délibération du Conseil des ministres et consultation des Bureaux des deux chambres (pour l'état d'alerte) ,étant entendu que leur prorogation « *au-delà de vingt-et-un jours est autorisée par le Parlement* » ;il faut observer que l'art.64 du Projet de Constitution gabonaise de 2024 prévoit que «*Le Président de la République peut, lorsque les circonstances l'exigent, après consultation du Conseil des ministres et des Présidents des Chambres du Parlement, proclame par décret l'état de mise en garde et l'état d'alerte, dans les conditions déterminées par la loi. La prorogation de l'état de mise en garde ou de l'état d'alerte au-delà de vingt et un jours est autorisée par le Parlement* ».

[640] Cf, la loi martiale, l'état de nécessité, visés par l'art.61 de la Constitution de Madagascar de 2010.

Ainsi, les situations de guerre ou de conflit armé ne sont pas rares en Afrique[641], même si on constate, à l'heure actuelle, une diminution des conflits armés internationaux (CAI) et une augmentation des conflits armés non internationaux (CANI). De la période coloniale et des premières heures des indépendances, subsiste, dans les Constitutions en vigueur, l'expression de « déclaration de guerre »[642]. La guerre est caractéristique d'une situation d'exception prévue dans les Constitutions, par le truchement d'une autorisation parlementaire. Dans la plupart de ces Constitutions, l'autorisation parlementaire est requise, comme cela est prévu dans la Constitution du Congo de 2015 (art.156) « *La déclaration de guerre est autorisée par le Parlement réuni en congrès. Lorsque, à la suite de circonstances exceptionnelles, le Parlement ne peut siéger utilement, la décision de déclaration de guerre est prise en Conseil des ministres par le Président de la République. Il en informe immédiatement la Nation* ». Quant à l'article 101 de la Constitution guinéenne de 2020, il énonce « *L'état de guerre est déclaré par le Président de la République après avoir été autorisé par l'Assemblée nationale à la majorité des deux tiers (2/3) de ses membres* ».

Pour envisager les effets de la guerre, la Constitution du Sénégal de 2001 prévoit en son art. 70 alinéa 2 « *Les droits et devoirs des citoyens, pendant la guerre ou en cas d'invasion ou d'attaque du territoire national par des forces de l'extérieur, font l'objet d'une loi organique* ». Elle est déclarée par l'Exécutif à travers des mesures mises en œuvre par décrets ou ordonnances[643].

Très proche de l'état de guerre, l'état de siège[644] a une genèse normative qui remonte, selon une partie de la doctrine, à la loi française

---

641 Cf., Saidou Nourou TALL, Théories et réalités du droit international humanitaire…, *op. cit.*

642 Voir art.70 de la Constitution du Sénégal de 2001 ; art.104 de la Constitution ivoirienne de 2016 ; art.156 de la Constitution du Congo de 2015, etc.

643 À ce propos, l'art.86 de la Constitution de la RDC de 2006 dispose « *Le Président de la République déclare la guerre par ordonnance délibérée en Conseil des ministres après avis du Conseil supérieur de la défense et autorisation de l'Assemblée nationale et du Sénat, conformément à l'article 143 de la présente Constitution* ».

644 Historiquement, l'état de siège renvoyait, au Moyen Age, à des situations d'encerclement de places fortifiées et de villes défendues. Plus tard, va apparaître la distinction entre l'état *de siège proprement dit*, qui ne concernait que les lieux assiégés , et *l'état de siège politique* (loi du 9 août 1849 et loi du 3 avril 1878, rendues applicables à l'AOF, par un décret du 30 novembre 1916 promulgué par un arrêté du gouverneur le 7 février 1917) , qui peut être défini comme une *« institution politique conçue pour les situations de grave danger pour la sécurité nationale »,* selon Bernard

du 9 août 1849[645]. Il est constitutif d'une situation où l'État est en proie à une attaque militaire, une agression ou toute autre menace extérieure suffisamment grave pour nécessiter la mobilisation[646] de la population et des différents secteurs de la défense nationale. Cette acception est présente dans la loi n° 023-2019/AN du 14 mai 2019 portant Réglementation de l'état de siège et de l'état d'urgence au Burkina Faso et dont l'article 4 dispose : « *L'état de siège est un régime exceptionnel de police qui a pour effet de transférer aux autorités militaires l'exercice des pouvoirs de police.*

L'état de siège peut être déclaré sur tout ou partie du territoire en cas de péril imminent pour la nation résultant notamment d'une insurrection armée ou d'une invasion étrangère ». Les articles 5 et 6 de cette loi en précisent, successivement, les conditions d'application : « *Dès que l'état de siège est déclaré, les pouvoirs dont l'autorité civile est investie pour le maintien de l'ordre public sont dévolus en tout ou partie à l'autorité militaire.*

L'autorité civile continue cependant d'exercer les pouvoirs dont elle n'est pas dessaisie » (article 5) ; « *L'état de siège est déclaré par le Président du Faso par décret pris après délibération en Conseil des ministres* » (article 6)[647].

Par ailleurs, selon Demba Sy, cette situation donne naissance à un régime d'exception en raison de péril imminent pour la sécurité intérieure ou extérieure de l'État et « dans ce cas, l'ensemble des pouvoirs de police est transféré à l'autorité militaire, ainsi que les pouvoirs dévolus en temps normal à l'autorité civile pour le maintien de l'ordre et la police. La proclamation de l'état de siège entraine la

---

MANIN, « *The emergency Paradigm and the new Terrorism. What if the end of terrorism was not in sight ?» in* Sandrine BAUME, Fontana BIANCAMARIA, (eds), *Les usages de la séparation des pouvoirs*, Paris, Michel Houdiard, 2008, p. 146, cité par Djaminatou Zombré, *op. cit.*, p. 21.

645 Voir Jacques ROBERT, « Situations d'urgence … », *op. cit.*

646 Ce n'est que dans ce sens, exclusif de tout autre, qu'il faut comprendre l'art.72 de la Constitution du Togo révisée en 2019, qui dispose que le Président de la République « *… décrète la mobilisation générale après consultation du Premier ministre…* ».

647 Voir, l'art.105 de la Constitution ivoirienne de 2016 qui dispose : « *L'état de siège est décrété en Conseil des ministres. Le Parlement se réunit de plein droit s'il n'est en session.*

La prorogation de l'état de siège au-delà de quinze jours ne peut être autorisée que par le Parlement ; chacune des deux chambres se prononçant à la majorité simple des membres en fonction. En cas de désaccord entre les deux chambres, le vote de l'Assemblée nationale est prépondérant ».

restriction des libertés individuelles et l'élargissement considérable des pouvoirs de police »[648]. Dans cette occurrence, les forces de défense et de sécurité (FDS) au premier rang desquelles on compte l'armée, se substituent à l'autorité civile, et reçoivent transfert des pouvoirs nécessaires à la police du maintien de l'ordre et à la sauvegarde de la Nation, ce qui entraine l'apparition d'un catalogue de normes régissant les situations de crise.

Au regard de ces situations de crise et des potentialités normatives attentatoires à la séparation des pouvoirs, aux droits fondamentaux et à la démocratie, une importance primordiale doit être attachée à leur contrôle juridictionnel.

Section II : Le contrôle de constitutionnalité en période de crise

L'exceptionnalité des normes juridiques usitées dans des situations de crise ne conduit pas à les concevoir comme des actes ou des faits insusceptibles de contrôle juridictionnel, certains textes fondamentaux prévoyant leur soumission à l'examen de conformité, soit par rapport à la Constitution ; soit par rapport à la Loi fondamentale maintenue, mais, secondée éventuellement par les Actes provisoires ou la Charte de transition[649] ; soit par rapport seulement à ces textes provisoires en cas de suspension de la Constitution. Ce contrôle de constitutionnalité peut être observé tant dans le cadre des situations de transition (§I), que dans le cadre de l'état d'exception (§II).

Paragraphe I : Juridictions constitutionnelles et contentieux de la transition

Relativement aux Constitutions provisoires et chartes de transition[650] qui ont servi de fondement pour l'édiction d'ordonnances ou autres textes

[648] Cf., Demba SY, Droit administratif, *op. cit.*, p. 76.

[649] Pour un exemple récent, Burkina Faso, Conseil constitutionnel, *décision n°2024-01/CC du 12 janvier 2024 sur la vérification du respect de la procédure de révision de la Constitution pour l'adoption de la loi constitutionnelle n° 045-2023/ALT du 30 décembre 2023 portant révision de la Constitution.*

[650] Cf., en RCA, la loi n° 13.001 du 18 juillet 2013 portant Charte constitutionnelle de transition en République centrafricaine ; au Burkina Faso, Charte de la transition signée à Ouagadougou le 13 novembre 2014 ; Séni Mahamadou OUEDRAOGO et Djibrihina OUEDRAOGO, « Libres propos sur la transition politique au Burkina Faso : du contexte au texte de la Charte de la transition », *op. cit.* ; Jean-François AKANDJI-KOMBE, « Contrôle de constitutionnalité et Actes politiques de règlement des crises institutionnelles », Revue Afrilex, décembre 2016, 16 p. ; Charles TUEKAM TATCHUM, « Les chartes de transition… », *op. cit.* ; Séverin ANDZOKA ATSIMOU,

normatifs, l'existence d'une juridiction constitutionnelle[651] organisant d'abord la vacance du pouvoir à l'avènement de la transition (A) a pu clarifier les problèmes de répartition de compétences tout en validant le texte organisant les pouvoirs publics de transition comme norme fondamentale (B).

A) Juridictions constitutionnelles et vacance du pouvoir

Les lendemains des coups d'État sont caractérisés par la volonté des dirigeants de la junte militaire d'asseoir plus confortablement leur pouvoir en faisant reconnaître d'abord la vacance du pouvoir (du régime déchu) avant d'organiser l'investiture ou la prestation de serment du Président de la transition.

Au Burkina Faso, l'instrumentalisation subtile de la juridiction constitutionnelle, a été relevée, lorsque sous prétexte d'une auto-saisine elle a été amenée à constater la vacance du pouvoir à la suite de l'insurrection de 2014[652], comme prélude à la désignation de Michel Kafando en qualité de Président de la Transition[653] ; puis après la prise

---

L'ingénierie constitutionnelle, solution de sortie de crise en Afrique : les exemples de l'Afrique du Sud, de la République démocratique du Congo, du Burundi et du Congo, Thèse de doctorat de droit public, UCAD, Dakar, 2013, 712 p.

[651] Par exemple, l'art.76 de la Charte constitutionnelle de transition de la RCA prévoyait une juridiction en ces termes « *Il est institué une Cour constitutionnelle de transition chargée de :*

–juger de la constitutionnalité des lois organiques et ordinaires, déjà promulguées ou simplement votées, des règlements, ainsi que du règlement intérieur du Conseil national de transition ;

– connaître du contentieux électoral ;

– veiller à la régularité des consultations électorales, examiner et en proclamer les résultats ;

– veiller à la régularité des opérations référendaires, examiner et en proclamer les résultats ;

– recevoir le serment du Chef de l'État de transition et celui du Président de la République élu ;

– trancher les conflits de compétence au sein du pouvoir exécutif, entre les pouvoirs législatif et exécutif, et entre l'État et les collectivités territoriales ;

– constater les défauts de promulgation des lois définitivement votées et la carence de leur promulgation de sorte à permettre leur entrée en vigueur ;

– interpréter la Charte constitutionnelle de transition ;

– donner son avis sur les projets ou propositions de Constitution et la procédure référendaire ».

[652] Burkina Faso, Conseil constitutionnel, *décision n°2014-002/CC/Transition du 16 novembre 2014* portant dévolution à titre transitoire des fonctions du Président du Faso.

[653] Burkina Faso, Conseil constitutionnel, *décision n°2014-003 du 17 novembre 2014.*

du pouvoir de Paul-Henry Sandaogo Damiba, pour le déclarer « *Président du Faso, Chef suprême des Forces armées nationales, Chef de l'État* »[654].

Au Mali, la Cour constitutionnelle, faisant usage de la fonction de régulation, pour combler un vide juridique risquant de paralyser le fonctionnement régulier des institutions va constater la vacance de la Présidence de la transition à la suite de la démission (suscitée) de Bah Ndaw), avant la reprise en main d'Assimi Goita[655]. Quelques années plus tôt, elle avait procédé à un tel exercice et avait validé, à la suite de la démission d'Amadou Toumani Touré, son remplacement par Dioncounda Traoré, désigné Président par intérim[656].

À titre exemplatif, on peut faire cas de la HCC de Madagascar avec sa *décision n° 04-HCC/D3 du 17 juillet 2013* concernant la loi n° 2013-004 régissant la vacance de la présidence de la Transition.

Au-delà de ces différentes expériences des débuts de transition, l'office des juridictions constitutionnelles peut s'étaler tout au long de cette période de crise dans le cadre de l'organisation et du fonctionnement des institutions.

B) Juridictions constitutionnelles et fonctionnement de la transition

Il est curieux de voir, malgré la répudiation de l'ordre constitutionnel préexistant ou sa superposition avec les Actes fondamentaux transitionnels, que les régimes de transition maintiennent ou instituent un système de contrôle de conformité ou de contrariété.

En effet, si certains de ses régimes restent dans leur logique de *tabula rasa* par rapport à l'ordonnancement juridique des pouvoirs publics déchus, d'autres régimes de transition ont aménagé ou ont laissé subsister la possibilité du contrôle de constitutionnalité de ce droit circonstanciel.

Sans doute, la nécessité, même dans ces périodes, de respecter la hiérarchie des normes par rapport à la Constitution (maintenue) et/ou par rapport à la Charte de transition, justifie la présence d'un contrôle de conformité.

En République de Guinée, sur le fondement de l'art.79 de la Charte de transition transmettant les attributions de la Cour constitutionnelle à

[654] Burkina Faso, Conseil constitutionnel, *décision n°2022-004/CC du 8 février 2022 sur la dévolution des fonctions du Président du Faso.*

[655] Mali, Cour constitutionnelle, *arrêt n°2021-02/CC/Vacance du 28 mai 2021.*

[656] Mali, Cour constitutionnelle, *arrêt n°2012-01/CC/VACANCE du 10 avril 2012 aux fins de constatation de la vacance de la Présidence de la République.*

la Cour suprême, il a été procédé à l'examen « *en inconstitutionnalité et en inconventionnalité* » de l'ordonnance n° 0/2021/008/PRG/RG/CNRD/SGG du 05 décembre 2021 portant amendement de l'ordonnance n° 0/2021/007/PRG/CNRD/SGG du 02 décembre 2021 relative à la Cour de Répression des Infractions économiques et financières (CRIEF). Le prévenu avait soulevé devant la Chambre de Jugement de la CRIEF l'exception d'inconstitutionnalité des articles1, 2 et 4 de l'ordonnance portant amendement et de l'art.156 de la Loi n° 0041/17 du 04 juillet 2017[657].

En RCA, la Cour constitutionnelle de transition a admis que, « *[...] les dispositions de l'article 108 al.2 de la Charte constitutionnelle de transition selon lesquelles la Charte constitutionnelle de transition est exécutée comme "Constitution de la République centrafricaine pendant la période de transition"* (...). *Considérant que le Premier ministre soutient également dans sa requête que la Cour constitutionnelle de transition n'est pas habilitée à recevoir le serment du président de la République élu ; que ceci n'est pas conforme à l'article 76 tiret 5 de la Charte constitutionnelle de transition qui dispose que la Cour constitutionnelle de transition est chargée de "recevoir le serment du chef de l'État de transition et celui du président de la République élu" ; qu'il y a donc lieu de dire qu'il revient à la Cour constitutionnelle de transition de recevoir le serment du président de la République élu* »[658].

Dans un esprit similaire, il peut être fait mention de la *décision de la Haute Cour constitutionnelle n° 15-HCC/D3 du 26 décembre 2011* concernant la loi n° 2011-014 portant insertion dans l'ordonnancement juridique interne de la feuille de route. Prolongeant cette décision, la Haute Cour de Madagascar[659] affirme : « *Considérant qu'il est admis que la suprématie constitutionnelle se justifie par le fait que la Constitution étant la norme juridique suprême dans l'ordre juridique*

---

[657] République de Guinée, *Cour suprême, Chambre administrative et constitutionnelle, Arrêt n° 001 du 27 juillet 2023*.

[658] Cour constitutionnelle de transition de la République centrafricaine, *décision n° 005/15/CCT du 15 avril 2015 sur la séquence des opérations référendaires et électorales prévues à l'article 44 tiret 5 de la Charte constitutionnelle de transition et sur l'interprétation des dispositions de l'article 104 de la Charte constitutionnelle de transition*.

[659] Pour un tour d'horizon de ses attributions, consulter Andrianaivo Ravelona RAJAONO, « La juridiction constitutionnelle à Madagascar », Annuaire international de Justice constitutionnelle, 8-1992, 1994. *Les méthodes de travail des juridictions constitutionnelles*. pp. 111-157.

interne, les règles constitutionnelles doivent l'emporter sur toutes les autres règles juridiques de droit interne ; Considérant en outre que le contrôle de constitutionnalité est alors la conséquence logique de la hiérarchie des normes dans l'ordre juridique ;

Considérant que la saisine de la haute cour constitutionnelle par le président de la transition pour contrôle de conformité de la loi adoptée par le Parlement de la transition rentre dans le respect de la suprématie constitutionnelle et contribue par là même à la nécessité, même en période de transition, de l'établissement d'une hiérarchie entre les normes, c'est-à-dire d'un ordonnancement juridique incontournable ; [...] Considérant que s'il est admis que la feuille de route a été signée et insérée comme loi de l'État pour régir la période de transition, les mesures de mise en œuvre de ladite loi doivent respecter les dispositions constitutionnelles en vigueur conformément à la décision de la Haute Cour constitutionnelle n° 15-HCC/D3 du 26 décembre 2011 concernant la loi n° 2011-014 portant insertion dans l'ordonnancement juridique interne de la feuille de route ; Considérant que la haute cour constitutionnelle estime que les dispositions du paragraphe 14 de la feuille de route, prévoyant l'adoption d'une loi afin de pallier un éventuel vide juridique en cas de vacance de la présidence, constituent une clause de réserve, ladite clause n'ayant plus sa raison d'être dans la mesure où les dispositions transitoires de la Constitution, sont reprises par la loi organique n° 2012-015 du 1er août 2012 relative à l'élection du premier président de la quatrième République ; Considérant que l'article 3 de la loi soumise au contrôle de constitutionnalité est inséparable de l'ensemble des dispositions de la loi ;

Qu'il échet de déclarer la loi n° 2013-004 régissant la vacance de la présidence de la transition, non conforme à la Constitution »[660].

La présence d'une juridiction constitutionnelle de transition permet au moins d'exercer un contrôle de conformité, comme en atteste cette décision du Conseil constitutionnel pendant l'une des périodes de transition au Niger : « *L'ordonnance n° 2010-043 du 19 juillet 2010*

[660] Haute Cour constitutionnelle de Madagascar, *Décision n° 04-HCC/D3 du 17 juillet 2013 concernant la loi n° 2013-004 régissant la vacance de la présidence de la Transition*, pp. 1-7.Voir aussi, Conseil constitutionnel du Burkina Faso, *Décision n° 2015-010/CC/transition du 30 janvier 2015 sur la conformité à la Constitution et à la Charte de la transition, de la loi organique n° 003-2015/CNT du 23 janvier 2015 portant attributions, composition, organisation et fonctionnement de la commission de la réconciliation nationale et des réformes*, *in* Burkina Faso, Recueil des Décisions du Conseil constitutionnel 2015.

modifiant l'ordonnance n° 2010-022 du 11 mai 2010 portant création, attributions, composition et modalités de fonctionnement de la Commission de lutte contre la délinquance économique, financière et fiscale et pour la promotion de la bonne gouvernance dans la gestion des biens publics est prise en violation de l'ordonnance n° 2010-01 du 22 février 2010 modifiée portant organisation des pouvoirs publics pendant la période de transition et de l'Acte uniforme de l'OHADA sur les procédures simplifiées de recouvrement et voies d'exécution ainsi que des conventions internationales notamment la Déclaration universelle des Droits de l'Homme, la Charte africaine des droits de l'homme et des peuples et le Pacte international relatif aux droits civils et politiques auxquels le Niger est parti»[661].

Ces exemples montrent, à souhait, l'admission d'un contrôle juridictionnel, à l'instar d'un contrôle de constitutionnalité dans d'autres situations d'exception.

Paragraphe II : Juridictions constitutionnelles et contentieux de l'état d'exception

La pluralité des situations ressortissant des états d'exception entraine une différence dans leur appréhension juridictionnelle (A). Dans ces circonstances, le juge est amené à adapter ses stratégies argumentatives et interprétatives, en les mettant au service d'une domestication de la crise, dans le cadre du contrôle de conformité à la Constitution (B).

A) Le juge constitutionnel et les états de l'exception

Les nombreux signes de vulnérabilité notés au sein des États africains, se sont accrus, depuis quelques décennies, avec l'apparition d'insécurités qui se manifestent, solitairement ou solidairement, en urgences environnementale, sociale, économique, alimentaire, terroriste, ou encore d'ordre sanitaire[662].

---

[661] Conseil constitutionnel de transition du Niger, *arrêt n° 002/CCT/MC du 7 octobre 2010*, www.cour-constitutionnelle-niger.org (consulté en juin 2023) ; Voir , également le contrôle des lois combinant à la fois la Constitution de 2023 et la Charte de transition, Mali, Cour constitutionnelle, *Arrêt n° 2024-01/CC du 18 avril 2024 relatif à la requête aux fins de contrôle de conformité à la Constitution de la loi organique n° 2023-058/CNT-RM fixant les avantages, indemnités et autres traitements des membres du Conseil National de transition.*

[662] Nicolas BONBLED, Céline ROMAINVILLE, « États d'exception et crises humaines aiguës : débats récents autour du terrorisme et des nouvelles formes de crise », Annuaire international de justice constitutionnelle, 24, 2008-2009. *Constitution et famille(s) - Urgence, exception et Constitution*, pp. 429-459 ; Marcel WETSH'OKONDA

Au surplus, prévu par les Constitutions, organisé par des lois et proclamé par décrets ou ordonnance, l'état d'urgence, qui est susceptible de prorogation, laisse ouverte la possibilité pour l'État d'édicter des mesures restrictives de libertés[663]. De telles mesures restrictives de libertés sont envisageables dans le cadre de l'application de la théorie jurisprudentielle des circonstances exceptionnelles[664]. Elle est ainsi explicitée par Demba Sy : « Certaines décisions administratives, qui seraient en temps normal illégales, peuvent devenir légales en certaines circonstances, parce qu'elles apparaissent alors nécessaires pour assurer l'ordre public. Cette théorie est fondée sur l'idée que l'Administration est parfois obligée d'agir pour faire face à certaines situations graves ou imprévisibles, mais sans pouvoir respecter les règles classiques de la légalité »[665].

Il reste que cette théorie de droit administratif, forgée dans le contexte de la Première Guerre mondiale, garde une réelle, mais lointaine parenté avec la théorie des « *circonstances particulières* » en droit constitutionnel[666]. Cette dernière a une origine nichée dans le droit du contentieux électoral français[667] avant de gagner progressivement le

---

KOSO, « L'état d'urgence a l'épreuve du contrôle de constitutionnalité devant la cour constitutionnelle de la République Démocratique du Congo », Konrad Adenauer Stiftung, *African Law Study Library*, Vol.8, n° 1, pp. 13-27.

[663] Outre la loi sénégalaise de 1969 modifiée en 2021 précitée, voir en République de Madagascar, la loi n° 91-011 du 18 juillet 1991 relative aux situations d'exception, (www.presidence.gov.mg) ; au Cameroun, la Loi n° 90-47 du 19 décembre 1990 relative à l'état d'urgence.

[664] Relativement au Droit administratif, la notion d'état d'exception se rattache à celle consacrée en jurisprudence de « *circonstances exceptionnelles* » qui embrasse une grande variété de situations comme une grève générale du service public (*CE, arrêt du 28 juin 1918, Heyriès,* GAJA, n° 31, 19e éd., pp. 192-199), des restrictions de libertés (*CE, arrêt du 28 février 1919, Dames Dol et Laurent* ,GAJA n° 37), une éruption volcanique, (*CE arrêt du 18 mai 1983, Rodes*, GAJA, n° 40 , p. 254), une guerre (*CE, arrêt du 30 mai 1930, Chambre syndicale de commerce en détail de Nevers*, GAJA, n° 42, 19e éd., pp. 265-276), etc. Voir aussi, Lucien NIZARD, La jurisprudence administrative des circonstances exceptionnelles et la légalité, Paris, L.G.D.J., coll. Bibliothèque de droit public, 1962, p. 6 et s.

[665] Demba SY, Droit administratif, *op. cit*., p. 74.

[666] Sur la distinction entre les deux théories de circonstances, lire Maxime CHARITE, « La théorie des « circonstances particulières » dans la jurisprudence du Conseil constitutionnel », Revue Droits et Libertés Fondamentaux, 2020, chronique n° 41, disponible sur https// : www.revuedlf.com (consulté en janvier 2024).

[667] Voir, Conseil constitutionnel, *n° 65-349/350 SEN, 8 novembre 1965, Sénat, Meurthe-et-Moselle, Rec.* p. 65 ; Conseil constitutionnel, n° 73-582 AN, 28 novembre

droit du contentieux constitutionnel, notamment dans le cadre du contrôle par voie d'action[668].

L'économie de cette théorie tient en ce que l'existence de telles situations, circonscrites matériellement, spatialement et temporellement, peut justifier la méconnaissance de dispositions constitutionnelles et empêcher de déclarer inconstitutionnelle une loi adoptée dans les « *circonstances particulières de l'espèce* ».

Par ailleurs, il faut signaler que les états d'exception peuvent atteindre leur paroxysme par la survenance d'évènements dont la seule possibilité de résolution est la mise en œuvre de pouvoirs exceptionnels, à l'instar des pouvoirs de crise prévus à l'art.16 de la Constitution

---

1973, *A.N., Territoire français des Afars et Issas, Rec.* p. 198 ; Conseil constitutionnel, *n° 2007-4002 SEN, 25 octobre 2007, Sénat, Hérault, Rec.* p. 357.

[668] Une des plus récentes illustrations de cette théorie réside dans une décision du CC français, dans laquelle le Conseil retient que « *3. Compte tenu des circonstances particulières de l'espèce, il n'y a pas lieu de juger que cette loi organique a été adoptée en violation des règles de procédure prévues à l'article 46 de la Constitution.*
4. Conformément au premier alinéa de l'article 61-1 de la Constitution, les articles 23-4 et 23-5 de l'ordonnance du 7 novembre 1958 mentionnée ci-dessus fixent à trois mois le délai déterminé dans lequel le Conseil d'État ou la Cour de cassation doit se prononcer sur le renvoi d'une question prioritaire de constitutionnalité au Conseil constitutionnel. L'article 23-10 de la même ordonnance prévoit que le Conseil constitutionnel statue dans un même délai de trois mois après sa saisine.
5. Afin de faire face aux conséquences de l'épidémie du virus Covid-19 sur le fonctionnement des juridictions, l'article unique de cette loi organique se borne à suspendre jusqu'au 30 juin 2020 le délai dans lequel le Conseil d'État ou la Cour de cassation doit se prononcer sur le renvoi d'une question prioritaire de constitutionnalité au Conseil constitutionnel et celui dans lequel ce dernier doit statuer sur une telle question. Il ne remet pas en cause l'exercice de ce recours ni n'interdit qu'il soit statué sur une question prioritaire de constitutionnalité durant cette période.
6. Ces dispositions sont conformes à la Constitution » (*Conseil constitutionnel, Décision n° 2020-799 DC du 26 mars 2020, Loi organique d'urgence pour faire face à l'épidémie de COVID-19*). Consulter aussi ses décisions suivantes : Conseil constitutionnel, Décision n° 2018-5567 AN, 8 juin 2018, *A.N., Nord 20e circ., J.O.R.F.* n° 133 du 12 juin 2018, texte n° 58, Conseil constitutionnel , *Décision n° 88-248 DC, 17 janvier 1989, Loi modifiant la loi n° 86-1067 du 30 septembre 1986 relative à la liberté de communication, Rec.* p. 15, Conseil constitutionnel , *Décision n° 99-425 DC, 29 décembre 1999, Loi de finances rectificative pour 1999, Rec.* p. 168, Conseil constitutionnel , *Décision n° 99-423 DC, 13 janvier 2000, Loi relative à la réduction négociée du temps de travail, Rec.* p. 33, Conseil constitutionnel , *Décision n° 2017-756 DC, 21 décembre 2017, Loi de financement de la sécurité sociale pour 2018, J.O.R.F.* n° 305 du 31 décembre 2017, texte n° 7, décisions citées par Maxime Charité, *op. cit.*

française de 1958[669], qu'on retrouve de manière quasi-inchangée dans les Constitutions des États francophones d'Afrique subsaharienne[670].

Le recours aux pouvoirs exceptionnels confère au Chef de l'État un grand nombre de prérogatives qui frisent, peu ou prou, une confusion de pouvoirs, bornés, cependant, par la survivance de certains droits fondamentaux. En outre, l'exercice de ces pouvoirs est assujetti à la réalisation de conditions de fond et de forme[671].

Les conditions de fond ont trait à la survenance de faits et d'évènements qui constituent des menaces graves et immédiates sur les institutions, l'indépendance de la Nation, l'intégrité du territoire ou l'exécution de ses engagements internationaux, et à l'interruption du fonctionnement régulier des pouvoirs publics ou des institutions. Ces conditions sont en principe appréciées librement par l'Exécutif, ce qui

---

[669] L'article 16 de la Constitution française de 1958 prescrit : « *Lorsque les institutions de la République, l'indépendance de la nation, l'intégrité de son territoire ou l'exécution de ses engagements internationaux sont menacées d'une manière grave et immédiate et que le fonctionnement régulier des pouvoirs publics constitutionnels est interrompu, le Président de la République prend les mesures exigées par ces circonstances, après consultation officielle du Premier ministre, des présidents des assemblées ainsi que du Conseil constitutionnel.*
Il en informe la nation par un message.
Ces mesures doivent être inspirées par la volonté d'assurer aux pouvoirs publics constitutionnels, dans les moindres délais, les moyens d'accomplir leur mission. Le Conseil constitutionnel est consulté à leur sujet.
Le Parlement se réunit de plein droit.
L'Assemblée nationale ne peut être dissoute pendant l'exercice des pouvoirs exceptionnels.
Après trente jours d'exercice des pouvoirs exceptionnels, le Conseil constitutionnel peut être saisi par le Président de l'Assemblée nationale, le Président du Sénat, soixante députés ou soixante sénateurs, aux fins d'examiner si les conditions énoncées au premier alinéa demeurent réunies. Il se prononce dans les délais les plus brefs par un avis public. Il procède de plein droit à cet examen et se prononce dans les mêmes conditions au terme de soixante jours d'exercice des pouvoirs exceptionnels et à tout moment au-delà de cette durée ».

[670]Voir, par exemple, article 52 de la Constitution du Sénégal de 2001, art.9 de la Constitution de la République du Cameroun (loi n° 96/06 du 18 janvier 1996 portant révision de la Constitution du 2 juin 1972) ; article 93 de la Constitution de la République du Congo du 6 novembre 2015.

[671] Sur le contrôle strict de la réunion des différentes conditions de mise en œuvre de l'art.68 de la Constitution de 1990, voir *Cour constitutionnelle du Bénin, Avis n° CC-001/94 du 1er septembre 1994.*

n'exclut pas, en cas de saisine, l'intervention des juridictions pour vérifier l'exactitude matérielle des faits[672].

Ces conditions de fond sont associées à la réalisation de conditions de forme, comme le fait d'informer la nation par un message, de recueillir l'avis de certaines autorités et, dans certains États, la réunion de plein droit du Parlement en session extraordinaire pour fixer « *le délai au-delà duquel le Président de la République ne peut plus prendre des mesures exceptionnelles* »[673]. À ces conditions de fond et de forme, sont assorties des limites interdisant la suspension ou la révision de la Constitution, ou encore la dissolution de l'Assemblée nationale[674].

Pour compréhensible et justifiable que puisse être l'application des pouvoirs exceptionnels qui se traduisent par l'extension extraordinaire des prérogatives du Chef de l'Exécutif, elle laisse, à la libre appréciation de ce dernier, le choix de la nature, de la qualification et du moment de son recours. C'est à cet égard qu'on a beaucoup discuté, malgré la présence de certaines garanties, l'exorbitance de ces pouvoirs d'autant plus que la décision d'y recourir constitue un acte de gouvernement insusceptible de REP[675] même si les mesures règlementaires édictées sur ce fondement peuvent être contestées devant le juge de l'excès de pouvoir.

L'urgence terroriste est aussi au nombre de situations dont les juridictions constitutionnelles ont été saisies soit au plan contentieux,

---

[672] Voir, l'adoption d'ordonnance par le Président Boni Yayi sur le fondement des pouvoirs exceptionnels, et les réactions de la classe politique ; consulter Stéphane BOLLE, « Le Bénin sous ordonnances », www.la-constitution-en-afrique.org, (consulté le 30 juin 2023).

[673] Le texte entier de l'article 93 de la Constitution Congolaise de 2015 est ainsi conçu : « *Lorsque les institutions de la République, l'indépendance de la nation, l'intégrité du territoire national ou l'exécution des engagements internationaux sont menacées de manière grave et imminente et que le fonctionnement régulier des pouvoirs publics est interrompu, le Président de la République prend les mesures exigées par ces circonstances, après consultation du Premier ministre et des Présidents des deux chambres du Parlement. Il en informe la nation par un message. Le Parlement se réunit de plein droit en session extraordinaire. Le Parlement fixe le délai au-delà duquel le Président de la République ne peut plus prendre des mesures exceptionnelles* ».

[674] Art .43 de la Constitution de la RCA du 30 mars 2016.

[675] France, *Conseil d'État, arrêt du 2 mars 1962, Rubin de Servens,* GAJA n° 100 ; voir, au Sénégal, *Conseil d'État, arrêt du 4 janvier 2001, Parti Socialiste et URD c/État du Sénégal,* cité par Demba SY, Droit administratif, *op. cit.*, p. 77.

soit au plan consultatif. Cette analyse résulte de nombreuses décisions rendues par la juridiction constitutionnelle au Niger[676].

Last but not least, une des illustrations les plus saillantes des états d'exception constitue l'urgence sanitaire lors de la pandémie liée au coronavirus.

B) Une illustration, le contentieux de l'urgence sanitaire

Les succès engrangés dans la lutte pour l'amélioration des conditions de vie des populations africaines, deviennent de plus en plus précaires, hypothéqués qu'ils sont par les nombreux défis qui assaillent les États et dont l'un des plus actuels est la menace de type sanitaire[677] engendrée par la présence de maladies à large spectre d'action comme le paludisme, le MPOX[678], la fièvre provoquée par le virus de Marburg, le Sida, la fièvre hémorragique à virus Ebola[679] ou encore la maladie causée par le coronavirus[680].

---

[676] Voir, les avis suivants de la Cour constitutionnelle du Niger, *Avis n° 28/CC du 17 septembre 2020 sur le projet d'ordonnance déterminant les règles statutaires applicables au personnel du Cadre de la Police nationale ; Avis n° 29/CC du 06 novembre2020 sur le projet d'ordonnance portant prorogation de l'état d'urgence dans la région de Diffa ; Avis n° 30/CC du 30 décembre 2020 sur le projet d'ordonnance portant prorogation de l'état d'urgence sur toute l'étendue du territoire de la République du Niger ; Avis n° 31/CC du 30 décembre 2020 sur le projet d'ordonnance portant prorogation de l'état d'urgence dans la région de Diffa et dans certains départements des régions de Tahoua et de Tillabéry.*

[677] Nicolas BONBLED, Céline ROMAINVILLE, « États d'exception et crises humaines aiguës : débats récents autour du terrorisme et des nouvelles formes de crise », *op. cit.*

[678] *Monkey pox*, variole simienne.

[679] La fièvre hémorragique à virus Ebola a causé entre 2014 et 2015, plus de 11000 morts en Guinée, au Libéria et en Sierra Léone. Elle continue de sévir épisodiquement en RDC.

[680] L'OMS a baptisé cette maladie « *Covid-19* », le 11 février 2020.

Déclarée à Wuhan (Chine) en fin 2019, la pandémie du COVID-19[681] s'est rapidement propagée, faisant plus de deux millions de morts et plus de 100 millions de personnes contaminées dans plus de 190 pays[682].

Aux déclarations sur l'état d'urgence, sera adjoint, dans certains cas, devant l'imminence et la sévérité du péril sanitaire et, à la suite de messages à la Nation, le recours aux pouvoirs exceptionnels du Président de la République[683].

L'urgence sanitaire découlant de la propagation du ou de la[684] COVID-19, tout en se traduisant par une crise aiguë dans les villes et capitales, n'a pas du tout perdu de sa virulence dans les communes rurales et villages amenant les autorités gouvernementales à mettre particulièrement à contribution les autorités administratives déconcentrées ou des collectivités décentralisées[685] par l'utilisation en parallèle ou en

---

[681] Il est à souligner que le nom scientifique est « *Sars-CoV-2* ». Ce nouveau coronavirus, identifié le 9 janvier 2020 dans la ville de Wuhan, chef-lieu de la province du Hubei en Chine a d'abord été surnommé « coronavirus de Wuhan » ou « *2019-nCoV* », par *International Committee on Taxonomy of Viruses,* l'organisme en charge de la classification des virus, voir le site des urgences de l' Équipe de communication de la riposte de l'ONU au COVID-19 : www.un.org/fr/coronavirus.

[682] En janvier 2021, voir pour l'actualisation, le site de l'Organisation Mondiale de la Santé www.who.int. Depuis 2022, la maladie connait une décroissance extraordinaire au point de ne plus paraitre comme une urgence mondiale.

[683] Voir en RDC, la décision de la Cour constitutionnelle, arrêt *R. Const.1.200 du 13 avril 2020*, Requête *du Président de la République en appréciation de la conformité à la Constitution de l'Ordonnance n° 20/014 du 24 mars 2020 portant proclamation de l'état d'urgence sanitaire pour faire face à l'épidémie de COVID 19*, JORDC, numéro spécial du 16 avril 2020, p.12 et s. Selon la Cour *« ... De ce qui précède, la Cour dira que l'Ordonnance n° 20/014 du 24 mars 2020 est conforme à la Constitution et garantit le droit à la santé prévu à l'article 47 alinéa 1 de la Constitution ainsi que le droit pour toute personne à un environnement sain et propice à l'épanouissement intégral tel qu'énoncé par l'article 53 alinéa 1er de la Constitution. S'agissant d'un état d'urgence sanitaire, le fait que l'ordonnance susvisée proclame à la fois l'état d'urgence et énumère les mesures y relatives d'application immédiate pour l'intérêt général de protéger la santé des populations congolaises ne déroge en rien à la Constitution... ».*

[684] Le vocabulaire relatif à l'article défini précédant l'acronyme *COVID* a laissé planer une délicate confusion sur sa masculinité ou sa féminité avant que sa part féminine n'en sorte victorieuse même si certains textes continuent de mentionner « *le* » COVID à la place de celui retenu, mais rébarbatif, de « *la* » COVID (www .académie - francaise.fr).

[685] Le champ spatial de l'état d'urgence (en l'occurrence, sanitaire) peut être circonscrit à une ville, un village, une province, un canton, une région un état fédéré et les textes peuvent attribuer compétence aux ministres, maires, préfets, gouverneurs, etc., pour adapter la lutte contre la pandémie aux contextes locaux.

relais de la voie réglementaire ordinaire des décrets[686], arrêtés[687] et circulaires[688].

Devant ces nombreux défis qui n'ont épargné aucun pays, les États africains ont développé diverses stratégies de riposte, au premier rang desquelles on compte les réponses juridiques. C'est par la voie de la déclaration de l'état d'urgence[689], qui sera vite qualifié d'état d'urgence sanitaire[690], entre autres que prendra la forme initiale de la réaction[691].

Ainsi, la Cour constitutionnelle du Congo, dans son Avis n° 002-ACC-SVC/20 du 30 mars 2020, estime : « *Considérant qu'au regard des faits tels qu'exposés supra, le pouvoir de régulation de la Cour constitutionnelle lui permet d'aviser le Sénat, tant au regard de la Constitution que de son règlement intérieur, sur les options qui sont de nature à maintenir un fonctionnement régulier et satisfaisant de cette institution, ce, en dépit des contingences commandées par les stratégies*

[686] Voir, par exemple au Burkina Faso, Décret n° 20200271/PM/MDNAC/MATDC/MSECU/MS/MTMUSR du 15 avril 2020 portant restriction temporaire de libertés au titre des mesures spéciales de réduction de la propagation du COVID-19 sur le site www.droit-afrique.com (consulté en novembre 2020).

[687] Voir, en République de Côte d'Ivoire, l'Arrêté n° 0015/MT du 14 avril 2020 portant réglementation de la circulation des personnes à bord des véhicules ou des bateaux et embarcations flottantes en période de lutte contre le COVID-19 (www.droit-afrique.com).

[688] À titre exemplatif, au Congo, Circulaire n° 0247/MFB-CAB du 15 avril 2020, du ministre des finances et du budget, relative aux mesures d'accompagnement des entreprises pour la lutte contre les effets économiques du COVID-19, voir site : www.droit-afrique.com.

[689] Voir, au Gabon, loi n° 11/90 du 16 novembre 1990 relative à l'état d'urgence ; Décret n°00100/PR/PM du 10 avril 2020 portant déclaration de l'état d'urgence en République gabonaise et Décret n° 00111/PR du 10 avril 2020 portant déclaration de nécessité publique (JORG du 16 au 23 avril 2023).

[690] L'expression d'« état d'urgence sanitaire », est une adaptation de la notion classique d'état d'urgence pour faire face aux épidémies et pandémies. Voir, le contenu et les implications en France, avec la possibilité de le déclarer en tout ou partie du territoire en cas de catastrophe sanitaire mettant en danger la population par décret pris en conseil des ministres pour une durée ne devant pas excéder un mois, et en cas de prorogation au-delà d'un mois, par une autorisation contenue dans une loi ; se référer aux textes suivants ; la loi du 23 mars 2020 d'urgence pour faire face à l'épidémie de COVID-19, la loi du 9 juillet 2020, la loi du 14 novembre 2020 autorisant la prorogation de l'état d'urgence sanitaire et portant diverses mesures de gestion de la crise sanitaire (www.vie-publique.fr ; www.legifrance.fr).

[691] Ou autre déclinaison nationale, comme la notion d'« *état d'alerte sanitaire* » au Burkina Faso avec le Décret n° 2020-0239/PRES du 30 mars 2020 instituant l'état d'alerte sanitaire sur toute l'étendue du territoire national, ou la notion d' « *état de catastrophe sanitaire* » au Sénégal.

mondiales de lutte contre la propagation du Coronavirus (Covid-19), une maladie de contagion sommaire et d'extrême fatalité ;

Considérant, en effet, que la situation exceptionnelle engendrée par la pandémie du Coronavirus (Covid-19) est de nature à compromettre le fonctionnement normal du Sénat qui compte soixante-douze (72) sénateurs alors que, suivant la mesure gouvernementale sus-évoquée, les réunions ou rassemblements de plus de cinquante (50) personnes sont interdits ;

Considérant qu'au regard des contingences ci-dessus relevées, l'organisation des séances plénières, telle que projetée par le Sénat, participe autant de l'exercice de sa fonction législative que du contrôle de l'action gouvernementale prévus par l'article 107 alinéas 2 et 3 de la Constitution ; Que la période d'extrême urgence sanitaire mondiale actuelle devrait permettre au Sénat d'explorer toutes les options possibles à l'effet de jouer son rôle constitutionnel aux cotes de l'exécutif dans le cadre de l'élaboration des politiques et stratégies efficaces de lutte contre cette pandémie ... »[692].

C'est le cas de la force majeure dont les caractères d'imprévisibilité, d'extranéité, d'irrésistibilité ont été rapportés à la situation générée au Niger par la pandémie du COVID-19. Il en résulte selon la Cour « *le Covid-19 constitue un cas de force majeure qui justifie la suspension de l'enrôlement des Nigériens de la Diaspora au fichier électoral national biométrique ; une dérogation temporaire à la mise en œuvre de l'article 37 alinéa 1er du Code électoral relativement au fichier électoral national biométrique en ce qui concerne l'enrôlement des nigériens de la Diaspora, n'est pas contraire à la Constitution…* »[693].

---

692 Congo, Cour constitutionnelle , *Avis n° 002-ACC-SVC/20 du 30 mars 2020 sur l'organisation par le Sénat des séances plénières et de la cérémonie de clôture de la Huitième session ordinaire avec un effectif réduit de cinquante (50) personnes ;* voir ,aussi, Cour constitutionnelle , *décision n° 004/DCCSVA/2020 du 5 juin 2020 sur le recours en inconstitutionnalité de l'art.7 de l'arrêté n° 5610/MID-CAB du 18 mai 2020 relatif au port de masques dans le cadre de la lutte contre le COVID, www.cour-constitutionnel.cg) ;* voir, Cour constitutionnelle du Niger, *Avis n°08/CC du 30 mars 2020*, précité. ; Delphine EMMANUEL, « Le juge constitutionnel et les conséquences de l'état d'urgence sur le fonctionnement du Parlement. Commentaire croisé des avis n° 08/CC du 30 mars 2020 de la Cour constitutionnelle de la République du Niger et Avis 002-ACC-SVC/20 du 30 mars 2020 de la Cour constitutionnelle de la République du Congo », Revue Afrilex, 2020, 15p.

693 Cour constitutionnelle du Niger, *Arrêt n° 04/CC/MC du 25 juin 2020 sur requête du Premier ministre pour l'interprétation de l'article 7 de la Constitution en lien avec l'article 37 alinéa 1er du Code électoral*. Voir, aussi, Oumarou NAREY, « Le Droit

Dans certains pays, le recours à l'état d'urgence s'est fait concomitamment à l'usage d'une habilitation parlementaire pour prendre par ordonnances des mesures relevant du domaine de la loi[694].

C'est dans le même perspective d'arrêter la chaine de transmission du virus que des lois d'habilitation et, subséquemment, des ordonnances ont été utilisées par d'autres États pour établir des modalités pratiques de lutte contre la pandémie dans tous les secteurs de la vie nationale[695].

Il est de fait que la période de la pandémie de la COVID-19, tout en mettant à rude épreuve, les secteurs économiques et sociaux des États, a mobilisé également l'ingéniosité juridique dans le réaménagement des activités des pouvoirs comme en attestent les avis des Cours constitutionnelles[696].La virulence de l'épidémie aura des répercussions sur les élections comme au Niger[697], en France[698], etc.

Des développements de cette première partie, il appert que le fétichisme matérialiste ne s'attache à voir dans le droit du contentieux constitutionnel que les aspects mettant en conjonction les normes de référence et les normes soumises au contrôle. L'incomplétude d'une telle perception doit être comblée par l'adjonction des aspects processuels qui éclairent, densifient et justifient la substantialité constitutionnelle.

---

constitutionnel à l'épreuve de la pandémie de la COVID-19 : Cas du Niger », *RU Juridicas* 2020, 10 p., disponible à l'adresse : http://ru.juridicas.unam.mx:80/xmlui/handle/123456789/60171 (consulté en novembre 2023).

[694] Cf., au Sénégal, la Loi n° 2020-13 du 2 avril 2020 habilitant le Président de la République à prendre, par ordonnances, des mesures relevant du domaine de la loi pour faire face à la pandémie du COVID-19 (JORS n° 7296, numéro spécial du vendredi 3 avril 2020, p. 797).

[695] Cf., au Burkina Faso, la loi n° 015-2020/AN adoptée le 5 mai 2020 portant habilitation au Gouvernement à légiférer par voie d'ordonnances dans le cadre de la lutte contre la maladie à coronavirus (COVID-19) et promulguée par décret n° 2020-0350/PRES du 14 mai 2020.

[696] Congo, Cour constitutionnelle, *Avis n° 002-ACC-SVC/20 du 30 mars 2020, op. cit.*

[697] Cour constitutionnelle du Niger, Avis n° 08/CC du 30 mars 2020, *op. cit.*

[698] France, Conseil constitutionnel, *Décision* n° 2020-802 DC du 30 juillet 2020, *Loi organique portant report de l'élection de six sénateurs représentant les Français établis hors de France et des élections partielles pour les députés et les sénateurs représentant les Français établis hors de France* (JORF du 4 août 2020).

DEUXIÈME PARTIE

DROIT PROCESSUEL DU CONTENTIEUX CONSTITUTIONNEL DANS LES ÉTATS D'AFRIQUE SUBSAHARIENNE FRANCOPHONE

Le droit du contentieux constitutionnel fait étalage de l'importance à accorder aux formalités processuelles. Signes d'un hermétisme ambiant, divers niveaux de complexités accompagnent le traitement du contentieux depuis l'acte de saisine jusqu'au jugement et éventuellement, les prolongements de la décision rendue, en passant par les actes préparatoires et documentaires de l'instruction.

La fonction de dire le droit est assez marquée par la cristallisation, en matière contentieuse, autour des particularités de la requête introductive d'instance.

En premier lieu, l'instance trouve sa source dans la demande, d'affirmation ou de contestation, de droits, adressée à la juridiction et, s'entend, en l'occurrence, de l'acte de procédure permettant la saisine, contentieuse de la juridiction constitutionnelle.

En second lieu, le déclenchement de la compétence contentieuse comporte, en raison de la présence d'acteurs aux motivations diverses, certaines formalités qui ont pour effet, soit d'accélérer, soit de ralentir le procès et qui, dans tous les cas, sans préjuger de l'issue de l'affaire, jalonnent le cours ordinaire ou accidenté du traitement du contentieux (**Titre I**).

En dernier lieu, la conclusion de la procédure contentieuse, par la décision constitutionnelle, produite et créée du droit à portée *inter partes* ou *erga omnes*, imprégnant les suites de la décision juridictionnelle (**Titre II**).

TITRE I

LES ACTEURS DE LA SAISINE CONTENTIEUSE

La procédure contentieuse est animée par des acteurs aux motivations disparates. Si, certains d'entre eux bénéficient de privilèges en tant que recourants institutionnels (Chef d'État, PM, Chef d'institution, membres du Parlement), d'autres acteurs ne doivent le succès de leurs requêtes introductives d'instance qu'après avoir satisfait aux exigences de l'intérêt à agir et de la qualité pour agir. Aussi, la saisine contentieuse est empreinte d'un formalisme relatif à la fois au(x) saisissant(s) et à l'acte procédural de saisine (**Chapitre I**).

Une fois que ces exigences formelles ont été respectées, l'office du juge se met en état de déploiement, ce qui donne lieu à diverses opérations de notification, d'instruction, d'investigation, de rapport, constituant les actes préparatoires au délibéré de la juridiction constitutionnelle (**Chapitre II**).

CHAPITRE I

LES ACTEURS DANS LA SAISINE CONTENTIEUSE

Définie par rapport à la réponse qui lui sera faite, la notion de saisine, comme pratique judiciaire, est la formalisation d'un acte initiateur de l'office d'une juridiction et constitue le point de départ de l'instance contentieuse ou consultative.

Dans la transmutation de la requête à la saisine, il se superpose toute une théorie de concepts qui revêtent à la fois les caractéristiques d'un acte unilatéral ou collectif, d'un acte complexe, d'un acte condition, d'un acte et d'un fait juridiques.

Le caractère ambivalent de la saisine résulte du fait qu'elle peut être le produit d'une volonté[699] isolée, se manifestant par un acte juridique unilatéral émanant d'une personne, entité, organe ou institution disposant de la personnalité juridique ; elle peut, tout autant, provenir d'une initiative d'un groupe de personnes, justifiant collectivement de la qualité et de l'intérêt à agir.

Par l'enchaînement d'opérations juridiques et matérielles, la saisine s'identifie aussi à un acte complexe dont la requête constitue le déclencheur et qui met en relation le(s) saisissant(s) et le saisi sans compter des entités tierces mises en éveil par la notification et réagissant parfois par des mémoires réplicatifs.

En tant qu'acte condition[700], la saisine est obligatoire[701] pour entamer la procédure contentieuse. Elle subordonne la fonction judiciaire à la présence d'un requérant (plaignant ou demandeur) qui, par l'expression

---

699 Pour reprendre une formule chère à Eisenmann, c'est un acte de volonté d'un sujet produisant des effets de droit. Cf. Charles EISENMANN « Théorie générale de l'acte juridique », R.D.P, 1919, p. 320 et s.

700 Pour reprendre les propos du Doyen Léon Duguit, c'est un acte « dont l'édiction est nécessaire pour déclencher l'application à un ou plusieurs individus d'une règle ou d'un ensemble de règles, et la création dans leur chef d'une situation juridique », Léon DUGUIT, « L'acte administratif et l'acte juridictionnel », R.D.P 1933, pp. 565-572.

701 Abstraction faite des cas de saisine d'office et d'auto-saisine.

de ses griefs ou l'énonciation de ses questions, s'adresse à la juridiction dont la compétence et la composition sont fixées par des textes préétablis.

À l'origine de la saisine, on constate, en outre, l'existence d'un fait juridique exposé dans la requête, qui peut être une question juridique à laquelle le juge est appelé à se prononcer, ou un « acte introductif d'instance portant une affaire devant une juridiction. »[702].Si on admet qu'un fait juridique est un événement volontaire (du fait d'une personne physique ou d'un autre sujet de droit) ou involontaire (du fait de la nature) susceptible de produire des effets de droit, alors la saisine est fondée sur un événement antérieur qui motive la demande et justifie le déclenchement de la procédure (**Section I**), cette dernière imposant le respect de formalités tenant à la requête et aux saisissants (**Section II**).

Section I : Le déclenchement de la procédure

Dans les régimes politiques modernes, la nécessité d'offrir aux justiciables, personnes physiques ou morales, une gamme de modes de remédiation à la violation potentielle des droits constitutionnels, reste une préoccupation majeure. Devant la panoplie de modes de saisine, le juge est en mesure d'exercer un contrôle *in abstracto* ou un contrôle *in concreto*[703].

Aussi, on peut relever l'existence de modalités plurielles de saisine[704], notamment la saisine obligatoire ou la saisine facultative, la saisine directe ou la saisine indirecte, la saisine individuelle ou la saisine collective, la saisine *a priori* ou la saisine *a posteriori*, la saisine d'office

---

702 Serge GUINCHARD et *alii*, Droit processuel et droit comparé du procès, Paris, Dalloz, 3éme édition, 2005, p.1224.

703 Une partie de la doctrine africaine en offre le raccourci suivant : « Il existe deux principaux modèles de contrôle de constitutionnalité. Le premier cherche à savoir si l'examen d'un acte ou d'une loi en vue d'en confirmer la constitutionnalité est abstrait (distinct de tout litige juridique) ou concret (lié ou consécutif à un litige juridique). Le second modèle dépend du moment auquel a lieu le contrôle – à savoir avant l'intégration de la loi dans le système juridique (a priori) ou après (a posteriori). (…) Le contrôle abstrait peut être appliqué tant aux lois et autres normes déjà en vigueur dans le système juridique qu'à celles encore non adoptées, telles que des projets de loi en cours d'examen au Parlement. Pour autant, ce contrôle a généralement lieu indépendamment de tout litige ou affaire. (…) À l'inverse, le contrôle concret ou incident est principalement fondé sur des faits. Il est généralement soulevé dans le cadre d'un litige juridique existant, qui est le principal motif de l'action en justice… », Markus BOCKENFORDE, Babacar KANTE et alii, Les juridictions constitutionnelles en Afrique de l'ouest. Analyse comparée, *op. cit.*, p. 127 et s.

704 Markus BOCKENFORDE, Babacar KANTE et alii, Les juridictions constitutionnelles en Afrique de l'ouest. Analyse comparée, *op. cit.*

ou l'auto-saisine, la saisine institutionnelle des autorités politiques, des autorités administratives, des autorités judiciaires, des pouvoirs centraux ou des collectivités territoriales décentralisées, etc.

Cette variété de saisine ne revêt pas forcément des dichotomies exclusives puisqu'en réalité, ces modes de saisine, sans se recouper entièrement, peuvent se superposer, s'enchevêtrer dans certaines de leurs caractéristiques, à l'image de la saisine a priori et de la saisine par voie d'action ou de la saisine a posteriori et de la saisine par voie d'exception.

Dans une tentative de recombinaison de ces modes, l'accent sera mis, dans un premier temps, sur les principaux modes de saisine (§ I) et, dans un second temps, sur les modes exceptionnels de saisine (§ II).

Paragraphe I : Les principaux modes de saisine

En considération du critère relatif au moment du dépôt d'une requête (avant ou après la promulgation), la distinction est faite entre la saisine a priori et la saisine a posteriori. Cette différenciation se retrouve dans la *summa divisio*, largement consacrée, entre la saisine par voie d'action (A) et la saisine par voie d'exception(B).

A) La saisine par voie d'action

La saisine par voie d'action (ci-après, SVA), est à titre principal, l'acte procédural de déclenchement du contrôle a priori, et, exceptionnellement, pour initier un contrôle a posteriori comme avec le recours direct[705].

C'est son acception principale qui est, ici, retenue. Il s'agit alors de l'acte procédural, initiateur du contrôle [706] dit préventif[707], qui reste le dénominateur commun des attributions des juridictions constitutionnelles, en ce qu'il s'opère dans le délai de promulgation, c'est-à-dire, *a priori*, avant que le texte voté n'ait pu avoir un quelconque effet juridique sur la vie des citoyens et sur le fonctionnement des institutions. La requête dans le cadre de la SVA, par « l'attaque frontale » qu'elle suggère, autorise la juridiction compétente à examiner la constitutionnalité

[705] Voir, plus haut.

[706] Il est prévu dans la plupart des Constitutions, notamment au Sénégal où il est gouverné par l'art.92 de la Constitution de 2001 ainsi que par diverses dispositions de la loi organique sur le Conseil constitutionnel. Voir, El Hadj Omar DIOP, La justice constitutionnelle au Sénégal, Dakar, CREDILA/OVIPA, *op. cit.*, p. 164 et s.

[707] D'ordinaire, la SVA permet de prévenir les éventuelles atteintes à la Constitution. Ce contrôle préventif peut aboutir à l'anéantissement du texte voté par le Parlement avant qu'il ne soit promulgué. Lorsqu'elle s'opère à l'encontre d'un acte réglementaire, l'annulation de ce dernier, le prive de tout effet juridique.

d'un texte conventionnel, législatif ou réglementaire, à un stade précoce ou, à tout le moins, dans un délai court.

À ce stade initial, *in limine litis*, toute admission d'inconstitutionnalité entraine l'annulation du texte déjà entré en vigueur (règlement) ou la déclaration de non-conformité *a priori* (traité, règlement d'assemblée ou loi). Il en ressort, selon El Hadj Mbodj, que « son avantage est de réduire au minimum la période d'incertitude des lois adoptées par le législateur (…) Il dissipe les incertitudes et évite que l'ordre juridique ne soit altéré par la mise en vigueur d'une loi inconstitutionnelle et, peut être bouleversé ensuite par son annulation résultant d'un contrôle a posteriori »[708].

Si, pendant longtemps, la saisine dans le cadre du contrôle par voie d'action présentait un caractère objectif (en ce sens qu'elle s'insérait dans un procès fait à un texte (loi, règlement, traité) présumé contraire aux normes du bloc de constitutionnalité, les mutations actuelles de la justice constitutionnelle remettent partiellement en cause cette particularité du fait que certaines juridictions accueillent des contentieux subjectifs par la voie d'action, cette SVA étant fondée sur la violation alléguée de droits subjectifs[709].

Par ailleurs, les saisines facultative et obligatoire s'inscrivent dans une relation osmotique ou différentielle. Dans certains cas, la liberté de choix est laissée au justiciable d'attraire un contentieux devant une juridiction. Dans d'autres cas, le justiciable dispose d'une compétence liée, de saisir impérativement l'instance constitutionnelle. Ce diptyque organique et matériel justifie les contours changeants de la SVA, selon que son modus operandi est facultatif ou obligatoire.

- **La saisine facultative par voie d'action**

Elle est perçue comme le mode usuel, préférentiel. La saisine facultative est le procédé qui laisse l'entière discrétion à tout justiciable de décider, dans les limites fixées par un texte, d'exercer ou non une action en justice. Cette faculté reflète une liberté d'action et de décision et constitue la manifestation évidente du droit au recours. Elle suppose à la fois la disponibilité et l'accessibilité du service public de la justice constitutionnelle.

---

708 El Hadj MBODJ, Cours de théorie constitutionnelle, *op. cit.*

709 Cf., plus haut, les développements sur les recours directs relatifs aux droits et libertés, notamment au Bénin.

En matière de contrôle de constitutionnalité des lois et des engagements internationaux, les textes fondamentaux (Constitutions ou Chartes de transition) du Burkina Faso[710], du Cameroun[711], de la Côte d'Ivoire[712], du Gabon[713], de la Guinée, du Mali[714], du Niger[715], du Togo[716] et du Sénégal [717] organisent cette modalité de saisine dans le délai de promulgation, en spécifiant la qualité, le nombre des requérants[718], la procédure à suivre[719] et les effets en cas d'annulation totale ou partielle.

Dans la même logique, la SVA peut émaner de certains organes des collectivités territoriales décentralisées ou d'institutions à l'échelon central. Comme cela résulte de l'art.118, alinéa premier de la Constitution malgache de 2010 : « *Un Chef d'Institution ou le quart des membres composant l'une des Assemblées parlementaires ou les organes des Collectivités territoriales décentralisées ou le Haut Conseil pour la Défense de la Démocratie et de l'État de droit peuvent déférer à la Cour Constitutionnelle, pour contrôle de constitutionnalité, tout texte à valeur législative ou réglementaire ainsi que toutes matières relevant de sa compétence* ».

- **La saisine obligatoire par voie d'action**

Le départ est fait entre deux catégories de Constitutions. Dans la première catégorie, la SVA est obligatoire pour ce qui concerne le

[710] Burkina Faso, art.152 à 157 de la Constitution de 1991, modifiée.
[711]Cameroun, art.47, alinéa 3 de la Constitution de 1996, révisée.
[712] Côte d'Ivoire, art.133 de la Constitution de 2016.
[713] Gabon, art.83 de la Constitution de 1991, révisée. La Charte de transition du 4 septembre 2023 révisée le 6 octobre 2023 institue la Cour constitutionnelle de transition qui reprend les attributions de la Cour constitutionnelle. Le Projet de Constitution gabonaise de 2024 remet en place la Cour constitutionnelle avec pratiquement les mêmes attributions.
[714] Mali, art.147, alinéa 3 de la Constitution de 2023.
[715] Niger, art.120 et 126 de la Constitution de 2010, révisée.
[716] Togo, art.104, alinéa 4 de la Constitution de 1992, art.70 de la Constitution de 2024.
[717] Sénégal, art.74 de la Constitution de 2001, révisée.
[718] Voir, *infra*, pour ce qui concerne les requérants.
[719] La procédure est surtout détaillée par les lois portant sur l'organisation et le fonctionnement des juridictions constitutionnelles et, à un moindre degré, par les règlements intérieurs de ces institutions. Voir, *infra*.

contrôle de constitutionnalité des lois, comme au Bénin[720], au Congo[721] et à Madagascar[722].

Dans la deuxième catégorie de Constitutions, la SVA est obligatoire à la diligence d'autorités politiques ou de particuliers, pour les normes comme les lois organiques, les lois constitutionnelles avant leur promulgation[723], ou les règlements intérieurs avant leur mise en application[724].

En sus des procédures contradictoires ou non contradictoires [725] et à la faveur de contrôles pouvant être qualifiés de minimum, maximum ou de proportionnalité, le pouvoir d'interprétation du juge, dans l'examen de conformité de la loi ou des engagements internationaux, s'exerce en rapport à un bloc de constitutionnalité donnant aussi prééminence au respect de principes et règles de valeur constitutionnelle[726].

---

[720] Se référer à l'art.117, alinéa premier de la Constitution de 1990 : « *La Cour Constitutionnelle statue obligatoirement sur : – la constitutionnalité des lois organiques et des lois en général avant leur promulgation* (…) ; – *la constitutionnalité des lois et des actes réglementaires censés porter atteinte aux droits fondamentaux de la personne humaine et aux libertés publiques et en général, sur la violation des droits de la personne humaine* … ». Voir aussi, les articles 120 à 123 de cette Constitution.

[721] Congo, Constitution de 2015, articles 175, 179, 180.

[722] Madagascar, Constitution de 2010, art.116 à 119. La SVA peut être également initiée dans le cas d'ordonnances ou de tout texte de valeur législative, à la diligence de requérants qualifiés.

[723] Cf, art.134 nouveau, de la Constitution ivoirienne de 2016, révisée par la Loi constitutionnelle n° 2020-348 du 19 mars 2020, (JORCI, n° 23 du jeudi 19 mars 2020).

[724] L'art.117 de la Constitution béninoise cite « *les Règlements Intérieurs de l'Assemblée nationale, de la Haute Autorité de l'Audiovisuel et de la Communication et du Conseil économique et social avant leur mise en application…* ».

[725] Selon le principe *audiatur altera pars (Que soit aussi entendue l'autre partie)*, chaque partie à l'instance est en mesure de connaître et de contester les arguments de l'autre partie quand la procédure est contradictoire avec les plaidoiries des conseils des parties ; voir Markus BOCKENFORDE, Babacar KANTE et *alii*, Les juridictions constitutionnelles en Afrique de l'ouest. Analyse comparée, Institut International pour la Démocratie et l'Assistance électorale (IDEA) et Fondation Hanns Seidel, 2016, 196 p.

[726] Voir, *supra*. Ces principes constitutionnels ou principes à ou de valeur constitutionnelle qui ne sont ni une adaptation constitutionnelle des PGD ni une extension irraisonnée du bloc de constitutionnalité sont des normes non écrites dégagées à la suite d'une interprétation du juge des textes fondamentaux (Préambule, Constitution, DDHC) qui fondent la philosophie générale et la colonne vertébrale d'un régime politique et s'imposent aux textes supra « décrétaux » et infra législatifs , lire à ce propos, Éric NGANGO YOUMBI, « Les normes non écrites dans la jurisprudence des juridictions constitutionnelles négro-africaines », RAMRES/SJP, 2019, www.publication.lecames.org (consulté en avril 2024).

En dehors de la saisine par voie d'action qui constitue le mode le plus prisé d'activation des juridictions constitutionnelles francophones, la voie choisie, dès le début des années 1990, de la mixité des modelés de justice constitutionnelle, laisse une place appréciable à la saisine par voie d'exception.

B) La saisine par voie d'exception

Toutes proportions gardées, l'institution de plus en plus répandue du contrôle par voie d'exception, maintes fois débattue en France avant son adoption en 2008 sous le nom de la question prioritaire de constitutionnalité[727] a permis, depuis longtemps en Afrique francophone,[728] à la

[727] La QPC a été introduite par la loi constitutionnelle n° 2008-724 du 23 juillet 2008 et précisée par la loi organique du 10 décembre 2009 (voir site de Légifrance). La loi de 2008 de modernisation des institutions de la Ve République, a donné naissance à l'article 61-1 de la Constitution de 1958 et a modifié par conséquent l'article 62 de la Constitution française. Ainsi, l'article 61-1 dispose : « *Lorsque, à l'occasion d'une instance en cours devant une juridiction, il est soutenu qu'une disposition législative porte atteinte aux droits et libertés que la Constitution garantit, le Conseil constitutionnel peut être saisi de cette question sur le renvoi du Conseil d'État ou de la Cour de cassation qui se prononce dans un délai déterminé. Une loi organique détermine les conditions d'application du présent article.* ». Quant à l''article 62 al.2, de la Constitution de la Ve République, il est ainsi libellé : « *Une disposition déclarée inconstitutionnelle sur le fondement de l'article 61-1 est abrogée à compter de la publication de la décision du Conseil constitutionnel ou d'une date ultérieure fixée par cette décision. Le Conseil constitutionnel détermine les conditions et limites dans lesquelles les effets que la disposition a produits sont susceptibles d'être remis en cause.* », (JORF n° 171 du 24 juillet 2008). Sur la question prioritaire de constitutionnalité, Marc GUILLAUME, « La question prioritaire de constitutionnalité » *in* « *Justice et cassation* », Revue annuelle des avocats au Conseil d'État et à la Cour de cassation », 2010/Cahiers du Conseil constitutionnel, 29.11.2017, 27p ; Bertrand MATHIEU et Dominique ROUSSEAU, Les grandes décisions de la question prioritaire de constitutionnalité, Paris, LGDJ, Lextenso, 2013 ;Jean-François AKANDJI-KOMBE, « Le juge (du fond), les parties et la question prioritaire de constitutionnalité. Stratégies contentieuses entre question de constitutionnalité et contrôle de conventionnalité », Dalloz, n° 17, 2010, pp. 1725-1732 ; Henri LABAYLE, « Question prioritaire de constitutionnalité et question préjudicielle : ordonner le dialogue des juges ? », RFDA, n° 4, 2010, pp. 659-678 ; Hélène APCHAIN, « La QPC et le contrôle de conventionnalité : complémentarité ou antagonisme ? », *op. cit.*

[728]Et pour certains de ces États au sortir de conférences nationales souveraines des années 1990. Consulter à ce propos, Maurice KAMTO, « Les Conférences nationales africaines ou la création révolutionnaire des Constitutions », *in* Dominique DARBON et Jean du Bois de GAUDUSSON (dir.), La création du droit en Afrique, Paris, Karthala, 1997, p. 177.

faveur des transitions démocratiques, de répondre aux besoins pressants des populations en termes d'accès au juge et de sécurité juridique[729].

L'exégèse des pratiques en vigueur dans les États africains révèle que la saisine par voie d'exception, (ci-après, SVE) [730] admet, sous ces cieux des variantes qu'on peut labelliser, en formes, incidente et principale.

- **La forme incidente**

C'est la plus courante. Le principe est connu. S'analysant comme une procédure qui se greffe à un recours principal, l'exception d'inconstitutionnalité est une voie de droit par laquelle une partie à un litige soulève, au cours d'un procès devant une juridiction, la non-conformité à la Constitution d'une loi ou d'un engagement international et demande leur inapplication en l'espèce[731].

Si certaines conditions, très variables, selon les Constitutions[732], sont réunies, la juridiction sursoit à statuer, renvoie l'ensemble des pièces du dossier à la juridiction constitutionnelle qui devra se prononcer sur la constitutionnalité ou non de la loi querellée ou de l'engagement international concerné[733] et renvoyer sa décision à la juridiction de fond.

---

[729] Elle est ainsi définie par le Conseil d'État français dans son rapport public 2006 : « *Le principe de sécurité juridique implique que les citoyens soient, sans que cela appelle de leur part des efforts insurmontables, en mesure de déterminer ce qui est permis et ce qui est défendu par le droit applicable. Pour parvenir à ce résultat, les normes édictées doivent être claires et intelligibles, et ne pas être soumises, dans le temps, a des variations trop fréquentes, ni surtout imprévisibles* ».

[730] Voir art.122 de la Constitution du Bénin, art.135 de la Constitution ivoirienne de 2016.

[731] La juridiction constitutionnelle du Togo en fournit la définition suivante « *l'exception d'inconstitutionnalité est donc la possibilité qu'a un justiciable, à l'occasion d'un procès devant les cours et tribunaux, d'invoquer qu'une disposition légale est non conforme à la Constitution et d'obliger cette juridiction à saisir la Cour constitutionnelle* » (Cour constitutionnelle, *Décision n ° C -005/20 du 25 novembre 2020, exception d'inconstitutionnalité : Ministère public et BIA Togo c/Monsieur Koezi, magistrat à la Cour d'appel*).

[732] Par exemple, au Sénégal, le contrôle par voie d'exception est prévu à l'article 92 de la Constitution de 2001 et aux articles 1er et 20 de la loi organique n° 2016-23 du 14 juillet 2016 relative au Conseil constitutionnel. Le recours en : exception d'inconstitutionnalité permet à tout requérant d'exciper de l'inconstitutionnalité d'une loi ou d'un engagement international, après la promulgation du texte et à titre préjudiciel lors d'un procès, naguère, devant l'une des hautes juridictions (Conseil d'État ou Cour de cassation) et actuellement devant la Cour d'appel ou la Cour Suprême, *voir supra*.

[733] Conseil constitutionnel du Sénégal, *Affaire n° 4/C/2000 du 8 février 2001*, recours en exception d'inconstitutionnalité dirigé contre l'article 6 de l'Accord de siège entre le Gouvernement de la République du Sénégal et la BCEAO, *infra*. Voir, aussi,

Sur le caractère obligatoire ou facultatif, pour la juridiction devant laquelle a été soulevée l'exception d'inconstitutionnalité, de surseoir à statuer et de saisir la juridiction constitutionnelle[734], des approches contrastées sont offertes par les Cours et Conseils africains. Au Sénégal, la saisine du CCS, dans ce domaine, est subordonnée à la satisfaction de conditions, à savoir que le sursis à statuer de la juridiction de fond doit être précédé par l'examen de la recevabilité de la requête pour que le Conseil constitutionnel puisse fonder sa compétence[735].

- **La forme principale**

Elle permet l'identification de SVE usitée dans les États admettant la saisine directe, à tout moment, des particuliers pour violation des droits et libertés, ou de tout texte, après promulgation (pour les lois), ratification (pour les traités) et entrée en vigueur (pour les actes règlementaires)[736].

À côté de ces modes principaux de saisine, certaines Constitutions permettent l'exercice de modes exceptionnels de saisine.

Conseil constitutionnel du Burkina Faso, *décision n° 2007-04/CC du 29 août 2007 sur la requête de la Société EROH aux fins de saisine de l'exception soulevée avant dire droit contre l'article 607, alinéa 2 nouveau du Code de procédure civil.*

[734] Voir Haute Cour constitutionnelle de Madagascar, *Décision n° 01-HCC/D2 du 11 avril 2018* concernant des requêtes en inconstitutionnalité , dans laquelle, la HCC estime : « *(...) Considérant ainsi que, selon la Constitution, le juge constitutionnel ne peut être saisi directement par voie d'action individuelle ; qu'en conséquence, la requête de Maître Christian F. RAOELINA, n'est pas recevable en la forme ; Considérant qu'aux termes de l'article 118 alinéa 2 de la Constitution : « Si, devant une juridiction, une partie soulève une exception d'inconstitutionnalité, cette juridiction sursoit à statuer et saisit la Haute Cour Constitutionnelle qui statue dans le délai d'un mois » ; que selon l'article 28 de l'ordonnance n° 2001-003 sus visée, « La Haute Cour Constitutionnelle connaît également des exceptions d'inconstitutionnalités soulevées par les parties devant les juridictions de tous ordres* » ; *que l'obligation de renvoyer la question de constitutionnalité au juge constitutionnel constitue une question préjudicielle ; Considérant que, de ce qui précède, l'exception d'inconstitutionnalité doit être soulevée devant la juridiction saisie de la procédure mise en cause ; que cette juridiction, après avoir rendu une décision de sursis à statuer, doit saisir elle-même la Haute Cour Constitutionnelle ; qu'ainsi, la requête, introduite directement devant la Cour de céans par Maître Ferdinand RAKOTOARISOA RANARY, doit être déclarée irrecevable en la forme...* ».

[735] Conseil constitutionnel du Sénégal, *Décision 2/C/95 du 13 février 1995*, voir plus loin.

[736] Voir les développements sur le recours direct.

Paragraphe II : Les modes exceptionnels de saisine

Peut-on être à la fois juge et partie ? La saisine spontanée est-elle parfois aménagée, nécessaire, efficiente et pertinente ? Quels en sont les dividendes et les risques ?

Cette série de questionnements invite assurément à se pencher sur deux modalités peu fréquentes de saisine des juridictions constitutionnelles. Ces modalités que recouvrent la saisine d'office (A) et l'auto-saisine (B), sont, tantôt expressément prévues par le Constituant ou le législateur organique, tantôt déduites ou tolérées dans certaines pratiques jurisprudentielles.

A) La saisine d'office

L'apparentement de la saisine d'office à l'auto-saisine résulte du fait qu'elles sont, à l'évidence deux formes de saisine spontanée, mais, la caractéristique essentielle de la saisine d'office et qui sert à la justifier, est son usage dans les situations où, étant saisie de la conformité à la Constitution d'une disposition d'un texte conventionnel, législatif ou réglementaire, la juridiction s'autorise opportunément à examiner d'office[737], tous les articles du texte déféré pour débusquer la non-conformité qui peut s'y nicher, usant ainsi quelquefois de « considérant-balai »[738].

Il en est de même des situations dans lesquelles les prétentions de la partie demanderesse tombant sous le coup de l'irrecevabilité ou le plaideur s'étant désisté, le juge statue d'office sur des dispositions non visées par la requête, mais dont l'inconstitutionnalité peut lui paraitre flagrante.

Au Sénégal, ce pouvoir s'exerce en matière électorale et en matière constitutionnelle. En matière électorale, le constituant fait obligation au Conseil constitutionnel de veiller à la régularité des élections nationales[739]. Dans cet exercice, à la suite de la transmission des résultats provisoires par la Commission nationale de Recensement des Votes (CNRV) et lorsque le Conseil constitutionnel n'est pas saisi de contestations dans les délais prévus par les textes, il procède à la rectification et au redressement d'office des erreurs qu'il a lui-même détectées et proclame les résultats

---

[737] Thierry DI MANNO, Le Conseil constitutionnel et les moyens soulevés d'office, Paris, Economica, 1994, p. 171.

[738] La clause de style est : « *Considérant qu'il n'y a lieu,* (pour la juridiction constitutionnelle), *de soulever d'office aucune autre question de conformité à la Constitution* ».

[739] Articles 35 et 92 de la Constitution sénégalaise du 22 janvier 2001.

définitifs[740]. De même, l'article 34 de la Constitution de 2001 attribue compétence au Conseil constitutionnel pour constater d'office le décès, l'empêchement définitif ou le retrait d'un des deux candidats arrivés en tête selon les résultats provisoires du deuxième tour, et avant la proclamation des résultats définitifs du deuxième tour.

En matière constitutionnelle, il existe aussi au Sénégal, une forme de saisine d'office, certes, partielle et indirecte en matière de contrôle de constitutionnalité des lois et des traités. En effet, une fois saisi, le Conseil constitutionnel peut vérifier la conformité des dispositions de la loi à la Constitution en application de l'article 17 de la loi n° 2016-23 du 14 juillet 2016 relative au Conseil constitutionnel qui dispose que *« si le Conseil constitutionnel relève dans la loi contestée ou dans l'engagement international soumis à son examen une violation de la Constitution, qui n'a pas été invoquée, il doit la soulever d'office »*[741].

Ainsi, la saisine d'office peut être indirecte, lorsqu'en l'absence de tout texte de formalisation, elle est entreprise par la juridiction constitutionnelle. Celle-ci, sans s'arrêter à l'irrecevabilité de la requête ou au désistement du demandeur, statue au fond.

S'agissant de la saisine d'office, la Cour constitutionnelle de Guinée, bien qu'elle ait déclaré irrecevable sa saisine par le Président de l'Assemblée nationale au nom et pour le compte de 15 députés, s'est résolue à se prononcer d'office, en se fondant sur un intérêt d'ordre général et la nécessité d'opérer des clarifications[742].

Au Bénin, le fondement de la compétence de la Cour constitutionnelle réside, ici, dans l'article 121 alinéa 2 de la Constitution du 11 décembre 1990, qui dispose qu'elle « *se prononce d'office sur la constitutionnalité de tout texte de loi et tout texte réglementaire censés porter atteinte aux droits fondamentaux de la personne humaine et aux libertés publiques* ».

À diverses reprises, la Cour béninoise a usé du mécanisme de la saisine, d'office en dépit du désistement du requérant, comme dans l'affaire *Eudes Houessou Aoulou,* dans laquelle elle décide « …

---

[740] Il l'a fait lors du premier tour de l'élection présidentielle de 2019 et de 2024 ainsi que lors du second tour de l'élection présidentielle de 2012.

[741] Le Conseil constitutionnel sénégalais l'a fait dans sa *décision n° 2/C/2021 du 20 juillet 2021* relative au contrôle de conformité à la Constitution du Code pénal et du Code de Procédure pénale.

[742] République de Guinée, Cour constitutionnelle, *Affaire n° AC 014 du 11 juin 2020, Constatation de la procédure de promulgation et de publication du projet définitif de Constitution soumis au référendum, le 22 mars 2020.*

Considérant que par correspondance en date à Cotonou du 30 mai 2023, le requérant a annoncé se désister de son recours ; Que toutefois, le désistement ne fait obstacle à l'examen du recours qu'à la double condition que la requête ne porte pas sur la violation des droits fondamentaux et des libertés publiques et qu'il ne comporte pas le risque de laisser subsister dans l'ordonnancement juridique une atteinte ou une contrariété aux normes et valeurs protégées par la Constitution ; Que pour pallier ce risque et protéger ces normes et valeurs, la Cour, sur le fondement de l'article 121 alinéa 2 de la Constitution, devra se prononcer d'office en toutes circonstances de désistement, après en avoir donné acte au requérant ; Considérant qu'en l'espèce, la requête évoque la violation de droits garantis et protégés par la Constitution ; Qu'il y a lieu, après avoir donné acte au requérant de son désistement, de se prononcer d'office..»[743].

La fonctionnalité de la saisine d'office peut être mise au service du renforcement général de l'état de droit, comme dans l'affaire *Christelle M. Mutombo épouse Allognon* : « *Considérant que la requérante s'est désistée de son instance ; Qu'il convient de lui en donner acte ; Considérant toutefois que le contentieux constitutionnel est un contentieux objectif ; qu'il vise à expurger l'ordre constitutionnel d'un vice ou d'une irrégularité et transcende en conséquence les droits et les intérêts individuels en privilégiant la préservation de l'État de droit ; Qu'en cette matière, le désistement n'est opérant qu'à la double condition que le recours ne porte pas sur la violation des droits fondamentaux et des libertés publiques, et qu'il ne comporte pas le risque de laisser subsister dans l'ordonnancement juridique une atteinte aux normes et valeurs garanties et protégées par la Constitution ; Qu'ainsi, lorsqu'une requête, élève à la connaissance de la Cour une situation de violation d'un droit fondamental ou de remise en cause d'un impératif ou d'un principe à valeur constitutionnelle, la Cour s'en saisit d'office* … »[744]. Devant de telles occurrences, on lui a reproché de statuer *ultra petita* en portant son contrôle sur les autres dispositions de la loi déférée.

Dans ce domaine, une autre juridiction s'est également distinguée. La Cour constitutionnelle de la République Centrafricaine, dans sa *décision n° 004/008/2008* a procédé, d'autorité, à la requalification

---

[743] Bénin, Cour constitutionnelle, décision *DCC 23-226 du 10 août 2023, Eudes Houessou Aoulou.*

[744] Bénin, Cour constitutionnelle, *décision DCC 23-245 du 23 novembre 2023, Christelle M. Mutombo épouse Allognon, op. cit.*

d'une demande d'avis en une demande de contrôle de conformité à la Constitution relative à une loi portant réforme de la loi organique sur le Conseil supérieur de la magistrature qui visait à un renforcement du contrôle sur cette institution judiciaire, sa décision aboutissant ainsi à une invalidation partielle de la loi examinée.

Très proche de la saisine d'office, l'auto-saisine présente des traits pourtant dissemblables.

B) L'auto-saisine

Si, certaines juridictions constitutionnelles ne disposent pas d'un pouvoir d'auto-saisine expressément prévu dans la Constitution ou dans la loi organique qui régit leur fonctionnement, des formes détournées ou contournées d'auto-saisine peuvent être envisagées de manière partielle ou indirecte.

En raison de leur rôle déterminant dans l'émergence de la démocratie et dans la protection des droits fondamentaux, certains constituants africains ont reconnu aux juridictions constitutionnelles un pouvoir d'auto-saisine totale ou partielle, qui est, cependant, encadré afin d'éviter des dérives qui pourraient aboutir, selon la formule d'Edouard Lambert, à un « gouvernement des juges ». Le champ d'application de cette forme de saisine est, en principe largement récusé ou limité, lorsque cette forme de saisine n'est pas admise.

- **L'auto-saisine récusée ou limitée**

En réalité, on constate le recours parcimonieux à l'auto-saisine, les modes privilégiés restant le recours par voie d'action (contrôle préventif, obligatoire ou facultatif) et le recours par voie d'exception (généralement après la promulgation de la loi). L'effet général qui en résulte est le cantonnement de l'auto-saisine dans un *no man's land*, la majorité des Cours et Conseils constitutionnels ignorant superbement la praticabilité.

Telle quelle, en ses états et éclats, l'auto-saisine peut être aménagée textuellement ou accueillie tacitement, empruntée indirectement ou récusée.

La doctrine africaine en porte attestation en ces termes, « *les juridictions chargées de la justice constitutionnelle ont la possibilité de s'autosaisir de certaines questions, même en l'absence d'un recours introduit par un requérant* »[745].Cette assertion est fondée sur le constat

[745] Cf., Markus BOCKENFORDE, Babacar KANTE, Yuhnowo NGENGE et H., *op. cit.*, p. 133.

de la consécration, dans certains États, de l'auto-saisine, hypothèse moins fréquente que celles où l'auto-saisine est totalement absente des textes et de la pratique jurisprudentielle. Toutefois, dans la plupart des États où la jurisprudence l'a mise en exergue, l'auto-saisine résulte indirectement d'une posture dite audacieuse du juge ou découlant d'un raisonnement *a contrario*.

Dans la majorité des États sous étude, la non-consécration formelle de l'auto-saisine s'est traduite par sa récusation de l'ordre constitutionnel ou, à tout le moins, par un usage parcimonieux et prudent de cette modalité de saisine. L'un des facteurs explicatifs est que la communauté d'inspiration avec la source constitutionnelle française de 1958 et son modèle de justice constitutionnelle[746], a influencé, malgré tout, les constituants africains à ne pas conférer une telle attribution aux juridictions constitutionnelle[747]. L'adoption concomitante ou subséquente du recours en exception d'inconstitutionnalité qui relève du modèle américain[748], n'a pas, davantage, laissé une place généreuse à l'auto-saisine.

De surcroit, dans la logique de la séparation des pouvoirs et du droit de saisine des justiciables, une partie de la doctrine a même pu soutenir que « *L'auto-saisine d'un organe juridictionnel est, en principe, impossible car contraire à la logique de sa fonction qui est d'intervenir pour résoudre un litige sur la base du droit et à la demande de l'une ou l'autre des parties* »[749].

Cette position doctrinale est le miroir de l'évolution de l'histoire constitutionnelle française. En 1974, sous la présidence de Valery Giscard d'Estaing, un projet de révision constitutionnelle visant à permettre l'auto-saisine des lois relatives aux libertés publiques, avait

746 Guy CARCASSONNE, La Constitution, 8e édition, Paris, Le Seuil, 2007, 453 p ; Francis HAMON, Michel TROPER, Droit constitutionnel, Paris, L.G.D.J., 2013, 744 p ; Marie-Claire PONTHOREAU, Droit(s) constitutionnel(s) comparé(s), Paris, Economica, Coll. « Corpus », 2010, 410 p.

747 Voir par exemple au Gabon, Télesphore ONDO, « L'annulation par la Cour constitutionnelle gabonaise de l'ordonnance n° 15/PR/2015 du 11 août 2015 portant organisation et fonctionnement de la justice : essai d'analyse d'une décision controversée », 9 p., (www.la-constitution –en- afrique –over- blog.com).

748 Cf., Markus BOCKENFORDE, Babacar KANTE, Yuhnowo NGENGE et H. Kwasi PREMPEH, Les juridictions constitutionnelles en Afrique de l'ouest, *op. cit.*

749 Henry ROUSSILLON, « La saisine du Conseil constitutionnel. Contribution à un débat », Revue internationale de droit comparé. Vol. 54 N° 2, Avril-juin 2002, pp. 487-511.

été déposé puis vite abandonné devant la réticence du Parlement réuni en Congrès.

Il en découle que même si la tentation de ce mode de saisine est forte, pour renforcer la protection des droits fondamentaux, le Conseil constitutionnel français ne s'y résout pas facilement. Ainsi , dans sa décision du 15 novembre 2013, il a jugé « *qu'aux termes de l'article 16 de la Déclaration de 1789 : « Toute société dans laquelle la garantie des droits n'est pas assurée, ni la séparation des pouvoirs déterminés, n'a point de Constitution » ; que le principe d'impartialité est indissociable de l'exercice de fonctions juridictionnelles ; qu'il en résulte qu'en principe une juridiction ne saurait disposer de la faculté d'introduire spontanément une instance au terme de laquelle elle prononce une décision revêtue de l'autorité de chose jugée que, si la Constitution ne confère pas à cette interdiction un caractère général et absolu... »*[750].

Néanmoins, les termes utilisés dans la décision laissent penser qu'a contrario, ce mode de saisine peut être d'usage et, donc, n'écartent pas la possibilité de dérogations dans des cas restrictivement prévus par le législateur pourvu que ces dérogations n'entrainent pas une atteinte excessive au principe d'impartialité. Aussi, on peut considérer que le Conseil s'était auto-saisi, à deux occasions : lors de la démission du Général de Gaulle en 1969 et à la suite du décès de Georges Pompidou en 1974. Le Conseil constitutionnel français avait alors prononcé la « *vacance » de la Présidence de la République alors qu'aucun texte ne prévoyait cette intervention. Ce genre d'intervention est « spontané* »[751].

- **L'auto-saine consacrée**

Dans certains États africains, lorsque l'auto-saisine est consacrée, deux raisons sont avancées pour justifier son institutionnalisation : l'influence du politique et le souci de protection des droits fondamentaux.

L'influence du facteur politique sur la saisine du juge constitutionnel peut, *mutatis mutandis*, détourner la juridiction constitutionnelle de son rôle de véritable contre-pouvoir[752]. La concordance des majorités

---

[750] France, Conseil constitutionnel, décision n° *2013-352 QPC du 15 novembre 2013, Société Mara Télécom et autre (Saisine d'office du tribunal pour l'ouverture de la procédure de redressement ou de liquidation judiciaire en Polynésie française).*

[751] Voir Henry ROUSSILLON, « La saisine du conseil constitutionnel. Contribution a un débat », *op. cit.*, p. 495.

[752] Léo HAMON, Les juges de la loi. Naissance d'un contre-pouvoir : le Conseil constitutionnel, Paris, Fayard 1987, 300 p.

présidentielle et parlementaire et la faible représentation parlementaire de l'opposition transforment la juridiction constitutionnelle plus en spectatrice qu'en actrice de la vie institutionnelle. Dans cette perspective, l'octroi du pouvoir d'auto-saisine au juge constitutionnel est une sorte de pare-feu aux perturbations de l'ordre juridique[753].

L'auto-saisine directe n'est, donc, pas absente du paysage constitutionnel africain. Ainsi, dans certains pays comme le Libéria, sans qu'un requérant n'ait exercé un recours préalable, la Cour suprême peut s'adonner à une saisine si une loi porte atteinte à l'indépendance de la justice, ce qui peut la conduire à décider la non-conformité de la loi par rapport à la Constitution dans le dessein de protéger le pouvoir judiciaire[754].

L'auto-saisine, qu'elle soit directe ou indirecte [755]est l'expression d'un pouvoir d'initiative fondé sur un texte ou résultant d'un pouvoir de régulation et d'interprétation de la juridiction constitutionnelle.

Sous le bénéfice de ces éclairages, le Burkina Faso et le Bénin constituent les illustrations les plus marquantes de l'auto-saisine juridictionnelle.

Au Burkina Faso[756], dans une perspective dépassant le strict domaine des libertés fondamentales, l'article 157 al. 3 de la Constitution du 2 juin 1991 révisée en 2012[757], dispose que le Conseil constitutionnel est autorisé à «*se saisir de toutes questions relevant de sa compétence s'il le juge nécessaire* ».

Ce pouvoir d'auto-saisine a été utilisé par le Conseil constitutionnel burkinabé. Dans sa *décision n° 2014-002/CC/Transition du 16 novembre 2014 portant dévolution à titre transitoire des fonctions du Président du Faso*[758], se fondant sur les dispositions constitutionnelles et notant le rétablissement du Conseil dans ses fonctions à la suite du coup d'État

---

[753] Sur l'octroi du pouvoir d'auto-saisine du juge constitutionnel, René DEGNI-SEGUI, Les droits de l'Homme en Afrique francophone (Théories et réalités), Abidjan, 1998, p. 77.

[754] Cf, Markus BOCKENFORDE et alii, *op. cit.*

[755] Nicaise MEDE, Les grandes décisions de la Cour constitutionnelle du Bénin, Dakar, L'Harmattan, 2017 ; Julien THERON, « La constitutionnalité de la faculté de se saisir d'office soumise à condition », Gazette du Palais, 9 mars 2013, n° 122d5.

[756] Séni Mahamadou OUEDRAOGO, « L'extension de la compétence du juge constitutionnel africain par le biais du droit d'auto-saisine », *Politeia*, la revue de l'AFAAIDC, n° 23, juin 2013, pp. 387 - 412.

[757] Ce pouvoir conféré au Conseil constitutionnel résulte de la loi constitutionnelle n° 033-2012/AN du 11 juin 2012. Voir *JOBF* spécial (N° 7) du 25 juillet 2012, p. 12.

[758] Décision précitée. Voir, Chapitre II du Titre II de la Première partie.

, il s'est déclaré auto-saisi pour statuer sur la dévolution et demande aux «*Forces Vives de se concerter pour désigner une personnalité civile consensuelle pour exercer à titre transitoire les fonctions de Président du Faso* ».

Dans sa *décision n° 2014-003 du 17 novembre 2014 portant validation de la désignation du Président de la Transition*[759], faisant toujours usage du pouvoir découlant de l'article 157 alinéa 3 de la Constitution, il prend « *acte de la désignation de Michel Kafando en qualité de Président de la Transition et dit qu'il y a lieu de valider et de procéder à la prestation de serment...* ».

Plus récemment, après avoir constaté la vacance de la présidence du Faso par la *décision n° 2022-003/CC du 8 février 2022*, à la suite du coup d'état de Paul-Henry Sandaogo Damiba, il s'auto-saisit pour déclarer que ce dernier est « désormais *Président du Faso, Chef suprême des Forces armées nationales, Chef de l'État* »[760].

S'il est vrai que la révision constitutionnelle introduisant cette disposition a été opérée en 2012, la doctrine justifie le recours à l'auto-saisine par l'existence de circonstances particulières telles que le changement anticonstitutionnel de gouvernement, le vide juridique et la nécessité pour le Conseil d'adopter une approche pragmatique en tirant les conséquences d'un coup d'État déjà consommé[761].

Une autre Constitution admet un tel pouvoir d'auto-saisine. Le constituant béninois reconnaît au juge constitutionnel ce pouvoir en matière de garantie des droits de l'Homme contre les lois liberticides[762]. Au Bénin, la Cour constitutionnelle est compétente tant en matière d'auto-saisine que pour la saisine d'office[763]. Selon un auteur, « *Au Bénin, la saisine d'office et l'auto-saisine permettent au juge de remplir sa mission de gardien de la Constitution. En effet, ces deux possibilités*

[759] Décision précitée, supra.

[760] Burkina Faso, Conseil constitutionnel, *décision n°2022-004/CC du 8 février 2022 sur la dévolution des fonctions du Président du Faso.*

[761] Voir, Lorraine DUMONT, « L'auto-saisine du juge constitutionnel : retour sur le cas du Burkina Faso », Revue internationale de Droit comparé, 4-2022, pp.843-854.

[762] Article 121 al 2 de la Constitution béninoise du 11 décembre 1990. Voir dans ce sens, Hilaire AKEREKORO, « L'évolution constitutionnelle et législative des juridictions béninoises », *in Droit et Lois,* Trimestre d'informations juridiques et judiciaires, N° 028, 2012, p. 47.

[763] Pour la saisine d'office, article 121 al. 2 de la Constitution béninoise repris par l'article 33 al. 4 de la loi organique de la Cour et pour l'auto-saisine, Article 25 du Règlement intérieur de la Cour constitutionnelle du Bénin.

révèlent une importance fondamentale (...), pour remédier à la non-saisine, la Cour s'autosaisit. Dans une telle hypothèse, elle vient sauver une éventuelle situation qui aurait mérité d'être portée devant elle »[764].

C'est dans cet esprit de protection des droits fondamentaux qu'il faut inscrire la *décision DCC 09 -006 du 5 février 2009*, dans laquelle la Cour, prenant acte du désistement, en vertu de l'article 121 alinéa 2 de la Constitution, a statué au motif qu'il y avait l'existence d'une atteinte aux droits de la personne humaine[765].

En guise de conclusion, l'auto-saisine et la saisine d'office, traduisent une sorte d'audace du juge et ont plusieurs finalités : la protection des droits fondamentaux, la consolidation de l'intégrité des compétences institutionnelles, la rectification des erreurs matérielles dans ses propres décisions et la régularité de la compétition électorale.

Les différentes formes de saisine, exposées, sont enfermées dans des conditions, relatives à la requête et aux requérants.

Section II : Les formalités de la saisine

La saisine juridictionnelle implique l'accomplissement de diverses formalités. De la régularité ou l'irrégularité formelle de la saisine dépend la continuation ou la fin prématurée de la procédure contentieuse. En fait, ces formalités sont relatives aux écritures de la requête (§ I) qui s'imposent aux requérants (§ II).

Paragraphe I : Formalités liées à la requête

Le formalisme judiciaire gouverne les phases du procès constitutionnel. La requête introductive d'instance obéit à des conditions de forme qui transparaissent de la diversité des requêtes (A) et qui se manifestent dans les écritures des requêtes (B).

A) La diversité des requêtes introductives d'instance

Indifféremment de l'identité du saisissant, le déclenchement de l'office de la juridiction passe par l'introduction ou le dépôt d'une requête. Le

---

[764] Maria-Nadège SAMBA-VOUKA, « La saisine des juridictions constitutionnelles dans le nouveau constitutionnalisme en Afrique : les cas du Bénin et du Congo », Annales de la Faculté des Sciences juridiques et politiques de l'Université Marien Ngouabi, 2015-2017, n° 16 (1), pp.54-71.

[765] Voir les décisions suivantes : DCC 0*5-19 du 03 mars 2005, DCC 05-020 du 03 mars 2005, DCC 05-043 du 26 mai 2005*, citées par Maria-Nadège SAMBA-VOUKA et nos développements sur les recours directs et indirects.

point de départ du processus juridictionnel est marqué par la soumission d'un dossier de procédure.

Alors que les principes généraux du procès sont posés dans les Lois fondamentales, ce sont, plutôt, des textes législatifs ou ordonnances qui en détaillent les différentes formalités, textes complétés, en tant que de besoin, par les règlements intérieurs[766] de ces Cours et Conseils.

Le fondement textuel de ces formalités réside plus précisément dans les lois ou ordonnances régissant l'organisation et le fonctionnement des juridictions constitutionnelles, au Bénin[767], au Burkina Faso[768], au Cameroun[769], au Congo[770], en Côte d'Ivoire[771], au Gabon[772], en

[766] Voir, les règlements intérieurs des juridictions constitutionnelles dans les notes de bas de pages suivantes.

[767] Bénin, Loi n° 2022-09 du 27 juin 2022 portant loi organique sur la Cour constitutionnelle et Règlement intérieur du 10 août 2022.

[768] Burkina Faso, Loi organique n° 011-2000/AN du 27 avril 2000 portant composition, organisation, attributions et fonctionnement du Conseil constitutionnel et procédure applicable devant lui et Règlement intérieur du 06 mai 2008 du Conseil constitutionnel.

[769] Cameroun, Loi n° 2004/004 du 21 avril 2004 portant organisation et fonctionnement du Conseil constitutionnel, modifiée par la Loi n° 2012/015 du 21 décembre 2012 ; décret n° 2018/104 du 07 février 2018 portant organisation et fonctionnement du Secrétariat général du Conseil constitutionnel et Décision n° 01/CC du 17 juillet 2019 portant règlement intérieur du Conseil constitutionnel du Cameroun.

[770]Congo, loi organique n° 28-2018 du 7 août 2018 portant organisation et fonctionnement de la Cour constitutionnelle, modifiée par la Loi organique n° 57-2020 du 18 novembre 2020, JORC, n°47 du 26 novembre 2020.

[771] Côte d'Ivoire, Loi organique n° 2022-222 du 25 mars 2022 déterminant les règles d'organisation et de fonctionnement du Conseil constitutionnel ; Règlement administratif n° 010/2022/SG du 07 novembre 2022 déterminant la composition, l'organisation et le fonctionnement des services du Conseil constitutionnel ; Règlement intérieur n° 001/2023/CC/SG du 17 janvier 2023 du Conseil constitutionnel.

[772] Gabon, Loi n° 07/96 du 12 mars 1996 portant dispositions communes à toutes les élections politiques, modifiée par la loi n° 013/2018 du 04 septembre 2018 et Règlement de procédure de la Cour Constitutionnelle n° 035/CC/06 du 10 novembre 2006, modifié par le règlement de procédure de la Cour Constitutionnelle n° 047/CC/2018 du 20 juillet 2018.

Guinée[773], au Madagascar[774], au Mali[775], au Niger[776], au Sénégal[777] et au Togo[778].

Il ressort de cette pléthore textuelle que l'acte de saisine est matérialisé par une requête écrite[779], rarement par voie électronique[780]. Cet *instrumentum* doit être accompagné de copies du texte conventionnel, législatif ou réglementaire contesté.

---

[773] Guinée, Loi N° L/2020/0011/AN du 03 juillet 2020 portant attributions, organisation et fonctionnement de la Cour constitutionnelle de la République de Guinée.

[774] Madagascar, Ordonnance n° 2001-003 du 18 novembre 2001 portant loi organique relative à la Haute Cour Constitutionnelle, Décision n° 01-HCC/D4 du 28 juin 1991 portant Règlement intérieur de la Haute Cour constitutionnelle abrogée et remplacée par la Délibération n° 02-HCC/DB du 17 septembre 2021 portant Règlement intérieur de la Haute Cour constitutionnelle.

[775] Mali, Loi n° 97-010 du 11 février 1997 portant Loi organique déterminant les règles d'organisation et de fonctionnement de la Cour constitutionnelle, ainsi que la procédure suivie devant elle, modifiée par la Loi organique n° 02-011 du 5 mars 2002, Délibération du 28 août 2002 adoptant le Règlement intérieur de la Cour constitutionnelle du Mali.

[776] Niger, Loi organique n° 2012-35 du 19 juin 2012 déterminant l'organisation, le fonctionnement de la Cour Constitutionnelle et la procédure suivie devant elle et Règlement intérieur du 11 janvier 2013.

[777] L'organisation et le fonctionnement du Conseil constitutionnel du Sénégal sont régis par la Loi organique n° 2016-23 du 14 juillet 2016 (JORS n° 6946 du 15 juillet 2016, pp.927-930), et décret n° 2021-300 du 25 février 2021 portant approbation du Règlement intérieur du Conseil constitutionnel (JORS n° 7408 du 17 mars 2021, pp. 298-302).

[778] Togo, Loi organique n° 2019-023 du 26 décembre 2019 sur la Cour constitutionnelle et Règlement intérieur de la Cour, adopté le 15 janvier 2020.

[779] L'art.27 de la L.O. sur la Cour constitutionnelle du Bénin dispose que la procédure est écrite, gratuite et contradictoire, publique (sauf décision contraire, pour ce dernier cas).

Selon le RI de la Cour du Congo, « *La Cour constitutionnelle est saisie par voies d'action, de consultation ou d'exception par requête écrite et déposée au secrétariat général de la Cour où elle est enregistrée. La procédure devant la Cour constitutionnelle est, quel que soit l'objet de la saisine, gratuite et secrète* » (art.47).

La LO sur le CC ivoirien prévoit, en son article 21, que la requête est écrite, qu'elle comporte l'identité et l'adresse du requérant, qu'elle doit être datée et signée, contenir un exposé des faits, des motifs et des moyens invoqués. Voir, également les art.45 et 46 du RI de 2008 du CC du Burkina Faso.

[780] Cette possibilité est aménagée dans l'art. 28, alinéa 2 du Règlement intérieur de la CC béninoise.

Les pratiques jurisprudentielles convergent dans le sens qu'il s'agit, d'annexer à la requête, le texte de loi voté définitivement par le Parlement, et non le texte du projet ou de la proposition de loi[781].

Au-delà des nombreuses similitudes, des différences sensibles peuvent être notées en fonction des saisines par voie d'action ou par voie d'exception.

Dans le cadre de la SVA, différentes situations sont identifiables. Lorsque la requête s'inscrit dans la SVA facultative, en plus du texte émanant des autorités exécutives, copie[782] du texte attaqué doit être annexé à la requête formalisée par une lettre souvent estampillée « confidentiel » [783] et adressée à la juridiction. Lorsque l'initiative provient d'un groupe de parlementaires, un document, mentionnant l'objet de la demande, les arguments et moyens invoqués, les noms et prénoms et signatures[784] des saisissants, est joint à la requête[785].

En matière de SVA obligatoire, notamment pour les lois organiques, la lettre des autorités, accompagnée du texte adopté et du procès-verbal analytique[786] de la séance concernée du Parlement, se borne à se référer aux dispositions constitutionnelles fondant cette saisine.

---

[781] Voir, entre autres, Conseil constitutionnel du Sénégal, *décision n° 5/C/2017 du 13 janvier 2017* : « *Considérant qu'il résulte de l'article 74 de la Constitution que ne peuvent être déférés au Conseil constitutionnel que les textes ayant le caractère de loi, ce qui implique un texte définitivement adopté par l'Assemblée nationale ; Considérant que le texte annexé à la requête et déféré au Conseil constitutionnel est le « projet de loi n° 44/2016 portant Code électoral* » (considérants 3 et 4).

[782] Le nombre exigé de copies est variable selon les lois organiques Par exemple, il est de deux copies au Sénégal et dix exemplaires en Côte d'Ivoire.

[783] Au Sénégal, il est d'usage que la SVA émanant du Président de la République, en général pour les lois, se fasse sous forme de lettre « confidentielle », la confidentialité étant juste une formule épistolaire puisque le contenu de la lettre est exposé dans la décision du Conseil constitutionnel.

[784] Il faut signaler que dans le cas du Bénin, pour le recours direct, la requête doit comporter la signature ou l'empreinte digitale du saisissant (art.32 du RI de la Cour).

[785] Sénégal, Loi organique n° 2016-23 du 14 juillet 2016, en son art.16, dispose que, pour la SVA, la requête doit être accompagnée de deux copies du texte de loi attaqué, contenir l'exposé des moyens invoqués, être signée par le Président de la République ou par chacun des députés requérants.

[786] Le procès-verbal analytique est un document résumant la décision adoptée lors de la séance de l'assemblée où a été voté le texte de loi et qui fait le décompte du nombre de votes favorables, et/ou défavorables et éventuellement les abstentions. Il est signé par le Président de l'assemblée ou le Président de séance. Pour les lois organiques, le vote étant acquis à la majorité absolue, il est important d'en faire le décompte précis.

Dans le cadre de la SVE, les cours et tribunaux compétents devant lesquels l'exception d'inconstitutionnalité a été soulevée, s'astreignent à la suite du sursis à statuer, à saisir la juridiction constitutionnelle en joignant à la lettre de transmission toutes les pièces du dossier de procédure. L'ensemble ne sera retourné à ces expéditeurs qu'après la décision constitutionnelle. En Côte d'Ivoire, lorsque le recours en inconstitutionnalité par voie d'exception (RIVE) est le fait du plaideur, il en informe la juridiction de fond qui devra répondre à tous actes d'instruction de la juridiction constitutionnelle.

Les recours suivent un cheminement ponctué de formalités rédactionnelles.

B) Les écritures de la requête

La requête doit contenir l'exposé des faits à l'origine du litige ainsi que les griefs du saisissant. Dans les cas de recours directs pour violation des droits et libertés fondamentaux et en matière de SVE, en plus des faits, des prétentions, les fondements constitutionnels de la revendication et la procédure antérieure à la saisine font l'objet d'une relation détaillée.

En général, le ministère d'avocat n'est pas obligatoire[787], sauf devant certaines juridictions n'excluant pas une procédure contradictoire[788] Cette procédure comporte l'échange d'écritures et de pièces entre les parties [789] et la phase orale des plaidoiries[790].

---

[787] Cette règle est valable dans différents pays comme au Bénin (art.37 du RI, « *assistance par un ou plusieurs avocats ou toute personne physique de son choix* »).

[788] La Constitution togolaise de 1992 l'envisage, en son art.106, alinéa premier : « *La procédure devant la Cour Constitutionnelle est contradictoire. Les parties sont mises à même de présenter leurs observations* » ; voir, art.70 à 73 de la Constitution togolaise de 2024.

La L. O. sur le CC de la Côte d'Ivoire prescrit, en son art.15 : « … *En matière électorale, les parties, leurs représentants, les experts et conseils participent aux débats. Dans les autres matières, le Conseil constitutionnel peut inviter les requérants à participer aux débats. Les requérants peuvent, à leur demande, être autorisés à présenter des observations orales* ». Voir, aussi l'art.18 de cette LO (JORCI du 20 mai 2022, p.102).

[789] Cf, art.45 du RI de 2008 du CC du Burkina Faso.

[790] Selon l'art.52 du RI de la Cour du Congo, « - *Les avocats sont admis à présenter par écrit et à développer, oralement, les mémoires de leurs clients, devant la Cour constitutionnelle, au cours d'une audience publique. A cet effet, ils ont l'obligation de notifier leur constitution au Président avant l'audience* ». Quant à l'art.29 de l'ordonnance relative à la HCC, elle dispose : « *En matière contentieuse, la procédure devant la Haute Cour Constitutionnelle est essentiellement écrite. Toutefois, lorsqu'un avocat*

En cas de requête introduite par un avocat, au nom et pour le compte des plaignants, la saisine est faite à l'image d'un mémoire introductif, d'un recours en contestation ou en annulation relatant faits, procédures, prétentions de la partie demanderesse et les conclusions[791].

Toutes ces formalités sont comprises dans des délais variables. Pour la SVA des lois et engagements internationaux, la saisine s'opère dans le délai de promulgation[792], qui différé selon les pays[793].En revanche,

---

est constitué, celle-ci peut, s'il en informe à l'avance la Haute Cour, présenter à l'audience des observations orales. Dans ce cas, le Président, les Hauts Conseillers et le greffier en chef se mettent en robe et l'audience est publique ».

[791] On peut s'en référer, à l'art.31 de l'ordonnance organique de la HCC de Madagascar, prescrivant : *« La requête, établie en double exemplaire, dispensée de tous frais de timbre et d'enregistrement, doit, à peine de nullité, être signée et comporter : – les noms et prénoms du requérant ; – son domicile ; – les documents établissant sa qualité ; – l'objet de la demande ; – les moyens et arguments invoqués. Toutes les pièces proposées au soutien des moyens doivent être annexées à la requête. Elles peuvent être soit des documents authentiques ou officiels soit des témoignages sous forme de déclaration écrite et signées par au moins trois témoins présents lors des faits ou de l'irrégularité invoquée. La Haute Cour apprécie souverainement la force probante des pièces produites* ».

[792] Ce délai de promulgation a fait l'objet d'une précision par le Conseil constitutionnel sénégalais dans sa décision , précitée, 5/C/2017 : « *Considérant qu'en admettant que les députés requérants ont entendu déférer à la censure du Conseil constitutionnel un texte de loi adopté par l'Assemblée nationale, il résulte des termes même de leur requête que cette adoption est intervenue le 02 janvier 2017 ; Considérant qu'il résulte de l'article 74 susvisé que le délai de saisine du Conseil constitutionnel par les députés est de six jours francs à compter de l'adoption définitive de la loi ; Considérant qu'en raison de sa nature et de l'objectif pour lequel il est institué, le délai de six jours francs imparti aux requérants en application de l'article 74 précité doit être calculé sans qu'il y ait lieu de distinguer selon qu'il comporte ou non un samedi, un jour férié ou un dimanche ;Considérant que, lorsque le délai avant l'expiration duquel un acte ou une formalité doit être accompli est un délai franc, la computation doit s'effectuer à compter du lendemain du jour de l'événement qui le fait courir, et la formalité peut être accomplie jusqu'au lendemain du dernier jour du délai, sauf s'il s'agit d'un dimanche ou d'un jour férié ;Considérant, par conséquent, que la requête enregistrée au greffe du Conseil constitutionnel le 10 janvier 2017 est introduite hors délai* » (considérants 5 à 9).

[793]Voir, par exemple, la Constitution ivoirienne de 2016 qui dispose en son art.135 : « *Tout plaideur peut, par voie d'exception, soulever l'inconstitutionnalité d'une loi devant toute juridiction. La juridiction devant laquelle la contestation de la loi est soulevée, sursoit à statuer et impartit au plaideur un délai de quinze jours pour saisir le Conseil constitutionnel. À l'expiration de ce délai, si le requérant ne rapporte pas la preuve de la saisine du Conseil, la juridiction passe outre* ». Voir, aussi, art.24 de la LO de 2022.

concernant les recours directs et la SVE, la règle est que la saisine n'est pas conditionnée par un délai, sauf exception[794].

Quoique l'évidence justifie qu'en matière de saisine d'office et d'auto-saisine , on ne puisse exiger d'une juridiction de sacrifier aux formalités relatives à la soumission d'une requête, ces deux modes exceptionnels de saisine laissent place à des interrogations sur la faisabilité d'une procédure contradictoire, sur la destination de la notification de la saisine, sur l'éventualité de soumission de mémoires et observations écrites ou orales d'entités tierces[795], destinataires principaux ou secondaires de la requête. La juridiction s'autolimite-t-elle ou s'octroie-t-elle un total pouvoir de statuer ?

Ces incertitudes peuvent se retrouver en ce qui concerne le mécanisme de l'*amicus curiae*. En effet, il arrive que des personnalités académiques, politiques ou scientifiques offrent leurs services spontanément et gracieusement pour assister la juridiction pour la résolution de questions complexes dans une affaire pendante[796]. Cependant, peu de succès de cette pratique ont été rapportés dans la matière constitutionnelle[797], quoique rien n'exclut qu'une juridiction s'attache, en cas de besoin, les services de consultants ou d'experts devant la technicité d'une affaire.

D'une manière plus générale, ces expectatives s'attachent aussi, dans tous les types de recours, à l'identification des différents saisissants et des destinataires de la requête.

---

[794] Toutefois, l'art.180 de la Constitution congolaise de 2015 dispose « *Tout particulier peut, soit directement, soit par la procédure de l'exception d'inconstitutionnalité invoquée devant une juridiction dans une affaire qui le concerne, saisir la Cour constitutionnelle sur la constitutionnalité des lois et des traités. En cas d'exception d'inconstitutionnalité, la juridiction saisie sursoit à statuer et impartit au requérant un délai d'un mois à partir de la signification de sa décision pour saisir la Cour constitutionnelle* ». Voir l'art.41 du RI de la CC du Bénin qui fixe les détails de la SVE « : *Tout citoyen peut, dans une affaire qui le concerne, invoquer devant une juridiction, I 'exception d'inconstitutionnalité. L'exception est présentée devant la juridiction concernée qui doit saisir immédiatement et au plus tard, dans les huit (08) jours suivant le prononcé de la décision de la juridiction saisie de I 'exception, la Cour constitutionnelle et surseoir 4 statuer jusqu'à la décision de la Cour* ».

[795] Les textes constitutionnels, législatifs ou réglementaires du Bénin et du Burkina - Faso sont très évasifs sur le détail des procédures ; voir, par exemple, l'art.33 du RI de la CC du Bénin.

[796] Voir, infra, la question des « portes étroites ».

[797] Voir, plus loin, la question des « portes étroites ».

Paragraphe II : Les requérants et les destinataires de la requête

Au vu des considérations qui viennent d'être soulignées, la logique impose de distinguer les auteurs (A) et les destinataires de la requête (B).

A) Les auteurs de la saisine

L'observation empirique du traitement des contentieux constitutionnels aide au repérage de deux catégories de saisissants, qu'on pourrait dénommer les requérants privilégiés et les requérants non privilégiés.

- **Les requérants privilégiés**

Par requérants privilégiés, on entend les autorités politiques que les Constitutions et les lois dotent des pouvoirs et prérogatives de saisir la juridiction constitutionnelle. Le statut de privilégiés tient en ce que ces requérants n'ont à faire la preuve ni de leur qualité ni de leur intérêt à agir.

Parmi ceux-ci, se détache la figure proéminente du Chef de l'État qui dispose de la compétence de saisine pour tous types de contentieux. Il exerce son droit de recours en raison de sa qualité de gardien de la Constitution, de premier magistrat, de responsable du fonctionnement régulier des pouvoirs publics et de principale autorité en charge du pouvoir d'État. La quasi-totalité des Constitutions et lois organiques précitées lui confère l'obligation de saisine par voie d'action pour les lois organiques, voire les règlements intérieurs.

Certaines Constitutions rangent parmi les requérants privilégiés, le Premier ministre ou Président du Conseil[798], le Président de chacune des chambres parlementaires[799] pour la résolution des conflits de compétence entre l'Exécutif et le Législatif[800] ou pour le contentieux des différentes catégories de lois dans le délai de promulgation, ainsi

[798] Constitution togolaise de 2024. Cette autorité nomme désormais le Président de la Cour constitutionnelle.

[799] Voir, art.51 du RI du 11 janvier 2013 sur la Cour constitutionnelle du Congo : « *La promulgation des lois organiques, de même que la mise en application des règlements intérieurs de l'Assemblée nationale, du Sénat et du Parlement réuni en congrès, ne peuvent intervenir qu'après avis de conformité de la Cour constitutionnelle. Le Président de la chambre concernée du Parlement soumet à la Cour constitutionnelle le règlement intérieur de ladite Chambre. Le Président de l'Assemblée nationale soumet à la Cour constitutionnelle le règlement intérieur du Parlement réuni en congrès* ».

[800] Voir, l'art.36 de la L.O sur la Cour constitutionnelle du Bénin.

que des engagements internationaux avant leur ratification ou des règlements intérieurs des assemblées avant leur mise en application[801].

En dehors de ces requérants politiques, l'évidence voudrait, en cas d'auto-saisine ou de saisine d'office, que la juridiction s'investisse d'un privilège l'exemptant intrinsèquement d'une soumission de requête[802].

- **Les requérants non privilégiés**

Toute autre signification revêt l'expression de « requérants non privilégiés ». Elle qualifie toute personne ou entité[803] qui est assujettie à l'obligation de justifier son intérêt à agir. Autrement dit, le sort de la requête est, *prima facie*, subordonné au fait que le demandeur articule ses prétentions par rapport à la violation d'un droit ou d'un intérêt juridiquement protégé, que ce soit dans le cadre de la SVA ou de la SVE[804].

Concernant ce second groupe de saisissants, on peut convoquer, à titre exemplatif pour la SVA , l'art.32 de la loi organique sur la Cour constitutionnelle du Bénin, en vertu duquel « *La Cour constitutionnelle peut être saisie conformément aux dispositions de la Constitution et de la loi organique sur la Cour constitutionnelle par (...) le Président de la Haute Autorité de l'Audiovisuel et de la Communication et du Conseil économique et social, les présidents de toute institution ainsi que par toutes les associations non gouvernementales, notamment celles de défense des Droits de l'Homme, régulièrement constituées ; elle peut être aussi saisie par tout citoyen. Pour être valable, la requête émanant : – d'un citoyen doit comporter ses nom, prénoms, adresse précise et signature ou empreinte digitale ; – d'une organisation non gouvernementale ou d'une association doit comporter les noms, prénoms, indication du siège social et signature de son ou/ses dirigeants* ».

---

[801] Voir, art.23 de la L.O relative au Conseil constitutionnel de la RCI, précitée.

[802] Selon l'article 33 de la loi organique sur la Cour, « La *Cour constitutionnelle peut se saisir d'office sur la constitutionnalité des lois et de tout texte réglementaire censés porter atteinte aux droits fondamentaux de la personne humaine et aux libertés publiques. Dans ce cas, sa décision doit intervenir dans un délai de huit (8) jours à compter de la réunion de la Cour qui a décidé de cette saisine* ».

[803] Institutions, collectivités territoriales décentralisées, parlementaires, associations de défense des droits ou citoyens. Au prorata du nombre de représentants, le critère quantitatif pour la saisine des parlementaires s'établit entre un dixième, un tiers des membres du Parlement, de chaque chambre parlementaire. Le Bénin se démarque par le fait que tout parlementaire peut initier une SVA.

[804] Voir, plus haut, les développements sur la saisine obligatoire, la saisine facultative, la saisine d'office et l'auto-saisine.

Le bon fonctionnement de la justice implique que la requête fasse l'objet d'adressage à des destinataires.

B) Les destinataires de la requête

Les textes constitutionnels, lois organiques et règlements intérieurs des juridictions constitutionnelles s'accordent à faire de l'acte introductif d'instance, le point de départ de la procédure contentieuse. Dès cette entame, une distinction est faite entre les destinataires principaux et les destinataires secondaires.

- **Les destinataires principaux**

S'agissant des destinataires principaux, la lettre du recours est adressée au Président, au Secrétaire général ou au chef du greffe de la juridiction.

Le Président[805] du Conseil ou de la Cour constitutionnel(le), nommé généralement par le Chef de l'État (exceptionnellement par le Chef du gouvernement) ou élu par ses pairs, est assisté souvent par un Vice-président. Le Président exerce les pouvoirs et prérogatives qui lui sont conférés, notamment la présidence des réunions, audiences et délibérations, le fonctionnement général de la Cour, l'édiction d'ordonnances et mesures d'ordre interne, la responsabilité hiérarchique du personnel administratif, technique et de service, la coordination des différents services, le maintien de l'ordre dans les débats et dans l'institution, l'ordonnancement des dépenses, la représentation légale de la juridiction. À ce titre, il est souvent destinataire des lettres de saisine des autorités exécutives, particulièrement en matière de SVA obligatoire et en cas de saisine de l'Exécutif réclamant le caractère réglementaire d'un texte en forme législative.

Néanmoins, la réception du courrier de saisine est essentiellement du ressort de l'administration du greffe dont le chef a pour mission de s'occuper des aspects extrajudiciaires. Le greffier en chef et les greffiers sont chargés de tenir le plumitif à toutes les audiences de la juridiction constitutionnelle. Le greffier en chef est en outre chargé de conserver les

[805] Dans la majorité de ces Conseils et Cours, le Président de la juridiction constitutionnelle est chargé de l'administration et exerce le pouvoir disciplinaire sur le personnel administratif et technique. Avec les autres membres, il détermine par arrêté (décision ou délibération) le règlement administratif et financier de l'institution, après consultation de l'Assemblée générale. La juridiction élabore son budget et le soumet au ministre en charge des Finances. Les crédits nécessaires au fonctionnement sont inscrits au budget général de l'État. Le Président de la juridiction est ordonnateur des dépenses.

minutes des arrêts et des avis et d'en délivrer expédition. En cas de saisine, le greffier délivre au requérant ou à son représentant dûment mandaté un récépissé sous forme de procès-verbal cosigné par le chef du greffe ou son adjoint et par le saisissant. Sous la responsabilité du Président de la juridiction, des actes de notifications sont dressés et adressés au Président de la République, au Président de l'Assemblée (AN ou Sénat)[806]. Ces actes informatifs peuvent, en retour, faire l'objet de la part de ces autorités, d'observations écrites ou de mémoires en défense.

Ce schéma général peut subir de légères inflexions selon le type de saisine contentieuse et en fonction des ordonnancements juridiques étatiques.

- **Les destinataires secondaires**

Il s'agit des personnes ou entités susceptibles d'être intéressées par le recours et qui pourraient produire des observations écrites ou orales ou des mémoires en réponse. Ainsi, dans le cadre de la saisine facultative pour les lois, règlements et engagements internationaux, le greffier, sur invitation du Président, notifie[807] les requêtes des parlementaires au Chef de l'État et, éventuellement, au Premier ministre et les recours émanant des autorités exécutives visant un texte en forme législative sont notifiés au Président d'une assemblée parlementaire.

Les recours directs en inconstitutionnalité contre les lois et règlements pouvant porter atteinte aux droits de la personne humaine font l'objet de notification à l'endroit des autorités concernées, qu'elles soient rattachées aux pouvoirs exécutifs, législatif ou judiciaire.

Pour la saisine obligatoire, le Chef de l'État ou le Chef du Gouvernement, le Président de chaque chambre parlementaire, le Chef d'une

[806] L'art.47 de la LO sur le CC du Burkina Faso dispose « *Lorsqu'un engagement international lui est déféré, le Conseil constitutionnel avise immédiatement le Président du Faso, le Premier ministre, le Président de l'Assemblée nationale ou le Président de la Chambre des représentants* ». Actuellement, ce pays dispose d'un CNT qui joue le rôle de parlement.

[807] Voir, par exemple, Art.33 de l'ordonnance sur la HCC Malgache « *La requête est notifiée par le greffe de la Haute Cour Constitutionnelle aux parties concernées. Les intéressés peuvent produire un mémoire en défense dans le mois de la notification. Chacune des parties dispose ensuite, à tour de rôle, d'un délai de quinze jours pour répondre au mémoire en défense ou en réplique. Les délais fixés ci-dessus peuvent être prorogés par le Président soit au vu d'une requête motivée notifiée à la partie adverse trois jours au moins avant l'expiration d'un délai soit d'office si des circonstances exceptionnelles l'exigent. Si l'une des parties n'a pas présenté de mémoire dans le délai qui lui est imparti, l'affaire est réputée en état* ».

institution sont informés du dépôt d'une requête dont l'issue pourrait les intéresser.

Pour la SVE, la notification est adressée, au Président de la juridiction ayant ordonné le sursis à statuer, à l'autre partie dans cette instance première ou à son représentant et aux autorités de l'exécutif (Chef d'État et/ou Chef de Gouvernement, Secrétaire général du gouvernement), au Président d'une assemblée et à toute structure intéressée.

À la suite de la requête et de sa notification aux parties intéressées, débute le traitement du contentieux par la juridiction saisie.

CHAPITRE II

LES ACTEURS DANS LE TRAITEMENT DU CONTENTIEUX

À la diligence du Président de la juridiction, la procédure contentieuse suit un déroulé ponctué de phases plus ou moins longues, selon que l'urgence est ou non sollicitée et en fonction de l'organisation ou de l'absence d'une procédure contradictoire. Le traitement du contentieux passe par un examen approfondi de la requête, préalable indispensable au rendu de la décision.

Le traitement des contentieux constitutionnels se caractérise par l'accomplissement d'opérations matérielles sous la conduite de formations juridictionnelles (Section I) qui sont attributaires de divers pouvoirs (Section II).

Section I : Le traitement par les juridictions constitutionnelles

En surimpression au jugement du contentieux se profile la juridiction constitutionnelle dont la configuration est éclairée, dans son actualité, par sa composition et le mode de désignation de ses membres (§ I).

Par conséquent, on ne saurait faire l'impasse sur la figure centrale de juges dont la tâche première est d'œuvrer à la génération d'actes préparatoires et exécutoires (§ II).

Paragraphe I : Les juridictions chargées du traitement du contentieux constitutionnel

C'est une lapalissade que de relever l'originalité de chacune des juridictions des États sous examen, tant l'évidence atteste de leur individualisation quant aux circonstances de leur création (A).

Il s'y greffe, malgré tout, que leurs compositions et attributions sont autant de marqueurs de convergences au double plan processuel et substantiel au regard du statut des membres de ces juridictions (B).

A) Historique des juridictions constitutionnelles

La disparité des juridictions constitutionnelles est observable dans la description successive de leur naissance et de leur évolution.

Au Bénin, la Conférence des forces vives, devenue nationale et souveraine, va donner naissance avec la Constitution de 1990, au Haut Conseil de la République qui siégera pendant deux ans comme organe chargé de la justice constitutionnelle avant la mise en place en juin 1993 de la Cour constitutionnelle. Ainsi, la Cour constitutionnelle du Bénin[808] a pris le relais du Haut Conseil de la République, créé à la suite de la Conférence des Forces Vives de la Nation (Cotonou du 19 au 28 février 1990). À l'indépendance, la Constitution du Dahomey du 26 novembre 1960 avait institué la Cour suprême avec une Chambre constitutionnelle. La Cour était, *inter alia*, chargée du contrôle de la régularité des opérations relatives à l'élection du Président et du vice-Président de la République (Art. 10 de la Constitution du 1960) ainsi que de l'éligibilité des candidats à la députation (Art. 29 alinéa 3, de la Constitution de 1960). En matière constitutionnelle, sa compétence était surtout consultative[809].

Dans le même ordre d'idées, la République de Haute-Volta, devenue Burkina Faso, a connu cet ancrage de la justice constitutionnelle avec une cour suprême. Selon un auteur, « Jusqu'en 2000, la justice constitutionnelle a toujours été rendue par la Chambre constitutionnelle de la Cour suprême sous les différents régimes constitutionnels qui se sont succédé au Burkina Faso. Avec la loi constitutionnelle n° 3-2000 AN du 11 avril 2000 portant révision de la Constitution du 2 juin 1991, la Cour suprême a été éclatée en plusieurs institutions, à savoir le Conseil d'État (qui remplace la Chambre administrative), la Cour de cassation (qui succède à la Chambre judiciaire), la Cour des comptes (qui remplace la Chambre des comptes) et par le Conseil constitutionnel (qui

---

[808] Voir, Introduction et Chapitre I de la Première partie.

[809] Tout au long de son histoire politique , vont se succéder , avant la Conférence nationale, plusieurs textes dont la loi n° 60-1 du 14 mai 1960 relative au tribunal d'État ; la loi n° 61-41 du 18 octobre 1961 portant création d'un tribunal administratif au Dahomey; la loi n° 65-35 du 07 octobre 1965 portant composition, organisation, attributions et fonctionnement de la Cour suprême ;la loi n° 65-36 du 07 octobre 1965 portant statut des magistrats ;la loi n° 21/PR du 26 avril 1966 portant composition, organisation, attributions et fonctionnement de la Cour suprême; la loi n° 81-004 portant organisation judiciaire en République populaire du Bénin, etc. Voir, Hilaire AKEREKORO, Histoire politique et constitutionnelle du Bénin, Goecy, 2012, 175 p.

succède à la Chambre constitutionnelle) »[810]. Ces circonstances ont concouru à l'avènement de la justice constitutionnelle au Burkina Faso incarnée à l'heure actuelle par le Conseil constitutionnel. Issu de l'éclatement de la Cour suprême qui était composée de chambres dont une était dénommée chambre constitutionnelle qui a fonctionné entre 1963 et 1966 puis entre 1974 et 1978 , entre 1978 et 1980 et enfin entre 1991 et 2000, et au hasard de dénominations de conseil constitutionnel de transition, le Conseil constitutionnel du Burkina Faso a été porté sur les fonts baptismaux à la suite des conclusions du forum national sur la justice en 2002 alors même que sa création était prévue par la Constitution et que ses attributions et son fonctionnement étaient régis par la loi organique n° 011-2000/AN du 26 avril 2000. On soulignera que la Constitution du 02 juin 1991, modifiée, et les Chartes de transition de 2022 ont maintenu le Conseil constitutionnel, de même que la Loi constitutionnelle n° 045-2023/ALT du 30 décembre 2023 portant révision de la Constitution.

S'agissant du Conseil constitutionnel du Cameroun[811], il est l'héritier de la Cour suprême, qui était, à l'indépendance, la juridiction qui concentrait, en son sein, les attributions de chambres administrative, civile, commerciale, pénale et des comptes. Elle devait en plus relever le défi de faire cohabiter règles de *common law* et de *civil law*. La Constitution du 4 mars 1960, en son article 41, confiait au Président de la République la charge d'être le garant de l'indépendance, de l'organisation et du fonctionnement de l'autorité judiciaire.

Historiquement, après la période de la Cour fédérale de justice, juridiction suprême en toutes matières[812], à partir de 1972 la Cour suprême (chambres réunies[813]) prendra en charge le contentieux constitutionnel *lato sensu*. Même avec l'adoption de la Constitution de la République du Cameroun du 18 janvier 1996 qui avait créé un

[810] C.G.D, Centre pour la Gouvernance Démocratique, Avis et Décisions commentés de la justice constitutionnelle burkinabé de 1960 à nos jours, Ouagadougou, 2009, p. 3.

[811] Il est régi par les articles 46 à 52 de la Constitution de 1996, par la Loi n° 2004-004 du 21 avril 2004 portant organisation et fonctionnement du Conseil constitutionnel et par la Loi n° 2004-005 du 21 avril 2004 fixant le statut des magistrats du Conseil constitutionnel ; Marcelin NGUELE ABADA, « Le contrôle de constitutionnalité des lois au Cameroun », *in* Alain ONDOUA (dir.), La Constitution camerounaise du 18 janvier 1996. Bilans et perspectives, Yaoundé, Afrédit, 2007, pp. 45-82.

[812] Voir, par exemple, *Cour fédérale de justice, Arrêt n° 4 du 28 octobre 1970.*

[813] À l'époque, le droit de saisine constitutionnelle appartenait au seul Président de la République (art.10 de la Constitution de 1972).

Conseil constitutionnel[814] , l'art.67 dudit texte prévoyait que la Cour suprême exercerait à titre intérimaire[815] les attributions du Conseil constitutionnel jusqu'à la mise en place de celui-ci[816]. Cependant , il faudra attendre les décrets n° 2018/104 du 07 février 2018 portant organisation et fonctionnement du Secrétariat général du Conseil constitutionnel et n° 2018/105 du 07 février 2018 portant nomination des Membres du Conseil constitutionnel, pour voir son installation.

Quant à la Cour constitutionnelle de la République du Congo, créée par la Constitution du 17 janvier 2002, elle succède à la Cour suprême et au Conseil constitutionnel qui avaient en charge le contrôle de la constitutionnalité des lois, des traités et des engagements internationaux. Déjà avant l'indépendance, la loi constitutionnelle n° 1 du 28 novembre 1958 portant organisation des pouvoirs de la République du Congo et déterminant les conditions de préparation et d'approbation des lois constitutionnelles de la République du Congo favorisera la création du Comité constitutionnel consultatif, qui, en vertu de l'article 8 de la loi constitutionnelle n° 1 précitée disposait : *« Il sera créé un Comité constitutionnel consultatif chargé de donner son avis sur les projets de lois constitutionnelles de la République du Congo qui lui seront soumis par le Gouvernement »*. En 1961, sera mise en place la Cour suprême qui, selon l'art.58 de la Constitution du 2 mars, abritait une Chambre constitutionnelle dont les attributions seront précisées par la loi n° 4-62 du 20 janvier 1962 portant création de la Cour suprême. Aux termes de l'article 1er de cette loi, en effet, « *La Cour suprême se prononce sur la constitutionnalité des lois et des engagements internationaux* ». Avec la Constitution du 8 décembre 1963, la Cour suprême (appelée Conseil constitutionnel siégeant en chambres réunies) se voit également, confié la charge de se prononcer sur les conflits de compétence entre l'exécutif et le législatif. Mis en sommeil entre 1968 et 1973, le contrôle de

[814] Loi n° 96/06 du 18 janvier 1996 abrogeant et remplaçant la Constitution du 2 juin 1972, elle-même modifiée par la loi n° 2008/001 du 14 avril 2008.

[815] *Cour suprême, arrêt n° 14 du 30 novembre 1978 : affaire Moungole Diboussi Léon C/État du Cameroun,* dans laquelle elle précise que « *Si la Cour de par la constitution est juge des lois d'après l'article 10 de ladite loi, elle ne peut être saisie que par le président de la République. Elle ne peut donc se saisir d'office ni à l'initiative de tout le monde* », cité par Jean-Mermoz BIKORO et al, *Le* procès*..., op. cit.*

[816] Voir, Jean-Louis ATANGANA-AMOUGOU, « La constitutionnalisation du droit en Afrique : l'exemple du Conseil constitutionnel camerounais », AIJC, 2004, 19-2003, pp.45-63 ; Emile MENGUE-MBOUE, « La juridiction constitutionnelle et la construction de l'État de droit en Afrique noire francophone : l'exemple du Conseil constitutionnel camerounais », Revue Constitution et Consolidation, n° 002, 2020, pp. 131-165.

constitutionnalité sera timidement ressuscité avec la Constitution du 24 juin 1973 (dont l'article 88, dispose : « *Si la Cour suprême, saisie par le Président de la République, a déclaré qu'un engagement comporte une clause contraire à la Constitution, l'autorisation de la ratifier ne peut intervenir qu'après révision de la Constitution, sur avis préalable du Comité central du Parti Congolais du Travail* »). L'Acte fondamental de transition du 24 octobre 1997, abrogeant la Constitution du 15 mars 1992, quoique n'ayant pas prévu une institution spécifique en charge de la constitutionnalité des lois, avait donné compétence à la Cour suprême à travers sa chambre administrative et constitutionnelle (art. 73). Avec la Constitution du 20 janvier 2002, la dénomination de « Cour constitutionnelle » sera adoptée. Cette appellation restera inchangée avec la Constitution du 25 octobre 2015[817].

En Côte d'Ivoire, l'organisation judiciaire était également chevillée autour d'une Cour suprême au sein de laquelle une chambre constitutionnelle était attributaire de compétences relatives à l'interprétation et à l'application des normes constitutionnelles. Ces attributions seront cependant, dans la pratique, plus orientées vers le traitement du contentieux électoral dans ce contexte de parti unique, puis de parti dominant. L'illustration majeure de son activité constitutionnelle a été, sans doute, sa décision sur la vacance de la présidence de la République à la suite du décès de Félix Houphouët Boigny[818].

Les attributions du Conseil constitutionnel de la République de Côte d'Ivoire[819] sont, quant à elles, fixées par la Constitution de 2016 révisée en 2020.

Un aperçu de son histoire est ainsi relaté par Francis Wodié, « Le Conseil constitutionnel ivoirien n'était pas, au départ, une des institutions consacrées par la Constitution du 3 novembre 1960, adoptée consécutivement à l'accession de la Côte d'Ivoire à l'indépendance : le nouvel État avait, alors, pour des raisons tant nationales qu'internationales, opté pour une organisation juridictionnelle moniste ; le principe de l'unité de juridictions fut ainsi retenu. Ce monisme juridictionnel se

---

[817] Pour d'autres détails, voir le site de la Cour.

[818] Côte d'Ivoire, Chambre constitutionnelle de la Cour suprême, *arrêt n° 1 du 9 décembre 1993*, Revue ivoirienne de Droit, n° 36, 2004 ; voir aussi, à ce propos Francisco MÉLÈDJE DJEDJRO, Les grands arrêts de la jurisprudence constitutionnelle ivoirienne, Abidjan, Éd. Centre National de Documentation juridique, 2012, 671 p.

[819] Titre VIII (art.126 à 136 de la Constitution). Avant 1960, un dualisme juridictionnel existait avec la Cour de cassation ou le Conseil d'État. Cette organisation judiciaire sera, à l'indépendance, recentrée autour de la Cour suprême avant la création du Conseil constitutionnel. Voir, *supra*, introduction et chapitre I de cet ouvrage.

caractérisait par la consécration de tribunaux de première instance, de Cours d'appel et d'une juridiction suprême : la Cour suprême. La spécificité d'un tel système réside dans le fait que les mêmes juges sont compétents pour connaître tant du contentieux administratif que du contentieux privé. La justice constitutionnelle, se détachant aussi bien des litiges administratifs que des litiges privés, l'on aurait pu concevoir la création d'une instance distincte, compétente en la matière. Cette solution n'a pas été retenue par la Côte d'Ivoire. Il fut, en effet, confié à la Chambre constitutionnelle, l'une des quatre chambres de la Cour suprême, le soin de jouer le rôle de juridiction constitutionnelle. C'est dire que la justice constitutionnelle n'avait pas d'autonomie du point de vue organique. Ce système est resté en vigueur pendant plus de trois décennies. C'est seulement à la faveur d'une révision constitutionnelle, en date du 16 août 1994, que le Conseil constitutionnel est créé en remplacement de la Chambre constitutionnelle. Cette situation nouvelle répondait, suggère-t-on, aux exigences de l'État de droit, en même temps qu'elle s'inscrivait dans un mouvement général, en Afrique, caractérisé par l'institution de juridictions constitutionnelles : Conseil constitutionnel, ici, Cour constitutionnelle, là. Le Conseil constitutionnel, ainsi créé, va fonctionner jusqu'au coup d'État intervenu le 24 décembre 1999 ; à la suite de quoi, le Comité national de salut public (CNSP), qui en est issu, au moyen d'une Proclamation, suspendra la Constitution, en ayant prononcé la dissolution du Conseil constitutionnel ».

Prolongeant toujours ses propos, le doyen Wodié continue ainsi la narration de l'évolution subséquente : « Le vide, provoqué par la disparition du Conseil constitutionnel, est comblé avec le rétablissement de la Chambre constitutionnelle par l'effet d'une ordonnance en date du 9 juin 2000, prise par le Président du CNSP, qui faisait office de Chef d'État. La Chambre constitutionnelle, ainsi rétablie, présentait un caractère provisoire, en étant dotée d'attributions fort réduites : sa durée de vie était liée à celle de la transition militaire ; celle-ci devait, au bout de quelques mois, prendre fin avec l'adoption d'une nouvelle Constitution et la mise en place d'institutions voulues démocratiques. Élaborée suivant une procédure complexe et adoptée à la suite d'un référendum constituant, les 23 et 24 juillet 2000, la nouvelle Constitution, consacrant l'avènement de la deuxième République, est promulguée par le Président du CNSP, le 1 août 2000. Marquant la fin du provisoire, la nouvelle Constitution rétablit le Conseil constitutionnel »[820].

---

[820] Francis WODIE, « Le Conseil constitutionnel de Côte d'Ivoire », Nouveaux Cahiers du Conseil constitutionnel n° 40, juin 2013, www.conseil-constitutionnel.fr (consulté en octobre 2023).

Relativement à la justice constitutionnelle gabonaise incarnée depuis 2023 par une juridiction de transition[821], elle a été à l'avant-garde de la protection des droits des justiciables avant cette mue forcée. Historiquement, c'est à l'issue de la Conférence nationale[822] de mars-avril 1990 que l'idée de création d'une Cour constitutionnelle a germé, ce qui sera concrétisé dans la Constitution de 1991. Auparavant, le contrôle de constitutionnalité relevait de la chambre constitutionnelle de la Cour suprême.

Pour sa part, la justice constitutionnelle guinéenne a connu des mutations au gré des successions de régimes civils ou militaires. Si actuellement, la charge du contrôle de conformité revient à une chambre administrative et constitutionnelle au sein de la Cour suprême[823], une Cour constitutionnelle en était attributaire entre 2014 et 2021[824]. À l'indépendance, la plus haute juridiction était successivement incarnée par le Tribunal supérieur de Cassation (1959-1984), puis par la Cour suprême (1984 -1986), la Chambre nationale d'Annulation (1986-1991), puis à nouveau la Cour Suprême à partir de 1991[825]. Il faut souligner la création ; en 2014, de la cour constitutionnelle dont les attributions, après sa dissolution en 2021, ont été transférées à la Chambre administrative et constitutionnelle de la Cour suprême.

Ce schéma de cour suprême peut sous d'autres cieux connaître des particularités dictées par un contexte d'instabilité comme ce fut le cas à Madagascar, où l'organe chargé de la justice constitutionnelle a pris successivement les noms de Conseil supérieur des Institutions avec la Constitution du 29 avril 1959, de Haute Cour constitutionnelle avec la Constitution du 31 décembre 1975, puis de Cour Constitutionnelle, administrative et financière et enfin, de Haute Cour Constitutionnelle[826].

---

[821] Un référendum constitutionnel prévu pour le 16 novembre 2024, vise, entre autres, à rétablir la Cour constitutionnelle.

[822] L'Acte n° 1, adopté par la Conférence prônait la suppression de la chambre constitutionnelle au profit d'un Conseil constitutionnel.

[823] Voir, Mamadou Alioune DRAME, La Cour suprême de Guinée, Conakry, L'Harmattan, 2008, 100 p. ; Mamadou Alioune DRAME, Histoire de la Cour suprême de Guinée, 80p ; site de l'ACCF.

[824] Cf., Mohamed Aly THIAM, Fonctionnement de la Cour constitutionnelle de la République de Guinée, Conakry, L'Harmattan 2021, 304 p.

[825] Loi organique n° 91/008/CTRN du 23 décembre 1991 portant attributions, organisation et fonctionnement de la Cour suprême de la République de Guinée.

[826] Andrianaivo Ravelona RAJAONO, « La juridiction constitutionnelle à Madagascar », Annuaire international de justice constitutionnelle, 8-1992, 1994. *Les méthodes de travail des juridictions constitutionnelles*, pp. 111-157.

L'avènement de la Haute Cour constitutionnelle de Madagascar[827] consacre l'apogée de diverses réformes de la justice constitutionnelle. Déjà, la Constitution de la République malgache du 29 avril 1959, prévoyait la création du Conseil Supérieur des Institutions pour exercer les fonctions consultative et contentieuse de juridiction constitutionnelle. Dans le cadre de la Constitution du 31 décembre 1975, avait été créée une Haute Cour Constitutionnelle qui exerçait, en plus des fonctions précédentes, des attributions relatives au contentieux électoral, le contrôle par voie d'exception, l'examen des conflits de compétence entre les pouvoirs exécutif et législatif. Elle était composée de sept (7) membres dont deux étaient nommés par le Président de la République, deux (2) par le Conseil Suprême de la Révolution, un (1) par le Gouvernement, deux (2) par l'Assemblée nationale populaire. La durée du mandat était de cinq ans. Le Président de la Cour était nommé par le Président de la République.

À la suite des évènements ayant conduit à la fin de la IIe République, dans la période transitoire, sera élaborée la Convention du 31 octobre 1991 qui décide du maintien de la HCC (autrement composée) comme garante du respect des principes généraux du droit et juge en dernier ressort du contentieux électoral. Ce n'est qu'en 1992 que la stabilisation de la HCC dans sa composition et ses missions, sera effective avec l'adoption de l'Ordonnance n° 92-018 du 8 juillet 1992 relative à la Haute Cour Constitutionnelle.

Au Mali, la justice constitutionnelle est incarnée, depuis 1992[828], par la Cour constitutionnelle dont l'essentiel des attributions est repris dans les dispositions de la Constitution de 2023. Auparavant, la loi n° 59-16/a. P du 23 janvier 1959 relative à la constitution de la république soudanaise avait établi la Cour d'État avec une section constitutionnelle à côté des sections du contentieux et des comptes. Ensuite, le contrôle de constitutionnalité a été confié, par la Constitution de 1974, à la section constitutionnelle de la Cour suprême du Mali.

Concernant la juridiction constitutionnelle du Niger[829], elle a revêtu diverses appellations tout au long de l'histoire politique et constitutionnelle de ce pays qui a connu une alternance de régimes civils et militaires[830].

---

[827] Voir, Introduction.

[828] Constitution de la République du Mali du 27 février 1992.

[829] Le Conseil constitutionnel de transition avait vu le jour à la suite de l'Ordonnance n° 2010-038 du 12 juin 2010.

[830] Voir notre ouvrage, Droit constitutionnel et ordonnances…, *op. cit.*

L'histoire de la justice constitutionnelle du Niger est intimement liée à l'évolution politique du pays. Longtemps confiée à la Chambre constitutionnelle de la Cour suprême ou de la Cour d'État, la justice constitutionnelle sera ensuite incarnée par la Cour constitutionnelle avec l'adoption de la Constitution du 9 août 1999.

À la suite du coup d'État du 18 février 2010, la Cour constitutionnelle sera remplacée par un Conseil constitutionnel de Transition. Une nouvelle Cour constitutionnelle sera créée par la Constitution du 25 novembre 2010. Elle sera installée le 25 mars 2013 avec la prestation de serment de ses membres devant le Président de la République. À la faveur du coup d'État de 2023[831], la Cour sera dissoute à nouveau. L'art.13 de l'Ordonnance n° 2023-02 du 28 février 2023 portant organisation des pouvoirs publics pendant la transition prévoit la création d'un Conseil constitutionnel de transition par ordonnance du Président du CNSP, Chef de l'État.

Au Sénégal , jusqu'en 1992, le contentieux constitutionnel relevait de la compétence des Sections réunies de la Cour suprême [832] (ancienne formule) qui avait été créée par l'ordonnance n° 60-17 du 3 septembre 1960 et supprimée à l'occasion de la réforme judiciaire du 30 mai 1992 qui va donner naissance, par les lois organiques n° 92-23, n° 92-24 et n° 92-25, respectivement au Conseil constitutionnel, au Conseil d'État et à la Cour de cassation avant une autre suppression-transformation à partir de 2008[833]. Quant au Conseil constitutionnel[834], créé dans le

[831] Voir, l'Ordonnance n° 2023-01 du 28 février 2023 portant suspension de la Constitution du 25 novembre 2010 et créant le Conseil National pour la Sauvegarde de la Patrie.

[832] Voir ses décisions, Cour suprême, Sections réunies, *Décision du 16 février 1960* (JO n° 3443 du 1er avril 1961, p.461), Cour suprême, Sections réunies, *Décision du 17 novembre 1962*, *Secrétariat général du gouvernement*, Cour Suprême, Sections réunies, *Décision du 5 mars 1963,* Cour Suprême, Sections réunies, *Décision du 25 juillet 1967*, Cour Suprême, Sections réunies, *Décision du 22 octobre 1968* (Décisions de la Cour Suprême reproduites dans la RIPAS n° 23-24, janvier-décembre 1990, pp. 81-104).

[833] La Cour suprême (nouvelle formule) a été créée à la suite de la loi organique n° 2008-35 du 08 août 2008 révisée en 2017 et 2021. Voir, Michel AURILLAC, La Cour suprême du Sénégal, EDCE, 1964 ; Ousmane CAMARA, « La Cour suprême du Sénégal », in *Les Cours suprêmes en Afrique*, Tome 1, Paris, Economica, 1988 ; Benoît Saaliu NGOM, L'arbitrage d'une démocratie en Afrique : La cour suprême du Sénégal, Paris, Présence africaine, 1989, 190 p.

[834] Sur la genèse du contrôle de constitutionnalité au Sénégal et sur la création du Conseil constitutionnel, voir aussi nos développements dans l'Introduction de cet ouvrage.

cadre de la Constitution de 1963 révisée en 1992[835], il est gouverné par l'art.92 de la Constitution de 2001[836] ainsi que par diverses dispositions de la loi organique sur le Conseil constitutionnel.

L'histoire de la justice constitutionnelle sénégalaise démarre à l'indépendance avec la Cour suprême (ancienne formule) qui avait été créée par l'Ordonnance n° 60-17 du 3 septembre 1960 et supprimée à l'occasion de la réforme judiciaire du 30 mai 1992 qui va donner naissance, par les lois organiques n° 92-23, 92-24 et 92-25, respectivement au Conseil constitutionnel, au Conseil d'État et à la Cour de cassation.

Cependant, une autre réforme mettra en place la Cour suprême (nouvelle formule), à la suite de la loi organique n° 2008-35 du 08 août 2008 modifiée en 2017 et 2022, dont l'article premier regroupe dans les attributions de la nouvelle Cour, celles de la Cour de cassation et du Conseil d'État, qui sont ainsi supprimés.

Il en résulte que depuis la loi n° 2012-29 du 29 décembre 2012 modifiant la loi du 02 février 1984 fixant l'organisation judiciaire, le pouvoir judiciaire « *est exercé par le Conseil constitutionnel, la Cour suprême, la Cour des comptes et les Cours et Tribunaux* » (art.88 de la Constitution)[837].

---

[835] Comme le faisait remarquer un auteur : « À *qui s'intéresse à l'histoire de la construction de l'État et du régime politique sénégalais, les textes constitutionnels constituent sans nul doute un élément de référence important. En effet, à chaque séquence de l'évolution historique, les constitutions et lois constitutionnelles expriment l'état de développement politique et démocratique du pays, codifient l'état des rapports de force politique et cristallisent les représentations institutionnelles du moment. En cinquante ans de gestation démocratique, la production constitutionnelle du Sénégal est impressionnante »,* Ismaila Madior FALL, Textes constitutionnels du Sénégal …, *op. cit*., p. 13.

[836] Selon l'art.92 de la Constitution : *« Le Conseil constitutionnel connaît de la constitutionnalité des lois, du règlement intérieur de l'Assemblée nationale et des engagements internationaux, des conflits de compétence entre l'exécutif et le législatif ainsi que des exceptions d'inconstitutionnalité soulevées devant la Cour d'appel ou la Cour suprême. Le Conseil constitutionnel peut être saisi par le Président de la République pour avis. Le Conseil constitutionnel juge de la régularité des élections nationales et des consultations référendaires et en proclame les résultats. Les décisions du Conseil constitutionnel ne sont susceptibles d'aucune voie de recours. Elles s'imposent aux pouvoirs publics et à toutes les autorités administratives et juridictionnelles… ».*

[837] À la suite de l'alternance politique de 2024 et des Assises sur la justice, il est envisagé de réformer le Conseil constitutionnel pour en faire une Cour constitutionnelle. La Recommandation n° 29 est ainsi formulée « *Créer une Cour constitutionnelle avec des compétences et des pouvoirs élargis prenant en compte la représentativité hommes-femme* » (Synthèse du Rapport général sur les Assises de la justice, 28 mai-

Au Togo, le contrôle de constitutionnalité avait été confié à la Chambre constitutionnelle de la Cour suprême (loi n° 61-12 du 12 juin 1961). Depuis l'entrée en vigueur de la Constitution de 1992, les attributions de la Chambre ont été reprises par la Cour constitutionnelle. La Cour se présente comme la plus haute juridiction de l'État en matière constitutionnelle (contrôle de la constitutionnalité de la loi, garantie des droits fondamentaux de la personne humaine et des libertés publiques et régulation du fonctionnement des institutions et de l'activité des pouvoirs publics)[838].

4 juin 2024, 14 p). Le Rapport général détaille ainsi cette recommandation : « *1. Au plan structurel : • transformer l'actuel Conseil constitutionnel en une véritable juridiction constitutionnelle accessible par tous et appliquant les règles fondamentales du droit processuel (principe du contradictoire, publicité des débats, etc.) ; • accroître le nombre de ses membres de sept (7) a neuf (9) afin de diversifier sa composition, en l'ouvrant à des non-juristes et à davantage de femmes (Sociologues, Historien(ne)s, Anthropologues, membres de la société civile) ; • permettre aux autres institutions de la République (Parlement, Justice, etc.) de participer à la nomination des juges ; • nommer exclusivement à la Cour constitutionnelle des fonctionnaires (magistrats, hauts fonctionnaires et professeurs d'université) en activité; (pour les non-fonctionnaires, la condition d'activité n'est pas exigée) ; • faire élire le/la président(e) de la Cour par ses pairs afin de réduire l'influence de l'Exécutif dans le fonctionnement de la Cour. 2. Au niveau de son fonctionnement : • faire de la Cour constitutionnelle la juridiction suprême du pays dont les arrêts sont insusceptibles de recours ; • permettre aux citoyens de saisir directement la Cour constitutionnelle en cas de violations de leurs droits fondamentaux ; • accorder aux organisations de la société civiles intéressées la possibilité de faire contrôler la constitutionnalité des textes d'un intérêt vital pour elles ; • établir des passerelles avec les universités et les instituts de recherches en sciences sociales afin qu'elles puissent contribuer, par des amicus curiae ou des "portes étroites", à l'enrichissement de sa jurisprudence ; • simplifier le mode de rédaction des arrêts de la Cour constitutionnelle afin de faciliter leur compréhension par les justiciables ; • permettre aux juges de la Cour constitutionnelles de publier des opinions séparées (individuelles ou dissidentes) ; 3. En termes de relations avec les citoyens : • mettre en place une véritable cellule de communication permettant aux citoyens de mieux* connaître le fonctionnement de l'institution ; • organiser régulièrement des *colloques, séminaires et autres rencontres permettant à tous ceux qui sont intéressés par les problèmes constitutionnels d'interagir avec la Cour ; • améliorer le site internet du Conseil/Cour constitutionnel (elle) contenant les résumés des décisions prises par la Cour et permettant aux citoyens de suivre régulièrement ses activités* », République du Sénégal, Journée du Dialogue national, Rapport général sur les Assises de la Justice, « Réforme et Modernisation de la justice », 28 mai-4 juin 2024, 86 p..

[838] Voir, la Constitution togolaise de 2024, Titre II, Chapitre V (art.68 à 73).

Ces développements liminaires frayent la voie à la présentation subséquente du statut, de la composition, des attributions et du mode de désignation des membres des juridictions constitutionnelles.

B) Statut des juges et composition des juridictions constitutionnelles

En fonction de la rétention de divers critères, le mode de recrutement des membres des juridictions constitutionnelles reflète des réalités sociopolitiques, la représentation de couches professionnelles. Il s'en dégage un large spectre faisant appel à l'élection et/ou la nomination. De même, en raison de critère quantitatif, est retenu un nombre variable de membres.

Dès lors, l'étude du statut des membres (accès à la fonction, régime des incompatibilités, privilèges et immunités, droits et devoirs, fin des fonctions et remplacement), ainsi que la composition et l'organisation de ces juridictions, conduisent à une discrimination pour mieux en apprécier les spécificités individuelles. Cette prise en main successive peut se faire à l'aune d'une triangulation textuelle : la Constitution, la loi organique et le Règlement intérieur de chaque juridiction.

Ainsi, la Cour constitutionnelle du Bénin[839] est composée de sept juges élus pour un mandat de cinq ans. En effet, selon les prescriptions de l'art.115 de la Constitution « *La Cour constitutionnelle est composée de sept membres dont quatre sont nommés par le Bureau de l'Assemblée nationale et trois par le Président de la République pour un mandat de cinq ans renouvelable une seule fois. Aucun membre de la Cour constitutionnelle ne peut siéger plus de dix ans.*

Pour être membre de la Cour constitutionnelle, outre la condition de compétence professionnelle, il faut être de bonne moralité et d'une grande probité.

La Cour constitutionnelle comprend :

– trois magistrats, ayant une expérience de quinze années au moins, dont deux sont nommés par le Bureau de l'Assemblée nationale et un par le Président de la République ;

– deux juristes de haut niveau, professeurs ou praticiens du droit, ayant une expérience de quinze années au moins, nommés l'un par le

[839] Se référer à Judith Fabien ATEMGA, « Le statut du juge constitutionnel africain post vent d'est : l'exemple du juge constitutionnel béninois », in Études en l'honneur de Madame Elisabeth K. Pognon, *op. cit.*, pp. 103-128.

Bureau de l'Assemblée nationale et l'autre par le Président de la République ;

– deux personnalités de grande réputation professionnelle, nommées l'une par le Bureau de l'Assemblée nationale et l'autre par le Président de la République.

Les membres de la Cour constitutionnelle sont inamovibles pendant la durée de leur mandat. Ils ne peuvent être poursuivis ou arrêtés sans l'autorisation de la Cour constitutionnelle et du Bureau de la Cour suprême siégeant en session conjointe, sauf les cas de flagrant délit. Dans ces cas, le Président de la Cour constitutionnelle et le président de la Cour suprême doivent être saisis immédiatement et au plus tard dans les quarante-huit heures.

Les fonctions de membre de la Cour constitutionnelle sont incompatibles avec la qualité de membre du Gouvernement, l'exercice de tout mandat électif, de tout emploi public, civil ou militaire, de toute activité professionnelle ainsi que de toute fonction de représentation nationale, sauf dans le cas prévu à l'article 50 alinéa 3 ».

En complément à ces dispositions, la loi organique sur la Cour précise, certaines conditions de forme. Pour les membres choisis par le Bureau de l'Assemblée nationale, les personnes pressenties doivent fournir un curriculum vitae attestant de leur qualification et expérience professionnelle de même qu'un extrait de casier judiciaire. La décision de nomination relate les résultats du vote et est publiée au Journal officiel. Ces mêmes conditions s'appliquent aux personnes nommées par décret du Chef de l'État qui dispose d'un pouvoir relativement discrétionnaire à cet effet[840].

En ce qui concerne le Conseil constitutionnel du Burkina Faso[841], qui a succédé à la Cour suprême et aux diverses juridictions de transition à la suite de changements anticonstitutionnels de gouvernements, ses compétences sont prévues à l'art.152 de la Constitution : « *Le Conseil constitutionnel est l'institution compétente en matière constitutionnelle et électorale. Il est l'organe régulateur du fonctionnement des institutions et de l'activité des pouvoirs publics. Il est chargé de statuer sur la*

---

840 Art.2 de la loi n° 2022-09 du 27 juin 2022 portant loi organique sur la Cour constitutionnelle.

841 Consulter www.cdn.accf-francophonie.org. Voir aussi nos développements sur l'histoire politique et constitutionnelle de ce pays dans le Chapitre I de la première partie.

constitutionnalité des lois, des ordonnances, ainsi que la conformité des traités et accords internationaux avec la Constitution.

Il interprète les dispositions de la Constitution. Il contrôle la régularité, la transparence et la sincérité du référendum, des élections présidentielles, législatives et est juge du contentieux électoral.

Il proclame les résultats définitifs du référendum, des élections présidentielles et législatives.

Le contrôle de la régularité et de la transparence des élections locales relève de la compétence des tribunaux administratifs. La proclamation des résultats définitifs de ces élections relève de la compétence du Conseil d'État ».

Le Conseil est la plus haute instance juridictionnelle dans ses attributions relatives aux matières constitutionnelles, consultative, référendaire et électorale [842]. La juridiction est composée de dix membres dont un Président nommé par le Président du Faso. Trois membres sont des magistrats désignés par le ministre de la Justice après avis du Conseil Supérieur de la Magistrature, trois membres sont désignés par le Président du Faso et trois membres sont choisis par le Président de l'Assemblée nationale[843].Le mandat des autres membres, sauf celui du Président, est de neuf ans et ils sont renouvelés par tiers tous les trois ans [844]. Les membres sont attributaires de garanties statutaires d'indépendance, d'impartialité (incompatibilités, devoir de réserve, prestation de serment) et disposent de privilèges et immunités notamment l'inviolabilité et l'irresponsabilité en matière pénale sauf en cas de flagrant délit et d'autorisation du Conseil. En retour, ils ont droit à des traitements et indemnités, passeport diplomatique, véhicule de fonction, carte professionnelle, insigne[845], costume, cocarde, agents de sécurité, chauffeur et cabinet particulier (assistant, secrétaire). La composition du Cabinet du Président de la juridiction dévoile la

---

[842] Voir divers textes : art.152 de la Constitution révisée le 30 décembre 2023 ; Loi organique sur le CC du Burkina Faso, précitée ; décret n° 2003-340/PRES/PM/MFP/MFPRE du 10 juillet 2003 portant régime indemnitaire applicable au personnel administratif du Conseil constitutionnel ;décret n° 2003-341/PRES du 10 juillet 2003 portant régime indemnitaire applicable aux membres du Conseil constitutionnel ; décret n° 2003-342/PRES/PM du 10 juillet 2003 portant organisation et fonctionnement du Conseil constitutionnel ;Règlement intérieur du 06 mars 2008.

[843] Voir, articles 7 et 8 du RI, précité.

[844] Art.9 du Règlement intérieur.

[845] Voir la Loi organique sur le CC du Burkina Faso, les décrets et règlement intérieur précités.

présence du Directeur, du Secrétaire particulier, d'un Service du protocole, d'agents de sécurité, Aide de camp, chauffeurs[846].

Quant au Conseil constitutionnel du Cameroun, ses attributions sont prévues à l'art.47 de la Constitution de 1996, qui se lit ainsi : « *1. Le Conseil constitutionnel statue souverainement sur : – La constitutionnalité des lois, des traités et accords internationaux ; – Les règlements intérieurs de l'Assemblée nationale et du Sénat, avant leur mise en application, quant à leur conformité à la Constitution ; – Les conflits d'attribution : entre les institutions de l'État ; entre l'État et les régions ; entre les régions.*

2. Le Conseil constitutionnel est saisi par le Président de la République, le président de l'Assemblée nationale, le président du Sénat, un tiers des députés ou un tiers des sénateurs. Les présidents des exécutifs régionaux peuvent saisir le Conseil constitutionnel lorsque les intérêts de leur région sont en cause.

3. Avant leur promulgation, les lois ainsi que les traités et les accords internationaux peuvent être déférés au Conseil constitutionnel par le Président de la République, le président de l'Assemblée nationale, le président du Sénat, un tiers des députés ou un tiers des sénateurs, les présidents des exécutifs régionaux conformément aux dispositions de l'alinéa (2) ci-dessus. La saisine du Conseil constitutionnel suspend le délai de promulgation.

4. Le Conseil constitutionnel donne des avis sur les matières relevant de sa compétence ». Il est notable que le CC du Cameroun n'ait pas été doté de compétences en matière de contrôle par voie d'exception[847], non

---

[846] Lire les art.14 et 15 du RI.

[847] Cour suprême (statuant à titre provisoire en matière constitutionnel), *Décision n° 20/CCP du 20 septembre 2011, Affaire Mila Assouté.* Aussi, seuls certains particuliers ont accès à la justice constitutionnelle. Selon le Code électoral, en son modifié et complété par la loi n° 2012/017 du 21 décembre 2012, le Conseil constitutionnel statue sur « *Toute requête en annulation totale ou partielle des opérations électorales µintroduite par tout candidat, tout parti politique ayant pris part à l'élection, ou par toute personne ayant qualité d'agent du gouvernement pour cette élection…* » (article 132 alinéa 2). Il en résulte un développement conséquent du contentieux électoral au Cameroun ; voir, Conseil constitutionnel, décision *n° 14/CE/CC/2018 du 17 aout 2018, Affaire* du révérend pasteur *Gaban Midanha Rigobert ;* Cameroun Conseil constitutionnel, *décision n° 01/CCT/CC do 7 juin 2021, Sieur Joachim Nti c. Le Président de la République, le Président du Sénat, le Président de l'Assemblée nationale et alii ;* Cameroun Conseil constitutionnel, *décision n° 01/SDAC/CC du 7 septembre 2021, Dénis Emilien Atangana c. Le Président de la République, le Président du Sénat, le Président de l'Assemblée nationale.*

plus les autres juridictions nationales[848], tandis que la Constitution actuelle prévoit de confier le traitement des contentieux entre l'État et les régions et entre les régions à la juridiction constitutionnelle.

Ses onze membres[849] sont nommés par le Président de la République. Sa composition et ses attributions sont prévues à l'article 51, en ces termes : « *1. Le Conseil constitutionnel comprend onze (11) membres désignés pour un mandat de neuf (9) ans non renouvelable. Les membres du Conseil constitutionnel sont choisis parmi les personnalités de réputation professionnelle établie. Ils doivent jouir d'une grande intégrité morale et d'une compétence reconnue.*

2. Les membres du Conseil constitutionnel sont nommés par le Président de la République et désignés de la manière suivante : – trois, dont le président du Conseil, par le Président de la République ; – trois par le président de l'Assemblée nationale après avis du bureau ; – trois par le président du Sénat après avis du bureau ; – deux par le Conseil supérieur de la magistrature. En sus des onze (11) membres prévus ci-dessus, les anciens Présidents de la République sont, de droit, membres à vie du Conseil constitutionnel. Le président du Conseil constitutionnel a voix prépondérante en cas de partage.

3. En cas de décès ou de démission d'un membre, ou autre cause d'incapacité ou d'inadaptation dûment constatée par les organes compétents prévus par la loi, il est pourvu au remplacement de ce membre par l'autorité ou l'organe de désignation concerné. Le membre ainsi désigné et nommé achève le mandat commencé.

4. Les membres du Conseil constitutionnel prêtent serment devant le Parlement réuni en congrès dans les formes fixées par la loi.

5. Les fonctions de membre du Conseil constitutionnel sont incompatibles avec celles de membre du Gouvernement, du Parlement ou de la Cour suprême. Les autres éléments du statut tels les incompatibilités, les obligations, les immunités et les privilèges, sont fixés par la loi ».

---

848 À la suite du CC, celles-ci rejettent tout moyen soulevé tendant à l'exception d'inconstitutionnalité, comme dans les décisions Cour suprême, *Arrêt n° 178 du 29 mars 1972, Mouelle Koula Eitel c/République fédérale du Cameroun ;* Cour suprême, *Arrêt n° 194 du 25 mai 1972, Nana Tchana Daniel c/République fédérale du Cameroun,* cités par Jean-Mermoz BIKORO et *al*, Le procès, *op. cit.*

849 Voir, Loi n° 2004-005 du 21 avril 2004 fixant le statut des membres du Conseil constitutionnel de la République du Cameroun.

Relativement à la Cour constitutionnelle de la République du Congo[850], elle dispose d'attributions qui sont systématisées par l'art.175 de la Constitution de 2015, à savoir : « *La Cour constitutionnelle est la haute juridiction de l'État en matière constitutionnelle. Elle est juge de la constitutionnalité des lois, des traités et accords internationaux. La Cour constitutionnelle est l'organe régulateur du fonctionnement des institutions et des activités des pouvoirs publics* ». En outre, la Cour, selon l'article 2 de son RI, « *assure, à travers ses missions de contrôle, la protection des droits et libertés fondamentaux du citoyen* ». Sa composition est ainsi fixée par l'art.182 de la Constitution, « *La Cour constitutionnelle est composée de neuf membres nommés ainsi qu'il suit : • trois par le Président de la République ; • deux par le Président du Sénat ; • deux par le Président de l'Assemblée nationale ; • deux par la Cour suprême parmi les membres de cette juridiction* »[851]. Le Président de la Cour, nommé par le Président de la République parmi les membres, a voix prépondérante en cas de partage égal des voix. La durée du mandat est de « *quatre ans renouvelable deux fois* » et la Cour doit être composée d'au moins six personnalités reconnues pour leur « *expérience dans le domaine du Droit* » (art.187).

Le Conseil constitutionnel de la République de Côte d'Ivoire est régi par divers textes. Selon l'art.126 du texte fondamental de 2016 : « *Le Conseil constitutionnel est une juridiction constitutionnelle. Il est indépendant et impartial. Le Conseil constitutionnel est l'organe régulateur du fonctionnement des pouvoirs publics. Le Conseil constitutionnel est juge de la conformité de la loi au bloc de constitutionnalité. Le Conseil constitutionnel est juge du contrôle de l'élection présidentielle et des élections parlementaires* ».

---

[850] Voir, art.175 à 188 de la Constitution de 2015 ; Loi organique n° 28-2018 du 7 août 2018 portant organisation et fonctionnement de la Cour constitutionnelle, modifiée par la LO n° 57-2020 du 18 novembre 2020, précitée.

[851] La loi organique de 2018 précise en son art.4 que «*La Cour constitutionnelle est composée de neuf membres nommés ainsi qu'il suit : • trois par le Président de la République, dont deux au moins jouissant d'une expérience dans le domaine du droit ; • deux par le Président du Sénat, dont un au moins jouissant d'une expérience dans le domaine du droit ; • deux par le Président de l'Assemblée nationale, dont un au moins jouissant d'une expérience dans le domaine du droit ; • deux par la Cour suprême parmi les membres de cette juridiction. Par décret conforme, le Président de la République prononce leur nomination* », et l'art.5 complète, en disposant que « *La Cour constitutionnelle comprend : • un Président ; • un Vice-président ; • des membres. Le Président et le vice-président de la Cour constitutionnelle sont nommés par décret du Président de la République parmi les membres de la Cour* ».

En dehors des membres de droit (anciens Présidents de la République, sauf renonciation expresse de leur part), le Conseil est composé d'un Président et de six membres nommés pour un mandat de six ans non renouvelables. Trois sont désignés par le Président, deux par le Président de l'Assemblée nationale et un par le Président du Sénat[852]. Le serment du Président est prêté devant le Président de la République et ceux des six autres membres devant le Président du Conseil constitutionnel. Le Conseil est renouvelé par moitié tous les trois ans. La loi organique de 2022 et le Règlement intérieur fixent les conditions de remplacement, les incompatibilités, les privilèges et immunités, le rôle du Secrétariat général [853] et les autres règles afférentes à l'organisation et au fonctionnement de l'institution[854].

Quant à la Cour constitutionnelle de la République gabonaise, prévue aux articles 82 à 93 de la Constitution du 26 mars 1991, elle a fonctionné jusqu'à 2023. À l'heure actuelle, la Constitution cohabite avec la Charte de la Transition du 4 septembre 2023, mais l'art.61 de la Charte met l'accent sur le fait qu'« *en cas de contrariété entre la Charte de la Transition et la Constitution du 26 mars 1991, les dispositions de la présente Charte s'appliquent. La Cour Constitutionnelle de la Transition statue en cas de litige* ».

L'art.53 de cette Charte crée une Cour constitutionnelle de la Transition qui « *contrôle la conformité à la présente Charte et à la Constitution du 26 mars 1991 des actes législatifs et réglementaires pris par les organes de la Transition. Elle statue sur la régularité des opérations de référendum dont elle proclame les résultats à l'issue du contentieux dont elle serait saisie* ». Cet article est complété par les dispositions de l'article 54 du même texte indiquant que « *La Cour Constitutionnelle de la Transition est composée de neuf (09) membres nommés par le Président de la Transition parmi les hauts cadres de la Nation dont le Président. Le Président de la Cour Constitutionnelle de la Transition n'est pas éligible à l'élection présidentielle qui sera organisée pour marquer la fin de la Transition* ».

Entre 1991 et 2023, la Cour constitutionnelle assumait diverses prérogatives. Selon l'article 84, *« La Cour constitutionnelle statue*

---

[852] Art.3 et 4 de la LO n° 2022-222 sur le Conseil constitutionnel de la RCI.

[853] Dirigé par le Secrétaire général, nommé par décret sur proposition du Président du Conseil qu'il assiste dans la coordination et la direction des services administratifs.

[854] République de Côte d'Ivoire, Loi organique n° 2022-222 du 25 mars 2022 et Règlement intérieur n° 001/2023/CC/SG du 17 janvier 2023 du Conseil constitutionnel.

obligatoirement sur : – les traités et accords internationaux avant leur entrée en vigueur, quant à leur conformité à la Constitution, après adoption par le Parlement de la loi d'autorisation ; – la constitutionnalité des lois organiques et des lois avant leur promulgation, des ordonnances ainsi que des actes réglementaires censés porter atteinte aux droits fondamentaux de la personne humaine et aux libertés publiques, après leur publication ; – les règlements de l'Assemblée nationale et du Sénat, le règlement de procédure de la Cour Constitutionnelle et le règlement du Conseil Économique, social et environnemental, avant leur mise en application, quant à leur conformité à la Constitution ; – les règlements des autorités administratives indépendantes déterminées par la loi, avant leur mise en application, quant à leur conformité à la Constitution ; – les conflits d'attribution entre les institutions de l'État ; – la régularité des élections présidentielles, parlementaires, et des opérations de référendum dont elle proclame les résultats. La Cour constitutionnelle est saisie en cas de contestation sur la validité d'une élection, par tout électeur, tout candidat, tout parti politique ou délégué du Gouvernement dans les conditions prévues par la loi organique sur la Cour Constitutionnelle. »[855]. La composition de la Cour s'ordonnait autour de neuf juges nommés pour un mandat de neuf (9) ans, non renouvelable, en raison de trois par le président de la République, dont le président ; trois par le Parlement (deux (2) par l'Assemblée nationale et un (1) par le Sénat) ; trois (3) par le Conseil Supérieur de la Magistrature. Les critères de nomination font apparaître les spécifications suivantes, selon l'art.88 de la Constitution : « *Les magistrats désignés par les autorités de nomination ci-dessus sont choisis parmi les magistrats*

[855] Ces dispositions sont loin d'épuiser les compétences puisque l'art.85 poursuit : « *Les lois organiques et les ordonnances portant sur le domaine relevant de la loi organique sont soumises par le Premier ministre à la Cour Constitutionnelle avant leur promulgation ou leur publication. Les autres catégories de loi, les ordonnances ainsi que les actes réglementaires censés porter atteinte aux droits fondamentaux de la personne humaine et aux libertés publiques peuvent être déférés à la Cour Constitutionnelle, soit par le Président de la République, soit par le Premier ministre, soit par les Présidents des Chambres du Parlement ou un dixième (1/10e) des membres de chaque Chambre, soit par les Présidents de la Cour de cassation, du Conseil d'État et de la Cour des comptes, soit par tout citoyen ou toute personne morale lésée par la loi, l'ordonnance ou l'acte réglementaire querellé. La Cour constitutionnelle statue, selon une procédure contradictoire dont les modalités sont fixées par la loi organique, dans le délai d'un mois. Toutefois, à la demande du Gouvernement et en cas d'urgence, ce délai est ramené à huit jours. Le recours suspend le délai de promulgation de la loi ou l'application de l'acte. Une disposition déclarée inconstitutionnelle ne peut être promulguée, publiée ou appliquée* ».

de grade hors hiérarchie exerçant ou ayant exercé au sein de la Cour Constitutionnelle, de la Cour de cassation, du Conseil d'État, de la Cour des Comptes ou de l'administration centrale de la Justice. Les Juges Constitutionnels sont choisis à titre principal parmi les professeurs de droit, les avocats et les magistrats âgés de cinquante (50) ans au moins et justifiant de quinze ans d'expérience professionnelle, ainsi que les personnalités qualifiées ayant honoré le service de l'État et âgées d'au moins cinquante ans. Le président de la Cour constitutionnelle est nommé pour la durée du mandat… ».

En République de Guinée, les juges de la Cour constitutionnelle étaient aussi assujettis à un régime d'incompatibilités avec des fonctions publiques ou privées, à des obligations comme le devoir de réserve, à des règles portant sur leur remplacement en cours de mandat pour cause d'empêchement, de décès et de démission. Ils avaient droit à des immunités et privilèges ou autres avantages matériels [856]. L'organisation et le fonctionnement de cette défunte Cour étaient réglés par la Loi organique n° L/2011/006/CNT du 10 mars 2011[857]. La Cour constitutionnelle de la République de Guinée était composée de neuf membres âgés de quarante-cinq ans au moins dont deux personnalités, reconnues pour leur probité et sagesse, proposées l'une par le bureau de l'Assemblée nationale et l'autre par le Président de la République ;trois magistrats ayant au moins vingt ans de pratique, choisis par leurs pairs ; un avocat ayant vingt ans de pratique, choisi par ses pairs ; un « *enseignant de la faculté de droit titulaire d'un doctorat de droit public* » ayant une expérience d'au moins vingt ans, élu par ses pairs ; deux représentants de l'Institution Nationale Indépendante des Droits de l'Homme « *reconnus pour leur longue expérience* ».

Le mandat était de neuf ans avec renouvellement par tiers tous les trois ans sur tirage au sort. Les décisions de désignation et les décrets les confirmant faisaient l'objet de publication au journal officiel. Le Président de la Cour, élu par ses pairs, était secondé par le Secrétaire général qui assiste aux débats, mais sans voix délibérative[858]. Depuis l'incorporation des attributions de l'ex-Cour constitutionnelle, la Cour suprême est la plus haute instance juridictionnelle en matière

[856] Loi organique n° 9/91 du 26 septembre 1991, modifiée par les lois organiques n° 13/94 du 17 septembre 1994 et n° 003/2003 du 2 juin 2003 sur la Cour constitutionnelle ; Décision n° 035/CC du 10 novembre 2006 portant Règlement intérieur de la Cour constitutionnelle, Répertoire n° 035/CC du 10 novembre 2006.

[857] Journal Officiel de la République de Guinée, 57e année, numéro spécial, mai 2015.

[858] Art.87 et s. de la loi organique de 2011, précitée.

constitutionnelle, judiciaire et administrative. En matière contentieuse et consultative, elle assure le contrôle de constitutionnalité des lois, veille au respect de la Constitution et se prononce sur la constitutionnalité des lois, sur le caractère réglementaire des dispositions de forme législative, sur la constitutionnalité des lois organiques, sur la recevabilité des dispositions de lois et amendements d'origine parlementaire, sur la constitutionnalité des engagements internationaux et plus généralement sur tous les conflits de compétence entre le pouvoir exécutif et le pouvoir législatif.

En matière électorale et référendaire, la Cour Suprême reçoit les candidatures à la Présidence de la République, arrête la liste des candidats, veille à la régularité de la campagne et du scrutin, statue sur les contestations et proclame les résultats. Elle reçoit le serment du Président de la République et constate également son empêchement. La Cour Suprême veille à la régularité de la campagne et du scrutin pour le référendum et pour l'élection des députés, statue sur les contestations et proclame les résultats.

Depuis l'entrée en vigueur de la Constitution de Madagascar de 2010 (actuellement en vigueur), la HCC est composée de neuf membres, désignés pour un mandat de sept ans non renouvelables. En effet, les dispositions de l'art.114 de la Constitution indiquent que le Président de la République nomme trois membres et que le Conseil supérieur de la Magistrature, le Sénat et l'Assemblée nationale nomment chacun deux membres ; le Président de la Cour étant élu parmi les membres.

Dans la même veine, l'article premier de la Décision n° 01-HCC/D.4 du 28 juin 1991 portant Règlement intérieur de la HCC confère à l'institution certaines prérogatives : « *L'autonomie administrative et financière dont jouit la Haute-Cour constitutionnelle, en vertu des dispositions de l'ordonnance n° 77-032 du 29 juin 1977, constitue la principale modalité de sauvegarde et de mise en œuvre de l'indépendance de cette Institution juridictionnelle. À cet effet, tous les actes de nature réglementaire, hormis ceux qui régissent les principes et règles de comptabilité publique, ne sont ni opposables ni applicables à la Haute-Cour constitutionnelle dont l'organisation et la gestion, tant administrative que financière, relèvent exclusivement du présent Règlement intérieur* ».

L'organisation et le fonctionnement sont chevillés autour des organes suivants : « *le Cabinet du président ; la Chambre des hauts conseillers qui comprend le Greffe, la documentation, le bureau des auditeurs et le bureau informatique, le Secrétariat général qui assure le fonctionnement administratif et financier* »[859].

Depuis 1992[860], la justice constitutionnelle est incarnée au Mali par la Cour constitutionnelle dont l'essentiel des attributions est repris dans les dispositions de la Constitution de 2023. Dans le Titre V, Chapitre III de la Constitution, l'article 144 dispose : « *La Cour constitutionnelle est juge de la constitutionnalité des lois et elle garantit les droits fondamentaux de la personne humaine et les libertés publiques. Elle est l'organe régulateur du fonctionnement des institutions et de l'activité des pouvoirs publics* ». Créée en 1992 et installée en 1994, la Cour constitutionnelle, a une composition fixée par les dispositions de l'art.145, à savoir :

« *La Cour constitutionnelle comprend neuf (09) membres qui portent le titre de conseillers. Le mandat des conseillers est de sept (07) ans, non renouvelable. Les neuf (09) membres de la Cour constitutionnelle sont désignés comme suit : deux (02) par le Président de la République ; un (01) par le Président de l'Assemblée nationale ; un (01) par le Président du Sénat ; deux (02) par le Conseil supérieur de la Magistrature ; deux (02) Enseignants-Chercheurs de droit public désignés par un Collège constitué par les recteurs des universités publiques de droit ; un (01) par l'Ordre des Avocats. Les Conseillers sont choisis, à titre principal, parmi les Enseignants-Chercheurs de droit public, les Avocats et les magistrats ayant au moins quinze (15) ans d'expérience, ainsi que les personnalités qualifiées qui ont honoré le service de la Nation. Les Conseillers, ainsi désignés, sont nommés par décret du Président de la République* ». Toutefois, les évènements politiques ayant abouti à la fin du régime civil du président Ibrahima Boubacar Keita, ont eu pour conséquence un renouvellement prématuré de la juridiction en août 2020.

La compétence *ratione materiae* de la Cour réside dans le fait qu'elle statue sur les conflits de compétence entre les pouvoirs exécutif et législatif et qu'elle a en charge le contrôle de la constitutionnalité des lois organiques et des lois avant leur promulgation, des règlements intérieurs de l'Assemblée nationale, du Haut Conseil des Collectivités et du Conseil économique, social et culturel avant leur mise en application. La Cour constitutionnelle veille aussi à la régularité des élections présidentielles, législatives et des opérations de référendum

---

[859] Art.2 de la Décision n° 01-HCC/D.4 du 28 juin 1991 portant Règlement intérieur de la Haute Cour constitutionnelle. Actuellement, la HCC est régie par la Délibération n° 02-HCC/DB du 17 septembre 2021 portant Règlement intérieur.

[860] Constitution de la République du Mali du 27 février 1992.

dont elle proclame les résultats. Tout candidat et parti politique ainsi que le délégué du Gouvernement peut la saisir afin de contester la validité d'une élection. Le Président de la Cour est assisté d'un Gestionnaire avec le personnel de soutien, d'un Secrétariat général et d'un Service de Greffe[861].

Entre 2013 et 2023, la Cour constitutionnelle de la République du Niger exerçait les attributions décrites à l'art.120 de la Constitution de 2010, à savoir : « La *Cour constitutionnelle est la juridiction compétente en matière constitutionnelle et électorale. Elle est chargée de statuer sur la constitutionnalité des lois, des ordonnances ainsi que de la conformité des traités et accords internationaux à la Constitution.*

Elle interprète les dispositions de la Constitution. Elle contrôle la régularité, la transparence et la sincérité du référendum, des élections présidentielles et législatives. Elle est juge du contentieux électoral et proclame les résultats définitifs des élections ».

Durant ces années de fonctionnement, la Cour constitutionnelle comprenait sept (07) membres âgés de quarante (40) ans au moins, nommés pour six (6) ans par décret du Président de la République, le mandat n'étant pas renouvelable. Le choix des sept membres [862] s'opérait de la manière suivante : deux (2) personnalités ayant une grande expérience professionnelle en matière juridique ou administrative dont une (1) proposée par le Président de la République et une (1) proposée par le Bureau de l'Assemblée nationale ; deux (2) magistrats élus par leurs pairs dont un (1) du premier grade et un (1) du deuxième grade; un (1) avocat ayant au moins dix (10) années d'exercice, élu par ses pairs ; un (1) enseignant-chercheur titulaire d'un doctorat en droit public, élu par ses pairs ; un (1) représentant des associations de défense

---

[861] Voir, l'arrêt *n° 97-008 de la Cour Constitutionnelle en date du 03 février 1997* ; la loi n° 97-010 du 11 février 1997 portant loi organique déterminant les règles d'organisation et fonctionnement de la Cour Constitutionnelle ainsi que la procédure suivie devant elle modifiée par la loi n° 011 du 04 mars 2002 et par la loi n° 02-011 du 05 mars 2002 ; Délibération du 28 août 2002 adoptant le Règlement intérieur de la Cour constitutionnelle du Mali.

[862] Selon la loi organique n° 2012-35 du 19 juin 2012 déterminant l'organisation, le fonctionnement de la Cour constitutionnelle et la procédure suivie devant elle, « (…) *Les membres de la Cour constitutionnelle portent le titre de conseiller. Les candidats à la Cour constitutionnelle doivent jouir d'une bonne moralité attestée par les services compétents et produire avant leur élection et leur nomination : un curriculum vitae qui permet de juger de leurs qualifications et expériences professionnelles accompagné de tous les documents probants ; un extrait du casier judiciaire ; un certificat médical ; un certificat de nationalité* ».

des droits humains et de promotion de la démocratie, titulaire au moins d'un diplôme de 3e cycle en droit public, élu par le ou les collectifs de ces associations. Le nombre des membres de la Cour constitutionnelle était renouvelé par tiers tous les deux (2) ans.

S'agissant du Conseil constitutionnel du Sénégal, sa composition et la durée du mandat des membres sont fixées à l'art.89 de la Constitution de 2001 : « *Le Conseil constitutionnel comprend sept (07) membres dont un président, un vice-président et cinq (05) juges. La durée de leur mandat est de six (06) ans. Le Président de la République nomme les membres du Conseil constitutionnel dont deux sur une liste de quatre personnalités proposées par le Président de l'Assemblée nationale. Le président du Conseil constitutionnel est nommé par le Président de la République. Il a voix prépondérante en cas de partage. Les conditions à remplir pour pouvoir être nommé membre du Conseil constitutionnel sont déterminées par la loi organique. Le mandat des membres du Conseil constitutionnel ne peut être renouvelé. Il ne peut être mis fin aux fonctions des membres du Conseil constitutionnel avant l'expiration de leur mandat que sur leur demande ou pour incapacité physique, et dans les conditions prévues par la loi organique* ».

La systématisation de ces attributions par les articles premier et 2 de la loi organique n° 2016-23 du 14 juillet 2016 fait apparaître que « *… Le Conseil constitutionnel se prononce sur la constitutionnalité des lois, sur le caractère réglementaire des dispositions de forme législative, sur la recevabilité des propositions de loi et amendements d'origine parlementaire, sur la constitutionnalité des engagements internationaux, sur les exceptions d'inconstitutionnalité soulevées devant la Cour d'appel ou la Cour suprême, sur les conflits de compétence entre le pouvoir exécutif et le pouvoir législatif* » et qu'il a également d'autres compétences telles que le fait qu'il « *reçoit les candidatures à la Présidence de la République, arrête la liste des candidats, statue sur les contestations relatives aux élections du Président de la République, des députés à l'Assemblée nationale et des hauts conseillers et en proclame les résultats. Il reçoit le serment du Président de la République et constate sa démission, son empêchement ou son décès ainsi que la démission, l'empêchement ou le décès des personnes appelées à le suppléer dans ces cas. Il exerce les compétences qui lui sont dévolues par les articles 51 et 52 de la Constitution lorsque le Président de la République décide de soumettre un projet de loi au référendum ou prononce la dissolution de l'Assemblée nationale. Il se prononce sur les questions qui lui sont soumises par le Président de la République en application de l'article 92, alinéa 2 de la Constitution* ».

À titre d'épilogue, on notera, qu'à la suite de l'alternance politique intervenue en mars 2024, à la faveur de l'organisation d'assises sur la justice, les recommandations qui en émanent préconisent la création d'une cour constitutionnelle à la place de l'actuel Conseil constitutionnel. Si cette mutation voyait le jour , elle pourrait conduire à l'augmentation du nombre des membres , à la représentation de divers courants d'opinion ou de couches socioprofessionnelles, à l'extension des compétences, du nombre de saisissants(institutions, citoyens , voire associations de défense des droits de l'Homme), à l'intégration de différents types de recours normatifs, ce qui suppose la révision de la Constitution de 2001 ou le recours au pouvoir constituant originaire avec l'adoption d'une nouvelle Constitution.

Last but not least, la Constitution de la République togolaise de 1992 indique en son art.104 :« *La Cour constitutionnelle est la juridiction chargée de veiller au respect des dispositions de la Constitution. La Cour constitutionnelle juge de la régularité des consultations référendaires, des élections présidentielles, législatives et sénatoriales. Elle statue sur le contentieux de ces consultations et élections. Elle est juge de la constitutionnalité des lois.*

Les lois peuvent, avant leur promulgation, lui être déférées par le Président de la République, le Premier ministre, le Président de l'Assemblée nationale, le Président du Sénat, le Président de la Haute Autorité de l'Audiovisuel et de la Communication, le Président du Conseil économique et social, le Président de la Commission nationale des droits de l'Homme, le Président du Conseil Supérieur de la magistrature, le Médiateur de la République, les présidents des groupes parlementaires ou un cinquième (1/5eme) des membres de l'Assemblée nationale ou du Sénat.

Aux mêmes fins, les lois 'organiques, avant leur promulgation, les règlements intérieurs de l'Assemblée nationale et du Sénat, ceux de la Haute Autorité de l'audiovisuel et de la communication, du Conseil économique et social, de la Commission nationale des droits de l'homme et du Conseil ; supérieur de la magistrature, avant leur application, doivent lui être soumis .La Cour constitutionnelle peut être saisie d'une demande d'avis sur le sens des dispositions constitutionnelles par le Président de la République, le Premier ministre, le Président de l'Assemblée nationale, le Président du Sénat, le Président de la Haute Autorité de l'Audiovisuel et de la Communication, le Président du Conseil économique et social, le Président de la Commission nationale des Droits de l'Homme, le Président du Conseil supérieur de la magistrature, le Médiateur de la République et les présidents des groupes parlementaires. Une loi organique détermine les autres autorités et les personnes morales qui peuvent saisir la Cour constitutionnelle, en matière de protection des droits fondamentaux. Au cours d'une instance judiciaire, toute personne physique ou morale peut, in limine litis, devant les cours et tribunaux, soulever l'exception d'inconstitutionnalité d'une loi. Dans ce cas, la juridiction sursoit à statuer et saisit la Cour constitutionnelle. La Cour constitutionnelle doit statuer dans le délai d'un mois, ce délai peut être réduit à huit (08) jours en cas d'urgence. Un texte déclaré inconstitutionnel ne peut être promulgué. S'il a été déjà mis en application, il doit être retiré de l'ordonnancement juridique »[863].

La Constitution de 2024 ne s'écarte pas trop de ce schéma. Son art. 70 dispose : « *Les lois organiques avant leur promulgation, les règlements intérieurs de l'Assemblée nationale et du Sénat, ceux de la Haute Autorité de régulation de la communication écrite, audiovisuelle et numérique, du Conseil économique, social et environnemental, du Protecteur du citoyen, de la Haute Autorité pour la transparence, l'intégrité de la Vie publique et la lutte contre la corruption, de la Commission nationale des Droits de l'Homme et du Conseil Supérieur de la Magistrature, avant leur mise en application sont soumis à la Cour constitutionnelle qui se prononce sur leur conformité à la Constitution.*

Les lois avant leur promulgation peuvent être déférées à la Cour constitutionnelle par le Président de la République, le Président du Conseil, le Président de l'Assemblée nationale, le Président du Sénat ou par un tiers (1/3) des députés ou un tiers (1/3) des sénateurs.

La saisine de la Cour constitutionnelle suspend la promulgation du texte déféré.

La Cour constitutionnelle statue dans un délai d'un (01) mois. Toutefois, à la demande du gouvernement, s'il y a urgence, ce délai est ramené à huit (08) jours »

S'inscrivant dans cette lancée, son art.68 dispose : *« La Cour constitutionnelle est chargée d'assurer le respect de la constitution. Elle est juge de la constitutionnalité des lois ainsi que des règlements*

[863] Voir aussi art.2 du Règlement intérieur de la Cour constitutionnelle du Togo du 15 janvier 2020 ; Décret n° 97-082/PR fixant les indemnités des juges de la Cour constitutionnelle et Décret n° 97-063/PM accordant avantages aux juges de la Cour constitutionnelle ; www.courconstitutionnelle.tg.

intérieurs de l'Assemblée nationale et du Sénat, ceux de la Haute Autorité de régulation de la communication écrite, audiovisuelle et numérique, du Conseil économique, social et environnemental, du Protecteur du citoyen, de la Haute Autorité pour la transparence, l'intégrité de la Vie publique et la lutte contre la corruption, de la Commission nationale des Droits de l'Homme et du Conseil Supérieur de la Magistrature. Elle garantit les droits fondamentaux de la personne humaine et les libertés publiques.

Les décisions de la Cour Constitutionnelle sont définitives et insusceptibles de recours ».

Les juges sont nommés ainsi qu'il suit : *« - Deux (02) sont désignés par le Président du Conseil dont un (01) en raison de ses compétences et de son expérience professionnelle en matière juridique et administrative.*

– Deux (02) sont élus par l'Assemblée nationale, en dehors des députés, à la majorité absolue de ses membres dont un (01) en raison de ses compétences et de son expérience professionnelle en matière juridique et administrative.

– Un (01) avocat élu par ses pairs et ayant au moins quinze (15) ans d'ancienneté.

– Un (01) enseignant-chercheur en droit des universités publiques du Togo, élu par ses pairs et ayant au moins quinze (15) ans d'ancienneté.

Les juges de la Cour constitutionnelle sont nommés pour sept (07) ans non renouvelables.

Le Président de la Cour constitutionnelle est nommé par le Président du Conseil. Il a voix prépondérante en cas de partage. »[864].

En filigrane de ces développements, il ressort la récurrente problématique de la composition des juridictions constitutionnelles. À cet égard, il est salutaire de noter la tendance à un recrutement hétérogène des membres permettant de compter parmi ceux-ci des magistrats, des enseignants des facultés de droit [865], des avocats, des membres de la

[864] Art.69 de la Constitution de 2024 ; voir, aussi, Art.100 de la Constitution et art.9 de la Loi organique n° 2019-023 du 23 décembre 2019 sur la Cour constitutionnelle.
[865] Bruno GENEVOIS, « Un universitaire au Conseil constitutionnel : le doyen Georges Vedel », RFDA, 2004, n° 2, pp. 215-223 ; Pierre CASTERA, Les professeurs de droit, membres du Conseil constitutionnel, Thèse de doctorat, Bordeaux, 2015, 640 p.

société civile et d'autres professionnels du monde du droit, voire des anthropologues et des sociologues.

Mais cette variété dans la composition n'est pas observée lorsque la matière constitutionnelle est prise en charge exclusivement par des cours suprêmes ou juridictions supérieures ne comptant en leur sein que des magistrats.

Au surplus, s'il n'est pas concevable qu'une juridiction soit composée uniquement de professeurs de droit au risque de transformer le prétoire en un échange constant de théories constitutionnelles et en rampes d'essai de validation de telle ou telle ligne doctrinale, une juridiction constitutionnelle composée des seuls magistrats ne saurait gagner tous les suffrages en raison de la spécialité de la matière et des flux et ressacs de la jurisprudence constitutionnelle. Dans ce sillage, il a été relevé l'apport incontesté des universitaires membres de Cours et Conseils constitutionnels. De surcroit, il faut évacuer le faux débat de dissocier parmi ceux-ci, les juristes de droit public et les juristes de droit privé, le droit constitutionnel englobant de grands pans de droit civil, de droit pénal[866], de droit judiciaire ; de nombreux textes législatifs ou réglementaires soumis au juge constitutionnel incluant bien des aspects de droit privé[867].

Dans ce sillage, l'observation des juridictions montre que leur fonctionnement peut s'établir, principalement, en formation plénière, quelquefois en formation restreinte. Il est cependant rare qu'une décision soit rendue par un juge unique[868], mais il reste possible que la décision soit rendue par une formation à composition restreinte du fait de l'absence justifiée de certains membres[869] ; celle du Président

---

[866] Voir l'émergence du droit pénal constitutionnel.

[867] Cf., Meïssa DIAKHATE, « Les ambiguïtés de la juridiction constitutionnelle dans les États de l'Afrique noire francophone », *RDP,* 2015, n° 3, pp. 194-224 ; DAGRA Mamadou, « Les Cours constitutionnelles africaines : des gardiens de la constitution vénérés ou… décriés », in NAREY Oumarou (Sous la direction), *La justice constitutionnelle, op. cit.*

[868] La quasi-totalité des membres de la Cour constitutionnelle du Bénin s'étant récusés ou déportés, la *Décision DCC 03-091 du 4 juin 2003* a été rendue par un seul juge. Lorsqu'elle est admise, la récusation permet à une partie de demander qu'un ou des juges ne siègent pas du fait de soupçons de partialité, de liens de parenté ou d'amitié ou d'un conflit d'intérêt.

[869] Voir, Cour constitutionnelle du Bénin, *décision n° DCC 24-175 du 12 septembre 2024, Karim Issiaka.* La juridiction se fonde sur les dispositions de l'art. 17 de la LO de 2023 sur la Cour constitutionnelle, pour décider que l'« *indisponibilité de*

pouvant être suppléée par la guidée du Vice-président, du plus ancien membre ou du doyen d'âge.

Cette situation peut découler de la récusation d'un ou de plusieurs juges si les textes constitutionnels ou organiques instaurent la possibilité pour les parties de demander la non-présence de juges suspectés en raison de liens d'amitié, de parenté ou de conflit d'intérêts avec l'une des parties, l'impartialité d'ordinaire présumée faisant l'objet de doute[870]. Concomitamment, le juge se trouvant dans ces hypothèses peut, si la juridiction l'accepte, demander son déport, en ne participant pas à la procédure[871].

Ces juridictions se prononcent plus souvent en huis clos et accueillent moins les audiences publiques. Quant à l'intervention de tiers, elle peut être nécessaire dans la phase de l'instruction à la diligence du juge, mais elle demeure peu fréquente soit à titre d'*amici curiae*, soit comme tierce partie à l'instance[872].Il faut relever l'existence d'une pratique voisine dite des « portes étroites »[873] , rarement usitée en Afrique et produisant un grand engouement en France[874] au point que le CC a dû en réglementer l'usage et se résoudre à les rendre publiques pour des

---

(conseillers) constitue un empêchement qui habilite la Cour à statuer avec seulement quatre (04) de ses membres ».

[870] Nicoletta PERLO, « Les premières récusations au Conseil constitutionnel : réponses et nouveaux questionnements sur un instrument à double tranchant », *Annuaire international de justice constitutionnelle*, n° XXVII, 2011, pp. 61-79.

[871] Thomas PERROUD, « La neutralité procédurale du Conseil constitutionnel », *La Revue des droits de l'homme* [En ligne], 15 | 2019, mis en ligne le 21 décembre 2018, consulté le 24 septembre 2024. URL : http://journals.openedition.org/revdh/5618 ; DOI : https://doi.org/10.4000/revdh.5618.

[872] Voir, Tephy-Lewis EDZODZOMO NKOUMOU, L'office du juge constitutionnel africain. Etude comparée à partir des exemples béninois, gabonais et malgache, Paris, L'Harmattan, 2024,430p ; Thierry SANTOLINI ; « Les parties dans le procès constitutionnel en droit comparé », *Les Cahiers du Conseil constitutionnel*, n° 25, juillet 2018,

[873] Expression dont la paternité revient à Georges Vedel dans son article « L'accès des citoyens au juge constitutionnel. La porte étroite », *La vie judiciaire*, n° 2344, mars, 1991, pp.11-17. Voir, Denys DE BECHILLON, « Réflexions sur le statut des portes étroites » devant le Conseil constitutionnel, Paris, Le Club des juristes, Rapport, janvier 2017, 76 p.

[874] On peut la définir comme la « voie par laquelle des personnes physiques ou morales dépourvues de qualité pour agir adressent au juge constitutionnel, saisi d'un texte, des mémoires informatifs confirmant ou contestant sa constitutionnalité », Pascal JAN, La saisine du Conseil constitutionnel, Paris, LGDJ, 1999, p. 680.

raisons de transparence[875]. Bien avant l'introduction de la QPC, l'aménagement de la pratique des « portes étroites », a facilité l'intervention de tiers (syndicats, entreprises, société civile organisée, citoyens, spécialistes du monde académique, scientifique ou autre) désirant, dans le cadre du contrôle a priori , de porter à la connaissance du CC, des informations de première importance relatives au traitement d'instance pendante devant la juridiction et destinées à soutenir la conformité totale ou partielle ou l'inconstitutionnalité de la loi querellée.

Il s'agit donc d'une contribution. Il en résulte avantages et inconvénients. Les avantages résident dans l'apport d'une expertise et d'informations non négligeables sur des aspects techniques connexes, dans des domaines très éloignés du droit constitutionnel ou sur des questions débattues par citoyens et classes politiques.

Les inconvénients sont nombreux. Outre, que ces portes étroites donnent le sentiment d'une présomption de défaillance cognitive des juges sur les ressorts de l'affaire soumise au prétoire, l'afflux de ces demandes et contributions peut ralentir le travail juridictionnel. De surcroit, il n'a jamais été question de limiter l'intervention de tiers, le juge rapporteur ayant toujours la latitude par ses moyens d'investigation de faire appel à des experts, d'entendre parties, témoins et tout tiers qu'il estime nécessaire à auditionner.

Sur un plan plus subjectif, le métier de juge constitutionnel, abstraction faite de certains avantages non négligeables, comporte une grande part d'émotivité au regard de la perception à trampoline des acteurs politiques et du justiciable selon que leurs arguments sont validés ou sanctionnés pour irrecevabilité, incompétence, forclusion. Il revient souvent que le grand public ne porte un intérêt à la juridiction constitutionnelle que dans les périodes électorales propices aux passions extrêmes pouvant se traduire en menaces, intimidations, dénigrements, diffamation envers les juges voire leurs familles, sinon distillation de sous-entendus de non-application de leurs décisions[876]. De ces impressions, il résulte une grande méconnaissance du travail constitutionnel et de ses servitudes, ignorance qui pourra se dissiper, sans doute dans le long terme, avec le

[875] Cf, Adja MBENGUE, « Propos sur l'empirisme procédural dans le contrôle de constitutionnalité a priori. Le cas des « portes étroites », Jus Politicum, n° 22, « Histoire constitutionnelle », juillet 2019, pp. 185-209.

[876] Voir, Marie-Claire PONTHOREAU, « La confiance du public dans la justice constitutionnelle à l'ère du populisme. Pistes de réflexion », *AIJC,* 2020, n° 35-2019, pp. 15-20 ; Ameth NDIAYE, « La difficulté d'être du juge constitutionnel en Afrique », in Mélanges en l'honneur du professeur Dominique Rousseau, *op. cit.*, pp. 931-943.

travail de communication[877], la mise en place de sites internet[878], l'organisation de séminaires et colloques internationaux ou *in situ* et la vulgarisation par les nombreuses associations de juridictions[879].

En tout état de cause, le décryptage de la composition, des attributions et de la durée du mandat laisse apparaître, en dépit de l'hétérogénéité de ces juridictions, des convergences telles l'obligation de prestation de serment[880],les inéligibilités, le devoir de réserve, les incompatibilités avec les fonctions publiques ou privées, les garanties statutaires, privilèges et immunités, la possibilité de remplacement en cas de décès, démission en cours de mandat, la procédure de sanction.

Cet examen liminaire balise la voie à l'étude du travail juridictionnel.

Paragraphe II : La routinisation du travail juridictionnel

Dès réception et enregistrement de la requête, le Président de l'institution déploie l'activité juridictionnelle, en raison du rôle directeur qui lui est attribué (A).

En tant que chef de l'institution, il dirige divers services dont l'un est dédié à l'appui technique, la recherche, l'étude et la documentation, autant de taches nécessaires à une bonne compréhension factuelle et substantielle des tenants et aboutissants de chaque dossier de procédure (B).

A) Le rôle directeur du Président de la juridiction

Après l'introduction d'un recours, le Président de la juridiction transmet une copie du dossier de procédure à chaque membre.

Selon la pratique judiciaire, deux scenarii existent : soit, le dossier est confié à un service composé d'assistants, de juristes dont la mission est de faire des recherches documentaires sur les questions ou problèmes juridiques figurant dans la requête avant que le Président ne nomme un ou des rapporteur(s) ; soit le dossier est transmis directement à un

---

[877] Cf, sur l'importance d'une bonne politique de communication, Hugues BOUTHINON-DUMAS, Nathalie CHEYNEL, Hervé DE BROUCH et Charlotte KARILA-VAILLANT, Communication juridique et judiciaire, Paris, Larcier, 2015, 376 p.

[878] Voir, en fin d'ouvrage, la liste des sites.

[879] Association des cours constitutionnelles francophones (ACCF), Confédération des Juridictions constitutionnelles africaines (CJCA), Réseau Mondial de Justice électorale (RMJE), Association africaine des Hautes Juridictions francophones (AA-HJF), Conférence Mondiale sur la Justice constitutionnelle, etc.

[880] Néanmoins, cette obligation connait des variantes. Si, au Bénin, les nouveaux membres prêtent serment devant le bureau de l'AN ou devant le PR, au Sénégal, ils le font en audience solennelle devant les membres en activité de la juridiction.

juge nommé rapporteur qui peut s'adjoindre, si nécessaire, le service de ces assistants.

Chef de la juridiction, le Président n'en remplit pas moins diverses fonctions d'initiative, d'impulsion, d'animation, d'administration, de représentation, d'ordonnancement budgétaire, etc.

Quelques illustrations du rôle du Président, choisies selon un mode de lecture aléatoire, confortent ces assertions.

Au Bénin, le Président de la Cour est élu par ses pairs, parmi les juristes et magistrats membres, par vote au scrutin secret pour une durée de cinq ans à la majorité des membres présents et votants[881]. Il est assisté d'un vice-président élu dans les mêmes conditions[882]. Sur convocation, il dirige les réunions et audiences ; assure la police et le fonctionnement général de la Cour ; rend ; après consultation des Conseillers (les membres), des ordonnances insusceptibles de recours, notamment pour la nomination du ou des rapporteur(s) et la détermination du règlement financier ; ordonne les dépenses[883]. Il dispose d'un Cabinet avec un Directeur, un Assistant, un secrétaire particulier, un chef de protocole, des chargés de mission et un attaché de presse[884].

Au Burkina Faso, le Président est le chef de l'administration de la juridiction dont il veille au bon fonctionnement. Il est ordonnateur du budget et est chargé de la sécurité intérieure et extérieure. Il préside les audiences et séances de travail[885] et est suppléé, en cas d'empêchement, par le membre le plus âgé. Un Secrétaire général assiste le Président dans l'administration des services du Conseil[886]. Il veille à la préparation et à l'organisation des audiences et séances. Il assiste aux séances, mais sans voix délibérative[887].

Au Cameroun, des attributions identiques du Président sont prévues par la loi n° 2004-004 du 21 avril 2004 portant organisation et fonctionnement du Conseil constitutionnel, notamment les règles d'organisation,

---

881 Art.3 de la Loi organique de la CC du Bénin, précitée.

882 L'art.6 de cette L.O indique que le successeur du président sortant est élu huit jours avant l'expiration du mandat de ce dernier.

883 Art.10 du RI du 06 mars 2008.

884 Art.12 du RI.

885 Voir, art.8 à 12 de la loi organique du 27 avril 2000 sur le CC du Burkina -Faso.

886 En raison des fluctuations fréquentes dans l'organigramme de ce secrétariat général, on peut noter l'existence de services chargés de l'administration et des finances, du greffe, de la communication et de la presse, des études et de la documentation, de la recherche, de l'informatique, art.24 du RI.

887 Art. 12 à 27 du RI.

son fonctionnement et les modalités de sa saisine ainsi que la procédure suivie devant lui. En vertu de cette loi, diverses attributions sont, aussi, relatives aux, privilèges et immunités, régime d'incompatibilité, conditions de nomination et de remplacement des membres, rôle des différents services coordonnés par le Secrétaire général qui assiste le Président de la Cour[888].

En République du Congo, l'étendue et les limites organiques et fonctionnelles de la Cour constitutionnelle sont affinées par la LO de 2018 révisée en 2020.

Au Niger, le Président de la Cour, assisté d'un Vice-président, assure les fonctions de représentation, de chef de l'administration, de responsable de la sécurité de la juridiction, de la police des séances, de l'ordonnancement principal du budget [889]. Il édicte des ordonnances pour l'organisation et le fonctionnement de la Cour et des services[890]. Il dispose d'un Cabinet [891] et d'un organe technique de travail ou secrétariat général[892]. Les membres de la Cour ou Conseillers sont soumis au devoir de réserve et à un régime d'incompatibilités. Ils sont couverts par un régime d'inviolabilité et d'irresponsabilité et disposent de divers avantages[893]. Quant au président de la Cour constitutionnelle, selon l'art.6 de la LO de 2012, il est élu « *par ses pairs pour une durée de trois (3) ans renouvelables. L'élection a lieu au scrutin secret à la majorité absolue des sept (7) membres de la Cour constitutionnelle. Le Président de la Cour constitutionnelle est secondé d'un Vice-président élu dans les mêmes conditions et pour un mandat de deux (2) ans renouvelable* ». Il est assisté par l'Assemblée générale, le Cabinet du Président, un secrétariat général et un greffe[894], etc.[895].

---

888 Voir, Jean-Mermoz BIKORO et al., Le procès constitutionnel ..., *op. cit.*

889 Art.11 du RI.

890 Articles 9 à 13 du RI.

891 Composé d'un « *directeur de cabinet ; un assistant juridique ; un assistant administratif ; – un attaché financier ; un attaché aux relations internationales ; un attaché au protocole ; un consultant ; un chef de secrétariat ; un (e) secrétaire particulier (ère) ; un (e) secrétaire particulier (ère) du directeur de cabinet. – trois secrétaires ; trois agents du protocole* » (art.13 du RI).

892 Art.25 et 26 du RI.

893 Art.27 à 38 du RI.

894 Voir, Règlement intérieur de la Cour constitutionnelle du Niger en date du 14 janvier 2013.

895 Se référer aussi aux lois organiques des juridictions constitutionnelles de la RCI, du Mali, du Sénégal et du Togo.

Il ressort de l'étude des Constitutions, des lois organiques et des règlements intérieurs de ces juridictions que le Président dispose de diverses attributions.

En tant que chef de l'institution, il est le supérieur hiérarchique des membres du personnel administratif, technique et de service ; il répartit le travail entre les membres de la juridiction et délivre les ordres de mission et les autorisations de sortie du territoire national.

Il préside les réunions, audiences solennelles, délibérations et assure la police des débats. En somme, il est responsable de l'organisation et du fonctionnement de la juridiction et, à ce titre, s'appuie, chaque fois que de besoins, sur un organe technique d'aide à la décision.

B) L'assistance juridique, la recherche et la documentation

Selon les juridictions, des cas de figure se dessinent. Dans certains États, le Président de l'Institution organise une réunion préparatoire pour recueillir les impressions initiales de chaque membre avant d'édicter une ordonnance de nomination du rapporteur.

Dans d'autres pays, après consultation éventuelle du Vice-président, il nomme un ou plusieurs rapporteurs en fonction de la complexité d'une affaire, de l'urgence à statuer.

Quel que soit le scénario suivi et même en dehors de toute procédure, un service d'aide à la décision est dévoué à un travail préparatoire de recherche et de documentation dans chaque juridiction. De manière globale, il ressort des lois organiques et règlements intérieurs que le rapporteur désigné par ordonnance du Président instruit l'affaire. Il bénéficie non seulement du soutien et de l'assistance des autres membres de la juridiction, mais surtout des juristes (enseignants des facultés de droit et/ou magistrats[896]) affectés au Service d'études, de recherche ou de documentation de la Juridiction[897].

Le règlement intérieur du Conseil constitutionnel du Sénégal confère à ce démembrement appelé Service d'Études et de Documentation (SED)[898], diverses missions comme la gestion du site web, la gestion de

---

[896] Voir, art.9 de la LO n° 2016-23 sur le CC du Sénégal.

[897] Art.13 de la LO sur le CC du Sénégal.

[898] Outre ces assistants, le SED, dirigé par un coordonnateur (en général, le Vice-président), comprend les greffiers, un chargé de communication, le bibliothécaire et un informaticien administrateur du site web (art.6 du RI). De surcroît, cet article donne la faculté de faire appel à toutes autres personnalités du monde judiciaire ou universitaire,

la bibliothèque, l'inventaire des ouvrages, la préparation des demandes d'acquisitions nouvelles, la tenue des fichiers des textes législatifs, réglementaires publiés au Journal officiel, des décisions de la juridiction, des arrêtés et ordonnances de son Président, la proposition d'un programme annuel de séminaires et de rencontres scientifiques, la collecte et la conservation de toute documentation et information juridique nécessaires à l'activité de la juridiction ; bref, l'examiner et la délibération sur toute question, à la demande du Président[899].

Le rôle du Président et les taches des services administratifs et techniques participent de la routinisation des activités juridictionnelles. En dehors de ce quotidien, en cas de saisine, la juridiction met en œuvre certains pouvoirs généraux.

Section II : Les pouvoirs juridictionnels dans le traitement du contentieux

Parmi les attributions des juridictions, certains pouvoirs se démarquent, pour permettre de résoudre de manière diligente le contentieux et pour s'assurer de la bonne exécution de la décision envisagée ou adoptée.

En effet, la diversité des prérogatives des juridictions constitutionnelles s'affirme nettement, dans l'attribution d'un ensemble de pouvoirs. Ceux-ci sont utilisés aussi bien dans le cadre des opérations préparatoires à la décision comme l'instruction (§ I), que dans le raisonnement du juge transmuté dans le texte de la décision ou de l'avis(§ II).

Paragraphe I : Le pouvoir d'instruction

Le pouvoir d'instruction est inhérent à l'exercice de la fonction juridictionnelle. Celle-ci implique la mise à la disposition de toute Cour ou toute instance de jugement d'un assortissement de moyens d'investigation orientés vers des finalités de bonne administration de la justice (A).

En sa qualité de chef de l'institution, le Président est l'autorité de nomination du rapporteur qui est choisi parmi les membres et qui est délégataire de prérogatives d'instruction de la juridiction (B).

« *connues pour leur compétence en matière constitutionnelle* », sur invitation du Président, pour participer aux travaux du SED.

[899] Art.8 du Décret n° 2021-300 du 25 février 2021 portant approbation du Règlement intérieur du Conseil constitutionnel (JORS n° 7408 du 17 mars 2021, pp. 298-302).

A) Le pouvoir général d'instruction de la juridiction

Il est d'usage varié selon que la juridiction exerce un contrôle obligatoire [900] ou facultatif, ou selon qu'il s'agisse d'une saisine d'office[901] ou d'une auto-saisine. À cet égard, bien que le principe d'action repose sur la diligence du requérant, sommé d'étayer ses prétentions par la fourniture de toute information au soutien de sa demande, en vertu de la maxime *actori incumbit probatio,* même *si* rien n'exclut la possibilité pour le juge d'inverser la charge de la preuve[902].

En l'absence de procédure contradictoire[903], il subsiste la prédominance des écritures des parties et la possibilité de requérir des documents émanant des organes exécutif[904], législatif[905] ou judiciaire (dans ce dernier cas, copies des jugements, arrêts et décisions d'instance, d'appel ou de cassation, y compris les mémoires en défense, les PV d'inter-

---

[900] Comme il a été relevé plus haut, certaines Constitutions font valoir le caractère obligatoire de la saisine par le Président de la République s'agissant des lois organiques comme avec l'art.78 de la Constitution du Sénégal de 2001 ; art.104 al.1er de la Constitution guinéenne de 2020 ; art.179 de la Constitution du Congo de 2015. Il faut aussi réserver les cas de certaines Lois fondamentales, notamment la Constitution de Madagascar de 2010 dont l'art.117 alinéa premier concerne la SVA obligatoire et a priori pour les lois organiques, les lois et les ordonnances. C'est aussi le cas de la Constitution nigérienne de 2010 en son art.131 al.1er.

[900] Par voie d'action ou par voie d'exception.

Voir, aussi, en droit comparé, *RDC, Cour constitutionnelle* (Cour Suprême de Justice siégeant comme), arrêt *R.Const. 622 du 2 février 2018,* à propos du contrôle de constitutionnalité, dans le délai de promulgation, de la loi organique portant organisation et fonctionnement du Conseil National de Suivi de l'Accord et du Processus Electoral.

[901] Si on se référé à l'art.33 du RI de la CC du Bénin de 2022, la décision doit alors, intervenir dans un délai de huit jours.

[902] Cf., Caterina SEVERINO, « La réglementation de l'instruction devant le Conseil constitutionnel », *AIJC*, 2002, pp. 87-100.

[903] Au Sénégal, bien que la procédure devant le CCS ne soit pas contradictoire, en l'absence, entre autres, de la phase orale (art. 14 de la loi organique n° 2016-23 du 14 juillet 2016 sur le Conseil constitutionnel), la juridiction peut d'office procéder à toutes mesures d'instructions sans compter que toute requête émanant d'une partie non institutionnelle est notifiée au PR et au PAN (art.17) ; pour d'autres exemples en Afrique, voir Markus BOCKENFORDE, Babacar KANTE et *alii,* Les juridictions constitutionnelles…, *op. cit.*

[904] Production de copie du texte à caractère réglementaire contesté.

[905] Production du procès-verbal analytique des séances, du texte du projet ou de la proposition de loi ou des textes des amendements.

rogatoire des officiers de police judiciaire, des juges d'instruction, réquisitoire du Procureur[906]).

En général, dans les juridictions des États sous étude, il se dégage un certain nombre de caractéristiques de ce pouvoir d'instruction. Lorsqu'une procédure contradictoire est permise, la juridiction procède à l'audition des parties, recueille les observations écrites et orales des conseils des parties, instruit à charge ou à décharge, prend les dépositions de tiers justifiant sérieusement de l'intérêt et de la qualité pour agir[907], requiert de toute personne ou entité nationale ou locale, publique ou privée, civile ou militaire, des informations, clarifications ou documentations. Ce pouvoir d'instruction est au service de la recherche des faits, de la résolution du contentieux et de la manifestation de la vérité légale.

Le pouvoir d'instruction n'est pas appréhendé de la même manière par les juridictions africaines. Si certaines de ces institutions se limitent aux données factuelles et aux arguments de droit figurant dans la requête pour, à la fin, les adouber ou les rejeter, d'autres disposent d'un pouvoir d'investigation plus poussé, alliant la possibilité de recourir à des auditions, des réquisitions, des enquêtes, à l'interpellation des parties pour fournir des preuves confirmatives ou infirmatives[908].

En application des textes fondant sa compétence, la CC du Bénin, dans la décision suivante, a exposé les linéaments de l'instruction du dossier, en ces termes : « *Saisie d'une requête du 16 août 2017 enregistrée à son secrétariat le 31 août 2017 sous le numéro 1462/248/REC, par laquelle Messieurs Okéchukwu EZEGHU, Chibeike IREOGBU et 32 autres forment un recours pour détention préventive abusive ; (...) Considérant qu'en réponse à la mesure d'instruction diligentée par la Cour, le juge d'instruction du quatrième cabinet d'instruction du tribunal de première Instance de Cotonou, Monsieur Aubert M. KODJO, écrit : « ... Seule la procédure COTO/2012/RP/00792-CAB4/2012/0010*

---

906 Voir, au Sénégal, les décisions précitées du Conseil constitutionnel dans les affaires *Entente CADAK-CAR* (décision *n° 1/C/19 du 25 avril 2019*) et *Adama Bou Labeid et Abdul Ghani (décision n° 5/C/2022 du 28 septembre 2022)*.

907 Il va de soi que le particulier ne peut pas, dans certains États, saisir directement la juridiction constitutionnelle ni opérer la confusion entre saisine par voie d'action et saisine par voie d'exception ; voir, par exemple, *Cour constitutionnelle de Guinée, arrêt n° 009 du 14/09/2015* qui retient l'absence de qualité à agir du requérant qui avait saisi la juridiction, avant la promulgation de la Loi portant Statut spécial de la Police nationale.

908 Mathieu DISANT, « L'audience publique devant le Conseil constitutionnel. Observations sur la place de l'oralité dans le procès constitutionnel », in *Constitution, justice et démocratie*, Mélanges en l'honneur du professeur Dominique Rousseau, Paris, LGDJ, 2020, pp. 77-87.

suivie contre ZINSOUNON Hervé et deux autres pour les faits d'homicide volontaire, concerne le cabinet, dont nous avons la charge... le dossier a fait l'objet d'une ordonnance de clôture... le 18 août 2014 et portant transmission de pièces au procureur général près la cour d'appel. L'inventaire des pièces a été réalisé le 29 octobre 2014 et transmission du dossier en a été faite au procureur de la République pour achemi-nement au parquet général » ; Considérant que le juge d'instruction du cinquième cabinet d'instruction du tribunal de première Instance de Cotonou, Monsieur Adjima KALIFIA DJIMILA, écrit : « ... Des informations ont été ouvertes au cinquième cabinet d'instruction contre CHIDI Okoré, EZEGLU Okechukwu, KALU William et OKEKE Salomon, suivant les procédures COTO/2010/RP-1110, Cab5/2010/RI-0079 ; COTO/2013/RP/O1526 ; COTO COTO/2009/RP/4231 et Cab5/2009/00067. 4 – En ce qui concerne la procédure contre Okoré CHIDI, poursuivi du chef de vol à mains armées et association de malfaiteurs, elle a été clôturée depuis 2015 et le procureur de la République a été saisi le 30 avril 2015 pour sa transmission au procureur général. – En ce qui concerne la procédure contre Okechukwu EZEGLU poursuivi des chefs de vol à mains armées et association de malfaiteurs, elle a été transmise au procureur de la République depuis le 09 mai 2017 aux fins de règlement définitif ; - En ce qui concerne la procédure suivie contre Jacob DASSI, William KALU et Salomon OKEKE des chefs de vol à mains armées, d'assassinat (crime de sang), d'association de malfaiteurs, de recel et de détention illégale d'armes à feu, les inculpés ont bénéficié d'une mise en liberté provisoire sous réserve du paiement d'un cautionnement. L'instruction étant achevée, la procédure a été transmise à Monsieur le Procureur de la République depuis le 02 avril 2015 aux fins de règlement définitif. ... Les requérants ont saisi votre juridiction pour voir constater leur détention provisoire abusive. En vertu de l'article 46 de la loi n° 2012-15 du 18 mars 2013 portant code de procédure pénale en République du Bénin, le juge des libertés et de la détention est chargé de la gestion de la détention des inculpés dont les procédures sont en cours d'information dans un cabinet d'instruction. C'est donc ce juge qui ordonne ou prolonge la détention provisoire et statue sur les demandes de mise en liberté provisoire » ;

(...) Considérant qu'en réponse à la mesure d'instruction diligentée par la Cour, le Garde des Sceaux, ministre de la Justice et de la Législation... »[909].

---

[909] Bénin, Cour constitutionnelle, *décision n° DCC-018-065 du 08 mars 2018, affaire Okéchukwu EZEGHU, Chibeike IREOGBU et 32 autres (extraits).*

Dans ce registre, d'autres originalités de la CC du Bénin méritent d'être rapportées. Son Président affecte le dossier de procédure à une chambre de mise en l'état. Deux voies sont ouvertes : soit, la chambre instruit l'affaire et le rapporteur désigné par le Président de la Cour, dresse un rapport (ainsi qu'un projet de décision ou d'avis) qui seront lus, discutés, amendés, avant adoption par la chambre des audiences plénières de la Cour ; soit, à la discrétion du Président, le dossier de procédure est confié directement à la chambre des audiences plénières qui l'instruit et le rapport peut être oral. Dans tous les cas, lors des débats, l'une des trois solutions suivantes peut se présenter : soit, la mise en délibéré ; soit, la continuation ; ou la prise de « *toute autre décision qui lui paraitrait convenable, au cas d'espèce* »[910].

Relativement au CC du Sénégal, l'art.25 du RI [911] prescrit au Rapporteur de rédiger une note qui résume les faits, la procédure et d'examiner les questions afférentes à la compétence, au désistement, à la forclusion, aux autres causes d'irrecevabilité, au fond de l'affaire.

Un exemple du pouvoir d'instruction du Conseil constitutionnel est fourni par l'affaire relative à *l'exception d'inconstitutionnalité de l'article 344 du Code des Douanes*[912]**.** Les faits qui sont à l'origine de cette affaire remontent au 6 juin 2021 lorsque le navire de commerce, ASSO 6, battant pavillon togolais, a été intercepté dans les eaux sénégalaises par un bâtiment de la Marine nationale et conduit au Port de Dakar. Au cours de la visite et de l'inspection, il a été découvert, à bord, une cargaison composée de 340 sacs de plâtre (soit 340 tonnes) et surtout de 279 colis de haschich d'un poids total de 8370 kg (valeur estimée à plus de 76 milliards FCFA). Les sept membres de l'équipage du navire sont le capitaine Faik Baset (de nationalité syrienne), Adama Mohamed Mbareck Bou Labeid (Mauritanien né au Sénégal), Alameer Moubarak Abdul Jalil Abdoul Ghani (Libyen né en Égypte) et quatre ressortissants de l'Inde. Ils ont été arrêtés, mis sous mandat de dépôt et inculpés d'association de malfaiteurs, de trafic international de drogue, contrebande en bande organisée, etc. À l'origine de la procédure, niant

[910] Art.29, 30 du RI de la CC du Bénin du 10 août 2022.

[911] Décret n° 2021-300 du 25 février 2021 portant approbation du Règlement intérieur du Conseil constitutionnel, JORS n° 7408 du 17 mai 2021, pp. 298-302.

[912] Sénégal, Conseil constitutionnel, *décision n° 5/C/2022 du 28 septembre 2022,* affaire relative à *l'exception d'inconstitutionnalité de l'article 344 du Code des Douanes transmise par le Procureur général près la Cour Suprême dans le cadre de l'Affaire Ministère public contre Adama Bou LABEID et Alameer Mubarak Abu Jalil ABDOUL GHANI (arrêt n° 27 du 19/05/2022).*

les faits qui leur sont reprochés, les nommés *Labeid* et *Ghan*i, par l'organe de leur conseil, avaient introduit le 22 décembre 2021 une demande de liberté provisoire.

Celle-ci sera rejetée par les ordonnances de refus de mise en liberté provisoire des 24 décembre 2021 et 24 janvier 2022 rendues par le Juge d'instruction du 3e cabinet du Tribunal de grande instance hors classe de Dakar.

Ils vont, par Acte n° 20/22 enregistré le 31 janvier 2022 au greffe du TGIHC de Dakar, interjeté appel desdites ordonnances.

Devant la Chambre d'Accusation de la Cour d'appel de Dakar, le conseil des inculpés, dans un mémoire du 24 février 2022, a soulevé l'inconstitutionnalité des dispositions de l'article 344 du Code des Douanes (Loi n° 2014-10 du 28 février 2014), en ce qu'elles violeraient les dispositions des articles 6, 7 et 91 de la Constitution et ont demandé à la Cour d'appel, en application de l'article 22 de la loi organique relative au Conseil constitutionnel, de surseoir à statuer et de saisir le Conseil constitutionnel de l'exception ainsi soulevée.

La Chambre d'accusation de la Cour d'appel rendra l'*arrêt n° 53 du 24 février 2022*, par lequel elle reçoit les appels, ordonne leur jonction, rejette l'exception d'inconstitutionnalité de l'article 344 du Code des douanes soulevé par ces deux inculpés et confirme les ordonnances entreprises, au motif que ledit article 344 ne viole pas les dispositions constitutionnelles invoquées.

Par la suite, par Acte n° 3/2022 enregistré au greffe de la Cour d'appel de Dakar le 28 février 2022, le conseil des inculpés s'est pourvu en cassation, contre l'arrêt de la Chambre d'Accusation.

À la suite de ce pourvoi en cassation, la Chambre criminelle de la Cour suprême rendra *l'arrêt n° 27 du 19 mai 2022*, par lequel elle casse et annule la décision précitée, et saisit, à la diligence de son Procureur général, le Conseil constitutionnel.

C'est ainsi que, par lettre n° 0484/PG/CS/Greffe en date du 14 septembre 2022 reçue et enregistrée au greffe du Conseil constitutionnel le même jour sous le numéro 5/C/22, le Procureur général près la Cour Suprême a transmis à la juridiction, l'arrêt rendu.

Le large pouvoir d'appréciation de la juridiction est aussi vivifié par les missions assignées au(x) rapporteur(s).

B) Le pouvoir spécial d'instruction du rapporteur

Le juge-rapporteur instruit l'affaire. À ce stade, les règlements intérieurs des juridictions constitutionnelles africaines, en dehors de quelques légères différences, convergent pour lui conférer certaines tâches[913]. D'abord, si la requête excède manifestement la compétence de la juridiction, l'affaire peut être classée (écartée) sans instruction préalable. Sinon, le rapporteur, en instruisant l'affaire, doit tenir compte des éventuelles observations écrites des autorités gouvernementales concernées, du Parlement, de l'autre partie à la procédure en inconstitutionnalité.

Le rapporteur dispose, à défaut de pouvoir explicite[914], d'un pouvoir tacite d'instruction lui permettant de faire des enquêtes, d'ordonner la soumission de tout document nécessaire pour le traitement du contentieux. C'est ce qui ressort aussi de la Délibération portant Règlement intérieur de la Cour constitutionnelle du Mali, en son article 3 : « *La procédure devant la Cour Constitutionnelle est écrite et gratuite. Le Conseiller rapporteur peut, soit d'office, soit à leur demande, entendre les parties intéressées. Il dresse un procès-verbal d'audition qu'il signe avec les personnes entendues et le Greffier* »[915].

---

[913] L'art.30 du RI de la CC du Bénin dispose : « *Les parties peuvent se faire assister de toute personne physique ou morale compétente. Celle-ci peut déposer des mémoires signés par les parties concernées. Nul ne peut demander à être entendu dans les procédures pendantes devant la Cour* ».

[914] Selon le Règlement intérieur du Conseil constitutionnel du Burkina Faso du 06 mai 2008, en son art.48 « *Le dossier de la procédure est confié à un rapporteur désigné par le Président. Le rapporteur procède à l'instruction de l'affaire et établit un rapport ainsi qu'un projet d'avis ou de décision à soumettre au Conseil. Il entend, le cas échéant, les parties ; il peut également entendre toute personne dont l'audition lui parait opportune ou solliciter par écrit des avis qu'il juge nécessaires. Il fixe aux parties les délais pour produire leurs moyens et ordonne, au besoin, des enquêtes* ». L'article 49 de ce RI ajoute : « *Le rapport analyse la recevabilité de la requête, les moyens soulevés et, énonce les points à trancher. Le rapport et le projet d'avis ou de décision sont déposés au Secrétariat général qui les communique sans délai aux membres du Conseil constitutionnel avant toute délibération* ».

[915] Au sein de juridictions où il est institué des chambres de mise en l'état comme au Bénin, la procédure d'instruction suit un canevas différent, comme cela est prévu à l'art. 29 du RI dans sa dernière version du 11 juin 2018 : « *Le dossier de la procédure est affecté à un Rapporteur désigné par le Président. Le Rapporteur procède à l'instruction de l'affaire en vue d'un rapport écrit à soumettre à la Cour. Il entend, le cas échéant les parties ; il peut également entendre toute personne dont l'audition lui paraît opportune ou solliciter par écrit des avis qu'il juge nécessaires. Il fixe aux parties des délais pour produire leurs moyens et ordonne au besoin des enquêtes. Le rapport analyse les moyens soulevés et énonce les points à trancher. Il est déposé au*

En procédant à l'examen de l'affaire, le rapporteur peut se retrouver devant différentes situations. D'abord, il peut constater *prima facie* l'irrecevabilité de la requête ou l'incompétence de la juridiction en cas de vice de forme ou lorsque les moyens du saisissant manquent en droit[916]. Ensuite, si l'affaire n'est pas en état de recevoir une solution, il peut, devant certaines juridictions, à son initiative ou sur sollicitation des parties, demander des mesures d'instruction complémentaires[917], voire ordonner, si besoin, des enquêtes, l'audition de parties ou de tiers[918].Le rapporteur soumet un rapport écrit, dans le délai fixé par ladite ordonnance. Le rapport analyse les moyens soulevés, énonce les points à trancher et propose une solution[919]. Le texte final du rapport

---

Secrétariat général qui le communique sans délai aux membres de la Cour. Il est lu à l'audience par le Rapporteur ».

[916] Il va de soi que lorsque le saisissant, sommé de produire des preuves à l'appui de ses allégations, est défaillant, la juridiction en tire les conséquences. Ainsi , le CC ivoirien en porte confirmation : « *Considérant, sur la recevabilité de la requête, qu'il résulte des articles 135 de la Constitution, 24 de la loi organique n° 2022-222 du 25 mars 2022 déterminant l'organisation et le fonctionnement du Conseil constitutionnel, que la saisine du Conseil constitutionnel en inconstitutionnalité d'une loi suppose que, préalablement à son action, le requérant ait soulevé cette exception d'inconstitutionnalité devant la Juridiction Judiciaire ;Que celle-ci, dans une décision avant dire droit, ait sursis à statuer et lui ait imparti un délai de quinze jours pour saisir la Juridiction constitutionnelle ;*
Considérant que dans le cas d'espèce, ces exigences légales de procédure n'ont pas été satisfaites par le requérant ;Qu'en effet, Monsieur KONE Falikou ne produit au dossier de la juridiction de céans ni décision avant-dire-droit emportant sursis à statuer, ni attestation de plumitif en tenant lieu, ni même la preuve de l'inscription de l'affaire au rôle du Tribunal criminel de Man pour y être plaidée à l'audience du 14 avril 2023 où il avait, selon lui, obtenu du juge du fond, un délai de quinze jours pour saisir la juridiction de céans ;
Considérant que par cette défaillance à produire les pièces sus-énoncées, Monsieur KONE Falikou ne met pas la juridiction constitutionnelle en état d'exercer son contrôle sur le respect des dispositions de l'article 135 de la Constitution ; Qu'il s'ensuit que la requête de Monsieur KONE Falikou doit être déclarée irrecevable… », Conseil constitutionnel, Décision n° *CI-2023-004/DCC/11-05/CC/SG du 11 mai 2023 relative à la requête de Monsieur KONE Falikou tendant à solliciter le contrôle de conformité à la Constitution de l'article 354 de l'ancien code pénal ivoirien ainsi que la démarche tendant à faire rétroagir les articles 403 et 404 de la loi n° 2021-893 du 21 décembre 2021.*

[917] Cf., de manière différenciée, son rôle, Décision du 10 novembre 2006 portant Règlement intérieur de la Cour constitutionnelle du Gabon (articles 2, 38, 39, 40, 43) ; LO n° 2016-23 relative au Conseil constitutionnel du Sénégal (articles 14 à 17).

[918] Voir, les art.41 et 42 du RI du Conseil constitutionnel de la RCI.

[919] L'article 49 du Règlement intérieur du Conseil constitutionnel du Burkina Faso du 06 mai 2008 ajoute : « *Le rapport analyse la recevabilité de la requête, les moyens*

doit contenir le rappel des faits et de la procédure, l'analyse des moyens soulevés par les requérants, les points sur lesquels la juridiction doit apporter réponse, ses conclusions sous forme de recommandations. Il y adjoint un projet de décision qui sera le principal objet de discussion, d'amendement en ajout ou en suppression lors de la délibération[920].

De manière globale, il ressort des lois organiques et règlements intérieurs que le rapporteur désigné par ordonnance du Président instruit l'affaire. Il bénéficie non seulement du soutien et de l'assistance des autres membres de la juridiction, mais surtout des juristes (enseignants des facultés de droit et/ou magistrats) affectés au Service d'études, de recherche ou de documentation de la Juridiction[921]. Ces assistants lui proposent une analyse des différents moyens soulevés et lui soumettent un avant-projet de rapport et un avant-projet de décision qu'il est libre de reprendre, de modifier ou de rejeter.

Quoi qu'il en soit dans ces États sous étude, à la fin du délai fixé au Rapporteur, le Président de la juridiction convoque les membres, en plus dans certains Cours ou Conseils, du Greffier en chef (ou le

---

soulevés et, énonce les points à trancher. Le rapport et le projet d'avis ou de décision sont déposés au Secrétariat général qui les communique sans délai aux membres du Conseil constitutionnel avant toute délibération ».

920 Par exemple, l'art.65 du RI de la Cour constitutionnelle du Togo dispose « *Dès réception d'une requête, le président désigne par ordonnance un rapporteur parmi les juges de la Cour. Le rapporteur instruit l'affaire et soumet un rapport écrit à la Cour, dans le délai fixé par ladite ordonnance. Le rapport analyse les moyens soulevés, énonce les points à trancher et propose une solution. Il prépare également un projet de décision. Le rapport et le projet de décision sont dactylographiés au moins en huit (8) exemplaires et présentés au président de la Cour. Après le dépôt du rapport, la Cour se réunit en assemblée et délibère à huis-clos. Nul ne peut demander à être entendu lors des débats de la Cour* ». Ce Règlement est pris en application de l'art.30 de la L.O sur la Cour, qui précise, en outre, « Le *rapporteur instruit l'affaire dont il est chargé. Il dispose des pouvoirs d'investigation les plus étendus. Il peut, dans le respect des droits de la défense, ordonner la communication des pièces, entendre le requérant, la partie adverse, tout sachant et, d'une manière générale, prendre toutes mesures d'instruction utiles. L'affaire est ensuite portée devant la Cour réunie en assemblée qui en délibère à huis clos. Les décisions de la Cour sont motivées et publiées au Journal Officiel de la République togolaise. Elles peuvent être rendues en audience publique* ».

921 En cas de saisine, les assistants (magistrats des cours et tribunaux et enseignants des facultés de droit) lui proposent une analyse des différents moyens soulevés et lui soumettent un avant-projet de rapport et un avant-projet de décision qu'il est libre de reprendre, de modifier ou de rejeter.

Secrétaire général) [922]qui n'a pas voix délibérative et qui tient la plume au cours des délibérations.

Le pouvoir spécial d'instruction du rapporteur n'exclut pas le pouvoir d'instruction, plus général, de la Cour ou du Conseil.

Il ressort de ces différentes illustrations que le pouvoir d'instruction[923] est très variable dans son étendue. Il permet de combler le manque de preuves, de confirmer ou d'infirmer les allégations de violation de droit, de non-conformité à la Constitution de lois ou d'actes réglementaires, ou de non-contrariété d'engagements internationaux.

Une fois l'instruction close[924], l'affaire est en état et le Président convoque les membres aux fins de délibération. Lors de la délibération, le Président donne la parole au rapporteur, qui lit son rapport, avant que ne s'ouvre une discussion générale sur le rapport et le projet de décision. Il est rare que ce dernier soit adopté dans sa version initiale du fait d'amendement en ajout ou en soustraction avant que ne soit retenu le texte définitif.

---

[922] Au Sénégal, ni le Greffier en Chef ni le Chef des Services Administratifs et Financiers (qui joue le rôle de SG) ne participent aux séances de délibération du Conseil constitutionnel.

[923] Lire, Caterina SEVERINO, « La réglementation de l'instruction devant le Conseil constitutionnel », Annuaire international de justice constitutionnelle, 2001, Immunités constitutionnelles et privilèges de juridiction - Interprétation de la Constitution par le juge constitutionnel, XVII, pp. 87-100.

[924] Voir, par exemple, le RI de la CC du Congo du 11 janvier 2013, disposant en son article 41 « *Le quorum des délibérations de la Cour constitutionnelle est de sept (7) membres au moins. Les décisions et les avis de la Cour constitutionnelle sont rendus à la majorité simple des conseillers à la Cour présents et votants. Le Président de la Cour a voix prépondérante en cas de partage égal des voix. Les délibérations de la Cour commencent par la présentation de son rapport par le conseiller-rapporteur, suivi de l'opinion du conseiller le moins âgé, puis des opinions des conseillers les plus âgés jusqu'au Vice-président et au Président qui opinent les derniers. Aucun conseiller ne peut s'abstenir de voter lors des délibérations. Une ordonnance du Président de la Cour constitutionnelle détermine l'ordre d'intervention des membres de la Cour pendant les délibérations. Le secrétaire général assiste aux délibérations de la Cour avec voix consultative. Il est soumis, de ce fait, à l'obligation de réserve. Le secrétaire général est le greffier de la Cour constitutionnelle. Il signe les décisions et avis de la Cour avec le Président, le rapporteur et les autres membres de la Cour. Il en délivre copie. Il rédige les procès-verbaux des séances de la Cour qu'il signe avec le Président. Les décisions et avis de la Cour constitutionnelle contiennent les visas des textes appliqués, les indications relatives à la procédure suivie, les motifs qui en constituent le fondement ainsi que le dispositif* ».

La fonction de l'instruction est d'utilité préparatoire à la délibération[925]. Celle-ci dévoile, à sa lecture, l'emploi de règles et méthodes d'interprétation servant au détricotage des aspérités du texte soumis au contrôle et à la résolution idoine du contentieux.

Paragraphe II : Le pouvoir d'interprétation

Dans l'entendement commun, l'interprétation est une opération intellectuelle ayant pour objet et pour but de dégager la signification à attribuer à un mot, une phrase, un article, un texte, surtout lorsqu'il présente apparemment un sens obscur ou ambigu[926].

Pour reprendre Michel Troper, « le mot "interprétation" désigne à la fois l'opération par laquelle une signification est attribuée à une chose, qui peut être un objet matériel ou un énoncé, et le produit de cette opération »[927].

Sous le bénéfice de cette appréhension, le travail judiciaire implique la prise en compte de l'interprétation qui en est consubstantielle (A).

En s'affirmant comme un des attributs du juge dans sa mission de dire le droit, l'interprétation relève d'une obligation d'explication, de clarification.

Si la signification d'un texte est à rechercher avant tout dans son écriture, des sens cachés peuvent s'y nicher. Au prisme de l'écrit et l'esprit textuels passés au tamis de l'intime conviction du juge, cette opération peut conduire à l'émission de réserves d'interprétation (B).

A) Le principe de l'interprétation de la Constitution

Il a été relevé, que le juge constitutionnel, mu par le devoir de chercher à établir constamment le rapport de constitutionnalité entre les normes de contrôle et la norme contrôlée, n'a pour principal auxiliaire

---

925 Lire, Xavier MAGNON, « Qu'est-ce qu'instruire le procès constitutionnel ? », in Xavier Magnon et al., Les pouvoirs d'instruction des juridictions constitutionnelles et la formation de l'intime conviction des juges constitutionnels, Aix-en-Provence, PUAM, 2015, pp. 9-12.

926 Pour Michel TROPER, « L'interprétation est une opération par laquelle une signification est attribuée à quelque chose », *in* Dénis ALLAND et Stéphane RIALS (dir.), Dictionnaire de la culture juridique, Paris, PUF, 2003, p. 843.

927 Michel TROPER, *op. cit.*, p. 843.Lire, aussi, Adama KPODAR, « Réflexions sur la justice constitutionnelle à travers le contrôle de constitutionnalité de la loi dans le nouveau constitutionnalisme : le cas du Bénin, du Mali, du Sénégal et du Togo », RBSJA, n° 16, p. 104 et s.

que la réglé de droit qu'il met au service de son expertise, des situations de fait[928] et de son discernement[929].

Corroborant cette analyse, le CC français se prononçait ainsi : qu'*«il lui appartenait de procéder à l'interprétation du texte qui lui est déféré dans la mesure où cette interprétation est nécessaire à l'appréciation de sa constitutionnalité »*[930].

Il est vrai que les juridictions sont souvent au centre de débats. Les partisans du « *judicial restraint* » dénient au juge un pouvoir normatif et le cantonnent dans un réduit de l'étymologie *juris dictio*, à savoir de s'en tenir simplement à dire le droit tel qu'il existe (*jus dicere*, *lege lata*) et non tel qu'il devait ou pourrait être (*jus facere*, *lege feranda*). En revanche, les partisans d'un engagement plus volontariste lui prêtent la compétence et l'obligation de préciser le concept, son contenu et son champ d'application, surtout lorsque le texte à interpréter a, *prima facie*, un sens ambigu ou obscur[931].

Dans ce sillage, la théorie constitutionnelle a été longtemps et largement satellisée autour deux écoles de pensée : l'école dite réaliste de l'interprétation-création et l'école dite de l'interprétation-découverte, toutes les deux aiguillonnées par la prétention de tracer un périmètre ample ou étriqué à l'action du juge.

Selon l'école de *l'interprétation-découverte*, la juridiction est avant tout un organe d'application de la loi à laquelle il doit entièrement loyauté et révérence puisqu'il n'est que la « bouche » chargée de dire le droit.

---

[928] Cf., Raynaud LANGLOIS, « L'application des règles d'interprétation constitutionnelle », in Les Cahiers de droit, 1987, 28(1), pp. 207-221. https://doi.org/10.7202/042801ar (consulté en janvier 2024).

[929] Lire, André ROUX, « Le discernement du juge constitutionnel dans le contrôle de l'erreur manifeste d'appréciation », in Urbain NGAMPIO (dir.), Le discernement en droit public, Colloque « Le discernement en droit public » Aix en Provence, le 4 décembre 2015, https://www.amu.hal.science/hal-01831828 *Submitted on 6 July 2018.*

[930] France, Conseil constitutionnel, *Décision n° 91-298 du 24 juillet* 1991.

[931] À ce propos, voir, El Hadj MBODJ, Cours de Théorie constitutionnelle : « La jurisprudence joue un rôle déterminant dans la formation et le développement du droit. En effet, les juges sont dans l'obligation d'appliquer et, par conséquent, d'interpréter la Constitution et, sous ce couvert, de la préciser, voire de la compléter. Le juge constitutionnel ne rend pas des arrêts de règlement. Il se prononce au coup par coup. Seulement il se voit reconnaître la possibilité d'énumérer et définir des principes que la constitution se borne à viser collectivement. Les principes à valeur constitutionnelle qu'il consacre à cet effet sont une manifestation de son pouvoir normatif. Ces principes sont des règles non écrites revêtues d'un caractère obligatoire pour le législateur », *op. cit.*

Juris novit curiae[932]. L'interprétation est un « acte de connaissance » dans la mesure où le sens de tout texte soumis à cet exercice est reflété dans l'énoncé même dudit texte. Le juge se contente de le découvrir ; il le constate puisque le sens se révèle et s'impose à lui.

À contre-courant, l'école de *l'interprétation-création* défend l'idée selon laquelle le prescrit textuel peut avoir un sens qui n'est pas forcément dans l'énoncé de la norme à interpréter. Le juge doit alors dans une stratégie argumentative s'émancipant de la simple liaison du fait au droit, compléter, réécrire, combler les insuffisances décelées çà et là dans le texte[933]. En clair, il s'infère de ce courant, que le juge libéré de la contrainte du texte, peut créer, innover, choisir. Dans ce dernier cas, lorsque le mot, la phrase, l'article, le texte est polysémique, il appartient au juge de choisir le sens le plus utile[934], le plus approprié, le plus à même d'atteindre la finalité que le législateur avait l'intention de poursuivre. L'interprétation devient alors un « acte de volonté » et cette volonté commandante tend à circonscrire la réalité de la norme, pétrissant en elle, lettre et esprit, objet et but du texte.

Quel que soit l'intérêt de ces positions, il n'est plus contesté que le juge dispose d'un pouvoir d'interprétation s'exprimant dans l'instrumentalisation de diverses techniques et méthodes. De manière opératoire, ces deux expressions diffèrent tout en se combinant. Par techniques, il faut entendre « *l'ensemble des procédés d'investigation, de raisonnement et de présentation par lesquels le juriste élabore et exprime ses conclusions sur un problème ou un groupe de problèmes de droit* »[935]. Quant à la méthode, elle consiste en l'exposé et l'application des voies et moyens en vue de l'interprétation. Leur association conduit à la mobilisation de divers principes et règles qui constituent les instruments et outils techniques et qui passent par des modes de raisonnement ou manières d'explicitation ; les techniques étant les moyens, les méthodes étant les voies d'interprétation.

Aussi, dans l'opération d'interprétation, le juge utilise divers outils pour expliquer, clarifier. Si le texte examiné a un sens clair, ne souffrant d'aucune équivoque, il l'applique tel quel. À défaut, s'impose le recours

---

932 Expression latine signifiant que la Cour connait le droit.

933 Voir, Dominique ROUSSEAU, Pierre -Yves GAHDOUN et Julien BONNET, Droit du contentieux constitutionnel, *op. cit.*, p. 298.

934 Selon le principe de l'effet utile ou pratique que traduit la maxime « *ut res magis valeat quam pereat* ».

935 Selon Roger La tournerie, cité par Abdou Aziz Daba KEBE, « Les techniques d'interprétation du juge constitutionnel sénégalais », Afrilex, 2021, 33 p.

au contexte (environnement interne et externe du texte), aux travaux préparatoires à titre complémentaire. Ce choix de l'interprétation est guidé, en cas d'ambiguïté, par la récusation de tout argument déraisonnable ou *ad absurdo*.

La finalité doit être la recherche de l'intention de l'auteur du texte, du but poursuivi (interprétation téléologique) ou de donner au texte interprété un sens utile ou pratique lorsque la méthode grammaticale ou littérale n'aboutit pas à un résultat logique.

L'interprétation moderne se traduit aussi par l'usage de divers moyens d'atténuation de la rigueur des textes avec la technique du standard impliquant la rétention d'une voie de modération comme le recours aux arguments conséquentialistes[936] ou à la régulation.

Dans ce cadre, le juge est contraint à un rôle d'équilibriste conciliant esprit et lettre de la Constitution, autorité et liberté, maniant avec dextérité la *lege lata* à l'exception de tout penchant fétichiste privilégiant la *lege ferenda*. En cela, l'usage des règles et méthodes d'interprétation renvoient, *lato sensu*, à l'examen du texte , à l'identification du contexte , au recours aux travaux préparatoires, à l'argument *a contrario*, à l'usage du contrôle de proportionnalité[937] , à l'interprétation déductive ou *per analogium*, à la prise en compte de l'effet utile ou pratique, à l'éviction de l'erreur manifeste d'appréciation[938], à la préservation d'acquis par l'effet « cliquet anti-retour » [939], etc.

---

[936] Voir Titre II, Chapitre I de la deuxième partie.

[937] Voir, plus bas.

[938] Très connue en droit administratif, l'erreur manifeste d'appréciation (E.M.A) est de plus en plus prise en compte par le juge constitutionnel, pour censurer la violation de la Constitution. Elle est entendue comme une grossière, flagrante et mauvaise appréciation de la réalité ou des faits qui ont motivé la décision prise par le législateur ou l'autorité réglementaire. Ainsi, le CC français estime, dans la *décision Nationalisations du 16 janvier 1982* que « *l'appréciation portée par le législateur sur la nécessité des nationalisations (...) ne saurait, en l'absence d'erreur manifeste, être récusée...* ». Déjà, un an plus tôt, cette juridiction avait tracé les sillons de ce moyen d'invalidation, dans sa décision *Sécurité et liberté,* dans laquelle elle fait observer « *qu'aucune disposition de la loi n'est manifestement contraire aux principes de la nécessité des peines imposées par l'article 8 de la Déclaration de 1789 » ;* Lire aussi, Olivier CAYLA, « Si la volonté générale peut errer. À propos de « l'erreur manifeste d'appréciation » du législateur » in L'Erreur (2000), pp. 61-90.

[939] L'effet « cliquet anti-retour » est une expression signifiant qu'en matière de protection des droits et libertés fondamentaux, le législateur a l'obligation de les rendre plus effectifs en s'interdisant tout retour en arrière sur ces acquis par l'édiction de normes restrictives ou suppressives ; voir, France, Conseil constitutionnel, *décision n° 83-165 DC du 20 janvier 1984 sur la liberté universitaire, décision n° 84-181 DC*

Toutes ces méthodes, techniques et règles d'interprétation sont autant d'outils à la disposition de l'exégète et au service du bon droit, non point de l'ivraie[940].

Dans un registre apparenté quoique différent, le contrôle de constitutionnalité dans ou en dehors du délai de promulgation, donne également l'occasion de l'émission, en tant que de besoin, de réserves d'interprétation[941] qui pourront « lester ou ôter le venin » des dispositions contraires à la Constitution *stricto sensu* ou aux autres composantes du bloc de constitutionnalité.

B) Les réserves d'interprétation

La pratique des réserves d'interprétation a gagné le contentieux constitutionnel en sorte que les juridictions constitutionnelles en font une utilisation qui est loin de s'inscrire dans la rareté.

Dans un bel élan , la théorie et la pratique constitutionnelles conçoivent la réserve[942] comme une technique d'interprétation utilisée par le juge qui, au lieu de rester dans le réduit alternatif de la conformité ou

---

du 11 octobre 1984 à propos des entreprises de presse. Se référer à nos développements sur les principes à valeur constitutionnelle, notamment le principe de non régression.

940 Lire, Babacar KANTE, « Les méthodes et techniques d'interprétation de la Constitution : l'exemple des pays d'Afrique occidentale francophone », in Ferdinand MELIN-SOUCRAMANIEN (dir.), L'Interprétation constitutionnelle, Paris, Dalloz, 2001, p.156 et s ; Delphine EMMANUEL ADOUKI, « Le juge constitutionnel et les conséquences de l'état d'urgence sur le fonctionnement du Parlement. Commentaire croisé des avis n° 08/CC du 30 mars 2020 de la Cour constitutionnelle de la République du Niger et Avis 002-ACC-SVC/20 du 30 mars 2020 de la Cour constitutionnelle de la République du Congo », Afrilex, juin 2020 ; Ahmed Salem Ould BOUBOUTT, « Les juridictions constitutionnelles en Afrique. Évolutions et enjeux », AIJC, *1997 ;* Jean-Marie BLANQUER, Les méthodes du juge constitutionnel, Thèse, Université Panthéon-Assas, Paris II, 1993, Christian BEHRENDT, Le juge constitutionnel, un législateur-cadre positif. Une analyse comparative en droit français, belge et allemand, Paris-Bruxelles, LGDJ-Bruylant, 2006.

941 Cf. en France, les *décisions du Conseil constitutionnel des 25 et 26 juin 1986, 1er et 2 juillet 1986*, citées par René CHAPUS, Droit administratif général, op. cit., p.533 qui souligne « Outre qu'elle restreint évidemment les possibilités d'action du gouvernement, la pratique des strictes réserves d'interprétation permet l'exercice d'un contrôle plus strict des projets d'ordonnances par les formations consultatives du Conseil d'État, et des ordonnances elles-mêmes, en cas de recours, par des formations contentieuses ».

942 Sa signification diffère de celles de la réserve en droit international public (art.19 à 23 de la Convention de Vienne du 23 mai 1969 sur le droit des traités), ou de la réserve de loi (impliquant que la limitation ou la réalisation d'un droit ou d'une liberté fondamentale fasse nécessairement l'objet d'une intervention du législateur).

non-conformité d'un texte à la Constitution [943], module l'impact des effets défavorables de sa décision, « ajoute au texte ce qui lui manque pour être conforme »[944], corrige, redresse, comble les lacunes, prohibe une interprétation possible, mais aux effets désastreux, en déclarant que le texte examiné n'est pas contraire à la Constitution à la seule condition que ce texte soit interprété dans le sens indiqué (par lui) dans la décision[945]. Généralement, plusieurs types de réserves d'interprétation,

[943] Dans ce sens, Thierry DI MANNO, les présente ainsi : « *Par cette technique non prévue par les textes et purement prétorienne, le Conseil constitutionnel s'affranchit du carcan du schéma décisionnel binaire, pour agir directement sur la substance normative de la loi afin de la mettre en harmonie avec les exigences constitutionnelles* », voir, Alexandre VIALA, Les réserves d'interprétation dans la jurisprudence du Conseil constitutionnel, Paris, L.G.D.J. 1999.

[944] Louis FAVOREU, « La décision de constitutionnalité », RIDC, 1986, p. 622 et s.

[945] Voir l'étude que leur consacre Abdou Aziz Dabah KEBE, « La réception des réserves d'interprétation dans la jurisprudence des États d'Afrique noire francophone », Annales africaines, Nouvelle Série, Volume 1, avril 2015, pp. 255-294.

prescriptives ou restrictives, sont reconnues : les réserves directives[946], constructives[947] et neutralisantes[948] et/ou annihilantes[949].

S'il est admissible que l'œuvre du législateur ou de l'autorité réglementaire puisse être imparfaite ou qu'elle puisse avoir des conséquences négatives non immédiatement perçues au moment du vote ou de l'édiction du texte, la logique voudrait alors que sur ce terrain, le juge puisse formuler des réserves d'interprétation qui en préservent la bonne santé normative.

Logiquement corrélée au pouvoir d'interprétation, la technique des réserves a subi beaucoup de critiques notamment celles l'accusant de promouvoir le « gouvernement des juges », de violer le principe

---

[946] Les réserves d'interprétation sont dites « directives » lorsque l'interprétation comporte en outre un contenu prescriptif à l'égard d'une autorité de l'État chargée de l'application de la loi : pouvoir législatif, pouvoir réglementaire, pouvoir judiciaire, agents publics.

[947] La réserve dite « constructive », revêt différentes caractéristiques. Le juge l'utilise pour parer au risque de censure de la norme contrôlée sur le fondement de l'incompétence négative du législateur. Dans ce cas, le sauvetage de la norme passe par sa réintégration dans le sens des travaux préparatoires à son adoption.
Une seconde caractéristique de ce genre de réserve est qu'elle peut être formulée en cas de silence d'une loi qui, sans s'opposer ouvertement à la Constitution, pourrait conduire à une interprétation *contra legem*. Dans ce cas, la réserve vise à préciser le sens qui serait conforme à la Constitution.
La resserve constructive peut également être formulée lorsque le sens du texte contrôle est ambigu ou obscur. Dans ce sens, la réserve clarifie, détaille le sens cohérent, raisonnable, non absurde, bâtissant logiquement sa constitutionnalité tout en fournissant aux destinataires les indices par lesquels la juridiction, confrontée à de telles situations, se prononcera à l'avenir.

[948] La formulation d'une réserve neutralisante a pour but de paralyser certains effets négatifs du texte examiné, en censurant toute interprétation qui pourrait conduire à la violation de la Constitution. Autrement dit, selon Abdou Aziz Kébé, le juge « censure sans passer par l'annulation, les entendements normatifs inconstitutionnels », voir, A.A.D. KEBE, « La réception des réserves… », *op. cit.* ; L'auteur renvoie, ici, à l'étude de Thierry DI MANNO, « La jurisprudence du Conseil constitutionnel ». Chronique de contentieux constitutionnel 1993 ; consulter en général, Louis FAVOREU et Wanda MASTOR, Les cours constitutionnelles, 2e édition, Paris, Dalloz, 2016, 169 p.

[949] Variante de la réserve neutralisante en ce qu'elle est aussi restrictive, la réserve est dite « annihilante » lorsque le juge laisse subsister le texte tout en opérant l'extraction des dispositions de celui-ci qui sont non-conformes. À la suite de cette chirurgie esthétique, la disposition non conforme est amputée du texte contrôlé, qui, privé de cette imperfection, est déclaré conforme à la Constitution.

de la séparation des pouvoirs, ou de faire du juge constitutionnel un colégislateur[950].

Cependant, les craintes d'un possible usage immodéré de la technique, sans être ignorées, doivent, à rebours, conduire à ausculter constamment la *ratio legis*, à prendre le pouls de l'opinion publique du moment ou des politiques publiques[951].

Aussi, à l'instar de leurs pairs[952], les juridictions constitutionnelles africaines francophones s'adonnent régulièrement à l'émission de réserves d'interprétation s'attirant quelquefois, l'ire ou le dépit des autorités d'élaboration ou d'application de la loi. Quelques illustrations de la grande variété des réserves d'interprétation méritent une attention soutenue.

Ainsi, La Cour constitutionnelle du Gabon, dans une décision de 2019, corrèle son pouvoir d'injonction à l'émission d'une réserve d'interprétation : *« Les dispositions des articles 17, 57, 66,109 alinéa 1er, 130 alinéa 2,289 alinéa 2 et 322 alinéa 1er de la loi n° 043/2018 portant Code de procédure pénale, sont conformes à la Constitution sous réserve de les réformer ainsi qu'il suit... »*[953].

À Madagascar, la HCC ne se prive pas, lorsque l'occasion se présente d'émettre des réserves notamment dans sa décision de juillet 2017 :

---

950 Se référer à une abondante doctrine : Thierry DI MANNO , Le juge constitutionnel et la technique des décisions interprétatives en France et en Italie, Paris, Economica, PUAM, 1997 ; Dominique ROUSSEAU, La justice constitutionnelle en Europe, Paris, Montchrestien, 1998 ; Mayacine DIAGNE, « Le juge constitutionnel africain et la technique des réserves d'interprétation », Revue juridique et politique, n° 3, 2008 ; Franck MODERNE, « La déclaration de constitutionnalité sous réserve », in Le Conseil constitutionnel et les partis politiques, Paris, Economica, PUAM, 1987 ; Xavier SAMUEL, « Les réserves d'interprétation émises par le Conseil constitutionnel », Accueil des nouveaux membres de la Cour de cassation au Conseil constitutionnel le 26 janvier 2007, www.conseil-constitutionnl.fr (consulté en décembre 2023) ; Pascale DEUMIER, «Réserve d'interprétation du Conseil constitutionnel et contentieux de l'indemnisation des accidents du travail », Bulletin des arrêts de la Cour d'appel de Lyon, 2012, 1, https://univ-lyon3.hal.science/hal-02890013 (consulté en janvier 2024).

951 Lire, Bertrand MATHIEU, « Le Conseil constitutionnel, « législateur positif » ou la question des interventions du juge constitutionnel français dans l'exercice de la fonction législative », RIDC 2-2010, pp. 507-531 ; Julien BEAL-LONG, « Le contrôle de l'interprétation jurisprudentielle constante en QPC », RFDC, 2016/1 (n° 105), pp. E1-E28 (Supplément électronique).

952 En dehors des juridictions francophones étudiées, celles de l'Afrique du sud, de la RDC, de la RCA, le Conseil constitutionnel français, la Cour suprême des Etats Unis, la Cour suprême du Canada, les juridictions constitutionnelles de l'Allemagne, de l'Espagne, de l'Italie, entre autres, pratiquent aussi la technique des réserves.

953 Gabon, Cour constitutionnelle, *décision n° 320/CC du 3 juin 2019.*

« Considérant que le Parlement est un acteur essentiel dans le cycle budgétaire d'un pays ; qu'il a un rôle critique et de contrôle de ce cycle ; que dans le cadre de ce rôle des Assemblées parlementaires et dans celui de leurs responsabilités, les députés et les sénateurs doivent être en mesure d'interroger et de discuter des éléments du budget ; que pour ce faire, le constituant a prévu des délais relativement longs d'examen ;

9. Considérant que le rôle des parlementaires n'est pas seulement d'entériner le budget, mais de s'assurer que ce dernier correspond le mieux aux besoins par rapport aux ressources disponibles ; que le Parlement surveille et contrôle le processus budgétaire grâce à l'examen du projet de loi de finances qui détermine sa conformité par rapport à la politique du gouvernement, afin de l'approuver, de le rejeter ou de le modifier, en fonction de ses prérogatives constitutionnelles et législatives ;

Considérant que le contrôle de constitutionnalité des lois de finances s'exerce en référence à la Constitution stricto sensu, mais également à la loi organique sur les lois de finances, tel que prévu implicitement par l'article 90 de la Constitution ; (...) 18. Considérant que l'égalité devant la loi et les charges publiques ainsi que les droits de la défense, prévus par l'article 6 de la Constitution, sont des principes à valeur constitutionnelle ; qu'il échet de s'assurer de leur effectivité ;

Considérant qu'il n'appartient pas à la Haute Cour Constitutionnelle, qui ne dispose pas d'un pouvoir général d'appréciation et de même nature que celui du Parlement, de procéder éventuellement aux rectifications de la loi de finances rectificative ;

Considérant que les dispositions de la loi de finances rectificative déférée, qui ne méconnaissent aucune autre exigence constitutionnelle, doivent être déclarées conformes à la Constitution ;

En conséquence, Décide : Article premier. – Sous les réserves posées aux Considérants 8, 9 et 18, les dispositions de la loi n° 2017-009 portant Loi de Finances rectificative pour 2017 sont conformes à la Constitution et peuvent faire l'objet d'une promulgation … »[954].

Au Mali, la Cour constitutionnelle, faisant mention d'une expression de son cru, baptisée « *sécurité résiduelle* », énonce plusieurs réserves d'interprétation dans sa décision du 04 juillet 2017 « *(...) Considérant*

---

[954] Madagascar, Haute Cour constitutionnelle, *décision n° 13-HCC/D3 du 03 juillet 2017 concernant la loi n° 009 portant Loi de Finances rectificative pour 2017* (considérants 8, 9, 10,11, 18 et dispositif).

que l'insécurité qui prévaut au Mali est résiduelle en ce qu'elle est persistante en certains endroits du territoire national, que cependant elle est de moindre amplitude par rapport à celle qui sévissait dans le pays en 2012 et caractérisée à l'époque par l'occupation des régions du nord par des forces d'obédience sécessionniste, djihadiste et autres venues d'horizons divers et dont l'ampleur n'a d'ailleurs pas privé le peuple, plus tard, de son droit d'exprimer sa souveraineté à l'occasion des élections générales de 2013, ce, conformément aux dispositions des articles 24, 26 et 27 de la Constitution du 25 février1992 (...);

Qu'en tout état de cause, le défi sécuritaire imposé au Mali étant contemporain, le fonctionnement régulier de ses institutions ne saurait être tributaire de la pacification absolue du territoire national, elle-même dépendante d'un environnement d'instabilité transnationale, au risque de freiner le processus démocratique et de plonger le pays dans l'impasse et le chaos ;

Que dès lors, le citoyen ne peut être privé du droit d'exprimer son choix (...) Sous les strictes réserves et observations portant sur la mouture de la loi, sa date d'adoption ainsi que les articles 37, 47, 48, 61, 110, 115, 119, 145 et 148, la Loi n° 2017-31jAN-RM du 02 juin 2017 portant révision de la Constitution du 25 février 1992 est conforme à la Constitution... »[955].

Le Conseil constitutionnel du Tchad a également fait recours aux réserves d'interprétation, en décidant : « *Considérant que la nomination ou la démission d'un membre du Gouvernement relève du pouvoir discrétionnaire du Président de la République, pouvoir que lui confère la Constitution en son article 79 ; Qu'en vertu du principe de la séparation des pouvoirs exécutif, législatif et judiciaire prévu à l'article 7 de la Constitution, la suspension d'un ministre pour des faits qualifiés de haute trahison ne saurait empêcher l'Exécutif de procéder à son remplacement avant le verdict de la Haute Cour de Justice ; Qu'en effet, toutes les dispositions visées ont une égale valeur constitutionnelle et qu'il n'existe pas de hiérarchie entre les différentes composantes ; Qu'aucune inégalité de valeur ne peut être tirée de la contrariété du contenu des articles 175 et 79 de la Constitution qui relèvent des matières qui leur sont spécifiques* ; (…) *Considérant que selon ce principe* (présomption d'innocence), *tout individu poursuivi est censé être innocent aussi longtemps que sa culpabilité n'a pas été reconnue par*

[955] Mali, Cour constitutionnelle, *Arrêt n° 2017-04/CCM/Ref.* du 04 juillet 2017, relatif à la *loi n° 2017-31/AN-RM du 02 juin 2017, portant révision de la Constitution.*

un jugement irrévocable ; Que ce principe est une mesure destinée à protéger l'individu poursuivi et son patrimoine contre l'arbitraire avant toute décision définitive de la juridiction devant laquelle il est poursuivi ; Que la décision de l'Exécutif de remplacer un de ses membres poursuivis devant la Haute Cour de Justice ne viole pas ce principe ». S'agissant des suggestions d'amendements sur la Loi organique relative à la Haute Cour de Justice, le Conseil constitutionnel déclina sa compétence en ces termes : « *Considérant que les amendements sont du domaine de l'élaboration des lois réservé aux pouvoirs exécutif et législatif conformément à l'article 130 de la Constitution qui dispose que « L'initiative des lois appartient concurremment au Gouvernement et aux membres de l'Assemblée nationale* »[956].

Au Sénégal, le CC n'écarte pas de recourir aux réserves d'interprétation. Ainsi, dans l'examen de la loi, il a émis cinq réserves « *pour la conformité du projet dans son ensemble à l'esprit général de la Constitution du 22 janvier 2001 et aux principes généraux du droit* »[957].

En définitive, à la suite du travail d'instruction, la juridiction entame la délibération qui se termine par la décision infirmant ou confirmant, en totalité ou en partie, la constitutionnalité du texte soumis à son examen.

---

[956] Tchad, Conseil constitutionnel, *Décision n° 001/CC/SG/2010 du 25 février 2010 relative à la requête du Premier ministre, Chef du Gouvernement sur l'interprétation de l'article 175 alinéas 2 et 3 de la Constitution* (considérants n° 8, 10, 12).

[957] Sénégal, Conseil constitutionnel, *décision n° 1/C/2016 du 12 février 2016*, concernant le projet de révision de la Constitution.

TITRE II

LA DÉCISION CONSTITUTIONNELLE

À l'entame des délibérations, le Rapporteur est entendu en son rapport. Ensuite, l'ordre de prise de parole est établi par le Président. Les discussions portent aussi bien sur le contenu du rapport que sur le projet de décision que les membres peuvent enrichir par des modifications de forme et de fond. Si le texte de l'arrêt ou de l'avis n'est pas le fruit d'un consensus entre les membres de la juridiction, la discussion aboutit à un vote à la majorité simple, soit sur les grandes lignes de la décision à adopter, soit sur l'énonciation et l'ordre de succession des considérants ou, encore, sur le libellé du dispositif du jugement[958].

La fin des délibérations marque l'avènement de la décision sanctionnant ou non la conformité de la norme contrôlée par rapport à la Constitution. Cette décision écrite, adoptée et signée, révèle, à sa lecture, un contenu qui englobe l'identité du requérant, les faits, la procédure, les prétentions des parties et la solution figurant dans le dispositif (**Chapitre I**).

Le rendu de la décision fait espérer, comme suite logique, son exécution de bonne foi. Cette attente légitime de l'application pleine et entière de la décision découle de la mise en œuvre du principe de l'autorité de la chose jugée qui peut, cependant, connaître des limitations et entraves (**Chapitre II**).

---

[958] Voir, par exemple, la délibération du 28 aout 2002 portant RI de la CC du Mali en son article 8 : « *La discussion se termine par un vote qui, selon le cas, peut être demandé sur le principe de l'arrêt d'abord, sur chacun des considérants ensuite et enfin sur l'ensemble de la décision. Un seul vote peut cependant suffire s'il apparaît que le projet du rapporteur recueille l'accord de tous ses collègues. Le vote est acquis à la majorité simple. En cas de partage des voix, celle du président est prépondérante* ».

CHAPITRE I

LE CONTENU DE LA DÉCISION

La soumission de la décision[959], de l'arrêt ou de l'avis à des conditions emporte comme conséquence, la présence de mentions obligatoires dans l'écriture décisionnelle, mais implique aussi le respect d'un fétichisme judiciaire qui, s'il n'est pas impératif, donne tous ses atours et parures au délibéré.

Il convient, dès lors, de faire étalage de la forme de la décision (Section I) comme préalable à l'examen du fond de la décision (Section II).

Section I : La forme de la décision

Dans l'ordre de présentation, une décision juridictionnelle commence par divers éléments référentiels et substantiels comme les visas et les considérants (§ I) et se termine par un dispositif et des mentions connexes (§ II).

Paragraphe I : Les visas et les considérants

Après les éléments d'identification de la juridiction concernée, voire la dénomination officielle de l'État et sa devise, les visas (A) et considérants (B) sont les deux premières parties de la décision.

A) Les visas

La première partie est composée d'un ensemble de visas. Transposé du mot latin « *visa* », ce qui veut dire « les choses vues », le visa s'entend de « cette partie figurant, selon le cas, en tête d'une loi ou au début du dispositif d'une ordonnance, d'un jugement ou d'un arrêt par laquelle, dans le premier cas, le législateur, et dans le second cas, les juges, énoncent les références des textes de loi ou des règlements administratifs auxquels,

[959] Au Sénégal, le terme de « décision », depuis 2016, s'applique aussi bien aux affaires rendues par le CC en matière contentieuse que dans les matières consultative, référendaire, électorale.

ils se réfèrent »[960]. Les « visas » indiquent les textes pertinents sur la base desquels la décision est adoptée. Ils constituent des éléments d'ordre informatif portant à la connaissance du lecteur, les références textuelles formant la base juridique d'adoption de la décision.

Autrement dit, la juridiction « énonce le texte auquel il va confronter les éléments qui lui sont soumis ainsi que les titres attributifs de sa propre compétence »[961].

Composés selon un mode énumératif et dans l'ordre décroissant depuis la norme juridique de rang supérieur jusqu'à la norme juridique de rang inférieur, les visas d'une décision juridictionnelle comportent dans l'ordre précité, les mentions suivantes : *Vu la Constitution*[962] ; *Vu la loi organique* (ou, selon le cas, l'ordonnance portant loi organique)[963] ; *Vu la loi*[964] ; *Vu* le texte (de loi, l'engagement international, l'acte réglementaire contesté ou soumis au contrôle de constitutionnalité) ; *Vu* la décision (de telle juridiction) *Vu le Règlement intérieur* (de la juridiction constitutionnelle)[965]...

Clôturent la partie des visas, les mentions suivantes : « *Le Rapporteur entendu en son rapport* » ou « *Le Rapporteur entendu* » et « *Après avoir délibéré conformément à la loi* »[966].

---

[960] Selon le dictionnaire en ligne : www.dictionnaire-juridique.com.

[961] Ariane VIDAL-NAQUET, « Les visas dans les décisions du Conseil constitutionnel », RFDC, n° 67, 2006, pp. 535-569 ; Rémi BARRUE-BELOU, « Le développement des références juridictionnelles dans les visas du Conseil constitutionnel : vers une fonction de Cour suprême ? », RFDC 2016/2 (N° 106), pp. 259-282.

[962] Dans certains États et selon la mandature, on peut ajouter à ce premier visa, la date et les articles de la Constitution cités dans la décision, l'arrêt ou l'avis.

[963] Est visé, en second lieu, le texte portant organisation et fonctionnement de la juridiction constitutionnelle.

[964] Sont indiquées, selon leur ancienneté, les lois ordinaires citées dans la décision comme par exemple, loi portant Code pénal ou Code électoral ou toute autre loi ordinaire pertinente.

[965] Ce visa du RI n'est introduit qu'en cas de nécessité.

[966] Il faut signaler que dans les pays ayant opté pour une simplification dans la rédaction des décisions juridictionnelles comme en France, les visas, énoncés dans l'ordre, ne sont pas précédés de l'expression « *Vu* ». En France, le changement a été observé dans les décisions *n° 2016-539 QPC et n° 2016-540 QPC* où les « *considérant que* » sont remplacés par de simples paragraphes. Voir, Communiqué du Conseil constitutionnel ; *http://www.conseil-constitutionnel.fr/conseil-constitutionnel/root/bank/pdf/conseil-constitutionnel-147341.pdf.* Voir, aussi, Nicole BELLOUBET, « La motivation des décisions du Conseil constitutionnel : justifier et réformer », NCCC, n° 55-56, (Dossier : Reforme et motivation des décisions), juin 2017 ; Maxime CHARITE, « Réflexions

Cette pratique est largement répandue dans les juridictions constitutionnelles africaines, conformément à leurs règlements intérieurs.

L'article 56 du RI de la CC Togolaise en date du 15 janvier 2020 dispose que « *Les décisions de la Cour comportent les visas, les motifs et le dispositif. Elles contiennent les noms des juges qui ont siégé et leurs signatures. Tous les membres de la Cour sont liés par ses décisions* ».

Quant au RI du CC du Burkina Faso, en date du 06 mars 2008, il prescrit, en son art.43, ce qui suit : « *Les décisions et avis du Conseil constitutionnel comportent les visas des textes applicables, les motifs sur lesquels ils se fondent et un dispositif. Les décisions et avis du Conseil constitutionnel contiennent la mention des membres qui ont siégé à la séance au cours de laquelle ils ont été pris et sont signés par le président, les membres et le Secrétaire général ayant participé à la décision* ».

Concernant l'art.23 du RI de la CC du Bénin, en date du 10 août 2022, il se lit ainsi : « *Les décisions de la Cour contiennent les visas des textes applicables, les motifs sur lesquels elles se fondent et un dispositif. En outre, elles contiennent la mention des membres qui ont siégé à la séance au cours de laquelle elles ont été prises. Les décisions et avis de la Cour Constitutionnelle sont signés par le Président et le Rapporteur* ».

Ces illustrations démontrent à souhait la nécessité d'apposer un ou plusieurs visas dans la décision, mais l'absence de ceux-ci [967]comme l'omission de certains visas ne sauraient entraîner la nullité de la décision dès lors que les textes pertinents sont cités dans les motifs[968].

Toutefois, il convient de relever que ce descriptif général n'est pas repris dans les décisions du Conseil constitutionnel camerounais qui fait précéder les visas des noms et qualités du Président et des Conseillers.

À la suite des visas, les considérants constituent la partie substantielle de la décision, son *corpus juris*.

---

sur la modernisation du mode de rédaction des décisions du Conseil constitutionnel », Revue générale du droit, 2017, numéro 24631, (www.revuegeneraledudroit.eu/?p=24631).

[967] Voir, les décisions du Conseil constitutionnel du Cameroun, *arrêt n° 24/CE/CC/2018 du 16 octobre 2018, Sieur Maurice Kamto c. Le Conseil constitutionnel* ; *décision n°26/CE/CC2018 du 16 octobre 2018, Sieur Bertin Kissob c. RDPC, ELECAM* ; *décision n°09/CC/SACER du 24 février 2020, Sieur Ottou Dimi (ANDP) c. ELECAM, MINAT et RDPC* ; *décision n°01/CC/SDAC du 09 juillet 2020, Isaac Bissala.*

[968] Par analogie à ce qu'a retenu le Conseil d'État français, dans son *arrêt n° 160774 du 31 mars 1974*, concluant au fait que n'est pas un vice de forme substantiel susceptible de conduire à l'annulation d'un acte par le juge, une erreur constatée dans le visa d'un texte.

B) Les considérants

Bien que certaines juridictions emploient l'expression très répandue dans les cours et tribunaux ordinaires, « *Attendu que…* », une préférence majoritaire des Cours et Conseils constitutionnels s'est déterminée en faveur de l'expression « *Considérant que* ».

Cette deuxième partie comprend les motifs de la décision. Articulés sous forme de paragraphes (numérotés ou non) commençant par l'expression « *Considérant que* » ou par « *Que* », et se terminant par des virgules ou des points-virgules, les considérants renferment les motifs de la décision[969].

Cette motivation du dispositif qui figure à la fin des considérants, suit un canevas, à savoir le rappel des faits et de la procédure (les conditions dans lesquelles la juridiction a été saisie), le numéro de référencement de la requête telle qu'elle a été enregistrée au greffe ou au secrétariat général, l'exposé sommaire des prétentions de la partie demanderesse, les observations écrites ou orales des autorités destinataires des notifications, ou le mémoire en défense[970].

Avant le dispositif, la motivation de la décision se termine par un considérant final, appelé « *considérant-balai* », par lequel la juridiction rassure et constate « *qu'il n'y a lieu de soulever d'office aucune autre question de constitutionnalité* ». Cela signifie que tous les moyens jugés recevables ont été examinés et que toute autre question éventuelle en l'espèce ne requiert pas l'attention du juge par manque de pertinence.

En conséquence, les considérants constituent la réponse du juge et jalonnent la voie à la solution du litige qui figure dans le dispositif.

Paragraphe II : Le dispositif et les mentions connexes

Outre les visas et considérants, les aspects formels de la décision impliquent obligatoirement la présence d'un dispositif(A) qui constitue

---

[969]Guy Mipamb NAHM-TCHOUGLI, « La problématique de la qualité des décisions rendues par les juridictions constitutionnelles », Quinzième session de formation de l'AA-HJF, Porto Novo, 24-26 juillet 2023,20 p ; Franc de Paul TETANG, « À propos de la qualité des décisions du Conseil constitutionnel (Réflexions à la lumière de la jurisprudence récente) », RFDC, 2016/4 (N° 108), pp. E1-E36.

[970] Eventuellement car les notifications sont souvent peu suivies d'effets du fait d'absence de réaction des entités ou personnes dentinaires de ces notifications.

la solution donnée au contentieux[971]. La décision contient également diverses mentions connexes(B).

A) Le dispositif de la décision

Cette dernière partie d'un jugement, arrêt ou avis, constitue la conclusion logique des développements contenus dans les considérants.

Le dispositif est la formulation synthétisée (quelquefois en articles numérotés) de la solution au contentieux soumis au juge. Tout en donnant une solution au litige, il porte la formule suivante dans son article ou phrase terminal(e) : « *la présente décision sera publiée au Journal officiel (de la République)* ».

Tout autour de la décision, en début, à la marge ou à la suite, figurent des indications connexes.

B) Les mentions connexes

Ces mentions renforcent et éclairent le dispositif. Il s'agit notamment de l'identité des juges qui ont siégé[972], celle du chef du greffe ou du Secrétaire général[973] de la juridiction, leurs signatures[974] ou seulement les signatures du Président et du greffier ou Secrétaire général[975]. En haut de la décision ou dans la marge, figurent les noms des requérants,

---

[971] Il faut noter que les traités ou accords internationaux, les lois et les actes réglementaires contiennent aussi un dispositif, c'est-à-dire, les clauses de droit matériel ou processuel, libellées en articles.

[972] Dans toutes ces juridictions, les Constitutions, lois organiques ou règlements intérieurs fixent un quorum, nombre minimum de juges pour délibérer. Voir, les différents textes cités.

[973] Dans certaines juridictions, le SG et le greffier participent aux séances, mais sans voix délibérative. Dans ce cas, ils tiennent la plume. Mais, dans la plupart de ces juridictions, le greffier en Chef (ou Administrateur du greffe ou chef du greffe) ou le SG, ne participent pas aux délibérations, même s'ils signent la décision.

[974] Dans la majorité de ces juridictions, la décision lie tous les juges et, par conséquent, porte leurs signatures. Les opinions individuelles ou dissidentes sont peu tolérées ou sont inexistantes. Sur la question des opinions, consulter, Wanda MASTOR, Les opinions séparées des juges constitutionnels, Thèse de doctorat, Université Aix-Marseille, Paris, Economica/PUAM, 2005, 362 p ; Jean-Louis ESAMBO KANGASHE, « Les opinions individuelles et dissidentes du juge constitutionnel », in *L'amphithéâtre et le prétoire. Au service des droits de l'homme et de la démocratie. Mélanges Robert Dossou*, Paris, L'Harmattan, 2020, pp. 559-573.

[975] Par exemple, le CC ivoirien et la CC du Niger suivent cette pratique ; voir, Conseil constitutionnel ivoirien, *Décision n° CI 2020-002/DCC/19-03/CC/SG du 19 mars* 2020 ; Cour constitutionnelle du Niger, *Arrêt n° 2002-004/CC du 16 janvier 2002.*

la date de séance de début ou de terminaison de la délibération[976], le numéro de référence de l'affaire ou des affaires (en cas de jonction d'instances) telle(s) qu'enregistrée(s) par les services du SG ou du greffe, la matière dans laquelle la décision est intervenue (matière constitutionnelle, matière consultative, matière électorale, matière référendaire, réglementaire…).

La valeur juridique du dispositif dépend de la nature de la décision. Le dispositif a un effet obligatoire et revêtu de l'autorité de la chose jugée pour les décisions ou arrêts au contraire du dispositif d'un avis qui, en principe, a un caractère non contraignant[977].

En sus de ces aspects formels, le contenu renseigne sur le fond de la décision.

Section II : Le fond de la décision

En plus des données formelles servant de socle au fond de la décision, il est utile de rappeler que la substance de celle-ci git dans les considérants et le dispositif.

La substantialité décisionnelle est portée par la motivation, secondée quelquefois par l'injonction (§ I), éclairée, peu ou prou, par le recours à d'autres méthodes et techniques (§ II).

Paragraphe I : La motivation et l'injonction

Les stratégies argumentatives servant de soubassement à la motivation de la décision suivent différents canaux d'expression passant par un rattachement simple aux règles de droit applicables ou à travers une exégèse et une herméneutique d'explication, de clarification à visée pédagogique (A).

Ce souci de transparence, de justification et de renvoi constant à la règle juridique guide également le recours à l'injonction comme technique visant à prévenir les éventuels écarts dans l'exécution de la décision et à invalider toute interprétation en dehors du sentier tracé par le juge (B).

---

[976] Si la dernière date est de préférence, la juridiction peut choisir librement la date de la séance de début. Il est aussi possible de constater la combinaison des deux dates.

[977] Cependant, au Sénégal, la non reprise de la distinction entre arrêts et avis, a conduit le législateur organique à conférer la valeur obligation à toutes les décisions du CC quelle qu'en soit la matière.

A) La motivation de la décision

Elle renferme, en substance, les motifs de droit ou de fait de la décision que celle-ci conclue à l'irrecevabilité, à l'incompétence[978], à la forclusion, au sursis à statuer, qu'elle soit assortie de réserves d'interprétation, ou qu'elle conduise à l'annulation totale ou partielle.

Cette motivation doit être apparente, même si le dispositif admet la conformité ou la non-contrariété du texte contrôlé. Le déroulé du raisonnement du juge qui ne doit éluder aucun moyen[979] présenté par les parties et qui est modelé à travers le syllogisme judiciaire, peut infirmer ou confirmer un précédent [980], constituer un arrêt de principe[981] ou un revirement de jurisprudence[982].

La motivation d'une décision embrasse la *ratio decidendi* qui est une « expression latine signifiant « raison de la décision » (qui) correspond à la justification d'une décision de justice rendue par une cour appliquant la *common law* ; c'est là que l'on trouve la règle de droit dégagée de l'espèce. Seule partie d'une décision qui s'impose dans le futur aux juridictions inférieures »[983].

Dans la motivation de la décision, le juge a la faculté d'énoncer ce qu'il est convenu d'appeler des *obiter dicta.* Pluriel de *obiter dictum* qui signifie littéralement *« soit dit en passant »*, et qui « consiste pour une

---

[978] Cf., Eléazar Michel NKOUE, « L'incompétence du juge constitutionnel dans les États d'Afrique noire francophone : Les cas du Cameroun, de la Cote d'ivoire et du Sénégal », RRC (Revue des Réflexions Constitutionnelles), Ouagadougou, n° 032, avril 2023, pp. 1-30.

[979] Argument(s) de fait et de droit que fait valoir une partie à l'appui de sa demande ou de sa défense.

[980] Lire, Georges VEDEL, « Le précédent judiciaire en droit public français », Journées de la société de législation comparée, vol. IV, 1984, p. 286 ; Wanda MASTOR, « La motivation des décisions des Cours constitutionnelles », Annuaire international de justice constitutionnelle, 28-2012, pp. 11-15 ; Camille-Julia GUILLERMET, La motivation des décisions de justice. La vertu pédagogique de la justice, Paris, L'Harmattan, 2006, 119 p.

[981] À la différence d'un arrêt d'espèce qui offre une solution valable pour la seule affaire jugée, un arrêt de principe a une forte teneur jurisprudentielle, en ce qu'il pose un principe de portée générale visant la création de règles prétoriennes nouvelles, des modifications ou clarifications substantielles de règles du droit positif, susceptibles de s'appliquer ultérieurement à des cas similaires, sauf revirement de jurisprudence.

[982] Voir, le dernier chapitre de cet ouvrage.

[983] Consulter, https// : www.revuededroitcriminel.worldpress.com, février 2015, (consulté en janvier 2024). En droit international, voir, Mamadou Yaya DIALLO, « Les obiter dicta dans la jurisprudence de la Cour internationale de justice », Nouvelles Annales africaines, numéro spécial, 2023, pp. 1-39.

juridiction suprême à insérer dans un arrêt, une opinion étrangère à l'espèce, tout en participant à la portée de la décision rendue »[984], les *obiter dicta* revêtent des fonctions informatives suivantes : « – la première est normative en ce que l'opinion inutile à la solution du litige permet au juge de faire connaître par avance sa position sur les recours qui pourraient lui être soumis et d'énoncer une règle de droit qu'il n'aurait normalement pas eu l'occasion d'invoquer ; la seconde est pédagogique. Il peut s'agir, notamment, de consolider le passé jurisprudentiel en rappelant une règle de droit préexistante (sans pour autant en faire application au litige) ou, s'il s'agit d'une position nouvelle, de la communiquer et diffuser sans que cela ait des conséquences immédiates pour les justiciables… »[985].

Les *obiter dicta* sont, donc, des raisonnements digressifs et discursifs par lesquels le juge, à l'occasion d'une affaire, fait des développements plus ou moins éloignés de l'objet du litige, profitant de cette occurrence pour émettre une position sur une question connexe qui pourrait être attraite devant son prétoire. Ce détour ou contournement n'a pas trop d'effets distractifs puisque le juge revient vite se reconnecter à l'affaire qui lui est soumise.

Dans la motivation, la juridiction produit, tous arguments de fait et de droit conduisant à déclarer la conformité ou non du texte contrôlé, voire à prononcer sa conformité sous réserves.

Comme il a été soutenu, « L'exigence de motivation des décisions de justice s'inscrit, dans les sociétés contemporaines, dans le cadre d'une multiplicité de principes inhérents à l'État de droit. L'objectif de cette exigence répond à des enjeux tant juridiques que politiques, qu'il s'agisse d'un élément de contrôle de la rationalité de l'administration de la justice ou de la légitimité démocratique du juge. Ainsi comprise, la motivation des décisions juridictionnelles constitue à la fois un instrument technique processuel et une garantie politico-institutionnelle. Cette exigence de motivation s'est accrue avec l'évolution du rôle du

---

[984] Consulter, https// : www.actu-dalloz.fr

[985] Cf., https// : www.actu-dalloz.fr ; Claire RIVIER (dir.), Les divergences de jurisprudence, Presses de l'Université de Saint-Etienne, coll. « Droit », 2003, 376 p. ; Ariane VIDAL-NAQUET, « La pratique des obiter dicta dans la jurisprudence du Conseil constitutionnel », in Philippe RAINBAULT et Maryvonne HECQUARD-HERON (dir), La pédagogie au service du droit, Presses de l'Université de Toulouse Capitole, LGDJ Lextenso Éditions, 2018,431p ; Solenne HORTALA, Les obiter dicta dans la jurisprudence civile de la Cour de cassation : étude de la jurisprudence civile. École doctorale Droit et Science politique (Toulouse, 2017).

juge et sa montée en puissance. En principe, la motivation permet au juge de démontrer que la solution qu'il retient repose sur une application rationnelle de la norme en écartant le risque d'arbitraire »[986].

En matière de motivation, diverses approches ont vu le jour. La première approche, classique, considère que la décision se suffisant à elle-même, les seuls éléments utiles demeurent les bases juridiques (textes constitutionnels, lois organiques et ordinaires) sur lesquelles le juge s'appuie pour rendre son arrêt ou son avis, toutes autres considérations étant surabondantes.

La deuxième approche, se voulant plus libérale, se fonde sur la nécessité d'une motivation détaillée qui se traduit en de longs et nombreux considérants, la finalité étant pédagogique pour le bon entendement des parties et de l'opinion publique.

Par ailleurs, on ne saurait passer sous silence la tendance récente dans les pays de tradition romano-germanique quoique très utilisée dans les États de la *common law* – qui promeut une approche qualifiée de « conséquentialiste ». Elle consiste pour le juge, dans un élan à la fois pragmatique et prédictif, d'évaluer les conséquences juridiques, mais aussi la portée sociale, économique ou politique du jugement qu'il est en train de rendre.

Autrement dit, « l'argument conséquentialiste »[987] fait reposer les motifs de la décision sur un ajustement des données factuelles et juridiques passées au crible des différentes conséquences possibles de la décision. Le juge priorise alors, devant plusieurs probabilités d'accomplissement, la solution ayant l'effet le moins négatif, au nom de la paix sociale, de la stabilité des institutions et de l'état de droit[988].

La volonté d'expliquer, d'ajuster, de redresser, de justifier la décision par l'exposé exhaustif des données factuelles et substantielles qui la fondent peut prendre une tournure plus injonctive dans le but d'affirmer et de fortifier la charge normative de la décision constitutionnelle.

---

[986] Alexis LE QUINIO, « La motivation des décisions du Conseil constitutionnel au prisme du modèle ibéro-américain », *Nouveaux Cahiers du Conseil constitutionnel*, 2017/2, (n° 55-56), pp. 33-43.

[987] Selon l'expression de Fabrice HOURQUEBIE, « L'argument conséquentialiste dans les décisions de justice », Les Cahiers de la justice, 2014/2, pp. 199-217.

[988] Cf, Aubrey Sidney ADOUA-MBONGO, « La décision n° 1/C/2024 du 15 février 2024 : manifestation d'une posture conséquentialiste du juge constitutionnel sénégalais », 18 p., www.ceracle.com (consulté en juin 2024).

B) L'injonction du juge constitutionnel

Très proche du pouvoir d'instruction, le pouvoir d'injonction suggère un maniement subtil à la mesure de la nécessité d'une adresse aux autorités d'élaboration et de destination de la décision juridictionnelle.

Mais, si le pouvoir d'instruction peut s'accompagner du pouvoir d'injonction, ce dernier s'en dissocie nettement du fait de son usage facultatif et de l'effet renforcé dans la décision.

De prime abord, une *summa divisio* est perceptible entre l'injonction-instruction et l'injonction-décision dans le but de spécifier d'une part, le recours à ce mécanisme dans la phase de l'instruction en direction d'autorités ou de personnes rétives à déférer aux demandes du rapporteur, et d'autre part, son utilisation dans la décision constitutionnelle pour orienter l'exécution de la sentence ou sanction juridictionnelle.

Au-delà de cette primo-distinction fondée sur la temporalité, l'injonction dans sa substantialité renvoie à une polysémie matérielle.

Les dictionnaires et lexiques s'accordent à conférer au terme d'injonction une pluralité de sens : ordre donné par le juge, action d'enjoindre, commandement, ordre formel d'obtempérer, interpellation, mise en demeure, sommation, ultimatum, prescription, etc[989].

En plus des distinctions doctrinales[990] entre injonction positive[991], négative [992] et/ou injonction interlocutoire[993], injonction graduée (ou

---

[989]En grammaire française un texte ou un discours injonctif se rapporte à tout document comportant un ordre d'agir ou de s'abstenir, à des consignes, conseils.

[990] Sur les formes, les contenus et effets de l'injonction, lire Gérard AIVO, « Le pouvoir d'injonction du juge constitutionnel », Revue Afrilex, avril 2021,34 p. ; Sidy Alpha NDIAYE, « Le pouvoir d'injonction du juge constitutionnel en Afrique noire francophone », 37 p., www.ceracle.com ; Moussa YOUSSOUFA, « L'autorité du juge constitutionnel français à l'égard de ses partenaires juridictionnels étatiques »,in *International Multilingual Journal of Science and Technology (IMJST)* , Vol. 6 Issue 8, August – 2021, pp.3881-3895 ; Jean-François LAFAIX, « L'injonction au principal : une simplification de l'exécution ? », *CIVITAS EUROPA*, 2017/2, (n° 39), pp. 109-128 ; Valérie GOESEL LE BIHAN, « Le contrôle exercé par le Conseil constitutionnel : défense et illustration d'une théorie générale », RFDC, 45, 2001, pp. 67-83..

[991] L'injonction est dite positive lorsqu'elle précise les conditions dans lesquelles la norme acquiert un degré décisif et irréprochable de validité.

[992] L'injonction négative induit l'interdiction expresse d'adopter telle conduite, tel acte, telle interprétation. Autrement dit, la validité de la norme est assujettie au fait qu'elle ne contienne pas telle réglé ou ne soit pas entendue dans tel sens.

[993] L'injonction interlocutoire, à l'instar des mesures conservatoires ou provisoires, s'entend d'un ordre émanant d'un tribunal visant à obliger, en attendant la décision

réitérée en cas d'insuccès de la première injonction), injonction définitive ou provisoire, l'injonction est directe lorsqu'elle est adressée à une partie (individu, organe ou juridiction) ou à une autre entité nommément désignée dans la décision. En revanche, elle est indirecte, diffuse lorsqu'elle est allusive, implicite, déduite ou par ricochet.

La juridiction constitutionnelle est parée d'une autorité qui si elle n'est pas toujours exclusive par ses attributions, reste déterminante par son intervention. Ses décisions sont insusceptibles de recours. Aussi , le pouvoir d'injonction[994] dont le juge peut faire usage avec audace ou parcimonie, découle implicitement de l'autorité de ses décisions qui s'imposent à tous les organes exécutif , législatif et judiciaire .C'est dans ce sens que Luc Sindjoun estime que « la protection de l'autorité de la chose jugée va de pair avec l'exercice d'un pouvoir d'injonction »[995] et que s'inscrit Frédéric-Joël Aivo , en considérant que «le juge a le pouvoir d'adresser au législateur, sous diverses formes et à travers des techniques variées, des injonctions »[996].

Néanmoins, de vives oppositions[997] s'étaient dressées contre ce pouvoir d'injonction au nom du principe de la séparation des pouvoirs qui serait mis à mal si le juge donnait des ordres au législateur ou à

---

du juge et pour éviter la survenance d'un préjudice irréparable, une personne ou une entité à faire ou ne pas faire quelque chose.

[994] Pour reprendre les propos d'un auteur sénégalais « Le juge constitutionnel utilise explicitement le terme injonction au Bénin, au Gabon, à Madagascar et en République Démocratique du Congo. Sans utiliser expressément le terme, les juges constitutionnels d'autres États en Afrique promeuvent, par contre, une conception vivante de la Constitution : Burkina Faso, Centrafrique, Côte d'Ivoire, Mali, Niger, Tchad ou encore Afrique du Sud… », Sidy Alpha NDIAYE, « Le pouvoir d'injonction du juge constitutionnel en Afrique noire francophone », www.ceracle.com.

[995] Luc SINDJOUN, Les grandes décisions de la justice constitutionnelle africaine. Droit constitutionnel jurisprudentiel au prisme des systèmes politiques africains, Bruxelles, Bruylant, 2009, p.352.

[996] Fréderic-Joel AIVO, « L'erreur de droit dans les déclarations d'inconstitutionnalité », (Décision DCC 13-171 du 30 décembre 2013 de la Cour Constitutionnelle du Bénin relative à l'inconstitutionnalité du recours au vote secret pour l'adoption de la loi de finances 2014) », Afrilex, juillet, 2015, p. 383.

[997] Voir, Gérard AIVO, « Le pouvoir d'injonction du juge constitutionnel », RBSJA, n° 42, 2021, p. 11. L'auteur cite Adhémar EISMEIN, selon lequel « *le droit de prononcer des injonctions est bien présenté comme distinct de la suppression des écrits calomnieux : on sent qu'il s'agit d'un pouvoir important, dangereux même et, pour son exercice, on fait appel à l'intégrité des juges* ».

l'exécutif et au nom du principe de séparation des autorités administratives et judiciaires[998].

En réalité, ces réticences reposaient également sur le legs juridique français, notamment le Décret du 2 septembre 1795 (*16 fructidor an III*) dont l'article unique fondait le principe de séparation des autorités judiciaires et administratives, en ces termes : « *Défenses itératives sont faites aux tribunaux de connaître des actes d'administration, de quelque espèce qu'ils soient, aux peines de droit* ».

Cette logique prévaut dans la politique jurisprudentielle du CC français[999] se refusant d'avoir un pouvoir général d'injonction à l'égard du législateur[1000]. Ainsi s'est-il prononcé, en estimant que « *Les requérants soutiennent que « de nombreuses dispositions de la loi déférée s'inscrivent manifestement dans la spirale d'inaction ayant conduit au non-respect de la trajectoire de la France en matière de réduction des gaz à effet de serre ». En particulier, ils font valoir que le volet de la loi dédié à la rénovation énergétique des bâtiments serait « particulièrement marqué par des mesures tardives au regard de l'objectif de neutralité carbone assigné au parc de logement à l'horizon 2050 par les législations françaises et communautaires, ainsi que par les engagements internationaux de la France ». Ils dénoncent également le fait que cette loi ne prévoirait « aucune mesure d'ampleur permettant d'accompagner les ménages et les différents acteurs économiques dans leur transition vers un mode de développement plus respectueux de*

---

[998] Théodore HOLO , « Emergence de la justice constitutionnelle », *Pouvoirs*, n° 129, p. 10 ; Robert DOSSOU, « La Cour Constitutionnelle du Bénin : l'influence de sa jurisprudence sur le constitutionnalisme et les droits de l'Homme », communication *du président de la Cour Constitutionnelle du Bénin lors de la « conférence mondiale sur la justice constitutionnelle* » organisée au Cape-Town en Afrique du Sud, du 23 au 24 Janvier 2009, p. 5 et s ; Arsène-Joel ADELOUI , « Observations sous la décision EP 11-014 du 22 février 2011 désignant des représentants de l'Assemblée nationale à la CENA », *ABJC*, 2014, p.426 et s ; Alain Ghislain EWANE BITEG, « le pouvoir d'injonction du juge constitutionnel africain. Cas des États d'Afrique noire francophone », Revue africaine de la Recherche juridique et politique (RARJP), n° 1, *Varia*, mai 2020, pp. 86-117.

[999] Maxime CHARITE, « Le refus du Conseil constitutionnel d'un pouvoir général d'injonction à l'égard du législateur », www.actu-juridique.fr.

[1000] Voir, par exemple, le Conseil constitutionnel français, *décision n° 2003-483 du 14 août 2003*, par laquelle il estime que « *le Conseil constitutionnel ne saurait, sans outrepasser les limites des pouvoirs que lui a confiés la Constitution, adresser une telle injonction au législateur ; qu'au demeurant, la mesure demandée ne ferait, en l'état, qu'accroître encore les différences significatives déjà constatées entre les femmes et les hommes au regard du droit à pension* » (considérant 26).

l'environnement ». Enfin, ils estiment que « l'absence de soutien et de perspectives stratégiques pour la recherche et développement en matière environnementale risque fortement de compromettre la capacité des générations futures à vivre dans un environnement sain ». Ils reprochent ainsi au législateur d'avoir privé de garanties légales le droit de vivre dans un environnement équilibré et respectueux de la santé consacré par l'article 1er de la Charte de l'environnement et demandent au Conseil constitutionnel de lui enjoindre de « prendre les mesures adéquates pour y remédier ». Toutefois, le grief tiré de ce que le législateur aurait méconnu cette exigence constitutionnelle ne peut être utilement présenté devant le Conseil constitutionnel, selon la procédure prévue par l'article 61 de la Constitution ou celle prévue par son article 61-1, qu'à l'encontre de dispositions déterminées et à la condition de contester le dispositif qu'elles instaurent. En tout état de cause, le Conseil constitutionnel ne dispose pas d'un pouvoir général d'injonction à l'égard du législateur. En l'espèce, les requérants développent une critique générale des ambitions du législateur et de l'insuffisance de la loi prise en son ensemble. Ils ne contestent donc, pour en demander la censure, aucune disposition particulière de la loi déférée. Le grief dirigé contre l'ensemble de la loi ne peut dès lors qu'être écarté.... »[1001].

Cependant, cette assertion est à nuancer puisqu'avec l'évolution jurisprudentielle, en France[1002], comme ailleurs, le juge, face à des situations particulières, a été contraint de surmonter le tabou séculaire pour adresser des injonctions à des parties, autorités rétives ou peu empressées à se conformer à ses décisions précédentes.

De même, les réticences, qui avaient conduit, par exemple, le juge constitutionnel du Bénin à se déclarer « *incompétent pour donner des injonctions au Gouvernement et pour faire des rappels à l'ordre en précisant que les articles 114 et 117 de la Constitution qui fixent ses*

[1001] France, Conseil constitutionnel, *décision n° 2021-825 DC du 13 août 2021 (Loi portant lutte contre le dérèglement climatique et renforcement de la résilience face à ses effets).*

[1002] Le raisonnement du CC français se meut dans un flou ou un feutré, car la susdite juridiction n'exclut pas que dans des cas limitatifs, elle puisse faire usage d'un pouvoir particulier d'injonction. Cf, Louis FAVOREU, « La décision de constitutionnalité », Revue internationale de droit comparé. Vol. 38, N° 2, Avril-juin 1986. Études de droit contemporain. Contributions françaises au 12e Congrès international de droit comparé (Sydney-Melbourne, 18-26 août 1986), pp. 611-633.

attributions ne lui donnent pas compétence »[1003], ont été progressivement dépassées[1004], amenant la Cour, à distiller et distribuer des injonctions[1005], chaque fois que de besoin[1006].

La logique juridique lie le pouvoir d'injonction à l'autorité de la chose jugée. Du reste, cette autorité prévue peut être entravée par une mauvaise application ou une inexécution.

De ce fait, la formulation d'une injonction acquiert une dimension prudentielle, ouvre un canal de dérivation vers le sens permissif ou prohibitif indiqué par la décision. Aussi, ce pouvoir d'injonction, même

---

[1003] Voir, plusieurs décisions, notamment *DCC 04-047 du 18 mai 2004 ; DCC 03-052 du 14 mars 2003 ; DCC 95-02 du 2 mars 1995 ; DCC 95-024 du 6 juillet 1995*. Cette Cour réitérera en 1998 que « « *si, aux termes des articles 3 alinéa 3, 114, 117 et 121 de la Constitution, la Cour est compétente [...] à contrôler la conformité à la Constitution des lois votées par l'Assemblée nationale ou promulguées par le Président de la République, ce contrôle ne saurait s'étendre à l'examen de l'opportunité de l'exercice par ladite Assemblée de ses prérogatives, en vertu du principe à valeur constitutionnelle de non immixtion par une institution prévue par la Constitution dans les prérogatives d'une autre institution également prévue par la Constitution* » (décision DCC18-156 du 31 juillet1998).

Episodiquement, la Cour campera sur cette position, en déclarant notamment : «*considérant qu'en vertu du principe à valeur constitutionnelle de non-immixtion [...] la Cour ne peut exercer un pouvoir d'injonction au Gouvernement relativement aux modalités de dotations budgétaires ; qu'il s'agit d'une prérogative exclusive de l'exécutif ; qu'il s'en déduit que la demande du requérant ne relève pas du champ de compétence de la Cour tel que défini par les articles 114 et 117 de la Constitution* » (*DCC 18-204 du 11 octobre 2018*).

[1004] La Cour, dans sa décision *DCC 09-057 du 21 avril 2009*, va entériner cette tendance : « *la Constitution fait ainsi obligation à la Cour Constitutionnelle de suppléer par des dictums appropriés aux défaillances des institutions constitutionnelles* ».

[1005] La Cour constitutionnelle a, ainsi, emprunté un ton directif en décidant « *d'impartir un délai jusqu'au mercredi 06 mai 2009 (...) ; que la défaillance de la majorité parlementaire à l'expiration de ce délai emporte renoncement par elle à sa prérogative ; que l'Assemblée nationale devra se réunir au plus tard le mercredi 20 mai 2009 et, quelle que soit la tendance présente, pour pourvoir aux trois (03) postes restants* » (*DCC 09-057 du 21 avril 2009*).

[1006] Par exemple, la Cour s'est résolue à le faire dans sa *Décision DCC 04-065 du 29 juillet 2004 : « la Cour constitutionnelle est l'organe régulateur du fonctionnement des institutions et de l'activité des pouvoirs publics ; Qu'en cette qualité, elle est fondée à prendre toute décision qui permette d'éviter la paralysie du fonctionnement des institutions de la République ; que, dès lors, il échet de dire et juger que la Doyenne d'âge doit convoquer le Conseil économique et social en Assemblée plénière dès la présente décision et procéder, sans discontinuité, au cours de la même séance, à l'élection des membres du Bureau de ladite Institution ; que les Conseillers qui ne se présenteraient pas à ladite Assemblée seront déclarés démissionnaires... » (décision DCC 18-156 du 31 juillet 1998).*

lorsqu'il n'est pas prévu dans les Constitutions, lois organiques ou règlements intérieurs, est par nature et par destination, inhérent à l'exercice de la fonction juridictionnelle.

Longtemps récusé dans son principe et ses effets[1007], le pouvoir d'injonction a été progressivement adopté et adapté à l'activité juridictionnelle qui lui trouve, alors, un emploi à deux moments.

Lors de la phase d'instruction, l'injonction peut s'adresser à toute partie ou toute autorité, sommée de fournir telle preuve ou tel document. Dans ce cas, l'injonction est au service de la recherche des faits pour la manifestation de la vérité, pavant la voie à l'élaboration de la décision juridictionnelle.

Lors du délibéré, l'usage injonctif est, en revanche, au service de la consolidation de l'autorité de la décision. L'injonction revêt alors une dimension anticipatrice soit « en vue de l'encadrement de l'activité du législatif » soit « en vue d'éviter l'abus de pouvoir de l'exécutif »[1008], ou pour prévenir d'éventuels écarts, une interprétation *contra legem*, une mauvaise exécution ou inexécution[1009].

Elle arbore aussi une fonction d'appui à la régulation[1010] avec laquelle elle peut se combiner pour les besoins du fonctionnement des institutions et du respect des droits et libertés fondamentaux. Cette affirmation se vérifie à travers cette affaire du Conseil constitutionnel

---

[1007] Maxime CHARITE, « Etrangère au pouvoir du juge constitutionnel, l'injonction, pourquoi le serait-elle ? », *op. cit.*, p. 2256. Voir Dodzi Komlan KOKOROKO, « L'apport de la jurisprudence constitutionnelle africaine à la consolidation des acquis démocratiques. Les cas du Bénin, du Mali, du Sénégal et du Togo », *Revue béninoise des sciences juridiques et administratives*, n° 18, 2007, p. 97 et s.

[1008] Selon, Gérard AIVO, « Le pouvoir d'injonction… », *op. cit.*

[1009] La Cour de Guinée, sans s'arrêter outre mesure sur la possibilité d'une saisine d'office, *« enjoint à la HAC de diffuser ledit élément, conformément à la loi... »* Guinée, Cour constitutionnelle, *arrêt n° AE 02 du 21 septembre 2015, Requête aux fins d'interdiction de diffusion d'une émission de la campagne officielle du 19 septembre 2015.*

[1010] Comme le soutient un auteur qui en fait la synthèse : « *en tant que gardien de la Constitution, le juge constitutionnel, dans certains pays africains, a interdit l'habilitation législative du Président de la République (Afrique du Sud), contrôlé les rapports au sein du pouvoir exécutif (Nigéria) ainsi que les actes pris par le Président de la République, soit en sa qualité de Chef suprême des Forces Armées (Ouganda), soit dans l'exercice du pouvoir réglementaire. Ici, le contrôle de la constitutionnalité du fonctionnement du pouvoir exécutif est une illustration de la fin du régime de la souveraineté présidentielle. Parce que le juge constitutionnel est le gardien de la Constitution, il est aussi le gardien du Président de la République* », Luc SINDJOUN, Les grandes décisions…, *op. cit.*, p. 25.

du Sénégal de 2024 dans laquelle il affirme : « *Considérant que les requérants soutiennent que le "refus" du Président de la République de fixer la date de l'élection présidentielle viole la décision n° 1/C/2024 du 15 février 2024 par laquelle le Conseil constitutionnel l'a invité à fixer la date du scrutin dans les meilleurs délais ; qu'ils demandent au Conseil constitutionnel, en vertu de sa plénitude de juridiction en matière électorale, de constater cette carence et de se substituer au Président de la République en fixant la date de l'élection. Considérant qu'il ressort de l'article L.63 du Code électoral que la date du scrutin est fixée par décret ; que toutefois, les dispositions et délais prévus par la Constitution et le Code électoral, notamment l'article LO.137, s'appliquent au schéma d'un déroulement normal du processus électoral en vue de l'élection d'un Président de la République avant la fin du mandat en cours ; que ces textes et délais perdent leur finalité dès lors que des facteurs non conformes à la réalité institutionnelle, juridique et factuelle ont affecté le processus initialement mis en place ; que, de même, les événements d'ordre religieux, social et culturel ne sont pas incompatibles avec l'exercice des droits des citoyens, notamment le droit de vote ; Considérant que l'élection présidentielle ne peut être fixée à une date postérieure à l'expiration du mandat d'un mois en cours sous peine d'en prolonger la durée au-delà de ses limites constitutionnelles ;Considérant que la situation actuelle où la date de l'élection présidentielle n'est pas fixée, à moins d'un mois de la fin du mandat présidentiel, n'est justifiée ni en droit ni en fait ; Considérant que par décision n° 1/C/2024 du 15 février 2024, le Conseil constitutionnel a jugé que la date de l'élection du Président de la République ne peut être rapportée au-delà de la durée du mandat qui arrive à terme le 2 avril 2024 et a invité les autorités compétentes à fixer la date dans les meilleurs délais ; que l'expression "meilleurs délais" renvoie nécessairement à une date pouvant permettre la tenue de l'élection avant la fin du mandat, conformément au considérant 14 de la décision précitée ; Considérant qu'en vertu de l'article 92 de la Constitution, cette décision s'impose aux pouvoirs publics et à toutes les autorités administratives et juridictionnelles ; Considérant qu'au regard de l'urgence, le fait pour les autorités compétentes de ne pas fixer la date du scrutin plus de 20 jours après la décision n° 1/C/2024 du 15 février 2024 s'analyse en une méconnaissance de leur obligation constitutionnelle d'exécuter ladite décision ; Considérant que le Conseil constitutionnel dispose en matière électorale d'une plénitude de juridiction et d'un pouvoir régulateur de maintien de la continuité de l'État et de la stabilité des institutions ; Considérant qu'il y a lieu ainsi, pour pallier l'inertie des autorités compétentes, de fixer la date de l'élection présidentielle au dimanche 31 mars 2024 et de dire que le processus électoral, qui n'est pas annulé mais interrompu, doit être poursuivi ;Considérant que la présente décision emporte convocation du corps électoral, au Sénégal et à l'étranger, pour le scrutin du 31 mars 2024 ; (...) Considérant que les requérants demandent au Conseil constitutionnel de "dire les règles de suppléance du Président en exercice si les résultats de l'élection présidentielle ne sont pas proclamés avant le 2 avril 2024" ; Considérant que l'arrivée du terme du mandat du Président de la République sans que son successeur soit élu, en raison du non-respect du calendrier électoral, n'est pas prévue par la Constitution ; Considérant, cependant, que le Conseil constitutionnel, statuant en matière électorale, rappelait déjà, dans sa décision n° 5 du 2 mars 1993 que "(...) ni le silence de la loi ni l'insuffisance de ses dispositions, n'autorisent le Conseil constitutionnel (...) à s'abstenir de régler le différend porté devant lui ; qu'il doit se prononcer par une décision en recourant, au besoin, aux principes généraux du droit , à la pratique, à l'équité, et à toute autre règle compatible avec la sauvegarde de l'État de droit et de l'intérêt commun" ;Considérant qu'eu égard aux circonstances particulières, si le scrutin du premier tour a lieu avant la fin du mandat, le Président en exercice reste en fonction jusqu'à l'installation de son successeur ; Considérant que dans le cas contraire et par analogie aux différentes situations ayant pour effet la vacance de la fonction présidentielle , notamment la démission ou l'empêchement définitif, il convient de dire que le Président de l'Assemblée nationale poursuit le processus électoral déjà engagé (...) Article premier.- La date du scrutin de l'élection présidentielle est fixée au 31 mars 2024. Article 2.- La présente décision emporte convocation du corps électoral au Sénégal et à l'étranger, pour le scrutin du 31 mars 2024. Article 3.- Le processus électoral est poursuivi dans les conditions fixées par la présente décision et les décisions antérieures susvisées. Articlé 4.- En cas de vacances de la fonction présidentielle, le Président de l'Assemblée nationale assure la suppléance jusqu'à l'installation du Président de la République qui sera élu au terme du processus électoral déjà engagé… »*[1011].

[1011] Sénégal, Conseil constitutionnel, *décision n° 5/E/2024 du 06 mars 2024* ;voir , aussi, sa *décision n° 1/C/2024 du 15 février 2024 et sa décision n° 60/E/2024 du 5 mars 2024 ;* Meissa DIAKHATE, « Brèves réflexions sur la *Décision* du *Conseil constitutionnel* n° 1/C/2024 du *15 février 2024 », www.ceracle.com ;* Éric-Samuel KOUA et MOUKETE EKOUME, « Observations sur la Décision n° 1/C/2024 du

De manière générale, les juridictions[1012] constitutionnelles francophones exercent ce pouvoir d'injonction.

En Guinée, la Cour constitutionnelle, dans sa *décision n° AC 09 du 5 mai 2016*, intime l'ordre de « *la mise en place par l'Assemblée plénière des structures de gestion et de contrôle interne à la Haute Autorité de Communication (HAC)* ».

En Côte d'Ivoire, le Conseil constitutionnel, dans ses Avis de 2003, octroie au Président de la République, le pouvoir « *de consulter le Conseil sur toute question intéressant la Constitution et susceptible de mieux l'éclairer, et pour le Conseil constitutionnel le devoir de lui fournir l'avis demandé ; qu'il en résulte que la demande d'avis du Président de la République est recevable* »[1013].

Au Gabon, la Cour constitutionnelle n'hésite pas à recourir, souvent, à son pouvoir d'injonction, allant jusqu'à ordonner la dissolution de l'Assemblée nationale et demander la démission du Gouvernement. Elle estime que le Gouvernement a échoué dans l'organisation des élections législatives après deux reports de ces élections depuis 2016. De ce fait, elle note que le Gouvernement est incapable d'accomplir les missions qui lui sont dévolues par la Constitution, notamment la révision de la liste électorale depuis 2017 et la mise place du Centre gabonais des Élections depuis janvier 2018. Elle poursuit en prescrivant que les pouvoirs de l'Assemblée nationale seront assurés par le Sénat[1014].

---

15 février 2024 du Conseil constitutionnel sénégalais : Vérité en deçà des Pyrénées, erreur au-delà ? », www.ceracle.com (consulté en mars 2024) ; Arsène-Joel ADELOUI, « Observations sous la décision EP 11-014 du 22 février 2011 désignant des représentants de l'Assemblée nationale à la CENA », ABJC, 2014, p. 426 et s. .

[1012] Pour Madagascar, se référer à la *Décision n°18-HCC/D3 du 25 mai 2018 relative à une requête en déchéance du Président de la République Hery Rajaonarimampianina* ; à ce propos, lire Stéphane BOLLE, « Haute Cour constitutionnelle ou Haute Cour constituante de crise », 2018. Disponible sur le site : http://www.la-constitution-en-afrique.org/.

[1013] RCI, Conseil constitutionnel, *Avis n° 003/CC/SG du 17 décembre 2003 à propos de la situation en Côte d'Ivoire depuis le 19 septembre 2002, constitutive d'un cas d'atteinte à l'intégrité du territoire* et *Avis n° 004/CC/SG du 17 décembre 2003,* cités par Sidy Alpha NDIAYE, « Le pouvoir d'injonction… », *op. cit.*

[1014] Cour constitutionnelle du Gabon, *décision n°022/CC du 30 avril 2018 relative à la requête présentée par le Premier ministre aux fins d'interprétation des articles 4, 28, 28 a, 3, 34, 35 et 36 de la Constitution* ; voir, surtout sa *Décision n° 004/008/CC du 02 octobre 2008, Loi n° 8 modifiant et complétant certaines dispositions de la loi n° 97.031 du 10 mars 1997, portant organisation et fonctionnement du Conseil supérieur de la magistrature* et sa décision *n° 219/CC du 14 novembre 2018 relative*

Auparavant, elle avait lancé un ultimatum en décidant « *qu'il est constaté la vacance du troisième siège de député à l'Assemblée nationale dans le troisième arrondissement de la Commune de PORT-GENTIL suite au décès du titulaire maître Pierre Louis AGONDJO-OKAWE, survenu le 27 août 2005, et à l'empêchement définitif de son suppléant Marc ROPTVIA (…) en vue de pourvoir à la vacance du siège concerné, une élection partielle sera organisée dans le troisième arrondissement de la commune de PORT-GENTIL, dans les deux mois qui suivent la notification de la présente décision aux autorités compétentes* »[1015].

Si la motivation d'une décision peut nécessiter l'usage de l'injonction, elle peut tout autant amener la juridiction à recourir à d'autres techniques ou méthodes.

Paragraphe II : Le recours éventuel à d'autres techniques et méthodes

L'examen attentif du fond d'une décision laisse apparaître l'usage éventuel d'un ensemble de méthodes et techniques relatives à la régulation (A) et à la proportionnalité(B).

A) Le recours à la régulation

En dehors des habituelles fonctions contentieuse et consultative, semble de plus en plus prisé le recours à la fonction si délicate, de la

à la requête du Premier ministre tendant à l'interprétation des dispositions des articles 13 et 16 de la Constitution. .

[1015] Cour constitutionnelle du Gabon, *décision n°008/CC du 23 février 2006.*

régulation[1016] de manière explicite[1017] ou de manière implicite et ponctuelle[1018].

Étymologiquement, le terme de régulation dérive du latin « *regulare* », c'est-à-dire, régler, ou encore « qui a pour fin de normaliser, de régulariser le cours d'activités et d'opérations diverses, de faire respecter, dans ses applications multiples, la cohérence d'une règle… »[1019].

La notion est complexe[1020], très séduisante par ce qu'elle sous-entend mais difficile à appréhender dans sa totale substance[1021]. Babacar Kanté y voit une spécificité juridictionnelle tendant à assurer « la stabilité des systèmes politiques »[1022]. Pour Nicaise Médé, il en entrevoit la profondeur en identifiant cette fonction comme « une prérogative additionnelle, un étage supplémentaire de l'architecture de

---

[1016] Il a été reconnu que « *la régulation demande une implication plus grande de l'autorité régulatrice, qui, pour s'exprimer, nécessite que se développent à la fois son pouvoir consultatif et un pouvoir décisionnel propre...* », Marie-Madeleine MBORANTSUO, La contribution des Cours constitutionnelles à l'État de droit en Afrique, Paris, Economica, 2007, p. 241.

[1017] Lire avec intérêt, Adama KPODAR, « La régulation de l'État dans la théorie du droit public et de la science politique », in Mamadou BADJI et Saidou Nourou TALL, Les transformations de l'État, Mélanges en l'honneur de Babacar GUEYE, FSJP/UCAD et Presses de l'Université de Toulouse Capitole I, novembre 2019, pp. 349-366 ; Lyes SAM, « Justice constitutionnelle et régulation des pouvoirs. Réflexions à partir de quelques modèles africains », in, La *régulation*,
Colloque des 18 et 19 mai 1990, Faculté de droit de Dijon, *Strategia* n°13, premier semestre 2020, pp.18-29 ; Jacques CHEVALLIER, « De quelques usages du concept de régulation », *in* Michel MIAILLE (dir.), La régulation entre droit et politique, Paris, L'Harmattan, 1995, p. 71 et s.

[1018]Voir, Bénin, *Décision DCC 03-078 du 12 mai 2003, Gougbedji Cyrille*, Recueil, 2003, p. 322, dans laquelle la Cour se présente comme « *l'organe régulateur du fonctionnement des institutions et de l'activité des pouvoirs publics* ». Voir, aussi, *Décision DCC 03-077 du 12 mai 2003, Orou Sego Orou Gabé*, Recueil, 2003, p. 311, citée par Nicaise MEDE.

[1019]Voir, Gérard CORNU, Vocabulaire juridique, *op. cit.*, p. 1871.

[1020] Selon le dictionnaire Larousse, c'est l'« action de régler un appareil, d'en corriger le fonctionnement ; (le) fait d'être réglé (…). 2. (le) Fait d'assurer un fonctionnement correct, un rythme régulier … », consulter son site : www.larousse.fr.

[1021] Jean GICQUEL, Préface, in Nicolas BARBAROUSSIS, La fonction régulatrice du Président de la République hellénique, Paris, LGDJ, 2000, p. IX ; Gérard TIMSIT, « Les deux corps du droit : essai sur la notion de régulation », Revue française d'Administration publique, n° 375, sp., p. 385.

[1022]Babacar KANTE, « Les juridictions constitutionnelles et la régulation des systèmes politiques en Afrique », *in* Mélanges en l'honneur de Jean Gicquel, pp. 265-276.

superposition des compétences »[1023]. Traitant de la CC du Bénin, un autre auteur estime que la régulation « consiste pour la Cour constitutionnelle, à intervenir, sur demande, pour, par sa décision et les injonctions qu'elle comporte, faire échec à une situation de paralysie imminente ou réelle d'une ou de plusieurs institutions de la République »[1024].

Lorsque la régulation est le fait d'une juridiction constitutionnelle[1025], elle a pour objet de pallier une application brutale ou inappropriée de la norme juridique, d'en éroder les aspérités dysfonctionnelles, d'opérer des redressements dans certains interstices de la réglé de droit, en dégageant des principes ou objectifs à valeur constitutionnelle ou en adoptant une vision holistique et téléologique pour le renforcement de l'état de droit , le respect des droits et libertés fondamentaux , la paix et la stabilité des institutions.

S'inscrivant dans ce sillage, la Cour du Mali affirmait, en 2017, que « (...) *La loi n° 2017-031jAN-RM du 2 juin 2017 portant révision de la Constitution du 25 février 1992 ne remet en cause ni la forme républicaine ni la laïcité de l'État ni le multipartisme. L'intégrité territoriale, au sens du droit international, s'entend du droit et du devoir inaliénable d'un État souverain à préserver ses frontières de toute influence extérieure. En l'état, celle du Mali n'est pas compromise par l'occupation d'une quelconque puissance étrangère. Aussi, l'État, à travers ses représentants, les organes élus et les autorités intérimaires, exerce la plénitude de ses missions régaliennes sur le territoire national. Dès lors, une insécurité résiduelle à elle seule, ne saurait remettre en*

[1023] Nicaise MEDE, « La fonction de régulation des juridictions constitutionnelles en Afrique francophone », AIJC, 2008, p.47 et s ; Oumarou NAREY, « La régulation du fonctionnement des institutions par le juge constitutionnel », in Magloire ONDOA et Patrick E. ABANE ENGOLO, Les transformations contemporaines du droit public en Afrique, Actes du colloque organisé à l'Université de Yaoundé II, les 19 et 20 janvier 2017, pp. 35-59.

[1024] Gilles BADET, Les attributions originales de la Cour constitutionnelle du Bénin, Cotonou, F.E.S, 2013, p. 251.

[1025] Cf., Demba SY, « Les fonctions de la justice constitutionnelle en Afrique », *in* Oumarou NAREY (dir.), La justice constitutionnelle, Actes du colloque international de l'Association nigérienne de Droit constitutionnel (ANDC), Paris, L'Harmattan, 2016, p. 47 ; Adama KPODAR , « Réflexions sur la justice constitutionnelle à travers le contrôle de constitutionnalité de la loi dans le nouveau constitutionnalisme : le cas du Bénin, du Mali, du Sénégal et du Togo », *RBSJA*, n° 16,,p.104 ; Wapouo Bouba KADJOU, « La fonction normative des juridictions constitutionnelles dans l'espace CEMAC », in *International Multilingual Journal Science and Technology*, vol. 6, n° 6, avril 2021, pp. 3031-3045.

cause la régularité d'un référendum. En conséquence, la présente loi est conforme aux dispositions des alinéas 3 et 4 de l'article 118 de la Constitution »[1026].

Il faut remarquer que certaines Lois fondamentales contiennent *expressis verbis* des dispositions relatives à la fonction de régulation adressée aux juridictions constitutionnelles. À ce titre, l'art.175 de la Constitution congolaise de 2015 dispose : « *La Cour constitutionnelle est la haute juridiction de l'État en matière constitutionnelle. Elle est juge de la constitutionnalité des lois, des traités et accords internationaux. La Cour constitutionnelle est l'organe régulateur du fonctionnement des institutions et des activités des pouvoirs publics* ». Il faut admettre que d'autres juridictions constitutionnelles peuvent également recourir à la régulation, surtout si elle est explicite, comme dans les Constitutions du Bénin[1027], de la Côte d'Ivoire[1028], de la Guinée[1029].

Dans une logique comparable, la Cour gabonaise s'appuyant sur son pouvoir régulateur et adoptant un ton impératif, décide : « *Considérant qu'aux termes des dispositions de l'article 16 de la Constitution, le Président de la République convoque et préside le Conseil des ministres et en arrête l'ordre du jour ; que le Vice-Président de la République en*

[1026] Voir, Cour constitutionnelle du Mali, *Avis n°2017-01/CCM/Ref. du 06 juin 2017 relatif à la Loi n° 2017-031/AN-RM du 2 juin 2017 portant révision de la Constitution du 25 février 1992.*

[1027] Selon l'art.114 de la Constitution béninoise, « *La Cour Constitutionnelle est la plus haute juridiction de l'État en matière constitutionnelle. Elle est juge de la constitutionnalité de la loi et elle garantit les droits fondamentaux de la personne humaine et les libertés publiques. Elle est l'organe régulateur du fonctionnement des institutions et de l'activité des pouvoirs publics* ».

[1028] Selon l'art.126, al.2 de la Constitution de 2016 : « *Le Conseil constitutionnel est l'organe régulateur du fonctionnement des pouvoirs publics* ». Cette incise s'inscrit dans une continuité avec l'article 88 de la Constitution ivoirienne de 2000. Voir l'application de ce dernier texte dans les affaires suivantes : Conseil *constitutionnel, Avis n°003/CC/SG du 17 décembre 2003* et Conseil *constitutionnel, Avis n°2005-013/CC/SG du 15 décembre 2005*, www.conseil-constitutionnel.ci.

[1029] L'article 103, al.3 de la Constitution guinéenne de 2020 confie à la Cour constitutionnelle, la mission suivante : « *Elle est l'organe régulateur du fonctionnement et des activités des pouvoirs législatif, exécutif et des autres organes de l'État* ». C'est à ce titre que son intervention a été sollicitée pour trouver une solution à la crise dans le fonctionnement de la Haute Autorité de la Communication, (*Cour constitutionnelle, arrêt n° AC 09 du 05 mai 2016*), et entre les membres de l'Institution Nationale indépendante des Droits Humains (*Cour constitutionnelle, arrêt n° AC 29 du 04 octobre 2016) ;* Guinée, *Cour constitutionnelle, arrêt n° A2 du 29 décembre 2015, Demande de contrôle de conformité à la Constitution du Règlement intérieur de la Haute Autorité de la Communication (HAC).* Voir, aussi, art. 46 de la Constitution camerounaise.

est membre de droit ; qu'il supplée, le cas échéant, le Président de la République sur habilitation expresse et un ordre du jour déterminé ; que dans le souci d'assurer la continuité de l'État et du service public, ainsi que le fonctionnement régulier du Gouvernement, et en application des dispositions de l'alinéa ajouté à l'article 13 précité de la Constitution, la Cour Constitutionnelle, en sa qualité d'organe régulateur, autorise le Vice-Président de la République à convoquer et à présider un Conseil des ministres qui portera exclusivement sur l'ordre du jour joint à la requête du Premier ministre ; (...) Article premier : L'article 13 de la Constitution comporte une lacune qu'il convient de combler en lui ajoutant un autre alinéa ainsi libellé : "En cas d'indisponibilité temporaire du Président de la République pour quelque cause que ce soit, certaines fonctions dévolues à ce dernier, à l'exception de celles prévues aux articles 18, 19 et 109, alinéa 1er, peuvent être exercées, selon le cas, soit par le Vice-Président de la République, soit par le Premier ministre, sur autorisation spéciale de la Cour Constitutionnelle saisie par le Premier ministre ou un dixième des membres du Gouvernement, chaque fois que nécessaire".

Article 2 : Dans le souci d'assurer la continuité de l'État et du service public, ainsi que le fonctionnement régulier du Gouvernement, et en application des dispositions de l'alinéa ajouté à l'article 13 de la Constitution, la Cour Constitutionnelle, en sa qualité d'organe régulateur du fonctionnement des institutions, autorise le Vice-Président de la République à convoquer et à présider un Conseil des ministres qui portera exclusivement sur l'ordre du jour joint à la requête du Premier ministre... »[1030].

Au Sénégal , au regard de divers concours de circonstances pouvant empêcher de nombreux citoyens d'exercer leur droit de vote et devant la pléthore de candidats, le juge emprunte un raisonnement conséquentialiste tout en usant d'un pouvoir implicite de régulation , en décidant : « *Considérant qu'en raison des circonstances exceptionnelles dans lesquelles se déroule le processus d'organisation des prochaines élections législatives prévues le 30 juillet 2017, caractérisées notamment par des inscriptions massives ainsi que par des lenteurs et dysfonctionnements dans la distribution des cartes d'électeurs non imputables aux citoyens eux-mêmes, de nombreux Sénégalais jouissant de leurs droits civils et*

[1030] Gabon, Cour constitutionnelle, *Décision n° 219/CC du 14 novembre 2018 relative à la requête du Premier ministre tendant à l'interprétation des dispositions des articles 13 et 16 de la Constitution.*

politiques et inscrits sur les listes électorales risquent d'être privés de l'exercice du droit de vote garanti par la Constitution ; Considérant qu'au vu des circonstances sus-invoquées, à titre exceptionnel, le détenteur d'un récépissé dont l'inscription effective sur les listes électorales a été vérifiée, peut être autorisé à voter, si la carte nationale d'identité numérisée, la carte d'électeur numérisée, le passeport ou le document d'immatriculation présenté permet de l'identifier,

Est d'avis que : Article premier.- À titre exceptionnel, pour les élections législatives prévues le 30 juillet 2017, l'électeur n'ayant pu retirer sa carte d'identité CEDEAO faisant office de carte d'électeur, mais dont l'inscription sur les listes électorales est vérifiée, peut voter sur présentation de son récépissé d'inscription accompagné de l'un des documents ci-après dès lors que celui-ci permet de s'assurer de son identité : - une carte d'identité nationale numérisée ; - une carte d'électeur numérisée ; - un passeport ; - un document d'immatriculation pour les primo-inscrits non détenteurs d'un des trois premiers documents administratifs… »[1031].

Au prisme du droit et du fait, la modulation de la règle juridique peut trouver divers exutoires par la régulation[1032] au nom de l'intérêt général, de l'ordre public, de l'esprit de la Constitution[1033],de la paix et de la stabilité des institutions. Comme le souligne Gilles Badet, la fonction peut être de divers emplois : « *Qu'il s'agisse de débloquer la paralysie du fonctionnement de certaines institutions ou d'éviter la paralysie du processus électoral – évitant ainsi un vide institutionnel, par défaut de pourvoir à un poste dont le mandat du titulaire en fonction est arrivé à son terme sans que des dispositions constitutionnelles…* »[1034].

[1031] Sénégal, Conseil constitutionnel, *Décision n°08/2017 du 26 juillet 2017, Demande d'Avis du Président de la République.*

[1032] Selon Hourquebie, « dans sa dimension dynamique, le pouvoir de régulation du juge constitutionnel provoque des ajustements dans le système institutionnel », Fabrice HOURQUEBIE, « Quelques observations sur la fonction de régulation du juge constitutionnel », Communication au colloque anniversaire des 20 ans de la Cour Constitutionnelle du Bénin, Cotonou, 2013, p. 2.

[1033] Selon la Cour de Madagascar, « *(...) cette fonction de régulation, réalisée dans des circonstances exceptionnelles, s'analyse en un recours dans l'intérêt de la Constitution et est dictée par la nécessité de faire respecter l'esprit de la Constitution (...)* », *décision n°18-HCC/D3 du 25 mai 2018, précitée.*

[1034] Gilles BADET, Les attributions originales de la Cour constitutionnelle du Bénin, Friedrich Ebert Stiftung, Bénin, 480 p., (p. 243 et s). Voir, Ibrahim David SALAMI, La protection de l'État de droit par les Cours constitutionnelles africaines, Analyse comparative des cas béninois, ivoirien, sénégalais et togolais, Thèse pour l'obtention du grade de Docteur en droit public, Université François Rabelais de Tours, 29 janvier

À ce titre, la Cour constitutionnelle du Gabon a fait usage de cette technique dans sa *Décision n° 022/CC du 30 avril 2018 relative à la requête présentée par1 le Premier ministre aux fins d'interprétation des articles 4, 28, 28a, 31, 34, 35 et 36 de* la *Constitution*[1035]. Elle estime :

« Considérant que par requête susvisée, le Premier ministre a saisi la Cour Constitutionnelle, dans les conditions prévues aux articles 88 de la Constitution et 60 de la Loi organique sur la Cour Constitutionnelle, aux fins d'interprétation des articles 4, 28, 28a, 31, 34, 35 et 36 de la Constitution ; Considérant qu'il explique au soutien de sa requête qu'en application de sa décision n° 020/CC, rendue le 11 juillet 2017, la Cour Constitutionnelle, après avoir constaté le cas de force majeure invoqué par le Gouvernement, avait prononcé le maintien en fonction des membres de l'Assemblée nationale jusqu'à la proclamation des résultats de l'élection des députés à l'Assemblée nationale devant être organisée au plus tard, le 30 avril 2018 ; que la mise en place du Centre gabonais des Élections, chargé de l'organisation de ladite élection, ayant été retardée en raison de la désignation tardive par les partis politiques, tant de la Majorité que de l'Opposition, des membres censés les y représenter, le renouvellement de cette chambre du Parlement ne peut plus se faire dans les délais fixés par la Haute Juridiction ; Considérant que le requérant poursuit en relevant que le pouvoir législatif étant représenté par le Parlement composé de deux chambres, à savoir l'Assemblée nationale et le Sénat, le non-renouvellement prévisible de l'Assemblée nationale, dans les délais fixés par la Cour Constitutionnelle, risque de donner lieu à un vide institutionnel susceptible d'entraîner l'interruption du fonctionnement régulier des pouvoirs publics constitutionnels ; Considérant qu'au regard de cette situation, le Premier ministre sollicite de la Cour Constitutionnelle qu'elle tire de l'analyse qu'elle fera de l'interprétation des dispositions des articles 4, 28, 28a, 31, 34, 35 et 36 de la Constitution, la solution juridique qui permettra de remédier aux inconvénients qui résulteraient du vide institutionnel consécutif au non-renouvellement de l'Assemblée nationale

---

2005 ; Gilles S. BADET, Contrôle intra normatif et contrôle ultra normatif de constitutionnalité. Contribution à l'identification des sous-catégories du modèle kelsénien de justice constitutionnelle à partir des systèmes belge et béninois, Thèse pour l'obtention du grade de docteur en sciences juridiques, Université Catholique de Louvain, septembre 2012.

[1035] Selon Guy ROSATANGA-RIGNAULT, « Quand le juge constitutionnel « fait la loi ». À propos du pouvoir normatif du juge constitutionnel au Gabon », *Palabres actuelles*, n°6-2013, p. 186.

dans les délais fixés par sa décision du 11 juillet 2017 ; Considérant qu'aux termes des dispositions de l'article 60 de la Loi organique sur la Cour Constitutionnelle, celle-ci dispose du pouvoir d'interpréter la Constitution et les autres textes à valeur constitutionnelle, en cas de doute ou de lacune ; (...) Considérant, par conséquent, qu'en ne prévoyant pas les modalités d'exercice des compétences dévolues au Parlement par chacune des deux chambres qui le composent en cas d'interruption du fonctionnement de l'une d'elles pour quelque cause que ce soit, l'article 36 de la Constitution précité présente des lacunes qu'il convient de combler en y ajoutant les dispositions suivantes : « Lorsque les pouvoirs de l'Assemblée nationale ou du Sénat cessent pour quelque cause que ce soit, la chambre dont la législature reste à courir exerce la plénitude des compétences dévolues au Parlement jusqu'à la proclamation par la Cour Constitutionnelle des résultats des élections organisées pour le renouvellement de la chambre concernée, à l'exception de la révision de la Constitution par voie parlementaire. Toutefois, lorsque la vacance concerne l'Assemblée nationale, le Sénat ne peut exercer les compétences prévues aux articles 63, alinéa 1er et 64, alinéa 1er de la Constitution, relatives respectivement à la question de confiance et à la motion de censure »[1036].

Usant « *de la gomme et du crayon* »[1037], le juge constitutionnel peut se trouver dans la posture de devoir « indiquer la voie normative à suivre, à savoir, pour réaliser telle ou telle réforme ou pour prendre telle ou telle mesure »[1038]. Cette position a été ainsi énoncée par le CC ivoirien: « *Considérant, sur la compétence du Conseil constitutionnel, que, si le juge constitutionnel est juge de la conformité de la loi au bloc de constitutionnalité, ledit bloc de constitutionnalité doit s'entendre, en droit ivoirien, de la Constitution stricto sensu et de son préambule, ainsi que des instruments juridiques internationaux énumérés dans ce préambule, notamment la Charte des Nations Unies de 1945, la Déclaration universelle des Droits de l'Homme de 1948, la Charte*

[1036]Voir, Stéphane BOLLE, « La Constitution jurisprudentielle du 30 avril 2018 », www.la-constitution -en-afrique.overblog.com (consulté en janvier 2024). Voir, aussi, Télesphore ONDO, « La Cour constitutionnelle gabonaise est-elle au-dessus de la Constitution ? Essai d'analyse de la décision n°22/CC du 30 avril 2018 », en ligne www.éditions-harmattan.fr (consulté en février 2024).

[1037] Selon l'expression utilisée par Georges Vedel.

[1038] Louis FAVOREU et *alii*, Droit constitutionnel, *op. cit.* Voir, aussi, Gilbert KNAUB, « Le Conseil constitutionnel et la régulation des rapports entre les organes de l'État », RDP, 1983, p. 1149 et s.

africaine des droits de l'Homme et des Peuples de 1981 et ses protocoles additionnels et l'Acte constitutif de l'Union africaine de 2001 ; Qu'intégrer au bloc de constitutionnalité les lois organiques, existantes ou à venir, comme le soutient le requérant, comporterait le risque de rendre incertaines les limites de la loi fondamentale ; Considérant, toutefois, qu'aux termes de l'article 126 alinéa 2 de la Constitution, le Conseil constitutionnel est l'organe régulateur du fonctionnement des pouvoirs publics ; Qu'à ce titre, et pour éviter un vide juridique consécutif à l'absence d'institution chargée de vérifier la conformité des lois ordinaires aux lois organiques, il lui revient d'assurer ce contrôle (...) ; Considérant, que de tout ce qui précède, il ressort que l'annexe fiscale querellée ne peut être sanctionnée d'inconstitutionnalité, et qu'en conséquence les moyens invoqués par la requérante doivent être rejetés »[1039].

La fonction régulatrice véhicule aussi l'ambition de protection constitutionnelle de l'état de droit.

La fonction régulatrice d'une juridiction constitutionnelle peut être implicite. En effet, il arrive qu'une juridiction constitutionnelle, en dehors de toute disposition expresse lui en attribuant la compétence, s'engage dans l'usage de la régulation.

Le Conseil constitutionnel du Sénégal a eu l'occasion , en dehors de toute règle constitutionnelle explicite, d'user de son pouvoir d'interprétation pour dégager sa compétence implicite de régulation du fonctionnement des institutions et des activités des pouvoirs publics .Dans sa *décision du 15 février 2024* , il rappelle, au considérant n° 9, ce qu'il avait retenu en 2021 [1040] lorsqu'il s'est résolu à statuer dans une composition de quatre membres du fait de la fin de mandat de deux autres membres et du décès d'un troisième membre, à savoir, qu'il « *doit toujours être en mesure d'exercer son pouvoir régulateur et de remplir ses missions au nom de l'intérêt général, de l'ordre public, de*

[1039] Côte d'Ivoire, *Conseil constitutionnel, décision n° CI-2017-308/11-04/CC/SG du 11 avril 2017*. Lire, à ce propos, Djibrihina OUEDRAOGO, « Quand le Conseil constitutionnel ivoirien consacre le contrôle d'« organité » de la loi ordinaire », afrilex, 2021, 10 p., https :// afrilex.u-bordeaux.fr.

[1040] Voir, sa décision n° *2/C/2021 du 20 juillet 2021* sur les modifications du Code pénal *et* sa décision *n° 3/C/2021 du 22 juillet 2021* sur le Code électoral, www.conseilconstitutionnel.sn.

la paix et de la stabilité des institutions et du principe de la nécessaire continuité de leur fonctionnement »[1041].

Sous d'autres cieux, la Cour constitutionnelle de la RDC fixait ainsi sa ligne de conduite : « *Cependant, usant de son pouvoir de régulation, depuis les arrêts R.Const 38/TSR du 15 septembre 2006, R.Const 055/TSR du 27 août 2007(...), ainsi que R.Const 338 du 17 octobre 2016, il se dégage qu'exceptionnellement la Cour constitutionnelle tranche des questions qui sont de nature à paralyser le fonctionnement régulier des institutions et des services publics, confortant ainsi son rôle central dans l'édification de l'État de droit. En l'espèce, la Cour relève qu'il s'agit d'un cas non prévu expressément (...). Au regard de ce qui précède, la Cour se déclarera compétente (...). En conséquence, autorise la prorogation du mandat du bureau d'âge et l'habilite à gérer les affaires courantes de l'Assemblée nationale... »*[1042].

La fonction de régulation peut servir de bouée de sauvetage à un recours dont l'effet serait normalement l'irrecevabilité de la requête ou l'incompétence de la juridiction. C'est l'option adoptée par le Conseil constitutionnel ivoirien, qui estime *: « Considérant, sur la recevabilité de la requête, que le ministre de l'Économie et des Finances ne figure pas au nombre des personnalités, limitativement énumérées par l'article 133 de la Constitution, qui sont habilitées à solliciter l'avis du Conseil constitutionnel ; qu'il s'ensuit qu'il n'a pas qualité pour agir ;*

Considérant, cependant, que l'intérêt général commande que le Conseil constitutionnel se saisisse de cette demande dans le cadre de sa fonction de régulateur du fonctionnement des pouvoirs publics, consacrée par l'article 126 de la Constitution, afin de prévenir tout blocage susceptible de compromettre la mise en œuvre du programme économique du gouvernement ; Qu'en conséquence, il échet de déclarer la présente saisine recevable (…) »[1043].

[1041]Sénégal, Conseil constitutionnel, *décision n°1/C/2024 du 15 février 2024* ; voir, Ndeye Seynabou Diop NDIONE DIAGNE, « Le pouvoir prétorien de régulation du Conseil constitutionnel sénégalais : à propos de la décision n°60/E/2024 du 5 mars 2024 », disponible sur le site www.ceracle.com.

[1042] Cour constitutionnelle (Cour Suprême de Justice siégeant comme), arrêt *R.Const. 1438 du 15 décembre 2020, requête de l'Assemblée nationale tendant à obtenir habilitation de son Bureau d'âge pour finaliser le processus d'examen de la pétition contre un membre du Bureau conformément à l'article 31 de son Règlement intérieur et à assurer sa gestion courante jusqu'à la mise en place de son Bureau définitif.*

[1043] RCI, Conseil constitutionnel, *Avis n° CI-2021-144/A/12-07/CC/SG du 12 juillet 2021 relatif à la demande de Monsieur le Ministre de l'Économie et des Finances aux*

Toutefois, il faut s'interroger sur le bornage du recours à la régulation dont l'usage incontrôlé peut conduire à un dévoiement du pouvoir normatif. Aussi, la régulation ne doit en principe, qu'être au service du fonctionnement régulier des institutions et de l'activité des pouvoirs publics. C'est dans ce que la Cour du Bénin pouvait retenir que : « *Considérant qu'en l'espèce, le requérant sollicite la mise en œuvre du pouvoir régulateur de la Cour à l'effet d'enjoindre à l'Assemblée nationale de modifier certaines dispositions du code électoral ;Or, le pouvoir régulateur ne peut être exercé par la haute Juridiction que lorsqu'elle est saisie par un membre d'une institution de la République ou d'un pouvoir public, soit parce que cette institution ou ce pouvoir est objet de dysfonctionnement, soit en raison d'un conflit positif ou négatif d'attributions entre deux ou plusieurs institutions de l'État ; Qu'il est acquis au dossier que le requérant n'est pas membre d'une institution de la République ou d'un pouvoir public ; Qu'en outre, le requérant n'invoque pas la violation d'une disposition constitutionnelle, mais dénonce plutôt une incohérence entre les dispositions du code électoral et celles de la Constitution relatives à l'élection présidentielle ; Qu'il s'ensuit que ni le requérant ni son recours ne répondent aux exigences de la Constitution ; Qu'il y a donc lieu de déclarer sa requête irrecevable...* »[1044].

Dans une autre optique, les juridictions font quelquefois recours au contrôle de proportionnalité.

B) Le recours à la proportionnalité

Il advient que, dans la décision rendue, le juge constitutionnel s'adonne à un contrôle de proportionnalité. Régi par le principe de proportionnalité, il s'entend d'un contrôle visant à une « adéquation de la norme (loi, règlement, accord international) à l'objectif poursuivi par le constituant ou le législateur ou, encore, à l'équilibre entre l'atteinte portée à un droit et l'intérêt général »[1045].

---

fins de vérifier la Conformité à la Constitution de l'Ordonnance n°2021-343 du 07 juillet 2021 portant augmentation du montant des EUROBONDS au titre du budget de l'État pour la gestion 2021.

[1044] Bénin, Cour constitutionnelle, *décision DCC 21-084 du 11 mars 2021, Charles Sourou Bara* (recours en inconstitutionnalité contre les propos tenus par le préfet du département du Plateau).

[1045] Mamadou Yaya DIALLO, « Le contrôle de proportionnalité dans la jurisprudence constitutionnelle, en Afrique », Revue juridique et politique des États francophones, 2018, édition juris Africa, pp. 67-108, www.ceracle.com ; Rhita BOUSTA, « Contrôle

En clair, il apparaît comme un « mode normatif, concret et effectif, de régulation juridictionnelle en vue de la détermination du juste équilibre dans la relation entre des intérêts autonomes *a priori* concurrents »[1046].

La finalité et l'avantage du contrôle de proportionnalité résident dans « la recherche d'un difficile équilibre entre la sauvegarde des droits et principes de valeur constitutionnelle et l'exercice des libertés constitutionnellement garanties »[1047]. Comme cela a été souligné à juste titre : « les exigences d'adéquation, de nécessité et de proportionnalité au sens strict deviennent les paramètres à la lumière desquels le juge constitutionnel contrôle la validité juridique des actes des pouvoirs publics. Il convient de signaler que, même si le contrôle de proportionnalité a pris ses formes dans le contentieux administratif, le juge constitutionnel les a reprises en les adaptant à la spécificité de ses tâches et de ses missions »[1048].

Dans cette optique, le CC français en soupesant l'importance d'un droit fondamental à l'aune de la nécessité du respect de l'ordre public ou de l'intérêt général, admet qu'*« il incombe en effet au législateur d'assurer la conciliation entre, d'une part, la prévention des atteintes à l'ordre public nécessaire à la sauvegarde des droits et principes de valeur constitutionnelle et, d'autre part, l'exercice des libertés constitutionnelles garanties »*[1049].

Quoiqu'absent dans la quasi-totalité des textes constitutionnels et lois organiques des juridictions des pays étudiés du fait de son origine prétorienne, le contrôle de proportionnalité est de plus en plus présent

constitutionnel de proportionnalité. La spécificité française à l'épreuve des évolutions récentes », RFDC, 2011/4, n°88, pp.913-930; Jacqueline DE GUILLENCHMIDT, « Le contrôle du principe de proportionnalité dans la jurisprudence du Conseil constitutionnel français », https// : www.cdn.accf-francophonie.org/Bulletin9-1-2.PDF ; Paul MARTENS, « L'irrésistible ascension du principe de proportionnalité », X, Présence du droit public et des droits de l'homme, *Mélanges offerts à Jacques VELU*, Bruxelles, Bruylant, 1992, pp. 49-68.

[1046] Cité par Rhita BOUSTA, *op. cit.*

[1047]Voir, Conseil constitutionnel français, *décision CC 79-105 DC du 25 juillet 1979, droit de grève à la radio-télévision.*

[1048] Mamadou Yaya DIALLO, « Le contrôle de proportionnalité… », *op. cit.*

[1049] France, Conseil constitutionnel, *décision CC 79-105 DC du 25 juillet 1979*, précitée. Voir, Valérie GOESEL LE BIHAN, « Le contrôle de l'objectif poursuivi par le législateur dans la jurisprudence récente du Conseil constitutionnel », RFDC, n°98, 2014, pp. 269-291 ; Valérie GOESEL LE BIHAN, « Le contrôle de proportionnalité exercé par le Conseil constitutionnel, technique de protection des libertés publiques », *JP*, n° 7, 2012, p. 1 ; Rhita BOUSTA, « La spécificité du contrôle constitutionnel français de proportionnalité », *op. cit.* ; Fabrice HOURQUEBIE, « Libres propos sur le juge constitutionnel et les valeurs », in Les Cahiers de la Justice 2022/1 (N° 1), pp. 7 -14.

dans la jurisprudence africaine [1050] ou extra-africaine[1051]. Cette tendance trouve une explication dans le phénomène d'attraction des droits et libertés fondamentaux, la volonté de construction de l'état de droit et de consolidation des bases encore fragiles de l'État -Nation, amenant régulièrement le juge à faire la balance entre les nécessités de respect des droits de la personne humaine et les impératifs de préservation de l'ordre public.

La Cour constitutionnelle du Bénin entérine ce type de contrôle, en estimant que « *l'instauration de péage sur la route Cotonou-Porto Novo ne viole pas les libertés d'aller compte tenu de l'importance, du coût de l'ouvrage ainsi que du service rendu et, à ce titre, n'est donc pas contraire à la constitution »*[1052].

La jurisprudence congolaise en offre une autre illustration dans une affaire notoire, lorsqu'elle affirme que « *la répression de l'adultère de la femme, de même que l'abandon du domicile conjugal prévus par le Code pénal, n'intègre pas des normes positives, l'adultère de l'homme et l'abandon du domicile conjugal de l'homme ; que les dispositions*

[1050] Voir, par exemple, la décision de la Cour constitutionnelle de l'Afrique du Sud, *CCT/3/94, 6 juin 1995, The State v. T Makwanyane and M Mchunu* ; la Haute Cour constitutionnelle de Madagascar, dans sa Décision *n° 02-HCC/D2 du 04 juin 2007* ; Cour constitutionnelle du Maroc, *Décision n° 817/2011 du 13 octobre 2011* ; Conseil constitutionnel du Sénégal Aff.3/C/96 et 4/C/96, citées par Mamadou Yaya DIALLO, *op. cit.*

[1051] Lire, à ce propos, Xavier PHILIPPE, « Le contrôle de proportionnalité exercé par les juridictions étrangères : l'exemple du contentieux constitutionnel », Rapport au colloque « Les figures du contrôle de proportionnalité, organise à la Faculté de droit et de Science politique, Université Paul Cézanne, Aix-Marseille III le 4 et 5 juin 2007. Rapport au colloque « Les figures du contrôle de proportionnalité », organisé a la Faculté de droit et de Science politique, Université « Paul Cézanne », Aix-Marseille III le 4 et 5 juin 2007. Tout en reconnaissant les mérites de ce contrôle, l'auteur en évoque les potentiels désavantages « le contrôle de proportionnalité est une fonction logique du droit. Il implique une analyse du processus décisionnel et de son résultat qui peut conduire le juge a substituer sa décision à celle de l'auteur de la décision si celle-ci sort du cadre de l'intervention. Ce caractère rend ce type de contrôle potentiellement dangereux puisqu'il permet au juge – sous couvert du respect de la règle de droit – de s'immiscer dans des sphères politiques et est susceptible de donner naissance à un « gouvernement des juges ».

[1052] Bénin, Cour constitutionnelle, décision *DCC 01-096 du 07 novembre 2001.* Dans un esprit comparable, *la* Cour constitutionnelle de l'Afrique du Sud, dans l'affaire *Government of South Africa v. Grootbom, 2001 (1) S.A 46 (CC),* parag.38, « *conciliation raisonnable entre effectivité minimale des droits sociaux constitutionnels et limitations des ressources publiques » ;* voir, la décision de cette Cour dans l'affaire *Khosa v. Minister of social development, 2004 (6) SA 505 CC, 4 mars 2004.*

critiquées n'ont donc ni pour objet, ni pour effet de nuire au principe d'égalité de l'homme et de la femme consacré par la constitution et les textes internationaux pertinents dûment ratifiés ; qu'il est loisible au législateur se fondant sur l'état des mœurs et l'intérêt général de prévoir la prévention de l'adultère de la femme et de l'abandon du domicile conjugal par la femme sans référence à l'homme »[1053].

La Cour Constitutionnelle du Niger, dans une décision relative à un recours en exception d'inconstitutionnalité de la loi réglementant la profession d'avocat, a estimé que « *l'omission du tableau n'est pas une sanction pénale, ni même une sanction disciplinaire, mais une mesure provisoire ne préjugeant pas de l'issue de l'action publique et prenant fin par la disparition de la cause qui l'a fait prononcer...* ». La Cour justifie cette mesure qui est « *nécessaire pour faire cesser le trouble que causerait au sein des juridictions l'auxiliaire de justice qui, faisant l'objet de poursuites pour des faits apparemment illicites, n'en continuerait pas moins à plaider, à postuler et à consulter* »[1054].

En tout état de cause, le contenu de la décision, en sa forme et en son fond, regroupe les différents éléments convergeant vers le dispositif, lequel est introduit par les verbes ou locutions : « *décide* », ou, « *dit que* », « *déclare* » ou « *émet l'avis* », « *est d'avis* », « *Par ces motifs…* », « *En conséquence* », etc.

De manière surabondante, si le dispositif clôture l'affaire, la décision peut, dans quelques rares situations où cette pratique est d'usage courant, comporter des annexes portant sur les opinions individuelles ou dissidentes des membres de la juridiction constitutionnelle. Dans la même veine, le rendu n'épuise pas les problèmes susceptibles de se poser dans la mise en exécution de la décision et dans ses effets.

Entamé par l'acte de saisine et poursuivi par le traitement du contentieux, le procès constitutionnel, fleuve au long et sinueux cours, connaît son épilogue avec la reddition de la décision constitutionnelle.

[1053] Congo, Cour constitutionnelle, *Décision n°1/DCC/SVE/03 du 30 juin 2003.*
1054 Niger, Cour constitutionnelle, *arrêt n°2005-006/CC du 1er décembre 2005.*

CHAPITRE II

LES SUITES DE LA DÉCISION

Traiter des suites d'une décision de justice peut paraitre a priori inconsistant, tant est vivace l'autorité de la chose jugée dont l'énoncé et les effets semblent en épuiser toute discussion (Section I). Mais, c'est là ignorer que le principe de l'autorité de la chose jugée peut connaître des aménagements, des vicissitudes affectant la rigueur de son déploiement.

Si, les effets du principe sont ordinairement attendus ou maîtrisés selon les types de contrôle, les entraves à l'exécution d'une décision peuvent s'avérer d'une double nature, politique et juridique (Section II).

Section I : Une décision revêtue de l'autorité de la chose jugée

Les prescriptions constitutionnelles, législatives et réglementaires, présidant la matière contentieuse, s'articulent autour d'une large convergence de vues sur la reconnaissance de l'autorité de la chose jugée (§ I). L'unité de conception fait de la décision rendue, un impératif qui subjugue dans son application gouvernants et gouvernés tant dans ses effets à l'issue du contrôle *a priori* qu'à la suite du contrôle *a posteriori* (§ II).

Paragraphe I : Un principe largement admis

L'autorité de la chose jugée[1055] est rarement contestée dans son principe et dans ses effets. Elle permet aux juridictions de faire valoir la puissance de leurs arrêts, de renforcer, par ricochet leur légitimité d'organes protecteurs des droits et libertés et de vigies contre les velléités

[1055] Voir, Louis FAVOREU, « La décision constitutionnelle », RIDC, Vol. 38 N°2, avril-juin 1986. Études de droit contemporain. Contributions françaises au 12e Congrès international de droit comparé (Sydney-Melbourne, 18-26 août1986) pp. 611-633 ; Delphine EMMANUEL ADOUKI, « Contribution à l'étude de l'autorité des décisions du juge constitutionnel en Afrique », RFDC, 2013/3 (n° 95), pp. 611 -638 ; Arsène-Joel ADELOUI, « L'autorité de la chose jugée par les juridictions constitutionnelles en Afrique », Revue togolaise des Sciences juridiques, n°002, janvier-juin 2012, pp. 54-75.

d'abus venant des autres organes. Le principe renvoie à une pluralité de sens (A) enrichis par une consécration textuelle diversifiée (B).

A) La signification du principe

Le principe de l'autorité de la chose jugée[1056] est d'étendue et d'utilité variées. En tant que principe général de droit, il dispose d'un caractère impératif dans son application. La doctrine semble s'accorder sur le fait que cette autorité s'oppose à ce que le juge se prononce à nouveau, sur des faits et prétentions identiques concernant les mêmes parties.

La décision est revêtue de l'autorité de la vérité légale (*res judicata pro veritate habetur*). Il en résulte un effet vertical et un effet horizontal.

Sur le plan vertical, la décision s'impose d'une part, dans les rapports entre gouvernants et gouvernés et d'autre part, au sein de l'organisation judiciaire dans les rapports entre la juridiction constitutionnelle et les autres juridictions nationales. En clair, le juge national comme les gouvernants sont tenus de respecter et d'appliquer la décision rendue par la Cour ou le Conseil constitutionnel(le).

Sur le plan horizontal, la décision s'impose aux organes exécutif, législatif et judiciaire et dans leurs rapports mutuels. Autrement dit, l'autorité de la décision retentit dans les domaines législatif et réglementaire. Les autorités exécutives, législatives, juridictionnelles, civiles, militaires, au niveau central ou au niveau décentralisé sont astreintes à donner corps et cohérence à l'application de la décision, chacune en ce qui la concerne.

Il s'y greffe deux autres caractères positif et négatif. Positivement, le requérant dont les prétentions ont été validées totalement ou partiellement ou sous réserve d'interprétation, a le droit de s'en prévaloir et de se placer dans l'attente légitime de son exécution dans toute la mesure de ce qui a été délibéré et décidé par la juridiction.

Négativement, la règle ou le principe de l'autorité de la chose jugée prohibe l'édiction de tout acte législatif, réglementaire et de toute décision d'une autre juridiction nationale qui auraient pour effet de dévitaliser, de priver d'effet obligatoire la décision du juge constitutionnel. Par suite, toute autre affaire de la même cause ou nature factuelle et argumentative devra être résolue de la même façon. Ceci est valable en

---

[1056] Le départ est fait entre l'autorité et la force de chose jugée. La dernière notion associative permet de faire exécuter la décision alors que l'autorité constitue un obstacle à la remise en cause de la décision. Les deux se rejoignent lorsqu'à force d'exécuter la décision, il en résulte prohibition de la contrarier.

droit pénal avec la règle *non bis in idem* interdisant qu'une personne soit jugée deux fois pour des faits identiques, sauf aménagement de voies de recours ordinaires ou extraordinaires.

Deux séries de paramètres finissent par circonscrire le principe. D'abord, l'autorité de la chose jugée peut être absolue ou relative[1057]. Le caractère absolu est retenu lorsque le jugement intervient en dernier ressort, qu'il y a identité de parties et d'objet, les demandes ou prétentions ayant le même but.

La relativité de la chose jugée est de mise en cas de disjonction des parties, des objets et des fondements. Cependant, la règle n'est pas d'application lorsqu'une voie de recours est normalement accessible et disponible (instance, appel, cassation).

Ensuite, si dans d'autres matières[1058], l'autorité de la chose jugée est cantonnée au dispositif, sans s'étendre aux considérants qui englobent pourtant la *ratio decidandi*, la matière constitutionnelle retient que l'autorité de la chose jugée s'attache aussi bien au dispositif qu'aux motifs de la décision[1059]. Une telle position avait été déjà admise par le CC français en 1992, lorsqu'il affirmait : *« 4. Considérant qu'aux termes de l'article 62 in fine de la Constitution, « les décisions du Conseil constitutionnel... s'imposent aux pouvoirs publics et à toutes les autorités administratives et juridictionnelles » ; que l'autorité des décisions visées par cette disposition s'attache non seulement à leur dispositif, mais aussi aux motifs qui en sont le soutien nécessaire et en constituent le fondement même ;*

5. Considérant que lorsque le Conseil constitutionnel, saisi en application de l'article 54 de la Constitution, a décidé que l'autorisation de ratifier en vertu d'une loi un engagement international est subordonnée à une révision constitutionnelle, la procédure de contrôle de contrariété à la Constitution de cet engagement, instituée par l'article précité, ne

---

1057 Voir, Anne RASSON-ROLAND, « La valeur de la distinction entre autorité absolue et autorité relative de la chose jugée », Annuaire international de justice constitutionnelle, 27-2011, 2012, pp. 593-612.

1058 En France, la Cour de cassation, chambre civile, considère que cette autorité se limite au dispositif et ne concerne pas les motifs (*Cass. civ. 22 janvier 2004*).

*1059*Voir, *Décision 62-18 L du 16 janvier 1962 (Loi d'orientation agricole)* « *Considérant, d'une part, qu'aux termes de l'article 62 in fine de la Constitution : "les décisions du Conseil constitutionnel s'imposent aux pouvoirs publics et à toutes les autorités administratives et juridictionnelles" ; que l'autorité des décisions visées par cette disposition s'attache non seulement à leur dispositif, mais aussi aux motifs qui en sont le soutien nécessaire et en constituent le fondement même* ».

peut être à nouveau mise en œuvre, sauf à méconnaître l'autorité qui s'attache à la décision du Conseil constitutionnel conformément à l'article 62, que dans deux hypothèses ; d'une part, s'il apparaît que la Constitution, une fois révisée, demeure contraire à une ou plusieurs stipulations du traité ; d'autre part, s'il est inséré dans la Constitution une disposition nouvelle qui a pour effet de créer une incompatibilité avec une ou des stipulations du traité dont s'agit ... »[1060].

En tant que règle d'ordre public, le principe de l'autorité de la chose jugée est consacré par divers textes.

B) La consécration textuelle du principe

Cette consécration est observable à trois niveaux : constitutionnel, législatif et réglementaire.

Au niveau constitutionnel, les Constitutions africaines francophones consacrent, dans un bel ensemble, le principe de l'autorité de la chose jugée, par l'utilisation de la formule : « *Les décisions du Conseil constitutionnel ne sont susceptibles d'aucune voie de recours. Elles s'imposent aux pouvoirs publics et à toutes les autorités administratives et juridictionnelles* »[1061].

La Constitution béninoise de 1990 use d'une phraséologie quasi-identique, dans son article 124 qui se lit : « *Une disposition déclarée inconstitutionnelle ne peut être promulguée ni mise en application. Les décisions de la Cour Constitutionnelle ne sont susceptibles d'aucun recours. Elles s'imposent aux pouvoirs publics et à toutes les autorités civiles, militaires et juridictionnelles* »[1062].

La Constitution de Madagascar de 2010 ne déroge pas non plus à la règle, en prévoyant : « *En matière de contentieux électoral et de consultation populaire directe, la Haute Cour Constitutionnelle rend des arrêts. Dans les autres matières relevant de sa compétence, hors le cas prévu à l'article 119, elle rend des décisions. Les arrêts et décisions de la Haute Cour Constitutionnelle sont motivés ; ils ne sont susceptibles d'aucun recours. Ils s'imposent à tous les pouvoirs publics ainsi qu'aux autorités administratives et juridictionnelles* »[1063].

[1060] France, Conseil constitutionnel, décision 92-312 DC, *op. cit.*

[1061] Art.92, alinéa 4 de la Constitution sénégalaise de 2001.

[1062] Voir, les Constitutions du Cameroun de 1996 (art.50), du Mali de 2023 (art.154), de la République de Congo de 2015 (art.181), du Burkina Faso(art.159), de la Côte d'Ivoire (art.138) et du Togo de 1991 (art.106) et de 2024 (art.68).

[1063] Art.120 de la Constitution de la IVe République.

Au niveau législatif, on relève la présence de diverses dispositions relatives au domaine de la loi organique, plaçant sur un piédestal ce principe ainsi sacralisé. Ces lois organiques des juridictions constitutionnelles attribuent une force contraignante à ce principe, en le soustrayant aux *desiderata* du législateur ordinaire tout comme ceux de l'autorité réglementaire.

Dans cet ordre d'idées, on peut se référer à l'art.29 de la loi organique n° 2012-35 du 19 juin 2012 déterminant l'organisation, le fonctionnement de la Cour constitutionnelle et la procédure suivie devant elle, qui dispose : « *Les arrêts de la Cour constitutionnelle sont motivés. Ils sont publiés au Journal Officiel de la République du Niger.*

Les arrêts de la Cour constitutionnelle ne sont susceptibles d'aucun recours. Ils lient les pouvoirs publics et toutes les autorités administratives, civiles, militaires et juridictionnelles. Tout jet de discrédit sur les arrêts de la Cour constitutionnelle est sanctionné conformément aux lois en vigueur »[1064].

Dans la même veine, l'art.15 de la Loi n° 2004-004 du 21 avril 2004 portant organisation et fonctionnement du Conseil constitutionnel du Cameroun, dispose : « *(1) Les décisions du Conseil constitutionnel sont lues en séance publique.*

(2) Elles sont notifiées aux parties concernées et publiées au Journal officiel.

(3) EIles s'imposent aux pouvoirs publics et à toutes les autorités administratives, militaires et juridictionnelles, ainsi qu'à toute personne physique ou morale.

(4) EIles doivent être exécutées sans délai ».

Au niveau des règlements intérieurs de ces juridictions, une ligne de conduite aux est aussi tracée aux autorités d'élaboration et d'exécution de la loi et aux particuliers, spécifiant, par exemple : « *Les décisions du Conseil constitutionnel ne sont susceptibles d'aucun recours. Elles s'imposent aux pouvoirs publics et à toutes les autorités administratives et juridictionnelles. Toutefois si le Conseil constitutionnel constate qu'une décision est entachée d'une erreur matérielle il peut la rectifier d'office. Les décisions et avis du Conseil constitutionnel sont publiés*

[1064] Voir, également, les lois organiques sur les juridictions constitutionnelles de la Côte d'Ivoire (art.20), du Bénin (art.20) et du Togo (art.32).

au Journal Officiel du Burkina Faso et, le cas échéant, notifiés aux parties concernées »[1065].

Il en va de même de l'art.24 du RI de la Cour du Bénin, en vertu duquel « *Les décisions de la Cour constitutionnelle sont publiées au Journal Officiel sur support papier ou numérique. Elles prennent effet & compter de leur prononcé. Elles sont notifiées aux parties concernées. Elles ne sont susceptibles d'aucun recours. Elles s'imposent aux pouvoirs publics, et à toutes les autorités civiles, militaires et juridictionnelles et à toutes les personnes physiques ou morales. Elles doivent en conséquence être exécutées avec la diligence nécessaire. Les avis de la Cour ont une valeur consultative* »[1066].

La consécration de l'autorité de la chose jugée par les textes constitutionnels, législatifs et les règlements intérieurs entraînent un certain nombre d'incidences.

Paragraphe II : Les effets selon les types de contrôle

Les recours en inconstitutionnalité reposent, essentiellement dans le cadre des contrôles *a priori* (A*)* et *a posteriori* (B), sur des différences de caractères et d'incidences dans l'application de l'autorité de la chose jugée.

A) Les effets dans le cadre du contrôle *a priori*

Le contrôle de constitutionnalité *a priori* est un contrôle préventif, opéré dans le délai de promulgation, avant même que la norme contrôlée n'entre en vigueur et ne puisse engendrer un quelconque effet juridique dans le chef des personnes physiques ou morales. Par ailleurs, la saisine de la juridiction constitutionnelle suspend, selon les cas, le délai de promulgation de la loi, la mise en application du Règlement de l'Assemblée, la ratification de l'engagement international ou de l'ordonnance.

Lorsqu' une juridiction rend une décision dans ce cadre, sur la base d'une saisine du PR, du PM, d'un chef d'institution, ou d'un groupe de parlementaires, il en ressort des conséquences variées selon la solution donnée par le juge.

En cas de déclaration de non-conformité totale, les textes constitutionnels, lois organiques et textes réglementaires précités s'accordent pour priver de tout effet juridique le texte contrôlé. Il ne peut faire

---

[1065] RI du CC de 2008.

[1066] Voir, les règlements intérieurs des juridictions constitutionnelles du Burkina Faso du 06 mars 2008 (art.44) et du Togo du 15 janvier 2020 (art.56).

l'objet de promulgation et, donc, n'entre pas dans l'ordonnancement juridique. Selon l'art.57, alinéa 2 du RI du Conseil constitutionnel ivoirien : « *La loi ou la disposition contraire à la Constitution est nulle à l'égard de tous* ».

Au Bénin, la décision est alors notifiée au PR et au PAN. L'Assemblée pourra alors procéder à une nouvelle délibération de la loi « *afin qu'elle soit conforme à ladite décision* »[1067].

À Madagascar, la loi ou la disposition déclarée non-conforme « *devient caduque et ne peut être appliquée* »[1068].

Certaines juridictions comme le Conseil constitutionnel du Sénégal, peuvent soulever d'office toute violation de la Constitution qui n'a pas été invoquée dans la requête que ce soit dans le cadre du contrôle de constitutionnalité de la loi ou d'un engagement international[1069].

En cas de non-conformité partielle du texte et que la disposition déclarée contraire à la Constitution est séparable[1070] du reste du texte examiné, il peut être promulgué, amputé de ladite disposition. Au Congo, l'effet est identique car la Cour constitutionnelle « *prononce son annulation. Ainsi, ce texte ne peut être promulgué et la disposition attaquée ne saurait être appliquée* »[1071].

En cas d'indivisibilité, le texte ne peut être promulgué ni mis en application[1072]. On soulignera qu'en cas de contrariété d'une disposition d'un engagement international par rapport à la Constitution, il est nécessaire de réviser la Constitution pour autoriser sa ratification ou son approbation.

En revanche, dans le cas de conformité de la loi ou du Règlement d'une Assemblée, de non-contrariété de l'engagement international, aucune entrave ne doit être dressée contre la promulgation ou la mise en application du texte.

[1067] Art.37 *in fine* du RI de la CC du Bénin.

[1068] Art.45 de la loi organique sur la HCC de Madagascar.

[1069] Art.17, alinéa 3 de la loi organique n° 2016-23 sur le Conseil constitutionnel, précitée.

[1070] À titre d'exemple, l'art.53 du RI du CC du Burkina Faso retient aussi l'hypothèse suivante : « *Au cas où le Conseil constitutionnel omettrait de se prononcer sur le caractère séparable ou inséparable de la disposition déclarée contraire à la Constitution, le Président du Faso peut décider, soit de promulguer la loi à l'exception de la disposition incriminée, soit de demander à l'Assemblée nationale une nouvelle lecture* ». Dans un sens voisin, voir l'art.59 du RI du CC de la Côte d'Ivoire.

[1071] Art.54 du RI de la CC du Congo en date du 11 janvier 2013.

[1072] Art.19 de la loi organique de 2016 sur le CC du Sénégal.

Lorsque la décision de conformité est assortie de réserve, en vertu de l'autorité de la chose interprétée, elle doit être appliquée conformément à l'étendue et aux limites indiquées par la réserve[1073].

Cette disparité d'effets est moins observable dans le cadre du contrôle *a posteriori*.

B) Les effets dans le cadre du contrôle *a posteriori*

La singularité du contrôle *a posteriori*, réside dans le fait que la saisine a été opérée alors que le texte est déjà entré en vigueur et que ses effets continuent de se produire.

À cet égard, il faut apporter des précisions liminaires. Dans l'approche classique, ce type de contrôle se résumait au contrôle par voie d'exception. L'affinement des attributions juridictionnelles amène à y intégrer les recours directs pour la protection des droits et libertés fondamentaux, les contentieux relatifs à la répartition des compétences entre l'Exécutif et le Législatif dont les mécanismes diffèrent, *proprio motu*, de ceux de l'exception d'inconstitutionnalité classique.

Le contrôle par voie d'exception en Afrique francophone, qui est une adaptation du modèle américain de contrôle de constitutionnalité, est pratiqué par une juridiction constitutionnelle à la suite d'un sursis à statuer ordonné par une autre juridiction, qui, appréhendant la possibilité d'un préjudice grave et irréparable si elle ne s'y résolvait pas à la demande d'une partie ou d'office, saisit le Conseil ou la Cour constitutionnel(le) pour examen de conformité à la Constitution d'un texte déjà en vigueur[1074].

Des variantes déjà exposées, il appert que si le texte (loi ou engagement international) est bien conforme à la Constitution, la juridiction de fond poursuit sans désemparer l'instance pendante et statue définitivement sur l'affaire[1075].

[1073] Cf, Régis FRAISSE, « La chose jugée par le Conseil constitutionnel dans le dispositif de ses décisions », NCCC, N° 30 (DOSSIER : AUTORITÉ).

[1074] Voir, Chapitre I de la deuxième partie.

[1075] Au Congo, la LO sur la CC dispose en son art.50 *« Lorsque l'exception d'inconstitutionnalité est soulevée devant une juridiction, celle-ci constate, le cas échéant, sa recevabilité et, dans ce cas, sursoit à statuer, prononce le renvoi du dossier et des parties devant la Cour constitutionnelle et impartit au requérant le délai d'un mois à partir de la signification de la décision pour saisir la Cour constitutionnelle. Une expédition du jugement ou de l'arrêt est, à cet effet, délivrée par le greffier, sans aucuns frais, au requérant dans un délai de huit jours. Le greffier dresse inventaire des pièces de l'entier dossier qu'il fait parvenir, en l'état, au secrétariat général de la Cour constitutionnelle dans un délai de huit jours »*. L'art.51 du même texte

En revanche, en cas d'inconstitutionnalité, la juridiction doit considérer la loi litigieuse inapplicable en l'espèce (valeur *inter partes*) et les parties sont dispensées de son exécution. Il ne s'agit pas d'annuler la loi, mais de la rendre inapplicable pour le cas d'espèce, sauf à généraliser l'annulation, comme le suggèrent certains droits positifs.

Dans le modèle classique d'exception d'inconstitutionnalité, la décision rendue n'a, en principe, qu'une autorité limitée aux parties à l'instance (valeur *inter partés* et non *erga omnés)*. Mais, du fait de la règle du précédent amenant souvent le juge (notamment, américain) à réitérer ses décisions, celles-ci finissent par acquérir une valeur dépassant le cercle des parties et les pouvoirs publics en tirent souvent les conséquences en abrogeant et/ou en remplaçant la loi contestée. Ce principe a été assimilé dans certains textes africains, même s'il peut être modulé différemment.

En Côte d'Ivoire, l'art.137 de la Constitution de 2016 dans sa rédaction issue de la révision de 2020 dispose « *En cas de saisine du Conseil constitutionnel par voie d'exception, la décision du Conseil constitutionnel s'impose à tous, au-delà des parties au procès. La loi ou la disposition déclarée inconstitutionnelle par le Conseil constitutionnel est abrogée* »[1076].

Au Sénégal, la cause est entendue avec l'art.22 de la Loi organique n°2016-23 du 14 juillet 2016 sur le Conseil constitutionnel, selon lequel : « *Si le Conseil estime que la disposition dont il a été saisi n'est pas conforme à la Constitution, il ne peut plus en être fait application* ».

Au Gabon, l'art.86 de la Constitution de 1991, dispose que si la Cour constitutionnelle « *déclare la loi incriminée contraire à la Constitution, cette loi cesse de produire ses effets à compter de la décision. Le Parlement examine, au cours de la prochaine session, dans le cadre d'une procédure de renvoi, les conséquences découlant de la décision de non-conformité à la Constitution rendue par la Cour* ». Selon ladite Cour, « *... lorsque celle-ci déclare contraire à la Constitution le texte attaqué, celui-ci cesse de produire ses effets à compter du prononcé de la décision ; que le Parlement remédie à la situation juridique qui en*

dispose « *Après ta décision rendue par la Cour constitutionnelle, le secrétaire général transmet, dans un délai de huit jours, au greffier de la juridiction concernée, l'entier dossier comportant une expédition de la décision rendue* ».

[1076] Ces assertions sont reprises en Côte d'Ivoire où l'art.31, alinéa premier du RI du CC dispose « *En cas de saisine du Conseil constitutionnel par voie d'exception, la décision du Conseil constitutionnel s'impose à tous, au-delà des parties au procès. La loi ou la disposition déclarée inconstitutionnelle par le Conseil constitutionnel est abrogée* ».

résulte, selon la procédure de renvoi inscrite au prochain ordre du jour de la chambre concernée »[1077].

En France, les effets d'une inconstitutionnalité, dans le cadre d'une procédure de QPC, sont ainsi précisés par l'art.62 de la Constitution de 1958, à savoir qu'*« une disposition déclarée inconstitutionnelle sur le fondement de l'article 61-1 est abrogée à compter de la publication de la décision du Conseil constitutionnel ou d'une date ultérieure fixée par cette décision. Le Conseil constitutionnel détermine les conditions et limites dans lesquelles les effets que la disposition a produits sont susceptibles d'être remis en cause »*.

S'agissant des recours directs des citoyens béninois, en cas d'absence de conformité à la Constitution, « *ces loi, texte ou acte sont nuls et non avenus* »[1078]. En matière de droits fondamentaux, tout texte législatif, réglementaire violant la Constitution « *est considéré comme nul et de nul effet et ne peut être mis en application ou exécuté par le pouvoir exécutif* »[1079].

Concernant les conflits de compétence entre l'Exécutif et le Législatif par rapport aux domaines de la loi et du règlement, si un texte en forme législative relève en fait du domaine réglementaire, l'Exécutif est autorisé à procéder au déclassement des dispositions incriminées qui réintègrent alors le domaine réglementaire.

Certaines atténuations ou entraves relativisent l'autorité de la chose jugée et s'opposent à une application saine ou sereine de la décision de conformité, de non-conformité ou de la réserve d'interprétation.

Section II : Les atténuations et entraves à l'autorité de la chose jugée

L'autorité de la chose jugée n'est pas toujours de caractère absolu. Elle est susceptible d'anéantissement par d'indésirables immixtions de la part du législateur ou du pouvoir constituant (§ I).

Dans une mesure plus tolérable, la rationalité juridique plaide en faveur de l'aménagement de certaines atténuations qui s'analysent en des voies de recours exceptionnelles contre la décision de la juridiction constitutionnelle (§ II).

[1077] Cour constitutionnelle du Gabon, *Décision n° 39/CC du 6 novembre 2017*, *Hebdo informations*, n° 667, 13-31 octobre 2018, pp. 126-127. Voir aussi, sa *décision n° 332/CC du 25 juillet 2019*, *Hebdo informations*, n° 675, 14-31 décembre 2019, pp. 138-139.

[1078] Art.44 *in fine* de la Loi organique de 2022 sur la Cour constitutionnelle du Bénin.

[1079] Art.46 de la Loi organique de 2022 sur la Cour constitutionnelle du Bénin.

Paragraphe I : L'anéantissement de la décision constitutionnelle

Discipline éminemment politique, le droit constitutionnel, dans sa partie contentieuse, met souvent aux prises l'Exécutif et le Législatif en matière de conflit de compétences, et, par ricochet, majorité et minorité parlementaires. Il arrive que l'autorité attachée aux décisions de la juridiction constitutionnelle soit entravée par des manœuvres, contestations d'organes exécutifs et judiciaires, ou des contournements ou résistances par le biais de recours aux pouvoirs législatif ou constituant.

A) Les entraves émanant des organes exécutif et judiciaire

La projection des intérêts politiques sur le terrain du droit est porteuse d'une ambition de légitimation ou de corroboration des arguments juridiques exposés dans les recours contentieux.

Dans la majorité des cas, tout se déroule comme si la « passe d'armes » entre majorité et minorité parlementaires dans la procédure législative, se transpose, dans une sorte de seconde mi-temps, devant le prétoire du juge constitutionnel.

Cette imbrication du juridique et du politique constitue une tension permanente dont le dévidement de l'écheveau appelle à la fois une attitude sereine et un arbitrage expert de la juridiction.

Trop souvent, les passions exacerbées, les enjeux de toutes sortes, la mobilisation de l'opinion publique, l'intempestive croisade des soi-disant sachants de la chose juridico-politique, la nécessité pour l'Exécutif de mettre en œuvre le programme pour lequel il a été investi, brouillent davantage le climat politique dans l'attente de la décision constitutionnelle.

Dès l'affichage, publication de la décision au journal officiel ou notification aux parties intéressées, les réactions ne tardent pas à se produire. Si, dans la plupart des cas, après le temps du triomphe ou de la désillusion, l'application de la décision se fait bon gré mal gré, le dépit engendré par le rejet de certaines attentes se traduit par des velléités de brisure et d'anéantissement de la décision.

Il n'est pas rare que la décision soit contestée par l'Exécutif, suscitant passe d'armes avec la juridiction[1080], voire lorsque cela est possible, démission réclamée ou éviction feutrée du Président de l'institution, abréviation du mandat de membres de la juridiction, sinon retard dans la mise en place de son budget. Dans les situations les plus extrêmes,

---

[1080] Cf, les réactions du Chef de l'État Abdoulaye Wade au verdict du Conseil constitutionnel à travers des échanges épistolaires avec le chef de la juridiction.

des tentatives réussies ou infructueuses de musellement de la décision sont opérées.

Au Gabon, les réticences gouvernementales à appliquer la décision de la Cour constitutionnelle en 2001 n'ont été vaincues qu'après moult pressions. En effet, la Cour exigeait du Gouvernement d'inscrire dans le projet de loi de finances, les crédits nécessaires au fonctionnement de la Cour et, par conséquent, n'avait validé la loi du 17 janvier 2001 que sous réserve du respect de ses prescriptions[1081].De pareilles résistances à l'autorité de la chose jugée ont également été relevées au Bénin. L'affaire *Maurice Kouandété* est typique du refus de l'Exécutif de procéder à la libération d'un opposant malgré la décision de la Cour constitutionnelle considérant son maintien en détention, arbitraire, abusif et contraire à la Constitution[1082].

Il a été souligné que d'autres décisions de la Cour n'ont pas fait l'objet d'exécution, notamment dans l'affaire *Clément Houékontin* qui s'est conclue par l'annulation du décret le démettant de ses fonctions en violation de ses droits de la défense[1083], ou dans l'affaire *Rachidi Gbadamassi*, à l'époque édile de la commune de Parakou, dans laquelle la Cour par *décision DCC 08-145 du 23 octobre 2008* relève l'absence de mise en œuvre de sa décision *DCC06-144 du 06 octobre 2006*[1084].

En Côte d'Ivoire, l'élection présidentielle a nourri une vive controverse sur les rapports de primauté entre le droit international et le droit interne, sur fond de remise en cause de l'autorité de la chose jugée par le Conseil, contraint à l'auto-reniement de sa décision sanctionnant la victoire de Laurent Gbagbo[1085] , en lui substituant une autre décision

---

[1081] Gabon, Cour constitutionnelle, *décision n° 001/CC du 17 janvier 2001, op. cit.*

[1082] Bénin, Cour constitutionnelle, Décision *DCC 96-115 des 21 et 22 février 1991.* L'opposant ne sera libéré qu'à la faveur de changement de régime en 1999.

[1083] Bénin, Cour constitutionnelle, *Décision DCC99-029 du 17 mars 1999, Clément Houékontin.*

[1084] Sur ces décisions, lire, Arsène-Joel ADELOUI, « L'autorité de la chose jugée... », *op. cit.*

[1085] En Côte d'Ivoire, le Conseil constitutionnel, *Décision n° CI-2010-EP-034/03-12/CC/SG portant proclamation des résultats définitifs de l'élection présidentielle du 28 novembre 2010,* a retenu *« ... Qu'au surplus, il résulte des rapports des ONG et observateurs accrédités par la Commission électorale indépendante, que des actes de violence ont été commis sur les représentants du candidat de La Majorité présidentielle et sur la population elle-même ; qu'ainsi ils n'ont pu ni exercer leur droit de vote, ni assurer la représentation de leur candidat, comme le prescrit la loi ; Qu'il s'ensuit que ces irrégularités doivent entraîner l'annulation des résultats du scrutin dans le département de Séguéla ; Considérant qu'après le redressement opéré suite à ces*

consacrant, cette fois-ci, l'élection d'Alassane Ouattara[1086]. Dans cette seconde décision , le Conseil se réfère, pèle-mêle à des arguments de droit international (CEDEAO, UA, ONU), mais aussi de droit interne , en considérant que « *les normes et dispositions internationales, acceptées par les organes nationaux compétents, ont une autorité supérieure à celle des lois et des décisions juridictionnelles internes, sous réserve de leur application par l'autre partie* ...». La juridiction en arrive à la conclusion suivante : « ... *Considérant qu'il convient de rappeler qu'aux termes des dispositions du paragraphe 6 C de la 259e réunion susvisé que, les conclusions du Groupe de haut niveau de l'Union africaine pour le règlement de la crise en Côte d'Ivoire, telles qu'elles seront entérinées par le Conseil de Paix et de Sécurité, seront contraignantes*

---

annulations, les résultats du scrutin du 28 novembre 2010 se présentent comme suit (...)M. GBAGBO Laurent 2 054 537 soit 51,45 %, M. OUATTARA Alassane 1 938 672 soit 48,55 %. Considérant que conformément à l'article 44 alinéa 3 du Code électoral, modifié par l'ordonnance n° 2008-133 du 14 avril 2008 portant ajustements au Code électoral l'élection du Président de la République est acquise à la majorité des suffrages exprimés ;
DÉCIDE : Article 1 : Les requêtes du candidat Laurent GBAGBO sont recevables, mais partiellement fondées ; Article 2 : Les résultats du scrutin dans les départements de Bouaké, Korhogo, Ferkessédougou, Katiola, Boundiali, Dabakala et Séguéla sont annulés ; Article 3 : Monsieur GBAGBO Laurent est proclamé élu Président de la République de Côte d'Ivoire... ».

1086 Côte d'Ivoire, Conseil constitutionnel, *décision n° CI-2011-EP-036/04-05/CC/SG du 04 mai 2011 portant proclamation de Monsieur Alassane Ouattara en qualité de Président de la République de Côte d'Ivoire*. Cette décision, qui contraste avec la jurisprudence précédente, énumère parmi les visas « *le communiqué du Conseil de Paix et de Sécurité de l'Union africaine en sa 265e réunion du 10 mars 2011* ». Elle remet en cause la première décision, en ces termes : « *Considérant qu'aux termes des articles 32 et 94 de la Constitution, le Conseil constitutionnel contrôle la régularité des opérations de l'élection du Président de la République, statue sur les contestations y relatives et en proclame les résultats définitifs ; Considérant que, conformément à l'article 59 nouveau du code électoral, la Commission électorale indépendante a, le 2 décembre 2010, proclamé les résultats provisoires du second scrutin et désignait Monsieur Alassane OUATTARA vainqueur dudit scrutin ; Considérant que le 3 décembre 2010, par décision n° CI-2010-EP-34/03-12/CC/SG, le Conseil constitutionnel a proclamé les résultats définitifs du scrutin présidentiel du 28 novembre 2010, et désigné Monsieur Laurent GBAGBO, Président de la République de Côte d'Ivoire ; Considérant en outre que, le 3 décembre 2010, le Représentant spécial du Secrétaire général des Nations Unies pour la Côte d'Ivoire, a certifié les résultats provisoires du second tour de l'élection présidentielle tels que proclamés par le Président de la Commission électorale indépendante le 2 décembre 2010 désignant Monsieur Alassane OUATTARA, vainqueur de l'élection présidentielle ; Considérant que suite à ces proclamations contraires, une crise Postélectorale s'est élevée sur les résultats du scrutin du 28 novembre 2010...* ».

pour toutes les parties ivoiriennes avec lesquelles elles auront été négociées ;Considérant que le Conseil de Paix et de Sécurité, en sa 270e réunion tenue le 5 avril 2011, a reconduit ses précédentes décisions sur la Côte d'Ivoire, à savoir celles issues de ses 259e et 265e réunions tenues respectivement les 28 janvier et 10 mars 2011, et reconnu Monsieur Alassane OUATTARA comme le Président de la République de Côte d'Ivoire ; DÉCIDE : Article 1 : Le Conseil constitutionnel fait siennes les décisions du Conseil de Paix et de Sécurité de l'Union africaine, sur le règlement de la crise en Côte d'Ivoire ;

Article 2 : Proclame Monsieur Alassane OUATTARA, Président de la République de Côte d'Ivoire ;

Article 3 : En raison des circonstances exceptionnelles, le Conseil constitutionnel prend acte des décisions prises par le Président Alassane OUATTARA et les déclare valides.

Le Conseil constitutionnel invite le Président Alassane OUATTARA à prêter serment en audience solennelle dans les meilleurs délais.

Article 4 : Toutes décisions contraires à la présente sont nulles et de nul effet... »[1087].

Il reste que les juridictions constitutionnelles rencontrent, parfois, des obstacles dans le respect de leurs décisions. Au Bénin, la Cour constitutionnelle a rappelé à diverses reprises l'autorité de ses décisions[1088], en constatant les violations de celles-ci par des cours et tribunaux nationaux. Dans sa *décision DCC 09-087 du 13 août 2009*, elle fustige le fait que la chambre judiciaire n'ait pas tiré les conséquences de sa *décision DCC 06-076 du 27 juillet 2006* déclarant l'inconstitutionnalité de l'arrêt de la Chambre n° 13 CJ-CT.

D'autres freins à l'application des décisions sont le fait du législateur ou du constituant.

B) Les remises en cause par le Législatif et le Constituant

Les obstacles à l'application de la décision constitutionnelle peuvent ressortir de l'intervention du pouvoir législatif, ou du pouvoir constituant dérivé.

1087 Côte d'Ivoire, Conseil constitutionnel, *décision n° CI-2011-EP-036/04-05/CC/SG du 04 mai 2011.*

1088 Voir, plus haut, nos développements sur les conflits de compétences et les décisions citées.

La tentation est forte de rejeter les décisions de justice défavorables en usant du pouvoir constituant dérivé, à travers la voie parlementaire pour voter une loi constitutionnelle (surtout si on est assuré de la discipline partisane ou de la solidité du fait majoritaire), ou à travers la voie référendaire au moyen de la consultation populaire.

Les tentatives parlementaires pour anéantir l'autorité de la chose jugée ne sont pas rares. Au Bénin, l'Assemblée nationale a fait la sourde oreille devant l'injonction de mettre en conformité à la Constitution, les dispositions de la loi n° 2005-26 portant Règles particulières pour l'élection du Président de la République, jugées contraires à la Constitution[1089]. Dans d'autres décisions, la Cour a fait le constat de l'inapplication de ses décisions, notamment l'obligation pour le parlement de prévoir des dispositions relatives à la suppléance des secrétaires parlementaires[1090].

Au Niger, la discorde intervenue lors de la période de cohabitation entre le président de la République Mahamane Ousmane et le Premier ministre Hama Amadou, va conduire la Cour constitutionnelle, à protéger avant tout, l'intégrité du régime en traçant une ligne de partage fondée sur les attributions constitutionnelles des deux chefs de l'exécutif[1091]. La Cour s'opposera ensuite aux tentatives de briguer un troisième mandat, en déclarant dans un avis, que « *le maintien en fonction du président de la République au-delà du terme de son mandat n'est pas conforme à la Constitution* »[1092]. Cette attitude volontariste va s'affermir quatre ans plus tard, lorsqu'elle décidera que « *le décret convoquant le corps électoral pour référendum sur la Constitution de la VIe République a donc été pris en violation des dispositions des articles 49 et 135 de la Constitution ; Qu'il encourt annulation de ce chef ; sans qu'il soit besoin d'examiner les autres moyens* »[1093].

Malgré l'inconstitutionnalité du projet de recours au référendum, plusieurs mesures seront édictées comme la dissolution de la Cour constitutionnelle, celle du Parlement, le recours aux circonstances exceptionnelles par un décret du 26 juin 2009 et l'adoption le 4 août 1999 de la Constitution de la VIe République. Cette crise aboutira au renversement du Président Mamadou Tandja par le Général Salou Djibo[1094].

[1089] Bénin, Cour constitutionnelle, *décision DCC 055-110 du 15 septembre 2005.*

[1090] Bénin, Cour constitutionnelle, *décision EP11-006 du 14 février 2012* et *décision EP 11-014 du 22 février 2011.*

[1091] Niger, Cour constitutionnelle, *Arrêt 95/07 du 22 septembre 1995 et Arrêt 96/03 du 16 janvier 1996.*

[1092] Niger, Cour constitutionnelle, *Avis n°02/CC du 22 mai 2009.*

[1093] Niger, Cour constitutionnelle, *Arrêt n°04/CC/ME du 12 juin 2009.*

[1094] Voir, Chapitre I de la Première partie.

Au Sénégal, les tourments de la période préélectorale de 2024 ont été marqués initialement par la mise en échec de l'autorité de la chose jugée et une volonté délibérée de contournement de la décision du CC en recourant à une loi de révision constitutionnelle qui sera, finalement et fort heureusement, invalidée par le Conseil. À titre subsidiaire, une autre entrave, bénigne, a été la substitution de la date de l'élection présidentielle fixée par le CC au 31 mars 2024 par celle du 25 mars 2024 retenue dans le décret du PR[1095].

Entrave plus radicale, la pratique de la validation législative connait un essor dans le droit du contentieux constitutionnel. Bien que controversée en raison de ses effets négatifs sur la séparation des pouvoirs, la pratique permet de maintenir en vie un acte administratif annulé par la juridiction en recourant au Parlement qui opère la transfiguration de l'acte en le validant par le biais d'une loi. Cette pratique est encadrée strictement, n'étant admise en droit constitutionnel que dans les cas suivants : lorsqu'elle est opérée dans un but d'intérêt général ; à condition qu'elle ne porte pas sur un acte ayant fait l'objet d'une annulation définitive et ayant acquis alors la force de chose jugée ; et qu'elle soit conforme à la Constitution[1096]. D'autres résistances à l'autorité de la chose jugée se manifestent, plutôt, sous la forme d'atténuations.

Paragraphe II : L'atténuation de la décision constitutionnelle

Des voies de recours exceptionnelles sont organisées dans certaines Constitutions, législations et réglementations contre la décision rendue par la juridiction constitutionnelle. Il s'agit du droit de réclamation (A) et de la rectification d'erreur matérielle (B).

A) Le recours en réclamation

La logique sous-jacente du procès constitutionnel réside dans le dessaisissement du juge à l'issue du prononcé de sa décision, l'exécution de cette dernière n'étant plus de son ressort. Cette évidence ne doit pas occulter, la possibilité d'introduire un recours en réclamation.

Si on admet qu'en droit, nul ne peut alléguer de sa propre turpitude, le juge ne doit pas non plus échapper à la règle, lorsque de son propre fait, certaines irrégularités sont constatées.

[1095] Se référer à la décision du CC de mars 2024, précitée.

[1096] Voir, Conseil constitutionnel *décision96-375DC du 09 avril 1996*, *décision 80-119 DC du 22 juillet 1980*, *décision97-390 DC du 19 novembre 1997* ; lire la note du 10 février 2006, du Service d'Études juridiques du Conseil constitutionnel français, Le régime juridique des validations législatives, sur son site.

En effet, la raison ne se rebelle point qu'en matière électorale, le candidat, heureux ou malheureux, puisse exciper d'un droit de réclamation pour le décompte exact des suffrages obtenus, en portant la contestation devant la même juridiction qui avait annoncé les résultats du scrutin[1097].

La finalité de ce recours en réclamation est d'obvier à des irrégularités comme les erreurs de calcul dans les résultats de bureaux de vote, les inversions dans le nombre de suffrages valablement exprimés pour un candidat ou une liste de candidats aux élections nationales, l'attribution indue de voix à un des compétiteurs, etc.

Le droit de réclamation peut trouver sa justification dans le principe de la sincérité du scrutin et l'égalité de suffrage qui convergent vers la nécessité d'élections libres, sincères et transparentes. Aussi, divers textes reconnaissent ce droit de réclamation du candidat[1098].

Certaines juridictions accueillent ce droit de recours, sans grande précision de délai et de modalité de saisine, appliquant par analogie les procédures de requête introductive d'instance.

Parmi les juridictions qui se démarquent par l'aménagement plus affiné de leur procédure, on compte la Cour constitutionnelle du Niger, dont la loi organique du 19 juin 2012 précise les titulaires du droit de saisine (art.40)[1099], la procédure de saisine (art.41 et 42)[1100], l'instruction avec la désignation d'un rapporteur dès la réception de la requête (art.43).

[1097] Voir, Francisco MELEDJE-DJEDJRO, « Le contentieux électoral en Afrique », Pouvoirs, N° 129, 2009, p. 139 et s.

[1098] Voir, les articles 21 et 22 de la LO de 2022 sur la Cour constitutionnelle du Bénin, l'art.32 de la LO sur la CC du Togo, l'art.43 du RI de la CC du Gabon.

[1099] L'article 40 dispose : « *Tout candidat, tout parti ou groupement de partis politiques qui a présenté des candidats a le droit d'arguer de nullité soit par lui-même, soit par son mandataire, les opérations électorales de la circonscription où il a déposé sa candidature ou présenté des candidats* ».

[1100] Selon l'article 41 : « *La réclamation doit être adressée au Président de la Cour constitutionnelle, sous peine d'irrecevabilité, au plus tard quinze (15) jours suivant la proclamation et la transmission des résultats globaux provisoires par la CENI pour les élections présidentielles, législatives et le référendum. La réclamation doit contenir l'identité complète et l'adresse du requérant ainsi que le nom des élus dont l'élection est attaquée. Elle doit également, sous peine d'irrecevabilité, préciser les faits et les moyens allégués* ».

Quant à l'article 42, il spécifie : « *La réclamation est communiquée par tout moyen par le greffier en chef de la Cour constitutionnelle aux autres candidats, listes de candidats ou partis politiques ayant présenté des candidats qui disposent de sept (7) jours francs pour déposer leur mémoire en réponse. Il est donné récépissé du dépôt de mémoire par le greffier en chef de la Cour constitutionnelle* ».

Cette Loi organique détaille les points saillants de l'instruction, en prélude au délibéré. En effet, l'art.44 fournit l'éclairage suivant : « *La Cour constitutionnelle instruit l'affaire dont elle est saisie et statue dans un délai de quinze (15) jours. Toutefois, lorsque la réclamation porte sur l'éligibilité d'un candidat, la Cour constitutionnelle doit statuer dans les quarante-huit (48) heures.*

La Cour constitutionnelle peut ordonner une enquête et/ou se faire communiquer tout document et rapport ayant trait à l'élection.

Elle peut commettre un de ses membres et notamment le rapporteur pour procéder sur place à des mesures d'instruction ou délivrer des commissions rogatoires aux personnes qualifiées, ou délégation à toute autre personne qu'elle juge compétente.

Elle peut charger le rapporteur de recevoir sous serment les déclarations des témoins. Un procès-verbal est dressé par les rapporteurs et communiqué par tout moyen aux intéressés qui disposent d'un délai de cinq (5) jours francs pour déposer leurs observations ».

Au Sénégal, la juridiction constitutionnelle admet, en dépit de l'autorité attachée à ses décisions, le droit de réclamation du candidat. Dans une décision de janvier 2024[1101], le Conseil précise : « *Considérant que par mémoire du 18 janvier 2024, Karim Meissa WADE soutient que la requête de Thierno Alassane SALL tendant à remettre en cause sa candidature est irrecevable ; qu'il explique qu'aucune disposition légale ne prévoit le droit pour un candidat de contester la recevabilité de la candidature à l'élection présidentielle d'un autre candidat ; qu'il ajoute que les dispositions de l'article 92 de la Constitution prohibent toute voie de recours contre les décisions du Conseil constitutionnel ; Considérant qu'en application de l'article 92 de la Constitution, les décisions du Conseil constitutionnel ne sont susceptibles d'aucune voie de recours ; Considérant toutefois qu'il ressort des dispositions de l'article L127, alinéa premier du Code électoral, que le droit de réclamation contre la liste des candidats est ouvert à tout candidat ; qu'en effet, tout candidat peut formuler une réclamation pour lui-même ou contre un autre , à condition qu'elle ne tende pas à remettre en cause le raisonnement, la motivation et l'appréciation des faits par le Conseil constitutionnel statuant en matière électorale ; qu'il convient de rejeter la fin de non-recevoir comme mal fondée et de déclarer la requête recevable...* »[1102].

[1101] Elle fait suite à la *décision n° 1/E/2024 du 12 janvier2024 arrêtant et publiant la liste des candidats à l'élection présidentielle du 25 février 2024.*

[1102] Sénégal, Conseil constitutionnel, *décision n° 2/E/2024 du 20 janvier 2024, Liste des candidats à l'élection présidentielle du 25 février 2024* (Considérants 6 à 8).

Le droit du contentieux constitutionnel admet, sous certaines conditions, le recours en rectification d'erreur matérielle.

B) Le recours en rectification d'erreur matérielle

D'emblée, il faut dissiper une confusion entre la REM et la réécriture de la loi. Si la REM vise à corriger des erreurs figurant dans la décision rendue par le juge, la réécriture d'un texte législatif vise à combler des insuffisances formelles ou matérielles, des erreurs ou écarts de plume de grammaire, d'orthographe, de conjugaison qui se sont glissés par oubli, négligence, ignorance dans le texte législatif ou réglementaire soumis à l'examen du juge constitutionnel[1103].

Deux approches concernant ces imperfections rédactionnelles prospèrent. La première approche, majoritaire, est défendue par certaines juridictions qui, sous couvert de non immixtion dans les attributions du Parlement, s'interdisent d'opérer tout redressement du rendu législatif.

La deuxième approche[1104], très libérale, est celle de juridictions se fondant sur les exigences de clarté et d'intelligibilité qui doivent être inhérentes à la qualité de la loi, justifiant ainsi la rectification, le redressement d'erreurs que le juge peut opérer d'autorité sur un ton injonctif, ou qu'il peut suggérer, recommander par l'invite[1105] adressée aux autorités d'adoption ou d'exécution de la loi.

[1103] Voir, Cirbaj DE SOUZA ; Thèse précitée.

[1104] Isaac Yankhoba NDIAYE, «« L'art de mal légiférer » (Propos irrévérencieux sur certains textes de loi) », *Revue EDJA*, *Revue de l'association sénégalaise de droit pénal*, juillet-décembre 1995, pp. 53-62 ; Anne-Laure CASSARD-VALEMBOIS, « De l'usage de la gomme, comme du crayon par le Conseil constitutionnel face aux malfaçons législatives », *Constitutions,* 2011, n° 3, pp. 316-319 ; Bertrand MATHIEU, « Le Conseil constitutionnel "législateur positif" ou la question des interventions du juge constitutionnel français dans l'exercice de la fonction législative », RIDC, 2010, n° 2, pp. 507-531 ; Philippe MALAURIE, « L'intelligibilité des lois », Pouvoirs, 2005, n° 114, pp. 131-137.

[1105] L'invite peut même être subtile. Ainsi la CCB, en sanctionnant pour discrimination la loi permettant à l'homme d'avoir plusieurs épouses sans autoriser la polyandrie, semble inviter le législateur à revoir sa copie y égard du statut matrimonial de la femme, voir *Décision DCC 02-144 du 23 décembre 2002, Loi n°2002-07portant Code des personnes et de la famille au Bénin.*

La recommandation peut revêtir un ton plus impératif comme dans la Décision *DCC n° 05-029 du 31 mars 2005*, *Président de la Haute Autorité de l'Audiovisuel et de la Communication* dans laquelle la Cour précise : « *Il serait souhaitable de mettre, après "Haute Autorité de l'Audiovisuel et de la Communication", le sigle HAAC entre parenthèses. Ainsi à partir de cet article et pour tout le reste du texte, on écrira HAAC au lieu de répéter toutes les fois : Haute Autorité de l'Audiovisuel et de la Communication.*

La juridiction constitutionnelle béninoise s'est fortement illustrée dans ce domaine, distillant des réécritures injonctives et suggestives, invites, corrections d'orthographe, de style, comblant des oublis de mots, de phrases, de numérotations dans les visas ou les articles de lois déférées[1106].

Quant à la demande ou requête en rectification d'erreur matérielle (REM)[1107], quoi qu'apparentée au droit de réclamation du fait de la revendication sous-jacente, elle s'en distingue, pourtant, puisqu'elle peut viser des irrégularités, erreurs ou omissions alléguées ou avérées tant dans le contentieux constitutionnel *stricto sensu*, que dans le contentieux électoral[1108].

Bien qu'on ait souvent intenté le procès de la REM comme obstacle à l'application d'une décision passée en force de chose jugée, il convient d'en balancer les effets par rapport aux mérites de cette procédure [1109] visant, soit d'office, soit par requête, à la correction, au redressement d'erreurs d'une particulière gravité dans les visas, les considérants ou dans le dispositif de la décision.

En effet, au sens large, la science juridique reconnait l'erreur comme une mauvaise appréciation de la réalité. Lorsqu'elle est volontaire,

---

En outre, pour l'intitulé de la loi, mettre plutôt : Loi organique n° 92-021 du 21 août 1992 modifiée par la Loi n° 93-018 du 27 avril 1994 (loi organique sur la HAAC). Ainsi, à partir de cet article 3 et pour tout le reste du texte, il suffira d'écrire : loi organique sur la HAAC, chaque fois qu'il doit y être fait référence ».

1106 Voir, plusieurs décisions de la CCB, notamment la *décision DCC 96-010 du 24 janvier 1996* dans laquelle , elle substitue le mot « *renouvellement* » à la place de « *remplacement* » concernant le changement de composition de la Cour ; *Décision DCC 12-153 du 04 août 2012* dans laquelle elle relève que l'art.126 ne comporte que trois alinéas au lieu des quatre alinéas mentionnés par le législateur et corrige le style rédactionnel du législateur mentionnant des *alinéas* au lieu de *tirets*; Décision DCC n° 96-010 précitée, dans laquelle elle indique qu'« *en ce qui concerne les recommandations : ne pas mettre entre parenthèses les « alinéas » visés dans les dispositions des articles, notamment des articles 33, 35, 40, 48, 49, 51, 52, 68, 79, 81, 85* » ; *Décision DCC n° 99-036 du 7 juillet 1999* dans laquelle le juge demande de réécrire le Titre V de la loi promulguée : « *De la Structure de Gestion des Élections* » qui correspond mieux au contenu du *Titre VI de la loi examinée : « Des Opérations Electorales* », etc. ; décisions citées par Cirbaj de Souza, *op. cit.*

1107 Lire, Jean-Éric GICQUEL, « Du recours en rectification d'erreur matérielle devant le Conseil constitutionnel », *Les Petites Affiches,* 20 janvier 1995, n°9.

1108 France, Conseil constitutionnel, *décision n° 87-1026 du 23 octobre 1987, AN Haute-Garonne (dite décision M. Georges Salvan).*

1109 Sacha SYDORYK, « La rectification d'erreur matérielle dans les décisions du Conseil constitutionnel », RDP, n°2, mars 2023.

intentionnelle, provoquée, elle peut être assimilée à de l'escroquerie ou résulter de manœuvres frauduleuses, dolosives. Ii en ressort l'existence de différents types d'erreur comme l'erreur de droit[1110], l'erreur de fait[1111] , l'erreur sur la valeur[1112], l'erreur substantielle[1113].

L'erreur peut consister en des coquilles, des fautes d'orthographe ou de grammaire, des erreurs patronymiques (sur les noms des parties, des juges, de l'avocat général…) ou typographiques. Cette erreur peut résulter de l'exposé des moyens et prétentions des parties, de leurs allégations factuelles, procédurales ou de fond.

La Cour suprême de justice de la RDC, section judiciaire, siégeant en matière de rectification d'erreur matérielle, fait observer, dans ce sens qu'« *aux termes de l'article 29 de la procédure applicable devant elle, ses arrêts ne sont susceptibles d'aucun recours, sauf ce qui est dit à l'article 84 de la même procédure. Néanmoins, à la requête des parties ou du Procureur général de la République, elle peut rectifier les erreurs matérielles contenues dans ceux-ci ou les interpréter, les parties dûment appelées. Bien que le législateur n'ait pas défini l'erreur matérielle, la Cour suprême de justice considère l'erreur matérielle dans une décision judiciaire comme une inexactitude au niveau de son support extérieur que constitue son écriture, c'est-à-dire, au niveau de sa dimension qui tombe sous le sens, par opposition à sa dimension intérieure constituée par le processus même du raisonnement juridique. Elle constate que dans le cas d'espèce, il n'y a pas d'erreur matérielle puisque la prétendue erreur matérielle qu'elle aurait commise selon laquelle l'avocat MBUY MBIYE, signataire de la requête confirmative du pourvoi, était omis du tableau de l'ordre depuis le 23 août 1996 et frappé aussi de mesure d'interdiction, consiste en un raisonnement juridique qui se situe en dehors de l'hypothèse d'erreur matérielle susceptible de rectification. Elle considère que la démarche de la*

1110 Du fait de l'adage « *nul n'est censé ignorer la loi* », ce type d'erreur est rarement admis. L'erreur de droit s'entend de l'appréciation erronée ou de la méconnaissance d'une règle de droit applicable.

1111 L'erreur de fait est une appréciation erronée des circonstances relatives à une affaire, à une infraction, à des événements.

1112 Souvent assimilée à tort ou à raison à l'erreur sur le prix, il s'agit d'une fausse estimation de l'avantage économique ou d'un enjeu, une mauvaise représentation de la valeur matérielle ou immatérielle, pécuniaire ou affective d'un objet.

1113 Plusieurs approches de ce type d'erreur existent. On se limitera à l'appréhender comme une erreur essentielle, qui porte sur la réalité du consentement censé avoir été donné, une erreur qui affecte la régularité d'une procédure.

société UTRADI ne constitue pas une demande en rectification d'erreur matérielle, mais une demande tendant à inviter la Cour de céans à réexaminer la recevabilité de la requête confirmative à la lumière de nouveaux moyens développés dans la présente requête »[1114].

À sa suite, la Cour constitutionnelle de la RDC va délimiter le pourtour du recours en REM : « *Le recours en rectification d'erreur matérielle ne peut avoir pour objet de réformer entièrement un arrêt revêtu de l'autorité de la chose jugée, ni tendre à remettre fondamentalement en cause l'appréciation par la Cour des éléments de preuve soumis à son examen, ni aboutir à un second examen d'une cause déjà jugée par elle* »[1115].

D'un autre côté, l'erreur peut être le fait même du juge dans l'énonciation des visas, considérants, dispositifs, noms des parties, bref dans la forme comme dans le fond de la décision[1116].

La rigueur de la règle de l'autorité de la chose jugée ne doit pas conduire à entretenir un travestissement de la vérité des urnes[1117], à laisser subsister de graves irrégularités dans le texte de la décision, ayant échappées, *ex ante,* à la vigilance du juge constitutionnel et/ou du

---

[1114]République Démocratique du Congo, Cour suprême de justice, Section judiciaire, matière répressive, *Arrêt RPR 001/2027/2028 du 23 avril 1999, Kayembé Mbwembwé c/Ministère public.*

[1115] RDC, Cour constitutionnelle, C.C, RCE 1114/DN *Le regroupement politique Alliance des Forces démocratiques et Alliés « AFDC-A » en sigle c/Monsieur Musway Dudu Faustin.* Voir, aussi, son arrêt sous *RCE R. Const.1206/1279 du 29 janvier 2021.*

[1116] Pierre MAZEAUD, « L'erreur en droit constitutionnel », *Intervention de Monsieur le Président du Conseil constitutionnel, Colloque à l'Institut de France : « L'erreur »*, les mercredi 25 et jeudi 26 octobre 2006, 26 p., site du Conseil constitutionnel français. Il propose, de façon réaliste «de distinguer l'erreur soumise à l'examen du Conseil constitutionnel de l'erreur commise par le Conseil constitutionnel ». Voir, aussi, Sacha SYDORYK, « Modifier les décisions constitutionnelles insusceptibles de recours : le cas de la rectification d'erreur matérielle des décisions du Conseil constitutionnel », *Rivista Gruppo di Pisa*, N° 6, 2023, pp. 265-276.

[1117] Voir, par exemple, la *décision n° 2017-5263/5264 R SEN du 21 février 2019* du Conseil constitutionnel français, « *1. Aux termes de l'article 21 du règlement applicable à la procédure suivie devant le Conseil constitutionnel pour le contentieux de l'élection des députés et des sénateurs mentionnés ci-dessus : « Si le Conseil constitutionnel constate qu'une de ses décisions est entachée d'une erreur matérielle, il peut la rectifier d'office ».*
2. Il y a lieu de procéder à une rectification d'erreur matérielle dans la décision n° 2017-5263/5264 SEN mentionnée ci-dessus. Cette rectification n'a pas d'incidence sur le dispositif de cette décision (...) Article 1er. – Dans les visas de la décision n° 2017-5263/5264 SEN mentionnée ci-dessus, avant le dernier paragraphe, est inséré un paragraphe ainsi rédigé : « Après avoir entendu les parties et leurs conseils... ».

juge électoral, sauf à appliquer, pour ce dernier, le principe de l'influence déterminante ou[1118]ou, encore, à laisser prospérer des possibilités de violations. Dans ce dernier cas , la Cour béninoise a eu l'occasion de préciser : *«Considérant que la loi n° 2019-43 du 15 novembre 2019 portant code électoral, votée par l'Assemblée nationale le 13 novembre 2019,a été certes déclarée conforme à la Constitution par la décision DCC19-525 du 14 novembre 2019, mais l'autorité de la chose jugée attachée aux décisions de la Cour, en application de l'article 124, alinéa 2, de la Constitution, ne s'oppose pas à un examen a postériori de la loi ayant précédemment fait l'objet d'un contrôle a priori, si celui-ci a laissé subsister une atteinte sérieuse à un droit garanti par la Constitution ;(...) Qu'il en résulte une contrariété entre le délai prévu à l'article 142 du code électoral et celui fixé aux articles 49 de la Constitution et 109 du code électoral ; Or, il incombe au législateur d'exercer pleinement sa compétence en adoptant des lois claires, intelligibles et accessibles afin de prémunir, conformément au préambule de la Constitution, les sujets de droit contre une interprétation contraire à la Constitution ou le risque d'injustice ou d'arbitraire... »*[1119].

Aussi, divers textes admettent le droit pour les parties au procès constitutionnel ou électoral[1120] d'introduire un recours en REM.

Au Togo, l'art.60 du RI de la CC évoque ce droit, mais en le conditionnant à la seule diligence de la juridiction : « *La cour peut rectifier d'office une erreur matérielle dûment constatée par elle-même* ».

[1118] La réglé de l'« influence déterminante » est utilisée dans le contentieux électoral, pour signifier que bien que certains vices ont été constatés lors des opérations électorales, ils ne sont pas de nature à fausser irrémédiablement la sincérité du scrutin, ni à conduire à l'annulation de l'élection.

[1119] Bénin, Cour constitutionnelle, *décision DCC24-01 du 04 janvier 2024, affaire Codjo G. Gbého, op. cit.*

[1120]Au Sénégal, la requête en REM , introduite hors délai , encourt l'irrecevabilité , voir Conseil constitutionnel ,*décision n° 30/E/1998 du 3 juillet 1998, Affaire Mbaye Ndiaye* , « *Considérant que si le Conseil constitutionnel doit procéder à la correction des erreurs matérielles commises au cours du processus de recensement des votes, soit d'office, soit à la demande d'un candidat , il ne peut le faire que dans les délais prescrits par les articles LO 185 et LO 187 du Code électoral ;qu'il ne pourrait en être autrement qu'en cas de rectification d'erreur matérielle contenue dans la décision du Conseil proclamant les résultats définitifs des élections ; que dès lors , la présente requête est irrecevable* ». Voir, aussi, El Hadj MBODJ, « Les compétences du Conseil constitutionnel à l'épreuve des saisines. Quelques remarques sur le pouvoir jurisprudentiel du juge constitutionnel au Sénégal », *EDJA*, 2008, pp. 7-37.

Au Burkina Faso, le RI de 2008 du Conseil constitutionnel, tout en mettant en exergue le principe de l'autorité de la chose jugée, aménage le recours en REM, à la seule initiative de la juridiction, en son art.44 qui se lit : « *Les décisions du Conseil constitutionnel ne sont susceptibles d'aucun recours. Elles s'imposent aux pouvoirs publics et à toutes les autorités administratives et juridictionnelles. Toutefois si le Conseil constitutionnel constate qu'une décision est entachée d'une erreur matérielle il peut la rectifier d'office. Les décisions et avis du Conseil constitutionnel sont publiés au Journal Officiel du Burkina Faso et, le cas échéant, notifiés aux parties concernées* ». Cette position, tout en favorisant la saisine d'office, n'en exclut pas moins les requêtes des parties à l'instance ou celles des candidats concernés.

Au Mali, d'une manière moins laconique, la Délibération portant adoption du RI de la Cour constitutionnelle met en perspective, en son art.10, ce type de recours : « Les *arrêts, les avis et les constats de la Cour Constitutionnelle peuvent faire l'objet de rectification en cas d'erreur matérielle dans leur rédaction. Cette rectification est décidée après délibération des membres de la Cour Constitutionnelle, soit d'office soit à la demande de toute personne intéressée* »[1121]. D'ailleurs, pour bien distinguer les jugements en REM des arrêts et avis, la CC du Mali les référencient sous la dénomination de « délibération »[1122].

Au Cameroun, l'art.16 de la Loi n° 2004-004 du 21 avril 2004 portant organisation et fonctionnement du Conseil constitutionnel apporte les précisions suivantes : *« (1) Toute partie intéressée peut saisir le Conseil constitutionnel d'une demande en rectification d'erreur matérielle d'une décision.*

(2) Cette demande doit être introduite dans les mêmes formes que la requête introductive d'instance, et dans un délai d'un (01) mois à compter de la notification de la décision dont la rectification est demandée ».

[1121] La Cour constitutionnelle du Mali a précisé le principe : « *Considérant que l'erreur matérielle se définit aux termes de l'arrêt CC-EL 97 - 042 du 11 avril 1997 « ... comme une simple erreur de plume ou de dactylographie, d'orthographe d'un nom, de terminologie, ou d'une omission dans la décision ; qu'elle ne saurait se confondre avec l'erreur de droit » (recueil des arrêts, avis et autres décisions de la Cour constitutionnelle. Volume 1 : 1995-1997, Pages : 125-153)* ».

[1122]Cour constitutionnelle du Mali, *Délibération n° 2020-02/CC-EL du 06 mai 2020 portant sur les demandes de rectification de l'arrêt n° 2020-04/CC-EL du 30 avril 2020.* Voir, aussi, sa *Délibération du 27 janvier 2014 de rectification matérielle du patronyme Mahamadou KEITA au lieu de Mahamoudou KEITA.*

Complétant ces dispositions, l'art.17 de ce texte dispose *: « Si le Conseil constitutionnel constate qu'une de ses décisions est entachée d'une erreur matérielle, il peut la rectifier d'office et procéder à tout amendement jugé nécessaire ».*

Au Bénin, tout en s'efforçant de définir l'erreur, l'article 25 du RI de 2022, organise, ainsi, le recours en REM : « *Toute partie intéressée peut saisir la Cour constitutionnelle d'une demande en rectification d'erreur matérielle d'une décision.*

L'erreur matérielle s'entend d'une erreur de plume ou de dactylographie dans I 'orthographe d'un nom, d'une erreur de terminologie ou d'une omission dans la décision.

La demande évoquée à l'alinéa premier du présent article doit être introduite sous les mêmes formes que la requête introductive d'instance, et dans un délai d'un (01) mois à compter de la notification de la décision dont la rectification est demandée ».

Confrontée à des situations sus-évoquées, cette Cour a estimé : *« Considérant que la Décision DCC 13-135 du 17 septembre2013 a été notifiée à Monsieur Etienne HOUGNI par Lettre n° 1243/CC/SG du 24 septembre 2013 ; que la demande en rectification d'erreur matérielle du requérant est enregistrée au Secrétariat de la Cour le 17 octobre 2013 ; que par conséquent, introduite dans le délai d'un (01) mois, ladite requête est recevable ;*

Considérant que selon la jurisprudence constante de la Cour, « l'erreur matérielle se définit comme une simple erreur de plume ou de dactylographie, d'orthographe d'un nom, de terminologie ou d'une omission dans la décision. » ; que dans le cas d'espèce, il ressort de l'analyse de la teneur de la Décision DCC 13-135 du 17septembre 2013 rendue par la Cour, qu'il y est cité, dans le deuxième Considérant, 7e paragraphe, page 3 : "Note de Service n°069/DGFRN/DCPRN/DSI/SAFPN/S-A du 12 juin 2012 dit" au lieu de "Note de Service n°069/DGFRN/DCPRN/DSI/SAFPN/SA du 12 juin 2012 viole l'article 98 alinéa 1er 7e tiret de la Constitution qui dit : sont du domaine de la loi, les règles concernant… L'assiette, le taux et les modalités de recouvrement des impositions de toutes natures" ; qu'il y a donc lieu de procéder à la rectification de cette erreur matérielle constatée dans ladite Décision DCC13-135. Cette rectification ne met pas en cause l'autorité de chose jugée par la Cour, et, dès lors, n'est pas contraire l'article 124 précité de la Constitution. En conséquence, il y a lieu de dire et juger que la mention : « Note de Service n°069/DGFRN/DCPRN/DSI/SAFPN/SA du 12 juin 2012 dit » contenue dans le deuxième Considérant, 7e paragraphe, page 3 est remplacée par la mention : « la Note de Service n°069/DGFRN du 12 juin 2012 viole l'article 98 alinéa 1er 7e tiret de la Constitution qui dit : sont du domaine de la loi, les règles concernant... L'assiette, le taux et les modalités de recouvrement des impositions de toutes natures... »[1123].

Comme on peut le relever, au regard de certains textes, les juridictions disposent du pouvoir de se saisir d'office en matière de REM. Ce cas de figure est envisagé au Sénégal, lorsqu'aucun recours en réclamation n'a été déposé après les résultats provisoires proclamés par la Commission nationale de Recensement des Votes, ce qui donne droit au Conseil constitutionnel de procéder d'office à la rectification et au redressement des erreurs qu'il a lui-même constatées, avant de proclamer les résultats définitifs de l'élection[1124].

À l'image de la célèbre fumée blanche s'échappant dans le ciel de Rome pour annoncer l'avènement d'un nouveau pontife, la décision concluant ou non à la conformité à la Constitution apparaît comme porteuse de novation juridique même lorsqu'elle est confirmative par l'application du *stare decisis*[1125] , de la « jurisprudence constante »[1126], et, encore plus, lorsqu'il s'agit d'un revirement de jurisprudence[1127]. En

---

1123 Bénin, Cour constitutionnelle, décision *DCC 14-044 du 27 février 2014, Etienne Hougni.*

1124 Voir, Charles TUEKAM TATCHUM, « L'évolution du contentieux des normes devant le Conseil constitutionnel sénégalais. Réflexions à partir de la décision n° 1/C/2024 du 15 février 2024 », Revue des Réflexions constitutionnelles (RRC), n° 042, février 2024, pp. 11-32.

1125 Très pratiquée dans les pays de la *common law*, la règle du *stare decisis* ou du précédent , qui signifie « *s'en tenir à ce qui a été décidé* » ou « *rester sur la décision* » , s'entend de la nécessité pour les juridictions inférieures de respecter les règles de droit formulées par les juridictions supérieures dans des décisions antérieures , et, par voie de corollaire, emporte l'obligation de les appliquer de la même manière dans les instances postérieures de causes identiques, ces règles suffisamment répétées et conformes faisant jurisprudence.

1126 Apparentée à la règle du précédent, celle de la jurisprudence établie ou de la jurisprudence constante signifie qu'en matière de règlement juridictionnel des contentieux, la répétition d'une solution juridique « *ne varietur* » pour plusieurs affaires ayant les mêmes objets, suffit à forger l'argument d'autorité pour le juge et le justiciable (interprétation constante).

1127 Le revirement de jurisprudence traduit la situation dans laquelle le juge qui avait coutume de camper sur une position jurisprudentielle, opère un changement radical d'interprétation en adoptant une nouvelle solution dictée à la fois par son intime conviction et par les circonstances de l'espèce. Cf., Ibrahim David SALAMI, « Réflexions sur les changements de cap procédural : vers une Cour plus performante ? », *RCC*, 2019, n° 1, pp. 131-161 ; Romain ARMAND, Le revirement jurisprudentiel du

s'adossant sur ses effets envers les pouvoirs exécutif, législatif et judiciaire et envers les justiciables et les autres juridictions nationales, la décision rendue par une juridiction constitutionnelle acquiert une majesté, une sacralité qui, même dans le cas d'obstacles à son application, conduit les contempteurs à chercher une justification dans la puissance de l'écrit et de l'esprit de la Constitution.

Il en appert que la rencontre du droit matériel et du droit processuel repose sur une sorte de « fécondation croisée »[1128], générant alors un lien indissoluble entre la théorie constitutionnelle et la pratique juridictionnelle.

Conseil constitutionnel, Thèse de doctorat, Université Aix-Marseille, 2018, 603 p. ; Pierre, MOUZET « Sur les revirements du Conseil constitutionnel », RDP, 2003, n° 1, pp. 1639-1703.

[1128] Expression utilisée par la Commission de Venise.

CONCLUSION GÉNÉRALE

L'encadrement juridique du contentieux constitutionnel, dans ses aspects matériels, couvre un large spectre de différends. Il met, surtout, en évidence, le lien constant à établir entre les normes de contrôle et les normes contrôlées.

Sous ce rapport, les ordonnancements constitutionnels des États africains francophones aménagent le contrôle de constitutionnalité des normes législatives, réglementaires et conventionnelles, qui sont ainsi passées au tamis d'un bloc de constitutionnalité restreint ou extensible, selon les États.

L'analyse empirique de la pratique jurisprudentielle est révélatrice de spécificités qui constituent les signes d'un bouillonnement politique et d'un dynamisme normatif en temps de fonctionnement normal des institutions comme dans les périodes de crise.

Il se dégage, en surimpression, l'attraction notable du contentieux relatif aux droits et libertés de la personne humaine, sans compter l'émergence ou la récurrence des conflits de répartition horizontale ou verticale de compétences institutionnelles.

Il en appert que l'exposé du droit matériel du contentieux constitutionnel, pour important qu'il constitue, ne saurait tendre vers la complétude sans le dévoilement du droit processuel qui enrobe et innerve les aspects matériels.

Derrière l'effort d'alignement de l'ordre constitutionnel sur les meilleures options fondatrices, devra être régulièrement cultivée l'œuvre d'affermissement[1129] car comme le soutient Michel Virally, « *Le droit, construction sociale, système de représentations intellectuelles, n'est pas en mesure d'arrêter l'histoire, de figer l'évolution des sociétés. Il*

[1129] Boubacar BA « L'évolution constitutionnelle des pays africains de succession française » Annales Africaines, Nouvelle Série, Volume 2, décembre 2020, N° 13, p. 28.

doit sans cesse s'adapter, se modifier, pour conserver son effectivité en face des transformations sociales... »[1130].

Aussi, le contrôle de constitutionnalité qui sauvegarde la suprématie de la Constitution est inséparable de l'état de droit.

Dans cette optique, sans s'attarder sur la querelle somme toute stérile, entre l'option d'une Cour constitutionnelle ou le choix d'un Conseil constitutionnel, la seule orientation qui vaille est le respect de l'indépendance des juges, l'élargissement de la procédure contradictoire, la garantie des droits des justiciables, l'ouverture de la saisine et l'élargissement des compétences des cours et tribunaux.

Cela suppose, également, le développement d'une culture du recours fondée sur la bonne appréhension des droits fondamentaux, une communication juridictionnelle ciblée et une conscience citoyenne alertée ; en somme une consolidation de l'état de droit.

[1130] Michel VIRALLY, La pensée juridique, Paris, Librairie Générale de Droit et de Jurisprudence, 1960, p. 188.

BIBLIOGRAPHIE

I- OUVRAGES ET MONOGRAPHIES

ACCF, Le juge constitutionnel et les droits de l'Homme, Actes du colloque de Dakar, mai 2022, 907 p.

ADJOLOHOUN Ségnonna Horace, Droits de l'homme et justice constitutionnelle en Afrique : le modèle béninois à la lumière de la Charte africaine des droits de l'homme et des peuples, Paris, L'Harmattan, 2011, 193 p.

AGAMBEN Giorgio, *Homo Sacer* I, Le pouvoir souverain et la vie nue, Paris, Le Seuil, 1997.

AGAMBEN Giorgio, *Homo Sacer* II, l'État d'exception, Paris, Le Seuil, 2003, 160 p.

AGAMBEN Giorgio, *The state of exception, Chicago, The University of Chicago Press*, 2005.

AHANHANZO-GLELE Maurice, Naissance d'un État noir : l'évolution politique et constitutionnelle du Dahomey, de la colonisation à nos jours, Paris, L.G.D.J., 1969, 537 p.

AÏVO Fréderic Joël (dir.), Commentaire de la Constitution béninoise du 11 décembre 1990 : Esprit, lettre, interprétation et pratique de la Constitution par le Bénin et ses institutions, Cotonou, Éd. Konrad Adenauer Sitatunga, 2009, 320 p.

AÏVO Fréderic Joël (dir.), Constitution de la République du Bénin. La Constitution de tous les records en Afrique, Cotonou, Nouvelle Édition, 2013, 254 p.

AÏVO Fréderic Joël (dir.), La Constitution béninoise du 11 décembre 1990 : un modèle pour l'Afrique ? Mélanges offerts à Maurice Ahanhanzo-Glélé, Paris, L'Harmattan, 2014, 800 p.

AKAKPO Maxime Bruno, Démocratie financière en Afrique occidentale francophone, Cotonou, Friedrich Ebert Stiftung, août 2015, 167 p.

AKEREKORO Hilaire, Histoire politique et constitutionnelle du Bénin, Goecy, 2012, 175 p.

AKINDES Francis, Les mirages de la démocratie en Afrique subsaharienne francophone, Dakar, CODESRIA, 1997, 246

AKPOTROSSOU Marie, Droit constitutionnel et opposition en Afrique de l'Ouest. Cas du Bénin, de la Côte d'Ivoire et du Sénégal, Thèse de doctorat, UCAD, Dakar, 2018, 500 p.

ALLAND Denis et RIALS Stéphane, Dictionnaire de la culture juridique, Paris, Quadrige/PUF, Lamy, 2003, 1640 p.

ALTHUSSER Louis, Montesquieu, la Politique et l'Histoire, Paris, PUF, 1974.

ANDZOKA ATSIMOU Séverin, L'ingénierie constitutionnelle, solution de sortie de crise en Afrique : les exemples de l'Afrique du Sud, de la République démocratique du Congo, du Burundi et du Congo, Thèse de doctorat, Université Cheikh Anta Diop de Dakar, 2013, 712 p.

ARDANT Philippe, Institutions politiques et Droit constitutionnel, 25e édition, Paris, LGDJ, 2013.

ARDANT Philippe, MATHIEU Bertrand, Institutions politiques et droit constitutionnel, 28e édition, Paris, LGDJ, 2016, 603 p.

ARMAND Romain, Le revirement jurisprudentiel du Conseil constitutionnel, Thèse de doctorat, Université Aix-Marseille,2018, 603 p.

AVRIL Pierre et GICQUEL Jean, Droit parlementaire, 5e édition, Paris, LGDJ, 2014, 414 p.

BA Abdoul, KOFFI Bruno et SAHLI Fethi, L'O.U. A. De la Charte d'Addis-Abeba à la Convention africaine des droits de l'Homme et des Peuples, Paris, Silex, 1984.

BADET Ségnon Gilles, Contrôle intra normatif et contrôle ultra normatif de constitutionnalité : contribution à l'identification des sous-catégories du modèle kelsénien de justice constitutionnelle à partir des systèmes belge et béninois, Thèse de doctorat en droit, Université Catholique de Louvain, 2012, 560 p.

BADET Ségnon Gilles, Les attributions originales de la Cour Constitutionnelle du Bénin, Cotonou, Éd. Friedrich Ebert Stiftung, 2013, 480 p.

BADJI Mamadou et TALL Saidou Nourou (dir.), Les transformations de l'État, Mélanges en l'honneur de Babacar Guèye, FSJP/UCAD et Presses de l'Université de Toulouse Capitole I, novembre 2019, 785 p.

BANÉGAS Richard, La démocratie à pas de caméléon. Transitions et imaginaires politiques au Bénin, Paris, Karthala, 2003, 494 p.

BARBE Vanessa, L'essentiel du Droit des Libertés fondamentales, 2e édition, Paris, Gualino, 2020-2021.

BARTHÉLEMY Joseph et DUEZ Paul, Traité de Droit constitutionnel, (1933), réédition, Paris, Economica, 1985.

BATONON Serge B., Les systèmes financiers publics des États membres de l'UEMOA à l'épreuve de la nouvelle gouvernance financière publique, Thèse de doctorat de Droit public, Université de Paris I, Panthéon-Sorbonne, 2016, 514 p.

BEN ACHOUR Rafaa et LAGHMANI Slim (dir.), Droit international et droits internes. Développements récents, Colloque des 16-17 et 18 avril 1998, Paris, Pédone, 1998, 318 p.

BEN MESSAOUD Sarah et VISEUR François, Les principes généraux de droit administratif, Actualités et applications pratiques, Droit belge, Bruxelles, Larcier, 2017.

BEHRENDT Christian, Le juge constitutionnel, un législateur-cadre positif. Une analyse comparative en droit français, belge et allemand, Paris-Bruxelles, LGDJ-Bruylant, 2006.

BIGAUT Christian, Les révisions de la Constitution de 1958, La documentation française, 2000.

BIKORO Jean-Mermoz, La fonction consultative des juridictions constitutionnelles en Afrique noire francophone, Paris, L'Harmattan, 2021, 240 p.

BIKORO Jean-Mermoz et ESSOMBE Emile, Le Procès constitutionnel au Cameroun. Essai de clarification de la procédure devant le Conseil constitutionnel, Paris, Connaissances et Savoirs, 2022, 382 p.

BLANQUER Jean-Marie, Les méthodes du juge constitutionnel, Thèse, Université Panthéon-Assas, Paris II, 1993.

BOCKENFORDE Markus, KANTE Babacar, NGENGE Yuhnowo et PREMPEH Henry Kwasi, Les juridictions constitutionnelles en Afrique de l'Ouest. Analyse comparée, Institut International pour la Démocratie et l'Assistance électorale (IDEA) et Fondation Hanns Seidel, 2016, 196 p.

BODINEAU Pierre et VERPEAUX Michel, Histoire constitutionnelle de la France, Paris, PUF, Que sais-je ? n° 3547, 2000.

BOURMAUD Daniel, La politique en Afrique, Paris, Montchrestien, Clefs, 1997, 160 p.

BOUTHINON-DUMAS Hugues, CHEYNEL Nathalie, DE BROUCH Hervé et KARILA-VAILLANT Charlotte, Communication juridique et judiciaire, Paris, Larcier, 2015, 376 p.

BREILLAT Dominique, CHAMPAGNE Gilles et THOME Daniel, Théorie générale du droit constitutionnel : droit constitutionnel et institutions politiques, 2e édition, Paris, L.G.D.J., 2003, 269 p.

BURDEAU Georges, Traité de Science politique, Vol. II, Paris, LGDJ, 1971, 480 p.

BURDEAU Georges, Traité de Science politique, Tome VI, L'État libéral et les techniques politiques de la démocratie gouvernée, Paris, L.G.D.J., 1987, 810 p.

BURDEAU Georges, Francis HAMON et Michel TROPER, Droit constitutionnel, Paris, LGDJ, 1995, 697 p.

BURGORGUE-LARSEN Laurence (dir.), L'identité constitutionnelle saisie par les juges en Europe, Paris, Pedone, 2011, 168 p.

CABANIS André, MARTIN Michel-Louis, Les constitutions d'Afrique francophone : Évolutions récentes, Paris, Karthala, 1999, 191 p.

CABANIS André et MARTIN Michel-Louis, Le constitutionnalisme de la troisième vague en Afrique francophone, Bruxelles, Bruylant-Academia, 2010, 227 p.

CABRILLAC Rémy, FRISON-ROCHE Marie-Anne, REVET Thierry (sous la direction de), Droits et libertés fondamentaux, Paris, Dalloz, 1996.

CARCASSONNE Guy, La Constitution, 8e édition, Paris, Le Seuil, 2007, 453 p.

CARRE DE MALBERG Raymond, Contribution à la théorie générale de l'État, Tomes I/II, Paris, Sirey, 1920/1922, 837 p. (Réimpression des éditions de 1920 et 1922), Paris, Dalloz, 2003, 1526 p.

CARRE DE MALBERG Raymond, La loi, expression de la volonté générale, Paris, Sirey, 1931, réédition, Paris, Economica, 1984.

CASTERA Pierre, Les professeurs de droit membres du Conseil constitutionnel, Thèse de doctorat, Bordeaux, 2015, 640 p.

C.G.D, Centre pour la Gouvernance démocratique, Burkina Faso, Avis et Décisions commentés de la justice constitutionnelle burkinabé de 1960 à nos jours, Ouagadougou, 2009, 139 p.

CHAGNOLLAUD Dominique, Droit constitutionnel contemporain. Le régime politique de la France, 6e éd., Paris, Dalloz, 2013.

CHAMPEIL-DESPLATS Véronique, Les principes fondamentaux reconnus par les lois de la République : principes constitutionnels et justification dans les discours juridiques, Paris, Economica, PUAM, coll. « Droit public positif », 2001, 306 p.

CHANTEBOUT Bernard, Droit constitutionnel, 31e éd., Paris, Dalloz-Sirey, 2014, 640 p.

CHEVALLIER Jacques, L'État de droit, 5e éd., Paris, Montchrestien, 2010, 160 p.

COHENDET Marie-Anne, Droit constitutionnel, 5e édition, Paris, Montchrestien, 2011, 560 p.

Commission européenne pour la démocratie par le Droit (Commission de Venise du Conseil de l'Europe), Liste des critères de l'état de droit, Strasbourg, mai 2016, 88 p.

CONAC Gérard (dir.), Dynamiques et finalités des droits africains, Paris, Economica, 1980, 509 p.

CONAC Gérard (dir.), Les Cours suprêmes en Afrique, Tome II, Paris, Economica, 1989, 299 p.

CONAC Gérard (dir.), L'Afrique en transition vers le pluralisme politique, Paris, Economica, 1993, 517 p.

CORNU Gérard (dir.), Vocabulaire juridique, Paris, PUF, 2011, 1024 p.

Cour constitutionnelle du Bénin, *Les fondations de la justice constitutionnelle*, Études en l'honneur de Madame Elisabeth K. Pognon et de la première Mandature (1993-1998), Cotonou, 2021, 528 p.

Cour constitutionnelle du Bénin, *Le Citoyen*, Études en l'honneur de la 5e mandature, présidée par le professeur Théodore Holo, Cotonou, Imprimerie COPEF, 2023, 2 tomes, 482 p. 366 p.

DAGRA Mamadou, Justice constitutionnelle et processus de démocratisation en Afrique de l'Ouest francophone, DRAFT Rapport national Niger, Franz von Liszt Institute - Justus Liebig University, Giessen Oktober 2014, 31 p.

DALOZ Jean-Pierre et QUANTIN Patrick (sous la direction de), Transitions démocratiques en Afrique : dynamiques et contraintes (1990-1994), Paris, Karthala, 1997, 313 p.

DANSOU ALIDJINOU Adolphe, Le discours politique béninois (1972-1990), Thèse de doctorat, Université de Montpellier I, 1992, 345 p.

DEBARD Thierry, Dictionnaire de Droit constitutionnel, Paris, Ellipses, 2007, 493 p.

DENIZEAU Charlotte, Existe-il un bloc de constitutionnalité ? Paris, LGDJ, 1997.

DEGNI-SEGUI René, Les droits de l'Homme en Afrique francophone (Théories et réalités), Abidjan, 1998.

DE BECHILLON Denys, « Réflexions sur le statut des portes étroites » devant le Conseil constitutionnel, Paris, Le Club des juristes, Rapport, janvier 2017, 76 p.

DE MONTALIVET Pierre, Les objectifs de valeur constitutionnelle, Paris, Dalloz, coll. « Bibliothèque parlementaire et constitutionnelle », 2006, 750 p.

DE SOUZA Cirbaj, Les nouveaux pouvoirs du juge constitutionnel béninois à la lumière d'une approche comparatiste. Contribution à la théorie du contentieux constitutionnel, Thèse de doctorat, Université de Paris Saclay, septembre 2024.

DE TOCQUEVILLE Alexis, L'Ancien Régime et la Révolution (1856), réédition, Paris, Gallimard, 1952, 376 p.

DE VILLIERS Michel et LE DIVELLEC Armel, Dictionnaire du droit constitutionnel, Paris, Dalloz, 2011.

DIAKHATE Meissa, La Constitution du Sénégal. La lettre, le politique et le juge, Dakar, L'Harmattan, 2023, 316 p.

DIARRA Abdoulaye, Démocratie et droit constitutionnel dans les pays francophones d'Afrique noire : Le cas du Mali depuis 1960, Paris, Karthala, 2010, 368 p.

DICEY Albert Venn, Introduction à l'étude du droit constitutionnel, 1885, Traduction de André Batut/Gaston Jéze, Paris, éd. Giard et Brière, 1902.

DIOP El Hadji Omar, La justice constitutionnelle au Sénégal. Essai sur l'évolution, les enjeux et les réformes d'un contre-pouvoir juridictionnel, Dakar, CREDILA/OVIPA, 2013, 333 p.

DIOP El Hadj Omar, L'instrumentalisation de la Constitution dans les régimes politiques africains, Dakar, CREDILA - OVIPA, 2017, 362 p.

DIOP Moussa, Le pouvoir financier de l'UEMOA sur les États membres, Thèse de doctorat, 2014, UCAD, Dakar,487 p.

DIOP Serigne, Le Premier ministre africain : la renaissance du bicéphalisme exécutif en Afrique à partir de 1969, Thèse, Université de Dakar, 1985.

DI MANNO Thierry, Le Conseil constitutionnel et les moyens et conclusions soulevés d'office, Paris, Economica, PUAM,1994, 202 p.

DI MANNO Thierry, Le juge constitutionnel et la technique des décisions interprétatives en France et en Italie, Paris, Economica, PUAM, 1997.

DONZO Vabigné, Le mimétisme juridique en Afrique francophone, Paris, Les Éditions du Net, 2020, 96 p.

DRAGO Guillaume, Contentieux constitutionnel français, 3e édition, Paris, PUF, 2011.

DRAGO Guillaume, LE PRADO Didier, SEILLIER Bertrand et THERY Philippe (dir.), Repenser le droit transitoire, Paris, Dalloz, 2010, 155 p.

DRAME Mamadou Alioune, La Cour suprême de Guinée, Conakry, L'Harmattan, 2008, 100 p.

DRAME Mamadou Alioune, Histoire de la Cour suprême de Guinée, 80 p. ; site de l'ACCF.

DU BOIS DE GAUDUSSON Jean, CONAC Gérard et DESOUCHES Christine (Textes rassemblés et présentés par), Les Constitutions africaines publiées en langue française, 2 vol., Paris, La Documentation française, Bruxelles, Bruylant, 1997/1998, 497 p.

DUBOURG-LAVROFF Sonia, PANTELIS Antoine, Les décisions essentielles du Conseil constitutionnel des origines à nos jours, Paris, L'Harmattan, Coll. « Logiques Juridiques », 1994, 699 p.

DUGUIT Léon, Manuel de droit constitutionnel, Paris, Éd. Panthéon Assas, 2007, 585 p.

DUHAMEL Olivier et MENY Yves, Dictionnaire constitutionnel, Paris, PUF, 1992, 1120 p.

DUHAMEL Olivier et TUSSEAU Guillaume, Droit constitutionnel et institutions politiques, 5e éd, Paris, Seuil, 2020, 1088 p.

DUVERGER Maurice, Institutions politiques et droit constitutionnel, PUF, Coll. « Thémis », Paris, 1980, 603 p.

ÉBOUSSI BOULAGA Fabien, Les Conférences nationales en Afrique noire. Une affaire à suivre, Paris, Karthala, 2009, 240 p.

EDZODZOMO NKOUMOU Tephy-Lewis, L'office du juge constitutionnel africain. Étude comparée à partir des exemples béninois, gabonais et malgache, Paris, L'Harmattan, 2024, 430 p.,

EISENMANN Charles, Écrits de théorie du droit, de droit constitutionnel et d'idées politiques, Paris, 2002.

ESAMBO KANGASHE Jean-Louis, La Constitution congolaise du 18 février 2006 à l'épreuve du constitutionnalisme. Contraintes pratiques et perspectives, Louvain-la-Neuve, Éd. Académia Bruylant, 2010, 358 p.

FALL Ismaila Madior, Textes constitutionnels du Sénégal de 1959 à 2007, Dakar, CREDILA, 2007, 258 p.

FALL Ismaila Madior (dir.), Les décisions et avis du Conseil constitutionnel du Sénégal, Dakar, CREDILA, 2007, 565 p.

FALL Ismaila Madior, Le pouvoir exécutif dans le constitutionnalisme des États d'Afrique, Paris, L'Harmattan, 2008, 310 p.

FALL Ismaila Madior, Évolution constitutionnelle du Sénégal. De la veille de l'Indépendance aux élections de 2007, Dakar, CREDILA – Karthala - CREPOS, 2009, 191 p.

FALL Ismaila Madior, Les révisions constitutionnelles au Sénégal. Révisions consolidantes et révisions déconsolidantes de la démocratie sénégalaise, Dakar, CREDILA, 2011, 221 p.

FAVOREU Louis, La Politique saisie par le droit. Alternance, cohabitation et Conseil constitutionnel, Paris, Economica, 1988, 155 p.

FAVOREU Louis, GAIA Patrick, GHEVONTIAN Richard, MESTRE Jean-Louis, PFERSMANN Otto, ROUX André et SCOFFONI Guy, Droit constitutionnel, 5e éd., Paris, Dalloz, 2002.

FAVOREU Louis, GAIA Patrick, GHEVONTIAN Richard, MESTRE Jean-Louis, PFERSMANN Otto, ROUX André et SCOFFONI Guy, Droit constitutionnel, 16e éd., Paris, Dalloz, 2014, 1100 p.

FAVOREU Louis et MASTOR Wanda, Les cours constitutionnelles, Paris, Dalloz, 2016, 2e édition, 169 p.

GAIA Patrick, GHEVONTIAN Richard, MELIN-SOUCRAMANIEN Ferdinand, OLIVA Éric et ROUX André, Les grandes décisions du Conseil constitutionnel, Paris, Dalloz, 18e édition, 2016, 930 p.

GAIA Patrick, GHEVONTIAN Richard, MESTRE Jean-Louis, PFERSMANN Otto, ROUX André et SCOFFONI Guy, Droit constitutionnel, 21 éd., Paris, Dalloz, 2019, 1210 p.

GAUTRON Jean Claude et ROUGEVIN-BAVILLE Michel, Droit public du Sénégal, Paris, Pédone, 1977.

GICQUEL Jean, Droit constitutionnel et Institutions politiques, Paris, Montchrestien, 17e édition 2001.

GICQUEL Jean et GICQUEL Jean-Éric, Droit constitutionnel et institutions politiques, 31e éd., Paris, Montchrestien/Lextenso éditions, coll. « Précis Domat/droit public », septembre 2017, 926 p.

GOESEL-LE BIHAN Valérie, Contentieux constitutionnel, Paris, Ellipses, 2010, 286 p.

GONIDEC Pierre-François, Les systèmes politiques africains. Les nouvelles démocraties, 3e éd., Paris, L.G.D.J., 1997, 242 p.

GOZLER Kemal, Le pouvoir de révision constitutionnelle, Villeneuve d'Ascq, Presses universitaires du Septentrion, 1997.

GROSS Oren, NÌ AOLÁIN Fionnuala, *Law in time of crisis. Emergency powers in Theory and Practice*, Cambridge, Cambridge University Press, 2007, 516 p.

GUILLERMET Camille-Julia, La motivation des décisions de justice. La vertu pédagogique de la justice, Paris, L'Harmattan, 2006, 119 p.

GUIMDO DONGMO Bernard-Raymond, Le juge administratif camerounais et l'urgence. Recherches sur la place de l'urgence dans le contentieux administratif camerounais, Thèse de doctorat, Université de Yaoundé II, 2004, 616 p.

GYIMAH-BOADI Emmanuel, Le recul démocratique en Afrique de l'Ouest : Caractéristiques, causes et solutions, Rapport, *Kofi Annan Foundation*, décembre 2021, 36 p.

HAMON Francis, TROPER Michel, Droit constitutionnel, Paris, L.G.D.J., 2013, 744 p.

HAMON Léo, Les juges de la loi. Naissance d'un contre-pouvoir : le Conseil constitutionnel, Paris, Fayard 1987, 300 p.

HAURIOU Maurice, Théorie de l'institution et de la fondation, 1925.

HAURIOU Maurice, Précis de droit constitutionnel, Paris, Sirey, 2e éd., 1929, (rééditions du CNRS), 1965, 636 p.

HERON Jacques, Principes du droit transitoire, Paris, Dalloz, coll. Philosophie et théorie générale du droit, 1996, 168 p.

HESSELING Gerti, Histoire politique du Sénégal. Institutions, droit et société, Paris, Karthala, 1985, 380 p.

HOLO Théodore, L'étude d'un régime militaire. Le cas du Dahomey (Bénin), Thèse de doctorat en droit public, Paris I, 1979.

HORTALA Solenne, Les obiter dicta dans la jurisprudence civile de la Cour de cassation : étude de la jurisprudence civile. École doctorale Droit et Science politique (Toulouse, 2017).

HOUNAKE Kossivi François-Xavier, Les juridictions constitutionnelles dans les démocraties émergentes de l'Afrique noire francophone : Les cas du Bénin, du Gabon, du Niger, du Sénégal et du Togo, Thèse de doctorat en droit public, Université de Lomé, 2012.

HOURQUEBIE Fabrice (dir), Les commissions parlementaires dans l'espace francophone, Paris, Montchrestien, Lextenso, 2011, 282 p.

HOURQUEBIE Fabrice et PONTHOREAU Marie-Claire (dir), La motivation des décisions des cours suprêmes et des cours constitutionnelles, Bruxelles, Bruylant, 2012, 308 p.

HUNTINGTON Samuel, Troisième vague. Les démocratisations de la fin du XXe siècle, Paris, Nouveaux Horizons, 1991, 340 p.

HUNTINGTON Samuel, The *soldier and the State. The theory and politics of civil-military relations*, Cambridge, Harvard University, 1957.

IBRIGA Luc Marius et GARANE Amidou, Constitutions burkinabés. Textes et commentaires, Namur, Amitié Belgo-Burkinabé, 2001, 174 p.

ISSA ABDOURHAMANE Boubacar, Les Cours constitutionnelles dans le processus de démocratisation en Afrique : Analyse comparative à partir des exemples du Bénin, de la Côte d'Ivoire et du Niger, Thèse de doctorat en droit public, Université Montesquieu de Bordeaux IV, octobre 2002, 406 p.

JAN Pascal, La saisine du Conseil constitutionnel, Paris, LGDJ, 1999, 716p.

JAN Pascal, Le procès constitutionnel, 2e éd., Paris, LGDJ-Lextenso

Éditions, coll. Systèmes, 2010, 233 p.

JEANNEAU Benoit, Les principes généraux du droit dans la jurisprudence administrative, Paris, Sirey, 1954, 287 p.

KAMTO Maurice, Pouvoir et droit en Afrique noire. Essai sur les fondements du constitutionnalisme dans les États d'Afrique francophone, Paris, L.G.D.J., 1987, 545 p.

KAMTO Maurice et MATRINGE Jean (dir.), Droit constitutionnel des États africains, Paris, Éditions A. Pedone, 2024, 1208 p.

KEBE Abdou Aziz Daba, NDIAYE Sidy Alpha et BA Boubacar (dir.), Textes fondamentaux de la République du Sénégal, Dakar, L'Harmattan, CREDILA, 2021, 499 p.

KELSEN Hans, Théorie pure du droit, Paris, L.G.D.J., 1999, 367 p.

KELSEN Hans, Théorie générale du droit et de l'État, Bruxelles-Paris, Bruylant, LGDJ, 1997.

KELSEN Hans, Qui doit être le gardien de la Constitution ? Paris, Ed. Michel Houdiard, 2005.

KLEIN Claude, Théorie et pratique du pouvoir constituant, Paris, PUF, 1996, 232 p.

LAUNDY Philip, Les parlements dans le monde contemporain (modes d'élection, fonctionnement et structures), Lausanne, Ed. Payot, 1989, 219 p.

LAUVAUX Philippe, Les grandes démocraties contemporaines, Paris, P.U.F., 2004, 1060 p.

LEMASURIER Jeanne, La Constitution de 1946 et le contrôle juridictionnel du législateur, Paris, LGDJ, 1954.

LEVEL Patrice, Essai de systématisation du conflit des lois dans le temps, Thèse Paris, LGDJ, 1959, 344 p.

LEVOYER Loïc, L'influence du droit communautaire sur le pouvoir financier du parlement français, Paris, LGDJ, 2002, 451 p.

LOADA Augustin, IBRIGA Luc Marius, Droit constitutionnel et institutions politiques, Ouagadougou, Éd. UFR/Sciences juridiques et politiques, 2007, 655 p.

LOADA Augustin et WHEATLEY Jonathan (dir.), Transitions démocratiques en Afrique de l'Ouest : Processus constitutionnels, société civile et institutions démocratiques, Paris, L'Harmattan, 2015, 284 p.

MABAKA Placide Mukwabuhika, Constitution et risque(s), Paris, L'Harmattan, 2010, 356 p.

MASTOR Wanda, Les opinions séparées des juges constitutionnels, Thèse de doctorat, Université Aix-Marseille, Economica/PUAM, 2005, 362 p.

MATHIEU Bertrand et ROUSSEAU Dominique, Les grandes décisions de la question prioritaire de constitutionnalité, Paris, LGDJ, Lextenso, 2013.

MATHIEU Bertrand et VERPEAUX Michel, Contentieux constitutionnel des droits fondamentaux, Paris, L.G.D.J., 2002, 791 p.

MAUGUIN HELGESON Murielle, L'élaboration parlementaire de la loi : étude comparative (Allemagne, France, Royaume-Uni), Paris, Dalloz, 2006, 528 p.

MBORANTSUO Marie Madeleine, La contribution des Cours constitutionnelles à l'état de droit en Afrique, Paris, Economica, 2007, 380 p.

MEDE Nicaise, Finances publiques. Espace UEMOA/UMOA, Paris, L'Harmattan, 2017, 548 p.

MEDE Nicaise, Constitutions et documents financiers, Paris, L'Harmattan, 2 vol. (2018 et 2020), 486 p et 360 p.

MEDE Nicaise, Les grandes décisions de la Cour constitutionnelle du Bénin, Dakar, L'Harmattan, CREDILA, 2020, 644 p.

Mélanges en l'honneur du Président Bruno GENEVOIS, Le dialogue des juges, Paris, Dalloz, 2009, 1166 p.

MÉLÈDJE DJEDJRO Francisco, Droit constitutionnel, 7e éd., Abidjan, les Éditions ABC, 2007, 364 p.

MÉLÈDJE DJEDJRO Francisco, Les grands arrêts de la jurisprudence constitutionnelle ivoirienne, Abidjan, Éd. Centre national de Documentation juridique, 2012, 671 p.

MÉLÈDJE DJEDJRO Francisco, BLÉOU Djézou Roger Martin et KOMOIN François (dir.), Mélanges dédiés au doyen Francis V. Wodié, Toulouse, Presses de l'Université Toulouse 1 Capitole, 2016, 568 p.

MELIN-SOUCRAMANIEN Ferdinand (dir.), L'interprétation constitutionnelle, Paris, Dalloz, 2005, 248 p.

MELIN-SOUCRAMANIEN Ferdinand, Libertés fondamentales, Paris, Dalloz, 2016, 242 p.

MENY Yves (dir.), Les politiques du mimétisme juridique. La greffe et le rejet, Paris, L'Harmattan, 1985, 286 p.

MORABITO Marcel, Histoire constitutionnelle de la France : De 1789 à nos jours, 13e éd., Paris, L.G.D.J., 2014, 550 p.

NANAKO Cossoba, La libre administration des collectivités territoriales au Bénin et au Niger, Thèse de doctorat, Université d'Abomey-Calavi (Bénin), 2016, 436 p.

NAREY Oumarou (dir.), Séparation des pouvoirs et contrepouvoirs, Actes des 1res journées scientifiques de droit constitutionnel, Niamey 10-13 octobre 2017, Paris, L'Harmattan 2019, 518 p.

NAREY Oumarou (dir.), La construction de l'État en Afrique : entre démocratie et coups d'État, Actes de la 3e édition des journées scientifiques de droit constitutionnel, Niamey, du 26 au 28 novembre 2022, Dakar, L'Harmattan-Sénégal, 2023, 708p.

NGOM Benoit Saaliu, L'arbitrage d'une démocratie moderne en Afrique. La Cour suprême du Sénégal, Paris, Présence africaine, 1989, 190 p.

OBERDORFF Henri, Droits de l'Homme et Libertés fondamentales, 8e édition, Paris, LGDJ-Lextenso, 2021, 750 p.

OLIVA Éric, Droit constitutionnel, 8e éd., Paris, Dalloz, 2014, 371 p.

OIF, Dynamiques constitutionnelles dans l'espace francophone, Rapport sur l'état des pratiques de la démocratie, des droits et libertés, 2016, 52 p.

OUEDRAOGO Séni Mahamadou, La lutte contre la fraude à la constitution en Afrique noire francophone, Université Montesquieu, Bordeaux IV, 2011, 449 p.

OUGUERGOUZ Fatsah, La Charte africaine des Droits de l'Homme et des Peuples. Une approche juridique des droits de l'homme entre tradition et modernité, Paris, PUF, 479 p.

OWONA Joseph, Droit constitutionnel et institutions politiques du monde contemporain. Étude comparative, Paris, L'Harmattan, 2010, 730 p.

PACTET Pierre, Institutions politiques et droit constitutionnel, 18e éd., Paris, Armand Colin, 1999, 616 p.

PACTET Pierre et MELIN-SOUCRAMANIEN Ferdinand, Droit constitutionnel, 30e édition, Paris, Dalloz Sirey, 2011, 628 p.

PHILIPPE Xavier, Le contrôle de proportionnalité dans les jurisprudences constitutionnelles et administratives, Paris, Economica, PUAM, 1990.

PINI Joseph, Recherche sur le contentieux de constitutionnalité, Thèse Droit, Aix-Marseille 3, 1997.

PONTHOREAU Marie-Claire, Droit(s) constitutionnel(s) comparé(s), Paris, Economica, Coll. « Corpus », 2010, 410 p.

RAYNAL Jean Jacques, Les institutions politiques du Niger, Saint Maur, Sépia, 1993.

REINACH Théodore, L'état de siège : études historique et juridique, Paris, Librairie Cotilon, 1885, 324 p.

République du Sénégal, Conseil constitutionnel, Recueil des Décisions, (Janvier 1993-Mars 2019), 2020, 698 p.

RENOUX Thierry S., DE VILLIERS Michel et MAGNON Xavier (dir.), Code constitutionnel, Paris, LexisNexis, 2019.

RIGAUX Marie-Françoise, La théorie des limites matérielles à l'exercice de la fonction constituante, Bruxelles, Larcier, 1985.

RIVIER Claire (dir.), Les divergences de jurisprudence, Saint-Étienne, Presses de l'Université de Saint-Étienne, coll. « Droit », 2003, 376 p.

ROUBIER Paul, Le droit transitoire : conflits des lois dans le temps, (Paris, 1929), 2e éd., Paris, Dalloz et Sirey, 1960.

ROUSSEAU Dominique, La justice constitutionnelle en Europe, Paris, Montchrestien, 1998.

ROUSSEAU Dominique, Droit du contentieux constitutionnel, 12e éd., Paris, LGDJ, 2013, 592 p.

ROUSSEAU Dominique, GAHDOUN Pierre-Yves et BONNET Julien, Droit du contentieux constitutionnel, 11e édition, Paris, LGDJ-Lextenso,2016, 872 p.

ROUSSILLON Henri, Le Conseil constitutionnel, Paris, 3e édition, Dalloz, Coll. « Connaissance du droit », 1996.

ROZENBERG Olivier, THIERS Éric (dir.), L'Opposition parlementaire, Paris, La Documentation française, 2013, 215 p.

RRAPI Patricia, L'accessibilité et l'intelligibilité de la loi, Étude du discours sur la qualité de la loi, Paris, Dalloz, vol.137, 2014, 280 p.

SAINT-BONNET François, L'état d'exception, Paris, P.U.F., coll. Léviathan, 2001,400p.

SALAMI Ibrahim David, La protection de l'État de droit par les Cours constitutionnelles africaines, Analyse comparative des cas béninois, ivoirien, sénégalais et togolais, Thèse pour l'obtention du grade de Docteur en droit public, Université François Rabelais de Tours, 29 janvier 2005.

SALAMI Ibrahim David, GANDONOU Diane O. Mélone, Droit constitutionnel et institutions du Bénin, Cotonou, Éd. CeDAT, 2014, 492 p.

SALL Alioune, FALL Ismaila Madior (dir.), Actualités du droit public et de la science politique en Afrique, Mélanges offerts à Babacar Kanté, Paris, L'Harmattan, 2017, 961 p.

SCHMITT Carl, Théorie de la Constitution, Paris, PUF, 1993.

SCHMITT Carl, Le Tribunal du Reich comme gardien de la Constitution, réédition, Paris, Dalloz, 2017,116p.

SINDJOUN Luc, Les grandes décisions de la justice constitutionnelle africaine : droit constitutionnel jurisprudentiel et politiques constitutionnelles au prisme des systèmes politiques africains, Bruxelles, Bruylant, 2009, 598 p.

SOMA Abdoulaye, Droits de l'Homme à l'alimentation et sécurité alimentaire en Afrique, Zurich/Bruxelles, Schulthess/Bruylant, 2010, 561 p.

SOMA Abdoulaye (dir.), Alternances politiques en Afrique : défis démocratiques et enjeux constitutionnels : actes du colloque international de la SBDC, Ouagadougou, Ed. Ronier-Tikanson, 2017, 414 p.

SOMMACO Valérie, Le droit d'amendement et le juge constitutionnel en France et en Italie, Paris, LGDJ, 2002.

SY Mouhamadou Mounirou, La protection constitutionnelle des droits fondamentaux en Afrique. L'exemple du Sénégal, Paris, L'Harmattan, 2007, 564 p.

SY Papa Mamour, Le développement de la justice constitutionnelle en Afrique noire francophone : les exemples du Bénin, du Gabon et du Sénégal, Thèse de doctorat, UCAD, 1998, 414 p.

SY Seydou Madani, Les régimes politiques sénégalais de l'indépendance à l'alternance politique 1960-2008, Paris, Karthala - CREPOS, 2009, 372 p.

TALL Saidou Nourou, Théories et réalités du Droit international humanitaire : Contribution à l'étude de l'application du droit des conflits armés en Afrique noire contemporaine, Sarrebruck, Éditions universitaires européennes, 2012, 560 p.

TALL Saidou Nourou, Droit des organisations internationales africaines. Théorie générale, Droit communautaire comparé, Droit de l'Homme, Paix et Sécurité, Paris, L'Harmattan, 2015, 547 p.

TALL Saidou Nourou, Droit du contentieux international africain,

Paris, L'Harmattan, 2018, 550 p.

TALL Saidou Nourou, Droit constitutionnel et ordonnances dans les États d'Afrique noire francophone, Paris/Dakar, L'Harmattan/ CREDILA, 2021, 350 p.

TEVOEDJRE Albert, *Nous avons vaincu la fatalité*, Rapport général de synthèse de la conférence des forces vives de la Nation, Porto-Novo, Forum du renouveau, 1990, 24 p.

THEODOROU Spyros (dir.), L'exception dans tous ses états, Paris, Éditions Parenthèses, 2007, 264 p.

THIAM Mohamed Aly, Fonctionnement de la Cour constitutionnelle de la République de Guinée, Conakry, L'Harmattan 2021, 304 p.

TOPANOU Victor, Introduction à la sociologie politique du Bénin, Paris, L'Harmattan, 2013, 118 p.

TOURE Papa Assane, La réforme de l'organisation judiciaire au Sénégal, commentée et annotée, Paris, L'Harmattan, Coll. CREDILA, 2016, 432 p.

TROPER Michel, La séparation des pouvoirs et l'histoire constitutionnelle française, Paris, LGDJ, 2014, 250 p.

TROPER Michel et CHAGNOLLAUD Dominique, (dir.), Traité international de droit constitutionnel. Théorie de la Constitution, Paris, Dalloz, 2012, 816 p.

TUSSEAU Guillaume, Contentieux constitutionnel comparé. Une introduction critique au droit processuel constitutionnel, Paris, LGDJ, 2021, 1452 p.

UNESCO, Des frontières en Afrique du XIIe siècle au XXe siècle, Bamako, 1999, Paris, 2004, 313 p.

UNESCO, Histoire générale de l'Afrique, VII : l'Afrique sous domination coloniale, 1880-1935, Paris, 1987, 937 p.

VAN LANG Agathe, GONDOUIN Geneviève et INSERGUET-BRISSET Véronique, Dictionnaire de droit administratif, Paris, Dalloz, 2008.

VEDEL Georges, Manuel élémentaire de droit constitutionnel, Paris, Sirey, 1949, 616 p.

VERPEAUX Michel, La Constitution, Paris, Dalloz, 2008, 145 p.

VIALA Alexandre, Les réserves d'interprétation dans la jurisprudence du Conseil constitutionnel, Paris, L.G.D.J. 1999.

VIDAL-NAQUET Ariane, Les « garanties légales des exigences constitutionnelles » dans la jurisprudence du Conseil constitutionnel, Paris, LGDJ, Ed. Université Panthéon-Assas, coll. « Thèses », 2007, 672 p.

VIRALLY Michel, La pensée juridique, Paris, Librairie Générale de Droit et de Jurisprudence, 1960, réédition Panthéon-Assas, 2016, 225 p.

WODIÉ Francis Vangah, Institutions politiques et droit constitutionnel en Côte d'Ivoire, Abidjan, Presses universitaires de Côte d'Ivoire, 1996, 625 p.

WODIE Francis Vangah, Le conflit ivoirien : Solution juridique ou solution politique ? Abidjan, Les éditions du CERAP, 2007.

YENNET Eméka Valère, La Charte africaine des droits de l'Homme et des Peuples, Paris, L'Harmattan, 1998, 478 p.

ZAKI Moussa, Le contrôle des finances publiques dans les États d'Afrique noire francophone : l'exemple du Niger et du Sénégal, Thèse de doctorat en Droit public, Toulouse I, 1999, 349 p.

ZOLLER Elizabeth, Droit constitutionnel, 2e éd., Paris, PUF, 1999, 642 p.

ZOMBRE Djaminatou, La protection des droits fondamentaux dans l'état d'exception : exemples du Burkina Faso et du Mali, Dakar, Thèse de doctorat, UCAD, janvier 2021, 448p.

ZUCCARRELI François, La vie politique sénégalaise (1940-1988), Paris, CHEAM, 1988, 208 p.

II. ARTICLES

ACKERMAN Bruce, « *The emergency constitution* », *The Yale Law Journal,* vol. CXII, n° 5, 2004, pp. 1029-1091.

ADELOUI Arsène-Joël, « L'insertion des engagements internationaux en droit interne des États africains », RBSJA, n° 25, 2011, pp. 51-92.

ADELOUI Arsène-Joël, « L'autorité de la chose jugée par les juridictions constitutionnelles en Afrique », Revue togolaise des Sciences juridiques, n° 002, janvier-juin 2012, pp. 54-75.

ADELOUI Arsène-Joël, « Observations sous la décision EP 11-014 du 22 février 2011 désignant des représentants de l'Assemblée nationale à la CENA », *ABJC*, 2014, p. 426 et s.

ADELOUI Arsène-Joël, « La Cour constitutionnelle et les normes d'origine externe (Droit international, droit communautaire et droit comparé) », Revue Constitution et Consolidation, Cour constitutionnelle du Bénin, 2019, n° 000, pp. 9-38.

ADIGBLI Ignace, « Le contentieux de la détention provisoire devant la Cour constitutionnelle béninoise », in Le *Citoyen*, Études en l'honneur de la 5e mandature présidée par le Professeur Théodore HOLO, Tome I, Cour constitutionnelle du Bénin, pp. 427-460.

ADOUA -MBONGO Aubrey Sidney, « La décision n° 1/C/2024 du 15 février 2024 : manifestation d'une posture conséquentialiste du juge constitutionnel sénégalais », 18 p., www.ceracle.com (consulté en juin 2024).

ADOUKI Delphine Emmanuel, « Contribution à l'étude de l'autorité des décisions du juge constitutionnel en Afrique », RFDC 2013/3 (n° 95), pp. 611- 638.

ADOUKI Delphine Emmanuel, « Le juge constitutionnel et les conséquences de l'état d'urgence sur le fonctionnement du Parlement. Commentaire croisé des avis n° 08/CC du 30 mars 2020 de la Cour constitutionnelle de la République du Niger et Avis 002-ACC-SVC/20 du 30 mars 2020 de la Cour constitutionnelle de la République du Congo », *Afrilex*, juin 2020.

AHADZI NONOU Koffi, « Les nouvelles tendances du constitutionnalisme africain : le cas des États d'Afrique noire francophone », La revue du CERDIP, n° 2, juillet-décembre 2002, pp. 35-86.

AHADZI-NONOU Koffi, « Le Premier ministre en Afrique noire francophone : étude de quelques exemples récents », Revue Nigérienne de Droit, revue semestrielle, novembre 1999, n° 01, pp. 25-76.

AHANHANZO GLÈLÈ Maurice, « La Constitution ou Loi fondamentale », *in* Encyclopédie juridique de l'Afrique, Abidjan Dakar Lomé, N.E.A., 1982, p. 22.

AHOUANKA Étienne Sossou, « Le juge constitutionnel et la protection des droits fondamentaux », Revue béninoise des Sciences juridiques et administratives, 2005, pp. 93-129.

AIDARA Mouhamadou Moustapha, « Le juge constitutionnel africain et le contrôle des lois portant révision de la Constitution : Contribution à un débat », Revue Afrilex, décembre 2011, pp.97-140.

AIVO Fréderic Joël, « La crise de normativité de la Constitution en Afrique », RDP 2012-1-006, pp. 141-172.

AÏVO Fréderic Joël, « La fracture constitutionnelle. Critique pure du procès en mimétisme », *in* Mélanges Maurice Ahanhanzo-Glélé, La Constitution béninoise du 11 décembre 1990 : un modèle pour l'Afrique ? Paris, L'Harmattan, 2014.

AIVO Fréderic-Joël, « L'erreur de droit dans les déclarations d'inconstitutionnalité », (Décision DCC 13-171 du 30 décembre 2013 de la Cour Constitutionnelle du Bénin relative à l'inconstitutionnalité du recours au vote secret pour l'adoption de la loi de finances 2014) », Afrilex, juillet 2015, p. 383.

AIVO Fréderic-Joël, « Le juge et les droits fondamentaux : Retour sur un quart de siècle de jurisprudence (trop active) de la Cour constitutionnelle du Bénin », in Démocratie en questions, Mélanges en l'honneur du Professeur Théodore HOLO, Toulouse, Presses de l'Université Toulouse Capitole, 2017.

AIVO Gérard, « Le pouvoir d'injonction du juge constitutionnel », RBSJA, n° 42, 2021, pp. 5-38.

AKANDJI-KOMBE Jean-François, « Le juge (du fond), les parties et la question prioritaire de constitutionnalité. Stratégies contentieuses entre question de constitutionnalité et contrôle de conventionnalité », Dalloz, n° 17, 2010, pp. 1725-1732.

AKANDJI-KOMBE Jean-François, « Droits économiques, sociaux et culturels », in Joël Andriantsimbazovina et *alii* (dir.), Dictionnaire des droits de l'Homme, Paris, PUF, 2008, p. 255 et s.

AKEREKORO Hilaire, « La Cour constitutionnelle et le bloc de constitutionnalité au Bénin », Afrilex, septembre 2016, 44 p.

ANDOH Isaac Hamilton, « Les réaménagements constitutionnels en Côte d'Ivoire », Revue Ivoirienne de Droit, numéros 1-2-3-4, 1984-1985.

APCHAIN Hélène, « La QPC et le contrôle de conventionnalité : complémentarité ou antagonisme ? », juin 2012, 18 p, www.credho.org.

AUTEXIER Christian, « Commentaire de la décision du 22 octobre 1986 So lange II », AIJC, 3-1987, 1989. La liberté de l'information. pp. 419-447.

ATANGANA AMOUGOU Jean-Louis, « Les accords de paix dans l'ordre juridique interne en Afrique », Revue de la Recherche Juridique-Droit Prospectif, 2008, n° 3, pp. 1723-1745.

ATANGANA-AMOUGOU Jean-Louis, « La constitutionnalisation du droit en Afrique : l'exemple du Conseil constitutionnel camerounais », AIJC, 2004, 19-2003, pp. 45-63.

ATEMGA Judith Fabien, « Le statut du juge constitutionnel africain post vent d'est : l'exemple du juge constitutionnel béninois » in Études en l'honneur de Madame Elisabeth K. Pognon, pp. 103-128.

AVRIL Pierre, « Application de la notion de convention de la constitution à quelques problèmes constitutionnels », *in* Présence du droit public et des droits de l'homme, Mélanges offerts à Jacques Velu, Bruxelles, Bruylant, 1992, p. 292.

AVRIL Pierre, « Le parlementarisme rationnalisé », RDP, 1998, pp. 1507-1515.

BA Boubacar, « Le préambule de la Constitution et le juge constitutionnel en Afrique », Afrilex, 2016, 37 p.

BA Boubacar « L'évolution constitutionnelle des pays africains de succession française » Annales Africaines, Nouvelle Série, Volume 2, décembre 2020, N° 13, p. 28.

BALLA KALTO Amina, « La problématique de l'accès à la justice au Niger », Afrilex, juillet 2013.

BARANGER Denis, « Un chantier qui ne prend jamais fin… Le juge, les révisions et les autres formes de changement constitutionnel dans la France contemporaine », *Jus politicum*, Revue de droit politique n° 18, juillet 2017, Cours constitutionnelles et révisions de la Constitution, p. 60 et s.

BARRE Pierre-Hugues, « Le contrôle de constitutionnalité dans l'Antiquité athénienne : la procédure de la graphê paranomôn », *RFDC*, 2023, n° 135, p. 699-706,

BARRUE-BELOU Rémi, « Le développement des références juridictionnelles dans les visas du Conseil constitutionnel : vers une fonction de Cour suprême ? », RFDC 2016/2(N° 106), pp. 259-282.

BATOUM-BA-NGOUE Samuel-Théophile, « Démocratie et processus budgétaire dans les États de la Communauté économique et monétaire de l'Afrique Centrale : le cas du Cameroun », Afrilex n° 4, 20 p.

BEAL-LONG Julien, « Le contrôle de l'interprétation jurisprudentielle constante en QPC », RFDC,2016/1(n° 105), pp. E1-E28 (Supplément électronique).

BEAUD Olivier, « Les conventions de la constitution », droits, n° 3, 1986, pp. 125-135.

BELLOUBET Nicole, « La motivation des décisions du Conseil constitutionnel : justifier et réformer », *Les Nouveaux Cahiers du Conseil constitutionnel*, n° 55-56, (Dossier : Réforme et motivation des décisions), juin 2017.

BERGERES Maurice Christian, « La prohibition des cavaliers budgétaires : une règle constitutionnelle », *Les Petites Affiches*, 23 décembre 2011, n° 255, pp.9-22.

BERGOUGNOUS Georges, « L'incompétence négative, vue du Parlement », *Les Nouveaux Cahiers du Conseil constitutionnel*, 2015/1, n° 46, pp. 41-54.

BILOUNGA Steve Thiery, « La crise de la loi en droit public camerounais », *Les Annales de droit,* n° 11/2017, pp. 21-56, disponible en ligne : http://www.journals.openedition.org/add/496 (consulté en juillet 2020).

BLACHÈR Philippe, « Le Conseil constitutionnel en fait-il trop ? », Revue Pouvoirs, n° 105, 2003, pp. 17-28.

BLACHER Philippe, « Droits fondamentaux (classification) », in Dominique CHAGNOLLAUD et Guillaume DRAGO (dir.), Dictionnaire des droits fondamentaux, Paris, Dalloz, 2006, pp. 275-286.

BLANQUER Jean-Marie, « Bloc de constitutionnalité ou ordre constitutionnel ? », in Libertés, Mélanges Jacques Robert, Paris, Montchrestien, 1998, p. 227 et s.

BLEOU Martin, « Les acteurs de la transition constitutionnelle », *in* Xavier Philippe, Natasa Danelciuc-Colodrovoschi, *op. cit.*, p. 81 et s.

BLEOU Martin, « Le juge constitutionnel et les révisions constitutionnelles » *in* Koffi Ahadzi-Nonou, Dodzi Kokoroko, Adama Kpodar et Fréderic -Joël Aivo (dir), Démocratie en question, Mélanges en l'honneur du Professeur Théodore Holo, Presses de l'Université de Toulouse I Capitole, 2017, p.232.

BOLLE Stéphane et KPODAR Adama, « Le bloc de constitutionnalité », Communication au Colloque international organisé par la Cour Constitutionnelle du Bénin dans le cadre du 20e anniversaire de l'installation de la Cour et 22 ans de pratique constitutionnelle au Bénin, Cotonou, les 07 et 08 mai 2013.

BOLLE Stéphane, « Le Bénin sous ordonnances », http//:www.la-constitution-en-afrique-over-blog.com (consulté le 30 juin 2023).

BOLLE Stéphane, « Des Constitutions « *made in Africa* » » in AFDC, Actes du VIe Colloque de droit constitutionnel (Montpellier, 9-11 juin 2005), disponible sur
http//:www.la-constitution-en-afrique-over-blog.com.

BOLLE Stéphane, « Les révisions dangereuses. Sur l'insécurité constitutionnelle en Afrique », in Placide Mukwabuhika MABAKA (dir.), Constitutions et risque(s), Paris, L'Harmattan, 2010, p. 252.

BON Pierre, « Les substituts de la loi : les actes législatifs de l'exécutif », Annuaire international de Justice constitutionnelle, Année 2004, n° 19-2003 , pp. 472-503.

BONBLED Nicolas, ROMAINVILLE Céline, « États d'exception et crises humaines aiguës : débats récents autour du terrorisme et des nouvelles formes de crise », Annuaire international de Justice constitutionnelle, 24-2008, 2009. *Constitution et famille(s) - Urgence, exception et Constitution*, pp. 429-459.

BOUGRAB Jeannette, « Le contrôle de constitutionnalité des lois dans l'élaboration de la Constitution du 27 octobre 1946 », RFDC, 1999, n° 38, pp. 285-314.

BOURGI Albert, « L'évolution du constitutionnalisme en Afrique : du formalisme à l'effectivité », RFDC, n° 32, 2002/4, pp. 721-748.

BOUSTA Rhita, « Contrôle constitutionnel de proportionnalité. La spécificité française à l'épreuve des évolutions récentes », RFDC, 2011/4, n° 88, pp.913-930.

BRAIBANT Guy, « Le principe d'égalité dans la jurisprudence du Conseil constitutionnel et du Conseil d'État », in *La Déclaration des droits de l'homme et du citoyen et la jurisprudence*, Paris, PUF, Recherches politiques, Conseil constitutionnel, colloque des 25 et 26 mai 1989, pp. 97-121.

BRUNET Pierre, « Les principes généraux du droit et la hiérarchie des normes », *in* Mélanges en l'honneur de Michel Troper, Paris, Economica, 2006, pp. 207-221.

CABANIS André, « Constitutions africaines et française : mimétisme inversé ou dialogue des constitutionnalistes francophones ? », *in* Mamadou Badji et Saidou Nourou Tall (dir.), Les transformations de l'État, Mélanges en l'honneur de Babacar Guèye, FSJP/UCAD et Presses de l'Université de Toulouse I Capitole, 2019, pp. 121-142.

CAHOUA Paul, « Les commissions, lieu du travail législatif », Pouvoirs n° 34, pp. 37-49.

CAMARA Ousmane, « La Cour suprême du Sénégal », *in Les Cours suprêmes en Afrique*, Tome 1, Economica, Paris, 1988.

CAPPELLETTI Mauro, « Nécessité et légitimité de la justice constitutionnelle », *RIDC*, vol.33, n° 2, 1981, pp. 625-657.

CARTIER Emmanuel, « Les petites Constitutions : contribution à l'analyse du droit constitutionnel transitoire », RFDC 2007/3, n° 71, pp. 513-534.

CASSARD-VALEMBOIS Anne-Laure, « De l'usage de la gomme, comme du crayon, par le Conseil constitutionnel face aux malfaçons législatives », *Constitutions*, 2011, n° 3, pp. 316-319.

CHAPUS René, « L'acte de gouvernement, monstre ou victime ? », Dalloz,1958, chronique II, pp. 5-10.

CHAMPEIL-DESPLATS Véronique, « Des « libertés publiques » aux « droits fondamentaux ». Effets et enjeux d'un changement de dénomination », communication au colloque « *Des droits fondamentaux à l'obsession sécuritaire : mutation ou crépuscule des libertés publiques ?* » organisé par l'Institut Michel Villey pour la culture juridique et la philosophie du droit en collaboration avec l'Institut Carré de Malberg de l'Université de Strasbourg (Paris, 14 mai 2010), 16 p.

CHARITE Maxime, « Le refus du Conseil constitutionnel d'un pouvoir général d'injonction à l'égard du législateur », www.actu-juridique.fr.

CHARITE Maxime, « La théorie des « circonstances particulières » dans la jurisprudence du Conseil constitutionnel », disponible sur *https// : www.revuedif.com* (consulté en janvier 2024).

CHARITE Maxime, « Étrangère au pouvoir du juge constitutionnel, l'injonction, pourquoi le serait-elle ? », *op. cit.*, p. 2256.

CHARITE Maxime, « Réflexions sur la modernisation du mode de rédaction des décisions du Conseil constitutionnel », Revue générale du droit, 2017, numéro 24631, (www.revuegeneraledudroit.eu/?p=24631).

CHEVALLIER Jacques, « De quelques usages du concept de régulation », *in* Michel Miaille (dir.), La régulation entre droit et politique, Paris, L'Harmattan, 1995, p. 71 et s.

CHEVALLIER Jacques, « L'État de droit », R.D.P., 1988, pp. 313-380.

CONAC Gérard, « L'évolution constitutionnelle des États francophones d'Afrique Noire et de la République démocratique malgache » *in* Gérard Conac, Les institutions constitutionnelles dans les États d'Afrique francophone et de la République malgache, Paris, Economica, 1979, 355 p.

CONAC Gérard, « Les débats sur le référendum sous la Ve République », Pouvoirs n° 77, avril 1996, pp. 97-110.

CORNEVIN René, « Coups d'État en chaine au Dahomey », R.F.E.P.A. n° 99, mars 1974, pp. 52-65.

COULIBALEY Djobo Babakane, « Le juge administratif, rempart de protection des citoyens contre l'administration en Afrique noire francophone ? », Afrilex, janvier 2013, 35 p.

CRIDDLE Evan-J., FOX-DECENT Evan, *« Human Rights, Emergencies, and the Rule of Law », Human Rights Quarterly, n° 34, april 2010*, pp. 413-454.

DABEZIES Pierre, « L'alternance dans les dictatures militaires du tiers-monde », in Revue Pouvoirs n° 1 « L'alternance », Paris, PUF, 1977, pp. 113-116.

DAGRA Mamadou, « Les Cours constitutionnelles africaines : des gardiens de la constitution vénérés ou…décriés », in NAREY Oumarou (Sous la direction), *La justice constitutionnelle.* Actes du colloque international de l'Association nigérienne de droit constitutionnel, Paris, L'Harmattan, 2016, pp. 413-419.

DARGENT Fleur, « Les échecs du mimétisme constitutionnel en Afrique noire francophone », RDP, 2017, n° 5.

DARLAN Danièle, « Les Constitutions africaines : entre mimétisme et endogénéisation », Actes du colloque de l'AA-HJF, Porto-Novo (Bénin), 24-26 juillet 2023.

DATO Simplice Comlan, « L'incursion du juge constitutionnel dans le domaine du juge ordinaire », Revue Constitution et Consolidation, n° 7, 2022, pp. 225-279.

DE GOUTTES Régis, « Le dialogue des juges », Cahiers du Conseil constitutionnel, hors-série 2009, Colloque du Cinquantenaire, 3 novembre 2009, en ligne : https://www.conseil-constitutionnel.fr/conseilconstitutionnel/francais/nouveaux-cahiers-du-conseil/cahier-hors-serie-2009/le-dialogue-des-juges.138650.html consulté en décembre 2023.

DE GUILLENCHMIDT Jacqueline, « Le contrôle du principe de proportionnalité dans la jurisprudence du Conseil constitutionnel français », https// : www.cdn.accf-francophonie.org /Bulletin9-1-2.PDF.

DE MONTALIVET Pierre, « Les objectifs de valeur constitutionnelle », *Nouveaux Cahiers du Conseil constitutionnel* n° 20, juin 2006, pp. 169-175.

DEBRE Jean-Louis, « Contrôle de constitutionnalité : entre tradition et modernité », Discours au colloque sur la séparation des pouvoirs et la justice constitutionnelle, 6 mai 2014 www.conseil-constitutionnel.fr (consulté en août 2023).

DEGBOE Dario, « Les vicissitudes de la protection des droits et libertés par la Cour constitutionnelle du Bénin », Les Annales de droit [En ligne], 10 | 2016, mis en ligne le 08 janvier 2018, consulté en janvier 2024.

URL:http://journals.openedition.org/add/336 ; DOI : 10.4000/add.336.

DEUMIER Pascale, « Réserve d'interprétation du Conseil constitutionnel et contentieux de l'indemnisation des accidents du travail », Bulletin des arrêts de la Cour d'appel de Lyon, 2012, 1, https://univ-lyon3.hal.science/hal-02890013, (consulté en janvier 2024).

DIAGNE Mayacine, « Le juge constitutionnel africain et la technique des réserves d'interprétation », Revue juridique et politique, n° 3, 2008.

DIAGNE Mayacine, « La justice administrative en Afrique est-elle efficace ? », *in* Demba SY et Alioune Badara FALL (dir.), *La justice administrative en Afrique,* Actes des deuxièmes rencontres de Dakar, Presses de l'Université Toulouse 1 Capitole, 2017, p. 183.

DIAITE Ibou, « La notion de Peuple et l'application de la Charte des Droits de l'Homme et des Peuples », Revue sénégalaise de Droit, octobre-novembre 1984, pp. 119-131.

DIAKHATE Meissa, « Les ambiguïtés de la juridiction constitutionnelle dans les États de l'Afrique noire francophone », *RDP*, n° 3, 2015, pp. 785-814.

DIAKHATE Meissa, « Brèves réflexions sur la Décision du Conseil constitutionnel n° 1/C/2024 du 15 février 2024 », www.ceracle.com.

DIALLO Ibrahima, « À la recherche d'un modèle africain de justice constitutionnelle », AIJC, 2005, n°20-2004, pp. 93-120.

DIALLO Mamadou Yaya, « Le contrôle de proportionnalité dans la jurisprudence constitutionnelle en Afrique », Revue juridique et politique des États francophones, 2018, édition juris Africa, pp. 67-108, www.ceracle.com.

DIALLO Mamadou Yaya, « Les obiter dicta dans la jurisprudence de la Cour internationale de justice », Nouvelles Annales africaines, numéro spécial, 2023, pp. 1-39.

DIARRA Abdoulaye, « La protection constitutionnelle des droits et libertés en Afrique noire francophone depuis 1990. Les cas du Mali et du Bénin », Afrilex n° 2, septembre 2001, p. 24.

DIARRA Eloi, « Constitution et État de droit au Mali », R.J.P.I.C. n° 4, octobre-décembre 1995, pp. 252-285.

DIEYE Abdoulaye, « La loi d'habilitation en droit comparé : la situation dans quelques pays d'Afrique noire francophone et en France », Annales de l'Université des sciences sociales de Toulouse, Tome LV, 2014, pp. 133-167.

DIOKHANE Abdourahmane, « Le principe de la libre administration des collectivités locales », in *La régionalisation*, Actes du colloque international de Dakar, 1er-3 juillet 1996, UCAD/FSJP, CREDILA, 1998, pp.95-115.

DIOMPY Abraham Hervé, « Les dynamiques de la justice constitutionnelle en Afrique francophone », Afrilex, février 2014, 30 p., www.afrilex.u-bordeaux4.fr.

DIOP El Hadji Omar, « Les principes à valeur constitutionnelle : Réflexions sur le pouvoir normatif du juge constitutionnel dans les États africains », Annales Africaines, Nouvelle série, volume I, avril 2021, n° 14, pp. 47-100.

DISANT Mathieu, « L'audience publique devant le Conseil constitutionnel. Observations sur la place de l'oralité dans le procès constitutionnel », in *Constitution, justice et démocratie*, Mélanges en l'honneur du professeur Dominique Rousseau, Paris, LGDJ, 2020, pp. 77-87.

DJOGBENOU Joseph, « Le contrôle de constitutionnalité des décisions de justice : une fantaisie de plus ? », Afrilex, avril 2014, 27 p.

DOSSO Karim, « Les pratiques constitutionnelles dans les pays d'Afrique noire francophone : cohérences et incohérences », RFDC, 2012/2 (n° 90), pp. 57-85.

DU BOIS DE GAUDUSSON Jean, « Trente ans d'institutions constitutionnelles et politiques. Point de repères et d'interrogations », in Trente ans, Afrique contemporaine, N° spécial, 4e trimestre, 1992, pp. 50-58.

DU BOIS DE GAUDUSSON Jean, « Les solutions constitutionnelles des conflits politiques », Afrique contemporaine, numéro spécial, 4e trimestre 1996, pp. 250-256.

DU BOIS DE GAUDUSSON Jean, « L'accord de Marcoussis, entre droit et politique », Afrique contemporaine, Eté 2003, pp. 41-55.

DU BOIS DE GAUDUSSON Jean, « Constitution sans culture constitutionnelle n'est que ruine du constitutionnalisme : poursuite du dialogue sur quinze ans de « transition en Afrique et en Europe », *in* Mélanges en l'honneur de Slobodan Milacic : Démocratie et liberté : tension, dialogue et confrontation, Bruxelles, Bruylant, 2008, pp. 333-348.

DU BOIS De GAUDUSSON Jean, « Le mimétisme postcolonial, et après ? », Revue Pouvoirs 2009/2, n° 129, pp. 45-55.

DU BOIS DE GAUDUSSON Jean, « Les tabous du constitutionnalisme en Afrique », Afrique Contemporaine, 2012/2, n° 242, pp. 53-58

DUBUT Thomas, « Le Conseil constitutionnel et les concepts. Réflexions à propos des exigences constitutionnelles », RFDC, 2009/4 (n° 80), pp. 749-764.

EISENMANN Charles, « L'esprit des lois et la séparation des pouvoirs », *in* Mélanges Raymond Carré de Malberg, Sirey, Paris, 1933, pp. 165-192.

EISENMANN Charles, « Le droit administratif et le principe de légalité », EDCE, 1957, n° 11, p. 25.

EMERI Claude, « Le bloc de la constitutionnalité », RDP 1970, p. 608.

EMMANUEL Grégoire, « Cohabitation au Niger », Afrique contemporaine, n° 175, 3e trimestre, 1995, pp.43-51.

ESAMBO KANGASHE Jean-Louis, « Les opinions individuelles et dissidentes du juge constitutionnel », in *L'amphithéâtre et le prétoire. Au service des droits de l'homme et de la démocratie. Mélanges Robert Dossou*, Paris, L'Harmattan, 2020, pp. 559-573.

ESSONO OVONO Alexis, « Les normes et techniques de contrôle de constitutionnalité des lois au Gabon. Cour Constitutionnelle gabonaise, Décision n° 3/CC du 27 février 2004 », in *Afrique Juridique et politique*, Revue du CERDIP, volume 2, n° 2, juillet-décembre 2006, pp. 148-181.

EWANE BITEG Alain Ghislain, « Le pouvoir d'injonction du juge constitutionnel africain. Cas des États d'Afrique noire francophone », Revue africaine de la Recherche juridique et politique (RARJP), n°1, *Varia*, mai 2020, pp.86-117.

FALL Alioune Badara, « La démocratie sénégalaise à l'épreuve de l'alternance », Afrilex, n° 5, 51 p, www.afrilex.u-bordeaux4.fr.

FALL Ismaila Madior, « La loi organique dans les ordonnancements juridiques des États d'Afrique francophone : Réflexions sur une norme particulière », Afrilex, mars 2014.

FALL Ismaila Madior, « La construction des régimes politiques en Afrique : insuccès et succès », Revue Afrilex, 2007, 37 p.

FARRA Sylvestre, « Les fondations de l'exception d'inconstitutionnalité au Bénin », *in* Cour constitutionnelle, Études en l'honneur de Madame Elisabeth K. Pognon et de la première Mandature (1993-1998), Cotonou, 2021, 528 p.

FAURE Bertrand, « Les objectifs de valeur constitutionnelle : une nouvelle catégorie juridique ? », RFDC, 1995, p. 47.

FAVOREU Louis, « La délégalisation des textes en forme législative par le Conseil constitutionnel », *in* Mélanges offerts à Marcel Waline, LGDJ, 1974, 429p.

FAVOREU Louis, « Le Conseil constitutionnel et le droit international », A.F.D.I., XXIII, 1977.

FAVOREU Louis, « La décision de constitutionnalité », RIDC, 1986, p. 622 et s.

FIORAVANTI Marco, « Sieyès et le jury constitutionnaire : perspectives historico-juridiques », Annales historiques de la Révolution française, juillet-septembre 2007, pp. 87-103.

FOLIKOUE Walter Têtê, « Les rapports entre la Cour constitutionnelle béninoise et les juridictions communautaires africaines », in Études en l'honneur du professeur Théodore Holo, *op. cit.*, pp. 197-222.

FRAISSE Régis, « La chose jugée par le Conseil constitutionnel dans le dispositif de ses décisions », NCCC, N° 30 (DOSSIER : AUTORITÉ).

FRAPPIER Mathilde, « Principe, règle, exigence, disposition ou prescription constitutionnels dans la jurisprudence du Conseil constitutionnel : analyse d'un désordre », RDP, n° 5, septembre 2021, pp. 1239-1267.

GALLETTI Florence, « Existe-t-il une obligation de bien légiférer ? Propos sur l'« incompétence négative du législateur » dans la jurisprudence du Conseil constitutionnel », RFDC, n° 58, pp.387-417.

GAUTRON Jean Claude, « L'exercice du pouvoir par l'Armée. Analyse des régimes militaires actuels », RJA n° 0, 1983, pp. 61-71.

GENEVOIS Bruno, « Conditions d'exercice du pouvoir réglementaire et compétence de la juridiction administrative », RFDA 2000, p. 668.

GENEVOIS Bruno, « Un universitaire au Conseil constitutionnel : doyen Georges Vedel », RFDA, 2004, n° 2, pp. 215-223.

GICQUEL Jean-Éric, « Du recours en rectification d'erreur matérielle devant le Conseil constitutionnel », *Les Petites Affiches,* 20 janvier 1995, n° 9.

GNAMOU Dandi, « La Cour constitutionnelle du Bénin en fait-elle trop ? », *in* Fréderic-Joël Aivo (dir.), La Constitution béninoise du 11 décembre 1990. Un modèle pour l'Afrique ? Mélanges en l'honneur de Maurice Ahanhanzo-Glèlè, Paris, L'Harmattan, 2014, 800 p.

GOESEL LE BIHAN Valérie, « Le contrôle exercé par le Conseil constitutionnel : défense et illustration d'une théorie générale », RFDC,45, 2001, pp. 67-83.

GOESEL- LE BIHAN Valérie, « Le contrôle de l'objectif poursuivi par le législateur dans la jurisprudence récente du Conseil constitutionnel », RFDC, n° 98, 2014, pp. 269-291.

GONIDEC Pierre-François « La République du Sénégal » *in* Encyclopédie politique et constitutionnelle, Série Afrique, 1968, 62 p.

GONIDEC Pierre-François, « L'état de droit en Afrique. Le sens des mots », RJPIC, n° 1, janvier-avril 1988.

GONIDEC Pierre-François, « Constitutionnalismes africains », RJPIC, 1996, n° 1, pp. 23-33.

GUEYE Babacar, « La démocratie en Afrique : succès et résistances », Pouvoirs 2009/2 (n° 129).

GUEYE Babacar et TALL Saidou Nourou, « Traité du 14 octobre 1993 relatif à l'harmonisation du Droit des Affaires en Afrique, tel que révisé à Québec le 17 octobre 2008 », (pp. 21-74), in OHADA, Traité et Actes uniformes commentés et annotés, 4e édition, juriscope, 2012, 1460 p.

GUILLAUME Marc, « La question prioritaire de constitutionnalité » in « *Justice et cassation, revue annuelle des avocats au Conseil d'État et à la Cour de cassation* », 2010 et Cahiers du Conseil constitutionnel, 29.11.2017, 27 p.

HEITZMANN-PATIN Mathilde, « Les normes de concrétisation des exigences constitutionnelles », *Les Cahiers du Conseil constitutionnel*, n° 8, avril 2022, 6 p.

HOLO Théodore, « Démocratie revitalisée ou démocratie émasculée ? Les constitutions du renouveau démocratique dans les États de l'espace francophone : régimes juridiques et systèmes politiques », RBSJA, n° 16, 2006, pp. 17-41.

HOLO Théodore, « Émergence de la justice constitutionnelle », Revue Pouvoirs 129, 2009, pp. 101-114.

HOLO Théodore, « Les droits et devoirs de la personne dans le constitutionnalisme africain », RBSJA, n° 18, 2007, pp. 5-24.

HOUNAKE Kossivi, « L'exigence de proportionnalité dans la jurisprudence de la Cour constitutionnelle du Bénin », Revue togolaise des Sciences juridiques, Janvier-Juin 2015, pp. 155-172.

HOURQUEBIE Fabrice, « La diffusion du constitutionnalisme en Afrique du Sud : une analyse à travers la décision de la Cour constitutionnelle du 06 juin 1995 portant inconstitutionnalité de la peine de mort », www.droitconstitutionnel.org/congresmtp/textes7/ et Politeia, n° 7, 2005, pp. 649-675.

HOURQUEBIE Fabrice, « L'argument conséquentialiste dans les décisions de justice », *Les Cahiers de droit*, 2014/2, pp. 199-227.

HOURQUEBIE Fabrice, « Libres propos sur le juge constitutionnel et les valeurs », Les *Cahiers de la Justice* 2022/1 (N° 1), pp. 7 -14,

HOURQUEBIE Fabrice, « Quelques observations sur la fonction de régulation du juge constitutionnel », Communication au colloque anniversaire des 20 ans de la Cour Constitutionnelle du Bénin, Cotonou, 2013.

ISSA ABDOURHAMANE Boubacar, « Alternances militaires au Niger », Politique africaine n° 74, 1999, pp. 85-94.

ISSOUFOU Adamou, « L'autorité des avis du juge constitutionnel en Afrique francophone », Revue électronique Afrilex, mars 2020, 39 p, http://www.afrilex.u-bordeaux4. fr (consulté en juin 2020).

JARDAT Rémi, « Maurice Hauriou, théoricien de l'institution et inspirateur de statuts mutualistes », Revue internationale de l'économie sociale, 2009, (312), pp.70-83.

JOUANJAN Olivier, « L'état de droit démocratique », *Jus politicum*, n° 22, 2015, www.juspoliticum.com.

JOUANJAN Olivier, « La théorie allemande des droits fondamentaux », AJDA, 1998, p. 44 et s.

KADJOU Wapouo Bouba, « La fonction normative des juridictions constitutionnelles dans l'espace CEMAC », in *International Multilingual Journal Science and Technology*, vol.6, n° 6, avril 2021, pp. 3031-3045.

KAGISYE Emmanuel, « Normes OHADA et constitutions des États membres : conflit en léthargie ou simple temps mort ? ». 2013, hal-01278202 https://auf.hal.science/hal-01278202, soumis le 23 février 2016 (consulté en décembre 2023).

KAMARA Mactar, « De l'applicabilité du droit international des droits de l'Homme dans l'ordre juridique interne », Annuaire Colombien de Droit international, Bogota, n° 4, 2011, pp. 97-162.

KAMTO Maurice, « Quelques réflexions sur la transition vers le pluralisme politique au Cameroun », *in* Gérard Conac (sous la direction de), L'Afrique en transition vers le pluralisme politique, Paris, Economica, 1993, pp. 209-236.

KAMTO Maurice, « Les Conférences nationales africaines ou la création révolutionnaire des Constitutions », *in* Dominique Darbon et Jean du Bois de Gaudusson (dir.), La création du droit en Afrique, Paris, Karthala, 1997, p. 177.

KANTE Babacar, « Le constitutionnalisme à l'épreuve de la transition démocratique en Afrique » *in Constitutionnalism in Africa. À quest for autochtonous principles,* Sanders Institut, Gouda Quint, Deventer 1996, pp. 17-32.

KANTE Babacar, « Les méthodes et techniques d'interprétation de la Constitution : l'exemple des pays d'Afrique noire francophone », in Ferdinand MELIN-SOUCRAMANIEN (dir.), L'interprétation constitutionnelle, Paris, Dalloz, 2005.

KANTE Babacar, « Les juridictions constitutionnelles et la régulation des systèmes politiques en Afrique », *in* Mélanges en l'honneur de Jean Gicquel, Constitutions et Pouvoirs, Paris, LGDJ, 2008, pp. 265-276.

KANTE Babacar, « Les droits fondamentaux constituent-ils une nouvelle catégorie juridique en Afrique ? », *in* Mélanges en l'honneur de Jean-François Flauss, L'Homme et le Droit, Paris, Pedone, 2016, pp. 445-462.

KASSABO Léon Dié, « Contribution à l'analyse de la réappropriation de certaines catégories constitutionnelles en droit constitutionnel africain » www.afrilex.u-Bordeaux4.fr.

KEBE Abdou Aziz Dabah, « La réception des réserves d'interprétation dans la jurisprudence des États d'Afrique noire francophone », Annales africaines, Nouvelle Série, Volume 1, avril 2015, pp. 255-294.

KEBE Abdou Aziz Dabah, « Les réserves d'interprétation dans la jurisprudence constitutionnelle des États de l'Afrique francophone », *in* Ismaila Madior Fall et Alioune Sall, Actualités du droit public et de la science politique en Afrique, Mélanges en l'honneur de Babacar Kanté, L'Harmattan-Sénégal, 2017, pp. 425-471.

KEBE Abdou Aziz Dabah, « Les techniques d'interprétation du juge constitutionnel sénégalais », Afrilex, 2021, 33 p.

KELSEN Hans, « La garantie juridictionnelle de la Constitution », RDP, 1928, pp. 198-257.

KEUTCHA TCHAPNGA Célestin, « Le juge constitutionnel, juge administratif au Bénin et au Gabon ? », RFDC, 2008/3, n° 75, pp. 551-583.

KEUDJEU DE KEUDJEU John Richard, « L'effectivité de la protection des droits fondamentaux en Afrique subsaharienne francophone », Revue CAMES/SJP, n° 001/2017.

KHOUMA Ousmane, « La sincérité du scrutin présidentiel devant les juridictions constitutionnelles africaines (les exemples du Bénin, de la Côte d'Ivoire, du Mali et du Sénégal) », Afrilex, 2013, p. 32.

KLEINFELD Rachel, DE GRAMONT Diane, « Démocratie, bonne gouvernance et état de droit » *in* Leanne MACKEY, V*ers une culture de l'État de droit. Exploration des réponses efficaces aux défis de Justice et de Sécurité. Guide pratique*, United States Institute of Peace, Washington D.C., 2015, p. 34.

KNAUB Gilbert, « Le Conseil constitutionnel et la régulation des rapports entre les organes de l'État », RDP, 1983, p. 1149 et s.

KOKOROKO Dodzi Komlan, « L'apport de la jurisprudence constitutionnelle africaine à la consolidation des acquis démocratiques. Les cas du Bénin, du Mali, du Sénégal et du Togo », Revue béninoise des sciences juridiques et administratives, n° 18, 2007, p. 97 et s.

KOUA Éric-Samuel et MOUKETE EKOUME, « Observations sur la Décision n° 1/C/2024 du 15 février 2024 du Conseil constitutionnel sénégalais : Vérité en deçà des Pyrénées, erreur au-delà ? », www.ceracle.com_(consulté en mars 2024).

KPODAR Adama, « Réflexions sur la justice constitutionnelle à travers le contrôle de constitutionnalité de la loi dans le nouveau constitutionnalisme : le cas du Bénin, du Mali, du Sénégal et du Togo », RBSJA, n° 16, p. 104 et s.

KPODAR Adama, « Politique et ordre juridique : les problèmes constitutionnels posés par l'accord de Linas-Marcoussis du 23 janvier 2003 », RRJ-Droit prospectif, 2005, n° 4-II, pp. 2503-2526.

KPODAR Adama, « Bilan sur un demi-siècle de constitutionnalisme en Afrique noire francophone », *Afrilex*, 2012, p. 12.

KPODAR Adama, « Cinquante ans de théorie constitutionnelle en Afrique noire francophone », communication lors du colloque international de Cotonou, 8, 9 et 10 août 2012 sur *La Constitution béninoise du 11 décembre 1990 : un modèle pour l'Afrique ?* Mélanges en l'honneur de Maurice Ahanhanzo-Glélé, Paris, L'Harmattan, 2014, pp. 89-126.

KPODAR Adama, « La régulation de l'État dans la théorie du droit public et de la science politique » *in* Mamadou Badji et Saidou Nourou Tall, Les transformations de l'État, Mélanges en l'honneur de Babacar Guèye, FSJP/UCAD et Presses de l'Université de Toulouse Capitole I, novembre 2019, pp. 349-366.

KPODAR Adama et KOKOROKO Dodzi, « La Cour Constitutionnelle du Bénin peut-elle soumettre, aux « Options fondamentales de la Conférence nationale », le peuple souverain dans l'exercice de son pouvoir de révision ? Commentaire croisé de la Décision DCC 11-067 du 20 octobre 2011 de la Cour Constitutionnelle du Bénin », Annuaire béninois de Justice constitutionnelle (ABJC), Revue de contentieux constitutionnel, I-2013.

KPODAR Adama et MONEMBOU Cyrille, « La pyramide des normes entre l'interne et l'externe : quand le droit communautaire courbe l'échine devant le droit national contraire », Revue Constitution et Consolidation de l'État de droit et des Libertés fondamentales en Afrique. 2020 N° 2 et 3/SEMESTRIEL

LABAYLE Henri, « Question prioritaire de constitutionnalité et question préjudicielle : ordonner le dialogue des juges ? », RFDA, n° 4, 2010, pp. 659-678.

LAFAIX Jean-François, « L'injonction au principal : une simplification de l'exécution ? », *Civitas Europa*, 2017/2, (n° 39), pp. 109-128.

LAFERRIERE Julien, « La coutume constitutionnelle, son rôle et sa valeur en France », RDP 1944, p. 44 et s.

LAVROFF Dimitri Georges, « Régimes militaires et développement politique en Afrique noire », RFSP, 22e année, n° 5, 1972, pp. 973-991.

LANGLOIS Raynaud, « L'application des règles d'interprétation constitutionnelle », in *Les Cahiers de droit*, 1987, 28(1), pp. 207-221. https://doi.org/10.7202/042801ar (consulté en janvier 2024).

LANGENFELD Christine, « La jurisprudence récente de la Cour constitutionnelle allemande relative au droit de l'Union européenne », *Titre VII*, Les Cahiers du Conseil constitutionnel, [en ligne], n° 2, *De l'intégration des ordres juridiques : droit constitutionnel et droit de l'Union européenne*, avril 2019.

URL : https://www.conseil-constitutionnel.fr/publications/titre-vii/la-jurisprudence-recente-de-la-cour-constitutionnelle-allemande-relative-audroit-de-l-union.

LATH YEDOH Sébastien, « La production constitutionnelle en période de crise dans les États d'Afrique : crise du constitutionnalisme ou constitutionnalisme de crise ? », *in* Francisco MÉLÈDJE DJEDJRO, Martin BLÉOU (dir.), Mélanges offerts à Francis Vangah WODIÉ, Toulouse, Presses de l'Université Toulouse 1 Capitole, 2016, 568 p, (pp. 337-359).

LATH YEDOH Sébastien, « L'évolution des modalités du contrôle de constitutionnalité des lois dans les États d'Afrique noire francophone », in Oumarou NAREY (dir.), *La justice constitutionnelle*, Paris, L'Harmattan, 2016, pp. 43-64.

LE BOT Olivier, « Le droit au recours comme garantie des droits fondamentaux : l'article 8 de la Déclaration universelle des Droits de l'Homme », *Cahiers de la Recherche sur les Droits fondamentaux*, n° 7, 2009, pp. 108-116.

LE QUINIO Alexis, « La motivation des décisions du Conseil constitutionnel au prisme du modèle ibéro-américain », *Nouveaux Cahiers du Conseil constitutionnel*, 2017/2, (n° 55-56), pp. 33-43.

LEMAIRE Félicien, « Les conventions de la constitution dans le système français », RFDC, 1998, pp. 451-515.

LENOIR Noëlle, « Le nouvel ordre constitutionnel en Afrique du Sud », *Cahiers du Conseil constitutionnel*, n° 1, décembre 1996.

LETOURNEUR Maxime, « Les principes généraux du droit et la jurisprudence du Conseil d'État », EDCE 1951, p. 19.

LIET-VEAUX Georges, « La 'fraude à la constitution' : essai d'une analyse juridique des révolutions communautaires récentes », Revue du droit public, 1943, p. 116.

LOGO Yawo Kakaty, « Les mésententes politiques et le droit constitutionnel en Afrique noire francophone », Afrilex, novembre 2018, www.http://afrilex.u-bordeaux4.fr.

LOSCHAK Danièle, « Le principe de légalité. Mythes et mystification », AJDA, septembre 1987, pp. 387-392.

LUCHAIRE François, « Brèves remarques sur une création du Conseil constitutionnel : l'objectif de valeur constitutionnelle », Revue française de droit constitutionnel 2005/4 (n° 64), pp. 675-684.

LY Djibril, « La Charte africaine des Droits de l'Homme et des Peuples », Recueil de l'IIDH, Strasbourg, 27e Session d'enseignement, 1996.

MAGNON Xavier, « Qu'est-ce qu'instruire le procès constitutionnel ? », in Xavier Magnon et al., *Les pouvoirs d'instruction des juridictions constitutionnelles et la formation de l'intime conviction des juges constitutionnels*, Aix-en-Provence, PUAM, 2015, pp. 9-12.

MALAURIE Philippe, « L'intelligibilité des lois », Pouvoirs, 2005, n° 114, pp. 131-137.

MAMBO Paterne, « Les rapports entre la constitution et les accords politiques dans les États africains : réflexion sur la légalité constitutionnelle en période de crise », Revue de droit de McGill, 2012, n° 57, pp. 921-949.

MANIATIS Antoine, « La justice constitutionnelle béninoise », *Pro Justitia*, t.4 (2021), 13 p.

MANIN Bernard, *« The emergency Paradigm and the new Terrorism. What if the end of terrorism was not in sight ? » in* Sandrine Baume, Fontana Biancamaria (eds), Les usages de la séparation des *pouvoirs*, Paris, Michel Houdiard, 2008, pp 135-171.

MARTENS Paul, « L'irrésistible ascension du principe de proportionnalité », X, Présence du droit public et des droits de l'homme, Mélanges offerts à Jacques Velu, Bruxelles, Bruylant, 1992, pp. 49-68.

MARTIN Michel-Louis, « Armée et politique : cycle de vie du militarisme en Afrique noire francophone » *in* Daniel Bach et Anthony Kirk-Greene (ed.), État et Sociétés en Afrique francophone, Paris, Economica, 1993.

MASSINA Palouki, « De la souveraineté des Conférences nationales africaines », Revue congolaise de Droit, n° 15 et 16, janvier-décembre 1994, pp. 7-36.

MASSINA Palouki, « Le coup d'État, déshonneur et bienveillance », www.afrilex.u-bordeaux4.fr.

MASTOR Wanda, « La motivation des décisions des Cours constitutionnelles », Annuaire international de justice constitutionnelle, 2012.

MATHIEU Bertrand, « La part de la loi, la part du règlement. De la limitation de la compétence parlementaire à la limitation de la compétence législative », Pouvoirs 2005/3, n° 114, pp. 73-87.

MATHIEU Bertrand, « Le Conseil constitutionnel, « législateur positif » ou la question des interventions du juge constitutionnel français dans l'exercice de la fonction législative », RIDC 2-2010, pp. 507-531.

MAZEAUD Pierre, « L'erreur en droit constitutionnel », Intervention de Monsieur le Président du Conseil constitutionnel, Colloque à l'Institut de France : *« L'erreur »*, les mercredi 25 et jeudi 26 octobre 2006, 26 p, www.conseilconstitutionnel.fr.

MBENGUE Adja, « Propos sur l'empirisme procédural dans le contrôle de constitutionnalité a priori. Le cas des « portes étroites », Jus Politicum, n° 22, « Histoire constitutionnelle », juillet 2019, pp. 185-209.

MBODJ El Hadji, « Le contrôle parlementaire de l'Exécutif », Colloque « *Le Parlement dans la consolidation de la démocratie au Sénégal* », Fondation Friedrich Naumann/Institut des Droits de l'Homme et de la Paix, (Mbour19-22 novembre 1997), 15 p.

MBODJ El Hadji, « La Constitution de transition et la résolution des conflits en Afrique. L'exemple de la République démocratique du Congo », RDP, 2010, n° 2, pp. 441-471.

MBOUENDEU Jean de Dieu, « La brève et malheureuse expérience du régime parlementaire par les États africains », RJPIC, volume 33, n° 4, 1979, pp. 451-465.

MEDE Nicaise, « La fonction de régulation des juridictions constitutionnelles en Afrique francophone », Annuaire international de justice constitutionnelle, 23-2007, 2008. *Constitution et liberté d'expression - Famille et droits fondamentaux*, pp. 45-66.

MEL Agnero Privat, « La réalité du bicéphalisme du pouvoir exécutif ivoirien », RFDC, é008/3, no 75, pp. 413-449.

MELEDJE DJEDJRO Francisco, « Le système politique ivoirien dans la géopolitique ouest-africaine », RDP, n° 3-2006, pp. 701-713.

MELEDJE DJEDJRO Francisco, « Le contentieux électoral en Afrique », Pouvoirs, n° 129, avril 2009, pp. 139-155.

MELEDJE DJEDJRO Francisco, « Faire, défaire et refaire la constitution en Côte d'Ivoire : un exemple d'instabilité chronique », *in* Charles Fombad, Christina Murray, (eds), *Fostering constitutionalism in Africa*, Pretoria University Law Press, 2010, pp. 309-339.

MELEDJE DJEDJRO Francisco, « Constitution et urgence ou le lien entre les contestations violentes de l'ordre constitutionnel et la régulation constitutionnelle des crises », Revue ivoirienne de droit, n° 42, 2011.

MELEDJE DJEDJRO Francisco, « Les arrangements politiques et la constitution : le droit constitutionnel de crise », *in* Droit constitutionnel, 9e édition, ABC, Abidjan, 2012, p. 237 et s.

MELEDJE DJEDJRO Francisco, « Les révisions des constitutions dans les États africains francophones. Esquisse de bilan », Revue du Droit public et de la Science politique en France et à l'étranger, n° 1, 1992, pp. 111-134.

MELLERAY Fabrice, « Le droit administratif doit-il redevenir jurisprudentiel ? Remarques sur le caractère paradoxal de son caractère jurisprudentiel », AJDA 2005, p. 637.

MENGUE ME ENGOUANG Fidèle, « La publicité des lois et règlements au Gabon », Revue Penant n° 788-789, 95e année, juillet, décembre 1985, pp. 262-276.

MENGUE-MBOUE Emile, « La juridiction constitutionnelle et la construction de l'État de droit en Afrique noire francophone : l'exemple du Conseil constitutionnel camerounais », Revue Constitution et Consolidation, n° 002,2020, pp. 131-165.

MENY Yves, « Les conventions de la constitution », Pouvoirs, 1989, n° 50, pp. 53-68.

MESSAGE Hervé, « Peut-on mesurer le pouvoir budgétaire du Parlement ? », Revue française des Finances publiques, n° 41, 1993, pp. 14-29.

METOU Brusil Miranda, « Existe-t-il une hiérarchie entre les normes constitutionnelles ? », Afrilex, février 2019, 32 p.

MILLARD Éric, « Hauriou et la théorie de l'institution », *Droit et Société* , année 1995, n° 30-31 , pp. 381-412.

MIRANDA Jorge, « Le contrôle et les limites de la révision de la Constitution », AIJC, Paris, Economica, XX-2004, pp. 441-457.

MODERNE Franck, « La déclaration de constitutionnalité sous réserve », in *Le Conseil constitutionnel et les partis politiques*, Paris, Economica, PUAM, 1987.

MODERNE Franck, « Actualité des principes généraux du droit », RFDA 1998, p. 495.

MODERNE Franck, « Légitimité des principes généraux du droit et théorie du droit », RFDA 1999, p. 722.

MOLEUR Bernard, « L'indigène aux urnes. Le droit de suffrage et la citoyenneté dans la colonie du Sénégal », Annales africaines, 1989-1990-1991, p. 43.

MOMO Claude F. et GATSI, Éric-Adol T. « L'exécutif dualiste dans les régimes politiques des États d'Afrique noire francophone », Les Annales de droit [En ligne], 14 | 2020, consulté le 04 janvier 2024. URL : http://journals.openedition.org/add/1898

DOI : https://doi.org/ 10.4000/add.1898.

MOLLION Gregory, « Les garanties légales des exigences constitutionnelles », Revue française de droit constitutionnel 2005/2 (n° 62), pp. 257-289.

MORANGE Jean, « Droit civil et politique », in Dénis ALLAND et Stéphane RIALS (dir.), Dictionnaire de la culture juridique, Paris, PUF, coll. « Quadrige », 2003, pp. 536-538.

MORVAN Patrick, « Principes », in Dénis ALLAND et Stéphane RIALS (dir.), Dictionnaire de la culture juridique, Paris, PUF, 2003, p. 1203.

MOUELLE-KOMBI Narcisse, « Les dispositions relatives aux conventions internationales dans les nouvelles Constitutions des États francophones d'Afrique », RJPIC 2003, n° 1, pp. 5-38.

MOUZET Pierre, « Les revirements du Conseil constitutionnel », RDP, 2003, n° 1, pp. 1639-1703.

MOYEN Godefroy, « L'exécutif dans le nouveau constitutionnalisme africain : les cas du Congo, du Bénin et du Togo », Annales de l'université Marien-Ngouabi, vol. 10, n° 3, 2009, pp. 40-68.

NAHM-TCHOUGLI Guy Mipamb, « Le juge constitutionnel face aux normes communautaires », consulter à l'adresse *http://www.courconstitutionnelle.tg/cour/?page_id=1235*.

NAHM-TCHOUGLI Guy Mipamb, « La problématique de la qualité des décisions rendues par les juridictions constitutionnelles », Quinzième session de formation de l'AA-HJF, Porto Novo, 24-26 juillet 2023, 20 p.

NAHM TCHOUGLI Guy Mipamb, « L'exception d'inconstitutionnalité en droit togolais », consultable sur http://www.courconstitutionnelle.tg

NAREY Oumarou, « La suprématie de la Constitution en période de crise (Niger) », 23 p., 7e Congrès de l'Association des Cours Constitutionnelles ayant en Partage l'Usage du Français (ACCPUF) – *La suprématie de la constitution, 3e session de travail : les situations de conflits ou de concurrence entre la Constitution et les normes internationales* (www.accf-francophonie.org).

NAREY Oumarou, « L'ordre constitutionnel », in Mélanges dédiés au Doyen Francis V. WODIE, p. 399 et s.

NDIAYE Ameth, « La difficulté d'être du juge constitutionnel en Afrique », Mélanges en l'honneur du professeur Dominique Rousseau, *op. cit.*, pp. 931-943.

NDIAYE Isaac Yankhoba, « L'art de mal légiférer » (Propos irrévérencieux sur certains textes de loi) », *Revue EDJA*, *Revue de l'association sénégalaise de droit pénal*, juillet-décembre 1995, pp. 53-62.

NDIAYE Sidy Alpha, « Le pouvoir d'injonction du juge constitutionnel en Afrique noire francophone », www.ceracle.com (consulté en décembre 2023).

NDIONE DIAGNE Ndeye Seynabou Diop, « Le pouvoir prétorien de régulation du Conseil constitutionnel sénégalais : à propos de la décision n° 60/E/2024 du 5 mars 2024 », disponible sur le site www.ceracle.com (consulté en mars 2024).

NGANGO YOUMBI Éric, « Les normes non écrites dans la jurisprudence des juridictions constitutionnelles négro-africaines », RAMRES/SJP, 2019, www.publication.lecames.org (consulté en novembre 2023).

NGUELE ABADA Marcelin, « Le contrôle de constitutionnalité des lois au Cameroun », *in* Alain ONDOUA (dir.), La Constitution camerounaise du 18 janvier 1996. Bilans et perspectives, Yaoundé, Afrédit, 2007, pp. 45-82.

NGWE Luc, « Le Premier ministre dans les mutations politiques des États d'Afrique francophone : retour sur des expériences de formalisation d'un rôle et d'un ordre politiques », Afrika Spectrum, 41(1), 2006, pp. 7-34, https://nbn-resolving.org/urn:nbn:de:0168-ssoar-10467 (consulté en décembre 2023).

NIRMAL Nivert, « Le statut de la loi référendaire à l'épreuve du contrôle de constitutionnalité. Contradictions et perspectives », Revue juridique de l'Océan indien, 2010, pp. 119-139.

NKOUE Eléazar Michel, « L'incompétence du juge constitutionnel dans les États d'Afrique noire francophone : Les cas du Cameroun, de la Cote d'ivoire et du Sénégal », Revue des Réflexions constitutionnelles, Ouagadougou, n° 032, avril 2023, pp. 1-30.

NZOUANKEU Jacques Mariel, « Les domaines respectifs de la loi et du règlement en Droit sénégalais », R.I.P.A.S. n° 11, Dakar, octobre-décembre 1984.

OLIVA, Éric, « La constitutionnalisation du droit d'amendement », *in* Association française de Droit constitutionnel, La *constitutionnalisation des branches du droit*, Paris, Economica, 1998, pp. 87-103.

ONDO Telesphore, « L'annulation par la Cour constitutionnelle gabonaise de l'ordonnance n° 15/PR/2015 du 11 août 2015 portant organisation et fonctionnement de la justice : essai d'analyse d'une décision controversée », 9 p. www.la-constitution-en-afrique.org, (consulté en juin 2024).

ONDOUA Alain, « La jurisprudence internationale des juridictions constitutionnelles des États d'Afrique noire francophone », in Oumarou Narey (dir.), La justice constitutionnelle, *op. cit.*, pp. 293-303.

ONDOUA Jean Zeh, « La répartition du contentieux des actes juridiques entre les juges constitutionnel et administratif au Gabon », Afrique Juridique et politique, Revue du CERDIP, volume 3, numéros 1 et 2, janvier-décembre 2008, pp. 78-103.

OUEDRAOGO Djibrihina, « Quand le Conseil constitutionnel ivoirien consacre le contrôle d'« organité » de la loi ordinaire », Afrilex, 2021, 10p, https : // afrilex.u-bordeaux.fr.

OUEDRAOGO Djibrihina, « Le contrôle de constitutionnalité des règlements des assemblées parlementaires dans les États de l'Afrique de l'Ouest francophone », *RFDC* « 2019/1 n° 117.

OUEDRAOGO Emile, « Les normes d'urgence dans les Constitutions des États francophones d'Afrique noire », Annales de l'Université Marien Ngouabi, Sciences juridiques et politiques, volume 18, numéro 2, 2018, pp.59-67, www.annalesumg.org.

OUEDRAOGO Séni Mahamadou, « L'extension de la compétence du juge constitutionnel africain par le biais du droit d'auto-saisine », *Politeia*, la revue de l'AFAAIDC, n° 23, juin 2013, pp. 387- 41

OUEDRAOGO Séni Mahamadou et OUEDRAOGO Djibrihina, « Libres propos sur la transition politique au Burkina Faso : du contexte au texte de la Charte de la transition », disponible sur le site de la Revue électronique Afrilex : www.http://afrilex.u-bordeaux4.fr (consulté en juin 2023).

OULAYE Hubert, « La délimitation de la loi et du règlement en Côte d'Ivoire », Études et Document du Centre ivoirien de Recherches et d'Études juridiques (E.D.C.I.R.E.J), 1986, pp. 35-70.

OULD BOUBOUTT Ahmed Salem, « Les juridictions constitutionnelles en Afrique », Annuaire international de Justice constitutionnelle (AIJC), XIII-1997, pp. 31-45.

OURAGA OBOU Boniface, « Essai d'explication des crises politiques en Afrique », Revue Débats n° 1, janvier 2003 publiée par le CERAP, p. 17.

OWONA Joseph, « Le pouvoir exécutif », Encyclopédie juridique de l'Afrique, Dakar-Lomé-Abidjan, Nouvelles Éditions africaines, 1982, t. I, p. 97 et s.

PASQUINO Pasquale, « Urgence et État de droit : le gouvernement d'exception dans la théorie constitutionnelle », *Les cahiers de la sécurité intérieure*, n° 51, 1er trimestre, 2003, pp. 9-27.

PECH Laurent, « Les dispositions transitoires en droit constitutionnel », RRJ, 1999, p. 1412 et s.

PERLO Nicoletta, « Les constitutions provisoires, une catégorie normative au cœur des transitions constitutionnelles », AFDC, 2014, Atelier F « Transitions constitutionnelles », 33 p.

PERLO Nicoletta, « Les premières récusations au Conseil constitutionnel : réponses et nouveaux questionnements sur un instrument à double tranchant », *Annuaire international de justice constitutionnelle*, n° XXVII, 2011, pp. 61-79.

PERROUD Thomas, « La neutralité procédurale du Conseil constitutionnel », *La Revue des droits de l'homme* [En ligne], 15 | 2019, mis en ligne le 21 décembre 2018, consulté le 24 septembre 2024.
URL : http://journals.openedition.org/revdh/5618 ;
DOI : https://doi.org/10.4000/revdh.5618

PERSON Yves, « L'Afrique noire et ses frontières », Revue d'études politiques africaines, août 1972, pp. 18-43.

PEZANT Jean-Louis, « Les dispositions instituant un système de délimitation des compétences législatives et règlementaires », *in L'écriture de la Constitution de 1958*, P.U.A.M., Economica, 1992, p. 510.

PHILIPPE Xavier, « Le contrôle de proportionnalité exercé par les juridictions étrangères : l'exemple du contentieux constitutionnel », *Rapport au colloque « Les figures du contrôle de proportionnalité », organise a la Faculté de droit et de Science politique, Université « Paul Cezanne » Aix-Marseille III le 4 et 5 juin 2007.*

PHILIPPE Xavier, « Le juge constitutionnel et la proportionnalité en Afrique du Sud », AIJC, 2010.

PINON Stéphane, « Le principe de continuité des services publics : du renforcement de la puissance étatique à la sauvegarde de l'expression démocratique », Revue interdisciplinaire d'études juridiques, 2003/2 Volume 51, pp. 69 -109.

PONTHOREAU Marie-Claire, « La confiance du public dans la justice constitutionnelle à l'ère du populisme. Pistes de réflexion », *AIJC,* 2020, n° 35-2019, pp. 15-20.

PRISO-ESSAWE Samuel-Jacques, « Fondements constitutionnels de l'intégration régionale en Afrique : De l'opérationnalité du concept d'«Unité africaine », UNU-*CRIS Working Papers*, W-2014/11, 24 p., www.cris-unu.edu.

QUIRINY Bernard, « Révisions partielles et révisions totales des Constitutions », *Jus politicum*, Revue de droit politique, 2015, Volume VII, http://juspoliticum.com/uploads/pdf (consulté le 10 octobre 2023).

RABENIRAMY Jaona, « Les forces armées et les crises politiques (1972-2002) », Politique africaine, 2002/2 n° 86, pp. 86-102.

RAJAONO Andrianaivo Ravelona, « La juridiction constitutionnelle à Madagascar ». Annuaire international de Justice constitutionnelle, 8-1992, 1994. Les méthodes de travail des juridictions constitutionnelles. pp. 111-157.

RAMBAUD Romain, « Le Conseil constitutionnel n'écarte pas les lois fiscales du champ du référendum », *L'actualité juridique. Droit administratif*, 16 janvier 2023.

RASSON-ROLAND Anne, « La valeur de la distinction entre autorité absolue et autorité relative de la chose jugée », Annuaire international de justice constitutionnelle, 27-2011, 2012, pp. 593-612.

RAYNAUD Philippe, « Le droit et la Science politique », *Jus Politicum*, n° 2.

RIALS Stéphane, « Réflexion sur la notion de coutume constitutionnelle », Revue administrative, 1979, p. 265 et s.

RIVERO Jean, « Les phénomènes d'imitation des modèles étrangers en droit administratif », Mélanges W-J. Ganshof Van Der Meersch, Bruxelles, Bruylant, 1972, Tome 3.

RIVERO Jean, « État de droit, État du droit » in L'État de droit, Mélanges en l'honneur de Guy Braibant, Paris, Dalloz, 1996, pp. 609-628.

ROMAN Diane, « La justiciabilité des droits sociaux ou les enjeux de l'édification d'un État de droit social », Revue des droits de l'homme, n° 1, 2012, pp. 1-41.

ROUSSEAU Dominique, « Le Conseil constitutionnel et le préambule de 1946 », Revue administrative, 1997, p. 164.

ROUSSILLON Henry, « La saisine du Conseil constitutionnel. Contribution a un débat », RIDC, Volume 54, n °2, avril-juin 2002, p. 495.

ROUX André, « Le discernement du juge constitutionnel dans le contrôle de l'erreur manifeste d'appréciation », in Urbain NGAMPIO (dir.), Le discernement en droit public, Colloque « Le discernement en droit public » Aix en Provence, le 4 décembre 2015, https://www.amu.hal.science/hal-01831828, Submitted on 6 July 2018.

RRAPI Patricia, « « L'incompétence négative » dans la QPC : de la double négation à la double incompréhension », Nouveaux Cahiers du Conseil constitutionnel n° 34, janvier 2012.

SAGESSER Caroline, « Législatif, Exécutif et Judiciaire : les relations entre les trois pouvoirs », Dossiers du CRISP, 2016/2, n° 8, pp.9-71.

SALAMI Ibrahim David, « Le chef de l'État de transition », Revue béninoise de Sciences politiques, vol.01, n° 01, mai 2017, pp. 1-47.

SALAMI Ibrahim David, « Réflexions sur les changements de cap procédural : vers une Cour plus performante ? », *RCC*, 2019, n° 1, pp. 131-161.

SALL Alioune, « Le droit international dans les nouvelles constitutions africaines », R.J.P.I.C., n° 3, sept-déc.1997, pp. 339-352.

SALL Alioune, « Le bicéphalisme du pouvoir exécutif dans les régimes politiques d'Afrique noire : crises et mutations », Revue Penant, n° 825, septembre-décembre 1997, pp. 287-309.

SALL Alioune et FALL Ismaila Madior, « Une Constitution régionale pour l'espace CEDEAO : Le protocole sur la Démocratie et la bonne Gouvernance de la CEDEAO », www.la-constitution-en-afrique.org.

SAM Lyes, « Justice constitutionnelle et régulation des pouvoirs. Réflexions à partir de quelques modèles africains », in, La *régulation serait à mi-chemin entre le conseil et la décision générale et abstraite ».* Colloque des 18 et 19 mai 1990, Faculté de droit de Dijon, *Strategia* n° 13, premier semestre 2020, pp. 18-29.

SAMBA-VOUKA Maria-Nadège, « La saisine des juridictions constitutionnelles dans le nouveau constitutionnalisme en Afrique : les cas du Bénin et du Congo », Annales de la Faculté des Sciences juridiques et politiques de l'Université Marien Ngouabi, 2015-2017, n° 16 (1), pp. 54-71.

SAMUEL Xavier, « Les réserves d'interprétation émises par le Conseil constitutionnel », Accueil des nouveaux membres de la Cour de cassation au Conseil constitutionnel le 26 janvier 2007, www.conseil-constitutionnl.fr (consulté en décembre 2023).

SANTOLINI Thierry, « Les parties dans le procès constitutionnel en droit comparé », Les Cahiers du Conseil constitutionnel, n° 25, juillet 2018.

SCHMITTER Georges, « Étendue et limites du droit au recours juridictionnel », RFDC, 2015/4, (n° 104), pp.935-952.

SCHMITTER Georges, « L'incompétence négative du législateur et des autorités administratives », AIJC, n°5-1989-1991, pp. 137-176.

SENE Biram, « Le traitement de l'exception d'illégalité en droit sénégalais », *in* Diagne Ndèye Madjiguène et Diop El Hadj Omar (dir.), Droit administratif : Convergence ou concurrence des disciplines juridiques ? Mélanges en l'honneur de Demba Sy, Presses de l'Université de Toulouse I Capitole, 2 Tomes, 2020, Tome II, pp. 401-430.

SEURIN Jean-Louis, « Les origines historiques de la séparation des pouvoirs », *in* Mélanges Auby, Paris, 1992.

SEVERINO Caterina, « La réglementation de l'instruction devant le Conseil constitutionnel », Annuaire international de justice constitutionnelle, 2001, *Immunités constitutionnelles et privilèges de juridiction - Interprétation de la Constitution par le juge constitutionnel*, XVII, pp. 87-100.

SIMO Éric, « Les droits économiques et sociaux dans la jurisprudence constitutionnelle africaine », La Revue des droits de l'homme [Online], 23 | 2023, 43 p. URL :
http://journals.openedition.org/revdh/16213 ;
DOI: https://doi.org/10.4000/revdh.16213, (consulté en décembre 2023).

SINDJOUN Luc, « Les nouvelles Constitutions africaines et la politique internationale : contribution à une économie internationale des biens politico-constitutionnels », Études internationales, vol. XXVI, 1995, n° 2, pp. 329-345.

SINDJOUN Luc, « Le gouvernement de transition : éléments pour une théorie politico-constitutionnelle de l'État en crise ou en reconstruction » *in* Mélanges en l'honneur de Slobodan Milacic, Démocratie et liberté : tension, dialogue, confrontation, Bruylant, 2008, pp. 968-1011.

SOBZE Serge François, « L'harmonisation des processus d'intégration en Afrique noire francophone », *Unif. L. Rev.*, 2021, 1-33 doi:10.1093/ulr/unab009 (consulté le 10 octobre 2023).

SOHOUENOU Epiphane, « Les catégories du bloc de constitutionnalité », Revue Constitution et Consolidation (R.C.C.), 2020, n° 2 et 3, pp.7-31.

SOMA Abdoulaye, « Réflexion sur le changement insurrectionnel au Burkina Faso », Revue CAMES, Science juridique et politique, n° 001, 2015.

SOMA Abdoulaye, « La séparation des pouvoirs comme droit fondamental dans le constitutionnalisme contemporain », Revue électronique Afrilex, janvier 2018.

SOMA/KABORE Valérie, « Le contrôle parlementaire du pouvoir exécutif en Afrique subsaharienne », Revue CAMES/SJP, n° 001/2017, pp. 131-154.

SOURANG Moustapha, « Régimes militaires et modernisation politique : nuanciation des théories développementalistes à travers l'exemple du Zaïre », in Annales africaines 1980, pp. 169-199.

SUTTER Gerald, « Utilité et limites des objectifs de valeur constitutionnelle au plan contentieux », in *Titre VII*, avril 2022/1 (N° 8), pp. 44-53, *Dossier : Les catégories de normes constitutionnelles*, Éditions Conseil constitutionnel.

SY Demba, « Les fonctions de la justice constitutionnelle en Afrique », *in* Oumarou Narey (dir.), La justice constitutionnelle, Actes du colloque international de l'Association nigérienne de Droit constitutionnel (ANDC), Paris, L'Harmattan, 2016.

SYDORYK Sacha, « Modifier les décisions constitutionnelles insusceptibles de recours : le cas de la rectification d'erreur matérielle des décisions du Conseil constitutionnel », Rivista Gruppo di Pisa, N° 6, 2023, pp. 265-276.

SYDORYK Sacha, « La rectification d'erreur matérielle dans les décisions du Conseil constitutionnel », RDP, n° 2, mars 2023.

SYLLA Salifou et DIOP Serigne, « Les compétences de la Cour suprême du Sénégal en matière constitutionnelle », *in* Les Cours suprêmes en Afrique (sous la direction de Jean du Bois de Gaudusson et Gérard Conac), Paris, Economica, 1988, Tome 1, pp. 325-336.

TALL Saidou Nourou, « Diversité culturelle et droits collectifs : l'éclairage de la Charte africaine des Droits de l'Homme et des Peuples », in Henri PALLARD et Stamatios TZITZIS (dir.), Actes du Colloque de l'Équipe Personne – Culture – Droit (AUPELF-UREF), Casablanca, 3-8 décembre 1998, Collection Horizons du Droit, Paris, L'Harmattan, 2001.

TALL Saidou Nourou, « Le statut des députés au Sénégal », Revue EDJA, n° 57, avril-mai-juin 2003, pp. 51-75.

TALL Saidou Nourou, « La justice constitutionnelle sénégalaise et le Droit international public », *in* Oumarou Narey (dir.), La justice constitutionnelle. Actes du colloque de l'ANDC, Paris, L'Harmattan, 2016, pp. 21-40.

TALL Saidou Nourou, « Les références au Droit international public dans les Constitutions du Bénin, du Sénégal et du Togo » *in* Koffi Ahadzi-Nonou, Fréderic-Joël Aivo, Dodzi Kokoroko et Adama Kpodar (dir.), Démocratie en question, Mélanges offerts à Théodore Holo, Toulouse, Presses de l'Université Toulouse 1 Capitole, 2017, 612 p.

TALL Saidou Nourou, « De l'externalisation de la gouvernance administrative : les agences exécutives dans les organisations internationales », in Droit sénégalais n° 6, novembre 2007, pp. 61-77.

TALL Saidou Nourou, « Les fondamentaux de l'état de droit et les révisions constitutionnelles en Afrique francophone », Actes du Colloque de Lomé du 14 décembre 2022, Cahiers de l'Association africaine des Hautes Juridictions francophones, Porto-Novo, 2023.

TALL Saidou Nourou, « Coups d'État et Régimes militaires africains : le Droit constitutionnel face aux ordonnances » in Oumarou NAREY (dir.), La construction de l'État en Afrique, Actes de la 3e édition des journées scientifiques de droit constitutionnel, Niamey, du 26 au 28 novembre 2022, pp. 193-208.

TANO Félix, « La constitutionnalisation de l'urgence budgétaire à l'épreuve des crises politiques en Afrique : Côte d'Ivoire, Bénin », RJPIC 2011, vol.65, n° 2, pp. 131-151.

TCHEUWA Jean-Claude, « L'Union africaine et les changements anticonstitutionnels de gouvernement », RRJ, Droit Prospectif, PUAM, 2009, n° 2, pp. 995-1022.

TEBOUL Gérard, « Nouvelles remarques sur la création du droit par le juge administratif dans l'ordre juridique interne », RDP, 2002, p. 1363 et s.

TETANG Franc De Paul, « La normativité des préambules des constitutions des États africains d'expression française », RFDC 2015/4 (N° 104), pp. 953-978.

TETANG Franc de Paul, « À propos de la qualité des décisions du Conseil constitutionnel (Réflexions à la lumière de la jurisprudence récente) », RFDC, 2016/4 (N° 108), pp. E1-E36.

THERON Julien, « La constitutionnalité de la faculté de se saisir d'office soumise à condition », Gazette du Palais, 9 mars 2013, n° 122d5.

THIRIOT Céline, « La place des militaires dans les régimes post - transition en Afrique subsaharienne : la difficile re -sectorisation », Revue internationale de Politique Comparée, vol.15, 2008.

TOKO Patrick Wafeu, « Le juge qui crée le droit est-il un juge qui gouverne ? », *Les Cahiers de droit*, 54(1), 2013, pp. 145-174.

TONI Errol, « Les principes non écrits dans la jurisprudence de la Cour constitutionnelle du Bénin », Revue Afrilex, mars 2020, 30 p.

TONI Errol, « La loi organique béninoise relative aux lois de finances : 25 ans après », www.afrilex.u-bordeaux4.fr (consulté en août 2020).

TOURE Cheickna, « Le système de contrôle des finances publiques au Mali », Afrilex n° 4, 21 p, (www.afrilex.u-bordeaux4.fr).

TOURE Papa Assane, « La procédure constitutionnelle de délégalisation au service de la politique de régulation des loyers : à propos de la décision du Conseil constitutionnel n° 2/C/2023 du 1er février 2023 », en ligne www.ceracle.com, (consulté en octobre 2023).

TOUVET Laurent, « Conclusions sous *CE, 18 décembre 1996, Élections municipales de Vitrolles »*, R.D.P, 1997, p. 592.

TRAORE Paul, « Le juge constitutionnel et le principe de la libre administration des collectivités territoriales : au sujet de l'arrêt N° 2016-05/CC du 05 Mai 2016 de la cour constitutionnelle du Mali », Revue malienne des sciences juridiques, politiques et économiques de Bamako (REMASJUPE), n° 4, 2017, pp.1 01-152.

TROPER Michel, « Réflexions autour de la théorie kelsénienne de l'État », *in La pensée politique de Hans Kelsen, Cahiers de philosophie politique et juridique*, Centre de publications de l'Université de Caen, n° 17, 1990.

TROPER Michel, « Le concept de constitutionnalisme et la théorie moderne du droit », *in* Terrence Marshall (dir.), Théorie et pratique du gouvernement constitutionnel : La France et les États-Unis, La Garenne-colombes, édit. De l'Espace européen, Collection Droit et sciences sociales, 1992, p. 35 et s.

TUEKAM TATCHUM Charles, « Les chartes de transition dans l'ordre constitutionnel des États d'Afrique noire francophone : étude à partir des exemples du Burkina Faso et de la République centrafricaine », Revue CAMES/SJP, n° 001/2016, pp. 25-50.

VEDEL Georges, « Le droit, le fait et la coutume », *Le Monde* du 27 juillet 1968, p.7.

VEDEL Georges, « Le précédent judiciaire en droit public français », Journées de la société de législation comparée, vol. IV, 1984.

VEDEL Georges, « La place de la Déclaration de 1789 dans le bloc de constitutionnalité », in *La Déclaration des droits de l'homme et du citoyen et la Jurisprudence*, Paris, PUF, 1989.

VEDEL Georges, « L'accès des citoyens au juge constitutionnel. La porte étroite », *La vie judiciaire*, n° 2344, mars,1991, pp. 11-17.

VIDAL-NAQUET Ariane, « Les visas dans les décisions du Conseil constitutionnel », RFDC, n° 67, 2006, pp. 535-569.

VIDAL-NAQUET Ariane, « L'état de la jurisprudence du Conseil constitutionnel sur l'incompétence négative », *Nouveaux Cahiers du Conseil constitutionnel* n°46, janvier 2015.

VIDAL-NAQUET Ariane, « La pratique des obiter dicta dans la jurisprudence du Conseil constitutionnel », in Philippe RAINBAULT et Maryvonne HECQUARD-HERON (dir), La pédagogie au service du droit, Presses de l'Université de Toulouse Capitole, LGDJ Lextenso Éditions, 2018, 431 p.

WALINE Marcel, « Les rapports entre la loi et le règlement avant et après 1958 », Revue de Droit Public (RDP) 1959, p. 699.

WANDJI- KANDA Jérôme François, « La déclaration française des Droits de l'Homme et du Citoyen du 26 août 1789 et l'État en Afrique », RFDC, N° 99, 2014/3.

WETSH'OKONDA KOSO Marcel, « L'état d'urgence à l'épreuve du contrôle de constitutionnalité devant la cour constitutionnelle de la République Démocratique du Congo », KAS *African Law Study Library*, Vol.8, n° 1, pp. 13-27.

WODIE Francis, « Le Conseil constitutionnel de Côte d'Ivoire », Nouveaux Cahiers du Conseil constitutionnel n° 40, juin 2013, www.conseil-constitutionnel.fr (consulté en octobre 2023).

YANNAPOULOS Tatiana et MARTIN Dénis, « Régimes militaires et classes sociales en Afrique noire. Une hypothèse », RFSP, vol. XIII, n° 6, 1973, pp. 1239-1266.

YOMBI Steven Modeste, « La protection des droits fondamentaux par les juridictions constitutionnelles dans le néo-constitutionnalisme africain : cas du Bénin et du Gabon », Cahiers africains de droit international, 2019, 35p.

YOUSSOUFA Moussa, « L'autorité du juge constitutionnel français à l'égard de ses partenaires juridictionnels étatiques », in *International Multilingual Journal of Science and Technology (IMJST)*, Vol. 6 Issue 8, August – 2021, pp. 3881-3895.

ZAKI Moussa, « Petites constitutions et droit transitoire en Afrique », RDP, n° 6, 2012, pp. 1667-1696.

ZAKI Moussa, « Droit d'amendement des députés et principe de libre administration des collectivités locales (Observation sous Décision 4/C/2001 du Conseil constitutionnel sénégalais en date du 11 décembre 2001 », revue Afrilex, n° 03/2003, pp. 223-243.

ZAKI Moussa, « Le contrôle de constitutionnalité des lois de finances : serpent de mer ou miroir des ombres ? », in NAREY Oumarou (Sous la direction), *La justice constitutionnelle.* Actes du colloque international de l'Association nigérienne de droit constitutionnel, Paris, L'Harmattan, 2016, pp. 263-290.

ZANON Nicolo, « La polémique entre Hans Kelsen et Carl Schmitt sur la justice constitutionnelle », Annuaire international de justice constitutionnelle, 5-1989, 1991. *Principe d'égalité et droit de suffrage*, pp. 177-189.

ZIMMER Willy, « La loi du 3 juin 1958 : contribution à l'étude des actes préconstituants », RDP, 1995, p. 385.

ZOGO NKADA Simon-Pierre, « Le nouveau constitutionnalisme africain et la garantie des droits socioculturels des citoyens : cas du Cameroun et du Sénégal », Revue française de droit constitutionnel, 2012/4, n° 92.

III. TEXTES NATIONAUX

A) Textes nationaux africains

1) République du Bénin (ex-Dahomey)

Constitution de la République du Dahomey du 28 février 1959.

Loi n° 1960-36 du 26 novembre 1960 portant Constitution de la République du Dahomey (www.sgg.gouv.bj).

Constitution du 11 janvier 1964.

Charte du 1er septembre 1966.

Constitution du 11 avril 1968.

Ordonnance du 26 décembre 1969.

Ordonnance du 7 mai 1970.

Ordonnance n° 77-42 du 9 septembre 1977 portant promulgation de 1a. Loi fondamentale de 1a République populaire du Bénin adoptée le 26 août 1977.

Loi n° 90-32 du 11 décembre 1990 portant Constitution de la République du Bénin.

Loi n° 2019-40 du 7 novembre 2019 portant révision de la Constitution de la République du Bénin.

Loi n° 91-009 du 04 mars 1991 portant Loi organique sur la Cour constitutionnelle, modifiée.

Règlement intérieur de la Cour constitutionnelle en date du 10 août 2022.

2) Burkina Faso *(ex-* République de Haute-Volta)

Constitution de la République de Haute-Volta du 19 mars 1959.

Constitution de la République de Haute-Volta du 30 novembre 1960.

Constitution de la République de Haute-Volta du 29 juin 1970.

Constitution de la République de Haute-Volta du 13 décembre1977.

Constitution du Burkina Faso du 2 juin 1991, révisée par la Loi n° 002/97/ADP du 27 janvier 1997, modifiée.

Loi organique n° 011 -2000/AN du 27 avril 2000 portant composition, organisation, attributions et fonctionnement du Conseil constitutionnel et procédure applicable devant lui.

Règlement intérieur du Conseil constitutionnel adopté le 06 mai 2008.

Loi constitutionnelle n° 003-2012/AN du 11 juin 2012, JOBF, spécial, n° 7, du 25 juillet 2012, p.12.

Charte de la transition signée à Ouagadougou le 13 novembre 2014.

Charte de la Transition signée à Ouagadougou, 1er mars 2022.

Charte de la Transition signée à Ouagadougou, le 14 octobre 2022.

Charte de la Transition, modifiée, 2024.

3) République du Cameroun

Constitution de la République du Cameroun du 4 mars 1960 révisée par la Constitution de la République Fédérale du Cameroun (loi n° 61-24 du 1er septembre 1961).

Constitution de la République du Cameroun du 2 juin 1972, révisée par la loi n° 96-06 du 18 janvier 1996.

Loi n° 2004/004 du 21 avril 2004 portant organisation et fonctionnement du Conseil constitutionnel, modifiée par la loi n° 2012-011 du 21 décembre 2012.

Loi n° 2004/005 du 21 avril 2004 fixant le statut des magistrats du Conseil constitutionnel.

Loi n° 2016/011 du 27 octobre 2016 modifiant et complétant certaines dispositions de la Loi n° 2013/006 portant Règlement intérieur du Sénat (www.camerlex.com, consulté en juillet 2020).

Décret n° 2018/104 du 7 février 2018 portant organisation et fonctionnement du Secrétariat général du Conseil constitutionnel.

Décision n° 01/CC du 17 juillet 2019 portant règlement intérieur du Conseil constitutionnel du Cameroun.

4) République du Congo

Constitution de la République du Congo du 02 mars 1961.

Constitution de la République du Congo du 08 décembre 1963.

Constitution de la République du Congo du 24 juin 1973.

Constitution de la République du Congo du 15 mars 1992.

Acte fondamental du 24 octobre 1997.

Constitution de la République du Congo du 20 janvier 2002.

Règlement intérieur de la Cour constitutionnelle adopté le 11 janvier 2013.

Constitution de la République du Congo du 6 novembre 2015.

Loi organique n° 28-2018 du 7 août 2018 portant organisation et fonctionnement de la Cour constitutionnelle, (JORC, n°33, 2018, p. 1038 et s) modifiée par la Loi organique n°57-2020 du 18 novembre 2020 (JORC n°47(JORC du 26 novembre 2020).

5) République de Côte d'Ivoire

Loi n° 60-356 du 3 novembre 1960 portant Constitution de la République de Côte d'Ivoire.

Acte constitutionnel du 27 décembre 1999.

Ordonnance n° 01/99 PR du 27 décembre 1999 portant suspension de la Constitution et organisation provisoire des pouvoirs publics, Journal officiel de la République de Côte d'Ivoire, n°1 spécial du jeudi 13 janvier 2000.

Loi n° 2000-513 du 1er août 2000 portant Constitution de la République de Côte d'Ivoire.

Décision n° 2008-15/PR du 14 avril 2008 portant modalités spéciales d'ajustements du Code électoral.

Loi n° 2016-886 du 8 novembre 2016 portant Constitution de la République de Côte d'Ivoire (JORCI, 58e année, n° 16, numéro spécial du mercredi 9 novembre 2016, pp. 129-142).

Loi constitutionnelle n° 2020-348 du 19 mars 2020 modifiant la Loi n° 2016-886 du 8 novembre 2016 portant Constitution de la République de Côte d'Ivoire, (JORCI, 62e année, n° 23, numéro spécial du jeudi 19 mars 2020, pp. 329-333).

Loi organique n° 2022-222 du 25 mars 2022 déterminant les règles d'organisation et de fonctionnement du Conseil constitutionnel.

Règlement administratif n° 010/2022/SG du 07 novembre 2022 déterminant la composition, l'organisation et le fonctionnement des services du Conseil constitutionnel.

Règlement intérieur n° 001/2023/CC/SG du 17 janvier 2023 du Conseil constitutionnel.

6) République gabonaise

Constitution de la République gabonaise du 19 février 1959.

Constitution de la République gabonaise du 14 novembre 1960.

Constitution de la République gabonaise du 21 février 1961.

Constitution de la République gabonaise de 1961 révisée le 31 mai 1963, (www.legigabon.com).

Loi n° 29/82 du 24 janvier 1983 autorisant le Président de la République à légiférer par ordonnances pendant la période de l'intercession, (JO n°5 et 6 des 1er et 15 mars 1983, p. 1).

Loi n° 003/91 du 26 mars 1991 portant Constitution de la République gabonaise, modifiée par la loi n°047/2010 du 12 janvier 2011, révisée par la loi n° 001-2018 du 12 janvier 2018 (JORG du 24 au 31 janvier 2018, n° 382, p. 3711).

Loi organique n°9.91 du 26 septembre 1991 sur la Cour constitutionnelle, modifiée par l'Ordonnance n°00005/PR.2018 du 26 janvier 2018.

Loi n° 07/96 du 12 mars 1996 portant dispositions communes à toutes les élections politiques, modifiée par la loi n° 013/2018 du 04 septembre 2018.

Règlement intérieur de la Cour constitutionnelle n° 035/CC/06 du 10 novembre 2006 modifié par le Règlement de procédure de la Cour constitutionnelle n° 047/CC/2018 du 20 juillet 2018.

Loi n° 046/2020 du 11 janvier 2021 portant révision de la Constitution de la République gabonaise, *Journal officiel de la République gabonaise*, n° 98, Quinquies, du 15 janvier 2021, pp. 1-7.

Charte de la Transition du 4 septembre 2023, révisée par la loi n° 001/2023 du 06 octobre 2023 promulguée par décret n° 0016/PT/PR du 06 octobre 2023.

Projet de Constitution soumis pour le référendum du 16 novembre 2024.

Décret n° 0406/PR/MIS du 21 octobre 2024 fixant les modalités des bulletins de vote pour le référendum.

Décret n° 0407/PR/MIS du 21 octobre 2024 portant convocation du référendum.

Décret n° 0408/PR/MIS du 21 octobre 2024 soumettant un projet de Constitution à référendum (JORG, n° 39ter du 21 octobre 2024).

7) République de Guinée

Constitution de la République de Guinée du 10 novembre 1958 (www.univ-perp.fr/constit/gn1958.htm).

Constitution de la République de Guinée du 23 décembre 1990, révisée.

Constitution de la République de Guinée promulguée par décret D/068/PRG/CNDD/SGPRG/2010 du Conseil National de Transition le 19 avril 2010.

Loi n° L/2020/011/2020 du 3 juillet 2020 portant attributions, organisation et fonctionnement de la Cour constitutionnelle.

Charte de Transition du 27 septembre 2021.

8)République de Madagascar

Constitution de la République de Madagascar du 29 avril 1959.

Constitution de la République de Madagascar du 31 décembre 1975.

Convention de la République de Madagascar du 31 octobre 1991.

Décision n° 01-HCC/D4 du 28 juin 1991 portant Règlement intérieur de la Haute Cour constitutionnelle.

Constitution adoptée par référendum du 19 août 1992 et promulguée le 18 septembre 1992.

Ordonnance n° 2001-003 du 18 novembre 2001 portant Loi organique sur la Haute Cour constitutionnelle.

Constitution de la République de Madagascar du 11 décembre 2010 (IVe République), (Textes disponibles sur www.mjp.univ-perp.fr/constit/mg.htm).

Délibération n° 02-HCC/DB du 17 septembre 2021 portant Règlement intérieur de la Haute Cour constitutionnelle.

9) République du Mali

Constitution de la République du Mali du 22 septembre 1960.

Constitution de la République du Mali du 2 juin 1974.

Constitution de la République du Mali adoptée par référendum du 12 janvier 1992 et promulguée par décret n° 92-073/P-CTSP du 27 février 1992.

Loi n° 97-010 du 11 février 1997 portant loi organique déterminant les règles d'organisation et de fonctionnement de la Cour Constitutionnelle ainsi que la procédure suivie devant elle, modifiée par la loi n°011 du 04 mars 2002 et par la loi n° 02-011 du 05 mars 2002.

Délibération du 28 août 2002 adoptant le Règlement intérieur de la Cour constitutionnelle du Mali.

Acte fondamental n° 001/CNSP du 24 août 2020 pour l'organisation provisoire des pouvoirs publics (JORM, spécial n° 15 du 27 août 2020).

Charte de la Transition adoptée par les Forces vives de la Nation le 12 septembre 2020 et promulguée par décret n° 2020-072 du 1er octobre 2020, (JORM, 61e année, spécial n° 17,1er octobre 2020, p. 1).

Constitution de la République du Mali du 22 juillet 2023.

10) République du Niger

Constitution de la République du Niger du 8 novembre 1960.

Constitution de la République du Niger du 24 septembre 1989.

Acte fondamental n° 1/CN du 30 juillet 1990, portant statut de la Conférence nationale.

Acte n° III/CN du 9 août 1991, proclamant les attributs de la souveraineté de la Conférence nationale au Niger.

Constitution de la République du Niger du 26 décembre 1992.

Constitution de la République du Niger du 12 mai 1996.

Ordonnance n° 99-001 du 11 avril 1999 portant organisation des pouvoirs publics pendant la période de transition (JO du 13 avril 1999).

Constitution de la République du Niger du 18 juillet 1999, promulguée par le décret n° 99-320/PCRN du 9 août 1999(Constitution à jour au 22 septembre 2004 avec intégration de la révision opérée par Loi n° 2004-15 du 13 mai 2004, JORN, spécial n°7 du 14 mai 2004).

Constitution de la République du Niger approuvée par référendum du 4 août 2009.

Ordonnance n° 2010-001 du 22 février 2010 portant organisation des pouvoirs publics pendant la période de transition, modifiée par l'Ordonnance n° 2010-005 du 30 mars 2010.

Constitution de la République du Niger approuvée par référendum du 31 octobre 2010 promulguée le 25 novembre 2010 (VIIe République) et révisée par la loi constitutionnelle n° 2017-50 du 6 juin 2017.

Loi organique n° 2012-05 du 19 juin 2012 déterminant l'organisation et le fonctionnement de la Cour constitutionnelle et la procédure suivie devant elle.

Ordonnance n° 2023-01 du 28 juillet 2023 portant suspension de la Constitution et créant le Conseil National de Sauvegarde de la Patrie.

Ordonnance n° 2023-02 du 28 juillet 2023 portant organisation des pouvoirs publics pendant la période de transition.

Règlement intérieur de la Cour constitutionnelle du 14 janvier 2013.

11) République du Sénégal

Constitution de la République du Sénégal du 24 mai 1959.

Constitution de la République du Sénégal du 26 août 1960.

Constitution de la République du Sénégal du 7 mars 1963.

Loi organique n°92-23 du 30 mai 1992 relative au Conseil constitutionnel, modifiée.

Constitution de la République du Sénégal du 22 janvier 2001.

Loi n° *2003-15 du 19 juin 2003* portant révision de la Constitution et instituant un Conseil de la République pour les affaires économiques et sociales.

Loi *n° 2006-37 du 15 novembre 2006* modifiant l'article 33 de la Constitution (*JORS* numéro spécial 6313 du 11 décembre 2006, p. 2003).

Loi *n° 2007-06* du *12 février 2007* créant un *Sénat* (*JORS* numéro 6332 du 10 mars 2007, p. 2387).

Loi *n° 2007-19 du 19 février 2007, modifiant l'article 34 de la Constitution (JORS numéro 6327 du 19 février 2007, p. 2210).*

Loi n° 2007-26 du 25 mai 2007 relative au Sénat (*JORS* n° 6353 du 30 juin 2007, p. 3050).

Lo*i n° 2008-30 du 7 août 2008, modifiant les articles 7, 63, 68, 71 et 82 de la Constitution (JORS numéro spécial 6420 du 8 août 2008, p. 752).*

Loi n° 2008-31 du 7 août 2008 portant suppression du Conseil de la République pour les affaires économiques et sociales (*JORS* numéro spécial 6420 du 8 août 2008, p. 753).

Loi n° 2008-32 du 7 août 2008 portant création du Conseil économique et social (*JORS* numéro spécial 6420 du 8 août 2008, p. 754).

Loi *n° 2008-33 du 7 août 2008* modifiant les articles 9 et 95 et complétant les articles 62 et 92 de la Constitution (*JORS* numéro spécial 6420 du 8 août 2008, p. 754).

Loi n° *2008-34 du 7 août 2008* portant révision de la Constitution (*JORS* numéro spécial 6420 du 8 août 2008, p. 755).

Loi *n° 2008-66 du 21 octobre 2008* portant modification de la première phrase de l'alinéa premier de l'article 27 de la Constitution (*JORS* numéro spécial 6432 du 21 octobre 2008, p. 1039).

Loi *n° 2008-67 du 21 octobre* 2008 portant modification de l'article 62, alinéa premier de la Constitution (*JORS* numéro spécial 6432 du 21 octobre 2008, p. 1040).

Loi *n° 2009-22 du 19 juin 2009* instituant un poste de Vice-président de la République (*JORS* numéro spécial 6475 du 19 juin 2009, p. 651).

Loi n° 2012-16 du 28 septembre 2012 portant révision de la Constitution (*JORS* numéro spécial 6688 du 28 septembre 2012, p. 1187).

Loi n° 2016-10 du 5 avril 2016 portant révision de la Constitution (*JORS* numéro spécial 6926 du 7 avril 2016, p. 505).

Loi *n° 2018-14 du 11 mai 2018* portant révision de la Constitution (*JORS* numéro 7094 du 12 mai 2018.

Loi organique n° 2016-23 du 14 juillet 2016 (JORS n° 6946 du 15 juillet 2016, pp. 927-930).

Loi constitutionnelle n° 2019-10 du 14 mai 2019 portant révision de la Constitution de 2001 (JORS n °7181 du 20 mai 2019, p. 917).

Loi n° 2021-41 20 décembre 2021 portant révision de la constitution (JORS, numéro spécial, du 22 décembre 2021).

Loi organique n° 2019-14 du 28 octobre 2019 modifiant et complétant la loi organique n° 2002-20 du 15 mai 2002, modifiée, portant Règlement intérieur de l'Assemblée nationale, (JORS n° 7219, numéro spécial du mardi 29 octobre 2019).

Loi organique n° 2024-12 du 30 août 2024 modifiant et remplaçant la loi organique n° 2002-20 du 15 mai 2002 portant Règlement intérieur de l'Assemblée nationale, (JORS n°7757 du 30 août 2024).

Décret n° 2021-300 du 25 février 2021 portant approbation du Règlement intérieur du Conseil constitutionnel.

République du Sénégal, Journée du Dialogue national, Rapport général sur les Assises de la Justice, « Réforme et Modernisation de la justice », 28 mai-4 juin 2024, 86 p.

République du Sénégal, Journée du Dialogue national, Synthèse du Rapport général des Assises de la Justice, 28 mai-4 juin 2024, 14 p.

12) République togolaise

Constitution de la République togolaise du 15 avril 1961 (www.jo.gouv.tg).

Constitution de la République togolaise du 5 mai 1963.

Constitution de la République togolaise adoptée par référendum du 30 décembre 1979 et promulguée le 9 janvier 1980.

Constitution de la République togolaise du 14 octobre 1992.

Loi constitutionnelle n° 2019-003 du 14 mai 2019 portant révision de la Constitution de la République togolaise du 14 octobre 1992 (JORT, 64e année, n° 11 ter, du 15 mai 2019, pp. 2-6).

Loi organique n° 2019-023 du 26 décembre 2012 sur la Cour constitutionnelle.

Constitution de la République togolaise du 06 mai 2024(JORT, 69e année, n° 42, numéro spécial du 06 mai 2024).

Règlement intérieur de la Cour constitutionnelle du 15 janvier 2020.

B) Textes étrangers et internationaux

1) France (www.legifrance.fr).

Déclaration des droits de l'homme et du citoyen du 26 août 1789.

Constitution du 3 septembre de 1791.

Constitution du 24 juin 1793.

Constitution du 5 fructidor An III (22 août 1795).

Constitution du 22 frimaire An VIII (25 décembre 1799).

Sénatus-consulte organique de la Constitution du 16 fructidor An X (4 août 1802).

Sénatus-consulte organique de la Constitution des 28 floréals An XII (18 mai 1804).

Charte constitutionnelle du 4 juin 1814.

Charte constitutionnelle du 14 août 1830.

Second Empire, Constitution du 14 janvier 1852.

Troisième République, Lois constitutionnelles :

– Loi du 24 février 1875, sur l'organisation du Sénat ;

– Loi du 25 février 1875, sur l'organisation des pouvoirs publics et,

– Loi du 16 juillet 1875 sur les rapports des pouvoirs publics.

Constitution de la République française du 27 octobre 1946.

Loi-cadre du 23 juin 1956 ou Loi n° 56-619 autorisant le gouvernement à mettre en œuvre les réformes et à prendre les mesures propres à assurer l'évolution des territoires relevant du ministère de la France d'outre-mer, Texte complet in Journal Officiel de la Polynésie Française du 15 août 1957, p.434.

Loi constitutionnelle du 3 juin 1958.

Constitution de la République française du 4 octobre 1958, révisée.

Loi constitutionnelle n° 2008-724 du 23 juillet 2008 de modernisation des institutions de la Ve République, (JORF n° 0171 du 24 juillet 2008).

2) Textes internationaux

CEDEAO, Traité de Lagos du 25 mai 1975 révisé à Cotonou le 24 juillet 1993.

CEDEAO, Protocole A/SP1//12/01 sur la Démocratie et la Bonne Gouvernance additionnel au Protocole relatif au Mécanisme de prévention, de gestion, de règlement des conflits, de maintien de la paix et de la sécurité, Dakar 21 décembre 2001.

Conseil européen du Droit de l'Environnement, Déclaration de Madère sur la gestion durable des ressources en eau, avril 1999, Revue européenne de droit de l'environnement, Vol.3, pp. 359-361 (2000).

Convention d'Aarhus du 25 juin 1998 sur l'accès à l'information, la participation du public au processus décisionnel et l'accès à la justice en matière d'environnement.

OHADA, Traité de Port Louis du 17 octobre 1993 révisé à Québec le 17 octobre 2008.

ONU, Déclaration universelle des Droits de l'Homme, 10 décembre 1948.

ONU, Pacte international sur les droits civils et politiques du 16 décembre 1966.

ONU, Pacte international sur les droits économiques, sociaux et culturels du 16 décembre 1966.

ONU, Convention sur l'élimination de la discrimination à l'égard des femmes du 18 décembre 1979.

ONU, Convention sur les droits de l'enfant du 20 novembre 1989.

OUA, Charte africaine des droits de l'Homme et des peuples, 28 juin 1981.

OUA, Charte africaine des droits et du bien-être de l'enfant, 11 juillet 1990.

UA, Protocole à la Charte africaine des droits de l'Homme et des peuples, relatif aux droits de la femme du 11 juillet 2003.

UA, Charte africaine de la Démocratie, des Élections et de la Gouvernance du 30 octobre 2007.

UEMOA, Traité de Dakar du 10 janvier 1994, révisé en 2003.

UEMOA, Directive n° 01/2009/CM/UEMOA du 26 juin 2009 portant Code de transparence dans la gestion des finances publiques au sein de l'UEMOA.

UEMOA, Directive n° 06/2009/CM/UEMOA du 26 juin 2009 portant loi de finances au sein de l'UEMOA, abrogeant et remplaçant la Directive n° 05/97/CM/UEMOA du 16 décembre 1997 relative aux lois de finances.

UEMOA, Règlement n° 05/CM/UEMOA du 25 septembre 2014 portant harmonisation des règles régissant la profession d'avocat dans l'espace UEMOA.

IV. JURISPRUDENCES.

A) Jurisprudences constitutionnelles.

1) Jurisprudences constitutionnelles africaines.

République du Bénin

Haut Conseil de la République siégeant en qualité de Cour Constitutionnelle, *décision des 21 et 22 février 1991.*

Haut Conseil de la République siégeant en qualité de Cour Constitutionnelle, *Décision 3DC du 02 juillet 1991, Président du Bureau provisoire de l'Assemblée nationale.*

Haut Conseil de la République siégeant en qualité de Cour Constitutionnelle, *décision 6DC du 28 avril 1992.*

Cour constitutionnelle, *Décision DCC 27-94 du 24 août 1994, Président de l'Assemblée nationale* (ordonnances et obligation de consultation de la Cour).

Cour constitutionnelle, *Avis n° CC-001/94 du 1er septembre 1994* (pouvoirs exceptionnels et art.68 de la Constitution du Bénin).

Cour constitutionnelle, Décision *DCC 04-091 du 08 octobre 1994*, sur saisine de la Cour d'appel de Cotonou, Recueil 2004, p. 415.

Cour constitutionnelle, *décision DCC 96-010 du 24 janvier 1996.*

Cour constitutionnelle, *décision des 21 et 22 février 1996, Rachidi Gbadamassi.*

Cour constitutionnelle, *décision DCC-96-067 du 21 octobre 1996.*

Cour constitutionnelle, *décision DCC 98-019 du 20 janvier 1998, Me Féliho Jean.*

Cour constitutionnelle, *décision DCC 98-042 du 14 mai 1998, Louis Ayikpé.*

Cour constitutionnelle, décision *DCC 18-156 du 31 juillet 1998.*

Cour constitutionnelle, *décision DCC 98-080 du 20 octobre 1998.*

Cour constitutionnelle, *décision DCC 99-029 du 17 mars 1999, Clément Houekontin.*

Cour constitutionnelle, *décision DCC 99-036 du 7 juillet 1999.*

Cour constitutionnelle, *Avis CC 00-01 du 7 janvier 2000*, *in* Nicaise MEDE, Les Grandes Décisions de la Cour Constitutionnelle du Bénin.

Cour constitutionnelle, *décision DCC 00-072 du 17 novembre 2000.*

Cour constitutionnelle, *décision DCC 01-005 du 11 janvier 2001.*

Cour constitutionnelle, *décision DCC 01-009 du 11 janvier 2001* (arrestation, traitement inhumain et dégradation de l'état de santé).

Cour constitutionnelle, *Décision DCC 01-021 du 16 mai 2001*, *Association des Parents d'Élèves du CEG de Gbégamey.*

Cour constitutionnelle, *Décision* DCC 01-030 du 17 mai 2001, *Dossou Charles.*

Cour constitutionnelle, décision *DCC 01-096 du 07 novembre 2001.*

Cour constitutionnelle, *Décision* DCC 02-011 du 07 février 2002 *Maître Dossou Robert.*

Cour constitutionnelle, *Décision DCC 02-09 du 14 avril 2002* (publiée dans la Revue de Droit africain n° 24, octobre 2002, Bruxelles, pp. 561-574).

Cour constitutionnelle, *Décision DCC 02-042 du 17 avril 2002, Kakpo Damien Chabi Adebiyi.*

Cour constitutionnelle, *décision DCC 02-52 du 31 mai 2002.*

Cour constitutionnelle, *décision DCC n° 02-058 du 04 juin 2002, Adèle Favi*, note Nicaise MEDE.

Cour constitutionnelle, *Décision DCC 02-097 du 14 août 2002, Chabi Adébiyi, Kakpo Adrien, Tiamiou Julien Joseph et Adjihoda Jérôme*, Recueil 2002, p. 401.

Cour constitutionnelle, Décision DCC 02-144 du 23 décembre 2002, *Loi n° 2002-07portant Code des personnes et de la famille.*

Cour constitutionnelle, *Décision DCC 03-077 du 12 mai 2003, Orou Sego Orou Gabé*, Recueil, 2003, p. 311, citée par Nicaise MEDE.

Cour constitutionnelle, *Décision DCC 03-078 du 12 mai 2003, Gougbedji Cyrille*, Recueil, 2003, p. 322.

Cour constitutionnelle, Décision DCC 03-091 du 4 juin 2003.

Cour constitutionnelle, *DCC 04-051 du 18 mai 2004, Recueil des décisions et avis, 2004, pp. 221-223.*

Cour constitutionnelle, *décision DCC du 02 février 2005.*

Cour constitutionnelle, *décision DCC 05-19 du 3 mars 2005.*

Cour constitutionnelle, Décision DCC 05-029 du 31 mars 2005, *Président de la Haute Autorité de l'Audiovisuel et de la Communication.*

Cour constitutionnelle, *décision DCC 05-043 du 26 mai 2005.*

Cour constitutionnelle, *décision DCC 055-110 du 15 septembre 2005. Etienne Houegni.*

Cour constitutionnelle, *décision DCC 06-37 du 4 avril 2006.*

Cour constitutionnelle, *décision DCC 06-47 du 5 avril 2006.*

Cour constitutionnelle, *décision DCC 06-074 du 8 juillet 2006.*

Cour constitutionnelle, *décision DCC 06-076 du 27 juillet 2006.*

Cour constitutionnelle, décision *DCC 07-124 du 18 octobre 2007, Houekponhoundé Jacob.*

Cour constitutionnelle, décision *DCC 08-066 du 26 mai 2008, Affaire Thierry Ifedola Mahugnon et alii.*

Cour constitutionnelle, *décision DCC 08-072 du 25 juillet 2008, Joseph H. Gnonlonfoun.*

Cour constitutionnelle, *décision DCC 09-002 du 08 janvier 2009 (représentation majorité, minorité).*

Cour constitutionnelle, décision *DCC 09-057 du 21 avril 2009.*

Cour constitutionnelle, *décision DCC 09-066 du 28 mai 2009.*

Cour constitutionnelle, *décision DCC 09-087 du 13 août 2009, Alphonse Menonkpinzon, Atoyo et consorts*, Recueil des décisions et avis, 2009, pp. 432-446.

Cour constitutionnelle, décision *DCC 10-003 du 21 janvier 2010.*

Cour constitutionnelle, *décision DCC 10-049 du 5 avril 2010 (RENA et LEPI).*

Cour constitutionnelle, *décision DCC 10-117 du 8 septembre 2010.*

Cour constitutionnelle, *décision EP11-066 du 14 février 2011.*

Cour constitutionnelle, *décision EP11-014 du 22 février 2011.*

Cour constitutionnelle, *décision DCC 11-065 du 30 septembre 2011, Président de la République et Louis Vlavonou.*

Cour constitutionnelle, *décision EP11-006 du14 février 2012.*

Cour constitutionnelle du Bénin, décision DCC *12-124 du 07 juin 2012, Fidélia A. Apovo.*

Cour constitutionnelle, *décision DCC 12-153 du 4 août 2012.*

Cour constitutionnelle, *décision DCC 13-121 du 10 septembre 2013.*

Cour constitutionnelle, *décision DCC 13-144 du 1er octobre 2013*, sur saisine du Président du Tribunal de première instance de première classe de Cotonou, Recueil 2013, vol.2, p. 898.

Cour constitutionnelle, *décision DCC 14-044 du 27 février 2014.*

Cour constitutionnelle, *décision DCC 14-065 du 03 avril 2014, Affaire Serge Roberto Prince Agbodjan, in* Nicaise MEDE, GDCC.

Cour Constitutionnelle, *décision DCC 16-007 du 07 janvier 2016, Guillaume Kpakpa.*

Cour Constitutionnelle, décision *DCC 16-022 du 28 janvier 2016,*

Cour constitutionnelle, *décision DCC 16-046 du 18 février 2016, Ragid Roméo Loko.*

Cour Constitutionnelle, *décision DCC 16-051 du 21 avril 2016, Waliss Boukary.*

Cour constitutionnelle, *décision DCC 17-034 du 16 février 2017, Barthélemy Sindonou.*

Cour constitutionnelle, *décision DCC 17-172 du 27 juillet 2017, André Hotossé Houlanou.*

Cour constitutionnelle, *décision DCC 17-238 du 16 novembre 2017, Jacques Hougbé* (discrimination subie par le requérant du fait du non-paiement de ses frais de soutenance à l'École Nationale d'Administration et de Magistrature).

Cour constitutionnelle, *Décision DCC 18-031 du 08 février 2018 Mohammed W. Lawani (Directive de* l'UEMOA *sur le code de transparence*).

Cour constitutionnelle, *décision n° DCC-018-065 du 08 mars 2018, affaire Okéchukwu Ezeghu, Chibeike Iréogbu et 32 autres.*

Cour constitutionnelle, *Décision DCC 18-131 du 21 juin 2018* (Code de procédure pénale).

Cour constitutionnelle, *décision DCC18-141 du 28 juin 2018, Souliou Ismaël Adjounvi et Juliette Kayassi* (lois interdisant le droit de grève aux militaires, paramilitaires et autres agents publics des secteurs vitaux).

Cour constitutionnelle, *décision DCC 18-189 du 25 septembre 2018 Gilbert Vétinkpon Kingbé et Ralmeg Gandaho (recours en inconstitutionnalité du décret n° 2017-485 du 02 octobre 2017 définissant les modalités de collaboration des organisations estudiantines avec l'État et les autorités des universités publiques en République du Bénin).*

Cour constitutionnelle, *Décision DCC 18-202 du 11 octobre 2018, Hervé Affoukou* (pour une cour des comptes nationale).

Cour constitutionnelle, *décision DCC18-204 du 11 octobre 2018, Serge Roberto Prince Agbodjan.*

Cour constitutionnelle, *décision DCC 18-262 du 06 décembre 2018, Simplice Amoussou Soudé* (audiences publiques).

Cour constitutionnelle, *décision DCC 19-084 du 28 février 2019, Affaire Hinnouho Mohamed Taofik Atao.*

Cour constitutionnelle, *décision DCC 19-287 du 22 août 2019, Affaire Éric Déwédi.*

Cour constitutionnelle, *décision DCC 19-488 du 17 octobre 2019, Pascal S. Mitowade (interdiction de l'avortement dans le Code pénal et celui de l'Enfant), in* Revue Constitution et Consolidation, 2020, n° 2 et 3/Semestriel, p. 315.

Cour constitutionnelle, *décision DCC49-504 du 06 novembre 2019(loi de révision constitutionnelle).*

Cour constitutionnelle, *décision DCC 20-421 du 09 avril 2020, Macaire Adjoudémé* (plainte contre les Forces armées béninoises pour traitements inhumains, non-assistance à personne en danger, harcèlement dans le service, abus d'autorité et fausse accusation de vol).

Cour constitutionnelle, *décision DCC 20-434 du 30 avril 2020.*

Cour constitutionnelle, décision *DCC 20-641 du 19 novembre 2020, Affaires Boubakar Taweye Maidanda et Éric Déwédi.*

Cour constitutionnelle, *décision* DCC *21-001 du 07 janvier 2021, Bertin Vidandé* (absence de traitements cruels, respect durée légale de la garde à vue et donc, non-violation de la Constitution par le commissaire de police).

Cour constitutionnelle, *décision DCC 21-084 du 11 mars 2021, Charles Sourou Bara* (recours en inconstitutionnalité contre les propos tenus par le préfet du département du Plateau).

Cour constitutionnelle, *décision* DCC *21-087 du 18 mars 2021 Alphonsine Attédé* (garde à vue abusive et contraire à la Constitution).

Cour constitutionnelle, *décision DCC 21-104 du 1er avril 2021, Narcisse Dégila (*abus d'autorité, détention illégale et traitement humiliant et dégradant).

Cour constitutionnelle, *décision n° DCC 22-293 du 06 octobre 2022 Raphaël Ola* (durée supplémentaire de détention arbitraire).

Cour constitutionnelle, *décision DCC 22-384 du 24 novembre 2022 Flora Mahoulikponto* (recours en inconstitutionnalité des traitements infligés à son époux).

Cour constitutionnelle, décision *DCC 23-226 du 10 août 2023, Eudes Houessou Aoulou.*

Cour constitutionnelle, *décision DCC 23-245 du 23 novembre 2023, Christelle M. Mutombo épouse Allognon.*

Cour constitutionnelle, *décision DCC23-255 du 07 décembre 2023 Jared A. Bouté* (détention provisoire abusive, mais pas violation du droit d'être jugé dans un délai raisonnable).

Cour constitutionnelle, *décision DCC 23-254 du 07 décembre 2023 Séverin Kékéssi.*

Cour constitutionnelle, *décision DCC24-01 du 04 janvier 2024, affaire Codjo G. Gbého* (recours pour dysfonctionnement des institutions de la République à l'occasion du parrainage des candidats à l'élection présidentielle de Tannée 2026).

Cour constitutionnelle, *décision DCC 24-110 du 20 juin 2024, Affaire Romuald Gbaguidi (*recours contre le Garde des Sceaux, Ministre de la Justice et de la Législation pour violation de l'article 35 de la Constitution).

Cour constitutionnelle, *décision DCC 24-131 du 04 juillet 2024, Affaire Prosper Allagbé* (recours pour inconstitutionnalité des notes attribuées lors d'un test d'entrée).

Cour constitutionnelle, *décision DCC 24-175 du 12 septembre 2024, Karim Issiaka.*

Burkina Faso

Conseil constitutionnel du Burkina Faso, décision n° 2003-001/CC du 20 mai 2003 *sur la conformité à la Constitution de la loi organique n° 006-2003/AN du 24 janvier 2003 portant loi organique relative aux lois de finances.*

Conseil constitutionnel, *Avis juridique n° 2003-08/CC du 14 avril 2003 sur le statut de Rome de la Cour pénale Internationale.*

Conseil constitutionnel, *décision n° 2007-04/CC du 29 août 2007 sur la requête de la Société EROH aux fins de saisine de l'exception soulevée avant dire droit contre l'article 607, alinéa 2 nouveau du Code de procédure civile.*

Conseil constitutionnel, Décision n° 2018-008/CC du 26 avril 2012.

Conseil constitutionnel, *Décision n° 2014-002/CC/Transition du 16 novembre 2014 portant dévolution à titre transitoire des fonctions du Président du Faso.*

Conseil constitutionnel, Décision n° 2015-010/CC/transition du 30 janvier 2015 sur la conformité à la Constitution et à la Charte de la transition, de la loi organique n° 003-2015/CNT du 23 janvier 2015 portant attributions, composition, organisation et fonctionnement de la commission de la réconciliation nationale et des réformes, in Burkina Faso, Recueil des Décisions du Conseil constitutionnel 2015.

Conseil constitutionnel, *Décision n° 2016-05/CC du 25 mars 2016 sur la conformité à la Constitution de la loi organique n° 073-2015/CNT du 6 novembre 2015 relative aux lois de finances*, *in* Burkina Faso, Recueil des Décisions du Conseil constitutionnel, 2016.

Conseil constitutionnel, *Décision n° 2016-08/CC du 12 juillet 2016 sur l'exception d'inconstitutionnalité de l'article 497-3° du Code de procédure pénale*, *in* Burkina Faso, Recueil des Décisions du Conseil constitutionnel, 2016.

Conseil constitutionnel, *Décision n° 2016-025/CC du 11 novembre 2016 sur la conformité à la Constitution de la loi organique n° 023-2016/AN du 13 octobre 2015 portant retrait de parcelles illégalement acquises sur la période de 1995 à 2015 au Burkina Faso*, *in* Burkina Faso, Recueil des Décisions du Conseil constitutionnel, 2016.

Conseil constitutionnel, *Décision n° 2018-009/CC du 27 mars 2018 sur le recours en inconstitutionnalité des articles 12, 14, 17 et 37 de la loi organique n° 049-2015/CNT du 25 août 2015 portant organisation, composition, attributions et fonctionnement du Conseil supérieur de la magistrature*, *in* Burkina Faso, Recueil des Décisions du Conseil constitutionnel, 2018.

Conseil constitutionnel, *Décision n° 2020-030/CC du 13 novembre 2020.*

Conseil constitutionnel, *Décision n° 2021-006/CC du 08 février 202 (refus d'exception d'inconstitutionnalité soulevée par l'État du Burkina Faso).*

Conseil constitutionnel, *décision n° 2022-004/CC du 8 février 2022 sur la dévolution des fonctions du Président du Faso.*

Conseil constitutionnel, *décision n° 2024-01/CC du 12 janvier 2024 sur la vérification du respect de la procédure de révision de la Constitution pour l'adoption de la loi constitutionnelle n° 045-2023/ALT du 30 décembre 2023 portant révision de la Constitution.*

République du Cameroun

Cour suprême, *Arrêt n° 178 du 29 mars 1972, Mouelle Koula Eitel C/République fédérale du Cameroun.*

Cour suprême, *Arrêt n° 194 du 25 mai 1972, Nana Tchana Daniel C/République fédérale du Cameroun ;* cités par Jean-Mermoz BIKORO et *al.*, Le procès, *op. cit.*

Cameroun, Cour suprême, *arrêt n° 14 du 30 novembre 1978, affaire Moungole Diboussi Léon C/État du Cameroun.*

Cameroun, Cour suprême (statuant à titre provisoire en matière constitutionnelle), *Décision n° 20/CCP du 20 septembre 2011, Affaire Mila Assouté.*

Cameroun, Conseil constitutionnel *n° 14/CE/CC/2018 du 17 août 2018, Affaire* du révérend pasteur *Gaban Midanha Rigobert.*

Cameroun, Conseil constitutionnel, *arrêt n° 24/CE/CC/2018 du 16 octobre 2018, Sieur Maurice Kamto c. Le Conseil constitutionnel.*

Cameroun, Conseil constitutionnel, *décision n° 26/CE/CC2018 du 16 octobre 2018, Sieur Bertin Kisob c. RDPC, ELECAM.*

Cameroun, Conseil constitutionnel, *décision n° 09/CC/SACER du 24 février 2020, Sieur Ottou Dimi (ANDP) c. ELECAM, MINAT et RDPC.*

Cameroun, Conseil constitutionnel, *décision n° 01/CC/SDAC du 09 juillet 2020, Isaac Bissala.*

Cameroun, Conseil constitutionnel, *décision n° 01/CCT/CC do 7 juin 2021, Sieur Joachim Nti c. Le Président de la République, le Président du Sénat, le Président de l'Assemblée nationale et alii.*

Cameroun, Conseil constitutionnel, *décision n° 01/SDAC/CC du 7 septembre 2021, Dénis Emilien Atangana c. Le Président de la République, le Président du Sénat, le Président de l'Assemblée nationale.*

République du Congo

Congo, Cour Suprême, *Avis n° 37/CS/98 du 1er octobre 1998*, note Placide Moudoudou.

Congo, Cour constitutionnelle, *Décision n° 1/DCC/SVE/03 du 30 juin 2003.*

Congo, Cour constitutionnelle, *décision n° 002/DCC/SVA/18 du 13 septembre 2018 sur le recours en inconstitutionnalité de l'article 16 de la loi n° 21-2018 du 13 juin 2018 fixant les règles d'occupation et d'acquisition des terres et terrains.*

Congo, Cour constitutionnelle, *décision n°* 003/DCC/SVA/18 du 3 octobre 2018, *sur le recours en inconstitutionnalité des articles* 13, 16 et 29 *de la loi n° 21-2018 du 13 juin 2018 fixant les règles d'occupation et d'acquisition des terres et terrains.*

Congo, Cour constitutionnelle, *décision n° 002DCC/SVA/19 du 1er février 2019, recours en inconstitutionnalité de l'article 441 alinéa 7, deuxième paragraphe, du code général des impôts issu de la loi n° 36-2011 du 29 décembre 2011 portant loi de finances pour l'année 2012.*

Congo, Cour constitutionnelle, *décision n° 003DCC/SVA/19 du 07 mars 2019, sur le recours en inconstitutionnalité de l'article 21 de la loi n° 12-97 du 12 mai 1997 instituant la taxe sur la valeur ajoutée, issu de la loi n° 40-2018 du 28 décembre 2018 portant loi de finances pour l'année 2019.*

Congo, Cour constitutionnelle, *décision n° 006/DCC/SVA/19 du 13 septembre 2019 sur le recours en inconstitutionnalité du décret n° 2012-698 du 6 juin 2012 portant statut du personnel de l'Université Marien Ngouabi.*

Congo, Cour constitutionnelle, Avis n° 002-ACC-SVC/20 du 30 mars 2020, *www.cour-constitutionnel.cg).*

Congo, Cour constitutionnelle, *décision n° 001/DCC/SVA/20 du 05 juin 2020 sur le recours en inconstitutionnalité de l'article 7 de l'arrêté n° 5610/MID-CAB du 18 mai 2020 relatif au port de masque et au respect des autres mesures barrières dans le cadre de la lutte contre la COVID-19.*

Congo, *Cour constitutionnelle, décision n°003/DCC/SVA/20 du 14 juillet 2020, sur le recours en inconstitutionnalité de l'arrêté n° 4831/MID/CAB du 28 février 2020 portant suspension du président du conseil départemental et municipal, maire de la ville de Brazzaville, et du décret n° 2020-119 du 29 avril 2020 portant révocation du président du conseil départemental et municipal, maire de la ville de Brazzaville.*

Congo, Cour constitutionnelle, *décision n° 004/DCC/SVA/20 du 22 juillet 2020, sur le recours en inconstitutionnalité des articles 121, 128, 135, 136 et 141 de la loi n° 073/84 du 17 octobre 1984 portant code de la famille.*

République de Côte d'Ivoire

Côte d'Ivoire, Cour suprême, Chambre constitutionnelle, *arrêt n° 1 du 9 décembre 1993.*

Côte d'Ivoire, Conseil constitutionnel, Chambre constitutionnelle, *Décision du 23 décembre 1994contrôle de conformité à la Constitution du Traité relatif à l'harmonisation du Droit des affaires en Afrique et portant création de l'OHADA,in* Francisco Meledje Djedjro, Les grands arrêts de la jurisprudence constitutionnelle ivoirienne, *op. cit.*, p. 86.

Côte d'Ivoire, Conseil constitutionnel, *contrôle de constitutionnalité de la Convention du 03 juillet 1996 de l'Union Monétaire Ouest africaine (UMOA), portant création du Conseil Régional de l'Épargne publique et des Marchés Financiers et son annexe, Décision n° L-001/96 du 11 décembre 1996, in* Francisco Meledje Djedjro, Les grands arrêts de la jurisprudence constitutionnelle ivoirienne, *op. cit.*, p. 157.

Côte d'Ivoire, Conseil constitutionnel, *contrôle de conformité à la Constitution des statuts de l'Observatoire des Fonctions publiques africaines (OFPA), Décision n° L-002/97 du 02 avril 1997, in* Francisco Meledje Djedjro, Les grands arrêts de la jurisprudence constitutionnelle ivoirienne, *op. cit.*, p. 179.

Côte d'Ivoire, Conseil constitutionnel, *Décision du 1er septembre 1998.*

Côte d'Ivoire, Conseil constitutionnel, *Décision L 005/98, L006/98, L007/98* du 1er septembre 1998(C*ontrôle de conformité des lois relatives à l'organisation des régions).*

Côte d'Ivoire, Cour suprême, Chambre constitutionnelle, *arrêt n° 15-2001 du 27 février 2001*(contrôle de constitutionnalité de l'Acte constitutif de l'Union africaine) *in* Francisco Meledje Djedjro, Les grands arrêts de la jurisprudence constitutionnelle ivoirienne, *op. cit*., p. 341.

Côte d'Ivoire, Cour suprême, Chambre constitutionnelle, *Demande d'avis de Monsieur le Ministre de la Communication et des Nouvelles Technologies de l'information sur la constitutionnalité de l'ordonnance n° 2000-544 du 2 août 2000 portant statut des Journalistes professionnels, arrêt n° 16-2001 du 22 mars 2001, in* Francisco Meledje Djedjro, Les grands arrêts de la jurisprudence constitutionnelle ivoirienne, *op. cit*., p. 359.

Côte d'Ivoire, Conseil constitutionnel, *Décision CI n° 002/CC/SG du 17 décembre 2003, Situation prévalant en Côte d'Ivoire depuis le 19 septembre 2002, consécutive d'un cas d'atteinte à l'intégrité du territoire*, in Francisco Meledje Djedjro, Les grands arrêts de la jurisprudence constitutionnelle ivoirienne, *op. cit*., p. 456.

Côte d'Ivoire, Conseil constitutionnel, *Avis n° 003/CC/SG du 17 décembre 2003 à propos de la situation en Côte d'Ivoire depuis le 19 septembre 2002, constitutive d'un cas d'atteinte à l'intégrité du territoire.*

Côte d'Ivoire, Conseil constitutionnel, Avis n° 004/CC/SG du 17 décembre 2003.

Côte d'Ivoire, Conseil constitutionnel, *contrôle de conformité à la Constitution du Statut de Rome, de la Cour pénale internationale, Décision CC n° 002*/SG/CC du 17 décembre 2003.

Côte d'Ivoire, Conseil constitutionnel, *Décision n° CI-2018 C/SG du 17 décembre 2003*, *in* Francisco Meledje Djedjro, Les grands arrêts de la jurisprudence constitutionnelle ivoirienne, *op. cit.*, p.456.

Côte d'Ivoire, Conseil constitutionnel, *Décision n° CI-2005-013/CC/SG du 15 novembre 2005.*

Côte d'Ivoire, Conseil constitutionnel, *Décision n° CI-2010-EP-034/03-12/CC/SG du 03 décembre 2010 portant proclamation des résultats définitifs de l'élection présidentielle du 28 novembre 2010.*

Côte d'Ivoire, *Conseil constitutionnel, Décision n° CI-2010-EP-03/03-12/CC/SG du 6 décembre 2010.*

Côte d'Ivoire, Conseil constitutionnel, *décision n° CI-2011-EP-036/04-05/CC/SG du 04 mai 2011 portant proclamation de Monsieur Alassane Ouattara en qualité de Président de la République de Côte d'Ivoire.*

Côte d'Ivoire, Conseil constitutionnel, *Décision n° 2012-13/27-03/CC/SG sur les articles 256 à 266 du Code des assurances de la CIMA.*

Côte d'Ivoire, Conseil constitutionnel, *Avis n° CI-2014-A-137/10-06/ CC/SG du 10 juin 2014.*

Côte d'Ivoire, Conseil constitutionnel, *Décision n° CI-2014-142/23-12/CC/SG du 23 décembre 2014 relative au contrôle de constitutionnalité du Protocole sur les amendements à l'Acte constitutif de l'Union africaine, adopté le 03 février 2003 à Addis-Abeba (Éthiopie) et le Protocole adopté le 11 juillet 2003 à Maputo (Mozambique), in* Recueil des décisions et avis du Conseil constitutionnel 2013-2016.

Côte d'Ivoire, Conseil constitutionnel, *Décision n° CI-2015-14/30-04/ CC/SG du 30 avril 2015.*

Côte d'Ivoire, Conseil constitutionnel, *Décision n° CI-2017-308/11-04/ CC/SG du 1er avril 2017 relative au recours en exception d'inconstitutionnalité.*

Côte d'Ivoire, Conseil constitutionnel, *Décision n° CI -2017-308/11-04/CC/SG du 11 avril 2017 relative au recours en exception d'inconstitutionnalité de l'annexe fiscale de la loi de finances rectificative n° 2015-636 du 17 septembre 2015 portant modification du budget de l'État pour l'année 2015.*

Côte d'Ivoire, Conseil constitutionnel, *Avis n° CI -2017-A-313/19-12/ CC/SG du 19 décembre 2017, demandé par le Président de l'Assemblée nationale.*

Côte d'Ivoire, Conseil constitutionnel, *Décision n° CI-2018 -002/DCC/19-03/CC/SG du 19 mars 2018 relative au recours en inconstitutionnalité de l'ordonnance n° 2012-293 du 21 mars 2012 relative aux Télécommunications et aux Technologies de l'Information et de la Communication.*

Côte d'Ivoire, Conseil constitutionnel, *Décision n° CI-2018 -005/DCC/03-07/CC/SG du 03 juillet 2018 relative à la requête de la Société pour la promotion de l'Habitat, de l'immobilier et de l'Aménagement dite Sophia S.A., de Messieurs Touré Ahmed Bouah et Sahiri Patrice et Maître Touré Kadidi.*

Côte d'Ivoire, Conseil constitutionnel, *Décision n° CI-2018 -006/DCC/04-07/CC/SG du 04 juillet 2018 relative à la requête de la Société Corporate Elite Group.*

Côte d'Ivoire, Conseil constitutionnel, *Décision n° CI-2019-004/DCC/25-06/CC/SG du 25 avril 2019.*

Côte d'Ivoire, Conseil constitutionnel, *Décision n° CI-2019-003/DCC/21-05/CC/SG du 21 mai 2019.*

Côte d'Ivoire, Conseil constitutionnel, *Décision n° CI-2019-004/DCC/25-06/CC/SG du 25 juin 2019.*

Côte d'Ivoire, Conseil constitutionnel, *Décision n° CI-2020-011/DCC/24-11//CC/SG du 24 janvier 2020.*

Côte d'Ivoire, Conseil constitutionnel, *Décision n° CI-2020-001/DCC/04-02/CC/SG du 04 février 2020, relative à la requête aux fins de contrôle de constitutionnalité des articles 354 et 355 anciens du Code pénal.*

Côte d'Ivoire, Conseil constitutionnel, *décision CI-2020-002/DCC/19-03/C/SG du 19 mars 2020 relative à la loi de révision de la loi n° 2016-886 du 8 novembre 2016 portant Constitution de la République de Côte d'Ivoire,* JORCI n° 23 du jeudi 19 mars 2020.

Côte d'Ivoire, Conseil constitutionnel, *Avis n° CI-2020-004/A/07-04/ CC/SG du 07 avril 2020, relatif à la demande d'avis sur le report de la date de la cérémonie d'ouverture de la session ordinaire du Sénat au titre de l'année 2020.*

Côte d'Ivoire, Conseil constitutionnel, *Décision n° CI-2020-005/DCC/07-05/CC/SG du 07 mai 2020, relative à la requête de Monsieur Grah*

Ange Olivier tendant à soulever l'inconstitutionnalité des articles 51 à 57 de la loi n° 78-662 du 04 août 1978 portant statut de la magistrature.

Côte d'Ivoire, Conseil constitutionnel, *Décision n° CI-2020-006/DCC/14-05/CC/SG du 14 mai 2020, relative à la requête de Messieurs Soro Kigbafori Guillaume et Koné Kamaraté Souleymane tendant à soulever l'inconstitutionnalité de la loi constitutionnelle n° 2020-348 du 19 mars 2020.*

Côte d'Ivoire, Conseil constitutionnel, *Décision n° CI-2020-011/DCC/24-11/CC/SG du 24 novembre 2020, relative à la requête du Président de la République aux fins de contrôle de constitutionnalité de la loi organique portant composition, attributions et fonctionnement de la Chambre nationale des Rois.*

Côte d'Ivoire, *Conseil constitutionnel, Décision n° CI-2021-001/DCC/12-01/CC/SG du 12 janvier 2021, relative à la requête de la société Maersk Côte d'Ivoire aux fins de contrôle de constitutionnalité de l'article 8 de la loi n° 2018-974 du 27 décembre 2018 portant statut des commissaires de justice.*

Côte d'Ivoire, Conseil constitutionnel, *Avis n° CI-2021-144/A/12-07/CC/SG du* 12 *juillet 2021 relatif à la demande de Monsieur le Ministre de l'Économie et des Finances aux fins de vérifier la Conformité à la Constitution de l'Ordonnance n° 2021-343 du 07 juillet 2021 portant augmentation du montant des EUROBONDS au titre du budget de l'État pour la gestion 2021* (fonction de régulation).

Côte d'Ivoire, Conseil constitutionnel, *Décision n° CI-2022-001/DCC/23-03/CC/SG du 23 mars 2022 relative à la requête du Président de la République tendant au contrôle de conformité à la Constitution de la loi organique fixant les attributions, l'organisation et le fonctionnement du Médiateur de la République.*

Côte d'Ivoire, Conseil constitutionnel, Décision n° *CI-2023-004/DCC/11-05/CC/SG du 11 mai 2023 relative à la requête de Monsieur KONE Falikou tendant à solliciter le contrôle de conformité à la Constitution de l'article 354 de l'ancien code pénal ivoirien ainsi que la démarche tendant à faire rétroagir les articles 403 et 404de la loi n° 2021-893 du 21 décembre 2021.*

République gabonaise

Gabon, Cour constitutionnelle, *décision n° 001/CC du 28 février 1992.*

Gabon, Cour constitutionnelle, *décision n° 001-CC du 28 mai 1992.*

Gabon, Cour constitutionnelle, *décision n° 002/CC du 28 janvier 1993 relative à la requête du Forum Africain pour la reconstruction.*

Gabon, Cour constitutionnelle, *décision n° 019/93/CC du 02 novembre 1993.*

Gabon, Cour constitutionnelle, *décision n° 001/CC du 17 janvier 2001.*

Gabon, Cour constitutionnelle, *Décision n° 005/CC du 8 mars 2001 relative à l'annulation du décret n° 000264/PR du 19 février 2001 portant nomination et homologation des membres du Conseil économique et social.*

Gabon, Cour constitutionnelle, *Décision n° 008/CC du 17 avril 2001 concernant une demande en annulation de l'arrêté n° 00139/MTMM/ DGTT relatif à la production de plaques d'immatriculation de véhicules automobiles par le Comptoir Gabonais du Pneumatique.*

Gabon, Cour constitutionnelle, *décision n° 09/CC/D2 du 13 juin 2001, relative à la loi n°003/2001 portant ratification de l'Acte constitutif de l'Union africaine.*

Gabon, Cour constitutionnelle, décision n° 010/GCC du 29 juin 2001 relative à une demande en annulation de l'article 26 de l'arrêté n° 00147/MTEFP/SG/DGTMOE/DTR du 26 avril 2001 réglementant l'institution des délégués du personnel.

Gabon, Cour constitutionnelle, *Décision n° 144/CC du 28 octobre 2002*, Hebdo informations, n° 464 du 28 septembre 2002, p. 225.

Gabon, Cour constitutionnelle, *Décision n° 3/CC du 27 février 2004.*

Gabon, Cour constitutionnelle, décision *n° 004/008/CC du 02 octobre 2008, Loi n° 8 modifiant et complétant certaines dispositions de la loi n° 97.031 du 10 mars 1997, portant organisation et fonctionnement du Conseil supérieur de la magistrature.*

Gabon, Cour constitutionnelle, *décision n° 39/CC du 6 novembre 2017*, *Hebdo informations*, n° 667, 13-31 octobre 2018, pp. 126-127.

Gabon, Cour constitutionnelle, *décision n° 022/CC du 30 avril 2018 relative à la requête présentée par le Premier ministre aux fins d'interprétation des articles 4, 28, 28a, 31, 34, 35 et 36 de la Constitution.*

Gabon, Cour constitutionnelle, *décision n° 022/CC du 30 août 2018.*

Gabon, Cour constitutionnelle, décision *n° 219/CC du 14 novembre 2018 relative à la requête du Premier ministre tendant à l'interprétation des dispositions des articles 13 et 16 de la Constitution.*

Gabon, Cour constitutionnelle, *décision n° 320/CC du 3 juin 2019.*

Gabon, Cour constitutionnelle, *décision n° 332/CC du 25 juillet 2019, Hebdo informations*, n° 675, 14-31 décembre 2019, pp. 138-139.

Gabon, Cour constitutionnelle, *décision n° 332/CC du 25 juillet 2019, Hebdo informations*, n° 675, 14-31 décembre 2019, pp. 138-139.

République de Guinée

Guinée, Cour constitutionnelle*, arrêt n° 002 du 25 juillet 2015 (*contrôle d'un accord dans le cadre du PRAO).

Guinée, Cour constitutionnelle, *arrêt n° 001 du 28 juillet 2015* (contrôle du Protocole d'accord : assistance technique en appui aux pays les plus touchés par l'épidémie d'Ebola).

Guinée, Cour constitutionnelle, arrêt *n° AE 02 du 21 septembre 2015, Requête aux fins d'interdiction de diffusion d'une émission de la campagne officielle du 19 septembre 2015.*

Guinée, Cour constitutionnelle, arrêt *n° AE 08 du 28 septembre 2015.*

Guinée, Cour constitutionnelle, arrêt *n° AC 010 du 16 octobre 2015.*

Guinée, Cour constitutionnelle, arrêt *n° AC 11 du 1er décembre 2015 Demande de contrôle de conformité à la Constitution de la loi autorisant la ratification de la Convention d'établissement d'une raffinerie de pétrole à Kamsar entre la République de Guinée et la Société Brams Oil SA et Refineries Limited.*

Guinée, *Cour constitutionnelle, arrêt n° A2 du 29 décembre 2015, Demande de contrôle de conformité à la Constitution du Règlement intérieur de la Haute Autorité de la Communication (HAC).*

Guinée, Cour constitutionnelle, *arrêt n° AC 09 du 05 mai 2016 relatif à la Haute Autorité de la Communication.*

Guinée, Cour constitutionnelle*, arrêt n° AC 29 du 04 octobre 2016 relatif à l'Institution Nationale indépendante des Droits Humains*.

Guinée, Cour constitutionnelle*, arrêt n° 009 du 14/09/2015* (absence de qualité à agir du requérant avant la promulgation de la Loi portant Statut spécial de la Police nationale).

Guinée, Cour constitutionnelle, arrêt *n° AC 010 du 16 octobre 2016* (à propos de la loi organique portant Attributions, organisation et fonctionnement de la Cour suprême).

Guinée, Cour constitutionnelle, *Avis n° 001 du 21 novembre 2016, Demande d'avis sur l'éligibilité du Conseil communal.*

Guinée, Cour constitutionnelle, *arrêt n° AC 001 du 09 janvier 2017, Demande de contrôle de constitutionnalité de la Convention générale de coopération entre la République de Guinée et le Royaume de Belgique.*

Guinée, Cour constitutionnelle, arrêt *n° AC 002 du 9 janvier 2017, Demande de contrôle de constitutionnalité du Protocole pour éliminer le commerce illicite des produits du tabac entre les États parties de l'OMS, signé le 12 novembre 2012 à Séoul.*

Guinée, Cour constitutionnelle, *arrêt n° AC 003 du 16 janvier 2017, Demande de contrôle de constitutionnalité de la Convention base révisée et consolidée, signée le 28 juin 2016 entre la République de Guinée et Chevaning Mining Company Ltd et la Société Anglo Gold Ashanti de Guinée (SAAG).*

Guinée, Cour constitutionnelle, arrêt *n° AC 009 du 19 janvier 2017 Demande de contrôle de constitutionnalité du contrat de fourniture d'Énergie électrique concernant la centrale électrique d'une capacité de 150MW dans la ville de Conakry, signé le 8 octobre 2015 entre la République de Guinée et Endeavor Energy Power Holdings Limited.*

Guinée, Cour constitutionnelle, *Affaire n° AC 014 du 11 juin 2020, Constatation de la procédure de promulgation et de publication du projet définitif de Constitution soumis au référendum, le 22 mars 2020.*

Guinée, Cour suprême, Chambre administrative et constitutionnelle, *arrêt n°001 du 27 juillet 2023.*

République de Madagascar

Haute Cour constitutionnelle, *décision n° 17-HCC/D3 du 4 septembre 1996.*

Haute Cour constitutionnelle, *décision n° 07-HCC/D3 du 07 mai 1997 (Statut du personnel du Parlement).*

Haute Cour constitutionnelle, *décision n° 02-HCC/D2 du 07 avril 2003 relative à une exception d'inconstitutionnalité introduite par sieur Tantely Andrianarivo.*

Haute Cour constitutionnelle, *décision 04-HCC/D3 du 17 juillet 2003.*

Haute Cour constitutionnelle, *décision n° 03HCC/D3 du 26 décembre 2005* (contrôle de la loi n° 2004-050 portant Loi de Règlement pour 1998).

Haute Cour constitutionnelle, *décision n° 06-HCC/D3 du 16 janvier 2011.*

Haute Cour constitutionnelle, *décision n° 04-HCC/D3 du 17 juillet 2013 concernant la loi n° 2013-004* régissant la vacance de la présidence de la transition, adoptée par le Congrès de la Transition et le Conseil Supérieur de la Transition en leurs séances respectives du 21 juin 2013 et du 3 juillet 2013.

Haute Cour constitutionnelle, *décision n°24-HCC/D3 du 12 juin 2015 relative à la résolution de mise en accusation du Président de la République Héry Rajaonamampianina.*

Haute Cour constitutionnelle, Avis n° 002-HCC/AV du 13 juin 2015 sur l'application simultanée articles 103 et 131 de la Constitution.

Haute Cour constitutionnelle, *décision n° 20-HCC/D3 du 14 juillet 2017 autorisant la ratification par Madagascar du Protocole portant amendements de l'Accord sur les Droits de propriété intellectuelle liés au commerce (ADPIC) de l'Organisation mondiale du Commerce (OMC).*

Haute Cour constitutionnelle, *décision n° 07-HCC/AV du07 septembre 2018 relatif à une demande d'avis (attributions présidentielles et conditions d'exercice des fonctions du Président de la République).*

Haute Cour constitutionnelle, *décision n° 16-HCC/D3 du 3 mai 2018 relative à l'élection du Président de la République.*

Haute Cour constitutionnelle, *décision n° 01-HCC/D2 du 11 avril 2018*, concernant des requêtes en inconstitutionnalité.

Haute Cour constitutionnelle, *décision n° 13-HCC/D3 du 03 juillet 2017 concernant la loi n° 009 portant loi de finances rectificative pour 2017.*

Haute Cour constitutionnelle, *Avis du 7 septembre 2018 relatif à la demande d'avis sur les attributions du Président de la République.*

Haute Cour constitutionnelle, *décision n° 19-HCC/D3 du 06 décembre 2021* relative à une requête aux fins de révision.

Haute Cour constitutionnelle, *décision n° 08-HCC/D3 du 21 décembre 2021 concernant la loi de finances pour l'année 2023.*

Haute Cour constitutionnelle, *décision n° 06- HCC/D3 du 27 juillet 2022.*

Haute Cour constitutionnelle, *Décision n° 12- HCC/D3 du 9 septembre 2023 portant constatation de la vacance de la Présidence de la République.*

Haute Cour constitutionnelle, *décision n° 09-HCC/D3 du 03 juillet 2024 concernant la loi n° 2024-003 portant loi de finances rectificative pour 2024.*

Haute Cour constitutionnelle, *décision n° 10-HCC/D3 du 11 juillet 2024 concernant la Résolution n° 001-2024/R tendant à modifier et à compléter certaines dispositions de la Résolution n°01-2019/R du 19 août 2019 portant Règlement intérieur de l'Assemblée nationale.*

République du Mali

Mali, Cour constitutionnelle, *Arrêt n° 97-058(principe de la séparation des pouvoirs).*

Mali, Cour constitutionnelle, *Arrêt n° 01-128 du 12 décembre 2001.*

Mali, Cour constitutionnelle, *Arrêt n° 2002-004/CC du 16 janvier 2002.*

Mali, Cour constitutionnelle, *Arrêt n° 2006-015/CC du 26 septembre 2006.*

Mali, Cour constitutionnelle, *Arrêt n° 09-01/CC du 02 février 2009 relatif à la requête du Président du Conseil économique, social et culturel aux motifs que son institution n'a pas été consultée sur « les projets de loi relatifs au Code de la famille et à l'abolition de la peine de mort », in* Recueil des arrêts, avis et autres décisions de la Cour constitutionnelle du Mali, vol.5 (2008-2013), Bamako, 2018, 526 p.

Mali, *Cour constitutionnelle, Avis n° 001/CM du 20 mai 2011 sur la demande d'avis présentée par le ministre des Relations avec les Institutions, in* Recueil des arrêts, avis et autres décisions de la Cour constitutionnelle du Mali, vol.5.

Mali, Cour constitutionnelle, *Arrêt n° 2012-01/CC/VACANCE du 10 avril 2012 aux fins de constatation de la vacance de la Présidence de la République.*

Mali, Cour constitutionnelle, délibération du 27 janvier 2014.

Mali, Cour constitutionnelle, *Avis n° 2014-01/CCM du 25 août 2014 sur la possibilité de questions orales lors d'une session parlementaire extraordinaire*, Recueil, vol.6, p. 44.

Mali, Cour constitutionnelle, *Avis n° 2015-01/CCM du 04 mai 2015 aux fins de demande d'avis sur la possibilité d'amendement d'une ordonnance par l'Assemblée nationale.*

Mali, Cour constitutionnelle, *Avis n° 2017-01/CCM/Ref. du 06 juin 2017, relatif à la Loi n° 2017-031/AN-RM du 2 juin 2017 portant révision de la Constitution du 25 février 1992.*

Mali, Cour constitutionnelle, *Arrêt n° 2017-04/CCM/Ref.* du 04 juillet 2017, relatif à la *loi n° 2017-31/AN-RM du 02 juin 2017, portant révision de la Constitution.*

Mali, Cour suprême, Assemblée consultative, formation restreinte, *Avis n° 12-2020/CS-AC.FR de consultation juridique du 25 septembre 2020.*

Mali, Cour suprême, Assemblée plénière, Avis *n° 13-2020/CS-AC. FP de consultation juridique du 7 octobre 2020.*

Mali, Cour constitutionnelle, *Arrêt n° 2020-07/CC du 18 décembre 2020 relatif à la requête aux fins de contrôle de conformité à la Constitution du Règlement intérieur du Conseil National de Transition (CNT).*

Mali, Cour constitutionnelle, *délibération n° 2020-02/CC-EL du 06 mai 2020.*

Mali, Cour constitutionnelle, *délibération n° 2020-04/CC-EL du 30 mai 2020.*

Mali, Cour constitutionnelle, *arrêt n° 2020-08/CC du 24 décembre 2020.*

Mali, Cour constitutionnelle, *Arrêt n° 2021-02/CC/VACANCE du 28 mai 2021 relatif à la vacance de la présidence de transition.*

Mali, Cour constitutionnelle, *Arrêt n° 2024-01/CC DU 18 avril 2024 relatif à la requête aux fins de contrôle de conformité à la Constitution de la loi organique n° 2023-058/CNT-RM fixant les avantages, indemnités et autres traitements des membres du Conseil National de transition.*

République du Niger

Niger, Cour constitutionnelle, *Arrêt n° 02/CC/MC du 29 avril 1994* (statut des magistrats).

Niger, Chambre constitutionnelle de la Cour suprême, *arrêt du 10 juin 1994.*

Niger, Cour constitutionnelle, *Arrêt n° 13/CC/MC du 9 septembre 1994* (Hama Amadou).

Niger, Chambre constitutionnelle de la Cour suprême, *arrêt n° 95-06 du 5 septembre 1995.*

Niger, Cour constitutionnelle, *Arrêt 95/07 du 22 septembre 1995.*

Niger, Cour constitutionnelle, *Arrêt 96/03 du 16 janvier 1996.*

Niger, Cour constitutionnelle, *Avis n° 001-2001/CC du 8 mars 2001.*

Niger, Cour constitutionnelle, *Arrêt n° 2002-004/CC du 16 janvier 2002.*

Niger, Cour constitutionnelle, *Arrêt n° 2002/010/CC du 18 janvier 2002.*

Niger, Cour constitutionnelle, *Arrêt n° 2005-006/CC du 1er décembre 2005, recours en exception d'inconstitutionnalité de la loi réglementant la profession d'avocat.*

Niger, *Cour constitutionnelle, Arrêt n° 015/CC du 26 septembre 2006.*

Niger, Cour constitutionnelle, *Avis n° 02/CC du 22 mai 2009.*

Niger, Cour constitutionnelle, *Arrêt n° 04/CC/ME du 12 juin 2009.*

Niger, Conseil constitutionnel de transition, *arrêt n° 002/CCT/MC du 7 octobre 2010.*

Niger, Conseil constitutionnel de transition, *Avis n° 003/CCT/2013 du 11 janvier 2013 sur le projet d'ordonnance autorisant la ratification de la Charte de l'Eau du Bassin du Lac Tchad.*

Niger, Cour constitutionnelle, Arrêt n° 004/CC du 02 mai 2014.

Niger, Cour constitutionnelle, Arrêt n° 06/CC du 13 mai 2014.

Niger, Cour constitutionnelle, *Arrêt n° 004/CC/MC du 6 mai 2015.*

Niger, Cour constitutionnelle, *Avis n° 08/CC du 30 mars 2020.*

Niger, Cour constitutionnelle, *Arrêt n° 02-010/CC/MC du 29 avril 2020*

Niger, Cour constitutionnelle, *Arrêt CC/MC du 25 juin 2020 sur requête du Premier ministre pour l'interprétation de l'article 7 de la Constitution en lien avec l'article* 37 alinéa 1er du Code électoral.

République du Sénégal

Sénégal, Cour suprême, Sections réunies, *Décision du 16 février 1960* (JORS n° 3443 du 1er avril 1961, p.461).

Sénégal, Cour suprême, Sections réunies, *Décision du 17 novembre 1962, Secrétariat général du gouvernement.*

Sénégal, Cour Suprême, Sections réunies, *Décision du 5 mars 1963.*

Sénégal, Cour Suprême, Sections réunies, *Décision du 25 juillet 1967.*

Sénégal, Cour Suprême, Sections réunies, *Décision du 22 octobre 1968* (Décisions de la Cour suprême, reproduites dans la RIPAS n° 23-24, janvier-décembre 1990, pp. 81-104).

Sénégal, Cour Suprême, arrêt du 29 janvier 1975, *Séga Seck Fall.*

Sénégal, Conseil constitutionnel, *décision n° 5/E/1993 du 02 mars 1993.*

Sénégal, Conseil constitutionnel, *décision n° 6/E/1993 du 13 mars 1993.*

Sénégal, Conseil constitutionnel, *Décision n° 11/93 du 16 décembre 1993(Saisine de la Cour de cassation).*

Sénégal, *Con*seil constitutionnel, *Décision 3/C/1993 du 16 décembre 1993 (Traité OHADA).*

Sénégal, *Con*seil constitutionnel, *Décision n° 3/C/1994 du 27 juin 1994.*

Sénégal, Conseil constitutionnel, *Décision 2/C/95 du 13 février 1995.*

Sénégal, *Con*seil constitutionnel, *Décision 3/C/95 du 19 juin 1995 (art.140 du Code de procédure pénale).*

Sénégal, *Con*seil constitutionnel, *Décision sur les affaires 3 et 4/C/96 du 3 juin 1996(loi sur l'expropriation pour cause d'utilité publique).*

Sénégal, Conseil constitutionnel, *décision sur les affaires N° 12 à 29/E/98 du 18 juin 1998.*

Sénégal, *Con*seil constitutionnel, *Décision 30/E/1998 du 3 juillet 1998, Affaire Mbaye Ndiaye.*

Sénégal, *Con*seil constitutionnel, *Décision n° 9/C/1998 du 9 octobre 1998.*

Sénégal, Conseil constitutionnel, *décision n° 5/C/1999 du 25 février 1999* relative à la résolution portant règlement intérieur du Sénat.

Sénégal, *Con*seil constitutionnel, *Décision n° 5/2000 du 16 novembre 2000.*

Sénégal, *Con*seil constitutionnel, *Décision 4/C/2000 du 8 février 2001 (Accord de siège entre le Sénégal et la BCEAO).*

Sénégal, *Con*seil constitutionnel, *Décision n° 3/C/2001 du 11 décembre 2001.*

Sénégal, *Con*seil constitutionnel, *Décision n° 1/C/2005 du 7 septembre 2005.*

Sénégal, *Con*seil constitutionnel, *Décision n° 1/C/2007 du 27 mars 2007.*

Sénégal, Conseil constitutionnel, *Décision n° 1/C/2008 du 30 octobre 2008* (modifications des Règlements intérieurs de l'Assemblée nationale et du Sénat).

Sénégal, *Con*seil constitutionnel, *Décision 2/C/2012 du 6 décembre 2012 (liberté syndicale et personnel des Douanes).*

Sénégal, Conseil constitutionnel, aff*aire n° 2/C/13, décision n° 2/C/2013 du 18 juillet 2013, Pape Djigdiam Diop c/État du Sénégal.*

Sénégal, *Con*seil constitutionnel, *Décision 2/C/2013 du 18 juillet 2013 (statut du personnel des Douanes).*

Sénégal, *Con*seil constitutionnel, *Décision 1/C/2014 du 3 mars 2014 (lois sur l'enrichissement illicite).*

Sénégal, *Con*seil constitutionnel, *Décision 1/C/2015 du 2 mars 2015 (Accord entre le Sénégal et l'Union africaine).*

Sénégal, *Con*seil constitutionnel, *Décision n° 1/C/2016 du 12 février 2016.*

Sénégal, *Con*seil constitutionnel, *Décision n° 1/C/2017 du 9 janvier 2017.*

Sénégal, *Con*seil constitutionnel, *Décision n° 3/C/2017 du 9 janvier 2017 (loi organique sur la Cour suprême).*

Sénégal, *Con*seil constitutionnel, *Décision n° 6/C/2017 du 18 juillet 2017 concernant la Loi organique modifiant les articles 75 et 77 de la Loi organique n° 2017-10 du 17 janvier 2017 portant statut des magistrats.*

Sénégal, *Con*seil constitutionnel, *Décision n° 7/C/2017 du 18 juillet 2017.*

Sénégal, Conseil constitutionnel, *Décision n° 08/2017 du 26 juillet 2017, Demande d'avis du Président de la République.*

Sénégal, Conseil constitutionnel, *Décision n° 9/C/2017 du 8 septembre 2017.*

Sénégal, *Con*seil constitutionnel, *Décision n° 1/C/2018 du 19 mai 2018.*

Sénégal, *Con*seil constitutionnel, *Décision n° 1/C/2019 du 25 avril 2019.*

Sénégal, *Con*seil constitutionnel, *Décision n° 2/C/2019 du 23 octobre 2019.*

Sénégal, *Con*seil constitutionnel, *Décision n° 1/C/2020 du 24 février 2020.*

Sénégal, Conseil constitutionnel, Décision n° *2/C/2021 du 20 juillet 2021* sur les modifications du Code pénal.

Sénégal, Conseil constitutionnel, *Décision n° 3/C/2021 du 22 juillet 2021* sur le Code électoral.

Sénégal, *Con*seil constitutionnel, *Décision n° 1/C/2022 du 22 avril 2022.*

Sénégal, *Con*seil constitutionnel, *Décision n° 4/C/2022 du 23 juin 2022.*

Sénégal, *Con*seil constitutionnel, *Décision n° 5/C/2022 du 28 septembre 2022.*

Sénégal, *Con*seil constitutionnel, *Décision n° 2/C/2023 du 1er février 2023(*baisse des loyers et déclassement*).*

Sénégal, Conseil constitutionnel, *Décision n° 3/C/2023 du 12 avril 2023.*

Sénégal, *Con*seil constitutionnel, *Décision 1/E/2024 du 12 janvier 2024 arrêtant et publiant la liste des candidats à l'élection présidentielle du 25 février 2024.*

*Con*seil constitutionnel, *Décision 2/E/2024 du 20 février 2024, Liste des candidats à l'élection présidentielle du 25 février 2024.*

Sénégal, Conseil constitutionnel, *décision n° 1/C/2024 du 15 février 2024.*

Sénégal, *Con*seil constitutionnel, *Décision 60/E/2024 du 5 mars 2024, (*site : www.conseilconstitutionnel.sn).

Sénégal, *Con*seil constitutionnel, *Décision 5/E/2024, affaires n°45 à 59/E/24 du 6 mars 2024.*

Sénégal, *Con*seil constitutionnel, *Décision 4/C/2024 du 29 août 2024 (modifications du RIAN).*

République togolaise

Togo, Cour constitutionnelle, Affaire *de la Demande d'avis du Président de la République relative aux armoiries de la République, Avis n° AV-001/08 du 20 juin 2008.*

Togo, Cour constitutionnelle, *décision n° C-003 du 9 juillet 2009.*

Togo, Cour constitutionnelle, Affaire *de la Demande d'avis du Premier ministre sur le projet d'ordonnance déterminant les conditions de mise en œuvre de l'état d'urgence au Togo, Avis n° AV-003/20 du 8 avril 2020.*

Togo, Cour constitutionnelle, *décision n° C-/003/20 du 23 mai 2020, Me Akakpo Assignon Kokoudo c/Ordre des Avocats du Togo.*

Togo, Cour constitutionnelle, *Décision n° C-005/20 du 25 novembre 2020, exception d'inconstitutionnalité : Ministère public et BIA Togo c/Monsieur Koezi, magistrat à la Cour d'appel.*

Togo, Cour constitutionnelle, *décision n° C-006/20 du 30 décembre 2020, contrôle de constitutionnalité de la loi organique fixant la composition, l'organisation et le fonctionnement des services du Médiateur de la République* (https://www.courconstitutionnelle.tg).

2) Jurisprudence constitutionnelle française

Conseil constitutionne*l, Décision n° 59-1 L du 27 novembre 1959.*

Conseil constitutionne*l, Décision n° 62-20 DC du 06 novembre 1962.*

Conseil constitutionnel, n° 65-349/350 SEN, 8 novembre 1965, *Sénat, Meurthe-et-Moselle*, *Rec.* p. 65.

Conseil constitutionnel, *Décision n° 62-18L du 16 janvier 1968, Loi d'orientation agricole.*

Conseil constitutionnel, Décision n° 71-44DC du 16 juillet 1971, *Liberté d'association*.

Conseil constitutionnel, n° 72-73 L du 29 février 1972, *Participation des salariés aux résultats de l'entreprise*, Rec., CC, p. 31.

Conseil constitutionnel, n° 73-582 AN, 28 novembre 1973, *A.N., Territoire français des Afars et Issas*, *Rec.* p. 198.

Conseil constitutionnel, *Décision n° 73-51 du 27 décembre 1973 – Taxation d'office*.

Conseil constitutionnel, *décision n° 74-54DC du 15 janvier 1975 (IVG).*

Conseil constitutionnel, Décision *n° 76-72 DC du 12 janvier 1977.*

Conseil constitutionnel, *décision CC 79-105 DC du 25 juillet 1979, droit de grève à la radio-télévision.*

Conseil constitutionnel, Décision *n° 80-119 DC du 22 juillet 1980,* Rec. p. 46.

Conseil constitutionnel, décision du 16 janvier 1982, *Nationalisations*.

Conseil constitutionnel, *Décision n° 141DC du 27 juillet 1982, Loi relative à la communication audiovisuelle.*

Conseil constitutionnel, *Décision n° 83-165 DC du 20 janvier 1984 sur la liberté universitaire.*

Conseil constitutionnel, *Décision DC du 4 juin 1984, ordonnances en matière financière*, Rec. p. 45.

Conseil constitutionnel, *Décision n° 83-165 DC du 20 juin 1984.*

Conseil constitutionnel, *Décision n° 84-181 DC du 11 octobre 1984 à propos des entreprises de presse.*

Conseil constitutionnel, Décision *n° 85-196 DC du 8 avril 1985.*

Conseil constitutionnel, *Décision n° 86-207 DC des 25 et 26 juin 1986* (JORF du 27 juin 1986).

Conseil constitutionnel, *Décision n° 86-210 DC du 29 juillet 1986, Loi portant réforme du régime juridique de la presse.*

Conseil constitutionnel, *Décision n° 86-1067 DC du 30 septembre 1986 relative à la liberté de communication.*

Conseil constitutionnel, *Décision n° 86-224 DC du 23 janvier 1987, Conseil de la Concurrence*, RFDA 1987, p. 301, Note Louis Favoreu.

Conseil constitutionnel, *Décision n° 88-248 DC du 17 janvier 1989, Loi modifiant la loi n° 86-1067 du 30 septembre 1986 relative à la liberté de communication*, *Rec.* p. 15.

Conseil constitutionnel, *Décision n° 89-259DC du 26 juillet 1989.*

Conseil constitutionnel, *décision n° 92-312 DC du 02 septembre 1992, Traité sur l'Union européenne,* (Journal officiel du 3 septembre 1992, page 12095).

Conseil constitutionnel, *Décision n° 93-320 DC du 21 juin 1993.*

Conseil constitutionnel, *Décision n° 96-373 DC du 9 avril 1996, (JORF du 13 avril 1996, p. 5724).*

Conseil constitutionnel, *décision n° 96-375DC du 09 avril 1996.*

Conseil constitutionnel, *décision 97-390 DC du 19 novembre 1997.*

Conseil constitutionnel, Décision n° 99-425 DC du 29 décembre 1999, *Loi de finances rectificative pour 1999*, *Rec.* p. 168.

Conseil constitutionnel, Décision n° 99-423 DC du 13 janvier 2000, *Loi relative à la réduction négociée du temps de travail*, *Rec.* p. 33.

Conseil constitutionnel, Décision du *7 novembre 2000, Code de l'Environnement*, (chronique constitutionnelle française n°97, Revue Pouvoirs 2000, p. 153).

Conseil constitutionnel, *Décision n° 2001-448 DC du 25 juillet 2001.*

Conseil constitutionnel, Décision *n° 2004-506 DC du 2 décembre 2004.*

Conseil constitutionnel, *Décision n° 2004-510 DC du 20 janvier 2005.*

Conseil constitutionnel, *Décision n° 2006-534 DC du 16 mars 2006.*

Conseil constitutionnel, décision *n° 2006-540 DC du 27 juillet 2006, Loi relative au droit d'auteur et aux droits voisins dans la société de l'information* (Journal officiel du 3 août 2006, page 11541, texte n° 2).

Conseil constitutionnel, Décision n° 2007-4002 SEN, 25 octobre 2007, *Sénat, Hérault*, *Rec.* p. 357.

Conseil constitutionnel, Décision n° *2013-352 QPC du 15 novembre 2013, Société Mara Télécom et autre (Saisine d'office du tribunal pour l'ouverture de la procédure de redressement ou de liquidation judiciaire en Polynésie française).*

Conseil constitutionnel, décision n° *2016-539 QPC du 10 mai 2016 (Mme Ève G. [Condition de résidence fiscale pour l'imposition commune des époux en Nouvelle-Calédonie].*

Conseil constitutionnel, décision n° *2016-540 QPC du 10 mai 2016 Société civile Groupement foncier rural Namin et Co [Servitude administrative grevant l'usage des chalets d'alpage et des bâtiments d'estive].*

Conseil constitutionnel, *Décision n° 2017-756 DC du 21 décembre 2017, Loi de financement de la Sécurité sociale pour 2018,* (J.O.R.F. n° 305 du 31 décembre 2017, texte n° 7).

Conseil constitutionnel, *Décision n° 2018-5567 AN, 8 juin 2018, A.N., Nord 20e circonscription,* (*J.O.R.F.* n° 133 du 12 juin 2018, texte n° 58).

Conseil constitutionnel, *Décision n° 2020-799 DC du 26 mars 2020, Loi organique d'urgence pour faire face à l'épidémie de COVID-19.*

Conseil constitutionnel, *Décision n° 2020-843 QPC du 28 mai 2020, Force 5, Autorisation d'exploiter une installation de production d'électricité,* www.conseil-constitutionnel.fr).

Conseil constitutionnel, *Décision* n° 2020-802 DC du 30 juillet 2020, *Loi organique portant report de l'élection de six sénateurs représentant les Français établis hors de France et des élections partielles pour les députés et les sénateurs représentant les Français établis hors de France* (JORF du 4 août 2020).

B) Autres jurisprudences

Cour africaine des droits de l'Homme et des Peuples, *Affaire XYZ c/République du Bénin, Requête n° 010/2020, arrêt du 27 novembre 2020.*

Cour de Justice de la CEDEAO, *Affaire Hissene Habré contre République du Sénégal*, arrêt du 17 novembre 2009.

Cour de Justice de la CEDEAO, *Affaire Hissene Habré contre République du Sénégal*, arrêt du 18 novembre 2010.

Cour de Justice de la CEDEAO, *Affaire Hissene Habré contre République du Sénégal, arrêt du* 14 mai 2012.

Cour de Justice de l'UEMOA, *Avis consultatif du 18 mars 2003.*

Cour de Justice de l'UEMOA, *arrêt n° 005/2020 du 8 juillet 2020.* Cour permanente de Justice internationale, *Affaire du traitement des nationaux polonais et des autres personnes d'origine ou de langue polonaise dans le territoire de Dantzig, avis consultatif du 4 février 1932*, série A/B, n° 44, p. 24.

France, Conseil d'État, *Laffite, 1822.* France, Conseil d'État, *Prince Napoléon, 1875.*

France, Conseil d'État, *arrêt du 19 octobre 1962, Brocas.*

France, Conseil d'État, *arrêt du 28 juin 1918, Heyriès,* GAJA, n° 31, 19e éd., pp. 192-199.

France Conseil d'État, *arrêt du 28 février 1919, Dames Dol et Laurent*, GAJA n°37.

France, Conseil d'État, *arrêt du 30 mai 1930, Chambre syndicale de commerce en détail de Nevers*, GAJA, n° 42, 19e éd., pp. 265-276.

France, *Conseil d'État, arrêt n°160774 du 31 mars 1974* France, Conseil d'État, *arrêt du 18 mai 1983, Rodes*, GAJA, n° 40, p. 254.

France, Conseil d'État, arrêt du 8 juin 1995, *Emplois civils et militaires.*

France, Conseil d'État, *arrêt du 8 juin 1997, M. Aquarone*, Rec. Lebon, 1997, p. 206.

France, Conseil d'État, *arrêt du 3 décembre 1999*, *Oiseaux migrateurs*.

France, Cour de cassation, chambre civile, 22 janvier 2004.

Maroc, Cour constitutionnelle, *Décision n° 817/2011 du 13 octobre 2011.*

RCA, Cour constitutionnelle de transition, *décision n° 005/15/CCT du 15 avril 2015 sur la séquence des opérations référendaires et électorales prévues à l'article 44 tiret 5 de la Charte constitutionnelle de transition et sur l'interprétation des dispositions de l'article 104 de la Charte constitutionnelle de transition*.

RDC, Cour suprême de justice, Section judiciaire, matière répressive, *Arrêt RPR 001/2027/2028 du 23 avril 1999, Kayembé Mbwembwé c/Ministère public*.

RDC, Cour constitutionnelle, C.C, RCE 1114/DN Le regroupement politique Alliance des Forces démocratiques et Alliés « AFDC-A » en sigle c/Monsieur Musway Dudu Faustin.

RDC, Cour constitutionnelle (Cour Suprême de Justice siégeant comme), arrêt *R. Const. 1438 du 15 décembre 2020, requête de l'Assemblée nationale tendant à obtenir habilitation de son Bureau d'âge pour finaliser le processus d'examen de la pétition contre un membre du Bureau conformément à l'article 31 de son Règlement intérieur et à assurer sa gestion courante jusqu'à la mise en place de son 4 Bureau définitif.*

RDC, Cour constitutionnelle, C.C, arrêt sous RCE, R.Const.1206/1279 du 29 janvier 2021.

République Fédérale d'Allemagne, Cour constitutionnelle fédérale, *Arrêt du 29 mai 1974,* 2 BvL 52/71, Recueil BVerfGE 37 (affaire dite « So Lange I »).

République Fédérale d'Allemagne, Cour constitutionnelle fédérale, *Arrêt du 22 octobre 1986 « So lange II ».*

RSA, Cour constitutionnelle, affaire *Government of South Africa v. Grootbom, 2001 (1) S.A 46 (CC),* parag. 38.

RSA, Cour constitutionnelle, affaire *Khosa v. Minister of social development, 2004 (6) SA 505 CC,* 4 mars 2004.

Sénégal, Conseil d'État, arrêt n° 76 du 31 août 1994, *Prosper Nguena Nitchen.*

Sénégal, Cour suprême, arrêt n° 29 du 10 mai 2012, *CENTIF c/Comité de règlement des différends de l'Agence de Régulation des Marchés Publics.*

Sénégal, Cour suprême, arrêt du 20 juin 2012, *VERITAS c/SIPRES et autres.*

Tchad, Conseil constitutionnel, *Décision n° 001/CC/SG/2010 du 25 février 2010 relative à la requête du Premier ministre, Chef du Gouvernement sur l'interprétation de l'article 175 alinéas 2 et 3 la Constitution.*

V. LISTE DES SITES INTERNET CONSULTES

African Union: www.african-union.org.

Afrilex (revue électronique) : www.afrilex.u-bordeaux4.fr.

Assemblée nationale (Bénin) : www.assemblee nationale.bj.

Assemblée nationale (Burkina Faso) : www.assembleenationale.bf.

Association des Cours et Conseils constitutionnels francophones : www.accf-francophonie.org.

Association ouest-africaine des Hautes Juridictions francophones, www.ahjucaf.org.

Bénin, secrétariat général du Gouvernement et du Conseil des ministres : www.sggcm.bj.

Blog de Stéphane Bolle : www.la-constitution-en-afrique-over-blog.com.

CAMES: www.lecames.org

CEDEAO : www.ecowas.int; www.cedeao.org
Conseil constitutionnel (Burkina Faso) : www.conseil-constitutionnel.bf.
Conseil constitutionnel (Côte d'Ivoire) : www.conseil-constitutionnel.ci.
Conseil constitutionnel (France) : www.conseil-constitutionnel.fr
Conseil constitutionnel (Sénégal) : www.conseilconstitutionnel.sn
Constitutions africaines : www.mjp.univ-perp.fr.
Cour ADHP : www.african-court.org.
Cour constitutionnelle (Bénin) : www.courconstitutionnelle.bj.
Cour constitutionnelle (Congo) : www.cour-constitutionnelle.cg.
Cour constitutionnelle (Guinée) : www.courconstitutionnelle.gov.gn.
Cour constitutionnelle (Mali) : www.cour-constitutionnelle.ml.
Cour constitutionnelle (Niger) : www.cour-constitutionnelle-niger.org.
Cour constitutionnelle (RDC) : www.courconstitutionnelle.cd.
Cour constitutionnelle (Togo) : www.courconstitutionnelle.tg.
Droits africains : www.droit-afrique.com.
Droit Camerounais : www.camerlex.com.
Droit congolais : www.droitcongolais.com.
Droit gabonais : www.legigabon.com.
France (textes) : www.legifrance.gouv.fr.
Haute Cour constitutionnelle (Madagascar) : www.hcc-gov.mg.
JORS : www.jo.gouv.sn.

INDEX

D

E

TABLE DES MATIÈRES

Structures éditoriales du groupe L'Harmattan

L'Harmattan Italie
Via degli Artisti, 15
10124 Torino
harmattan.italia@gmail.com

L'Harmattan Hongrie
Kossuth l. u. 14-16.
1053 Budapest
harmattan@harmattan.hu

L'Harmattan Sénégal
10 VDN SICAP AMITIE 3
BP 45034 Dakar-Fann
direction@senharmattan.com

L'Harmattan Cameroun
Tsinga/Derrière polyclinique FECAFOOT
BP 11486 Yaoundé
Jacques.koukam@harmattan.fr

L'Harmattan Burkina Faso
Villa 281, secteur 23 623, rue 14.32
Ouagadougou
zagbie@outlook.fr

L'Harmattan Guinée
Almamya, rue KA 028 OKB Agency
BP 3470 Conakry
harmattanguinee@yahoo.fr

L'Harmattan RDC
185, avenue Nyangwe
Commune de Lingwala – Kinshasa
matangilamusadila@yahoo.fr

L'Harmattan Congo
219, avenue Nelson Mandela
BP 2874 Brazzaville
deunovmikhael@gmail.com

L'Harmattan Mali
Immeuble Mgr Jean Marie Cissé
Aci Hamadallaye
BP 145 Bamako
syllaka@yahoo.fr

L'Harmattan Togo
Djidjole – Maison Amela
face EPP BATOME
02 BP 20680 Lomé
didieramela11@gmail.com

L'Harmattan Côte d'Ivoire
Résidence Karl – Cité des Arts
Abidjan-Cocody
03 BP 1588 Abidjan
harmattan.ivoire@gmail.com

L'Harmattan Bénin
Rue 604, (Immeuble à l'entrée
de la rue UCAO- Cite de Saint-Jean)
Cotonou
stepcorpus@gmail.com

Nos librairies en France

Librairie internationale
16, rue des Écoles
75005 Paris
librairie.internationale@harmattan.fr
01 40 46 79 11
www.librairieharmattan.com

Librairie des savoirs
21, rue des Écoles
75005 Paris
librairie.sh@harmattan.fr
01 46 34 13 71
www.librairieharmattansh.com

www.ingramcontent.com/pod-product-compliance
Lightning Source LLC
LaVergne TN
LVHW021131061026
849535LV00002B/206